实用古代汉语

李永芳　主编
关东晨 许琛瑜　副主编

民族出版社

前　言

本书为适用于普通高等院校汉语言文学专业和其他相近相关专业使用的古代汉语教材，并适合高等职业教育应用性人才培养的需求。为适应新时代高等教育高素质人才培养要求和高等学校教学内容及课程体系改革的需要，本教材吸收了学术界的许多新成果和一线教师的教学经验，以实用性、科学性、针对性为编写宗旨，具有较强的实践性和教学操作性。

全书分为八个单元，分别讲述姓名与字号、天文历法、宗法礼俗、职官制度、艺术、宫室建筑、车马服饰、教育与科举等古代文化常识知识，并在此基础上引入经典文选的讲读，接着围绕古文字、古汉语词汇、音韵、古汉语常见句式、古汉语工具书、诗词格律、训诂与句读、古代文体等古汉语学习的专业知识进行讲解。同时，本书在内容编排上淡化了古代汉语语法解析，通过简要说明几种特殊句式结构，以突出特定历史背景下文化特点及语言与文化的关系。

为了便于学生自主学习和把握全章内容，每单元撰有学习提示和知识导入，每篇文章后增加知识拓展及与文选相关的课外知识，同时每单元安排思考与练习。整个教材每一单元都体现了：文化常识—背景导读—文选精讲—知识拓展—思考练习，这样“五位一体”的体系结构。在理解历史文化知识基础上，精讲的文选以历史散文和诸子散文为主，兼选少量的诗歌，要求学以致用，并侧重于实践应用，要求学生掌握文字、词汇、语法、音韵、古代文体、诗词格律等综合运用的相关知识，最后通过思考与练习考察学习效果。因此，本教材将自学与精讲、文化背景与理论知识、阅读与训练相结合，实现了知识、能力与素质培养的统一。

目　录

第一单元

第二单元

第三单元

第四单元

第五单元

第六单元

第七单元

第八单元

第一单元

【古代文化常识】

古代姓名与字号

一、古代人的姓

中国古代人有姓和氏。姓最初是代表有共同血缘、血统、血族关系的种族称号，简称族号。作为族号，它不属于个别人或个别家庭，而是整个氏族部落的称号。一般认为，姓的由来与祖先的图腾崇拜有关。在原始蒙昧时代，各部落、氏族都有各自的图腾崇拜物，比如说麦穗、熊、蛇等都曾经是我们祖先的图腾，这些图腾崇拜物成了本部落的标志，后来便成了这个部落全体成员的代号，即“姓”。大约在原始社会的氏族公社时期就有了姓。根据《春秋》整理，有妫、姒、子、姬、风、嬴、己、任、吉、芊、曹、祁、妘、姜、董、偃、归、曼、芈、隗、漆、允等22个古姓。这些姓中有些带女字旁，意味着姓在母系社会就已经存在了，准确地说，姓是产生于母系时代的。

为什么需要有姓的区分呢？班固在《白虎通义》中作了一个回答：“人所以有姓名何？所以崇恩爱，厚亲亲，远禽兽，别婚姻也。故纪世别类，使生相爱，死相哀，同姓不得相娶者，皆为重人伦也。”这几句话，阐释了姓名的几大功能。

首先，姓具有“纪世别类”的作用。早期的姓是整个氏族的称号，如：黄帝，姬姓；炎帝，姜姓；太昊，风姓。众多氏族，约有“百姓”。不同部落继承不同的姓，从上古神话时代一直延续到春秋战国直至后世。

其次，姓具有“崇恩爱，厚亲亲”的作用。这不仅是区分血亲人伦、思想感情之亲疏厚薄的标准，更是牵涉政治权利、物质利益的问题。在氏族社会时期，同氏族的成员平等地享有氏族内部的各种权利。到了奴隶社会，只有贵族拥有姓，奴隶是没有这一权利的。春秋战国时期，平民也是没有姓的。这时候的姓也是阶级地位和政治权利的象征。

姓还有“别婚姻”的作用。同姓不婚，即同一氏族内的人不得通婚。古人很早认识到“男女同姓，其生不蕃”的道理。根据遗传生物学的知识，血缘关系越亲近，后代的基因缺陷越大。而在上古时代，姓是区分血缘最直接有力的证据。为了实现姓的这一功能，女子必须称姓，而贵族女子的姓比名更为重要一些。如：齐姜（姜为姓，齐国为出身）；伯姬（姬为姓，伯为排行）等。

二、古代人的氏

我国上古时期，除了姓还有氏。姓作为整个氏族部落的称号后，由于子孙繁衍，一族分为若干分支散居各地，而每一支都有一个独特的称号作为标志，就逐渐产生了氏。氏与姓既有联系，又有区别。姓是旧有的族号，氏是后来子孙繁衍、各个分支的特有称号。例如，子是殷人的姓，子姓下还有华氏、向氏、鱼氏；姜是齐人的姓，姜姓下还有申氏、吕氏、许氏、崔氏、马氏等。姓是不变的，而氏的变化很大。顾炎武云：“氏一再传可变，姓千万年而不变。”秦汉之前，姓和氏在不同场合使用，哪些人用姓、哪些人用氏有严格规定，战国以后，人们往往就以氏为姓，姓氏逐渐合二为一，到了汉代统称为姓，而且自天子到平民都可以有姓了。

姓氏的来源，大致有以下几个方面：

一是沿用古代姓氏或祖先族号、谥号为姓，如：姒、姬、姜、妫、嬴等，就是继承古代女族长的名姓称号；又如：唐、虞、夏、商、周、殷、文、武、昭、穆、康、庄、宣、平、成等，即以祖先族号、谥号为姓。

二是沿用古代本部的图腾或信仰，如：马、牛、羊、猪、蛇、龙、柳、梅、李、桃、花、叶、谷、麦、桑、麻、粟、山、水、林、木、风、云、河、江、金、石、钢、铁、玉等。

三是以封国、采邑为姓，如：齐、楚、燕、韩、赵、魏、秦、鲁、蔡、郑、陈、宋、阮等。

四是以所封职官、爵位为姓，如：司徒、司马、司空、乐正、宰、上官、太史、少正、王、侯、公孙、伯子等，这一类姓氏以复姓为多。

五是以居地或出生地为姓，如：姚（虞舜生姚墟）、东方（伏羲住处）、西门、东门、东郭、南、百里、欧阳（越王勾践，被封在乌程欧阳亭）等。

六是以职业为姓，如：陶、巫、卜、医等。

姓氏在沿用过程中也有发生更改变化的。有皇帝赐姓、为避灾难而改姓，如：伍子胥在吴被杀后，子孙逃到齐国，改姓王孙；有为避皇帝或圣人讳而改姓，如：荀改孙，庄改严，丘改邱等；还有少数民族改用汉姓，如：拓跋改为姓元、陆、穆、贺、于等。另外少数民族姓氏的音译形成许多复姓，如：拓跋、单于、宇文、长孙、呼延、尉迟、耶律、完颜、爱新觉罗等。

北宋以后，长期作为儿童识字读物的《百家姓》，共收入502个姓氏，其中单姓342个，复姓60个。曰："赵钱孙李，周吴郑王，冯陈褚卫，蒋沈韩杨……"宋代郑樵《通志·姓氏略》中统计古代姓氏共有1745个；明代吴沈等人据当时户部所藏户籍编成《皇明千家姓》，收姓氏1968个；清代张澍《姓氏寻源》《姓氏辨误》中统计古姓氏有5129个；新中国成立后出版的《中国姓氏汇编》共收姓氏5730个，其中单姓3470个，双字姓2085个，三字姓163个，四字五字姓12个；台湾省出版的《中华姓符》共收姓氏6363个。据2020年第七次全国人口普查数据显示，目前，按人口数排在前10位的姓为：李、王、张、刘、陈、杨、赵、黄、周、吴。

三、古代人的名

名是每个人的代号，同时也是人的个体意识逐渐觉醒的必然结果。名的产生也是在氏族社会时期。历朝历代的命名习惯，反映了一定时期内的社会意识形态。由于人们所属的民族、社会、历史、宗教信仰、道德传统及文化修养的不同，其命名习惯也很不相同。

姓氏在古代是地位和身份的标志，名也是贵族阶层才有资格获取的。后来在社会变革和进步中扩散到社会各阶层，合称姓名。古人取名是件庄重严肃的事，并且认为名不但要伴随人度过一生，还与命运有关。《周礼》载："婚生三月而加名。"《仪礼·丧服》载："故子生三月，则父名之，死则哭之。"婴儿出生三个月后便要取名，由父亲命名并举行郑重的仪式，这个名字一般是乳名，亦即俗称的"小名"。待到八岁启蒙入学，再取学名，亦即所谓的"本名"，俗称"大名"。命名时要对名字的字形、字义甚至音调的平仄都做慎重周密的考虑，使其形、音、义皆谐美。

最早的名是商代人的名。商代崇尚以天干为名，也往往以其生日干支来命名。如：太乙，成汤（天乙），太丁，盘庚，帝辛等，可能和生辰有关。商周时期命名还比较朴素简单，有些人名如："黑臀""黑肱"等，应是以孩子生理特征命名的。郑庄公名"寤（牾）生"，则是他母亲难产的纪实。春秋以后对命名有所讲究。春秋鲁桓公六年（公元前705年），鲁桓公问命名应遵守的礼节时，大夫申提出"五则"："信""义""象""假""类"。战国时期，很多贵族通过占卜来给自己的儿子命名，如屈原："皇揽揆余初度兮，肇锡余以嘉名。”《周礼》中对命名提出了“六不”：不以国、不以官、不以山川、不以隐疾、不以畜牲、不以器币。秦汉以后，随着封建专制的加强，在命名方面除了对“五类”“六不”同样讲究外，还对一些寓含王霸意义的字眼，如：龙、天、君、王、帝、上、圣、皇等，禁止使用。

周秦两汉单名多于双名。《春秋》载：“讥二名。”《公羊传》载：“二名非礼也。”可能是单名多于双名的原因，也体现了当时人们命名的习俗。西汉十五帝，仅两人是复名；东汉十三帝全是单名。王莽时：“令中国不得有二名。”西汉至东晋五十四帝，仅有四人是复名。

魏晋南北朝人自命清高，佛道盛行，起名讲究高雅。常以“之”取名，如：书法家王羲之、王献之，画家顾恺之，将军刘牢之，科学家祖冲之，史学家裴松之，文学家颜延之等。有人以僧佛取名，如：金刚、力士、文殊、目连、药王、般若、三宝等，直取佛名之人也很多，如：僧、佛、摩、梵、昙等。唐人追求雅，流行以文、德、儒、元、雅、士等字命名。元代人多取蒙古文名。宋以后，尤其明清，字辈谱命名法最为盛行。唐宋后，复名多起来。清代满族则喜欢用安、福、永、泰、保全、常荣、桂祥等吉利字命名。古代的女子有姓无名，在家只有小名、乳名，对外则称某某氏。

在民间，习惯以生活常见的事物来命名，或借名字寄托一种心愿和期许。主要有以下几种：

一是以生时节令取名，花卉为名，如：春花、梅、桃、李，夏雨、秋实、秋雨、秋艳、冬晓、冬梅、腊梅等。

二是以孩子的出生地取名，如：杭生、浙生、沪生、渝生、杭宁等。

三是以期盼愿望取名，如：来娣、玲娣、招娣、来宝、来发等。

四是以动物取名，如：阿牛、小狗、小龙、小凤、凤儿等。

五是以祝愿取名，如：女当男养，亚男、家骏、家雄；男当女养，宝姬、秋月等。

六是以排行取名，如：大牛、二牛，大囡、二囡等。

民国年间尚洋名，如：玛丽、海伦、彼德、约翰、汤姆等。

四、古代人的字

《礼记·曲礼》载："男子二十冠而字""女子十五笄而字"。不论男女，到了成年就要取字。清人王应奎云："古者名以正体，字以表德。"即名是用来区分你我，字则是用来表示德行。名是阶段性的称呼，小时候称"小名"，长大后叫"大名"，有了字，名就成了避讳的称谓。古代"字"只是限于有身份的人，一般人尊对卑称名，卑自称也称名；同辈和属下只许称尊长的字而不能直呼其名。字往往是名的补充或解释，称为"名字相应"，互为表里，故字又称作"表字"。名字之间往往是意义上相近，如：端木赐，字子贡；屈原，字平。或意义相反，如：曾点，字皙；韩愈，字退之。周代贵族男子字的前面常常加"伯、仲、叔、季"表示排行，字的后边有时加"父"或"甫"表示性别，用这种办法构成的男子字全称共有三个字。如：伯禽父、仲尼父、仲山甫。春秋时期"子"是男子的尊称，所以男子取字最普通的方式之一是加"子"，如：子产（公孙侨）、子胥（伍员）、子渊（颜回）等。有时候"子"可以省去，直接称颜渊、司马牛。

古代人命字的主要方法有以下几种：

一是同义相解释。如：屈原名平，字原；孔子学生宰予，字子我；诸葛亮，字孔明；陶渊明，字元亮；周瑜，字公瑾；诸葛瑾，字子瑜；文天祥，字景瑞等。

二是反义相对解。晋大夫赵衰（减少意），字子馀（增多）；

曾点（小黑也），字子皙（色白也）；唐王绩，字无功；朱熹（火亮），字元晦；元赵孟頫（俯），字子昂。

三是推想释义。赵云，字子龙（云从龙）；晁补之，字无咎；苏轼，字子瞻；岳飞，字鹏举。

取字与命名一样有着鲜明的时代特征，总的趋向是美词化和尊老化。唐宋以后，由于理学加强，繁文缛节越来越多，读书人之间在称呼上也大做文章，称字是为了表尊敬，但时间长了之后，渐感称字还不够恭敬，于是又有了比字更表恭敬的号。

五、古代人的号

字是成年后尊长代取的，号往往是自己取的。号也叫别称、别字、别号。后来才有别人送的称号，称为尊号、雅号等。号起源很早，或以明志，或以寄情，常常含义深隽。三国时期诸葛孔明隐居卧龙岗，因之号卧龙居士，这大概是文人最早的雅号了。给自己起号直至六朝时期还不流行，葛洪、陶潜有号，当时多数人没有号，到唐宋时期才盛行起来。此风气经历代而不衰，到清代愈发盛行。

自号一般都有寓意在内，或以居住地环境自号，如：陶潜，号五柳先生；李白自幼生活在四川青莲乡，故自号青莲居士；苏轼，号东坡居士；陆游，号龟堂；辛弃疾，号稼轩居士；明武宗朱厚照，自号锦堂老人；乾隆晚年自号十全老人、古稀天子。或以旨趣抱负自号，如：杜甫，自号少陵野老；“一万卷书，一千卷古金石文，一张琴，一局棋，一壶酒，一老翁”——“六一居士”是欧阳修晚年的自号；贺知章，自号四明狂客。有些人还以生辰年龄、文学意境、形貌特征，甚至惊人之语自号，如：辛弃疾自号六十一上人；赵孟頫甲寅年生，自号甲寅人；元郑元右，自号尚左生；唐寅，自号江南第一风流才子。

另外还有“绰号”，大都是他人对某人的刻画和形容。春秋时期百里奚沦落楚国，被秦穆公用五张羖皮赎回相秦，人称“五羖大夫”，可算是古代的绰号；唐代奸相李义府外柔内奸，被人称为“笑中刀”，也是“笑里藏刀”的起源；宋代王珪任宰相十多年除“取旨、领旨、传旨”外不干别的事，当时号为“三旨相公”。这几个贬义的绰号形象地勾勒了封建官僚的嘴脸。《水浒》里梁山上一百零八人个个都有绰号，大都准确地描摹了人物性格、特长或生理特点。

六、古代人的谥号与避讳

（一）谥号

古代帝王、诸侯、高官死后，朝廷会按照封建社会的道德标准，根据他们的生平行为给予一个称号，称为谥或谥号。谥号是固定的一些字，根据死者生前事迹选用其中某一两个字作为死者的谥号，以褒贬其善恶。大致可分为三类：一是带褒义的，如“文武昭景惠穆”；二是带贬义的，如“灵厉幽炀”；三是表同情的，如“哀怀愍悼”。谥号除了皇帝以外，大多用两个字，如：昭明太子（萧统）、武穆王（岳飞）。

除了朝廷加谥以外，还有私谥。这是有名望的学者死后，其亲友同仁所加的谥号。例如，晋陶潜死后，颜延年为他作诔，谥为靖节徵士；宋黄庭坚死后，门人谥为文节先生。值得注意的是，称谥也是表示尊敬的一种称法。

（二）避讳

所谓避讳，就是不直称君主或尊长的名字，凡是遇到和君主、尊长的名字相同的字，用改字或缺笔的办法来避讳。大致分为避君讳和避家讳两种。如：汉文帝名恒，“恒”改为“常”；《史记》中恒山改为常山；唐太宗名世民，“世”改为“代”或“系”，“民”改为“人”；柳宗元《封建论》把“三世”改称“三代”，把“生民”改称“生人”。再如：淮南厉王名长，其子刘安避父讳，“长”改为“修”；苏轼的祖父名序，苏洵文章改“序”作“引”，苏轼为人作序时又改用“叙”字。

【经典文选】

晋灵公不君

【导读】

《左传》原名《左氏春秋》，是我国现存最早的叙事详备的编年体史书。相传为春秋末年的鲁国史官左丘明为解释孔子的《春秋》而作。实际上，成书时间当在战国中期。春秋时期，各诸侯国有史官记录其派驻国的史事，还有称为瞽蒙的盲史官讲述历史，左丘明便是一位盲史官。后人根据左丘明的讲史记录和其他史官留下的各种材料整理成《左传》。记事起于鲁隐公元年（公元前 722 年），止于鲁悼公十四年（公元前 454 年），比《春秋》记事时间延长了许多。是学习研究先秦历史、文学、哲学和语言必读的典籍。《左氏》全称《春秋左氏传》，与《春秋公羊传》《春秋谷梁传》合称“春秋三传”。

《晋灵公不君》选自《左传·宣公二年》，是应用春秋笔法较明显的一篇文章。春秋笔法，又称微言大义，指行文中虽然不直接阐述对人物和事件的看法，但是却通过细节描写、修辞手法（例如词语的选取）和材料的筛选，委婉而微妙地表达作者主观看法。据说孔子编写《春秋》，在记述历史时，暗含褒贬。后世作者为了阐述孔子的思想，撰写了专门的著作以解释《春秋》的内在涵义，特别是其中涉及“礼”的一些细节。这种作法被称为微言大义或者春秋笔法，被中国古代的传统所褒扬。

【正文】

晋灵公不君[1]。厚敛以雕墙[2]。从台上弹人，而观其辟丸也。宰夫胹熊蹯不孰[3]，杀之，寘诸畚[4]，使妇人载以过朝[5]。赵盾、士季见其手[6]，问其故而患之[7]。将谏，士季曰："谏而不入[8]，则莫之继也。会请先[9]，不入，则子继之[10]。"三进及溜[11]，而后视之。曰："吾知所过矣[12]，将改之。"稽首而对曰："人谁无过？过而能改，善莫大焉[13]。诗曰：'靡不有初，鲜克有终[14]。'夫如是[15]，则能补过者鲜矣。君能有终，则社稷之固也，岂惟群臣赖之[16]。又曰：'衮职有阙，惟仲山甫补之[17]。'能补过也。君能补过，衮不废矣[18]。"

犹不改[19]。宣子骤谏[20]。公患之，使鉏麑贼之[21]。晨往，寝门辟矣[22]，盛服将朝[23]。尚早，坐而假寐[24]。麑退，叹而言曰："不忘恭敬，民之主也[25]。贼民之主，不忠；弃君之命，不信[26]。有一于此，不如死也！"触槐而死[27]。

秋九月，晋侯饮赵盾酒[28]，伏甲[29]将攻之。其右提弥明知之[30]，趋登[31]曰："臣侍君宴，过三爵[32]，非礼也。"遂扶以下。公嗾夫獒焉[33]。明搏而杀之。盾曰："弃人用犬，虽猛何为[34]！"斗且出。提弥明死之[35]。

初，宣子田于首山[36]，舍于翳桑[37]。见灵辄饿[38]，问其病，曰："不食三日矣！"食之[39]，舍其半。问之，曰："宦三年矣[40]，未知母之存否。今近焉，请以遗之[41]。"使尽之，而为之箪食与肉[42]，寘诸橐以与之[43]。既而与为公介[44]，倒戟以御公徒，而免之[45]。问何故，对曰："翳桑之饿人也。"问其名居，不告而退。遂自亡也[46]。

乙丑，赵穿攻灵公于桃园[47]。宣子未出山而复[48]。大史书曰[49]："赵盾弑其君[50]。"以示于朝[51]。宣子曰："不然[52]。"对曰："子为正卿，亡不越竟[53]，反不讨贼[54]，非子而谁？"宣子曰："乌呼[55]！'我之怀矣，自诒伊戚[56]。'其我之谓矣。"

孔子曰："董狐，古之良史也[57]，书法不隐[58]。赵盾，古之良大夫也，为法受恶[59]。惜也，越竟乃免[60]。"

宣子使赵穿逆公子黑臀于周而立之[61]。壬申，朝于武宫[62]。

【注释】

［1］晋灵公：晋国国君，名夷皋，文公之孙，襄公之子，晋国第二十六君，在位十四年，是中国历史上有名的暴君。不君：不行君道。宣公二年，即公元前 607 年。

［2］厚敛：加重征收赋税。厚：重。敛，征税。雕：一本作彫，画。雕墙：这里指修筑豪华宫室，过着奢侈的生活。

［3］宰夫：厨子。胹（ér）：煮，炖。熊蹯（fán）：熊掌。孰：熟，后来写作"熟"。

［4］畚（běn）：筐篓一类盛物的器具。

［5］载：用车装。过朝：经过朝堂。

［6］赵盾：赵衰之子，晋国正卿（相当于首相），谥号宣子。士季：士为之孙，晋国大夫，名会。手：宰夫的手。

［7］问宰夫被杀的原因，并为这件事忧虑。

［8］不入：不采纳，不接受。

［9］先：动词，这里指先谏。

［10］之：我。

［11］三进：始进为入门，再进为由门入庭，三进为升阶及溜。及：到。溜：屋檐下滴水的地方。

［12］我知道我所犯的错误了。这里是晋灵公想把士会的话挡回，所以抢先说话。

［13］善莫大焉：没有任何善事能比这个更大的了。

［14］这两句诗出自《诗・大雅・荡》。靡：没有什么。初：开端。鲜：少。克：能够。终：结束。意为没有谁向善没有一个开始，但很少能有坚持到最后。

［15］夫：句首语气词，表示下面要发表议论。

［16］赖：依靠。

［17］这句出自《诗·大雅·烝民》。衮（gǔn）：天子的礼服，借指天子，这里指周宣王。阙：通“缺”，过失。仲山甫：周宣王的贤臣。周宣王有没尽职的地方，只能由仲山甫来弥补。

［18］衮：指君位。这话有双关的意思，即您能补救您的过失，您的衮袍就可以不被废掉了，您的君位就丢不了。

［19］犹：仍，还。

［20］骤：多次。

［21］患：厌恶。鉏麑（chú ní）：晋国力士。贼：刺杀。

［22］辟：开着。

［23］盛服：正其衣冠，穿戴好上朝的礼服。

［24］假寐：不脱衣冠，闭目养神。

［25］主：春秋战国时期称卿大夫为主。

［26］信：守信用。

［27］触：撞。

［28］饮（yìn）：使动用法，使（给）……喝。

［29］伏：埋伏。甲：铠甲，这里指披甲的士兵。

［30］右：又称骖乘车右。古制：一车乘三人，尊者在左，御者在中，骖乘在右；但君王或战争时的主帅居中，御者在左。车右都是有勇力之士，任务是执干戈以御敌，并负责战争中的力役之事。提弥明：晋国勇士，赵盾的车右。

［31］趋登：快步上殿堂。

［32］爵：古时的酒器。

［33］嗾（sǒu）：唤狗的声音，用作动词，嗾使。獒（áo）：猛犬。《尔雅·释畜》：“狗四尺为獒。”

［34］何为：做得了什么。

［35］死之：为之死，即殉难。之：指赵盾。

［36］田：通“畋”，打猎。首山：又名首阳山，在今山西永济县东南。

［37］舍：住一晚。翳（yì）桑：地名。

［38］灵辄：人名，晋国人。饿：指因挨饿而病倒。

［39］食（sì）之：给他东西吃。

［40］宦（huàn）：当贵族的奴仆。

［41］遗（wèi）：送，给。现在离她近了，请允许把这一半给她吃。

［42］箪：盛饭的圆筐。食：饭。

［43］橐：两头有口的口袋，用时以绳扎紧。

［44］既而：不久。与：参加。介：甲，指甲士。

［45］免之：使赵盾免于难。

［46］亡：逃走。

［47］赵穿：晋国大夫，赵盾的堂兄弟。攻：当为“杀”字之误。

［48］山：晋国国界处的山。复：回来。

［49］大史：即太史，掌纪国家大事的史官，这里指晋国史官董狐。书：写。

［50］弑：古代下杀上叫“弑”。太史这样记载是为了维护宗法社会的正统思想和等级观念。无论国君如何无道，也只可谏，不可杀，杀君就是大逆不道。

［51］把上面的话拿到朝廷上公布。

［52］不然：不是这样。然：代词。

［53］竟：通“境”，国境，边境。

［54］反：返回，后来写作“返”。讨：讨伐。贼：大逆不道的人，这里指赵穿。

［55］乌呼：感叹词，通“呜呼”。

［56］怀：眷恋。诒：通“贻”，给。伊：指示代词，那个。

[57] 良史：好史官。

[58] 书法：记事的法则。隐：隐讳，不直写。

[59] 为：为了。法：书法。恶：恶名。

[60] 照孔子看来，董狐的书法是对的，赵盾也没有罪，只是因为史官的记事原则而受屈。“越竟”就是孔子提出的解决这个矛盾的方法：“越竟则君臣之义绝，可以不讨贼。”这反映了孔子的正统观念。

[61] 逆：迎。公子黑臀：即晋成公，文公之子，襄公之弟，名黑臀。

[62] 武宫：晋武公的宗庙，在曲沃。

【知识拓展】本课中出现的成语或典故

过而能改，善莫大焉：犯了错误而能改正，没有比这更好的事了。指一个人犯了错误后，能够认识并改正错误，就是最好的事情。后来逐步在此基础上演变出“知错就改”。

人非圣贤，孰能无过：一般人不是圣人和贤人谁能不犯错？错了能够改正，没有比这更好的了。

郑伯克段于鄢

【导读】

《郑伯克段于鄢》是《左传》中的名篇，主要讲述鲁隐公元年（公元前 722 年），郑庄公同其胞弟共叔段之间为了争夺国君君权位而进行的一场你死我活的斗争。郑庄公设计并故意纵容其弟共叔段与其母武姜，其弟骄纵，欲夺国君之位，庄公便以此讨伐共叔段。庄公怨其母偏心，将母亲迁于颖地。后来自己也后悔了，又有颍考叔规劝，母子又重归于好。

《春秋》中只记载了“郑伯克段于鄢”这六个字。《左传》将这个故事解释得比较详细。本篇选自《左传・隐公元年》。郑伯，指郑庄公。郑属伯爵，所以称郑伯。郑，春秋时国名，姬姓，在现在河南省新郑县一带。克，战胜。共叔段不遵守做弟弟的本分，所以不说他是弟弟；兄弟俩如同两个国君一样争斗，所以用“克”字；称庄公为“郑伯”，是讥讽他对弟弟失教；赶走共叔段是出于郑庄公的本意，不写共叔段自动出奔，是史官下笔对庄公的责难。段，郑庄公之弟。鄢（yān），郑地名，在今河南鄢陵。

【正文】

初[1]，郑武公娶于申，曰武姜[2]，生庄公及共叔段[3]。庄公寤生[4]，惊姜氏，故名曰寤生，遂恶之[5]。爱共叔段，欲立之。亟请于武公[6]，公弗许。

及庄公即位，为之请制[7]。公曰：“制，岩邑也[8]，虢叔死焉[9]。佗邑唯命[10]。”请京，使居之，谓之京城大叔[11]。祭仲曰：“都城过百雉，国之害也[12]。先王之制：大都不过参国之一[13]，中五之一，小九之一。今京不度，非制也[14]，君将不堪[15]。”公曰：“姜氏欲之，焉辟害[16]？”对曰：“姜氏何厌之有[17]！不如早为之所[18]，无使滋蔓[19]，蔓，难图也；蔓草犹不可除[20]，况君之宠弟乎？”公曰：“多行不义，必自毙[21]，子姑待之[22]。”

既而大叔命西鄙北鄙贰于己[23]。公子吕[24]曰：“国不堪贰，君将若之何[25]？欲与大叔，臣请事之[26]；若弗与，则请除之。无生民心。”公曰：“无庸，将自及[27]。”大叔又收贰以为己邑[28]，至于廪延[29]。子封曰：“可矣，厚将得众[30]。”公曰：“不义不暱，厚将崩[31]。”

大叔完聚，缮甲兵，具卒乘[32]，将袭郑。夫人将启之[33]。公闻其期，曰：“可矣！”命子封帅车二百乘以伐京[34]。京叛大叔段，段入于鄢，公伐诸鄢[35]。五月辛丑[36]，大叔出奔共[37]。

遂寘姜氏于城颍[38]，而誓之曰[39]：“不及黄泉，无相见也[40]。”既而悔之。

颍考叔为颍谷封人[41]，闻之，有献于公[42]。公赐之食，食舍肉[43]。公问之，对曰：“小人有母，皆尝小人之食矣，未尝君之羹，请以遗之[44]。”公曰：“尔有母遗，繄我独无[45]！”颍考叔曰：“敢问何谓也[46]？”公语之故，且告之悔[47]。对曰：“君何患焉[48]？若阙地及泉[49]，隧而相见[50]，其谁曰不然[51]？”公从之。公入而赋[52]：“大隧之中，其乐也融融。”姜出而赋：“大隧之外，其乐也泄泄[53]。”遂为母子如初。

君子[54]曰：“颍考叔，纯孝也，爱其母，施及庄公[55]。《诗》曰：‘孝子不匮，永锡尔类[56]。’其是之谓乎[57]！”

【注释】

［1］初：当初。《左传》追述以前的事情常用这个词，这里指郑伯克段于鄢以前。

［2］郑武公，名掘突，郑桓公的儿子，郑国第二代君主。娶于申，从申国娶妻。申：春秋时国名，姜姓，在现在河南省南阳市北。后为楚所灭。武姜：郑武公之妻，“姜”是她娘家的姓，“武”是她丈夫武公的谥号。

［3］共（gōng）叔段：郑庄公的弟弟，名段。他在兄弟之中年岁小，因此称“叔段”。失败后出奔共，因此又称“共叔段”。共：春秋时国名，在现在河南省辉县。叔：排行在末的兄弟。

［4］寤生：难产。寤：通“牾”，逆：倒着。

［5］遂恶（wù）之：于是就厌恶他。遂：副词，于是，就。恶：厌恶。

［6］亟（qì）请于武公：屡次向武公请求。亟：屡次。

［7］及：到。即位，君主登上君位。为之请制：（武姜氏）为共叔段请求制这个地方（作为封邑）。为（wèi）：介词，替，给。制，地名，在今河南荥阳市汜水西，又名虎牢，原是东虢国的领地。东虢被郑武公所灭，制就成了郑地。

［8］岩邑：险要的城镇。邑：人所聚居的地方，大小不定。

［9］虢（guó）叔死焉：东虢国的国君死在那里。死焉：死在那里。焉：指代词兼语气词，于是。

［10］别的地方，听从您的吩咐。佗：通“他”，指示代词，别的，另外的。唯命：唯命是听的缩略。

［11］京：地名，在现在河南省荥阳县东南。大：通“太”。

［12］都：大。一个诸侯国的大城的城墙超过三百丈，是国家的祸害。祭（zhài）仲：郑国的大夫。城：指城墙。雉：单位名词。古代城墙三丈高一丈为一雉。

［13］参国之一：国都的三分之一。参：三。国：国都，与

上文“国之害也”的“国”不同。当时的制度，侯伯的国都，城墙为三百雉，三分之一就是百雉。

［14］不度：不合制度。非制：不是（先王的）制度。

［15］不堪：受不了，控制不住。

［16］焉辟害：怎么能躲避祸害。焉：疑问代词，哪里，怎么。辟，后来写作“避”。

［17］姜氏有什么满足？厌：通“餍”，满足。“何……之有”是个固定格式。“之”是代词，复指“有”前边的宾语。

［18］不如早点给他安排个地方。为：动词，这里是安排的意思。之：指共叔段，作“为”的间接宾语。为之所：是个动词带双宾语结构。

［19］无：通“毋”，不要。滋蔓：滋长，蔓延。这里指不断发展势力，不要让他发展。

［20］蔓延的野草还不能除掉，何况您的尊贵的弟弟呢？犹：副词，尚且，还。况：连词，何况，表示进一层意思。

［21］不义：指不义的事情。自毙：自己摔跟头。毙：扑倒，倒下去。

［22］子：您，古时对男子的尊称。姑：姑且。之：代词，指共叔段自毙的事。

［23］既而：由副词“既”和连词“而”组成的固定结构，常用于表示一件事过去不久又发生另一件事。鄙：边邑。贰于己，原来属于郑庄公管辖的西北边邑也同时臣属于自己。贰：两属。臣属于二主。

［24］公子吕：字子封，郑国大夫。

［25］若之何：对他怎么办。

［26］臣请事之：（如果您）要（把郑国）交给大叔，那么就请允许我去侍奉他。

［27］无庸：不用，指用不着除之。自及：自己赶上（灾祸），

即自取灭亡。及：赶上。

［28］共叔段又收取原来两属的地方作为自己的郡邑。

［29］廪延：地名，在今河南延津县北。

［30］厚：本义是山陵大，这里指所占领的土地扩大。众：百姓多。

［31］不义不暱：指对君不义、对兄不亲，二者是并列关系。暱：通“昵”，亲近。崩：山塌，这里指崩溃，垮台。

［32］完：修葺，指修城。聚：聚集，指聚集百姓。缮甲兵：修整铠甲和武器。缮：修缮。具卒乘：准备好步兵和兵车。

［33］夫人：指武姜。启之：为他开城门，即做内应。启：开门。

［34］帅：率领。车二百乘，战车二百乘。乘是古代军队组织单位。一乘有甲士（带盔甲的兵士）三人，步卒七十二人。

［35］诸：“之于”的合音字。

［36］指鲁隐公元年五月二十三日。古人以干支计日。

［37］出奔共：出逃到共国（避难）。出奔：逃亡到国外。

［38］寘：放置，安置。城颍：地名，在今河南临颍县西北。

［39］誓之：对她发誓。

［40］黄泉：底下的泉水。不到死后不相见，也就是这辈子再也不见面了。

［41］颍考叔：郑国大夫。颍谷：郑国边邑，在今河南登封市西南。封人：管理疆界的官。

［42］献：恭敬地送给。这里用作名词，进献的东西。

［43］赐之食：赏给他吃的。舍：“捨”的古体，留下，放着。现代“捨”又简化为“舍”。

［44］遗（wèi）：赠与，送给。

［45］尔：你。繄：句首语气词，作用与“惟”相近。

［46］敢：表谦敬的副词，有“大胆”“冒昧”的意思。何谓：

即“谓何”，疑问句中代词宾语前置，与下文“何患”结构相同。

[47] 语：告诉。故：缘故。悔：后悔。

[48] 患：忧虑，担心。焉：于此。

[49] 阙：通“掘”，挖。

[50] 隧：隧道。这里用作动词，挖隧道。

[51] 其：语气词，加强反问。然：指示代词，这样。这里指黄泉相见。

[52] 入：指走进隧道。赋：赋诗。

[53] 出：走出隧道。其乐也：那快乐啊！也：语气词，放在主语后，表提顿。

[54] 君子：道德高尚的人。这里是作者假托某君子。

[55] 施及庄公：延及庄公。施：延及。

[56] 匮：尽。锡：通“赐”，给与。

[57] 其是之谓乎：其，表推测语气；之，结构助词，助词宾语前置；是之谓，谓是，“是”指颍考叔的孝行。

【知识拓展】本课中出现的成语或典故

多行不义必自毙：不义，不合道义的事；自毙，自取灭亡。不义的事情干多了，必然会自取灭亡。

其乐融融：融融，和乐的样子。形容快乐和谐的景象。

齐桓公伐楚

【导读】

《春秋》据说为孔子所作。“春秋”一词，本是东周列国史官所撰编年史的通称。除了《左传》,《春秋公羊传》也是儒家经典之一，相传作者为公羊高。重在阐发《春秋》经中之微言大义，而略于叙事，可谓训释之传。汉儒总结其有“三科九旨”之说，谓春秋上本天道，中用王法，而下理人情。天道者，一曰时，二曰月，三曰日；王法者，一曰讥，二曰贬，三曰绝；人情者，一曰尊，二曰亲，三曰贤。《公羊传》训释《春秋》，颇多牵强附会之处，不过由于《公羊传》中所表述的“大同一统”思想，迎合了封建统治者加强中央集权的需要，故公羊学屡兴不绝。

《春秋谷梁传》也是儒家经典之一，谷梁赤撰，现代学者一般认为《谷梁传》比《公羊传》晚出，属今文经学，其宗旨亦在阐发《春秋》经中之微言大义，只有少量叙事，间或有长篇对话。可能由于师传不同,《谷梁传》所释之大义与《公羊传》略有出入，但在曲解经文为己所用上，二者倒是不谋而合。

本篇出自《左传·僖公四年》，讲述了公元前656年的春天，齐桓公在打败蔡国之后，又联合诸侯国军队大举进犯楚国。在大兵压境的情况下，楚成王先派使者到齐军中质问齐桓公为何要侵犯楚国，随后又派屈完到齐军中进行交涉，双方先后展开了两次针锋相对的外交斗争，最终达成妥协，订立盟约。

【正文】

四年春，齐侯以诸侯之师侵蔡[1]。蔡溃[2]，遂伐楚。楚子使与师言曰[3]：“君处北海，寡人处南海，唯是风马牛不相及也[4]。不虞君之涉吾地也[5]，何故？”管仲对曰：“昔召康公命我先君大公曰[6]：‘五侯九伯，女实征之，以夹辅周室[7]。’赐我先君履[8]：东至于海，西至于河，南至于穆陵，北至于无棣[9]。尔贡包茅不入，王祭不共[10]，无以缩酒，寡人是徵[11]；昭王南征而不复[12]，寡人是问。”对曰：“贡之不入，寡君之罪也，敢不共给[13]？昭王之不复，君其问诸水滨。”师进，次于陉[14]。

夏，楚子使屈完如师[15]。师退，次于召陵[16]。齐侯陈诸侯之师，与屈完乘而观之[17]。齐侯曰：“岂不谷是为？先君之好是继[18]。与不谷同好，何如？”对曰：“君惠徼福于敝邑之社稷，辱收寡君，寡君之愿也[19]。”齐侯曰：“以此众战，谁能御之[20]！以此攻城，何城不克！”对曰：“君若以德绥诸侯[21]，谁敢不服？君若以力，楚国方城以为城，汉水以为池[22]，虽众，无所用之！”

屈完及诸侯盟[23]。

【注释】

[1] 四年：指鲁僖公四年。齐侯：指齐桓公。诸侯之师：指参与侵蔡的鲁、宋、陈、卫、郑、许、曹等诸侯国的军队。蔡：诸侯国名，姬姓，在今河南汝南、上蔡、新蔡一带。以：介词，用，凭借。师：军队。

[2] 溃：溃败。

[3] 楚子：指楚成王。使：派遣使者。与：介词，跟，和。

[4] 处：居住。北海、南海：泛指北方、南方边远的地方，不实指大海，形容两国相距甚远。唯：句首语气词。齐、楚相距甚远，就像马、牛各不相干。

［5］虞：料到。涉：趟水而过，此处指进入，委婉地指入侵。没料到你们进入我国的领地。

［6］昔：从前。召（shào）康公：召公，周成王时的太保，“康”是谥号。先君：后代君臣对本国已故的君主的称呼。大：通“太”，太公，指姜尚，他是齐国的开国君主。命：命令。下文就是引用当初召公代表周王朝对太公于齐的命令中的话。

［7］五侯：公、侯、伯、子、男五等爵位的诸侯。九伯：九州的长官。五侯九伯泛指天下诸侯。女：通“汝”，你。实征之：可以征伐他们。实：表语气副词，表示命令或期望。征：征伐，讨伐。周王室赐给太公可以征伐有罪诸侯的特权。

［8］履：践踏。这里用作名词，指所践踏的地方，指齐国可以征伐的范围。

［9］海：指今渤海和黄海。河：黄河。穆陵：齐地名，即今山东临朐县南穆陵关。无棣：地名，齐国的北部边邑，在今山东无棣县北。

［10］你应纳贡的包茅没有交纳，周王祭祀用品供给不上。贡：贡物。包：裹、束。茅：菁茅，楚地特产。入：纳，这里指进贡。共：通“供”，供给。

［11］缩酒：渗滤酒渣，古代祭祀时的仪式之一，即把酒倒在束茅上渗下去，就像神饮了一样（依郑玄说）。

［12］昭王：周昭王，名瑕，成王之孙。相传昭王晚年南巡，当地人民怨恨他腐败，故意给了他一只用胶粘的船渡江。结果行至江心，船沉而死。“南征而不复”指的就是这件事。征：行，指巡行。复：返回。以上都是齐国用以进攻楚国的借口。

［13］寡君：臣子对别国人谦称自己的国君。敢：表谦敬的副词，含有胆敢或岂敢的意思，这里是岂敢。

［14］次：军队临时驻扎。陉（xíng）：楚地山名，在今河南郾城区南。

［15］屈完：楚国大夫。如：到……去。师：军队。如师：到诸侯之师的驻地。

［16］召（shào）陵：楚国地名，在今河南郾城区东。

［17］陈：陈列。把诸侯之师陈列出来，是向楚示威。乘：乘车。

［18］这样的排兵布阵，难道是为了我自己？是为了继承先君的友好关系。这是虚伪的外交辞令。不谷：不善，诸侯自己的谦称。

［19］承蒙您向我国社稷之神求福，收容我的君主为同好，这本是我的君主的愿望。惠：敬词，用于对方对待自己的行动。徼（yāo）：求。敝邑（yì）：对自己国家的谦称。

［20］众：名词，指众将士。御：抵挡。

［21］绥（suí）：安抚。

［22］您如果凭借武力进行威胁，我们楚国就拿方城作为城墙，拿汉水作为护城河。方城：山名，在今河南叶县南。在句中是介词“以”的前置宾语。下句“汉水”的用法相同。池：护城河。

［23］盟：订立盟约。

【知识拓展】本课中出现的成语或典故

风马牛不相及：指齐楚相距很远，毫无干系，就如同马与牛即便走失，也不会到对方的境内。比喻事物彼此毫不相干。

敬姜论劳逸

【导读】

《国语》是中国最早的一部国别体著作。《国语》以国分类，各自成章，分别记载了上起周穆王十二年（公元前990年）西征犬戎（约公元前947年），下至智伯被灭（公元前453年），约五百年间，周、鲁、齐、晋、郑、楚、吴、越八国的历史。各国史事详略不同，文风迥异，非出自一人之手，应属历史文献汇编，至西汉刘向考校始定型。

《国语》全书二十一卷，其中《周语》三卷、《鲁语》两卷、《齐语》一卷、《晋语》九卷、《郑语》一卷、《楚语》两卷、《吴语》一卷、《越语》两卷。全书按照一定顺序分国排列。在内容上偏重于记述历史人物的言论，这是国语体例上最大的特点。《国语》记录的内容具有极高的史料价值，因此司马迁著《史记》时从中吸取了很多史料。

《敬姜论劳逸》是《国语·鲁语下》中敬姜的一番长论，是希望自己做高官的儿子忠于职守，做好本职工作的同时，一定要谨记勤俭节约，不要贪图安逸。她认为贪图安逸会触发人们内心的贪欲，贪欲最终会葬送儿子的前程乃至生命。

【正文】

公父文伯退朝[1]，朝其母[2]，其母方绩[3]，文伯曰："以歜之家而主犹绩[4]，惧干季孙之怒也[5]。其以歜为不能事主乎？"

其母叹曰："鲁其亡乎？使僮子备官而未之闻耶[6]？居[7]，吾语女。昔圣王之处民也，择瘠土而处之[8]，劳其民而用之，故长王天下。夫民劳则思，思则善心生；逸则淫，淫则忘善；忘善则恶心生。沃土之民不材，淫也。瘠土之民，莫不向义，劳也。

是故天子大采朝日[9]，与三公九卿，祖识地德[10]，日中考政，与百官之政事。师尹惟旅牧相，宣序民事[11]。少采夕月[12]，与太史司载纠虔天刑[13]。日入，监九御，使洁奉谛、郊之粢盛[14]，而后即安。诸侯朝修天子之业命，昼考其国职，夕省其典刑，夜儆百工，使无慆淫，而后即安。卿大夫朝考其职，昼讲其庶政，夕序其业，夜庀其家事[15]，而后即安。士朝受业，昼而讲贯，夕而习复，夜而计过，无憾，而后即安。自庶人以下，明而动，晦而休，无日以怠。王后亲织玄紞，公侯之夫人，加之纮、綖。卿之内子为大带，命妇成祭服。列士之妻[16]，加之以朝服。自庶士以下，皆衣其夫。社而赋事，烝而献功，男女效绩，愆则有辟[17]。古之制也！君子劳心，小人劳力，先王之训也！自上以下，谁敢淫心舍力？

今我寡也，尔又在下位，朝夕处事，犹恐忘先人之业。况有怠惰，其何以避辟？吾冀而朝夕修我[18]，曰：‘必无废先人。’尔今曰：‘胡不自安？’以是承君之官，余惧穆伯之绝祀也？”

仲尼闻之曰：“弟子志之，季氏之妇不淫矣[19]！”

【注释】

[1] 公父文伯：鲁大夫，季悼子的孙子，公父穆伯的儿子。

[2] 朝：古时候去见君王叫朝，谒见尊敬的人也可以叫朝。母：公父文伯的母亲，即敬姜。

[3] 绩：纺麻。

[4] 歜（chù）：文伯自称其名。主：主母。

[5] 干：犯。季孙：即季康子。当时担任鲁国的正卿，是季悼子的曾孙。季氏是鲁国的大族，敬姜是季康子从叔祖母，所以文伯这样说。

［6］僮子：即童子。备官：充任官职。

［7］居：坐下。

［8］瘠土：不肥沃的土地。

［9］大采：五采，指五彩的衮服。朝日：祭祀日神，古代天子以春分朝日。

［10］祖：熟习。识：知。地德：古人认为地能生产百物，养育人民，这便是地之德。

［11］师尹：大夫官名。惟：表并列，与、和。旅：众士。牧：州牧。相（xiàng）：国相。宣序：全面安排。

［12］少采：三采，三色的衮服。夕月：天子每年秋分之夜祭祀月亮的仪式。

［13］太史：专司记事与兼管天文历法的官员。司载：掌管天文历法的官员。

［14］禘：天子祭祀祖先的仪式。郊：天子在郊外祭祀天地祖先。粢盛：置于祭器中的谷物。

［15］庀（pǐ）：治理。

［16］列士：士的总称，周代分元士、中士、庶士三种。

［17］社：春社，每年春分时祭祀土地神。烝：特指冬天的祭祀。愆：罪过，过失。辟：刑法。

［18］而：通“尔”，你。修：勉励。

［19］淫：贪图安逸。

【知识拓展】本课中出现的成语或典故

敬姜犹绩：后世以“敬姜犹绩”为富贵而不忘根本、不求安逸的典实。

苏秦以连横说秦

【导读】

《战国策》是中国古代一部国别体史书。主要记载战国时期谋臣策士纵横捭阖的斗争。全书按一定顺序分国编写，分为十二策，三十三卷，共四百九十七篇。所记载的历史，上起公元前490年智伯灭范氏，下至公元前221年高渐离以筑击秦始皇，约十二万字，是先秦历史散文成就最高、影响最大的著作之一。

《战国策》是我国古代记载战国时期政治斗争的一部最完整的著作。它实际上是当时纵横家游说之辞的汇编，而当时七国的风云变幻，合纵连横，战争绵延，政权更迭，都与谋士献策、智士论辩有关，因而具有重要的史料价值。该书文辞优美，语言生动，富于雄辩与运筹的机智，描写人物绘声绘色，常用寓言阐述道理。这部书有文辞之胜，在我国古典文学史上亦占有重要地位。

本篇选自《战国策·秦策》，主要讲述了苏秦见秦王时献连横之策，秦王没有采纳，于是苏秦发奋学习纵横之术，终于当上赵相，并且以功名显于天下的故事。

【正文】

苏秦始将连横[1]，说秦惠王[2]曰："大王之国，西有巴、蜀、汉中之利[3]，北有胡貉、代马之用[4]，南有巫山、黔中之限[5]，东有肴、函之固[6]。田肥美，民殷富，战车万乘，奋击百万[7]，沃野千里，蓄积饶多，地势形便，此所谓天府[8]，天下之雄国也。以大王之贤，士民之众，车骑之用，兵法之教，可以并诸侯，吞天下，称帝而治。愿大王少留意，臣请奏其效。"

秦王曰："寡人闻之：毛羽不丰满者，不可以高飞，文章不成者不可以诛罚，道德不厚者不可以使民，政教不顺者不可以烦大臣。今先生俨然不远千里而庭教之[9]，愿以异日[10]。"

苏秦曰："臣固疑大王之不能用也。昔者神农伐补遂[11]，黄帝伐涿鹿而禽蚩尤[12]，尧伐驩兜[13]，舜伐三苗[14]，禹伐共工[15]，汤伐有夏[16]，文王伐崇[17]，武王伐纣[18]，齐桓任战而伯天下[19]。由此观之，恶有不战者乎[20]？古者使车毂击驰[21]，言语相结，天下为一，约从连横，兵革不藏。文士并饬[22]，诸侯乱惑，万端俱起[23]，不可胜理。科条既备，民多伪态，书策稠浊[24]，百姓不足。上下相愁，民无所聊[25]，明言章理[26]，兵甲愈起。辩言伟服[27]，战攻不息，繁称文辞，天下不治。舌弊耳聋，不见成功，行义约信，天下不亲。于是乃废文任武，厚养死士，缀甲厉兵[28]，效胜于战场。夫徒处而致利[29]，安坐而广地，虽古五帝三王五伯[30]，明主贤君，常欲坐而致之，其势不能。故以战续之，宽则两军相攻，迫则杖戟相橦[31]，然后可建大功。是故兵胜于外，义强于内，威立于上，民服于下。今欲并天下，凌万乘[32]，诎敌国[33]，制海内，子元元[34]，臣诸侯，非兵不可。今不嗣主[35]，忽于至道[36]，皆惛于教[37]，乱于治，迷于言，惑于语，沈于辩，溺于辞。以此论之，王固不能行也。"

说秦王书十上而说不行[38]，黑貂之裘弊，黄金百斤尽，资用乏绝，去秦而归，羸縢履蹻[39]，负书担橐[40]，形容枯槁，面目犁黑[41]，状有归色[42]。归至家，妻不下紝[43]，嫂不为炊，父母不与言。苏秦喟叹曰："妻不以我为夫，嫂不以我为叔，父母不以我为子，是皆秦之罪也。"乃夜发书，陈箧数十，得太公阴符之谋[44]，伏而诵之，简练以为揣摩[45]。读书欲睡，引锥自刺其股，血流至足[46]，曰："安有说人主，不能出其金玉锦绣，取卿相之尊者乎？"期年，揣摩成，曰："此真可以说当世之君矣。”于是乃摩燕乌集阙[47]，见说赵王于华屋之下[48]，抵掌而谈[49]，赵王大悦，封为武安君[50]。受相印，革车百乘，锦绣千纯，白璧百双，黄金万溢[51]，以随其后，约从散横以抑强秦，故苏秦相于赵而关不通[52]。当此之时，天下之大，万民之众，王侯之威，谋臣之权，皆欲决苏秦之策。不费斗粮，未烦一兵，未战一士，未绝一弦，未折一矢，诸侯相亲，贤于兄弟。夫贤人在而天下服，一人用而天下从，故曰：式于政，不式于勇[53]；式于廊庙之内[54]，不式于四境之外。当秦之隆[55]，黄金万溢为用，转毂连骑，炫熿于道，山东之国从风而服[56]，使赵大重[57]。且夫苏秦，特穷巷掘门桑户棬枢之士耳[58]，伏轼撙衔[59]，横历天下，廷说诸侯之王，杜左右之口，天下莫之能伉[60]。

将说楚王，路过洛阳，父母闻之，清宫除道，张乐设饮[61]，郊迎三十里。妻侧目而视，倾耳而听。嫂蛇行匍伏，四拜自跪而谢。苏秦曰：“嫂何前倨而后卑也[62]？”嫂曰：“以季子之位尊而多金[63]。”苏秦曰：“嗟乎！贫穷则父母不子，富贵则亲戚畏惧。人生世上，势位富贵，盖可忽乎哉[64]？”

【注释】

[1] 苏秦：战国时洛阳人，著名策士。连横：战国时代，合六国抗秦，称为约从（或“合从”）。秦与六国中任何一国联合以打击别的国家，称为连横。

[2] 说（shuì）：劝说，游说。秦惠王，公元前 336 年—公元前 311 年在位。

[3] 巴：今四川省东部及重庆一带。蜀：今四川省西部。汉中：今陕西省秦岭以南一带。

[4] 胡：指匈奴族所居地区。貉（hè）：一种形似狐狸的动物，毛皮可作裘。代：今河北、山西省北部，以产良马闻世。

[5] 巫山：在今重庆市巫山县东。黔中：在今湖南省沅陵县

西。限：屏障。

［6］肴：通“殽”，殽山在今河南省洛宁县西北。函：函谷关，在今河南省灵宝市西南。

［7］奋击：奋勇进击的武士，这里指军队。

［8］天府：自然界的宝库。

［9］俨然：庄重矜持。

［10］愿改在其他时间，以后再说这个事。

［11］神农：传说中发明农业和医药的远古帝王。补遂：古国名。

［12］黄帝：姬姓，号轩辕氏，传说中中原各族的共同祖先。涿鹿：在今河北省涿鹿县南。禽：通“擒”。蚩尤：神话中东方九黎族的首领。

［13］驩（huān）兜（dōu）：尧的大臣，传说曾与共工一起作恶。

［14］三苗：古代南方少数民族。

［15］共工：传为尧的大臣，与驩兜、三苗、鲧并称“四凶”。

［16］有夏：即夏桀。

［17］崇：古国名，在今陕西省户县东。崇侯虎：气殷纣王的卿士，助纣为虐。

［18］纣：商朝末代君主，传说中的暴君。

［19］伯：通“霸”，称霸。在春秋时期，齐桓公是第一个雄起称霸的诸侯。

［20］恶：通“乌”，何。

［21］毂（gǔ）：车轮中央圆眼，以容车轴，这里代指车乘。

［22］饬：通“饰”，修饰文词，即巧为游说。

［23］万端俱起：群议纷起。

［24］稠浊：多而乱。

［25］聊：依靠。

[26] 章：通“彰”，明显。

[27] 伟服：华丽的服饰。

[28] 厉：通“砺”，磨砺。

[29] 徒处：白白地等待。

[30] 伯：通“霸”。“五伯”即春秋五霸，指春秋时先后称霸的五个诸侯：齐桓公、晋文公、楚庄王、吴王阖闾、越王勾践。

[31] 杖：持着。橦（chōng）：冲刺。

[32] 凌：凌驾于上。万乘：兵车万辆，指大国。

[33] 诎：通“屈”，屈服。

[34] 元元：人民。

[35] 嗣主：继位的君王。

[36] 至道：指用兵之道。

[37] 惛：不明。

[38] 说不行：指连横的主张未得实行。

[39] 羸（léi）：缠绕。縢（téng）：绑腿布。蹻（jué）：草鞋。

[40] 橐（tuó）：囊。

[41] 犁：通“黧”（lí），黑色。

[42] 归：应作“愧”。

[43] 紝（rèn）：纺织机。

[44] 太公：姜太公吕尚。阴符：兵书。

[45] 简：选择。练：熟习。

[46] 足：应作“踵”，足跟。

[47] 摩：靠近。燕乌集：宫阙名。

[48] 华屋：指宫殿。

[49] 抵：通“抵”（zhǐ），拍击。

[50] 武安：今属河北省邯郸市。

[51] 溢：通“镒”，一镒为二十四两。

[52] 关：函谷关，为六国通秦要道。

[53] 式：用。

[54] 廊庙：谓朝廷。

[55] 隆：显赫。

[56] 山东：指华山以东。

[57] 谓使赵的地位因此而提高。

[58] 掘门：窟门，窑门。桑户：桑木为板的门。棬（quān）枢：树枝做成的门枢。

[59] 轼：车前横木。撙（zǔn）：节制。

[60] 伉：通“抗”。

[61] 张：设置。

[62] 倨：傲慢。

[63] 季子：苏秦的字。

[64] 盖：通“盍”，何。

【知识拓展】本课中出现的成语或典故

前倨后恭：之前傲慢，后来恭敬。形容对人的态度前后截然不同。

抵掌而谈：指谈得很融洽。

引锥刺股：又称苏秦刺股。股，大腿。晚间读书时想睡觉，就用锥子刺自己的大腿，以保持清醒。形容学习勤奋刻苦。

形容枯槁：形容，形体和容貌；枯槁，枯萎，枯干。身体瘦弱，精神萎靡，面色枯黄。

废文任武：文，文治；任，任用；武，武力。废掉文治，任用武力。指轻文重武。

沃野千里：形容肥沃的土地极为宽广。

羸（léi）縢（téng）履蹻（qiáo）：羸，缠绕；縢，绑腿布；蹻，草鞋。裹着绑腿布，踏着草鞋。

冯谖客孟尝君

【导读】

战国时期各国盛行养士之风，士成为社会上一种特殊势力。最著名的养士者如齐国孟尝君，赵国平原君，魏国信陵君，楚国春申君（以上号称战国四公子），秦国吕不韦等，都广招门客至数千人，极力扩大自己的政治影响。本篇选自《战国策》，讲述了孟尝君礼待食客冯谖，冯谖知恩图报，为孟尝君出谋划策、奔走效劳，使孟尝君既获美名、又得实益的故事。其中矫命烧债券之举，虽然目的是为孟尝君收买民心，但在当时历史条件下，是有一定进步意义的。

【正文】

齐人有冯谖者，贫乏不能自存，使人属孟尝君[1]，愿寄食门下。孟尝君曰："客何好？"曰："客无好也。"曰："客何能？"曰："客无能也。"孟尝君笑而受之曰："诺。"

左右以君贱之也，食以草具[2]。居有顷，倚柱弹其剑[3]，歌曰："长铗归来乎！食无鱼。"左右以告[4]。孟尝君曰："食之，比门下之客。"居有顷，复弹其铗，歌曰："长铗归来乎！出无车。"左右皆笑之，以告。孟尝君曰："为之驾，比门下之车客[5]。"于是乘其车，揭其剑，过其友曰："孟尝君客我。"后有顷，复弹其剑铗，歌曰："长铗归来乎！无以为家。"左右皆恶之，以为贪而不知足[6]。孟尝君问："冯公有亲乎？"对曰："有老母。"孟尝君使人给其食用，无使乏。于是冯谖不复歌。

后孟尝君出记[7]，问门下诸客："谁习计会，能为文收责于薛者乎[8]？”冯谖署曰：“能[9]。”孟尝君怪之，曰：“此谁也？”左右曰：“乃歌夫长铗归来者也。”孟尝君笑曰：“客果有能也，吾负之，未尝见也[10]。”请而见之，谢曰：“文倦于事，愦于忧，而性懧愚[11]，沉于国家之事，开罪于先生[12]。先生不羞[13]，乃有意欲为收责于薛乎？”冯谖曰：“愿之。”于是约车治装[14]，载券契而行[15]，辞曰：“责毕收，以何市而反[16]？”孟尝君曰：“视吾家所寡有者[17]。”

驱而之薛，使吏召诸民当偿者，悉来合券[18]。券遍合，起[19]，矫命，以责赐诸民[20]。因烧其券。民称万岁。

长驱到齐[21]，晨而求见。孟尝君怪其疾也[22]，衣冠而见之[23]，曰：“责毕收乎？来何疾也！”曰：“收毕矣。以何市而反？”冯谖曰：“君之‘视吾家所寡有者’。臣窃计[24]，君宫中积珍宝，狗马实外厩，美人充下陈[25]。君家所寡有者，以义耳！窃以为君市义。”孟尝君曰：“市义奈何？”曰：“今君有区区之薛，不拊爱子其民[26]，因而贾利之[27]。臣窃矫君命，以责赐诸民，因烧其券，民称万岁。乃臣所以为君市义也。”孟尝君不说[28]，曰：“诺，先生休矣[29]！”

后期年[30]，齐王谓孟尝君曰[31]：“寡人不敢以先王之臣为臣。”孟尝君就国于薛[32]，未至百里[33]，民扶老携幼，迎君道中。孟尝君顾谓冯谖[34]：“先生所为文市义者，乃今日见之。”

冯谖曰：“狡兔有三窟，仅得免其死耳；今君有一窟，未得高枕而卧也。请为君复凿二窟。”孟尝君予车五十乘，金五百斤，西游于梁[35]，谓惠王曰：“齐放其大臣孟尝君于诸侯[36]，诸侯先迎之者，富而兵强。”于是梁王虚上位[37]，以故相为上将军[38]，遣使者黄金千斤，车百乘，往聘孟尝君。冯谖先驱，诫孟尝君曰：“千金，重币也；百乘，显使也。齐其闻之矣。”梁使三反[39]，孟尝君固辞不往也。

齐王闻之，君臣恐惧，遣太傅赍黄金千斤[40]、文车二驷、服剑一，封书，谢孟尝君曰[41]："寡人不祥[42]，被于宗庙之祟[43]，沉于谄谀之臣，开罪于君。寡人不足为也[44]；愿君顾先王之宗庙，姑反国统万人乎[45]！"冯谖诫孟尝君曰："愿请先王之祭器，立宗庙于薛[46]。"庙成，还报孟尝君曰："三窟已就，君姑高枕为乐矣。"

孟尝君为相数十年，无纤介之祸者[47]，冯谖之计也。

【注释】

[1] 属：嘱托，请托。

[2] 食（sì）：给……吃。

[3] 居：停留，这里有"经过"的意思。有顷：不久。

[4] 以告：把冯谖弹剑唱歌的事报告孟尝君。

[5] 车客：能乘车的食客。孟尝君将门客分为三等，上客食鱼、乘车，中客食鱼，下客食菜。

[6] 恶：讨厌。以为：以之为。

[7] 出记：出通告，出文告。

[8] 计会：今指会计工作。习：熟悉。责：通"债"。薛：孟尝君的领地，今山东枣庄市附近。

[9] 此句意为冯谖签名于通告上，并注曰"能"。

[10] 负：对不起。

[11] 倦于事：为国事劳碌。愦于忧：困于思虑而心中昏乱。懧（nuò）：通"懦"，怯弱。

[12] 开罪：得罪。

[13] 不羞：不因受怠慢为辱。羞：意动用法，认为……是羞辱。

[14] 约车治装：预备车子，治办行装。

[15] 券契：债务契约，两家各保存一份，可以合验。

[16] 何市而反：买些什么东西回来。市：买。反：通"返"，

返回。

［17］寡有：少有，缺少。

［18］合券：指核对债券（借据）、契约。

［19］遍合：都核对过。起：站起来。

［20］矫命：假托（孟尝君的）命令。以责赐诸民：把债款赐给（借债的）老百姓，意即不要偿还。

［21］长驱：一直赶车快跑，中途不停留。

［22］怪其疾：以其疾为怪。因为他回得这么快而感到奇怪。

［23］衣冠：用为动词，边穿着衣服边出来接见冯谖。

［24］窃：私自，谦词。计：考虑。

［25］下陈：后列。

［26］拊爱：即抚爱。子其民：视民如子，形容特别爱护百姓。

［27］贾（gǔ）利之：以商人手段向百姓谋取暴利。

［28］说：通“悦”，高兴。

［29］休矣：算了，罢了。

［30］期（jī）年：满一年。

［31］齐王：齐闵王。先王：闵王的父亲齐宣王。

［32］就国：到自己封地去住。

［33］距薛地还有一百里。

［34］顾：回头看。

［35］梁：魏国都大梁（今河南开封）。魏王罃（即梁王）迁都大梁，国号曾一度称“梁”。

［36］放：弃，免。于：给……机会。

［37］虚上位：空出最高的职位。

［38］故相：过去的国相。

［39］反：通“返”。

［40］赍（jī）：拿东西送人。文车：雕刻或绘画着花纹的车。

驷，四匹马拉的车。服剑：佩剑。

［41］谢：道歉。

［42］不祥：不善、不好。

［43］受到祖宗神灵的处罚。

［44］不足：不值得。

［45］姑：姑且，暂且。反，通“返”。万人：指全国人民。

［46］愿：希望。请：指向齐王请求。祭器：宗庙里用于祭祀祖先的器皿。立宗庙于薛：孟尝君与齐王同族，故请求分给先王传下来的祭器，在薛地建立宗庙。这是冯谖为孟尝君所定的安身之计，为“三窟”之一。

［47］纤介：细微。

【知识拓展】本课中出现的成语或典故

狡兔三窟：窟，洞穴。狡猾的兔子准备好几个藏身的窝。比喻隐蔽的地方或方法多。

高枕而卧：垫高枕头安心地睡觉。形容无忧无虑、平安无事。

扶老携幼：扶着老人，带着孩子。形容所有人都出动了，也形容场面很大，人很多。

纤介之祸：形容很轻的灾害。

约车治装：约车，将马系在车前。准备车马，整理行装。泛指出发前的准备。

【古代汉语知识】

古文字

语言是人类重要的交际工具，为了突破语言交际在时间和空间上的局限，人们创制了记录语言的书写符号系统——文字。汉字作为华夏文明的重要产物和载体，其历史源远流长。

汉字从简单的刻画符号中演变而来，目前已知最早的可以称为“汉字”的是殷商时期的甲骨文，这是最早的抽象的表意符号。从甲骨文起，汉字经历了金文、篆书、隶书、楷书、草书和行书等形体。

下文所讲的古文字，主要是指“隶变”以前的汉字形体。“隶变”的时间说法不一，大致在战国末期开始发生，是汉字由篆书演变为隶书的过程。“隶变”后的汉字，字形变圆形为方形，线条变弧线为直线，笔画变繁杂为简省，彻底笔画化。因此，“隶变”是古今汉字的分水岭。

一、甲骨文

（一）概说

甲骨文，又称甲骨刻辞、贞卜文字、甲骨卜辞、殷墟卜辞、殷墟书契、殷墟文字等。主要指中国商朝后期王室用于占卜吉凶记事而在龟甲或兽骨上镌刻的文字。甲骨文是汉字的早期形式，被认为是汉字的书体之一，是现存中国王朝时期最古老的一种成熟文字。

甲骨文最先出土于河南安阳小屯村“殷墟”，是一种被称为“龙骨”的中药材上的刻痕，1899年被学界发现，才被逐渐开始研究。其后，在郑州二里头商代遗址、济南大辛庄商代遗址等地也有零星发现。1977年在陕西扶风、岐山之间的周原遗址出土了一批西周甲骨。殷墟甲骨距今约有三千三百年的历史，是目前所见最早成系统的汉字材料。自1899年以来，出土约有13万片甲骨，其中不重复的单字约有4000余字，可辨读的约有1000余字。

甲骨文书写的行款一般是竖行向下，提行或左或右，视卜辞起始行的位置而定。商人十分热衷占卜，大小事情皆会测问吉凶。甲骨刻辞所记录的内容十分丰富，包含天文、历法、气象、山川、方国、职官、祭祀、征伐、刑法、田猎、农牧、工商、生育等方面的内容，是研究殷商时期自然状况、社会历史、语言文字的可靠材料。占卜人员大多也是专门从事占卜的贵族成员，甚至有相当一部分卜辞的卜人就是商王本人。

（二）字体特征

一是象形性强。甲骨文作为现存最早的汉字，具有很浓的象形意味，因为那时候的造字大多是“近取诸身，远取诸物”“画成其物，随体诘诎”。

二是异体繁多。甲骨文的形体结构没有定型，或笔画、部件多少不同，或部件位置、朝向有异，或有是否形变之别，绝大部分的甲骨文都会有一个或几个变体。如，“鹿”字，按头部可分为椭圆状头、以“目”代头、三角楔形头、无头四型。甲骨文的异体繁多的原因主要是由其形体的象形性决定的，以形表意，只要大体相像，即可达意，细节可以忽略不计。所以没有固定的笔画、部件、笔顺、朝向。而声符的加入，也增加了异体的数量。

三是笔画细劲方折。甲骨文用玉刀或青铜刀刻写在兽骨龟甲上，而且绝大多数是单刀直进，笔画细劲方折。

四是结构颀长。甲骨文的形体总体来说呈竖长方形。

二、金文

（一）概说

金文是指铸刻在殷周青铜器上的铭文，也叫钟鼎文。商周是青铜器的时代，青铜器的礼器以鼎为代表，乐器以钟为代表，“钟鼎”是青铜器的代名词。因为周以前把铜也叫金，所以铜器上的铭文就叫作“金文”或“吉金文字”。

我国使用铜器的历史很早，目前发现的最早的青铜器是甘肃东乡县林家马家窑文化遗址出土的青铜刀，距今约五千年。我国青铜器时代的形成，大约在夏末的河南偃师二里头文化时期（距今约 3600 ~ 3900 年）。金文应用的年代，上自商代早期，下至秦灭六国，约一千两百多年。金文的字数，据容庚《金文编》记载，共计 3722 个，其中可以识别的字有 2420 个。

商代已是辉煌的青铜器时代，出现了许多大型精美的铜器，如司母戊鼎、四羊方尊。从铭文角度，商代的铜器可分为早中晚三期，直到晚期从武丁到帝辛（商纣王）近两百年，铭文字数渐多。晚期后段帝乙帝辛时期，出现了记事体的铭文。

西周时期金文有了很大的发展，由于宗法礼制额完善，在礼器上铸刻的铭文急剧增多，出现了长达数百字的铭文，如毛公鼎 499 字、散氏盘 357 字、大盂鼎 291 字。西周金文内容涉及祭祀典礼、征伐记功、赏赐锡命、契约文书、训诰臣下、颂扬先祖等各方面，具有典型的历史文献的性质，有许多可以补传世典籍之不足。语言文字比甲骨文更加丰富多彩，具有重要的研究价值。

春秋战国因为列国异政，铜器和铭文都呈多元化发展的趋势，文字出现了一些地域性的差异，也出现了一些重器和长铭，如秦公簋104字、中山王鼎469字、曾侯乙编钟全套2800余字。但是，由于礼崩乐坏，礼器已不如以前受到尊崇，加之铁器的出现和简帛的普及，铜器和金文逐渐被取而代之，辉煌的青铜文化逐渐走向衰落，其余绪大致延至汉代而止。

金文行款的通例是竖行向下，提行从右到左，也有少数铜器提行从左到右，还有的铭文位于器物的口沿，呈弧形或圆圈状排列，如鲁伯愈父鬲。

（二）字体特征

一是笔画圆润丰满，多肥笔。

二是早期金文具有很强的象形性。主要表现在三方面：更接近事物的原形；有很多块状的肥笔；很多动物字都是脚向着地。早期金文象形性强的原因，一方面是商代金文和殷墟甲骨文基本同时，时代最早；另一方面是书写材料和方式比较容易达到象形的效果；还有则是商代和西周早期的金文中很多表示作器者家族名的族徽文字。族徽文字来源于图腾崇拜，具有保守性，更能保存原始的形态。

三是异体较多。从结构角度看，金文的异体没有甲骨文繁复，但不少字遗体也比较多。

四是装饰意味浓厚。金文和甲骨文的制作目的不同，甲骨文随用随弃，刻写比较随意甚至草率。铜器铸造不易，而且要置之高堂，传遗子孙，较为注重美化装饰，主要方式有：变方为圆，填实镂空，讲究对称，添加符饰。

另外，春秋以后文字的地域性差异逐渐加大，相对于甲骨文，这也是金文的特点之一。

三、战国文字

（一）概说

战国文字是对战国时代周王室和各诸侯国所有品类文字的统称，可以分为两个派系：秦系文字和六国文字。秦系文字由于秦国迁都于雍（即西周故地的陕西凤翔附近），受西周文化的影响而与西周金文一脉相承，除了书写风格渐趋规整匀称之外，结构上的变化并不明显。它上承西周金文，下启小篆，是汉字发展主线的一个重要环节，因而是战国文字的主流，其代表字体是石鼓文。

石鼓文是唐初在陕西凤翔县发现的春秋中晚期秦国的石刻文字，因石头略似鼓形，故称“石鼓文”，共十枚。石鼓的制作年代，现在没有定论，大约应在春秋晚期或春秋战国之际。石鼓文原文约有六百多字，历经搬迁磨损，只剩三百多字。石鼓文形体的特点是：笔画凝重饱满，气止藏锋，均匀圆润，舒展大方，已经高度的线条化、符号化；结构方正，构件形态固定，构件之间界限分明，比小篆繁复；很少异体，字幅统一，行款整齐，风格已与小篆接近。

六国文字又叫六国古文。是指战国时代流行于秦国以外的齐、楚、燕、赵、韩、魏六个诸侯国的文字，也称六国文字、东土文字。六国古文多为硬笔漆书，有的字上粗下细，形状像蝌蚪，所以又称为蝌蚪文。六国古文以孔子壁中古文为代表，还包括兵器、陶器、竹简、缯帛上的文字。

（二）字体特征

与秦系文字相比较，六国古文却呈现出了另一种情形。由于封建割据，而出现了“言语异声，文字异形”的局面，使得他们与西周金文差距越来越大，显得十分杂乱，因而具有下列特点。

一是地域性分歧较大。各国的字形结构分歧很大，有的大得简直看不出是同一个字。

二是即使是同一国家或者地区，同一个字，异写异构现象也很普遍。例如，同是齐国陶文，“区”字却有很多写法：。甚至同一篇铭文中，同一个字写法也不一样，如鄂君启节中的“昭”字可以写作“”，也可以写作“”。

三是字形变化随意性过大，无规律可循。不少字省变严重，难以看出前后的传承关系，也无法从构形理据上去解释。如“马”省作“”等。

四是有些文字注重装饰性，不在意实用性。如曾侯乙编钟铭文，线条纤细，字体瘦长，精心美化，带有春秋时期鸟虫书的遗风。

五是大力简省形体，简体字盛行。

四、篆书

篆书是介于金文和隶书之间的一种书体，可分为大篆和小篆。

（一）大篆

“大篆”一词，最早见于《汉书·艺文志》中“《史籀》十五篇”班固自注：“周宣王太史作大篆十五篇，建武时亡六篇矣。”其后许慎《说文叙》曰：“及宣王太史籀著大篆十五篇，与古文或异……秦始皇帝初兼天下，丞相李斯乃奏同之，罢其不与秦文合者。斯作《仓颉篇》，中车府令赵高作《爰历篇》，太史令胡毋敬作《博学篇》，皆取《史籀》大篆，或颇省改，所谓小篆者也……自尔秦书有八体：一曰大篆，二曰小篆，三曰刻符，四曰虫书，五曰摹印，六曰署书，七曰殳书，八曰隶书。”《说文叙》

又曰："今叙篆文，合以古籀。"《说文》所收篆文，有一类明确标为"籀文"。

后人对大篆的界定，和班固、许慎不尽相同。像《说文》籀文和石鼓文这样的字体，介于西周金文和小篆之间，既不是金文，又不是小篆，但和小篆类似，又有直接渊源关系，将其称为"大篆"还是比较合适的。一般认为秦在统一六国前使用的为大篆。

（二）小篆

根据许慎《说文叙》的描述，后人由此产生两点认识：一是小篆形成于秦始皇统一天下之时，二是小篆是由李斯等人所作。《现代汉语词典》对"小篆"的解释是："指笔画较俭省的篆书，秦朝李斯等取大篆稍加整理简化而成。也叫秦篆。"随着出土材料的增加和研究的深入，人们认识到，在秦统一中国之前小篆已经产生。

小篆的形体主要有以下特点：

一是笔画完全线条化。笔画粗细如一，圆转均匀。

二是字体方正修长，字形匀称。很多自称左右相同的镜像结构，如《峄山石刻》的"無、莫、禁"等字。

三是结构定型化。各种偏旁的形体已经定型，字中偏旁的多少和位置、笔画的数量和顺序已趋固定，异体较少。

四是字形简省。与大篆相比，多削减了繁复的部分。

五、隶书

隶书可分为秦隶和汉隶。秦隶又称古隶，汉隶又称为今隶、八分、分书。

秦隶是在战国晚期秦篆的基础上演变而来的，现存的主要材料都是战国晚期、秦代和西汉早期的简牍帛书，如青川木牍、云梦睡虎地秦简、长沙马王堆帛书以及西汉早期的碑刻。

秦隶是隶书的初期阶段，虽已突破了篆书的范畴，但多少保留了一些篆书的色彩。如字形较长，笔画主要还是粗细一致的线条，没有或很少有明显的波势，有的字还保留着篆书的结构或写法等。

汉隶大致在西汉中晚期已经成熟，东汉是汉隶发展的高峰时期。汉隶的特点是：结构从长变扁，体势由纵势变为横势，横长竖短，左右笔势开张舒展；笔画从单一均匀的线条变为形态丰富的横竖撇捺的挑法，有很强的装饰性。汉隶主要材料一是汉简，如敦煌汉简、武威汉简；二是东汉碑刻，最具代表性的有石门颂、华山碑、礼器碑等。

六、楷书

楷书本称“正书”“真书”，唐以后称为“楷书”。“楷”本树名，《说文·六上木部》曰：“楷，木也。孔子冢盖树之者。”因种在圣人墓上，所以引申出楷模义，“楷书”有楷模、法式的意思。

楷书起源的时间很早。汉桓帝永寿二年（156年）陶瓶上的题字，大部分字已无波势，折角圆转，已有相当明显的楷书意味，而汉桓帝时正是分书碑碣的鼎盛时期。楷书成为正式的书体是在魏晋时期，如出土材料中孙吴凤凰元年（272年）的谷朗碑，传世碑帖中曹魏时钟繇（151—230年）的《宣示表》、东晋王羲之所书的《黄庭经》，虽然都还多少不一的带有隶书的意味，但从总体上讲，已经属于楷书的范畴，而且王羲之的《黄庭经》，应该算是比较成熟的楷书了。

魏晋时代的楷书，其笔法还比较粗糙，结体还不够庄重，法度还不够严密。到了唐代，经过欧阳询、虞世南、褚遂良、颜真卿、柳公权等大书法家的苦心经营，加工润饰，楷书变得字形方正端庄，结构严谨精致，隶意完全消失，达到了楷书书法史的顶峰，成为楷书的正规风范而流传至今。

七、草书

汉字的草书可以分为章草和今草。章草是隶书的草写书体，是由秦隶的草体发展而来的。“章”的含义，古人有得名于史游用以书写《急就篇》（又作《急就章》）、东汉章帝、奏章、章法等说。章草的材料，除了传世的拓本写本，还有丰富的汉魏简牍纸书等出土材料。章草的形体特点是：在保留隶书扁平形体、波势笔法的同时，通过连笔和省略来简化形体，但连笔只限于字内，字与字之间笔画并不相连。

从汉末到唐代，随着楷书的发展和成熟，草书从带有隶书笔意的章草发展成带有楷书笔意的今草。今草的笔画完全去掉了章草的波磔，其结体由章草的横势变为纵势，其连笔由章草的字内连接扩展到字迹连接，成为与楷书相对应的草书。

草书在唐代出现了以张旭、怀素为代表的狂草。狂草龙飞凤舞，一笔到底，虽然气势雄浑，充满线条的跌宕变幻之美，但对于一般人来说，这种书体已不能起到书面交际的作用，有时连书写者本人也未必认识了。这种草书已经完全失去了交际功能，而变作一种艺术作品了。

八、行书

行书是介乎于正体字和草书之间的字体。正体字工整但不便于书写，草书简约但难以认读，行书对草书进行适当节制，既有连笔省略，又不失正体字原形，既流畅便捷，又易于辨认，成为人们喜用乐见的一种书体。事实上，一般人平时书写的都是行书，所以行书是从汉代到现在，使用时间最长、适用范围最广的通用书写形体。

【单元练习】

一、翻译下列句子

1. 诗曰："靡不有初，鲜克有终。"

2. 公曰："制，岩邑也，虢叔死焉。佗邑唯命。"

3. 公问之，对曰："小人有母，皆尝小人之食矣，未尝君之羹，请以遗之。"

4. 君若以德绥诸侯，谁敢不服？君若以力，楚国方城以为城，汉水以为池，虽众，无所用之！

5. 今欲并天下，凌万乘，诎敌国，制海内，子元元，臣诸侯，非兵不可。

二、文学常识填空

1. 男子____岁行____礼时取字，女子____岁____礼时取字。

2.《左传》又名________，是我国现存__________________。相传为春秋末年的鲁国史官________为解释孔子的________而作。

3.《春秋》三传：________、________、________。

三、解释下列画线词语的意思

1. 宰夫胹熊蹯不孰。——《晋灵公不君》

2. 宣子骤谏。——《晋灵公不君》

3. 今近焉，请以遗之。——《晋灵公不君》

4. 亟请于武公，公弗许。——《郑伯克段于鄢》

5. 今京不度，非制也。——《郑伯克段于鄢》

6. 遂寘姜氏于城颍。——《郑伯克段于鄢》

7. 师进，次于陉。——《齐桓公伐楚》

8. 与不谷同好，何如？——《齐桓公伐楚》

9. 是故天子大采朝日。——《敬姜论劳逸》

10. 夜庀其家事，而后即安。——《敬姜论劳逸》

11. 弟子志之，季氏之妇不淫矣。——《敬姜论劳逸》

12. 今先生俨然不远千里而庭教之。——《苏秦以连横说秦》

13. 今欲并天下，凌万乘，诎敌国，制海内，子元元，臣诸侯，非兵不可。——《苏秦以连横说秦》

14. 嫂何前倨而后卑也？——《苏秦以连横说秦》

15. 孟尝君为相数十年，无纤介之祸者，冯谖之计也。——《冯谖客孟尝君》

四、给下面文字加上标点，并翻译成现代汉语

盖文章经国之大业不朽之盛事年寿有时而尽荣乐止乎其身二者必至之常期未若文章之无穷是以古之作者寄身于翰墨见意于篇籍不假良史之辞不托飞驰之势而声名自传于后故西伯幽而演易周旦显而制礼不以隐约而弗务不以康乐而加思夫然则古人贱尺璧而重寸阴惧乎时之过已而人多不强力贫贱则慑于饥寒富贵则流于逸乐遂营目前之务而遗千载之功日月逝于上体貌衰于下忽然与万物迁化斯志士之大痛也

——曹丕《典论·论文》

五、思考题

试分析姓氏产生的条件及原因，以及姓与氏有怎样的区别与联系。

第二单元

【古代文化常识】

古代天文历法

一、古代天文学

中国是世界上天文学发展较早的国家之一，几千年来积累了大量宝贵的天文资料，就文献数量来说，其可与数学并列，仅次于农学和医学，是中国古代最发达的四门自然科学之一。古代天文学的一项重要内容是天象观测，其中包括天象观测的方法、仪器和记录。

我国自古以农立国，历法的准确与否，直接影响国计民生。因此我国古代天文学，是在农业生产和制定历法需求的推动下发展起来的。早在新石器时代，先民们就注意到物候和天象的周期变化有密切的联系，于是开始了对日、月等天象的观察。秦汉时期后，形成了以历法和天象观测为中心的完整体系。

我国历代都很重视天文与历法，为此长期坚持进行天文观测，积累了极其丰富的资料，发展了先进的观测手段，取得了辉煌的成就，留下了关于太阳黑子、彗星、流星、新星等的各种记录。这些天象纪事内容翔实，年代延续，其中许多还是世界上最早的记录。如:《尚书》记载了公元前2137年的一次日食，为人类最早的日食记录；商代甲骨文记载了日食、月食，并且出现了原始历法——阴阳历；春秋战国之际，二十八宿体系已经建立。《春秋·文公十四年》记载了公元前613年世界上首次关于哈雷彗星的记录，比欧洲早六百多年；战国《甘石星经》是世界上最早的天文学著作；石申绘制了人类历史上第一张星象表；在我国历法中占有重要地位的二十四节气经过逐步发展，到战国时已完备；汉武帝时编制第一部完整历书《太初历》；《汉书·五行志》中有世界最早的太阳黑子记录；东汉张衡对月食作了最早的科学解释，发明地动仪，比欧洲早一千七百多年；南北朝时期祖冲之编制的大明历取一周年长度为365.24231481天，和近代科学测定的数值相差仅50秒；隋唐时期僧一行进行了人类历史上第一次对子午线长度的测定，创制了用于天体测量的仪器黄道游仪；他还发现了恒星位置移动现象，比英国人哈雷提出恒星自行早了一千多年；宋元时代传统的天文仪器发展到尽善尽美的程度；元朝科学家郭守敬编制的恒星多达2500颗，他还在1280年完成了中国古代登峰造极的历法《授时历》，以365.2425日为一年，比公历早三百年。

（一）古代天文建制

天文历代都为天子所专属，从天文机构设置，至观测天象场所、仪器研制、记录典籍、历书颁布等都要经过天子的核准才能运作。

从先秦以来，天文机构的建置、官员配设、职责确立等不断发展变化。天文机构名称历代屡有更易，从太史阁、太史曹、太史监、司天台、司天监，到明代，改名为钦天监，一直使用到清末。其机构主管名称也历称大宗伯、大史、太史令、太史、大监、司天监、院使等。如：《尚书·尧典》载帝尧分命天文官员至四方观天之事，推断那时已有天文机构；《周礼·春官宗伯第三》记载六种职官与天文事务有关——大宗伯，祭祀天地、鬼神、日月、星辰；占梦，察天地阴阳，以日月、星辰占梦；眂祲，观察异常天象；大史，颁布告朔，为大事择吉日；冯相氏，管理历法；保章氏，进行星占。

古代观测天象的场所在天文台，历史上有多种名称，例如清台、观台、灵台、观象台、候台、观景（影）台等。传说夏代有观测天象的场所叫清台，有明确的记载则是西周的灵台。如:《左传·僖公五年（公元前655年）》载：“正月辛亥朔，日南至（即冬至日）。公（僖公）既视朔，遂登观台以望而书，礼也。凡分至启闭，必书云物，为备故也。”

在记录、报告及保存天文文献方面，历代天文台的工作人员都要将观测天象的结果直接记录下来。现存《史记》到《清史稿》官修史书中都有《天文志》《律历志》《五行志》，即所谓的“天文三志”，其所记载的都是改编或转述原始观测的纪录。据《新唐书·历志三上》，开元二十一年（733年）瞿昙譔和陈玄景奏：“《大衍》写《九执历》，其术未尽。”诏侍御史李麟与太史令桓执圭较灵台候簿。这里提到的“灵台候簿”即指古代天文台的原始观测纪录。

在天文仪器的研制及管理方面，因天文仪器为天文学走向定量化的必然结果，唯有借助天文仪器才能准确得出天文数据。古代的天文仪器可分为三类：圭表、漏刻、仪象，而仪象又可分浑仪、浑象两类。天文机构完成一连串的观测工作后，根据复杂且精密的数据推演出一般的规律。一方面用来占测王朝盛衰、帝王安危、年成歉收、战争胜负等国家大事，另一方面是历书的编制。相关人员将次年将颁行的历书编算印制好后，择日献于朝廷，再由天子颁历于天下。颁历也叫颁朔，自古以来莫不以颁发历书视为国家大事，一是颁历的权力为王权得以确立的象征，二是遵行某朝正朔，即使用该朝颁行的历法，表示臣服于该朝政权。颁历一般选择冬季或冬至之日进行，地点在皇宫正殿，参与颁历仪式的有天子以下诸亲王、文武百官等，历书只颁到王公大臣一级，再由天文机构的主管机关向各地方行政区转发民用历。

（二）四象与星宿

地球绕太阳公转一周，太阳的直射点在南北回归线内移动的轨道，即黄道。古人为观测日、月、五星运行把黄道附近的星空分出东、南、西、北四方，并分别用相应的灵兽代表，称为四象，表示星的形象；把星座称作星宿，又将每象分七宿，则四象共二十八宿，又叫二十八舍或二十八星，即划分的二十八个星区，用来说明日、月、五星运行所到的位置，每宿包含若干颗恒星，分别称为东方苍龙、南方朱雀、西方白虎、北方玄武。

东方苍龙，形象是一条腾空而起的飞龙，双角、三爪四脚、遍体鳞甲，呈现吞云嘘气、目空万物、不可一世之势。东方苍龙包括角、亢、氐、房、心、尾、箕七宿。

南方朱雀，又称朱鸟，在黄道南形象类凤凰，呈昂首展翅、翘足扬尾、振奋有力之状。它包括井、鬼、柳、星、张、翼、轸七宿。

西方白虎，形象是一只张牙舞爪的跃虎，四脚五爪、怒目短耳、长尾，呈腾云驾雾之姿。它包括奎、娄、胃、昴、毕、觜、参七宿。

北方玄武，是蛇绕于龟上的灵兽。它包括斗、牛、女、虚、危、室、壁七宿。

（三）日月、五星

日月即太阳、月亮，五星即金、木、水、火、土五大行星。日、月、金、木、水、火、土合称“七曜”，也叫“七政”。太阳系中金星也叫太白星，早晨在东方出现时叫启明星，傍晚在西方出现时叫长庚。木星也叫岁星，是古代用来纪年的，它是太阳系中最大的一颗星。水星又名辰星，先秦古籍中的“水”，不是九大行星中的水星，而是二十八宿中北方七宿中的室宿。火星也叫荧惑，先秦古籍中所说的“火”，并非九大行星中的火星，而是二十八宿中东方七宿中的心宿二，也叫大火。汉以后说的“火”则是今天所说的火星。土星即九大行星中的土星。

（四）北斗与北极

北斗星是由天枢、天璇、天机、天权、玉衡、开阳、摇光七星组成的星群，古人把这七星联系起来想象成为古代舀酒的斗形所以称北斗星。天枢、天璇、天机、天权组成斗身，古曰魁；玉衡、开阳、摇光组成斗柄，古曰杓。北斗七星属于大熊座。北斗，可以用来辨方向，定季节。把天璇、天枢连成直线，延长约五倍的距离，就可以找到北极星。北极星是北方的标志。北斗星在不同的季节和夜晚不同的时间，出现于天空不同的方位，看起来它在围着北极星转动，所以古人根据初昏时斗柄所指的方面来决定季节：斗柄指东，天下皆春；斗柄指南，天下皆夏；斗柄指西，天下皆秋；斗柄指北，天下皆冬。

（五）分星与分野

汉代，阴阳五行家们将金、木、水、火、土五行加以扩大推演，提出天人相应的观点，并将星空与地面配合，即将二十八宿与地上列国州郡相对应，各有所指，这样分出了星野或分野。分野是在地上的叫法，在天上应叫分星。古代占星家为了用天象变化来占卜人间的吉凶祸福，认为分野的这个星宿或附近出现天象的变异，就预示着所分野的国、州郡有灾异。

王勃《滕王阁序》云：“豫章故郡，洪都新府。星分翼轸，地接衡庐。”即说南昌地处翼宿、轸宿分野之内。李白《蜀道难》：“扪参历井仰胁息，以手抚膺坐长叹。”参宿是益州的分野，井宿是雍州的分野，蜀道跨益、雍二州。扪参历井是说入蜀之路在益、雍两州极高的山上，人们要仰着头摸着天上的星宿才能过去。

二、古代历法

天文是历法的基础。所谓历法，简单说就是根据天象变化的自然规律，计量较长的时间间隔，判断气候变化，预示季节来临的法则。古代历法，所包含的内容十分丰富，不单纯是计算朔望、二十四节气和安置闰月等编撰日历的工作，还包括日月食和行星位置的计算等一系列方位天文的内容，类似编算现在的天文年历。

（一）年、岁和岁实

古代历法中，年和岁有不同的意思。年和岁都是历法术语，是时间的计算单位，是用整日、整月进位的，不等于回归年的长度。年相当于我们今天的阴历年，一年十二或十三个月，三百五十四或三百八十四日。岁相当于今天的阳历年，一年十二个月，三百六十五或三百六十六日。《尚书·尧典》载："期三百有六旬有六日。"司马迁在《史记·五帝本纪》中改作"岁三百六十六日"，说明期就是一岁。回归年的长度，在历法中叫"岁实"。由于测量误差，古代各种历法所定的"岁实"都大于回归年的实际长度。历法一年或一岁都必须用整日、整月计算，使用时才方便，这就不可能同回归年的日数完全相符，所以历法只要求若干历法年的平均日数同回归年接近。

（二）夏历、殷历、周历

夏历、殷历、周历是我国先秦时期使用的三种历法，也叫夏正、殷正、周正，合称"三正"。这三种历法的主要区别在于岁首月建不同，即正月的时间不同。古人把十二地支与十二个月结合起来，以冬至所在的月份为子月，依此类推。冬至一般是夏历十一月。周历建子，以子月为正月；殷历建丑，以十二月为正月；夏历建寅，以一月为正月。秦始皇建亥，以十月为岁首正月。因时间短，未另计，因而只称夏、商、周三种历法叫三正。汉武帝太初年间（公元前 104 年—公元前 101 年），颁布了太初历法，此后两千多年来基本上用的是夏历，即农历。

（三）阴历、阳历、阴阳历

世界上的历法不少，比较通行的是阴历、阳历、阴阳历。

阴历也叫“太阴历”，有些地方叫“月亮年”，是按照月亮圆缺的一个周期为一个月，即以朔望月作为确定历月的基础，一年为十二个历月的一种历法。这种历法只管月亮圆缺，不管四季寒暑变化。由于月亮圆缺的周期只有二十九天半，每年只有三百五十四天，和回归年相比每年少十一天，三年就少三十多天，因此，它的过年月份不固定，每隔三年要换一次。这种历法在大部分地方已被淘汰。

阳历也叫太阳历，即公历。现代天文学把用公历计算的年称为太阳年。太阳年以地球绕太阳一周（一回归年即 365 天 5 小时 48 分 40 秒）为一年。为方便计算，常以 365 天为一年，称为平年。余下的时间每四年加一天，该年称为闰年。但这样，每四年又少了 44 分 56 秒。所以每四百年少三个闰年。阳历的 4、6、9、11 月，每月 30 天；平年的 2 月 28 天；其余的月份，每月 31 天。太阳年的特点是年的长短依据天象，平均长度等于回归年，月的长短与月亮圆缺无关，节气比较固定，每月两个，前半月在 6 日前后，后半月在 21 日前后。

阴阳历也叫阴阳合历，是我国长期使用的农历，也叫夏历，俗称阴历（与前述纯阴历不同）。阴阳历的月平均长度接近“朔望月”。年的平均长度接近“回归年”。“朔望月”是指月亮绕地球一周的时间，为29天12小时44分03秒。为便于记录，定为“大月”30天，“小月”29天。这样，每年比回归年少11天，因此采用每十九年闰七个月的方法与回归年取得一致。阴阳历综合了纯阴历和阳历的特点，月依照月亮的盈亏周期，照顾到与农业生产关系密切的节气，又通过置闰的办法，解决了年的平均值基本符合回归年的问题。我国的历法在几千年的过程中，不断改进、充实、完善，逐渐演变为现在所用的农历，是典型的阴阳历。

（四）公元、世纪、年代

“公元”是公历的纪元，始行于6世纪。它以传说中的耶稣基督诞生的那一年作为公元元年，从6世纪到10世纪，逐渐成为基督教国家通用的纪元，所以原先也称“基督纪元”，后来被世界多数国家所公用，于是改称“公元”，常用A.D.表示。在历史书上，耶稣诞生前的年代被称为“公元前”，常用B.C.（Before Christ的缩写，意为“基督以前”）表示；耶稣诞生那年以后的年代即“公元后”，简称“公元”。公元元年相当于我国西汉平帝元始元年。

“世纪”一词，来源于拉丁文，意思为一百年。从耶稣诞生那一年算起，公元元年至100年为1世纪，101年到200年为2世纪。依此类推，2001年是21世纪的第一年。

“年代”是指一个世纪中的某一个十年，比如20世纪80年代，就是从1980年开始的那十年。从1990年起，即进入20世纪90年代了。1912年1月1日，孙中山在南京宣誓就职，宣告了“中华民国”政府的成立，以这一年为“民国”元年，改用公历。中华人民共和国成立后正式采用公元纪年。

（五）纪年法

我国古代纪年的方法很多，重要的有以下几种。

一是王公即位年次纪年法。即以王公在位年数来纪年。如《左传·殽之战》载："三十三年春，秦师过周北门。"指鲁僖公三十三年。

二是年号纪年法。公元前 141 年，汉武帝刘彻即位，使用年号"建元"，首创年号纪年法，并延续至清末。汉至元朝，一个皇帝可以使用多个年号，明清两代一个国君只有一个年号。从汉武帝至清宣统三年（1911 年），前后两千零五十一年中，共建立过六百多个帝王年号。

三是岁星纪年法。岁星也叫"岁"，就是木星，由西向东运行。古人发现大约每十二年木星会出现在星空同一位置，于是把一周天分成十二等分，每一等分叫一星次，代表一年，并给它们起了名字：星纪、玄枵、诹訾、降娄、大梁、实沈、鹑首、鹑火、鹑尾、寿星、大火、析木，共十二星次，每年行一个星次，即用木星所在星次纪年。如岁在寿星，这一年就叫寿星年。战国以前常用岁星纪年。

四是太岁纪年法。木星运行轨道由西向东，这和人们常看的十二辰方向相反，为解决这个矛盾，古天文占星家便设想出一个假岁星叫太岁，给它起了十二个名字：摄提格、单阏、执徐、大荒落、敦牂、协恰、涒摊、作噩、阉茂、大渊献、困敦、赤奋若。让它和真岁星背道而驰，和十二辰方向一致，用它来纪年，这就是太岁纪年法。这种纪年方法不精确又繁琐，后废除。

五是干支纪年法。古代历法惯用"天干"和"地支"来标记日子、时间、方位甚至事物先后的次序。天干象征天上的树干，地支是这些树干散布在地上的分枝，古人认为天是主、地是从，天地互相依存像树木一样。天干包括甲、乙、丙、丁、戊、己、庚、辛、壬、癸，地支包括子、丑、寅、卯、辰、巳、午、未、申、酉、戌、亥，合称为干支。天干地支循环相配成六十个不同的组合，干支纪年法以“甲子年”为始，以“癸亥年”为终，周期结束之后干支可以循环使用，通称为六十花甲子。这种纪年法约产生于汉代，东汉章帝元和二年（85 年），正式令全国推行这种纪年法。约在东汉时期，又产生了十二属（十二生肖）纪年法，并与地支相配成子鼠、丑牛、寅虎、卯兔、辰龙、巳蛇、午马、未羊、申猴、酉鸡、戌狗、亥猪。

（六）纪月法

古代纪月，一般是按序数来纪，如一月、二月、三月，只是把一月称作正月，或元月[①]，十一月叫冬月，十二月叫腊月[②]。古人还常常把一年四季的三个月与孟、仲、季结合在一起，每季度的第一个月称为孟，第二月称仲，第三月称季。如“孟春”指农历正月，仲夏指农历五月，季冬称腊月等。

地支纪月法。古人常以十二地支配称十二个月，每个地支前要加上特定的“建”字。如杜甫《草堂即事》云：“荒村建子月，独树老夫家。”其中“建子月”按周朝纪月法指农历十一月。

干支纪月法。至迟在汉代就已使用。即以每月固定的纪月地支配上天干。五年为一周，周而复始。从甲子年到戊辰年共五年计六十个月，恰好干支纪月转满一周。

（七）纪日法

古代纪日法，最早最常见的就是干支纪日法。这种纪日法起源很早，甲骨文、金文中的记载基本上就是干支纪日，即用干支相匹配的六十甲子来记录日序，从甲子开始到癸亥结束，六十天

---

① 秦朝因避讳称端月。

② 周历一年的最后一个月举行腊祭，祭祀百神，所以叫腊月。

为一周，循环记录。干支纪日法是汉族民间使用天干地支记录日序的方法，是农历的一部分，也是历代历书中的重要组成部分。据研究，从春秋鲁隐公三年（公元前720年）二月己巳日起到清宣统三年（1911年）止，两千六百多年中从未间断和错乱过。干支纪日法是商朝历法的最大成就，也是现今已知世界最长的纪日法，其是极为重要的计时标志。

此外，还有日序纪日法，即按照日序（一、二、三）次序纪日，上旬十天序数前边习惯上加“初”字，如初一、初十等。对一些特殊的日子还有些特殊的叫法。根据太阳、地球、月亮运行的不同角度，如初一叫朔，初三叫朏，十五叫望，望的第二天叫既望，初七或初八日为上弦，二十二或二十三日为下弦，每月的最后一天叫晦等。周以前的文献和金文中，往往以朔、望、上下弦把一个月分成四段：从朔到上弦叫“初吉”，从上弦到望叫“既生魄”（或写作霸），从望到下弦叫“既望”，从下弦到晦叫“既死魄”。汉以后不再使用。

（八）纪时法

古人纪时，一般是按照天色把一昼夜分成若干时段，把日出前后叫旦、早、朝、晨，日落之时叫夕、暮、昏、晚，所以古人常常把旦暮、朝夕、晨昏、昏旦并举，表示一天一夜。汉武帝太初历法改革以后，一昼夜正式定为十二个时段，叫做十二时辰，并取名为：夜半，鸡鸣，平旦，日出，食时，隅中，日中，日昳，晡时，日入，黄昏，人定。因为古代没有计时器，古人一般是日出而作，日落而息，所以用日出、日落、吃饭、睡觉、鸡鸣等词语给时段命名。有了更漏以后，把夜间又分为五更。古人还用十二地支来表示十二时辰，每一地支代表一个时辰，即两个小时，每个时辰又分为初、正两个时段，晚间十一点为子初，十二点为子正，十一点至次日一点为子时，一点至三点为丑时，三点至五点为寅时，五点至七点为卯时，依此类推。古人说的“天开卯时”，指的就是天亮时候。此外，又将一日分为一百刻，每刻15分，每分60秒。

（九）二十四节气

我国古代把一年分为“二十四节气”，这个独特的创造，为天文学和农业活动做出了伟大的贡献。“二十四节气”的发明，是对天象长期观察、反复探索的结果。古人在观察、测量太阳位置变化规律的基础上，首先掌握了春分、秋分两个节气，然后认识了夏至和冬至。冬至、春分、夏至、秋分，就是二分二至。而分至的关键在于冬至点。冬至点是一回归年的起点，地球绕太阳一周再回到冬至点的长度，就是一回归年。这个长度的中分处就是夏至点，二分则在二至的中点，一定是昼夜平分的那一天。春秋末年，根据对每年“冬至”时刻的测定，推算出一年岁实是365.25日，这在当时是世界上最精密的数值。《春秋》一书中，已有许多春夏秋冬四季的记载。西汉时问世的《淮南子·天文训》，完整地记录了全部“二十四节气”，至今仍为人民所沿用。二十四气又分为节气、中气两类，凡奇数者为节气，偶数者为中气。今天人们习惯上把中气也称为节气，叫二十四节气。

二十四节气歌谣中：“春雨惊春清谷天，夏满芒夏暑相连，秋处露秋寒霜降，冬雪雪冬小大寒。每月两节不变更，最多相差一两天。上半年来六廿一，下半年是八廿三。”即可看出二十四节气按阳历计算，每月正好两个节气，相差也不过一两天时间。二十四节气是用来表示一年里天时和气候变化的二十四个时期，也就是表示地球在围绕太阳公转的轨道上运行的二十四个不同的位置。天文学上，用太阳的黄经度来计算，分黄道为360度，取“春分点”为零度，由此起算，每15度为一个节气，六个节气为一季，合四季而得“二十四节气”。

【经典文选】

项羽本纪

司马迁

【导读】

《项羽本纪》是西汉司马迁所著《史记》中的一篇，它记录了秦末楚霸王项羽光辉壮烈的一生。

司马迁（公元前 145 年—公元前 90 年），字子长，夏阳（今陕西韩城）人。中国西汉伟大的史学家、文学家、思想家。司马迁早年受学于西汉儒学名家孔安国、董仲舒，后任郎中，出使西南。元封三年（公元前 108 年）任太史令，继承父业，著述历史，完成了《史记》，被后世尊称为史迁、太史公。

《史记》是中国历史上第一部纪传体通史，记载了从传说中的黄帝时期到汉武帝太初年间三千多年的历史。最初称为《太史公》《太史公记》或《太史记》。《史记》取材广泛，当时社会上流传的《世本》《国语》《秦记》《楚汉春秋》、诸子百家等著作和国家的文书档案，以及实地调查获取的材料，都是司马迁写作《史记》的重要材料来源。《史记》全书分本纪、表、书、世家、列传五部分，本纪十二篇、表十篇、书八篇、世家三十篇、列传七十篇，共一百三十篇，五十二万六千五百字，规模巨大，体系完备。它以历史上的帝王等政治中心人物为史书编撰的主线，创立了史书新体例“纪传体”，对此后的史书影响很深。同时，司马迁对搜集的材料做了认真的分析和选择，其修史态度严肃认真，记事翔实，文字生动，被公认为中国史书的典范，鲁迅曾誉之为“史家之绝唱，无韵之离骚”。

【正文】

是时，汉兵盛食多，项王兵罢食绝。汉遣陆贾说项王，请太公，项王弗听。汉王复使侯公往说项王，项王乃与汉约，中分天下，割鸿沟以西者为汉，鸿沟而东者为楚。项王许之，即归汉王父母妻子[1]。军皆呼万岁。汉王乃封侯公为平国君。匿弗肯复见[2]。曰：“此天下辩士，所居倾国[3]，故号为平国君。”项王已约，乃引兵解而东归。

汉欲西归，张良、陈平说曰：“汉有天下太半[4]，而诸侯皆附之。楚兵罢食尽，此天亡楚之时也，不如因其机而遂取之。今释弗击，此所谓‘养虎自遗患’也。”汉王听之。汉五年，汉王乃追项王至阳夏南，止军，与淮阴侯韩信、建成侯彭越期会而击楚军。至固陵，而信、越之兵不会。楚击汉军，大破之。汉王复入壁，深堑而自守[5]。谓张子房曰：“诸侯不从约，为之奈何？”对曰：“楚兵且破，信、越未有分地，其不至固宜[6]。君王能与共分天下，今可立致也[7]。即不能[8]，事未可知也。君王能自陈以东傅海[9]，尽与韩信；睢阳以北至谷城，以与彭越；使各自为战，则楚易败也。”汉王曰：“善。”于是乃发使者告韩信、彭越曰：“并力击楚。楚破，自陈以东傅海与齐王，睢阳以北至谷城与彭相国。”使者至，韩信、彭越皆报曰：“请今进兵。”韩信乃从齐往，刘贾军从寿春并行，屠城父，至垓下。大司马周殷叛楚，以舒屠六，举九江兵，随刘贾、彭越皆会垓下，诣项王[10]。

项王军壁垓下，兵少食尽，汉军及诸侯兵围之数重。夜闻汉军四面皆楚歌，项王乃大惊曰：“汉皆已得楚乎？是何楚人之多也[11]！”项王则夜起，饮帐中。有美人名虞，常幸从；骏马名骓[12]，常骑之。于是项王乃悲歌慷慨，自为诗曰：“力拔山兮气盖世，时不利兮骓不逝[13]。骓不逝兮可奈何，虞兮虞兮奈若何[14]！”歌数阕[15]，美人和之。项王泣数行下，左右皆泣，莫能仰视。

于是项王乃上马骑，麾下壮士骑从者八百余人，直夜溃围南出[16]，驰走。平明，汉军乃觉之，令骑将灌婴以五千骑追之。项王渡淮，骑能属者百余人耳[17]。项王至阴陵，迷失道，问一田父[18]，田父绐曰“左”[19]。左，乃陷大泽中。以故汉追及之。项王乃复引兵而东，至东城，乃有二十八骑。汉骑追者数千人。项王自度不得脱。谓其骑曰：“吾起兵至今八岁矣，身七十余战，所当者破，所击者服，未尝败北，遂霸有天下。然今卒困于此[20]，此天之亡我，非战之罪也。今日固决死，愿为诸君快战[21]，必三胜之，为诸君溃围，斩将，刈旗[22]，令诸君知天亡我，非战之罪也。”乃分其骑以为四队，四向[23]。汉军围之数重。项王谓其骑曰：“吾为公取彼一将。”令四面骑驰下，期山东为三处。于是项王大呼驰下，汉军皆披靡[24]，遂斩汉一将。是时，赤泉侯为骑将，追项王，项王瞋目而叱之，赤泉侯人马俱惊，辟易数里[25]。与其骑会为三处。汉军不知项王所在，乃分军为三，复围之。项王乃驰，复斩汉一都尉，杀数十百人，复聚其骑，亡其两骑耳。乃谓其骑曰：“何如？”骑皆伏曰：“如大王言。”

于是项王乃欲东渡乌江。乌江亭长檥船待[26]，谓项王曰：“江东虽小，地方千里，众数十万人，亦足王也。愿大王急渡。今独臣有船，汉军至，无以渡。”项王笑曰：“天之亡我，我何渡为[27]！且籍与江东子弟八千人渡江而西，今无一人还，纵江东父兄怜而王我，我何面目见之？纵彼不言，籍独不愧于心乎？”乃谓亭长曰：“吾知公长者。吾骑此马五岁，所当无敌，尝一日行千里，不忍杀之，以赐公。”乃令骑皆下马步行，持短兵接战。独籍所杀汉军数百人。项王身亦被十余创[28]。顾见汉骑司马吕马童，曰：“若非吾故人乎[29]？”马童面之[30]，指王翳曰：“此项王也。”项王乃曰：“吾闻汉购我头千金[31]，邑万户，吾为若德[32]。”乃自刎而死。王翳取其头，余骑相蹂践争项王，相杀者数十人。最其后，郎中骑杨喜，骑司马吕马童，郎中吕胜、杨武各得其一体[33]。五人共会其体，皆是。故分其地为五：封吕马童为中水侯，封王翳为杜衍侯，封杨喜为赤泉侯，封杨武为吴防侯，封吕胜为涅阳侯。

项王已死，楚地皆降汉，独鲁不下。汉乃引天下兵欲屠之，为其守礼义，为主死节[34]，乃持项王头视鲁[35]，鲁父兄乃降。始，楚怀王初封项籍为鲁公，及其死，鲁最后下，故以鲁公礼葬项王谷城。汉王为发哀，泣之而去。诸项氏枝属[36]，汉王皆不诛。乃封项伯为射阳侯。桃侯、平皋侯、玄武侯皆项氏，赐姓刘。

太史公曰：吾闻之周生曰“舜目盖重瞳子”[37]，又闻项羽亦重瞳子。羽岂其苗裔邪[38]？何兴之暴也[39]！夫秦失其政，陈涉首难，豪杰蠭起，相与并争，不可胜数，然羽非有尺寸[40]，乘埶起陇亩之中[41]，三年，遂将五诸侯灭秦[42]，分裂天下，而封王侯，政由羽出，号为“霸王”，位虽不终[43]，近古以来未尝有也。及羽背关怀楚[44]，放逐义帝而自立，怨王侯叛己，难矣[45]。自矜功伐，奋其私智而不师古[46]，谓霸王之业，欲以力征经营天下[47]，五年卒亡其国，身死东城，尚不觉寤而不自责[48]，过矣[49]。乃引“天亡我，非用兵之罪也”[50]，岂不谬哉！

【注释】

[1] 父母妻子：刘邦生母刘媪已死，此处“母”指刘邦庶母，“子”指庶子刘肥。

[2] 让侯公隐藏起来，汉王不肯再见到他。一说是侯公藏起来不愿再见汉王，表示不图封赏。

[3] 所居倾国：因侯公口才好，他住在哪儿就会使人家的国家倾覆。

［4］太半：大半。

［5］深堑：挖深壕沟。

［6］固：本来。宜：应该。

［7］致：使至，招来。

［8］即：如果。

［9］傅：附着，靠近。

［10］诣：往，到……去，这里是逼近的意思。

［11］何楚人之多：怎么楚人这么多。

［12］骓（zhuī）：青白杂色的马，此马在项羽时期号称天下第一骏马。

［13］逝：跑。

［14］奈若何：把你怎么办。

［15］阕：乐曲每终了一次叫一阕。“数阕”就是几遍。

［16］直：当，趁。

［17］属：指跟得上。

［18］田父（fǔ）：老农。

［19］绐（dài）：古时通“诒”，欺骗。

［20］卒：终于。

［21］快战：痛快地打一仗。

［22］刈（yì）：割，砍。

［23］四向：面向四方。

［24］披靡：军队溃散。

［25］辟易：退避，倒退。

［26］檥（yǐ）：通“舣”，停船靠岸。

［27］何渡为：还渡江干什么。

［28］被：遭受。

［29］故人：旧友。

［30］面之：跟项王面对面。

［31］购：悬赏征求。

［32］为若德：送给你点儿好处。

［33］体：身体的部分，四肢加头合称五体。

［34］死节：为节操而死。

［35］视：通“示”，给……看。

［36］枝属：宗族。

［37］重瞳子：旧说指一只眼睛里有两个眸子。

［38］苗裔：后代。

［39］暴：骤然，突然。

［40］尺寸：尺寸之地，指极少的封地。

［41］陇亩：田野，指民间。

［42］五诸侯：齐、赵、汉、魏、燕五国。此处泛指楚以外的各路义军。

［43］不终：没有结果，没有到底。

［44］背关怀楚：项羽叔父项梁起兵时，立楚王后代熊心为怀王，灭秦后项羽尊其为义帝。后项羽自立为西楚霸王，徙义帝往长沙郴县，并密令于途中杀之。

［45］难矣：项羽在这种情况下还想成大事，那就太困难了。

［46］私智：一己之能。师古：以古代成功立业的帝王为师。

［47］经营：治理，整顿。

［48］觉寤：亦作“觉悟”，省悟。

［49］过矣：实在是大错特错了。

［50］引：援引，以……为理由。

【知识拓展】本课中出现的成语或典故

画若鸿沟：画，划分；鸿沟，古汴水支流。比喻界限分明。

养虎遗患：遗，留下；患，祸患。留着老虎不除掉，就会成为后患。比喻纵容坏人坏事，留下后患。

四面楚歌：比喻陷入四面受敌、孤立无援的境地。

霸王别姬：姬，指西楚霸王项羽的宠妾虞姬。形容英雄末路的悲壮情景。现多比喻独断专行，脱离群众，最终垮台。

所向披靡：所向，指力所到达的地方；披靡，溃败。比喻力量所达到的地方，一切障碍全被扫除。

垓下之围：借指英雄末路的困窘与无奈。

卷土重来：卷土，人马奔跑时尘土飞卷。比喻失败之后，重新恢复势力。出自杜牧《题乌江亭》：“江东子弟多才俊，卷土重来未可知。”

江东父老：古指长江下游江南地区。父老，父兄辈人。泛指家乡的父兄长辈。

李将军列传

司马迁

【导读】

《李将军列传》通过描写西汉“飞将军”李广的机智勇敢、廉洁宽厚，以及有功却不得封爵，最后反而被迫自刎的不幸遭遇，塑造了一位悲剧英雄的形象。作者通过李广的悲剧结局揭露并谴责了统治者的任人唯亲、刻薄寡恩以及对贤能的压抑与扼杀，从而使这篇传记具有更深一层的政治意义。文章叙事突出重点，多细节描写，是《史记》中的传记名篇。

李广（不详—公元前 119 年），汉族，陇西成纪（今甘肃秦安）人，中国西汉时期名将。汉文帝十四年（公元前 166 年）从军击匈奴因功为中郎。景帝时，先后任北部边域七郡太守。武帝即位，召为中央宫卫尉。元光六年（公元前 129 年），任骁骑将军，后任右北平郡太守。匈奴畏服，称之为飞将军，数年不敢来犯。元狩四年（公元前 119 年），漠北之战中，李广任前将军，因迷失道路，未能参战，愤愧自杀。

【正文】

后二岁，大将军、骠骑将军大出击匈奴[1]，广数自请行，天子以为老，弗许；良久乃许之，以为前将军。是岁，元狩四年也。

广既从大将军青击匈奴，既出塞，青捕虏知单于所居，乃自以精兵走之[2]，而令广并于右将军军[3]，出东道。东道少回远[4]，而大军行水草少，其势不屯行[5]。广自请曰：“臣部为前将军，今大将军乃徙令臣出东道，且臣结发而与匈奴战[6]，今乃一得当单于[7]，臣愿居前，先死单于[8]。”大将军青亦阴受上诫，以为李广老，数奇[9]，毋令当单于，恐不得所欲。而是时公孙敖新失侯[10]，为中将军从大将军，大将军亦欲使敖与俱当单于，故徙前将军广。广时知之，固自辞于大将军。大将军不听，令长史封书与广之莫府[11]，曰：“急诣部[12]，如书。”广不谢大将军而起行[13]，意甚愠怒而就部[14]，引兵与右将军食其合军出东道[15]。军亡导[16]，或失道，后大将军。大将军与单于接战，单于遁走，弗能得而还。南绝幕[17]，遇前将军、右将军。广已见大将军，还入军。大将军使长史持糒醪遗广[18]，因问广、食其失道状，青欲上书报天子军曲折[19]。广未对，大将军使长史急责广之幕府对簿[20]。广曰：“诸校尉无罪，乃我自失道。吾今自上簿。”

至莫府，广谓其麾下曰：“广结发与匈奴大小七十余战，今幸从大将军出接单于兵，而大将军又徙广部行回远，而又迷失道，岂非天哉！且广年六十余矣，终不能复对刀笔之吏。”遂引刀自刭[21]。广军士大夫一军皆哭[22]。百姓闻之，知与不知，无老壮皆为垂涕。而右将军独下吏，当死，赎为庶人。

广子三人，曰当户、椒、敢，为郎。天子与韩嫣戏，嫣少不逊[23]，当户击嫣，嫣走。于是天子以为勇。当户早死，拜椒为代郡太守，皆先广死。当户有遗腹子名陵。广死军时，敢从骠骑将军。广死明年，李蔡以丞相坐侵孝景园壖地[24]，当下吏治，蔡亦自杀，不对狱[25]，国除。李敢以校尉从骠骑将军击胡左贤王，力战，夺左贤王鼓旗，斩首多，赐爵关内侯，食邑二百户，代广为郎中令。顷之，怨大将军青之恨其父[26]，乃击伤大将军，大将军匿讳之[27]。居无何，敢从上雍，至甘泉宫猎。骠骑将军去病与青有亲[28]，射杀敢。去病时方贵幸，上讳云鹿触杀之。居岁余，去病死。而敢有女为太子中人[29]，爱幸，敢男禹有宠于太子，然好利，李氏陵迟衰微矣[30]。

太史公曰：《传》[31]曰："其身正，不令而行；其身不正，虽令不从。"其李将军之谓也？余睹李将军悛悛如鄙人[32]，口不能道辞。及死之日，天下知与不知，皆为尽哀。彼其忠实心诚信于士大夫也！谚曰："桃李不言，下自成蹊[33]。"此言虽小，可以喻大也。

【注释】

[1] 骠骑将军：即霍去病。

[2] 走：追逐。

[3] 右将军：名赵食其。

[4] 少：稍。回：迂回。

[5] 屯行：并队行进。屯：聚集。

[6] 结发：即束发。古代男子到十五岁即可束发。此处指少年或年轻之时。

[7] 当：面对，对敌。

[8] 死：死战。

[9] 数奇：命运不好。数：命运；奇：单数。古代占卜以得偶为吉，奇为不吉。

[10] 公孙敖：原为合骑侯，后因罪当斩，赎为庶人，所以说"新失侯"。他曾救过卫青，所以卫青想给他立功机会而排挤李广。其事迹详见《卫将军骠骑列传》。

[11] 长史：官名，这里指大将军的秘书。封书：写好公文加封。

[12] 诣：到……去。

[13] 谢：辞别。

[14] 愠：怨恨。

[15] 食其：即赵食其。

[16] 导：向导。

[17] 绝：渡过，横穿。幕（mò）：通“漠”，沙漠。

[18] 糒（bèi）：干粮。醪：浊酒。

[19] 曲折：委曲详细的情况。

[20] 对簿：按簿册上的记载对质，即受审。

[21] 引刀：拔刀。自刭：自刎。

[22] 士大夫：这里指军中的将士。

[23] 不逊：不礼貌，放肆。

[24] 坐：因犯……罪。孝景园：景帝的陵园。堧地：陵前神道（直通陵墓的大道）外边的空地。

[25] 对狱：和狱吏对质，即受审。

[26] 恨其父：使其父饮恨自杀。

[27] 匿讳：隐瞒。

[28] 有亲：霍去病是卫青的外甥。

[29] 中人：指侍妾。

[30] 陵迟：衰落，败落。

[31] 传：汉朝人称《诗》《书》《易》《礼》《春秋》为“经”，解说经书的著作都称为“传”。这里的传是指《论语》。

[32] 悛悛：老实厚道的样子。

[33] 蹊：小路。

【知识拓展】本课中出现的成语或典故

桃李不言，下自成蹊：原意是桃树不招引人，但因它有花和果实，人们在它下面走来走去，走出了一条小路。比喻人只要真诚、忠实，就能感动别人。

西汉李广将军历来被后世所称道，留下许多佳句美传。

王勃《滕王阁序》：“时运不济，命途多舛，冯唐易老，李广难封。”

王昌龄《出塞》："秦时明月汉时关，万里长征人未还。但使龙城飞将在，不教胡马度阴山。"

高适《燕歌行》："君不见沙场征战苦，至今犹忆李将军！"

报任安书

司马迁

【导读】

《报任安书》是西汉史学家、文学家司马迁写给其友人任安的一封信。

任安是司马迁的朋友，征和二年（公元前91年）因巫蛊之祸被判腰斩，十二月就要行刑，他写信给司马迁，请他设法援救。司马迁深知汉武帝，他知道任安的死判绝无平反的可能。十一月，司马迁写了一封长信回给任安。他以激愤的心情，陈述了自己的不幸遭遇，抒发了内心的痛苦，把自己见死不救的苦衷，向老朋友说明，并请求他原谅。

文章大量运用典故和对偶、引用、排比等修辞手法，一气呵成，气势宏伟。这篇文章对后世了解司马迁的生活、理解他的思想具有重要价值。

【正文】

太史公牛马走司马迁再拜言[1]。少卿足下：曩者辱赐书[2]，教以慎于接物[3]，推贤进士为务[4]。意气勤勤恳恳[5]，若望仆不相师[6]，而用流俗人之言[7]。仆非敢如此也。仆虽罢驽[8]，亦尝侧闻长者之遗风矣[9]。顾自以为身残处秽[10]，动而见尤[11]，欲益反损，是以独郁悒而谁与语[12]。谚曰："谁为为之？孰令听之[13]？"盖钟子期死，伯牙终身不复鼓琴[14]。何则？士为知己者用，女为悦己者容。若仆大质已亏缺矣[15]，虽才怀随和[16]，行若由夷[17]，终不可以为荣，适足以见笑而自点耳[18]。书辞宜答，会东从上来[19]，又迫贱事[20]，相见日浅，卒卒无须臾之间[21]，得竭指意[22]。今少卿抱不测之罪[23]，涉旬月[24]，迫季冬[25]，仆又薄从上雍[26]，恐卒然不可为讳[27]，是仆终已不得舒愤懑以晓左右[28]，则是长逝者魂魄私恨无穷[29]。请略陈固陋[30]。阙然久不报，幸勿为过。

【注释】

[1] 太史公：官名，即太史令。牛马走：像牛马般被驱使的仆人，这是谦词。

[2] 曩（nǎng）：从前，过去。

[3] 接物：待人接物。

[4] 务：事。为务：作为应当做的事。当时司马迁任中书令，掌文书及推选人才等事，所以任安要他推贤进士。

[5] 意气：情意。勤勤恳恳：诚恳的样子。

[6] 望：怨、抱怨。

[7] 好像怨我不效法你，而遵行世俗之人的话。

[8] 罢：通“疲”。驽：劣马。自喻驽马，自谦才能低下。

[9] 侧闻：在旁听到。

[10] 顾：只是。身残：指身遭宫刑。秽：指污秽可耻的地位。

[11] 尤：过，作动词用，指责、责备。

[12] 郁悒（yì）：愁闷。

[13] 第一个“为（wèi）”：介词，即使我推贤进士，可是君非圣明之君，我又为谁去推贤进士，又能让谁听我的呢？

[14] 钟子期，伯牙，都是春秋时楚人。伯牙善弹琴，钟子期最了解他的琴音。后来钟子期死，伯牙破琴绝弦，终身不再鼓琴，以为世无知音。司马迁的意思是：君王不明察，不了解我，我能做什么呢？

［15］大质：身体。

［16］随：指随侯珠。和：指和氏璧。

［17］由：许由。夷：伯夷。许由和伯夷，两人都被推为品德高尚的人。

［18］点：污。

［19］会：正遇上。东：往东，由西向东。上：当今皇帝，指武帝。

［20］即又被贱事所迫。贱事：谦词，指烦琐的事务。

［21］卒卒（cù cù）：通“猝猝”，匆忙急迫的样子。

［22］指：通“旨”。指意：意旨，心意。

［23］不测：指深。不测之罪：指被处腰斩。

［24］旬：遍，满。旬月：满月。过一个月。

［25］迫：靠近。季冬：十二月。依汉律，十二月处决犯人。

［26］我又接近随皇帝到雍去的日期了。薄：迫近。雍：地名，在今陕西凤翔县南。

［27］不可为讳：死的婉辞，指任安死。

［28］终已：终于。懑：烦闷。晓：告知。左右：不直称对方，而称对方左右的人，以表尊敬。

［29］长逝者：死者，指任安。

［30］固陋：谦词，指固塞鄙陋之见。

【正文】

仆闻之：修身者，智之符也[1]；爱施者，仁之端也；取与者，义之表也[2]；耻辱者，勇之决也[3]；立名者，行之极也[4]。士有此五者，然后可以托于世，而列于君子之林矣。故祸莫憯于欲利[5]，悲莫痛于伤心，行莫丑于辱先，诟莫大于宫刑[6]。刑余之人[7]，无所比数[8]，非一世也，所从来远矣。昔卫灵公与雍渠同载，孔子适陈[9]；商鞅因景监见，赵良寒心[10]；同子参乘，袁丝变色[11]：自古而耻之。夫以中才之人，事有关于宦竖[12]，莫不伤气[13]，而况于慷慨之士乎？如今朝廷虽乏人，奈何令刀锯之余[14]，荐天下之豪俊哉！仆赖先人绪业[15]，得待罪辇毂下[16]，二十余年矣。所以自惟，上之不能纳忠效信[17]，有奇策才力之誉，自结明主；次之又不能拾遗补阙[18]，招贤进能，显岩穴之士[19]；外之又不能备行伍[20]，攻城野战，有斩将搴旗之功[21]；下之不能积日累劳，取尊官厚禄，以为宗族交游光宠[22]。四者无一遂[23]，苟合取容[24]，无所短长之效[25]，可见于此矣[26]。向者仆常厕下大夫之列[27]，陪外廷末议[28]，不以此时引纲维[29]，尽思虑，今以亏形为扫除之隶[30]，在阘茸之中[31]，乃欲仰首伸眉，论列是非，不亦轻朝廷，羞当世之士邪？嗟乎！嗟乎！如仆尚何言哉！尚何言哉！

【注释】

[1] 符：信，这里是凭证的意思。

[2] 表：标志，表现。

[3] 如何对待耻辱，是断定一个人是否勇敢的标准。

[4] 行（xìng）：品行。极：指最高的境界。

[5] 憯（cǎn）：通“惨”，凄惨。

[6] 诟（gòu）：耻辱。

[7] 在刑罚下得到余生的人，即受过刑的人，这里指宦者。

[8] 没有（把他们）放在一起来计算的，即不能和任何人相比。数（shǔ）：计算。

[9] 卫灵公和他的夫人同车出游，让宦者雍渠参乘，孔子为次乘。孔子感到很耻辱，于是离开了卫国，到陈国去。

[10] 商鞅是靠着秦孝公宠信的宦官景监引见而得官的。赵良：当时秦之贤者。他认为商鞅得官的方法不当，而且伤王族过甚，曾劝说商鞅引退，商鞅不听。

[11] 同子：指汉文帝的宦官赵谈，司马迁为避父讳，改称他为同子。袁丝：姓袁，名盎，字丝。汉文帝时人，官至太常，以敢于直谏闻名，后来被梁王派人刺死。在他任中郎时，见赵谈参乘，就伏在汉文帝的车前谏阻说："我听说天子只和天下的豪杰英雄同车。现在汉虽缺乏人才，陛下怎么偏偏和宦者同车呢？"

[12] 竖：宫廷供役使的小臣，后泛指卑贱者。宦竖：宦官。

[13] 伤气：挫伤了志气。

[14] 刀锯之余：指受过刑的人。

[15] 绪业：事业。

[16] 待罪：即做官，谦词。辇：皇帝坐的车。辇毂下：京城的代称。

[17] 效：献出。

[18] 拾遗补阙：拾人君之所遗忘，补人君之所阙失，指讽谏。

[19] 岩穴之士：指隐士。

[20] 行伍：古代军队的编制，五人为伍，二十五人为行。备行伍：备数于行伍之中。

[21] 搴（qiān）：拔取。

[22] 交游：指朋友。

[23] 遂：成。

[24] 苟：苟且。合：指合于时。取容：指取得皇帝的收容。

[25] 连上句即：假如苟且合时，取容当道，也没有什么功效。

[26] 即于此可见矣。

[27] 厕：夹杂，谦词。下大夫：周代太史属下大夫，这也是谦词。

[28] 外廷：外朝。汉代把官员分为外朝官（丞相以下至六百石）和中朝官（大司马、侍中等）。

[29] 纲维：指国家的法令。

［30］扫除之隶：谦词。

［31］阘茸（tà rǒng）：下贱，指下贱的人。

【正文】

且事本末未易明也。仆少负不羁之才[1]，长无乡曲之誉[2]。主上幸以先人之故，使得奏薄技[3]，出入周卫之中[4]。仆以为戴盆何以望天[5]，故绝宾客之知[6]，忘室家之业，日夜思竭其不肖之才力，务一心营职，以求亲媚于主上[7]。而事乃有大谬不然者！夫仆与李陵俱居门下[8]，素非能相善也。趣舍异路[9]，未尝衔杯酒，接殷勤之余欢[10]。然仆观其为人，自守奇士[11]：事亲孝，与士信，临财廉，取与义，分别有让[12]，恭俭下人[13]，常思奋不顾身，以徇国家之急[14]。其素所蓄积也，仆以为有国士之风。夫人臣出万死不顾一生之计，赴公家之难，斯已奇矣[15]。今举事一不当[16]，而全躯保妻子之臣，随而媒孽其短[17]，仆诚私心痛之。且李陵提步卒不满五千，深践戎马之地，足历王庭[18]，垂饵虎口，横挑强胡[19]，仰亿万之师[20]，与单于连战十有余日[21]，所杀过当[22]。虏救死扶伤不给[23]，旃裘之君长咸震怖[24]。乃悉征其左右贤王[25]，举引弓之民[26]，一国共攻而围之。转斗千里，矢尽道穷，救兵不至，士卒死伤如积。然陵一呼劳军，士无不起，躬自流涕，沬血饮泣[27]，更张空弮[28]，冒白刃，北向争死敌者[29]。陵未没时[30]，使有来报[31]，汉公卿王侯皆奉觞上寿[32]。后数日，陵败书闻[33]，主上为之食不甘味，听朝不怡[34]，大臣忧惧，不知所出。仆窃不自料其卑贱，见主上惨怆怛悼[35]，诚欲效其款款之愚[36]，以为李陵素与士大夫绝甘分少[37]，能得人死力，虽古之名将，不能过也。身虽陷败，彼观其意，且欲得其当而报于汉[38]。事已无可奈何，其所摧败，功亦足以暴于天下矣[39]。仆怀欲陈之，而未有路，适会召问，即以此指[40]，推言陵之功[41]。欲以广主上之意，塞睚眦之辞[42]。未能尽明，明主不晓，以为仆沮贰师[43]，而为李陵游说，遂下于理[44]。拳拳之忠[45]，终不能自列[46]，因为诬上，卒从吏议[47]。家贫，货赂不足以自赎[48]；交游莫救，左右亲近不为一言[49]。身非木石，独与法吏为伍，深幽囹圄之中[50]，谁可告愬者！此真少卿所亲见，仆行事岂不然乎？李陵既生降，隤其家声[51]，而仆又佴之蚕室[52]，重为天下观笑[53]。悲夫！悲夫！事未易一二为俗人言也[54]。

【注释】

［1］负：恃。不羁：指才质高远不可羁系。

［2］乡曲：乡里。

［3］奏：贡献。

［4］周：环绕。周卫：即宫禁之中。

［5］戴着盆子与望天，二者不可得兼。比喻自己既一心营职，就无暇再管私事。

［6］知：了解。和朋友断绝来往。

［7］以求亲近主上、爱主上。媚：爱。

［8］李陵：汉景帝、武帝时名将李广的孙子，善骑射，曾任侍中，司马迁当时任太史令，都是能出入宫门的官。

［9］各人走或不走的道路彼此不同。比喻各人志向不同。趣：向前走。舍：止。

［10］衔杯酒：酒杯叼在嘴里，指饮酒。殷勤：深情委曲的样子。

［11］自守：指能守住自己的节操。

［12］分别：指能分别尊卑长幼，即知礼。有让：有谦让之礼。

［13］恭俭：是偏义复词，着重在恭。下人：下于人，是谦居于人下的意思。

［14］徇：以身从物。

［15］斯已奇矣：这已经是很少见的了。

［16］举事：行事。

［17］媒孽：酒母。比喻借端诬罔构陷，酿成其罪。

［18］王庭：指匈奴君王所居之地。

［19］横挑：四处挑战。

［20］仰：仰攻。汉军北向，匈奴南向，北方地高，所以说“仰”。

［21］单（chán）于：古代匈奴对其君王的称呼。

［22］所杀之敌超过汉军的数目。当（dàng）：相当的，相等的。

［23］给：供给。不给：顾不上。

［24］旃：通毡。旃裘：匈奴人穿的衣服，这里指匈奴。

［25］左右贤王：左贤王、右贤王，都是匈奴王之号。单于之下设左右贤王。

［26］发动所有能拉弓射箭的人。举：发动。

［27］沬（huì）：洗脸。沬血：意为以血洗脸。

［28］奍（quān）：强硬的弓弩。

［29］北向：面向北方。争：奋勇争先。面向北方奋勇杀敌。

［30］没：军队覆没。

［31］使：使者。

［32］上寿：祝贺战捷。

［33］陵败书闻：李陵兵败的奏书传来。

［34］听朝：上朝听政。

［35］惨怆（chuàng）怛（dá）悼：都是悲伤的意思。

［36］款款：忠诚的样子。

［37］绝甘分少：自己不吃甘美的东西，把不多的东西分给大家。

［38］当（dāng）：有抵罪的意思，这里用如名词，指足以抵罪之功。

［39］暴（pù）：暴露，显示。

［40］指：通“旨”，意思。

［41］推：推广。推言：阐述。

［42］睚眦（yá zì）：怒目而视。睚眦之辞：指怨家之辞。

［43］沮：毁坏。贰师：指贰师将军李广利，其妹为武帝宠妃。

［44］理：指大理寺，掌诉讼刑狱之事。

［45］拳拳：忠诚恭谨的样子。

［46］列：列举，指陈述。

［47］狱吏因而定司马迁为诬上之罪（应处宫刑），武帝最后同意了狱吏的判决。

［48］货赂：财货。依汉律，可以用钱赎罪。

［49］左右亲近：指在皇帝左右的近臣。

［50］幽：禁闭，关闭。囹圄（líng yǔ）：监狱。

［51］隤（tuí）：败坏。

［52］佴（èr）：次，编次、排列。我又被排列到应入蚕室之列，即使我受宫刑。受过宫刑的人怕风寒，所居之室必须严密而温暖，就像养蚕的屋子一样，所以称蚕室。

［53］重（chóng）：深深地。

［54］事情不容易为俗人言其一二。如果把我心里的话全说出来，更不为俗人所了解。

【正文】

仆之先非有剖符丹书之功[1]；文史星历[2]，近乎卜祝之间[3]，固主上所戏弄，倡优畜之[4]，流俗之所轻也。假令仆伏法受诛，若九牛亡一毛，与蝼蚁何以异？而世又不与能死节者比[5]，特以为智穷罪极，不能自免，卒就死耳。何也？素所自树立使然也[6]。人固有一死，或重于泰山，或轻于鸿毛，用之所趋异也[7]。太上不辱先，其次不辱身，其次不辱理色[8]，其次不辱辞令，其次诎体受辱[9]，其次易服受辱[10]，其次关木索、被捶楚受辱[11]，其次剔毛发、婴金铁受辱[12]，其次毁肌肤、断肢体受辱，最下腐刑极矣！传曰："刑不上大夫[13]。"此言士节不可不勉励也。猛虎在深山，百兽震恐，及在槛阱之中[14]，摇尾而求食，积威约之渐也[15]。故士有画地为牢，势不可入，削木为吏，议不可对，定计于鲜也[16]。今交手足，受木索，暴肌肤，受榜箠，幽于圜墙之中[17]。当此之时，见狱吏则头枪地[18]，视徒隶则心惕息[19]。何者？积威约之势也。及以至是[20]，言不辱者，所谓强颜耳[21]，曷足贵乎？且西伯[22]，伯也[23]，拘于羑里；李斯[24]，相也，具于五刑[25]；淮阴，王也，受械于陈[26]；彭越、张敖，南面称孤，系狱抵罪[27]；绛侯诛诸吕[28]，权倾五伯[29]，囚于请室[30]；魏其，大将也，衣赭衣，关三木[31]；季布为朱家钳奴[32]；灌夫受辱于居室[33]。此人皆身至王侯将相，声闻邻国，及罪至罔加[34]，不能引决自裁[35]，在尘埃之中。古今一体[36]，安在其不辱也？由此言之，勇怯，势也；强弱，形也[37]。审矣，何足怪乎？夫人不能早自裁绳墨之外[38]，以稍陵迟[39]，至于鞭箠之间，乃欲引节[40]，斯不亦远乎！古人所以重施刑于大夫者[41]，殆为此也。夫人情莫不贪生恶死，念父母，顾妻子。至激于义理者不然，乃有所不得已也。今仆不幸，早失父母，无兄弟之亲，独身孤立，少卿视仆于妻子何如哉？且勇者不必死节，怯夫慕义，何处不勉焉？仆虽怯懦，欲苟活，亦颇识去就之分矣[42]，何至自沈溺缧绁之辱哉[43]！且夫臧获婢妾[44]，犹能引决[45]，况仆之不得已乎？所以隐忍苟活，幽于粪土之中而不辞者，恨私心有所不尽，鄙陋没世，而文采不表于后也[46]。

【注释】

[1] 剖符：分剖之符。古代符分作两块，君臣各执其一，以示信守。丹书：又称丹书铁券，是在铁券上用朱砂写上誓词，作

为后世子孙免罪的凭信。剖符、丹书，都是颁发给功臣的。

［2］星：指天文。历：历算。“文史星历”都是太史令掌管的事。

［3］卜：卜官。祝：祭祀时赞辞的人。

［4］像优伶一样养育着他（实指自己）。倡：乐人。优：戏人。

［5］比：同等看待，相提并论。

［6］所自树立：自己用来立身于世的，也就是自己的职业和地位。

［7］应用死节的地方不同。趋：向。

［8］理：腠理。色：脸上的气色。

［9］诎：通“屈”。诎体：指被系缚。

［10］易服：换上（罪人的）衣服（赭色）。

［11］关：戴上。木：指枷。索：绳。被：遭受。箠楚：都是当时用来打犯人的荆条。

［12］剔：通“剃”。剔毛发：剃去头发，即所谓髡（kūn）刑。婴：绕。婴金铁：以铁圈束颈，即所谓钳（qiān）刑。

［13］中国古代大夫以上的阶层享受的“特权”之一。一般司法机关无权审判，必须奏请皇帝裁决，由皇帝根据其身份及具体情况减免刑罚的制度。

［14］槛：养兽之圈（juàn）。阱：捕兽的陷阱。

［15］渐：浸渍，指浸渍的结果，亦即逐步发展的结果。

［16］准备未遇刑就自杀以免受侮辱。鲜：不以寿终为鲜。

［17］圜墙：牢狱。

［18］枪：通“抢”，触。

［19］徒隶：狱卒。惕：怕。息：喘息。心惕息：即胆战心惊的意思。

［20］以：通“已”。

［21］强（qiǎng）：使动用法。强颜：厚着脸皮。

［22］西伯：即周文王。文王之被囚，是由于崇侯虎谮文王于纣，说文王积善累德，将不利于纣。

［23］伯：方伯，周时一方诸侯之长。

［24］李斯：秦代著名的政治家、文学家和书法家。

［25］具：具备。五刑：据《汉书·刑法志》，汉初“尚有夷三族之令。令曰：‘当三族者皆先黥劓，斩左右趾，笞杀之，枭其首，菹（即醢，剁成肉酱）其骨肉于市，其诽谤詈诅者又先断舌。’故谓之具五刑”。汉初系承用秦制，秦时之五刑，也当如此。

［26］械：拘束手足的刑具如桎梏等，类似手铐脚镣之类。

［27］彭越：字仲，最初事项羽，不久降刘邦，多建奇功，封梁王。后来被人诬告谋反，夷三族。张敖为张耳之子，张耳死，张敖嗣立赵王，他曾因人诬告谋反而被囚。抵：抵挡。

［28］绛侯：周勃。诸吕：刘邦之妻吕后的亲族吕产、吕禄等。惠帝、吕后死后，吕禄为上将军，吕产任相国，将要颠覆汉朝。周勃与陈平等共诛诸吕，迎立刘邦次子代王恒，是为文帝。

［29］倾：超过。

［30］请室：官署名。皇帝出，请室令在前先驱。请室有特设的监狱，周勃后来也曾因人诬告谋反而被囚于请室。

［31］赭衣：罪人之服。三木：加在颈手足三处的刑具，即枷及桎梏。

［32］季布：楚人，好任侠，有名于楚。初事项羽，数窘刘邦。项羽灭，刘邦以重金购求季布。后来季布遇赦，拜为郎中，后官至河东太守。

［33］居室：本指汉代少府属官。多用以指其下属拘禁犯人的官署。

［34］罔：通“网”，罗网，这里比喻“法”。

［35］引决：下决心。裁：制裁。自裁：自杀。

［36］一体：一样。

［37］勇怯强弱都是形势所决定的。

［38］绳墨：指法律。

［39］以：以此，因此。稍：渐。陵迟：衰颓，指志气衰微。

［40］引节：死节。

［41］重：难。

［42］颇：稍。去就：指舍生就义。

［43］缧（lěi）：大绳子。绁（xiè）：长绳子。缧绁：专指绑犯人的绳子，借指监狱或囚禁。

［44］臧获：古人骂奴婢的贱称。

［46］没世：终结一生，即死的意思。

【正文】

古者富贵而名摩灭[1]，不可胜记，唯倜傥非常之人称焉[2]。盖文王拘而演《周易》[3]；仲尼厄而作《春秋》[4]；屈原放逐，乃赋《离骚》；左丘失明，厥有《国语》[5]；孙子膑脚，兵法修列[6]；不韦迁蜀，世传《吕览》[7]；韩非囚秦，《说难》《孤愤》[8]；《诗》三百篇，大底圣贤发愤之所为作也[9]。此人皆意有所郁结，不得通其道，故述往事、思来者[10]。乃如左丘无目[11]，孙子断足，终不可用，退而论书策，以舒其愤，思垂空文以自见[12]。仆窃不逊，近自托于无能之辞，网罗天下放失旧闻[13]，略考其行事，综其终始，稽其成败兴坏之纪[14]，上计轩辕[15]，下至于兹，为十表，本纪十二，书八章，世家三十，列传七十，凡百三十篇。亦欲以究天人之际[16]，通古今之变，成一家之言。草创未就，会遭此祸。惜其不成，是以就极刑而无愠色[17]。仆诚以著此书，藏之名山，传之其人，通邑大都[18]，则仆偿前辱之责，虽万被戮，岂有悔哉！然此可为智者道，难为俗人言也！

【注释】

［1］摩：通“磨”。

［2］倜傥（tì tǎng）：卓越，特出。称：称颂，指为人所知。

［3］演：推演。相传周文王被纣拘于羑裹后，推演易之八卦为六十四卦。

［4］厄：困厄。

［5］左丘：即左丘明。失明：失掉视力。厥：句首语气词。

［6］孙子：战国时军事家，据说他著有兵法八十九篇，今不传。孙子的同学庞涓事魏惠王，妒忌孙子之才，就把他骗到魏国处以膑刑。后来孙子事齐威王，大败魏军。因为孙子受过膑刑，后世就称之为孙膑。

［7］不韦：即吕不韦，战国末的大商人，秦庄襄王因其力而得立。庄襄王元年，为丞相。秦始皇即位，尊不韦为相国。始皇十年，以罪免职，后又奉命徙蜀，于是自杀。

［8］韩非屡次以书谏韩王，韩王不能用，韩非于是作《说难》《孤愤》等篇十余万言。书传到秦国，秦始皇看了很喜爱，因而急攻韩，韩于是派韩非出使秦国。至秦，因受李斯等的谗毁而被害。

［9］大底：即大抵。

［10］思来者：想让将来的人知己之志。

［11］乃如：至于。

［12］垂：指流传。空文：是与具体的功业相对而言。

［13］放：散。

［14］稽：考察。纪：网纪，指道理、规律。

［15］轩辕：即黄帝，传说中的远古君王，姓公孙，因居于轩辕丘，所以又称轩辕。

［16］天人：天意人事。天人之际：指从自然到人事。

［17］极刑：指腐刑。

［18］即传之其人于通邑大都。通邑：大邑。

【正文】

且负下未易居[1]，下流多谤议[2]。仆以口语遇遭此祸，重为乡党所笑，以污辱先人，亦何面目复上父母之丘墓乎？虽累百世，垢弥甚耳！是以肠一日而九回，居则忽忽若有所亡[3]，出则不知其所往。每念斯耻，汗未尝不发背沾衣也！身直为闺合之臣[4]，宁得自引深藏于岩穴邪[5]？故且从俗浮沉，与时俯仰，以通其狂惑[6]。今少卿乃教以推贤进士，无乃与私心剌谬乎[7]？今虽欲自雕琢，曼辞以自饰[8]，无益，于俗不信，适足取辱耳。要之[9]，死日然后是非乃定。书不能悉意，略陈固陋。谨再拜。

【注释】

［1］负下：负罪之下，就是在背过负罪的情况下面。未易居：不容易处。

［2］下流：水的下游，比喻卑贱的身份与受辱的处境。

［3］忽忽：恍恍惚惚。

［4］直：仅，不过。闺合：都是宫中的小门，二字连文，即指宫禁。闺合之臣：即宦官。

［5］自引：指自己引身而退。深藏于岩穴：指过隐居生活。

［6］用以达到狂惑。这是愤慨之言。

［7］私心：我的心思，谦词。剌（là）：乖戾。剌谬：违背。

［8］曼：美。

［9］要之：总之。

【知识拓展】本课中出现的成语或典故

人非木石：人不是草木和石头。意为人不是没有思想感情的木石，而是有思想感情的。

推贤进士：推荐贤能的人士。

勤勤恳恳：勤劳而踏实，也形容诚恳的样子。

动而见尤：动辄被人指责。

欲益反损：想做一些有益的事，结果反而受到损害。

辇毂之下：辇，辇车；毂，车轮中心的圆木。辇毂为帝、后所乘的车。辇毂之下即天子脚下。

拾遗补阙：原指帮助君王纠正过失补救疏漏，今指补录著述中资料、文辞的缺漏。

岩穴之士：指隐居者。

攻城野战：攻占城池，在原野上作战。

斩将搴旗：搴，拔。斩杀敌军将领，拔取敌军旗帜，形容作战勇猛，战功很大。

苟合取容：苟合，无原则地附和；取容，取悦他人。指勉强附和他人，讨好他人。

厕身下列：夹在下大夫行列之中，形容地位低下。

叨陪末议：陪着发表微不足道的意见，形容因地位低下而说话作用不大。

仰首伸眉：抬起头，伸展眉毛，形容扬眉吐气，十分得意。

戴盆望天：戴着盆仰望天空，比喻二者不可兼得。

大谬不然：谬，错误，不合情理；然，这样。意为大错特错，完全不是这样。

奋不顾身：奋勇向前，不顾个人安危。

食不甘味：形容心里有事，吃东西都不知道滋味。

救死扶伤：抢救生命垂危的人，扶助照料有伤病的人。现形容医务人员全心全意为伤病员服务的精神。

无可奈何：毫无办法可想。

九牛一毛：形容事物极小，微不足道。

泰山鸿毛：泰山，泛指大山；鸿毛，鸿雁的羽毛，比喻极小的事物。形容两种事物之间差别极大。

摇尾乞怜：动物摇着尾巴讨主人喜欢，比喻卑躬屈膝，不顾人格献媚讨好。

画地为牢：在地上画一个圈儿当作监狱，比喻只许在指定的范围内活动。

削木为吏：即使是木头做成的狱吏，也不能面对他，形容不甘受辱。

南面称孤：自称诸侯王，多指建立独立王国。

衣赭关木：衣，穿；赭，赭衣，赤褐色的囚衣；木，三木，古时加在囚犯手脚和颈项上的刑具。穿囚衣，戴刑具。指服刑。

贪生恶死：贪恋生存，厌恶死亡。

放失旧闻："失"通"佚"，散失。指散乱的往昔典籍和传闻。

天人之际：意为天道人事之间的相互关系。

一家之言：又作"成一家之言"，指学术论著能自成体系。

藏之名山：指著作深藏，因种种原因暂不示人。

戮笑乡党：被同乡人笑话。

回肠九转：指因愁思而肠胃回转，形容忧思深切。

俯仰随俗：俯仰，一举一动。指言谈举止符合社会习俗。

不羁之才：非凡的、不可拘束的才能。

艺文志

班固

【导读】

《汉书》又称《前汉书》，由东汉时期历史学家班固编撰，是中国第一部纪传体断代史书。《汉书》是继《史记》之后我国古代又一部重要史书，与《史记》《后汉书》《三国志》并称为“前四史”。《汉书》记述了上起汉高祖元年（公元前 206 年），下至新朝王莽地皇四年（23 年），共二百三十年的史事。全书包括纪十二篇、表八篇、志十篇、传七十篇，共一百篇，八十万字。《汉书》在我国文学史上的地位也很突出。它写社会各阶层人物都以“实录”精神，平实中见生动，堪称后世传记文学的典范。

《汉书·艺文志》简称《艺文志》，是我国现存最早的目录学文献。该书是班固为纪西汉一代藏书之盛，根据刘歆《七略》改编而成。分六艺、诸子、诗赋、兵书、数术、方技，共六略三十八种，另析“辑略”形成总序置于志首，叙述了先秦学术思想源流。其中删兵书十家，增《七略》之后刘向、扬雄、杜林三家于西汉所撰写的著作。共著录图书五百九十六家，一万三千两百六十九卷。《汉书·艺文志》开创了史志目录的先例，汉以后史书多仿其例而编有艺文志或经籍志。

【正文】

六艺之文，《乐》以和神，仁之表也；《诗》以正言，义之用也；《礼》以明体，明者著见，故无训也；《书》以广听，知之术也；

《春秋》以断事，信之符也。五者，盖五常之道，相须而备，而《易》为之原。故曰“《易》不可见，则乾坤或几乎息矣[1]。”言与天地为终始也。至于五学[2]，世有变改，犹五行之更用事焉[3]。古之学者耕且养，三年而通一艺，存其大体，玩经文而已，是故用日少而畜（蓄）德多，三十而五经立也[4]。后世经传既已乖离，博学者又不思多闻阙疑之义[5]，而务碎义逃难，便辞巧说，破坏形体；说五字之文，至于二三万言[6]。后进弥以驰逐，故幼童而守一艺，白首而后能言；安其所习，毁所不见[7]，终以自蔽。此学者之大患也。序六艺为九种[8]。

【注释】

［1］若无阴阳变化之《易》道，则乾坤几乎灭息。

［2］五学：即《乐》《礼》《诗》《书》《春秋》。

［3］姚明辉《汉志注解》曰：五常之于五行，仁为木，义为金，礼为火，智为水，信为土。五学既为五行之道，则其递相教，亦如五行之更用事也。

［4］钱大昭曰：三年而通一艺，故孔子十五志学，三十而立。

［5］《论语·为政篇》载孔子“多闻疑缺，慎言其余，则寡尤”之语。

［6］极其烦琐。

［7］对所学习的内容安于守旧，没学过的则妄自诋毁。

［8］这段是一略的总论。

【正文】

儒家者流[1]，盖出于司徒之官[2]，助人君顺阴阳、明教化者也[3]。游文于六经之中[4]，留意于仁义之际。祖述尧舜[5]，宪章文武[6]，宗师仲尼[7]，以重其言[8]，于道最为高。孔子曰：“如有所誉，其有所试[9]。”唐虞之隆，殷周之盛，仲尼之业，已试之效者也。然惑者既失精微[10]，而辟者又随时抑扬[11]，违离道本[12]，苟以哗众取宠[13]。后进循之，是以五经乖析[14]，儒学浸衰[15]。此辟儒之患。

【注释】

[1] 流：流派。

[2] 司徒：官名，秦以前掌管对人民进行教化的事。

[3] 阴阳：指儒家所说的阴阳之道，即天地人事自然之道。

[4] 游文：指习文。六经指诗、书、礼、乐、易、春秋。这句大意是钻研六经的文字。

[5] 祖述：效法遵循前人的学说或行为。

[6] 宪章：法制。这里是守其法制的意思。

[7] 宗师：尊……为师。宗：尊敬。

[8] 这样做是为了增加自己的学说的重要性。

[9] 如果我对人有所称誉，那是因为我试用过他。

[10] 精微：指儒家学说的精妙细微之处。

[11] 辟（pì）：僻。辟者：邪僻不正的人。抑：压抑。扬：抬高。

[12] 道本：指儒道的本旨。

[13] 苟：苟且，随随便便。哗：喧哗。宠：尊荣。哗众取宠：使众人轰动，以取得尊荣。

[14] 乖（guāi）：背戾，相反，这里指违反五经本义。析：分离，指弄得经义支离破碎。

[15] 浸：渐。

【正文】

道家者流，盖出于史官[1]。历记成败、存亡、祸福古今之道。然后知秉要执本，清虚以自守[2]，卑弱以自持[3]，此君人南面之术也[4]，合于尧之克攘[5]，《易》之嗛嗛[6]，一谦而四益[7]。此其所长也。及放者为之[8]，则欲绝去礼学，兼弃仁义[9]；曰：独任清虚，可以为治。

【注释】

[1] 史官：记事之官。

[2] 道家主张清虚自守，鼓吹“清静为天下正”“致虚极”“见素抱朴，少私寡欲”。

[3] 道家提倡柔道，认为弱能胜强，柔能胜刚。

[4] 君：用如动词。君人：做老百姓的君主。

[5] 克：能。攘：通让。

[6] 嗛（qiàn）：通“谦”。谦而又谦，极言其谦退。

[7] 益：增益。四益：福、古今之道，然后知秉要执本。

[8] 放：放任，指无为。

[9] 弃：道家主张纯任自然，反对仁义礼法；鼓吹无知识，反对学问。

【正文】

阴阳家者流[1]，盖出于义和之官[2]。敬顺昊天[3]，历象日月星辰[4]，敬授民时[5]。此其所长也。及拘者为之[6]，则牵于禁忌[7]，泥于小数[8]，舍人事而任鬼神[9]。

【注释】

[1] 阴阳家：研究阴阳律历的一个学派。

[2] 义和：义氏、和氏，相传为上古世掌天地四时的官。

[3] 昊（hào）天：就是天。昊：大。

[4] 历：记载历法的书。象：观测天文的仪器。“历”“象”都用如动词，指推历观象。

［5］敬：慎。时：天时，包括年、月、日、晦、朔、弦、望、四季、节气等。

［6］拘：固执不通。

［7］牵：牵制。禁忌：有关吉凶的忌讳，后来阴阳家讲择日占星等迷信的事，禁忌很多。

［8］泥（nì）：拘泥，拘执。数：术。小数：有关禁忌的小术。

［9］任：听凭。

【正文】

法家者流，盖出于理官[1]。信赏必罚[2]，以辅礼制。《易》曰："先王以明罚饬法[3]。"此其所长也。及刻者为之[4]，则无教化，去仁爱，专任刑法而欲以致治；至于残害至亲，伤恩薄厚[5]。

【注释】

［1］理官：审理狱讼的官，即法官。

［2］信：诚。必：果。两个词都用作动词。

［3］饬：整顿。

［4］刻：刻薄，仁厚的反面。

［5］薄厚：使仁厚变为刻薄。

【正文】

名家者流[1]，盖出于礼官[2]。古者名位不同，礼亦异数[3]。孔子曰："必也，正名乎？名不正则言不顺，言不顺则事不成[4]。"此其所长也。及警者为之[5]，则苟钩釽析乱而已[6]。

【注释】

［1］名家：战国时的一个学派。这个学派企图用比较严密的

推理方式来辩论问题，但是也有诡辩的倾向。

[2] 礼官：古代掌礼仪的官。

[3] 数：指差等。

[4] 欲为政，必先正名。名：指名号、爵位。

[5] 警（jiào）：挑剔，找岔子。

[6] 钩：取。鈲（pī）：破。钩鈲：钩取出诡怪的道理而破坏名实。析乱：分析得支离破碎而淆乱名实。

【正文】

墨家者流，盖出于清庙之守[1]。茅屋采椽[2]，是以贵俭；养三老五更[3]，是以兼爱；选士大射[4]，是以上贤[5]；宗祀严父[6]，是以右鬼[7]；顺四时而行，是以非命[8]；以孝视天下[9]，是以上同[10]。此其所长也。及蔽者为之[11]，见俭之利，因以非礼；推兼爱之意，而不知别亲疏。

【注释】

[1] 清庙：宗庙，宗庙肃然清静，所以称为清庙。

[2] 采：木名，即栎（lì）木。

[3] 三老五更：古代天子以父兄之礼养三老、五更各一人。

[4] 选士：相传周代有选士的制度。

[5] 上：通尚。墨子主张选择贤者居上位，即天子也不应世袭而应由万民选择。

[6] 宗祀：庙祭。

[7] 右：尊尚。墨家信鬼神，尊尚鬼神。

[8] 非命：反对天命之说。

[9] 视：通“示”。

[10] 上同：指与在上者取得一致，然后天下太平。墨子主张上同于乡长、国君、天子，最后上同于天。

[11] 蔽：见解不全面。

【正文】

从横家者流[1]，盖出于行人之官[2]。孔子曰："诵诗三百，使于四方[3]，不能专对，虽多，亦奚以为[4]！"又曰："使乎！使乎[5]！"言其当权事制宜[6]，受命而不受辞[7]。此其所长也。及邪人为之，则上诈谖而弃其信[8]。

【注释】

[1] 从横家：即纵横家，指策辩之士。本来春秋时代的使臣就很讲究辞令。战国时代，苏秦、张仪合从连横，以雄辩的语言游说诸侯，从此策辩之士自成一家，叫做纵横家。

[2] 行人：《周礼》有大行人、小行人，掌朝觐聘问之事，类似后世的外交官。

[3] 春秋时代，使者出使四方，有会同之事，常引用《诗经》的诗句以见意，所以做外交官要熟读《诗经》。

[4] 专对：独自应对。为使不达干事，诵《诗》虽多，亦无所用。

[5] 孔子赞美使者的话。

[6] 权事制宜：权衡事实做合适的对策。

[7] 只从国君那里接受出使的命令而不接受应对的话。

[8] 上：通"尚"。谖（xuān）：诈。

【正文】

杂家者流[1]，盖出于议官[2]。兼儒、墨，合名、法，知国体之有此[3]，见王治之无不贯[4]。此其所长也。及荡者为之[5]，则漫羡而无所归心[6]。

【注释】

[1] 杂家：不主一说而糅合诸家之说的一个学派，其学说以《吕氏春秋》《淮南子》所表现的思想为代表。

[2] 议官：谏议之官。

[3] 国体：治国之法。此：指儒、墨、名、法诸家的学说。

[4] 王治：王者的政治。无不贯：对各家学说无不贯通。

[5] 荡者：学识浮泛的人。

[6] 漫羡（yǎn）：即漫衍，指牵涉面很广而抓不住要点。无所归心：使人心没有归宿。

【正文】

农家者流，盖出于农稷之官[1]。播百谷，劝耕桑，以足衣食。故八政一曰食，二曰货[2]。孔子曰："所重民食[3]。"此其所长也。及鄙者为之[4]，以为无所事圣王，欲使君臣并耕[5]，悖上下之序[6]。

【注释】

[1] 农稷之官：周的始祖弃在尧时做稷官，号曰"后稷"。

[2] 八政：《尚书·洪范》："农用八政（农，厚）……一曰食（教民勤于农耕），二曰货（教民宝用货物），三曰祀（教民敬鬼神），四曰司空（主使民安居），五曰司徒（主教民以礼义），六曰司寇（主治奸盗），七曰宾（教民以礼待宾客），八曰师（建立军队）。"食列在第一项，表明八政以食为先。

[3] 治理国家，所重的是人民和吃的东西。

[4] 鄙者：鄙野的人，实指主张亲自参加农业劳动的人。儒家认为参加农业劳动是鄙事，含有轻视之意。

[5] 并耕：指君民一起耕作。《孟子·滕文公上》中的许行就是一位农家，主张君臣并耕而食。

[6] 悖（bèi）：扰乱。

【正文】

小说家者流[1]，盖出于稗官[2]。街谈巷语、道听途说者之所造也[3]。孔子曰："虽小道[4]，必有可观者焉。致远恐泥[5]，是以君子弗为也。"然亦弗灭也。闾里小知者之所及[6]，亦使缀而不忘[7]，如或一言可采，此亦刍荛狂夫之议也[8]。

【注释】

[1] 小说：我国上古所说的"小说"和现代所说的"小说"含义不同，在上古，凡记载下来的街谈巷语，都叫做"小说"。

[2] 稗（bài）官：负责记述闾巷风俗的官。

[3] 道听途说：同道听途说。从道路上听到，在道路上传说。泛指没有根据的传闻。

[4] 小道：小的道理。《汉书》引用时，只当小道理讲，用来说明小说家。

[5] 小道用在远大的事业上就窒疑不通了。泥（nì）：阻滞。

[6] 里巷里知识浅薄的人所看到的道理。

[7] 缀：缀连，这里指缀连词句记录下来。

[8] 刍荛：割草打柴，这里泛指一般平民。

【正文】

诸子十家，其可观者九家而已[1]，皆起于王道既微，诸侯力政[2]，时君世主，好恶殊方。是以九家之说，蜂出并作[3]，各引一端，崇其所善，以此驰说，取合诸侯。其言虽殊，辟犹水火[4]，相灭亦相生也；仁之与义，敬之与和，相反而相成也。《易》曰："天下同归而殊涂[5]，一致而百虑[6]。"今异家者，各推所长，穷知究虑[7]，以明其指[8]，虽有蔽短[9]，合其要归[10]，亦六经之支与流裔[11]。使其人遭明王圣主，得其所折中[12]，皆股肱之材已[13]。仲尼有言：“礼失而求诸野[14]。”方今去圣久远，道术缺废，无所更索，彼九家者不犹瘉于野乎[15]？若能修六艺之术[16]，而观此九家之言，舍短取长，则可以通万方之略矣[17]。

【注释】

[1] 九家：指除小说家以外的九家。

[2] 政：通“征”。力政：以武力相征伐。

[3] 蜂出：像群蜂纷飞似的出现了。

[4] 辟（pì）：比喻。后来写作“譬”。

[5] 同归而殊涂：通过不同的途径，到达同一个目的地。比喻采取不同的方法而得到相同的结果，今写作“殊途同归”。

[6] 一致：趋向相同。百虑：各种考虑。趋向虽然相同，却有各种考虑。儒家指虑虽种种，理归于一。

[7] 用尽心思。穷：究，都是尽。

[8] 指：通“旨”，宗旨。

[9] 蔽：蔽塞，对某方面的道理蔽塞不通。

[10] 要：主要的道理。归：归宿，目的。

[11] 支：分支。流裔（yì）：末流。

[12] 折中：调节过与不及，使合乎中道。

[13] 股：大腿。肱（gōng）：上胳膊。人体靠股肱来活动，用以比喻辅佐之臣。

[14] 野：指民间。

[15] 瘉：通“愈”，胜。

[16] 六艺：这里指六经。

[17] 就可以通晓天下一切道术了。万方：指天下。略：道术。

【知识拓展】本课中出现的成语或典故

便辞巧说：指牵强附会、巧为立说。

安其所习：安，习惯于。习惯于自己所熟悉的东西。

哗众取宠：以浮夸的言行迎合群众，骗取群众的信赖和支持。

秉要执本：秉，执，拿着；要，重要的；本，根本。指抓住要害和根本。

茅屋采椽：指住宿简陋。

街谈巷语：大街小巷里人们的议论。指民间的舆论。通“街谈巷议”。

好恶殊方：好，爱好，喜爱；恶，讨厌；殊，不同；方，方向，趋向。指情趣不同，爱憎各异。

蜂出并作：蜂出，像群蜂出巢，多而杂乱；作，兴起。形容纷纷兴起，层出叠见。

相反相成：谓相互对立的事物有相互依赖、相互促成的一面。

舍短取长：短，短处，缺点；长，长处，优点。不计较别人缺点，取其长处，予以录用。

【古代汉语知识】

古汉语词汇

一、古汉语中的字与词

语言学家们对词下过各种不同的定义，对于古汉语词汇研究和学习来说，一个重要的前提就是区分字和词。一般而言，“字”有两层意思：一是指记录语言的汉语文字符号体系；一是指一个个的汉字。这里谈的是后一层意思。在古汉语学习中弄清楚两者之间的区别非常重要。字不等于词，简单来说，汉字是记录汉语中词和句子的符号。每个汉字都是形、音、义的结合体，每个汉字都有一定的形体和各自的读音，表达一定的意义。尽管从某种角度而言，字有时可以等同于词的作用，但两者之间还是有一定区别。

从根本上说，字是记录语言单位的符号系统，当然也就包括了语言运用中的各种语言单位，如语素、词汇、句子、短语、句群等，而词是语言运用中从语言中划分出来的组成成分，是可以独立运用的语言结构体，即语言成分。两者不是在同一个平面的概念，字是构件，而词是在语用层面。文字的创制就是为了记录语言，在各种交流和书写过程中，文字组成了各种语用单位，于是有了词、词组和句子等概念。这些语用单位的名字是后来语言学家在研究中命名的，只是由于词（尤其是单音节词）从外在形式上看和字很相似，所以有时容易把两者混为一谈。具体来说有四个方面。

首先，一个字本身就是一个词。在古汉语与上古汉语中，这种情况非常多见。例如：

上、下、左、右、天、地、风、雨、人、民、古、今、男、女、手、足、日、月、君、你、我、有、无、大、小、胜、败、死、活、是、非、正、礼、德、道

从形体上看它们都是单个的字，但在语言运用上它们都具备作为词的条件：是最小的成分，有各自的意义，并能独立运用，因此说它们是词。从单音词来说，一个词是用一个汉字来表示的，但不能反过来说一个汉字就是一个词。

其次，一个汉字有时可以表示两个或两个以上的词，这两个或几个词之间是同形词或是是同形异词关系。例如：

卒

① zú　步兵

子玉收其卒而止，故不败。——《左传·僖公二十八年》

② zú　死

大夫死曰卒。——《礼记·曲礼下》

③ cù　匆促的样子

群臣惊愕，卒起不意，尽失其度。——《战国·策燕策》

再如：

刻

① kè　雕刻

楚人有涉江者，其剑自舟中坠於水，遽刻其舟。——《吕氏春秋》

② kè　古代计时单位

冬至昼漏刻四十五，夜漏刻五十五。——《后汉书·律历志》

第三，同一个词可以采用不同汉字来记录，也就是同词异形，这两个词之间就是异体字关系。异体字是指形体不同而音义完全、在任何情况下都可以互相代替使用。例如：

睹—覩

今我睹子之难穷也。——《庄子·秋水》

圣人作而万物覩。——《周易·乾卦》

螾—蚓

螾无爪牙之利，筋骨之强。——《荀子·劝学》

夫蚓，上食槁壤，下饮黄泉。——《孟子·滕文公下》

岩—巖

睹一丽人，于岩之畔。——曹植《洛神赋》

千巖万转路不定。——李白《梦游天姥吟留别》

其他如：

暖—煖、貓—猫、鄰—隣、畧—略、邨—村、岳—嶽、泪—淚、线—綫、猨—猿、绣—繡

等都是这种关系。

但关于异体字还有一点要注意：有些字，在某个意义上经常通用，虽然读音可能也相同但不能简单地看成异体字，如“游—遊”，前者的意思是在水中移动，后者是表示行走，出行等。有时在表示出行、游玩等意时可能用的是“遊”，但用“游”的地方不一定都可以用“遊”，也就是说“游”的意义范畴更广一些，但它们毕竟不是一个词，所以它们不是异体字。

第四，一个汉字有时不能表示一个词，只能表示一个语素，需要两个或更多个字才能表示一个词，连绵词就是这种情况。例如：

关关雎鸠，在河之洲。——《诗经·关雎》

窈窕淑女，君子好逑。——《诗经·关雎》

蒹葭苍苍，白露为霜。——《诗·秦风·蒹葭》

这里的雎鸠、窈窕、蒹葭就是这种情况，类似的还有如：委蛇、参差、匍匐、玁狁、滂沱、鴡鸮等。这些连绵词都是用两个字来表示一个词的，另外一些叠音词也是用两个或两个以上汉字来表示的。例如：

河水洋洋。——《诗·卫风·硕人》

淇水汤汤。——《诗·小雅·四月》

皎皎白驹。——《诗·小雅·白驹》

另外还有如：丁丁、灼灼、苍苍、煌煌、离离等，如果把它们当成单个汉字的并列使用来理解，就完全不是原来词的意义了。

汉字在产生时，最初一个字就是一个词，用以表示一个事物或概念，后来社会发展，新事物不断产生，需要用词来表达的事物和概念越来越多，于是有限的汉字与无限增长的意义和概念的词汇之间的关系就变得越来越复杂。

二、古汉语词汇的构成与分类

词汇是一种语言所拥有的词语的总和，它是一个有机的系统。词汇的物质外壳是语音，词汇的音义结合随着社会的发展形成了种种有机联系，演化成了系统。大致说来，词汇的分类有如下几种：按照语法特点分类，如名词、动词和形容词等；按照词汇意义和语法意义的相互关系分为实词和虚词；按照通行地域或应用场合的不同分为全民词汇和地域方言词语或社会方言（社会习惯语）词语、古词语和历史词语；按照全民性、稳固定和构词能力分为属于基本词汇和普通词汇；按照表情能力分为中性词语和表情词语；按照文体风格分为书本词、口语词等。此外还可以按照词与词之间的语义联系来进行分类，有两种不同的分法：一种是在词汇里区分出同义词、反义词和同音异义词；另一种是“主题分类”。

通过对词汇的不同分类，可以使我们对词汇有一个更清楚的了解，下面我们将从几个方面来分析词汇的分类。

（一）从语言形式上分为单音词和复音词

古代汉语以单音词为主，复音词占少数，现代汉语以复音词为主，双音词居多。这不仅是音节多寡的问题，它反映了古今汉语在词汇的构成和词汇的形式方面存在的差别。学习古代汉语，区分单音词和复音词对于准确理解词义具有重要帮助。

1. 单音词

单音词即只有一个音节构成的词，在书面语中常见为一个汉字即一个音节。单音词在古代汉语，特别是在上古汉语占据着优势地位，例如：

天行有常，不为尧存，不为桀亡。——《荀子·天论》

现代汉语译文：自然的运行，有一定的规律，这种规律不会因为尧是圣王而存在，不会因为桀是暴君而消亡。

通过对比，可以看出译文比原文长了很多，原文只有 12 个字，全是单音词，而现代汉语译文是原文的三倍长，且主要都是复音词。实际从上古到中古以至近古，单音词所占比重是不同的，据向熹在《〈诗经〉语言研究》一书中统计，《诗经》共有单字 2938 个，词 4000 余个，其中复音词 1329 个，尚不到三分之一。这两个统计结果表明，至少在先秦时期，单音词是占优势地位的。赵克勤在《古代汉语词汇学》中对《孟子》中所用词汇的考查结果显示：全书共用单音节词 1565 个，复音词 713 个，如果扣除地名、书名等专有名词，则仅剩 500 个左右，并且复音词的使用频率远没有单音词高。他还考察了《左传》和唐代韩愈、柳宗元文章的词汇使用情况，结果在相同的篇幅下，韩、柳文章中的复音词数量是《左传》的两倍半。由此可见，从上古到中古，复音词的比重逐渐扩大，单音词比重逐渐减少，复音化是古代汉语词汇演变的一个重要规律。

2. 单音词的特点

古汉语单音词的一个重要特点是多义性，所谓多义性即一个词包含几个义项。复音词虽也有一定的多义性，但远没有单音词那么明显和突出。因为词的意义是对客观事物和现象的概括反映，单音词在产生之始是单义的，随着社会的发展，新事物、新现象的不断增多，几个相关的概念或意义开始凝结在一个词汇上，逐渐形成了这个单音词的一个义项。例如：

兵

缮甲兵，具卒乘。——《左传·隐公元年》

这里是指“武器、兵器”。

有宠而好兵。——《左传·隐公三年》

这里又引申为“军事”。

夫兵，犹火也。——《左传·隐公四年》

这里又指“战争”。

由此可见，单音词的含义较多，且常随上下文语境而发生改变，这体现了单音词的另一个特点——灵活性。

单音词的义项较多，所以在表达上常常达不到精确的程度，那些抽象概括的词更是如此。有些单音词由于处在特殊的语言环境或者由于某种修辞上的需要，产生特殊含义，表现出更大的灵活性。例如：

厚将得众。——《左传·隐公元年》

邻之厚，君之薄也。——《左传·僖公三十年》

这两个“厚”既不指东西的厚度，也不是程度的深浅，而是指“土地扩大”。

单音词的第三个特点是能产性。除少数词之外，大多数单音词都具有一定的构词能力。例如“中”就能构成：中国、中和、中间、中秋、中听、中外、中西、中心、中央、中厚、中土、中正、中州等复音词。有时，单音词的某个义项可以构成一连串意义相同或相近的复音词。例如“书”的“书信”这个义项就可构成：书信、书函、书牍、书简、书启、书札、书翰等同义复音词，这种情况也说明了汉语由单音向复音化发展的趋势。

3. 复音词

复音词即由两个或两个以上音节构成的词。古代汉语中虽然也有三音节、四音节词，但绝大多数还是双音节词。复音词根据词的语音形式是否有重叠可以分为重叠式和非重叠式。如：丁丁、关关、涟涟等，如果拆开将失去原来词义，这就是重叠式复音词，又叫叠音词或称重言词。绝大部分叠音词不能拆开来解释，朋友、面目、左右等，就是非重叠式复音词。

重叠式复音词根据音节中重叠音节的数量可以分为单音重叠和双音重叠。例如：

关关雎鸠，在河之洲。——《诗经·周南·关雎》

桃之夭夭，灼灼其华。——《诗经·周南·桃夭》

言笑晏晏，信誓旦旦。——《诗经·卫风·之民》

风萧萧兮易水寒。——《战国策·燕策》

其他还有如：哗哗、喋喋、冉冉、洋洋、侃侃、汤汤、铮铮、滔滔、夭夭、依依、离离、漫漫、融融、冥冥、纷纷、切切、渺渺、凄凄、啾啾、嘈嘈、习习、忡忡、迟迟、怲怲、祁祁等，都是单音重叠；战战兢兢、唯唯诺诺、浑浑噩噩、影影绰绰等，都是双音重叠式。

当构成复音词的几个音节不同，即非重叠式复音词。非重叠式复音词根据语音构成的特点可以分为双声、叠韵和非双声叠韵三种。双声复音词是指组成词的两个音节声母相同，如果两节都是零声母，也属于双声。例如：

参差荇菜，左右流之。——《诗经·周南·关雎》

秋风萧瑟，洪波涌起。——曹操《观沧海》

崎岖危难之间，几不免于害。——《汉书·杨震传》

其他还有如：崎岖、鸳鸯、参差、萧瑟、犹豫、伶俐、踟蹰、仿佛、仓猝、陆离、恍惚、倜傥、踌躇、憔悴、流离、澎湃、玲珑、浩瀚、踊跃、坎坷、蜘蛛等。叠韵复音词是指组成词的两个音节韵母相同或相近。例如：

窈窕淑女，君子好逑。——《诗经·周南·关雎》

山萧条而无兽兮，野寂漠其无人。——屈原《远游》

折若木以拂日兮，聊逍遥以相羊。——屈原《离骚》

其他还有如：窈窕、萧条、逍遥、蹉跎、迷离、依稀、荒唐、彷徨、绰约、徘徊、飘摇、峥嵘、从容、须臾、婵娟、逶迤、芍药、婆娑、披靡、崔嵬等。

非双声叠韵复音词是指组成词的两个音节没有双声叠韵关系。如：滂沱、浩荡、颠沛、芙蓉、扶摇、葡萄、狼藉、陵夷、跋扈、铿锵、寂寞等。

古汉语中有一类复音词叫联绵词，又叫联绵字、连语。一般来说，构成联绵词的两个音节书面上写成两个字，只是表示读音，分开来没有什么意思，合起来才有意义，或者有各自的意义，但与这个联绵词所表示的词义无关。例如：

于是焉河伯旋其面目，望洋向若而叹。——《庄子·秋水》

这里“望洋”就是个联绵词，“经典释文”释为仰视的样子，这里“望”和“洋”分开之后与原来词义就完全不同了。

再如：琵琶指一种乐器，把它拆开后，“琵”“琶”都不能单用，没有任何意义。其他还有如：鸳鸯、崔嵬、婵媛、蹉跎、犹豫、披靡等。

因为表示联绵词的两个字只是表音的，又由于汉语中同音字多，所以联绵词的书写形式就不太固定。例如：“望洋”又写作“妄羊、盳洋、望阳”；“犹豫”又写作“犹与、游预、尤豫、由预、优与、由与、容与、优予”；“匍匐”又写作“蒲伏、扶伏、扶服”；“逶迤”又写作“委蛇、逶蛇、逶移、委它、委佗”等。

联绵词在语音上（古音）往往有一定联系。有的是双声，有的是叠韵，也有一些联绵词，过去有双声或叠韵的关系，到了现在这种关系已经看不出来了，这是由于语音变化的结果。例如："蟋蟀"今天读起来既非双声又非叠韵，但它们古音同属心母音，是双声关系；再如"峥嵘"，今音非双声非叠韵，古音同属广韵，是叠韵联绵词。

叠音词从作用上分主要有两类，一类是描摹物态的，如：翩翩、溶溶、霏霏等；一类是模拟声音的，如：飒飒、坎坎、唧唧等。叠音词色彩鲜明富有动感，易给人留下深刻印象。例如：

灼灼状桃花之鲜，依依尽杨柳之貌，杲杲为日出之容，漉漉拟雨雪之状，喈喈逐黄鸟之声，喓喓学草虫之韵。——刘勰《文心雕龙·物色》

即讲《诗经》中叠词的妙用。

（二）从词汇意义上分为单义词和多义词

1. 单义词

只有一个义项的词即单义词。单义词的词汇意义只对应单一概念。例如：

虻（méng）：上古指一种比苍蝇稍大的灰黑色昆虫。

觋（xì）：上古是指男巫，以侍奉鬼神为职业的男子。

琵琶：指一种乐器。

这些单义词在发展中始终只有一个义项，没有产生新的意义，因此在任何语境中，词义都是明确的，不会发生混淆。一些表示事物名称的词和刚产生的新词往往是单义的。

然而，语言中的单义词也不是绝对的，在语言的发展过程中许多单义词可能发展成为多义词；而某些多义词，由于所表事物和现象的消亡，其义项也会发生变化，成为单义词。例如：

"惭（慙）"，本义是惭愧。《说文·心部》："惭，愧也。"《孟子·公孙丑下》："吾甚，惭于孟子。"这个义项在现代汉语仍常用。到中古时期产生了"感激"义，《搜神记》卷二〇："不慎堕江，惭君济活。若有急难，当见告语。"而发展到今天"感激"之义又消失了。

"乏"在上古时期只有一个"缺少"的义项。《战国策·齐策》："孟令君使人给其费用，无使乏。"到中古时期产生了"疲倦"义。《新五代史·周德威传》："因其劳乏而乘之，可以胜也。"这两个义项在现代汉语中仍然保留。

"伉俪"在上古时期指妻子、配偶。《国语·周语》："今陈侯不念胤续之常，弃其伉俪妃嫔，而率其卿佐以淫于夏氏。"中古时期又有"夫妇"之义。周密《齐东野语·放翁钟情前室》："伉俪相得，而弗获于其姑。"今天"夫妇"义仍存。

"行李"最早是"使人、行人"的意思。《左传·僖公三十年》："行李之往来，供其乏困。"（杜预注："行李，使人也。"）中古时期有了"旅行时所带物品"之义。《言怀》："却为游山置行李，渔家船航道家衣。"这个义项沿用至今。

2. 多义词

有两个或两个以上义项的词即多义词。一个词刚产生的时候都是单义的，在语言发展的过程中，随着要表达的事物和现象的丰富，单义词开始用来表达与之相关的事物或现象，于是逐渐形成多义词，所以历史越悠久的词，越易成为多义词，古代汉语中，许多原来是单义的词后来都成了多义词。

多义词都是由单义词衍化派生的结果，因此有了本义和派生义之分。词最初产生时所具有的意义称为本义，在已有意义基础上产生的称为派生义。例如，"理"在古书上的常用义有：

①治玉。王乃使玉人理其璞而得焉。——《韩非子·和氏》

②治理、使有秩序。万端俱起，不可胜理。——《战国策·秦策》

③使有条理，不紊乱。本事不理。——《荀子·天论》

④治狱官（法官）。命理瞻伤察创，视折审断。——《吕氏春秋·孟秋》

⑤纹理。壁袭无理。——《淮南子·览冥》

⑥条理。井井兮其有理也。——《荀子·儒效》

⑦道理。易简而天下之理得矣。——《周易·系辞上》

这几个义项之间的关系，可参见下面图示表示出来：

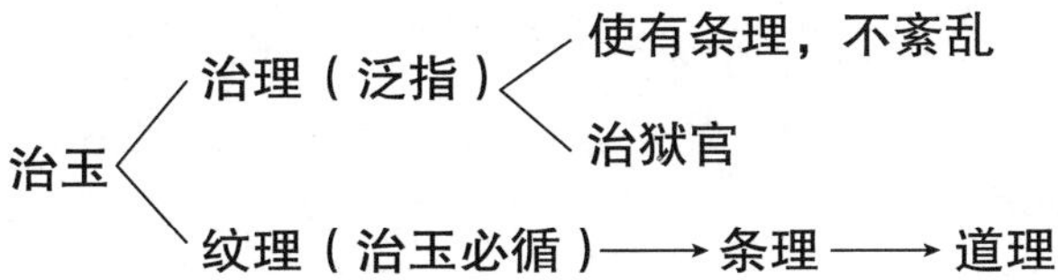

这表明在“理”的几个义项中，“治玉”是本义，其他义项都是以它为中心直接或间接衍化而来的。词义发展是词汇发展的重要内容之一，词汇多义化可以用数量较少的词汇表达更多的意义，词汇多义化从根本上说是社会和语言发展的结果。随着客观事物的发展和人们对客观事物认识的深化，不可避免地要用原有的一些词来表示有关的其他一些事物，这就造成了词汇的多义现象，而语言中词汇总数并没有马上增加，于是原有的词汇就要来承担这个新产生的意义，这就造成了词汇的多义现象。例如：

铺，上古时期本指“铺首”，即以铜为兽面，衔环钉在门上；又作动词“布置、敷陈”。到了唐代，商业兴盛，逐渐把做生意的摊子也称“铺”。并一直沿用至今。《送杨尹起凤翔》：“得钱祗了还书铺，借宅常时事药栏。”又如：

因缘，本指“机会”。《史记·田策列传》：“求事为小吏，未有因缘也。”随着佛教传入中国并开始盛行，不仅使汉语增加了不少新词，也使原有的许多词汇增加了新义，比如“因缘”就是这样的例子。佛家以之指代使事物发生、变化和毁灭的直接原因和辅助条件。例如：玄奘《大唐西域记·迦湿弥罗国》时阿罗汉告诸人曰："吾今为汝说本因缘，此身之前投受象身，在东印度，居五内厩。"后又泛指造成今世人生关系的前世原因。《敦煌曲子词·送征衣》："今世共你鱼和水，是前世因缘。"

（三）从词汇内部结构上分为单纯词和合成词

1. 单纯词

古代汉语的每一个词，是由不同的结构成分构合而成的，有的词是由一个语素构成的叫做单纯词。例如：人、民、山、水、手、足、上、下、前、后、善、恶、真、假、逍遥、逶迤、葡萄、玲珑等。

语素是语言中最小的语音语义结合体，也是最小的语音单位。词是由语素构成的，词可以独立运用，而语素不能。古代汉语的词由于是单音词占优势，一个词常常是由单个语素构成的，所以语素和词往往是一致的。如"人"，既是一个语素，又是一个词。

语素可以是单音的，也可以是双音节的，它们拆开后便失去意义，例如：容与、琵琶、犹豫、徘徊、枇杷、哆嗦、恍惚、蒹葭、踌躇、踟蹰、琉璃等。它们只有两个音节合起来才能算是一个词素，单独的一个字不是语素，不能构成词，只是一个音节，也不具有意义。

2. 合成词

所谓合成词是指由两个或两个以上语素合成的词。

合成词由于是由两个以上语素构成的，不同语素之间的不同关系形成了合成词复杂的内部结构关系。根据构成合成词的语素词之语法搭配和语义关系，合成词分为以下几类。

（1）联合式合成词

古汉语合成词与现代汉语合成词具有不同的特点。古汉语合成词中联合式所占比重相当大，几乎成了主体；述宾、述补汉代以后才逐渐多起来，主谓式极为少见，由于联合式合成数量多，而且关系复杂，因此，把它们进一步分为几个小类。

①同义联合式合成词：即由意义相同的语素联合而成。如：美丽、道路、虎兕、家室、征伐、正直、邦国、呻吟、朋友、声音、恭敬、艰难、恐惧、才能、亲戚、斧斤、盗贼等。

②反义联合式合成词：即由意义相反的语素组成。如：进退、天地、深浅、利害、左右、出入、本末、动静、朝夕、往来、上下、首尾等。

③同类联合式合成词：即由意义相关表同类属的语素构成。如：社稷、口舌、耳目、爪牙、干戈、兄弟、子孙、手足、春秋、聪明、股肱、山川、忠贞、贫乏、布帛等。

联合式合成词，最初是两个单音节的临时组合，没有形成固定结构，甚至可以颠倒。如："介绍"可以颠倒成"绍介"，"朋友"可以颠倒成"友朋"，这些情况说明在早期古汉语中，一些联合式合成词还没有形成固定形式，正在形成发展之中。

（2）偏正式合成词

即语素之有修饰关系的合成词，往往前一个语素起修饰和限制作用，后一个语素被修饰。如：陪臣、中原、不谷、行人、大夫、黄泉、内部、四季、布衣、黔首、苍天等。

（3）动宾式合成词

即动作语素带表宾语语素构成的合成词。如：执事、将军、尽心、稽首、亡命、司事、食言等。

（4）附加式合成词

即在一个词前面或后面附上一个语缀（前缀或后缀）构成的合成词。这种方法构成的词出现得较晚，中古时期才开始出现。如：老爷、阿斗、第一、童子、有方、女子、喟然、悄然等。

在合成词中，有一类特殊的词，构成这类的语素中，有一个语素原来意义逐渐消失，只是作为音节陪衬存在，在表现整个词的意义时不起作用，这类词就是偏义复合词，偏义合成词也称为偏义复词。早在三国时期，王肃就注意到了这种现象，《左传·昭公十三年》：“郑，伯男也。”（王肃注：“郑，伯爵，而连男言之，足句辞也。”）“男”，这里只是足句之辞，没有实际意义。《前出师表》：“宫中府中，俱为一体，陟罚臧否，不宜异同。”“异同”这里只表示“异”的意义，“同”不表示意义，仅是陪衬。

古汉语中偏义复合词的构成，大致可以分为两类：一类是由同义语素构成的，例如：《墨子·非攻》：“今有一人，入人园圃，窃其桃李。”“园”，古代指种果树之地，“圃”，是种菜之地，“窃桃李”，只能是“园”，而不能是“圃”。“圃”在“园圃”中不表义。另一类偏义复词是由反义语素构成，例如：《后汉书·何进传》：“先帝与太后不快，几至成败。”“成”“败”的意义相反，但这里只有“败”表义，“成”无义。

从偏义复词中表意义语素的位置来看，有的在前，有的在后。例如：《战国策·魏策》：“怀怒未发，休祲降于天。”定义在“祲”；《红楼梦》十四回：“凤姐虽如此之忙，只因素性好胜，惟恐落人褒贬。”意义在“贬”；《列子·杨朱》：“无羽毛以御寒暑。”意义在“寒”不在“暑”；《孔雀东南飞》：“昼夜勤作息，伶俜萦苦辛。”意义在“作”不在“息”；以及前面提到的“园圃”，都是表意语素在前面的合成词。

在合成词的判定和分类上尚存在很多问题，尤其是单纯词连用还是复合，很难截然分开。例如：《左传·隐公元年》中“因之以师旅”，“师”和“旅”都可以指军队，那么这是两个单音词还是合成词就不好判定；再如：《说文》中“恐，惧也”“惧，恐也”，当“恐”“惧”两词连用时便很难判定。

三、古汉语词汇的本义与引申义

词汇在发展中不断产生新义而形成词汇的多义化，一词多义成为汉语中一种重要语言现象，而在词汇的多个意义之间存在着各种复杂关系，因此，根据词义间先后衍生的关系将词义分为本义与引申义。

（一）词汇的本义

所谓词汇的本义，就是词汇最初的本来意义，它是与引申义相对而言的。词汇的本义不一定是词汇的原始意义，在文字产生以前无疑存在原始的词义，但没有文献可以考察，因此我们所说的本义实际上是指有文字记载以来在文献中得以证实的最古的意义。

词汇的本义只有一个，其他意义都是从本义中引申出来的，掌握了词汇的本义，就可以以简驭繁，理清词汇的整个定义间关系。例如，在《中华大字典》中，"果"有十几个义项：

①木实也。从木，象果形在木之上。——《说文》

②信也。果，信也。——《广雅·释诂》

③定也。果，字也。——《广韵·果韵》

④诚也。令不果往。——《淮南子·道应》

⑤成也。行必果。——《论语·子路》

⑥能也。君是以不果来也。——《孟子·梁惠王上》

⑦克也。是以不果奉。——《国语·晋语》

⑧终也。果伏剑而死。——《吕览·忠廉》

⑨美也。味一无果。——《国语·郑语》

⑩决也。于是弗果用。——《礼记·檀弓》

⑪ 勇决也。莫如此志行不果。——《国语·吴语》

⑫ 必行也。若是道也果。——《国语·晋语》

⑬ 敢行其志也。其身果而辞顺。——《国语·晋语》

⑭ 胜也。杀敌为果，致果为毅。——《左传·宣公》

⑮ 犹遂也。始果远游诺。——《富春渚诗》

⑯ 犹济也。善有果而已。——《老子》

⑰ 犹竟也。果丧其田。——《国语·晋语》

在这些义项中①是“果”的本义，指“果实”，其他义项都是根据本义直接或间接引申出来的：果实是由树木开花结果的必然规律决定的，所以引申出“信、定、诚、决”等义；由开花成果引出“成、能、克”等义；最后由结果引出“终”义等。再如“阳”：

①阳光。匪阳不晞。——《诗经·小雅·湛露》

②温暖。春日载阳。——《诗经·豳风·七月》

③明亮。我朱孔阳。——《诗经·豳风·七月》

④山的南坡或水的北岸。在南山之阳。——《诗经·召南·殷其雷》

⑤表面上假装。是以箕子阳狂。——邹阳《狱中上梁王书》

⑥哲为名词，与阴相对。一阴一阳之谓道。——《周易·系辞》

这几个义项中，除了“阳”的本义是“阳光”，其他义项与之关系顺次理清可以用图示为：

从许多个义项中找出词汇的本义，可以采取两种方法：一是字形分析法，二是多义归纳比较法。

1. 字形分析法

在汉语中，存在不少表意字，即“六书”说中的象形、指事、会意字、形声字，这样的古文字，形体和意义有着密切的关系，具有因形显义的特点。古文主要指的是甲骨文、金文、篆文，从字形入手，探求词义是完全可行的方法，有些字可以直接从字形分析中知道它们的本义，例如：

本，金文作，表示树干。

牢，甲骨文作，表示牲畜的圈。

秉，甲骨文作，表示手里拿着一把禾。

这些字最早的意义，都可以在古书上找到印证。现代汉字在长期的历史演变中，它的形体已经发生了重大改变，很难以形显义了。当然，即使是对古文字的分析，有时由于文字字形不准或者资料不足等局限，反凭字形来判断也是不够准确的，所以在以形索义时，还必须参证文献，进行综合考虑。例如，“元”：

①头。公使大史固归国子之元。——《左传·哀公十一年》

②始。元年者何？君之始年也。——《公羊传·隐公元年》

③首。建尔元子。——《诗·鲁颂·闷宫》（毛传：“元，首也。”）

④大。元戎十乘。——《诗·小雅·六月》（毛传：“元，大也。”）

那么在这几个义项中，哪个是本义呢？《说文》：“元，始也，从一，兀声。”金文的写法，像突出头部而侧立的人，身子较小，头部突出，说明与头部的意义有关。我们再参照别的文献才能判定。《左传·僖公三十三年》：“狄人归其元，面如生。”（杜预注：“元，首也。”）《孟子·滕文公下》：“志士不忘在沟壑，勇士不忘丧其元。”（赵岐注：“元，首也。”）通过几个义项对比参照，我们可以看出，“人头”是“元”的本义。

形声字由声符和义符组成，义符就是这个字的意义范畴，虽未说明这个字的具体意义，但对我们判断这个字的本义还是很有帮助的。例如：松、柏等字，木字旁表示它们是一种树，这样再结合文献就可以确定它们的具体本义了。再如：術、斯，它们义符分别是“行”和“斤”，一个与道路有关，一个与斧子一类的工具有关。再看古文献有关例证：

横術何广广兮。——《汉书·燕刺王旦传》

墓门有棘，斧以斯之。——《诗经·际风·墓门》

由此可以判定，“術”的本义是街，“斯”的本义是用斧子砍。

2. 多义归纳比较法

词义的发展演变是有规律可循的，通过多义归纳也可以从众多义项中找出词的本义来。词汇的发展是由具体到抽象、由个别到一般、由部分到整体，总是先后有序，相互纠结。从一个义项演化成另一个义项，中间一般存在某些连结点，抓住一个连结点，按照词义繁衍的逻辑顺序逐项考察，就不难找出词汇的本义。例如，“解”：

①解牛。庖丁为文惠君解牛。——《庄子·庖丁解牛》

②解剖。宰夫将解鼋。——《左传·宣公四年》

③解体。今独王陈，恐天下解也。——《史记·张耳陈余列传》

④开放。严城解扉。——《后汉书·耿纯传赞》

⑤解结。民之悦之，犹解例悬也。——《孟子·公孙丑上》

⑥解脱。解履不当阶。——《礼记·礼曲》

⑦解释。君知其解乎？——《史记·吕太后本纪》

⑧晓悟。遥怜小儿女，未解忆长安。——杜甫《月夜》

经过分析上面诸义项，其层次关系和引申脉络可以图示为：

这个脉络正是体现词义发展的过程：解牛本义为解剖牛；解

剖的结果导致解体、开放；由分解动物又引申为解开绳结，由此可以实现解脱；由具体的解结再引申为抽象的解说，以及解释，使人明白、领悟。从字形看，甲骨文像“以刀判牛角”，这正是“解”的本义。

（二）词汇的引申义

在多义词的几个义项中，由本义派生出来的意义就叫引申义。词义的引申义是形成一词多义的根本原因，它使语言的表达更加丰富多彩，更好地满足实际的需要。根据引申义和本义的关系，可以从几个方面来分类。

1. 直接引申和间接引申

直接引申义是由本义直接派生出来的意义。如，“朝”，本义是早晨，《说文》：“朝，旦也。”《烛之武退秦师》：“朝济而夕设版焉。”古代臣下谒见君王是在早晨，于是由早晨义直接引申为朝见义，《晋灵公不君》：“盛服将朝。”又如，“节”，本义是竹节，《说文》：“节，竹约也。”其中“竹约”即竹节。由竹节直接引申为树木枝干的交接处，即木节。再如，“御”，本义是驾驭车马，《齐晋鞌之战》：“邴夏御齐侯。”直接引申为一般的驾驭。《庄子·北冥有鱼》：“列子御风而行。”

直接引申，因为是从本义直接引申出来的，与本义关系密切，所以一般比较容易辨识，而间接引申义相对不易判断。

间接引申义是指由引申义再引申出来的意义。直接引申以外的引申都是间接引申，即所谓的“辗转引申”。要辨认出间接引申义以及它们之间的复杂关系，需要把它们放到一起进行比较分析才能确定。如，“集”，本义是群鸟落于树上，《说文》：“群鸟在木也。”《诗经·周南·葛覃》：“黄鸟于飞，集于灌木。”直接引申为鸟停息在一起。《岳阳楼记》：“沙鸥翔集，锦鳞游泳。”由此又引申为聚合。《过秦论》：“天下云集而响应。”

是说天下的百姓像云一样聚合，由聚合又引申为聚会义。《兰亭集序》：“群贤毕至，少长咸集。”由人的聚会又引申为抽象的成就某事义，《齐晋鞌之战》：“此车一人殿之，可以集事。”其中“集事”是成就大事，由此又引申为诗文的汇集。由上可知，除直接引申为停息外，聚合聚会，成就事业，及集文的汇集等都是间接引申义。

2.“链式引申”和“辐射式引申”

链式引申就是引申义之间呈链条状，逐次引申下去，即由甲引申为乙，又由乙引申为丙，丙又引申出丁，这样一环连一环引申开。例如，“要”：

①中间。是王之地一经两海，要绝天下也。——《战国策·秦策》

②半路拦截。吴人要击之。——《左传·襄公三年》

③要挟。虽曰不要君，吾不信也。——《论语·宪问》

④求得。非所以要誉于多党朋友也。——《孟子·公孙丑上》

⑤需要。地不知寒人要暖。——《红绒毯》

可以图示为：

要：中间⟶半路拦截⟶要挟⟶求得⟶需要

这种引申方式的特点是，其中意义只和它邻近的两个意义有直接联系，而与其他意义差得较远，只要找到它们之间的中间环节，就能清楚地看到其间词义引申发展的脉络。

辐射式引申就是由一个意义向各个不同方面引申而得到的意义。例如，“节”：

①木节。不遇槃根错节，何以别利器乎？——《后汉书·虞诩传》

②动物关节。彼节者有间，而刀刃者无厚。——《庄子·养生主》

③节气。四时八十二度二十四节。——《史记·太史公自序》

④音乐节奏。长歌赴促节。——《拟古》

⑤社会政治法度。礼不踰节。——《礼记·曲礼》

⑥道德节操。时穷节乃见。——《正气歌》

⑦节制、节省。节用而爱人。——《论语·学而》

可以图示为：

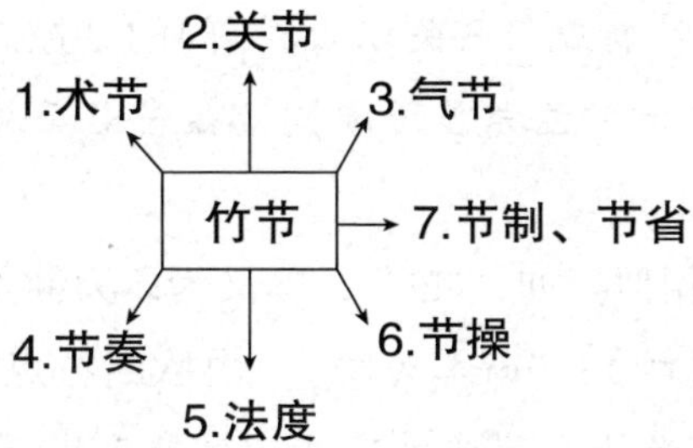

这种引申方式比较灵活，同一本义可以从不同角度通过不同方式引申出不同引申义来，当然，词义引申的这两种方式也并不是截然分开的，有时是两种方式交织在一起的，例如，“时”：

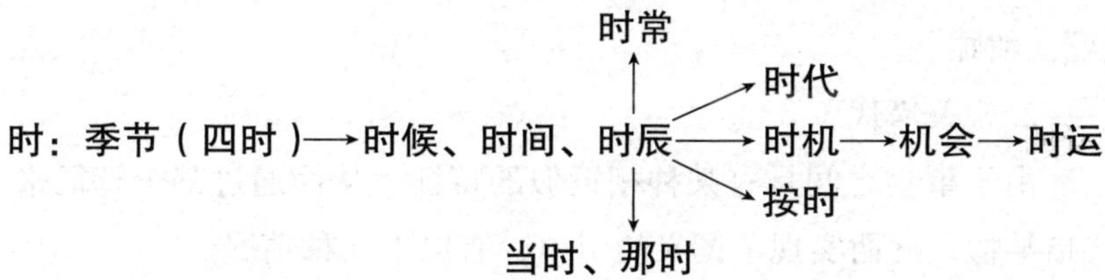

（三）词义引申的根据和方式

一个词由平义引申为不同的引申义往往是通过各种形式的联想和联系实现的，这种关联、联想方式就是引申的方式，大致可以归纳为以下四类。

1. 相似类比

由于表达来物之间具有某种相似之处，从而通过类比实现了词义的引申，有以下几种情况。

①貌性状相似。如，“斗”，本指盛酒器，《诗·大雅·行苇》：“酌以大斗。”因为这种酒器是勺形、有把，因而引申斗星（南斗、北斗），《诗·小雅·大东》：“维北有斗，不可以挹酒浆。”又如，“派”，由水的支流引申为政治上的派别、艺术上的流派，在分支这一点上性状相似。

②功能作用相似。如，“关”，本指门闩，《左传·襄公二十三年》：“臧纥斩鹿门之关以出。”门闩是控制出入的，由此引申为关卡，《史记·孟尝君列传》：“孟尝君至关，关法鸡鸣而出客。”

③方式情态相似。如，“断”，本义为以刀断丝，引申为砍断木头，《周为·系辞》：“断木为杵。”由砍断特点，引申为决断、果断，《汉书·霍光传》：“当断不断，反受其乱。”

④感受相似。如，“酣”，本指酒喝到尽兴将醉的程度，《史记·魏其武安侯列传》：“及饮酒酣，夫起舞属丞相。”由喝酒喝得尽兴、畅快，引申至睡觉、唱歌等方面，于是有了“酣歌”“酣睡”。

2. 相关借代

由于事物之间具有某种相近似的特征，从而通过某个特征来代指某物，从而实现了词义的引申，有以下几种情况。

①借性状特点引申。如，“孩”，本指小儿笑，《老子》：“如婴儿之未孩。”《庄子·天运》：“民孕妇十月生子，子生五月而能言，不到乎孩而始谁，则人始有天矣。”引申为小孩，《山寺》：“自哂同婴孩。”

②由动作代动作实施者。如，“贼”，本意为杀害，《韩非子·内储说下》：“二人相憎，而欲相贼也。”引申为杀人者、刺客，《史记·秦始皇本纪》：“燕王昏乱，其太子丹乃阴令荆轲为贼。”

③处所借指该地的人或物。如，“室”，本义是指内屋，唐孔

颖达云："壮有妻，妻居室中，故呼妻为室。"以及《社记·由礼上》："三十曰壮，有室。"

3. 关联引申

本义所代表的事物与要表达的事物之间相邻近、相关联，二者关系密切，通过由此及彼的联想，从而实现引申，如，"兵"，本义是兵器，《左传·郑伯克段于鄢》："缮甲兵，具卒乘。"兵器由士卒所执，二者相关联，由此联想到彼，而引出"士卒""士兵"义。由单个兵很容易联想到众多士兵即军队，《战国策·赵策·触詟说赵太后》："以长安君为质，兵乃出。"士兵是打仗、参战的，所以又引出"战争"义，《礼记·礼运》："而兵由此起。"

4. 比喻引申

以本义所概括的事物为喻体的一种引申方式，两者之间在性质、功能等方面相类似，于是由比喻引申成一个义项。如，"弦"，本义是弓弦，《说文》："弦，弓弦也。"《史记·李将军列传》："度不中不发。发即应弦而倒。"由于月亮弯时形状像弓弦，所以使用弓弦比喻弦形的月亮，把它称为"弦月"，《初月》："光细弦初上，影斜轮未安。"

四、古今词义的异同

（一）古今词义的差异

语言是不断发展的，学习古汉语必须用历史发展的眼光来看待问题，在语言发展的各个方面，词汇变化最快。旧词不断消亡，新词新义不断衍生，因此学习古代汉语就必须考虑到词汇发展造成的古今词义异同问题。

古义与今义是相对的概念。所谓古义，只是相对今义而言：秦以汉为古，汉以秦为今；汉以唐为古，唐以汉为今。词的古今义区别正是在这种相对比较中分析出来的，古义并非指它的本义或原始义，也包括引申义，有时候引申义也是古义，不过我们所言“今义”主要还是指词的现代意义，有时也包括近代或者至今未变的中古意义。当然，也有几千年来意义至今未变的一些词，例如：“牛”“大”“小”“羊”“山”“水”，它们所指称的仍旧是千年前的同一概念，这些是基本词汇的主要组成部分，也是语言继承发展的基础，但是像这种几乎不变的词，在整个词汇中比例极小。同时，还有古代意义和现代意义毫无关联的一些词，例如：“该”，在上古和中古都只表示“完备”义，《招魂》：“招具该备，永啸呼些。”（王逸注：“该，亦备也。”）到了中古时期以后才有“应当”的意义。从“完备”“到”“应该”我们看不出之间有什么承继关系。再如“抢”，现代是抢劫的意思；《庄子·逍遥游》中“抢榆枋”是“突过”的意思；《战国策·魏策四》中“以头抢地尔”是“撞”的意思，都看不到和“抢劫”意义上的关联。

就一般情况来说，古义和今义是既有区别又有联系的。由于语言的承继性，今义在古义的基础上引申发展出来，之间必然存在某种关联，只是有的关系比较明显，有的比较隐晦罢了，根据它们之间关系，我们大致归纳了古今义之间几种情况。

1. 有些词古今义差别较小，有时容易让人忽略。例如：

“病”，古义是“重病”，《仪礼·既夕礼》：“疾病，外内皆埽。”（郑玄注：“疾甚曰病。”）现代重病是病，小病也是病。

“劝”，古义是“劝勉、鼓励”，《左传·成公二年》：“赦之，以劝事君者。”“劝事君者”即鼓励那些来奉君主的人。现代是“规劝、劝诫”的意思。

“穷”，古代指境遇不好，走投无路或仕途不通，《论语·卫灵公》：“君子亦有穷乎？”《孟子·梁惠王下》：“此四者，天下之穷民而无告者。”现代“穷”是指贫穷，缺少财物。

“购”，古代是指“悬赏征求”，所“购”对象并不是商品，

《史记·项羽本纪》："吾闻汉购我头千金。"《搜神记·干将莫邪》："王梦见一儿，眉间广尺，言欲报仇，王即购之千金。"后来"购"与"买"意思接近，但仍有区别，《汉书·张安世传》："后购求得书。"这里"购"是指用重金收买，其对象不是普通东西，更不是一般商品。

"能"，古代汉语中作动词时表示"能够做到"，《孟子·梁惠王上》："故王之不王，不为也，非不能也。"也可以作能愿动词用，《论语·季氏》："远人不服，而不能来也。"但不管用为动词，还是能愿动词，"能"一般表示主观上的能力所及，而不是客观情况的容许，这是与现代汉语的细微区别。

2. 有些词的古今义区别较大，但由于它们在古代和现代都比较常用，所以在一定的语境中也容易产生误解。例如：

"狱"，原来指诉讼之事，即今所谓"官司"，《左传·庄公十年》："小大之狱，虽不能察，必以情。"《国语·周语中》："夫君臣无狱。"因诉讼与坐牢有关系，后来就引申出"监狱"的意思，《报孙会宗书》："妻子满狱。"

"岁"，本是指岁星，即木星，《左传·襄公二十八年》："岁在星纪而淫于玄枵。"古人把黄道附近一周天分为十二等分，称为十二星次，岁星每行经一个星次需要十二个月，就称为"一岁"，因此引为"年"的意思，《孟子·尽心下》："由汤至于文王，五百有余岁。"这个意义一直沿用到今天。

"信"，本是诚实，《说文》："信诚也。"《老子》："信言不美，美言不信。"现代主要指节信，作动词时意义是相信，这都是由"诚实"引申出来的，《世说新语·文学》："司空郑冲驰遣信就阮籍求文。"此是信使义。《喜达行在所三首》："西忆岐阳信，无人遂卻回。"这里是音讯，最后由音讯引申出了书信义，《南齐书·张敬儿传》："得家信云，足下有废立之事。"

另如：

牺牲玉帛，弗敢加也。——《左传·庄公十年》

和字道季，好学，有文章。——《晋书·庾亮传》

艺术之兴，由来尚矣。——《晋书·艺术传序》

非礼不终年，非义不尽齿。——《国语·晋语一》

勤而无所，必有悖心。——《左传·僖公三十二年》

上述“牺牲”是专指祭祀用的牛羊；“文章”是指文采；“艺术”是专指技术，包括历算、望气、占卜、天文等；“齿”是指“年寿”，古书常用“齿”来代指年寿，如“暮齿”指晚年；“勤”是指“劳苦”，与今天“勤奋”相差较远。

3. 有些词古今义相交叉，今义是古义的一部分，又在古今汉语中比较常用，所以很容易混淆误解。例如：

“爱”，古代有两个意思，一是喜欢，一是吝惜。《左传·隐公元年》：“爱共叔段，欲立之。”这里与现代的意义是一致的，是喜欢。《国语·鲁语上》：“子为鲁上卿，相二君也，妾不衣帛，马不食粟，人其以子为爱，且不华国乎！”（注曰：“爱，吝也。”）《左传·昭公二十年》：“臣不敢爱死。”这是吝惜之义，在现代汉语中是没有的。

“国”，古代有国家的意思，同时还有“国都”的意思。《左传·隐公元年》：“先王之制，大都不过参国之一。”《谷梁传·僖公二年》：“国而曰城，此邑也，其曰城，何也？”《孟子·离娄下》：“徧国中无与立谈者。”都是指国都，这个意思在现代汉语中是没有的。

“再”，在上古有“两次”或第二次的意思。《左传·庄公十年》：“一鼓作气，再而衰，三而竭。”《左传·僖公五年》：“一之谓甚，其可再乎。”这里都是“两次”的意思，没有表示重复反复的意思。

有时候，古义与今义表面上看起来似乎相同，但其实并不相同，甚至可能相反。《孟子·公孙丑下》：“孟子去齐。”《史记·孙子吴起列传》：“去韩而归。”此两例中的“去”都是“离开”的意思，恰好与现代汉语中“到某地”意思相反。再如，“仅”，《泊岳阳城下》：“江国踰千里，山城仅百层。”《张中丞传后叙》：“初守睢阳时，士卒仅万人，城中居人亦且数万。”此两例中“仅”不是表示甚少，而是“将近”“几乎”的意思。

（二）古今词义的发展变化

词的古义和今义，常常是既有继承又有发展，同中有异，异中有同。“同”，就是继承“异”，就是发展，我们学习古代汉语的一个重要的方法，就是把古今义进行对比，在“同”中发现“异”，在“异”中看到词汇发展的脉络。从汉语词汇整个系统的发展演变来看，词义由古到今，基本经历了一个由简单到复杂、由个别到一般、由具体到抽象的发展历程，其变化形式有三种：新义产生，新旧义并存；新义产生，旧义消亡；旧义保存，发生变化。其最后结果是使整个词义系统的变化表现为：词义扩大、词义缩小和词义转移。

1. 词义扩大。即词义所指称范围扩大了。例如：

“江”“河”，在上古大都是专指名词，“江”专指长江，“河”专指黄河，《诗经·魏风·伐檀》：“河水清且涟漪。”其中“河”就是专指黄河，后来泛指河流。

“货”，本指钱财，《说文》：“财也。”《国语·鲁语下》：“有货以卫身也，出货而可以免，于何爱焉?”《左传·襄公四年》：“戎狄荐居，贵货易土，土可贾焉。”后来，“货”的意义扩大了，泛指一切有价值的东西，包括财和物，《汉书·食货志》：“货谓布帛可衣及金刀龟贝。”这里意义已经很明显。

“精”，本义是经过选择的精米，《说文》：“精，择也。”（段玉裁注：“米字各本所夺，今补。择米为择之米也。”）《论语·乡党》：“食不厌精，脍不厌细。”引申为事物中优良部分，即精华。精粹，可指一切事物。《三国志·吴书吕蒙传》：“蒙至寻阳，尽伏其精兵舳舻。”《阿房宫赋》：“齐楚之精英。”这里“精”已经可以指人了。

“苦”，本义是一种菜，味苦，因叫大苦，《说文》：“苦，大苦也苓也。”《诗经·唐风·采苓》：“采苦采苦，首阳之下。”用的是本义，后泛指一切的苦味。

“绪”，本义是指丝的头绪，《说文》：“绪，丝耑也。”（段玉裁注曰：“耑者，草木初生之题也，因为凡首之称。”）《南都赋》：“白鹤飞兮茧成绪。”用的是本义，后引申为指一切事物的头绪。

“焚”，甲骨文作双手举火烧林之形，本义是放火烧山林进行围猎，《说文·火部》：“焚，烧田也。”《左传·定公元年》：“而田于大陆，焚焉。”《孟子·许行》：“益烈山泽而焚之，禽兽逃匿。”也是放大火烧山林沼泽的围猎活动，后来“焚”的意义扩大到泛指一切的燃烧。

“响”，指回声，《史记·张释之列传》：“且下之化上疾于影响。”后来指声音。

“色”，拽脸色，《战国策·苏秦连横约纵》：“形容枯槁，面色犁黑。”发展为颜色、色彩。

“裁”，裁衣，《盐铁论·诏圣》：“故衣弊而革裁，法弊而更制。”后来发展为裁断、裁削。

“卿”，一种较高的官阶或爵位。《报任安书》：“陵未没时，使有来报，汉公卿王侯皆奉觞上寿。”后来发展为一种普遍的称呼。

词义扩大的现象在汉语词义的发展变化中十分普遍。古汉语许多词的意义在发展中由特指变化为泛指，由专名变为通名，都属这类情形。

2. 词义缩小。即词义发展到后来表示的意义范围比原来缩小了，今义包含在古义之中。例如：

“县”，在上古称国都周围千里以内的地方为县，有时候“县”相当于天子的领地，《礼记·王制》：“天子之县内，方百里之国九。”由此，有时“县官”可指皇帝，《汉书·赵广汉传》：“臣生无益县官，愿代赵京兆死。”后又指朝廷或政府官员，《论贵粟疏》：“今募天下入粟县官，得以拜爵，得以除罪。”到后来逐渐固定为指县级官吏了。

“谷”，在古代指的范围非常广，是一切粮食作物的总称，包括谷物、豆类，甚至包括苴麻，《论语·微子》：“四体不勤，五谷不分，孰为夫子。”“谷”发展到现代一般只指稻粟了。

“禽”，原是飞禽和走兽的总称，《周易·师卦》：“田有禽。”这里“禽”是泛指一切猎物，《三国志·华佗传》：“吾有一术，名五禽之戏，一曰虎，二曰鹿，三曰熊，四曰猨（猿），五曰鸟。”把鸟与其他四种兽类合称“五禽”，到后来，“禽”专指鸟类。

“朕”，本是第一人称代词，在先秦不论贵贱，皆可自称“朕”。《楚辞·离骚》：“朕皇考曰伯庸。”这里是屈原自称。《孟子·万章上》：“干戈朕，琴朕。”这里是舜的弟弟象的自称。自秦始皇规定为他自己专用自称以后，就成了皇帝的自称了。

“宫”，原指房子，上古一般人居住的房子也可称宫，《战国策·秦策一》：“父母闻之，清宫除道，张乐设饮，郊迎三十里。”《孟子·滕文公上》：“且许子何不为陶冶，舍皆取诸其宫中而用之。”到后来就成只有帝王居住的房子才能称“宫”。

“辇”，指一种人拉的挽车，《左传·定公六年》：“公叔文子老矣，辇而如公。”后来专指帝后所乘的车。

“妃”，本来指配偶，《左传·桓公二年》：“嘉耦曰妃，怨耦曰仇。”后来专指皇帝的妾以及太子、王侯的妻。

“子”，指孩子的总称，《诗经·小雅·斯干》：“乃生男子，乃生女子。”《论语·公冶长》：“以其子妻之。”到后来就只指儿子，不再指女儿。

词义缩小往往是由抽象到具体、由一般到特殊或整体到局部的变化。有些词是由泛指变为了特指，通用变为了专用。

3. 词义转移。词义的转移比较复杂，在词的所有义项中，总有一项或两项是词在语言应用中最常用的，这个义项可以叫做这个词的常用义，而其他义项可以叫做非常用义，这个意义可能是本义也可能不是，也可能是引申义，这主要是从应用频率角度来分的。这里我们所说的词义转移，就在它的常用义和非常用义之间。

（1）指称事物的转移。即词的常用义所指对象由甲事物变为了指乙事物，其中包括了词性的转变。例如：

“诛”，《说文》：“诛，讨也。”所谓“讨”，就是声讨、谴责的意思，这是“诛”较早的意义。《国语·周语》：“十八年，王黜狄后。狄人来诛。”（注：“诛，责也。”）《论语·公冶长》：“于予与何诛。”《晋书·孙楚传》：“小不事大《春秋》所诛。”这三例的“诛”，都是用的本义。后来演变为杀戮，《韩非子·五蠹》：“故令尹诛而楚奸不上闻。”由言语的谴责转化为刑罚的制裁。

“假”，先秦多当借讲。《国语·晋语一》：“钧之死也，无必假手于武王。”《左传·僖公五年》：“晋候复假道于虞以伐虢。”《孟子·尽心上》：“久假不归。”《吕氏春秋·用众》：“故善学者，假人之长以补其短。”汉以后多当非真讲，由动词变成了形容词。《史记·项羽本纪》中的“假上将军”，《淮阴侯列传》中的“假王”，《汉书·王莽传》中的“假皇帝”，这几个“假”，都表示暂时代理，也就是非真的意思。后来又进一步转化为虚假、伪造等义。再如：

“蓝”，本指可以提制蓝色染料的草，后转指为颜色；“苦”，本是指苦味，后转为指劳苦；“领”，本指脖子，后转为指衣领或首领；“脚”，原指胫（小腿）后变为指足；“胸”，本指乳上骨，后指胸脯；“额”，本指眉目之间后转为指额，后又扩大为指脸；“关”，本指门闩，“所以关也”，名词，后转指关门的动作；“臭”，嗅的古字，本是犬鼻嗅气味，后来转为表一切气味，到现代成为臭味了；“行”，本指道路，后转为走路的动作。

（2）常用词义与一般词义相互转化。即：原来的常用词义逐渐丧失其重要性，下降为一般词义，而原来的一般词义由于使用频率增高而上升为常用词义。例如：

“谢”，古代的常用词义是道歉。《战国策·齐策》：“宣王谢曰：‘寡人有罪国家。’”《魏策》：“秦王色挠，长跪而谢之。”“谢”，又有一般词义感谢。《汉书·高市纪上》：“高祖乃谢曰：‘诚如父言，不敢忘德。’”后来，“感谢”渐渐成了“谢”的最常用、最主要的意义，而“道歉”却退居次要地位，以至于最后完全消亡，只以语素的形式存在于“谢罪”等现代汉语复音词中。

“穷”，古代的常用词义为境遇不好，走投无路；或者仕途不得志，或者政治主张行不通。《论语·卫灵公》：“君子亦有穷乎?”《战国策·韩策》：“齐以四国敌秦，是齐不穷也。”指境遇不好。《史记·项羽本纪》：“穷来从我，不忍杀之。”指走投无路。“穷”的一般意义为贫困。《墨子·非命上》：“昔上世之穷民，贪于饮食，惰于从事，是以衣食之财不足。”《荀子·大略》：“多有之者富，少有之者贫，至无有者穷。”这种用法在先秦少见。后来，“贫困”逐渐上升为主要词义，前一意义反而降到次要地位，到了现在，只以语素的形式保存在复音词或成语中。

（3）词的色彩义的转变。主要是指词的含义和感情色彩发生了变化。有一些中性词变成了贬义词，也有一些中性词变成了褒义词。例如：

“侵”，上古主要当“进攻”讲。说得确切一点，是一种进攻方式。《左传·庄公二十九年》："凡师，有钟鼓曰伐，无曰侵，轻曰袭。"可见古代军事上的进攻方式有三种，"侵"是其中的一种。因此，先秦古籍中作为一种军事行动出现的"侵"，基本上是个中性词，并无贬斥的意思。

"谤"，本来是"议沦"的意思，无所谓褒贬。《国语·周语上》："厉王虐，国人谤王。""谤王"，指议论周厉王。《左传·成公十八年》："师不陵正，旅不偪师，民无谤言。""谤言"，指怨言。《左传·襄公十四年》："自王以下，各有父兄子弟，以补察其政。史为书，瞽为诗，工诵箴谏，大夫规诲，士传言，庶人谤。"可见"谤"与"诽谤"在古代，特别是上古时代，都不是贬义词。

"爪牙"，原指勇士，多指武将。《诗经·小雅·祈父》："祈父，予王之爪牙。"《资治通鉴·魏黄韧三年》："此诸将或任腹心，或堪爪牙，或是功臣。"古书中"爪牙"常见，并没有今天所说的狗腿子、帮凶之义。

"祥"，最初是中性词，有"预兆""征兆"之义。凶的征兆，吉的征兆，都可叫"祥"。《左传·僖公十六年》："是何祥也？吉凶焉在？"前面说"祥"，后面问"吉凶"，正说明"祥"无所谓吉凶。《战国策·楚策四》："先生老悖乎？将以为楚国袄祥乎？""祥"加"袄"，才是不好的预兆。古书中用"祥"时，常常是既可表示凶兆，也可表示吉兆。《汉书·五行志》："时则有白眚白祥。""眚"是"灾"的意思，"祥"与"眚"并列，指的是"凶兆"。《国语·楚语上》："榭不过讲军实，台不过望氛祥。"（注："凶气为氛，吉气为祥。"）指的是"吉兆"。后来，凡用"祥"，都表示吉祥。

五、古汉语同义词与同源词

（一）同义词

1. 同义词的形成

所谓同义词是指意义相同或相近的一组词。王力先生指出："所谓同义，是说这个词的某一意义和那个词的某一意义相同，不是说这个词的所有意义和那个词的所有意义都相同。"[①] 实际上，意义完全相同的词并不多见，一般只是在某一方面相同或相近。因此，"同义"这个概念，在意义上说是相对的，而非绝对。所谓同义词，实际上也包括某些近义词。我们讨论这个问题时，必须建立起这样一个观点：只要在某一个主要意义上相同，其余方面无论有多少相异之点，都可算同义词，也就是说，同义词是在某一个意义上的归类。古代汉语同义词也跟现代汉语一样，实际上可以分两种：一种是意义完全相等的同义词，叫作等义词（如"犬"与"狗"类）；另一种是词义在某一点上交叉的或者主要意义相近的同义词，叫作近义词。从同义词的实际运用情况来看，值得注意的是第二种同义词。

古代汉语中的同义词数量很多，大量同义词的存在，是语言词汇丰富的表现。当表达某一个概念时有一些词可供选用，则使其意思表达得更准确、更生动。研究同义词的演变情况、使用范围及其相互关系，是研究古汉语词汇的一个重要方面。在古汉语中，意义完全相同的等义词是非常罕见的。多数等义词从用法、搭配、形成历史等方面，都能找到一些差别。例如："天子"与"皇帝"，这两个词产生的时代是不同的，"天子"产生于先秦，而"皇帝"产生于秦代。又如："吃""喫""食"，都是吃东西的

① 王力：《同源字典》，商务印书馆，1982，第 24 页。

意思，但它们之间仍有差别。“吃”的本义是说话结巴，即口吃。《说文》释“吃”为“言謇难”，就是这个意思。“吃东西”这个意思在古籍中很罕见。“喫”始见于唐代诗词中，产生的时间要比“吃”晚得多。唐代以前表示“吃东西”的只有“食”这个词。后来，“食”多用于书面语，“吃”“喫”则多用于口语。可见，这一类同义词虽然在总的意义上相同，但在其他方面有所不同。

古汉语同义词是随着词汇的历史发展而变化的，因而它具有一定的时代性。这种发展变化的观点是研究古汉语同义词时必不可少的。有一些词可能在上古时期同义，到了中古时期或近古时期不同义。反之，有些词可能在上古时期不同义，到了中古时期或近古时期却变为同义了。例如："好"与"美"，在古代特别是上古时期是同义词，都有"美丽"的意思。如：《战国策·赵策三》中"鬼侯有子而好"，这里"子"指"女儿"，这句是说"鬼侯有个女儿长得很美丽"；《乐府·陌上桑》中"秦氏有好女"，"好女"即"美女"；《列子·杨朱》中"贤愚好丑，成败是非"，"好"与"丑"相对，更说明了这一点。但是，上古时期表示"美丽"除了用"好"，也可以用"美"。如：《左传·桓公元年》中"美而艳"，《战国策·齐策》中"美女充下陈"。后来，"好"的词义发生了变化，表示"良""优"等义，跟"坏""劣"相对，与"美"意义相差甚远，不再是同义词了。

有些同义词的形成，跟社会的发展有关，具有一定的社会性和阶级性。社会发展到一定阶段，统治阶级的思想意识就会在词汇中有所反映。统治阶级和他们的文人，针对词语的使用，制定了各种规范。这种规范，往往以"礼"和"法"的名义固定下来，成为"官书"和文人学士共同遵守的成文或不成文的法规，因而我国古代典籍几乎普遍地打上了这种"烙印"。由于要区别贵贱，或者褒贬善恶，同一个概念对于不同的人，要用不同的词来表示。比如人死后，原本是没有什么区别的，都称"死"。后来为了区别贵贱，就要用不同的说法，《公羊传·隐公三年》："天子曰崩，诸侯曰薨，大夫曰卒，士曰不禄，庶人曰死。"再如一般人的妻妾称"妻"或"妾"，帝王的妻妾则称"后"或"妃"，《礼记·曲礼下》："天子之妃曰后，诸侯曰夫人，大夫曰孺人，士曰妇人，庶人曰妻。"

有些同义词是由于语言的运用而产生的，这突出表现为修辞手法的运用。如比喻、借代等修辞手法的运用，使某些本来毫无关联的词语形成同义关系。例如："手足"成为兄弟的同义词，《为兄轼下狱上书》："臣窃哀其志，不胜手足之情，故为冒死一言。""骨肉"成为亲人的同义词，《韩非子·五蠹》："非疏骨肉而爱过客也。""股肱"成为大臣的同义词，《汉书·苏武传》："上思股肱之美，乃图画其人于麒麟阁。""肺腑"成为亲信的同义词，《史记·魏其武安侯列传》："蚡以肺腑为京师相。"这些都是通过比喻方法成为同义词的。

有些同义词的形成源于方言，扬雄的《方言》就广泛地记载了这方面的情况："娥、嬴，好也。秦曰娥，宋魏之间谓之嬴，秦晋之间凡好而轻者谓之娥，自关而东河济之间谓之媌，或谓之姣，赵魏燕代之间曰姝，或曰妦，自关而西秦晋之故都曰妍。好其通语也。"这里"好"是美丽的意思。关于"美丽"，各地叫法不同，如，"娥""嬴""媌"，或是"姣""姝""妦""妍"等，因地而异，而"好"是全国通行的说法："娥""媌"当美丽讲，《列子·周穆王》："简郑卫之处子娥媌靡曼者。""姝"当美丽讲，《诗经·邶风·静女》："静女其姝。"再如，《方言》："台、胎、陶、鞠，养也。晋卫燕魏曰台，陈楚韩郑之间曰鞠，秦或曰陶，汝颖梁宋之间曰胎，或曰艾。"关于"养育"，有"台""鞠""陶""胎""艾"等不同说法。如，《诗经·小雅·蓼莪》："父兮生我，母兮鞠我。"《答何劭》："洪钧陶万类，大块禀群生。""鞠""陶"都是当养育讲。

同义词的形成比较复杂，除此之外还有一些别的原因，如外来语，以及其他与古人的生活习惯、思想观念有关的原因，此处不再赘述。了解同义词的形成有助于我们分析同义词之间的区别。

2. 同义词辨析

对同义词进行辨析，是研究同义词的重要方法。古人很早就注意到了同义词的辨析和运用。例如：

“羔羊之皮，素丝五紽。”——《诗经·召南·羔羊》（毛传：“小曰羔，大曰羊。”）

“绿兮衣兮，绿衣黄裳。”——《诗经·风·绿衣》（毛传：“上曰衣，下曰裳。”）

“有朋自远方来，不亦说乎？”——《论语·学而》（郑玄注：“同门曰朋，同志曰友。”）

“加之以师旅，因之以饥馑。”——《论语·先进》（朱熹注：“谷不熟曰饥，菜不熟曰馑。”）

有时古人在注释中，会用到“浑言”（又称“统言”）和“析言”这两个术语。“浑言”就是笼统地说，是就同义词的“同”而言，“析言”就是分别地、对比地说，是就同义词的“异”而言。两者相辅相成，互为补充。段玉裁注释《说文解字》时用得最多。例如，“吟”“呻”，《说文解字注·卷六下》：“按呻者吟之舒，吟者呻之急，浑言则不别也。”（段玉裁注）；又如，“国”“邦”，《周礼》注曰：“大曰邦，小曰国，析言之也。许言：‘邦，国也，国，邦也，统言之也。’”《周礼》注又云：“邦之所居亦曰国。此谓统言则封境之内曰国曰邑。析言则国野对称，《周礼》体国经野是也。古者城郭所在曰国曰邑而不曰邦，邦之言封也，古邦封通用。”（段玉裁注）

古人揭示的这些同义词或近义词的细微差别，是我们今天辨析同义词的重要参考资料。但是，这类辨析也存在不少问题。古汉语同义词的差别是多方面的，从不同角度来分析，就可能有不同的差别，因此辨析同义词就要掌握同义词的不同含义、不同色彩、不同用法，运用现代语言学的理论和方法对古代典籍所提供的丰富材料进行比较、分析和综合，重点在于“异”，而不在于“同”。同义词的差别是多种多样的，大致可分为以下几个方面。

（1）范围不同

这主要是指词所指的意义范围，更主要是指它常用的意思范围。

“法”“律”都有“法律”“法令”之义，《吕氏春秋·察今》：“凡先王之法，有要于时也。”《周易·师卦》：“师出以律，失之凶也。”但古时候“法”所指范围更大，指“法律”，也指“制度”；“律”所指范围相对更小，多指具体的刑法条文。如，“凡先王之法”的“法”就包含有“制度”的意义，而“师出以律”的“律”，指“律令”。《解嘲》：“秦法酷烈，而肖何造律。”“法”与“律”分别使用，词义的差异更明显。

“问”“询”“访”这三个词在询问、征求意见的意义上是同义词。就先秦文献语言来看，“访”的适用范围比“问”“询”更小，在谁询问、询问准、问什么这几方面，一般来说，“问”“询”是没有什么限制的，而“访”通常是指君长就重大问题向臣下征求意见。《左传》用“访”共十四次，便是这个意思。《僖公二十二年》：“（秦）穆公访诸蹇叔。”《文公元年》：“楚子将以商臣为大（太）子，访诸令尹子上。”《文公十二年》：“孔文子之将攻大（太）叔也，访于仲尼。”见于他书的，《尚书·洪范》：“王访于箕子。”指周武王向箕子询问关于“天道”的问题。

“白”“皎”“皑”“皙”四个词都有白的意思，但“白”是通称，其他三个词指称范围更窄。《说文·白部》：“皎，月之白也”“皑，霜雪之白也”“皙，人色白也”。《汉乐府·白头吟》：“皑如山上雪，皎若云间月。”《陌上桑》：“为人洁白皙，鬑鬑颇有须。”

“听”“闻”是同义词，但“听”只是说听，并不表示“听见”或“听到”的意思，而“闻”则表示“听到”或“听见”的意思。《礼记·大学》里有“听而不闻”这样的话，即表示虽然听了，但并未听见，将“听”与“闻”二者的不同含义区别得非常清楚。进一步说，“闻”还可以包含听后已经领会或掌握的意思。《论语·里仁》中“朝闻道，夕死可矣”的“闻”便可以这样理解。如果只是简单地解释为“听到”，似乎尚嫌不足。

（2）性状情态不同

有的同义词表示同类事物，而这些事物在性状、质地、功用等方面有区别，有的同义词表示同类动作行为，而这些动作行为情态、方式不同。例如：

“坐”“跪”“跽”这三个词表示的身姿、方式、情态有同有异。共同之处是两膝着地，区别在于臀部是否依着脚后跟和上身是否挺直。“坐”，臀部依着脚后跟，这种姿势比较安稳舒服，《墨子·非儒下》：“孔某与其门弟子闲坐。”“跪”，则臀部离开脚后跟，这种姿势比“坐”显得恭谨有礼，《谷梁传·僖公十年》：“君将食，丽姬跪曰：‘食自外来者，不可不试也。’”《荀子·大略》：“父南乡而立，子北面而跪。”跪而耸身直腰为“跽”，这通常是心情急切或感到紧张时的一种身姿变化，即之间由“坐”而“跪”而“跽”。《战国策·秦策三》：“秦王跪而请曰：‘先生何以幸教寡人？’”《史记·项羽本纪》：“（樊）哙遂入。披帷西向立，瞋目视项王，头发上指，目眦尽裂。项王按剑而跽曰：‘客何为者？’”与“坐”相比，“跪”由于臀部悬浮，不大安稳，故又称“危坐”，“跽”还进而耸腹直身，上身好像延长，故又称“长跪”。又如：

“柴”“薪”，《礼记·月令》：“大者可析谓之薪，小者合束谓之柴。”

“门”“户”，“大曰门，小曰户。”

“简”“牍”，“简，竹为之；牍，木为之。”

“模”“范”“型”，“凡铸式以土曰型，木曰模，金曰范。”

“丝”“缕”，“凡蚕者为丝，麻者为缕。”

（3）程度不同

“饥”“饿”都表示饥饿。“饥”是一般的饿，即感到肚子空，想吃东西，《荀子·荣辱》：“饥而欲食，寒而欲煖（暖）。”《论贵粟疏》：“饥之于食，不待甘旨。”“饿”是严重的饿，指的是根本没有饭吃或长时间未进食，而受到死亡的威胁，《韩非子·饰邪》：“家有常业，虽饥不饿。”即家里有固定产业，即使食粮不足，吃不饱，但还不至于饿死。《淮南子·说山》：“宁一月饥，无一旬饿。”这是因为，黄生《义府》：“饥犹可生，饿则至死。”在上古时期汉语中，“饥”“饿”的这种区别是比较严格的，《论贵粟疏》：“人情一日不再食则饥。”一天吃不上两顿饭，感到肚子空，想吃东西，这只能用“饥”，不能用“饿”。《左传·宣公二年》：“（宣子）见灵辄饿，问其病，曰：不食三日矣。”三天未进食，饿得病倒了，这才是“饿”。《论语·季氏》：“伯夷、叔齐饿于首阳之下。”这个“饿”实指饿死，更不能用“饥”来替换。

“弥”“愈”“尤”都有“更”的意义。但“弥”一般只表示“更加”，《论语·子罕》：“仰之弥高钻之弥坚。”“愈”表示事物进一层发展，《史记·魏其武安候列传》：“夫愈怒，不肯谢。”“尤”表示在同类事物中显得特出，《陈情表》：“况臣孤苦，特为尤甚。”又如：

“盟”“誓”，“大事曰盟，小事曰誓。”

“疾”“病”，“疾甚曰病。”

（4）侧重方面不同

“完”“备”都有完全的意思。“备”侧重数量、品类应有尽有，意思是齐全、完备，《孟子·滕文公下》："牲杀（牺牲）、器皿（祭器）、衣服（祭服）不备，不敢以祭。"《荀子·天论》："养备而动时，则天不能病。""完"侧重事物的整体性，意思是完整无故、完好无损，《世说新语·言语》："大人岂见覆巢之下复有完卵乎？"《石壕吏》："有孙母未去，出入无完裙。"当这两个词对举使用时，其区别更加明显，《韩非子·外储说左上》："今城郭不完，兵甲不备，不可以待不虞。"

"恭""敬"，都有恭谨有礼、不怠慢的意思。"恭"侧重外貌，《论语·公冶长》："巧言令色足恭。"《送东阳马生序》："或遇其叱咄，色愈恭，礼愈至，不敢出一言以复。""敬"侧重内心，《礼记·少仪》："宾客主恭，祭祀主敬。"（郑玄注："恭在貌也，敬又在心。"）该例是说，接待宾客，要注意外貌的恭谨有礼；举行祭祀，应注重内心的尊敬。《论语·子路》："居处恭，执事敬。"（朱熹注："恭主客，敬主事。恭见乎外，敬主乎中。"）原文的意思是，平时与人相处恭敬有礼，做事谨慎严肃。又如，《论语·颜渊》："君子敬而无失，与人恭而有礼。"《季氏》："貌思恭言思忠，事思敬。"总体说来，"恭"多指对人有礼貌，不怠慢，"敬"多指对事严肃认真，不掉以轻心。这是就这两个词的主要区别。

（5）感情色彩不同

有些同义词基本意义相同或差别不大，但却附带不同的感情色彩，表示对事物的评价或态度。例如：

"征""伐"都是军事进攻的意义，但"征"是褒义词，一般指上进攻下，多指道义之军进攻不道义之国。《左传·僖公四年》："五侯九伯，汝实征之，以夹辅周室。"这是齐国进攻楚国的理由，管仲借口周王朝曾命令他的国君所说的话，用褒义词"征"。"伐"是中性词，只是一种公开的进攻，《左传·庄公十年》中"齐师伐我"的"伐"，不能用"征"代替。后来"征伐”“讨伐”连用，“伐”也逐渐用于褒义。

“若”“汝”“尔”，都是人称代词，表示第二人称“你”或“你们”。但是“若”是一般称呼，《史记·陈涉世家》：“若为佣耕，何富贵也?”《捕蛇者说》：“若毒之乎?”“汝”“尔”除了作为平辈之间的称呼和上对下的称呼外，还常带有轻视或不尊重的感情色彩。如，《列子·汤问》：“甚矣，汝之不惠!”《左传·僖公三十年》：“尔何知！中寿，尔墓之木拱矣。”两例中的“汝”“尔”都有轻视、厌恶的意味。

（6）语法功能不同

“畏”“恐”“惧”这三个同义词都是动词，但语法上有些不同。“畏”一般带宾语，《荀子·天论》：“怪之可也，而畏之非也。”《论语·季氏》：“君子有三畏：畏天命，畏大人，畏圣人之言。”“恐”和“惧”在一般情形下，用作不及物动词，有时也用作及物动词。作及物动词时，“惧”往往用作使动，《左传》：“昭公二十六年：众可惧也，而不可怒也。”（林注：“言鲁人之众，可以射恐之，而不可屡射激之使怒。”）“可惧”等同于“可使之惧”，宾语“之”字省略。《老子》：“民不畏死，奈何以死惧之。”“惧之”也是使之惧的意思。

“耻”“辱”，作为抽象名词，都表示声誉上受到的损害或可耻的事情，语法功能也没有什么不同。但在用作动词时，两者的语法特点具有明显的差别。“耻”是意动用法，意思是以之为耻，其宾语一般由动词性词组充当，是表示事情的。《论语·公冶长》：“敏而好学，不耻下问。”《孟子·离娄上》：“今也小国师大国，而耻受命焉。”《荀子·非十二子》：“故君子耻不修，不耻见污；耻不信，不耻不见信；耻不能，不耻不见用。”“辱”是使动用法，意思是使之蒙受耻辱，其宾语常由名词充当，是指称人的。《左传·僖公三十三年》：“孤违蹇叔以辱二三子。”《报任安书》：“行莫丑于辱先。”两者的宾语都可由“之”承当，“耻”

后的“之”代事，意思是此或这，是指示代词，“辱”后的“之”代人，是人称代词，《论语·公冶长》：“匿怨而友其人，左丘明耻之，丘亦耻之。”《史记·廉颇蔺相如列传》：“我见相如必辱之。”

（二）同源词

1. 同源词的定义

同源词，简单地说就是指由同一个语源派生出来的一组在语音、语义两方面都相关的词。古代汉语以单音词为主，因此同源字就是同源词。由此看来，同源字必须包含三个要素：一是读音相同或相近，二是意义相通，三是同一来源。王力先生在《同源字典·同源字论》里说得更透彻：“为什么说它们是同源呢，因为它们在原始的时候本是一个词，完全同音，后来分化为两个以上的读音，才产生细微的意义差别，有时候连读音也没有分化（如‘暗、朗’），只是字形不同，用途不完全相同罢了。”这就是说，同源字是在语言发展过程中，由于语音分化和字形分化，由一个词孳乳成的几个词。这就好像由一位母亲生了几个儿女，形成了一个家庭。它们常常是以某一个意义为中心，而以语音的细微差别（或同音），表示相近或相关的几个概念的字。例如：长（长短）、长（生长）、张、服、帐、涨、掌、丈，是一组同源词。

“长”（长短）和“长”（生长）虽然写作一个汉字，但是读音和意义都不同，实际是两个词。可是这两个词是同源词。它们语音上有联系：上古都是阳部，声母一为定母，一为端母。意义也相关：生长的结果即变长。“张”的本义是“施弓弦”（见《说文》），施弓弦要把弓弦拉长，所以意义和“长”有关。引申为张挂，《荀子·劝学》：“是故质的张而弓矢至焉。”又为张大，《左传·阳公十四年》：“臣欲张公室也。”张挂起来的帷幕叫“帐”，最初就写作“张”，《史记·高祖本记》：“高祖复留止，张饮三日。”“张”就是后来的“帐”，水满叫“涨”，肚子满叫“胀”。“胀”本来也作“张”，《左传·成公十年》：“将食，张，如厕。”（注：“张，腹满也。”）“涨”也可以写作“张”，《资治通鉴》卷六五：“顷之，烟炎张天。”“掌”是手掌，《说文》：“掌，手中也。”（朱骏声曰：“张之为掌，卷之为拳。”）“丈”是年长者，《大戴礼记·本命》：“丈者，长也。”从语音上看，这些词上古都是阳部，“长”（长短）、“丈”是定母，“掌”是章母，其余都是端母，读音是非常近的。所以，这一组词尽管从字形上看有的是一个字形，有的不同字形，但它们都是同源词。再如：

山边叫“崖”，水边叫“涯”；

外城叫“郭”，外棺叫“椁”；

“任”是怀抱，“妊”是怀孕；

“寤”是睡醒，“悟”是觉醒；

末了为“终”，末了一个季节为冬；

终止为“竟”，疆土到此终止为“境”；

脖子叫“颈”，用刀割脖子叫“刭”；

听觉器官叫“耳”，割耳叫“刵”，耳饰叫“珥”；

“狗”是小犬，“驹”是小马，“羔”是小羊。

2. 同源词的确定方法

关于同源词的确定方法，前文提及王力先生在《同源字典·同源字论》实际上已经做了提示：一是读音相同或相近，二是意义相通，三是同一来源。结合我们研究的实际情况，我们认为确定同源词有三个必要条件：一为语音相同或相近，二为语义相近或相关，三为有理论根据，有文献资料证明。

这三个条件缺一不可。只是语音相同而语义不相关的，那是同音词；只是语义相同或相近而语音不相干的，那是同义词。由于词是语音（形式）、语义（内容）的统一体，而同源词又是出于同一语源或同一根词，因而必然在语音、语义两方面都有联系。但是不能认为只要具备了音近义近这两个条件，就一定是同源词，还必须有第三个条件，即只有通过词义发展变化的理论和语言事实得到证明的，才能确认为同源词。并且最好能有古代的训诂资料作为旁证。有这样一些词，它们语音相近，语义也相近，但它们之所以语义相近，并非由于同源，而是由错综复杂的词义引申关系造成的，对此如不考察证明，就会误认为同源词。

首先，意义相通，具体地说是：完全同义；微别；各种关系，如动作和工具的关系，动作和对象的关系，事物和性质、作用的关系，共性关系，特指关系，等等。

其次，读音相同或相近，必须以先秦古音为依据。即必须韵部、声母都相同或相近。如果只有韵部相同，而声母相差很远，如“共 giong”“同 dong”；或者只有声母相同，而韵部相差很远，如“当 tang”“对 tuet”，我们就只能认为是同义词，不能认为是同源词。具体而言，声母或是双声，或是准双声，或是旁纽，或是准旁纽，或是邻纽。韵部或是叠韵（同韵部），或是对转，或是旁转，或是旁对转，或是通转。

关于同源字的研究，可以说从声训时代就开始了。由于声训多臆测，大部分结论都是错误的，但也有一小部分结论符合某些词在语音和字形方面的分化情况，因而是正确的。例如：

涧，间也，言在两山之间也。——《释名·释水》

皮，被也，被覆体也。——《释形体》

弟，第也，相次第而生也。——《释亲属》

密，知也，无所不知也。——《释语言》

负，背也，置项背也。——《释姿容》

古，故也。家，居也。拾，释也。赦，舍也。——《说文》

因此，根据某些声训可以确定同源字。又如，互训：

顶：颠也。颠，顶也。更，改也。改，更也。——《说文》

逆，迎也。——《雅·释言》(《史记五帝本纪》注：“迎，逆也。”）

同训：

谕，告也。——《说文》

喻，告也。——《广雅·释估》

“谕”“喻”同训“告”，因而同源。

《庄子·大宗师》释文引王注：“需，待也。”

《管子·大匡》注：“胥，待也。”

“需”“胥”同训“待”，因而同源。

溢，器满也。盈，器满也。——《说文》

“溢”“盈”同训“器满”，因而同源。

3. 同源词的书写形式

同源词的书写形式有相同、相关和既不相同且又不相关三种：

（1）书写形式相同的同源词。例如：

长

长（cháng）：长短的“长”。

长（zhǎng）：生长。长（zhǎng）：官长。

被

被：被子。被：覆盖，蒙受。被：表示被动的介词。

音变构词或通过词义引申构成新词，但不另造新字的，就会形成书写形式相同的同源词。

（2）书写形式相近或相关的同源词

这里说的相近或相关，是指词的书写形式部分相同。这类同源词义可归纳为如下三小类：

①派生词的书写形式根词的书写形式为声符，具表义作用的同源词。例如：

生　性　姓

耳　刵　洱

从词的角度看，“性”“姓”是“生”的派生词，“刵”“洱”

是“耳”的派生词。从字的角度看，“性”“姓”是“生”的孳乳字，从“生”得声，并同“生”的语义相关；“刵”“洱”是“耳”的孳乳字，都从“耳”得声，并同“耳”的语义相关，《说文》：“姓，从女生，生亦声。”“刵，从刀从耳，耳亦声。”“姓”“刵”这类字即所谓会意兼形声字，其中既表声又兼具表义作用的偏旁“生”“耳”之类，可称作声兼义符。

②书写形式具有相同声符，但和声符的原义无关的同源词。例如：

唱　倡　娼

“唱”，本义为领唱，引申为倡导和一般地歌唱。“倡”，歌舞艺人。“娼”，女性歌舞艺人。“娼”义起初也用“倡”字表示，“娼”是后起区别字。倡导义后来用“倡”不用“唱”。

峻　骏　俊

这组同源词都具有高大、超群义。山高为“峻”，良马曰“骏”，才德超群叫“俊”。

“唱、倡、娼”和“峻、骏、俊”，只从“昌”或“夋”得声，而在语义上，同“昌”或“夋”并无联系。

③书写形式具有相同意符的同源词。例如：

涤　濯　漱（涑）

都当洗讲，并有相同的意符“水”。

忿　愤　闷　懑

都有充塞、郁结在心头的意思，并有相同的意符“心”。

另外如“跳、跃”“琱、琢”“遥、远”等，也都是具有相同意符的同源词，但不能认为，凡语义相近而书写形式又具有相同意符的就是同源词。例如，“濯”和“浣”都当洗讲，另有相同的意符“水”，但其读音既不相同，又不相近，因而只是一对同义词，而不是同源词。同样的道理，“遥”和“远”也只是同义词，而不是同源词。

（3）书写形式既不相同，又不相近，而是用完全不同的字来记录的同源词。例如：

上　尚

“尚”是认为高，认为上，或当作高或上的对待，即推尊、崇尚。

刚　强（彊）劲　竞　坚　健

这几个词都有强劲有力的意思。

“刚、劲、坚”是见母［k］，“强、竞、健”是群母［g］，都是舌根音；“刚、强、竞”属阳部［aŋ］，“劲”属耕部［eŋ］，“坚”属真部［en］，“健”属元部［an］，韵尾都是鼻辅音。

4. 研究同源词的意义

由于同源字的研究可以帮助人们从源上认识词与词之间的关系，这就突破了古代注释家单个地训译古书字、词的局限性，不仅对古汉语的词义体系的建立有重要的作用，而且对汉语词汇的历史研究也有极大的帮助。

首先，同源字的研究有助于正确理解古汉语词义。《左传·襄公二十五年》：“今陈忘周之大德，蔑我大惠，弃我姻亲，介恃楚众以冯陵我敝邑，不可億逞。”（杜预注：“億，度也；逞，尽也。”）按杜注，“不可億逞”是说陈国的罪恶无法想象，无法说尽。这种解释很难讲通。《诗经·小雅·楚茨》：“我仓既盈，我庾维亿。”《易林·乾之师》：“仓盈庾亿。”“盈”与“亿”均为同义词对用，“亿”“盈”同义，都有满的意思。“逞”又与“盈”同源，都可训满。《左传·昭公四年》：“逞共心以厚其毒。”《新序·善谋》中“逞”作“盈”，说明两字音近义通。因此，“不可億逞”是不可满足的意思。

其次，同源字的研究还有助于从“源”上深入了解词义，不仅知其然，而且知其所以然。例如，“厦”为大屋，与一般的屋不同。如果单从字形上分析，根本看不出“厦”为什么会有大屋义。原来，“厦”从“夏”得声，其“大”的含义也是从“夏”得来的。“夏”有大义，《尔雅·释诂》：“夏，大也。”《方言》：“夏，大也。自关而西，秦晋之间，凡物之壮大者而爱伟之谓之夏。”《诗经·秦风·权舆》：“夏屋渠渠。”（毛传：“夏，大。”）“夏”最初只有大义，并不一定指屋。后来，单用“夏”也可指大屋，《楚辞·九章·哀郢》：“曾不知夏之为丘兮，孰两东门之可芜。”（王逸注：“夏，大殿也。”洪兴祖补注：“夏，大屋。”）后来，为了把表示大屋的“夏”与表示华夏的“夏”区别开来，便造了一个“厦”字，于是“厦”“夏”构成了同源字。

【单元练习】

一、解释下列加点字的意思

1. 汉兵盛食多，项王兵罢食绝。

2. 项王军壁垓下，兵少食尽，汉军及诸侯兵围之数重。

3. 麾下壮士骑从者八百余人，直夜溃围南出。

4. 广数自请行，天子以为老，弗许。

5. 广不谢大将军而起行，意甚愠怒而就部。

6. 仆赖先人绪业，得待罪辇毂下。

7. 此学者之大患也。

8. 敬顺昊天，历象日月星辰，敬授民时。

9. 闾里小知者之所及，亦使缀而不忘。

10. 观此九家之言，舍短取长，则可以通万方之略矣。

二、翻译下列句子

1. 此天亡楚之时也，不如因其机而遂取之。

2. 东道少回远，而大军行水草少，其势不屯行。

3. 百姓闻之，知与不知，无老壮皆为垂涕。

4. 其身正，不令而行；其身不正，虽令不从。

5. 仆虽罢驽，亦尝侧闻长者之遗风矣。

6. 故祸莫憯于欲利，悲莫痛于伤心，行莫丑于辱先，诟莫大于宫刑。

7. 事已无可奈何，其所摧败，功亦足以暴于天下矣。

8. 假令仆伏法受诛，若九牛亡一毛，与蝼蚁何以异。

9. 人固有一死，或重于泰山，或轻于鸿毛，用之所趋异也。

10. 亦欲以究天人之际，通古今之变，成一家之言。

11. 安其所习，毁所不见，终以自蔽。

12. 孔子曰：“必也，正名乎？名不正则言不顺，言不顺则事不成。”

13. 诵诗三百，使于四方，不能专对，虽多，亦奚以为。

14. 播百谷，劝耕桑，以足衣食。

15. 其言虽殊，辟犹水火，相灭亦相生也；仁之与义，敬之与和，相反而相成也。

三、给下面文字加上标点

1. 古者富贵而名摩灭不可胜记唯倜傥非常之人称焉盖文王拘而演周易仲尼厄而作春秋屈原放逐乃赋离骚左丘失明厥有国语孙子膑脚兵法修列不韦迁蜀世传吕览韩非囚秦说难孤愤诗三百篇大底圣贤发愤之所为作也

2. 诸子十家其可观者九家而已皆起于王道既微诸侯力政时君世主好恶殊方是以九家之说蜂出并作各引一端崇其所善以此驰说取合诸侯其言虽殊辟犹水火相灭亦相生也仁之与义敬之与和相反而相成也易曰天下同归而殊途一致而百虑今异家者各推所长穷知究虑以明其指虽有蔽短合其要归亦六经之支与流裔使其人遭明王圣主得其所折中皆股肱之材已仲尼有言礼失而求诸野方今去圣久远道术缺废无所更索彼九家者不犹愈于野乎若能修六艺之术而观此九家之言舍短取长则可以通万方之略矣

四、解释下列词语的意思，并指出其出处和本义

养虎遗患　桃李不言　下自成蹊　才怀随和　戴盆望天

泰山鸿毛　哗众取宠

五、阅读下列文字，并回答问题

（一）

太史公曰：“吾闻之周生曰‘舜目盖重瞳子’，又闻项羽亦重瞳子。羽岂其苗裔邪？何兴之暴也！夫秦失其政，陈涉首难，豪杰蠭起，相与并争，不可胜数，然羽非有尺寸，乘埶起陇亩之中，三年，遂将五诸侯灭秦，分裂天下，而封王侯，政由羽出，号为‘霸王’，位虽不终，近古以来未尝有也。及羽背关怀楚，放逐义帝而自立，怨王侯叛己，难矣。自矜功伐，奋其私智而不师古，谓霸王之业，欲以力征经营天下，五年卒亡其国，身死东城，尚不觉寤而不自责，过矣。乃引‘天亡我，非用兵之罪也’，岂不谬哉！”

1. 从太史公的概括来看，项羽与众不同的方面有哪些？

2. 太史公对项羽的评价中可以看出，项羽的优点和缺点各有哪些？

3. 根据学过的内容，结合太史公评价，你怎么评价项羽的一生？

（二）

道家者流，盖出于史官。历记成败、存亡、祸福古今之道。然后知秉要执本，清虚以自守，卑弱以自持，此君人南面之术也，合于尧之克攘，《易》之嗛嗛，一谦而四益。此其所长也。及放者为之，则欲绝去礼学，兼弃仁义。曰：“独任清虚，可以为治。”

1. 从这段话来看，道家是怎么形成的？

2. 根据这段内容，请概括出道家的长处与不足在哪些方面。

六、思考题

1. 结合所学，简单论述中国古代天文学成就和历法演变对中国古代社会发展的影响与作用。

2. 举例说明什么是词的本义，什么是词的引申义。

3. 举例说明古今词义比较发生了哪些变化。

4. 什么是同源词？如何确认同源词？

5. 辨析同义词通常从哪些方面进行。

第三单元

【古代文化常识】

古代宗法制度与传统礼俗

一、古代宗法制度

宗法是以家族为中心，根据血统远近、嫡庶亲疏来组织、统治社会的一种等级制度。宗法制度的核心是嫡长子继承制度，即正妻所生长子为法定王位的继承人。

我国夏朝时就已确立王位世袭制，商朝末年才完全确立嫡长子继承制。西周一开始就确立了“立嫡以长不以贤，立子以贵不以长”的嫡长子继承制度，从而进一步完备了宗法制度。这种制度巩固了统治阶级的世袭统治，在封建社会中长期被保存下来。

（一）嫡长子继承制度

嫡长子继承制度是宗法制度的核心，其特点是严格区分嫡庶，确立嫡长子的优先继承权。古代宗族内分大宗小宗，都以正嫡为宗子，宗子具有特殊的权力。嫡长子孙这一系是大宗，其余的子孙是小宗。周天子自称是上帝的长子，其王位由嫡长子世袭，这是天下的大宗；余子分封为诸侯，对天子来说是小宗。诸侯的君位也由嫡长子世袭，在本国是大宗；余子分封为卿大夫，对诸侯来说是小宗。卿大夫在本族是大宗；余子为士，对卿大夫来说是小宗。士和庶人的关系也是这样。在宗法上，大宗比小宗尊贵，嫡长子比其余诸子尊贵。嫡长子被认为是继承始祖的，称为宗子。只有宗子才有主祭始祖的特权，能够继承较多的财产。

统治者为了保持血亲统治的纯贵族血统，规定：先王去世，由嫡长子继位；如果没有嫡长子，则从嫡妻从嫁之女弟所生之子补充；如果没有纯贵族血统的母弟，则从众妾所生之子中选择年长者当选，年龄相同的则选择贤者，贤能相同的就由占卜来决定。嫡长子将土地与官职分封给他的兄弟们，将一个国家变成诸多有血亲关系的兄弟小国。这种兄弟国的分封制始于周武王。这样，嫡长子的地位就显得特别高贵，对其余诸子来说，在家族上是以兄统弟，在政治上，是以君统臣，这就抑制了统治阶级的内讧，巩固了贵族的世袭统治，所以历代的封建统治阶级都努力保存宗法制度。

（二）宗族制度

所谓“宗族”是以某一男性为中心、由其直系男性后裔及其家庭依照一定伦理规则而组成的血缘群体。宗族由以下要素构成：以成年男性血缘后裔及其家庭为成员；以家庭为基本单位；一般是聚族而居或相对稳定的居住区；有一定的组织机构、管理规则和领导核心，进行管理。宗族中有“九族”和“三族”之称。九族指的是高祖、曾祖、祖、父、自己、子、孙、曾孙、玄孙，这是同姓的族。九族之外，还有所谓的三族，即父、子、孙。为使家族不散、不失传，按照古代宗法尊祖、敬宗、收族的原则，逐步建立起以修宗谱、建宗祠、置族田、立族长、订族规为特征的体现封建族权的宗族制度。宗族制度是以父权、族权为特征的一种宗族家族制度。在中国古代，宗族制度主要表现为政治意味非常浓厚的宗法制度。宋明以后，宗族制得到统治阶级的支持，族权布满农村社会各个角落的众多宗族，成为仅次于政权的权利体系。

（三）昭穆制度

所谓“昭穆制度”，就是古代宗庙的排列次序，体现在墓冢和祭祀上。周代贵族把始祖以下的同族男子逐代先后相承的分为“昭”“穆”两辈，这一点是周代宗法和后世不一样的。《礼记·王制》中已记载了帝王贵族的宗庙制度，即天子七庙太祖、三昭、三穆，诸侯五庙太祖、二昭、二穆，公卿三庙太祖、一昭、一穆。周代贵族用昭穆字样来区别父子两代，隔代的字辈相同。《周礼·春官·小余伯》载：“掌五礼之禁令，与其用等。辨庙祧之昭穆，掌吉凶之五服、车旗、宫室之禁。掌三族之别，以辨亲疏。”（郑玄注曰：“自始祖之后，父为昭，子为穆。”）《国语·鲁语上》载：“夫宗庙之有昭穆也，以次世之长幼，而等胄之亲疏也。”在宗庙排列上，始祖在宗庙中居中，以下子孙分别排列左右两列，左为昭，右为穆。始祖之子为昭，始祖之孙则为穆；始祖孙之子又为昭，始祖孙之孙又为穆。二世、四世、六世，位于始祖之左方，称“昭”；三世、五世、七世，位于始祖之右方，称“穆”。这样在昭穆的排列中，父子始终异列，祖孙则始终同列。在墓地的葬位也同样以此为准分为左右次序，用以分别宗族内部的辈分。正如《礼记·祭统》所云：“夫祭有昭穆，昭穆者，所以别父子、远近、长幼、亲疏之序而无乱也。”

（四）亲属

亲属是基于婚姻、血缘和法律拟制而形成的社会关系。根据亲属关系发生的原因，可以将亲属分为夫妇、血亲和姻亲三类。其中，血亲是指出于同一祖先具有血缘联系的亲属；姻亲是指除夫妇外以婚姻关系为中介而产生的亲属。

在宗族中，亲属关系拉的远，亲属名称分得很细，根据出生先后有不同的名称。父系亲属据《尔雅·释亲·宗族》载：“父为考，母为妣。父之考为王父，父之妣为王母。王父之考为曾祖王父，王父之妣为曾祖王母。曾祖王父之考为高祖王父，曾祖王父之妣为高祖王母。父之世父叔父为从祖祖父，父之世母叔母为从祖祖母。父之罤弟，先生为世父，后生为叔父。男子先生为兄，后生为弟。谓女子先生为姊，后生为妹。父之姊妹为姑。父之从父罤弟为祖父，父之从祖罤弟为族父。族父之子为族罤弟，族罤弟之子相谓为亲同姓。兄之子，弟之子，相谓为从父罤弟。子之子为孙，孙之子为曾孙，曾孙之子为玄孙，玄孙之子为来孙，来孙之子为罤孙，罤孙之子为仍孙，仍孙之子为云孙。王父之姊妹为王姑，曾祖王父之姊妹为曾祖王姑，高祖王父之姊妹为高祖王姑。父之从父姊妹为从祖姑，父之从祖姊妹为族祖姑，父之从父罤弟之母为从祖王母，父之从祖罤弟之母为族祖王母。父之兄妻为世母，父之弟妻为叔母。父之从父罤弟之妻为从祖母，父之从祖罤弟之妻为族祖母。父之从祖祖父为族曾王父，父之从祖祖母为族曾王母。父之妾为庶母。祖，王父也，罤，兄也。"

此外，母系亲属主要有：母之父为外祖父，古称为外王父，母之母称为外祖母，古称外王母，外祖父之父母为外曾王父与外曾王母。母之兄弟为舅，母之姊妹为从母，母之从兄弟为从舅。

夫又称婿。夫之父为舅，又称为嫜。夫之母为姑，连称为舅姑或姑嫜。夫之妹为小姑（中古以后的称呼），夫之弟妇为娣妇，夫之嫂为姒妇，简称为娣姒，又叫妯娌。妻又称妇。妻之父为外舅（岳父），妻之母为外姑（岳母）。妻之姊妹为姨。妇之父母与婿之父母相谓为婚姻，分开来说，则妇之父为婚，婿之父为姻。两婿相谓为娅，后代俗称为连襟。

在亲属关系中有"六亲"和"五服九族"之说。六亲即六种亲属关系。对六亲的说法有如下几种：一说指父子、兄弟、夫妇；二说指父母、兄弟、妻子；三说指父母、兄弟、从父兄弟、从祖兄弟、从曾祖兄弟、同族兄弟；四说指父、母、兄、弟、妻、子。五服是宗族结构中区分内外最重要的分界线，是否出五服成为判定亲疏的重要标志。从本身算起，向上至高祖父母为上五服，向下至玄孙夫妇为下五服。而九族即从本身算起，上下各五世，共九族。以宗族的男女血缘关系，涵盖五服九族范围内。

二、古代传统礼俗

古代礼俗就是古代社会人们在社会交往活动中应共同遵守的行为规范和准则。自周代就形成一套包括典章制度和礼仪规定在内体现等级区别的完整制度体系。其名目繁多，涉及范围、内容及形式皆非常广泛。诸如政治体制、朝廷法典、鬼神祭祀、灾害祈禳、学校科举、军队征战、行政划分、房舍陵墓营造，乃至衣食住行、婚丧嫁娶、言谈举止，无不与礼仪有关，它几乎囊括了国家政治、经济、军事、文化以及个人的伦理道德修养、行为准则的规范体系。中国古代有“五礼”之说，祭祀之事为吉礼，冠婚之事为喜礼，宾客之事为宾礼，军旅之事为军礼，丧葬之事为凶礼。礼仪在中国文化中起着“准法律”的作用，渗透于人们日常生活中的点点滴滴。五礼主要是周代制定的礼仪制度的大致情况，以后各代对具体的礼仪根据社会状况的变化均有所损益修订。早在先秦时期，礼仪制度已经渗透到了社会生活的各个方面，无论是统治者要确立与巩固自己的权力地位，封建家族要维护自己的血亲关系，还是达官贵人、布衣白丁、贩夫走卒之间的人际交往，以及婚嫁丧葬、迎宾待客、行为举止、言语应对，均有一整套礼仪规则可以遵循。

今天所能见到的最早的三部礼书《周礼》《仪礼》《礼记》，成书于战国和西汉时期，详细记载了秦汉以前的礼仪。在汉以后两千多年中，它们一直是国家制定礼仪制度的经典著作，因此被称为“礼经”。

（一）祭天地

封禅是古代帝王祭天地的仪式，封为祭天，禅为祭地。封禅起源于对大自然的崇拜。据《史记·封禅书》载，早在伏羲氏以前，无怀氏就曾封泰山。封禅的具体仪节各朝各代不尽相同。汉武帝的封禅礼仪，前承秦始皇，后启东汉光武帝、唐高宗、唐玄宗、宋真宗等帝王，较具代表性。汉武帝先到梁父山祭地，接着在泰山东边山脚下设坛祭天。然后登上泰山顶，再次祭天。从北坡下，在泰山下的肃然山再祭地。封禅时，用江淮出产的一茅三脊草及各地珍贵的飞禽走兽祭祀，并用五色土封于祭坛。后代的封禅程式也大多与此类似。自南宋以后，废止了皇帝到泰山封禅的形式，而将封禅与郊祀合二为一。

郊祀也是古代祭天地的祭礼，周代是在冬至日祭天于南郊，夏至日祭地于北郊。后来常有天地合祭的，如宋代就是在南郊合祭天地。明代永乐十八年（1420 年）在北京南郊建筑了大祀殿，也是合祭天地。嘉靖皇帝又在大祀殿南新筑寰丘（天坛）专门祭天；在北郊建方泽坛（后改名地坛）用来祭地。此后又实行天地分祭，直至清末。

（二）祭社稷

社是土神，稷是谷神。古代以农为本，因此与农业紧密联系的祭祀社稷活动很受重视。在古文献中，常以社稷指称国家。这是因为一个国家建立要筑社稷坛，而一个国家灭亡其社稷坛就要废弃，国家的兴亡必然反映了社稷坛建置的改变，所以社稷就成了国家的象征，其祭祀的意义就更特殊了。社稷祭由来已久，西周时掌管国家祭祀的大宗伯就有“以血祭祭社稷”的职责，又有小宗伯负责社稷坛的建立。周王祭社稷要用太牢，即牛、羊、猪三牲，还要钟鼓齐鸣，载歌载舞，其活动十分隆重热烈。社稷坛是祭祀的场所。据记载，周王的社稷坛要用五色土铺垫。土色随其方位，东青，南赤，西白，北黑，中黄，以象征五方。

祭祀社稷并不只是君王，古代各个阶层都有祭社活动。《礼记·祭法》云："王为群姓立社，曰太社；王自为立社，曰王社；诸侯为百姓立社，曰国社；诸侯自为立社，曰侯社；大夫以下成群立社，曰置社。"民间便以祭社活动为中心形成了居民的社会组织，这种组织也称"社"。立社时不仅要封土为坛，而且要种树，这树也是社的标志。到社祭之日，几乎全社的人都要停止工作，参加祭祀活动。在农村的各个社坛附近，同社人聚会祭祀之后，就在一起畅饮欢歌，吹箫击鼓，非常热闹。这种民间的社日祭祀活动源于先秦，发展于秦汉，普及于唐宋，元代由于统治阶级对民间结社的钳制，逐渐衰落。

（三）祭宗庙

古代宗庙又称太庙，是帝王供奉祖先的庙。历代帝王都认为，君权是由天神交授、承袭祖先获得的，因此把家、国视为一体，从而把宗庙看作国家的象征。君王营建宫室，首先要按左宗右社的制度在前面营建宗庙，即使到了明清，也依然沿袭这个制度。

先秦的宗庙祭祀活动很多。有每月初一举行的"月祭"，用新鲜五谷或季节性时新食物奉祀祖先，故称"荐新"；有分春、夏、秋、冬的"四时之祭"，供品为三牲及黍稷等，又叫"时享"；还有每三年和五年举行一次的"祫（xiá）祭"与"禘（dì）祭"。祫祭和禘祭都是汇合祭祀宗庙中全部祖先神主的大祭，只限于天子和诸侯的宗庙才有权举行这样隆重的祭礼。这些祭祀活动都有一整套繁琐的仪式，一般要由精通礼仪的"相"来担任赞礼和司仪工作。相即傧相，其中卿、大夫担任赞礼工作的叫大相，士担任赞礼工作的叫小相。汉代之后，上述宗庙祭祀在具体时间、供品内容、神主多寡等方面虽有所变化，但荐新、时享、祫祭和禘祭这些重要的宗庙祭祀名目和基本礼仪，却始终遵行不废。

除帝王宗庙外，按周代礼制士以上也可设家庙祭祖，后代的品官亦大多建有家庙。家庙祭祀不像太庙祭礼那样隆重，祭祀次数有时也有限制。据《清史稿·礼志》，清代规定三品以上官员可以四时祭家庙；四至七品，春、秋两祭；八九品只春季一祭。但是，官僚显贵的家庙，每逢春秋大祭仪节也十分繁杂。

（四）礼仪

中华民族有着悠久而深厚的礼仪文化传统，从出生礼、成年礼、婚礼、成长礼到葬礼，完整的生命礼仪体系。

1. 诞生礼

也被称为“摇篮边的礼仪”，世界许多民族的出生礼都与宗教密切相关。婴儿降生，是人生的开始，也是人生的大事、喜事，家人欢欣，亲朋相贺，俗称“生日”。诞生礼是中国传统的诞生礼俗之一。从刚出生洗礼开始到宝宝周岁“抓周”，一般有祝福、保健、占卜等几层含义。狭义的诞生礼指庆祝孩子诞生的一个仪式，一般是家人摆酒宴邀请亲朋好友来庆祝，应邀的亲友视情况送轻重不同的礼物给孩子。出生礼因地域之别而具有不同的风貌和表现样式，大体包含了诞生、三朝、满月、百日、周岁五种主要礼仪，其具体表现形式大同小异。“三朝”是婴儿降生三日时接受各方面的贺礼；“满月”在婴儿满一个月时剃胎发；“百日”时行认舅礼，命名礼；“周岁”时行抓周礼，以预测小儿一生命运、事业吉凶。这样，对一个新生命的迎接过程才算完成。

诞生礼自古就有重男轻女、男尊女卑的倾向。《诗经·小雅·斯干》云：“乃生男子，载寝之床。载衣之裳，载弄之璋。”“乃生女子，载寝之地。载衣之裼，载弄之瓦。”意思是说，如果生了男孩，就让他睡在床上，给他穿华美的衣服，给他玩白玉璋；如果生的是女孩，就让她睡在地上，把她包在襁褓里，给她陶制的纺锤玩，即所谓的“男弄璋、女弄瓦”之说。

2. 成年礼

分为冠礼和笄礼。成年礼从氏族社会盛行的男女青年发育成熟时参加的成丁礼演变而来。汉代沿袭周代冠礼制度，魏晋时加冠开始用音乐伴奏，唐宋元明都实行冠礼，清代废止。中国少数民族不少地区至今还保留着古老的成年礼。

（1）冠礼

冠礼是给跨入成年人行列的男子加冠的礼仪。周代贵族男子二十岁时由父亲为其在宗庙里主持冠礼。行礼前先筮日（选定加冠的日期）、筮宾（选定加冠的来宾）。行礼时由来宾加冠三次：先加缁布冠（用黑布做的冠），表示有治人的特权；次加皮弁（用白鹿皮做的），表示从此要服兵役；最后加爵弁（赤黑色的平顶帽子，是祭祀时戴的），表示从此有权参加祭祀。来宾进酒后，会见母亲，又由来宾取“字”，然后会见兄弟姑姊，最后戴礼帽穿礼服带礼品去见国君卿大夫和乡先生。主人向来宾敬酒赠礼后，礼成。这种仪式表明受冠者已是成人，可以出仕做官、成家立业、生儿育女了。

冠礼是人生礼俗中的一项盛典，历代都很重视。《礼记·冠义》载：“敬冠事所以重礼，重礼所以为国本也。”在古人看来，冠礼是对一个人进行礼仪教育的重要内容，甚至看成治国的根本。《礼记·冠义》云：冠礼是“成人之道也”“将责成人礼焉也”，要按照“为人子，为人弟，为人臣，为人少者”四个方面的礼的规范加以约束，使之成为具有“孝、悌、忠、顺”完美品德的人。秦汉之后，在个别仪节上略有变化，但冠礼的形式却长期保留，并一直流行于古代社会。

（2）笄礼

与冠礼相对应，自周代起，古代女子满十五岁如已许嫁，则要举行笄礼。《仪礼·士婚礼》载：“女子许嫁，笄而礼之，称字。”笄，就是簪子。行笄礼时要改变幼年时代的发式，把头发挽成一个髻，盘至头顶，再用笄插定发髻。如果一直待嫁未许人，则年至二十也行笄礼。笄礼作为女孩子的成人礼，像男子的冠礼一样，举行笄礼时要取字，表示成人的一种仪式，在举礼的程序等问题上大体和冠礼相同。据《朱子家礼·笄礼》，女子许嫁，即可行笄礼。如果年已十五，即使没有许嫁，也可以行笄礼。笄礼由母亲担任主人。笄礼前三日戒宾，前一日宿宾，宾选择亲姻妇女中贤而有礼者担任。笄礼的主持者是女性家长，负责加笄的是女宾或童宾。女子在盘头插簪后，要先拜祖先，再拜父母，最后由母亲为其醮酒，并且申明戒辞戒规，教导其敬奉舅姑、尊敬长辈的礼节。

3. 婚礼

古代女子出嫁曰“归”。《说文》云：“归，女嫁也。”“娶，取妇也。”《周易》和《诗经》中写成“取”，这表示男子把别家的女儿取到自己家里来。男尊女卑的风俗，由嫁娶两字就可以证明。中国古代婚姻形式虽然多种多样，但处于主导地位的还是媒聘婚，即经过明媒正娶的婚姻形式。媒聘婚自周代起就有了一整套繁琐的礼节仪式。《仪礼·士昏礼》规定，媒聘婚要经过六道程序，这就是周代实行的婚仪六礼。六礼的具体内容及要求如下。

（1）**纳采**　男家请媒人到女家说亲，得到女方应允后再派使者送上雁作为礼物，并正式向女家提出缔结婚姻的请求。以雁为礼有较深的寓意，古往今来一直沿用。不过，行纳采礼时男方使者携带的雁并不真正送给女家，而是使者到女家后交给女子的父亲，出门时女子之父又将雁还给使者。实际上，雁只是借其象征意义，在纳采礼的进行过程中起道具的作用，并非男方送给女方的具体礼物。

（2）**问名**　男方派遣的使者在纳采礼后，请问女子生母之名，以分清女方是嫡出或庶出，并问明女子本人名字、排行及出生年、月、日、时等情况。后问名范围扩展到议门第、职位、财产以至容貌、健康等多侧面。问名也须携带礼物，一般用雁。女家则要设酒宴对使者进行款待，然后由女子之父送使者出门。

（3）**纳吉**　男方得知女子之名后，即在祖庙占卜，预测婚姻是否吉顺。获得吉兆后，就派使者带着雁到女家报喜，叫作纳吉。行纳吉礼之后，婚约就算正式确定了。当然，如果男家在祖庙卜得凶兆，预示婚事不成，那么就无须再行纳吉之礼了。

（4）**纳征**　亦称纳成，即向女方送聘礼。纳吉之后，双方宣告正式订婚，男方要送给女家聘礼，为成婚阶段的重要礼仪。男方常备有礼单和装礼品的箱笼，在媒人和押礼人护送下，由人挑抬至女家。女方以聘礼中的食品退回男方，称回礼。或女方将赠男方的衣帽鞋袜作回礼。聘礼数量及种类，多取吉祥如意，数目取双忌单。周代以玄纁和俪皮为聘礼，主要还是用其象征意义。《晋书·志十一》载："太康八年，有司奏：婚礼纳征，大婚用玄纁束帛，加珪，马二驷。王侯玄纁束帛，加璧，乘马。大夫用玄纁束帛，加羊。"宋代所用礼物不再遵循周志，金银绫绢，各依等级而定。明代聘礼提倡节俭。后来聘礼逐步为金钱财物所取代，故纳征又称"纳财"。明清以后"纳征"改称"下财""聘礼"，或"过大礼"等。

（5）**请期**　俗称"送日头"或称"提日"。男家行纳征礼后，经过占卜推算，选择好合婚的吉日后，派使者依然带着雁作礼物，去征求女方的同意。用红笺书写男女生庚，此称为请期礼书，由媒妁携往女家，和女家主人商量迎娶的日期。经女家复书同意，男家并以礼书、礼烛、礼炮等送女家，女家即以礼饼分赠亲朋，告诉出嫁日期。形式上似由男家请示女家，故称"请期"。《仪礼·士昏礼》载："请期用雁，主人辞，宾许告期，如纳征礼。"至清代，请期多称通信，即男家用红笺，将过礼日、迎娶日等有关事项一一写明，由媒人或亲自送到女家，并与女家商议婚礼事宜。

（6）**亲迎**　又称迎亲，这是婚礼中最重要的仪式，是新郎亲自迎娶新娘回家的礼仪。亲迎礼始于周代，所载文王成婚时曾亲迎于渭水。此礼历代沿袭，为婚礼的开端。周以降，历代均有亲迎之礼，其具体仪式则因地区、民族而异。迎娶一般用车、马或轿，南方有用船的。至清代，新郎亲迎，披红带花，或乘马，或坐轿到女家，傧相引拜其岳父母以及诸亲。岳家为加双花披红作交文，御轮三周，先归。新娘由其兄长等用锦衾裹抱至轿内。轿起，女家亲属数人伴送，称“送亲”，新郎在家迎候。至民国时虽有亲迎之礼，但大多具名帖，媒妁代迎，也有以小叔代迎者。新娘冠帔登轿，或由尊长、或由兄弟抱上轿，母亲姐妹及亲姻哭而送之，有亲兄弟伴送至婿家者，亦有男女双方以亲友迎送至中途者。

4. 丧礼

丧礼是有关活人与死人联系的仪式。通过丧葬礼仪，人们可以缅怀死者生前的业绩，表达对死者的感情，从精神上慰藉亡灵；又可以反映继承死者遗志的意愿，并祈求对活人的庇护，因此古人对丧葬的仪节十分重视。据记载，早从周代开始，丧葬就有了一套完整而繁杂的程序。

人初死要为死者招魂，称为“复”。由一人拿着死者上衣登上屋顶，面向北方喊死者的名字，连喊三次，再把死者上衣卷起来投到屋前，下面有人接住并覆盖到死者尸体上。意思是生者不忍心亲属死去，希望通过祈求鬼神，使死者的灵魂重新回到身体上来。复而不醒，然后才办丧事。

首先要为死者沐浴。沐浴时用盆盛水，用勺子舀水往尸体上浇洒，用细葛绨巾洗擦，还要剪指甲和修胡须。负责沐浴的人，如死者为男性用男侍者，女性用女侍者。沐浴是为了帮助死者干净地离开人世，其习俗一直沿袭到后代。

沐浴之后便是入殓，即给死者穿衣下棺。殓有大殓、小殓之分。小殓是指给死者裹上衣衾。大殓是把尸体放入棺内。不论小殓或大殓，孝子及亲属都要在旁边，并依礼仪多次哭诵，以表哀痛。至清代，民间已将大小殓合并为一，统称入殓。入殓时有“饭含”的丧仪。饭是在死者口中放入米、贝；含是在死者口中放入珠玉。饭含因尊卑不同而有所区别。饭含所用之物历代有变化。死者入棺后，孝子和亲属最后要瞻谒遗容，放声大哭，以示诀别。待棺上加盖，在灵座前行祭奠礼后，入殓的仪式才算结束。尸体入殓后，要有一段时间停柩待葬，叫作“殡”。春秋时还有殡于祖庙的礼仪。殡于庙显得更为隆重。后代民间也有另搭灵棚停放棺柩的。停殡的时间长短不一。周代一般是天子七月，诸侯五月，大夫三月，士庶人逾月而葬。

丧礼的高潮是出殡，即送葬。先秦出殡日期尚无特别讲究，汉魏之后，丧俗受佛教、道教影响，则必须选择吉日。这时的仪节是白衣执绋。据《周礼·地官·遂人》记载，天子送葬用六根大绳挽车，叫六绋，执绋者约达千人；诸侯四绋，五百人；大夫二绋，三百人。执绋原意是帮助拉灵车，实际则只是个形式。后世在出殡人的行列两旁拉开两根绳子，就是古代执绋的遗制。送葬时挽柩的人还要唱挽歌。后代的挽联也是从挽歌演变而来的。到了元代，出殡的仪节又有发展。据《马可·波罗行纪》对杭州丧仪的描述，送葬队伍中还有鼓乐队，一路上吹吹打打，僧侣们则高声念诵经文。到达葬地后，将许多纸扎的男女仆人、马、骆驼，金线织成的绸缎及金银货币投入火中。当这一批东西焚化完后，鼓乐齐奏，喧哗嘈杂，经久不息。待棺材放入墓室（或埋入墓坑），下葬完毕。

5. 墓葬

我国古代用棺材土葬是最主要的葬式。为了较好地保存尸体，贵族死后的棺木大多有棺与椁两部分。棺指内棺；椁指外棺，是套在内棺之外用来保护内棺的。一般人没有椁，而周代天子和诸侯的棺椁则可达三重、四重。

土葬埋死者的地方叫坟墓。上古坟与墓是有区别的，葬后封土成丘称坟，不堆土亦不植树称墓，后来才将坟墓连称。战国以后，坟丘已较为普遍。墓上筑坟主要是作为墓的标志，同时也是为了增加盗墓的困难。从战国中期开始，君王的坟墓有了专名，称为“陵”。据《史记·赵世家》载，赵肃侯十五年（公元前335年）“起寿陵”，这是历史上君主坟墓称陵的最早记录。到了汉代，就已经是“无帝不称陵矣”。自从坟丘式的墓葬推广之后，坟墓的高低、植树的品种以及占地面积的大小，也都成了表示身份等级的一个标志。唐代之后，历代对坟制都有了明确而具体的规定。在古代帝王、贵族官僚的墓地上，十分明显地代表着墓主等级地位的，是墓前大道（称“神道”）两旁陈列的石像雕刻群。这些石刻不仅有高低大小和数量的差别，而且类型品种也不同。清代大体沿用明制，其他各代也都有类似的等级规定。

6. 墓碑与墓志

与坟墓相联系的还有墓碑和墓志。最初的墓碑是木制的，到汉代改为石制。最早的墓碑都是无字的，后来开始在上面刻写墓主的姓氏官爵、卒葬年月等内容。这种刻着文字、含有纪念性的“碑”，就是后来完整意义墓碑的雏形。到汉代，墓碑就已立在墓上了，其制作越来越精细，碑文也多为歌功颂德之词，成了炫耀死者身世、业绩的手段。

汉代以后，出现了与墓碑性质相同的墓志。墓志是和棺椁一起埋在墓穴内的石块，上面刻有死者的生平概况。当初其作用主要是为了防备陵谷变迁，便于后人辨明墓穴，所以也称“埋铭”或“葬志”。魏晋时期，埋墓志之风开始盛行，至北朝魏齐时达到极盛。一般墓志是两块正方形石板，一上一下相合，平放置于棺椁前。上石为志盖，刻有标题（某朝某官某人墓志），并饰以花纹、神像。下石为志底，刻有志铭，主要内容是死者姓氏、籍贯、官阶、生卒年月及生平事迹等。其内容用散文体的称“志”，用韵文体的称“铭”。有的有志无铭，有的有铭无志，而大多数是志铭兼而有之，所以统称为“墓志铭”，主要是为了表彰死者，以示永志怀念。墓穴埋墓志铭是我国古代丧葬礼俗中一种特殊文化现象。

7. 殉葬

古代在棺椁下葬时，一般都有殉葬品。古人有灵魂不灭的观念，认为人死后灵魂和生前一样活着，所以要给死者随葬一些生产、生活所需的东西。原始社会早期的墓葬中，随葬品多是汲水、炊煮、盛置和饮食等方面成套的生活用具，也有少数的装饰品或生产工具。从殷商到战国，贵族把生前使用的车马、兵器、乐器、玉器及饮食器皿等器物带到墓中，叫作“祭器”。后来开始随葬象征性器物，即用竹木、陶土等制作的实物模型，称为“明器”。宋代之后，在一般人中又逐渐流行用纸做的明器。但是，封建帝王和高官显贵死后，仍用大量金银珠宝等殉葬。原始社会后期出现人殉葬现象，进入奴隶社会，以奴隶殉葬成为一种制度。《墨子 · 节丧篇》载：“天子杀殉，众者数百，寡者数十；将军、大夫杀殉，众者数十，寡者数人。”西周以后，开始以用陶、木、金属做的人来代替人殉，但人殉的情况仍旧普遍存在。秦代人殉制一度推向顶点，秦始皇陵的人殉数量超过万人，成为中国历史上最大的一次人殉。西汉至唐，中原地区的人殉制度基本衰落。但是宋代开始，契丹、女真、蒙古、满族等边疆民族先后入主中原，他们均有人殉的传统，促使中原人殉再度风起。

8. 居丧

丧葬此后还有居丧的礼俗。居丧期间，仍然要像丧葬时那样穿丧服，丧服的区别由生者与死者亲属关系的远近而决定。丧服共分五等，俗称“五服”，据《仪礼 · 丧服》记载，五服为斩衰、齐衰、大功、小功、缌麻。居丧期也分为三年、一年、九月、五月、三月等。

斩衰是五服中最重的一种。其衣用粗麻布制成，麻布不缝边、斩断处外露，另外还截一段粗麻布像围裙那样围住下身。诸侯为天子、臣为君、子为父、父为长子都服斩衰。子为父服斩衰还要系粗麻腰带，表示哀伤过度，身形消瘦不堪；执孝杖，表示哀伤不食，毁骨难立，须持杖而行。妻妾为夫、未嫁女子为父服斩衰还要用麻系在发髻上，称为“髽衰”。斩衰居丧期按规定为三年。

齐衰次于斩衰，也是用粗麻布做的，缝边较整齐。齐衰居丧期又分为四种。其中齐衰三年，是父卒为母、母为长子的丧服。齐衰一年，又因在丧礼中是否执杖分为“杖期”和“不杖期”。杖期是父在为母、夫为妻的丧服；不杖期是男子为伯叔父母、兄弟、其他儿子，女子为娘家父母、媳妇为公婆，以及孙子孙女为祖父母的丧服。齐衰五月，是为曾祖父母的丧服。齐衰三月，是为高祖父母的丧服。

大功次于齐衰。功指织布及制作丧服工作。其服用熟麻布制成，较为精细。大功丧期为九个月，是男子为姊妹和姑母、堂兄弟、未嫁的堂姐妹，女子为娘家兄弟、丈夫的祖父母、伯叔父母，以及公婆为嫡子之妻的丧服。

小功也是熟麻布，但丧服较大功更为精细。小功丧期五个月，是男子为伯叔祖父母、堂伯叔父母、堂姐妹、外祖父母，女子为丈夫的姑母姐妹及兄弟媳妇的丧服。

缌麻是五服中最轻的丧服，用细麻布制成。缌麻服丧期三个月，凡较疏远的亲属、亲戚，如高祖父母、曾伯叔祖父母、族祖父母、族父母、族兄弟，以及岳父母、婿、外甥、外孙等都服缌麻。

上述丧服制度，虽在当时未必全部实行，历代丧服丧期也有所变动，但其通过丧服表现血统亲疏和等级差别的实质是一样的。按照礼制，服丧期间还有许多规矩要遵守，称为“守制”。庶民要谢绝应酬事务，做官的则要解除职务，在家守孝至居丧期满。居丧期间禁止婚娶、饮宴等喜庆之事，禁止参加科举考试等。对于父母死不奔丧、离职者，被认为是“大不孝”，还有惩处的规定，有时甚至处以极刑。

【经典文选】

谏逐客书

李斯

【导读】

李斯（约公元前284年—公元前208年），名斯，字通古。战国末年楚国上蔡（今河南上蔡）人。秦代著名的政治家、文学家和书法家。李斯散文现存四篇：《谏逐客书》《论督责书》《言赵高书》《狱中上书》。

《史记·李斯列传》载："秦王拜斯为客卿。会韩人郑国来间秦，以作注溉渠，已而觉。秦宗室大臣皆言秦王曰：'诸侯人来事秦者，大抵为其主游间于秦耳。请一切逐客。'李斯议亦在逐中。斯乃上书曰：'秦王乃除逐客之令，复李斯官，卒用其计谋。'"战国末年，韩国怕秦国出兵来攻，派水工郑国到秦国去，建议秦国在泾阳县西北开凿渠道，引泾水东流入洛水，称郑国渠，以实施"疲秦计划"。想用它来阻碍秦国向韩国进军。后被发现，秦王政听信宗室大臣的进言，认为来秦的客卿大抵都想游间于秦，就下令驱逐客卿。李斯也在被驱逐之列，于是主动上书，写下千古流传的《谏逐客书》。而凭此上书，竟能使秦王收回成命，由逐客变为留客、用客、重客。

《谏逐客书》是李斯的一篇优秀公文。"书"是上书、奏章，为古代臣子向君主陈述政见的一种文体，是一种臣子向帝王逐条分析事理的公文名称，与"表"类似。《谏逐客书》具有明显的实效性，其立意高深，始终围绕"大一统"的目标，正反论证，利害并举，说明用客卿强国的重要性。文章运用比喻、对比、排比、反问等多种修辞手法，论证严密、气势贯通，如江河奔流，理足词胜，最终打动了秦王嬴政。

【正文】

臣闻吏议逐客[1]，窃以为过矣。昔穆公求士[2]，西取由余于戎[3]，东得百里奚于宛[4]，迎蹇叔于宋[5]，求邳豹、公孙支于晋[6]。此五子者，不产于秦[7]，而穆公用之，并国二十，遂霸西戎[8]。孝公用商鞅之法，移风易俗[9]，民以殷盛，国以富强，百姓乐用，诸侯亲服[10]，获楚、魏之师，举地千里，至今治强[11]。惠王用张仪之计，拔三川之地[12]，西并巴蜀[13]，北收上郡[14]，南取汉中[15]，包九夷，制鄢郢[16]，东据成皋之险[17]，割膏腴之壤，遂散六国之从[18]，使之西面事秦，功施到今[19]。昭王得范雎[20]，废穰侯，逐华阳[21]，强公室，杜私门[22]，蚕食诸侯[23]，使秦成帝业。此四君者，皆以客之功[24]。由此观之，客何负于秦哉[25]！向使四君却客而不内，疏士而不用[26]，是使国无富利之实，而秦无强大之名也[27]。

今陛下致昆山之玉，有随和之宝[28]，垂明月之珠，服太阿之剑[29]，乘纤离之马，建翠凤之旗，树灵鼍之鼓[30]。此数宝者，秦不生一焉，而陛下说之[31]，何也？必秦国之所生然后可，则是夜光之璧不饰朝廷[32]；犀象之器不为玩好[33]；郑、卫之女不充后宫[34]，而骏良駃騠不实外厩[35]，江南金锡不为用，西蜀丹青不为采[36]。所以饰后宫、充下陈、娱心意、说耳目者[37]，必出于秦然后可，则是宛珠之簪、傅玑之珥、阿缟之衣、锦绣之饰不进于前，而随俗雅化佳冶窈窕赵女不立于侧也[38]。夫击瓮叩缶，弹筝搏髀而歌呼呜呜快耳者，真秦之声也；郑卫桑间、韶虞武象者，异国之乐也[39]。今弃击瓮叩缶而就郑卫，退弹筝而取韶虞，若是者何也？快意当前，适观而已矣[40]。今取人则不然。不问可否，不论曲直，非秦者去，为客者逐；然则是所重者在乎色乐珠玉，而所轻者在乎人民也。此非所以跨海内、制诸侯之术也[41]。

臣闻地广者粟多，国大者人众，兵强则士勇[42]。是以太山不让土壤，故能成其大[43]；河海不择细流，故能就其深[44]；王者不却众庶，故能明其德[45]。是以地无四方，民无异国，四时充美，鬼神降福，此五帝三王之所以无敌也[46]。今乃弃黔首以资敌国，却宾客以业诸侯[47]，使天下之士，退而不敢西向，裹足不入秦，此所谓"借寇兵而赍盗粮"者也[48]。

夫物不产于秦，可宝者多，士不产于秦，而愿忠者众。今逐客以资敌国，损民以益雠[49]，内自虚而外树怨于诸侯[50]，求国无危，不可得也。

【注释】

［1］吏：官吏，在先秦和西汉，大小官员都可以称为"吏"。

［2］穆公：指秦穆公（公元前659—公元前621年在位），春秋时秦国国君，春秋五霸之一。士：春秋战国时为统治阶级服务的一个阶层，包括文士和武士。

［3］由余：亦作"繇余"，戎王的臣子，是晋人的后裔。穆公屡次使人设法招致他归秦，以客礼待之。入秦后，受到秦穆公重用，帮助秦国攻灭西戎众多小国。戎：古代中原人泛称西方少数部族为戎。

［4］百里奚：楚国宛（今河南南阳）人，原为虞国大夫。晋灭虞被俘，后作为秦穆公夫人的陪嫁奴仆送往秦国。后逃亡到宛，被楚人所执。秦穆公用五张黑公羊皮赎出，任上大夫，故称"五羖大夫"，是辅佐秦穆公称霸的重臣。

［5］蹇（jiǎn）叔：百里奚的好友，经百里奚推荐，秦穆公把他从宋国请来，委任为上大夫。宋：始封君为商纣王庶兄微子启，

西周初周公平定武庚叛乱后将商旧都周围地区封给微子启，都于商丘（今河南商丘）。公元前3世纪中叶，大臣剔成肹（即司城子罕）逐杀宋桓侯，戴氏代宋。公元前286年被齐国所灭。

［6］求：一说作“来”，使动用法。邳豹：晋国大夫邳郑之子，邳郑被晋惠公杀死后，邳豹投奔秦国，秦穆公任为大夫。公孙支：“支”或作“枝”，字子桑，秦人，曾游晋，后返秦任大夫。

［7］产：生，出生。

［8］并国二十，遂霸西戎：《史记·秦本纪》记载秦穆公“益国十二，开地千里，遂霸西戎”。这里的“二十”应当是约数。并：吞并。

［9］孝公：即秦孝公（公元前361—公元前338年在位）。商鞅（不详—公元前338年），卫国公族，氏公孙，亦称公孙鞅，初为魏相公叔痤家臣，公叔痤死后入秦，受到秦孝公重用，任左庶长、大良造，因功封于商（今山西商县）十五邑，号称商君。于公元前356年和前350年两次实行变法，奠定秦国富强的基础。公元前338年，秦孝公去世，被车裂身死。

［10］殷盛：殷实兴旺。彊：通“强”。乐用：乐于效力。

［11］获：俘获。公元前340年，商鞅用计大败魏军，掳魏公子卬。同年秦国攻打楚国。

［12］惠王：即秦惠王（公元前337年—公元前311年在位），名驷，秦孝公之子，于公元前325年称王。张仪：魏人，秦惠王时数次任秦相，鼓吹“连横”，游说各国诸侯事奉秦国，辅佐秦惠文君称王，封武信君。三川：指黄河、雒水、伊水，韩宣王在此设三川郡。公元前308年秦武王派兵攻取三川大县宜阳（今河南宜阳）。公元前249年秦灭东周，取得韩三川全郡，重设三川郡。

［13］巴：国名，周武王灭商后被封为子国，称巴子国。在

今四川东部及重庆一带、湖北西部一带。战国中期建都于巴。公元前 316 年秦惠王派张仪、司马错等领兵攻灭巴国，在其地设置巴郡。蜀：国名，战国中期建都于成都（今四川成都）。公元前 316 年秦惠文王派张仪、司马错等领兵灭蜀，在其地设置蜀郡。

［14］上郡：郡名，今陕西榆林。公元前 328 年魏割上郡十五县给秦。公元前 312 年又将整个上郡献秦。秦国于公元前 304 年于此设置上郡。

［15］汉中：郡名，战国楚地，在今陕西汉中。公元前 312 年，被秦将魏章领兵攻取，秦于此重置汉中郡。

［16］包：囊括，这里有并吞的意思。九夷：原指我国东部的各个少数民族，此指楚国境内西北部的少数部族。制：控制。鄢（yān）：楚国别都，在今湖北宜城县东南。春秋时楚惠王曾都于此。郢（yǐng）：楚国都城，在今湖北江陵市西北纪南城。公元前 279 年秦将白起攻取鄢，翌年又攻取郢。

［17］成皋：邑名，在今河南荥阳汜水，战国时的军事重地。春秋时属郑国称虎牢，公元前 375 年韩国灭郑属韩，公元前 249 年被秦军攻取。

［18］六国之从：六国合纵的同盟。六国：韩、魏、燕、赵、齐、楚六国。从：通“纵”。

［19］施（yì）：延续。

［20］昭王：即秦昭王（公元前 306 年—公元前 251 年在位），名稷，秦惠王之子，秦武王异母弟。范雎（jū）：魏人，入秦后改名张禄，受到秦昭王信任，为秦相，对内力主废除外戚专权，对外采取远交近攻策略，封于应（今河南宝丰），亦称应侯，死于公元前 255 年。

［21］穰（ráng）侯：即魏冉，楚人后裔，秦昭王母宣太后之异父弟，秦武王去世，拥立秦昭王，任将军，多次为相，受封于穰（今河南邓县），故称穰侯，后又加封陶（今山东定陶）。因

秦昭王听用范雎之言，被免去相职，终老于陶。华阳：即华阳君芈戎，楚昭王母宣太后之同父弟，曾任将军等职，与魏冉同掌国政，先受封于华阳（今河南新郑），故称华阳君，后封于新城（今河南密县），故又称新城君。公元前266年，与魏冉同被免职遣归封地。

［22］公室：王室。杜：杜绝。

［23］蚕食：像蚕吃桑叶那样逐渐吞食侵占。

［24］四君：指上述穆公、孝公、惠王、昭王。

［25］负：辜负，对不起。

［26］向使：假使，倘若。却：拒绝。内：通“纳”，接纳。

［27］实：指实际情况。与“名”相对。

［28］致：求得，收罗。昆山：古代传说中产玉之山。随和之宝：指随侯珠、和氏璧，都是著名的宝物。

［29］垂：垂挂。明月之珠：指大而亮的珍珠。服：佩。太阿（ē）之剑：亦称“泰阿”，宝剑名，相传为春秋著名工匠欧冶子、干将所铸。

［30］纤离：古代骏马名。建：竖起来。翠凤之旗：用翠鸟的羽毛装饰的旗。树：指设置。灵鼍之鼓：用鼍皮蒙的鼓。鼍（tuó）：鳄鱼一类的动物，古代把它视为神物。

［31］说：通“悦”，喜悦，喜爱。

［32］璧：一种中间有孔的圆形玉器。

［33］犀象之器：用犀牛角和象牙制成的器具。

［34］郑、卫之女：郑国和卫国的女子。春秋战国时期郑卫的民间歌舞很著名，郑卫之女大多能歌善舞。

［35］駃騠（jué tí）：骏马名。外厩（jiù）：宫外的马圈。

［36］江南：长江以南地区。此指长江以南的楚地，素以出产金、锡著名。西蜀丹青：蜀地素以出产丹青矿石出名。不为采：不作为采饰。

［37］下陈：殿堂下陈放礼器、站立傧从的地方。

［38］宛珠之簪：缀绕珍珠的发簪。傅：附着，镶嵌。玑：不圆的珠子。珥（ěr）：耳饰。缟（gǎo）：未经染色的绢，白色。佳冶窈窕：妖冶美好的佳丽。冶：妖冶，艳丽。窈窕：美好的样子。赵女：赵国的女子，当时认为赵国多美女。

［39］瓮：陶制的容器，古人用来打水。缶（fǒu）：一种口小腹大的陶器。秦人将瓮、缶作为打击乐器。搏髀（bì）：拍打大腿。搏：击打，拍打。髀：大腿。桑间：卫国濮水边上的地名，在今河南濮阳南，有男女聚会唱歌的风俗，此指桑间的音乐。武象：周武王时的一种歌舞。

［40］适观：看起来舒适。

［41］跨：指占领，据有。

［42］兵：军队。

［43］太山：即泰山。让：辞让，拒绝。

［44］择：区别。就：成就，造成。不择细流：指对大小水流不加区别一概容纳。

［45］却：推却，拒绝。众庶：百姓。明：使动用法，使……昭著。

［46］四时：四季。充美：指富足丰盛。

［47］黔首：泛指百姓。无爵平民不能服冠，只能以黑巾裹头，故称黔首，秦始皇统一六国后正式称百姓为黔首。资：助。

［48］赍（jī）：送，送给。

［49］益：增益，增多。雠：通“仇”，仇敌。

［50］自虚：使自己虚弱。树怨：树立仇恨。

【知识拓展】本课中出现的成语或典故

裹足不前：裹，缠。停步不前，好像脚被缠住了一样。

娱心悦目：娱、悦，使愉快。使心情愉快，耳目舒畅。

随和之宝：即所谓“随侯珠”和“和氏璧”，传说中春秋时随侯所得的夜明珠和楚人卞和来得的美玉。

随俗雅化：随，顺从；俗，指当地的风尚；雅，闲雅，从容。随着当地风俗而从容变化。

论贵粟疏

晁错

【导读】

晁错（公元前 200 年—公元前 154 年），颍川（今河南禹州）人，西汉初著名的政治家、文学家。初从张恢学申不害、商鞅的法家学说。曾奉命从博士伏生受《尚书》。后为太子家令，有辩才，号称“智囊”。汉景帝时为内史，后升迁至御史大夫。晁错的政治思想偏向法家。经济上，坚持“重本抑末”（即重农抑商）政策，主张重农贵粟，纳粟受爵，他的经济思想见于《汉书·食货志》。在军事战略方面，晁错总结了与匈奴关系的战略和战术，主张募民充实边塞，积极备御匈奴贵族的攻掠。他曾多次上书主张加强中央集权、削减诸侯封地，得到景帝采纳。后吴、楚等七国叛乱时，被景帝错杀。

晁错的著作较为完整的现存有八篇，散见于《汉书》的《爰盎晁错传》《荆燕吴传》和《食货志》等。他的文章被称为“疏直激切，尽所欲言”，其中《贤良对策》《言兵事疏》《守边劝农疏》等，被鲁迅称为“西汉鸿文，沾溉后人，其泽甚远”。

《论贵粟疏》出自《汉书·食货志》，是当时给汉文帝的奏疏。西汉建国初期，汉高祖刘邦采取了罢兵归家、抑制商人、轻徭薄赋等一系列措施，使农业生产逐渐得以恢复。文帝即位后继续奉行“与民休息”的政策，重视农桑，促进了农业的繁荣和商业的发展。但也产生了因商业发展而导致谷贱伤农，大地主、大商人对农民兼并侵夺加剧，大批农民流离失所，阶级矛盾日趋激化的社会现象。针对这一问题，晁错写了这篇奏疏，全面论述了“贵粟”的重要性，提出重农抑商、入粟于官、拜爵除罪等一系列主张，这对当时发展生产和巩固国防，都具有一定的进步意义。本文观点精辟，分析透彻，逻辑谨严，文笔犀利，具有汪洋恣肆的气势和流畅浑厚的风格。

【正文】

圣王在上，而民不冻饥者，非能耕而食之，织而衣之也[1]，为开其资财之道也[2]。故尧禹有九年之水，汤有七年之旱，而国无捐瘠者，以畜积多而备先具也[3]。今海内为一，土地人民之众不避汤禹[4]，加以无天灾数年之水旱，而畜积未及者，何也？地有遗利[5]，民有余力，生谷之土未尽垦，山泽之利未尽出也，游食之民未尽归农也[6]。

民贫则奸邪生。贫生于不足，不足生于不农，不农则不地著[7]，不地著则离乡轻家，民如鸟兽[8]，虽有高城深池[9]，严法重刑，犹不能禁也。夫寒之于衣，不待轻暖；饥之于食，不待甘旨[10]；饥寒至身，不顾廉耻。人情一日不再食则饥[11]，终岁不制衣则寒。夫腹饥不得食，肤寒不得衣，虽慈母不能保其子，君安能以有其民哉[12]！明主知其然也，故务民于农桑[13]，薄赋敛，广畜积，以实仓廪，备水旱，故民可得而有也[14]。

民者，在上所以牧之[15]。趋利如水走下，四方无择也[16]。夫珠玉金银，饥不可食，寒不可衣，然而众贵之者[17]，以上用之故也。其为物轻微易藏[18]，在于把握，可以周海内而无饥寒之患[19]。此令臣轻背其主，而民易去其乡，盗贼有所劝，亡逃者得轻资也[20]。粟米布帛生于地，长于时，聚于力，非可一日成也[21]。数石之重，中人弗胜[22]，不为奸邪所利[23]；一日弗得而饥寒至[24]。是故明君贵五谷而贱金玉[25]。

今农夫五口之家，其服役者不下二人，其能耕者不过百亩，百亩之收不过百石。春耕，夏耘[26]，秋获，冬藏，伐薪樵[27]，治官府[28]，给徭役[29]；春不得避风尘，夏不得避暑热，秋不得避阴雨，冬不得避寒冻，四时之间，无日休息。又私自送往迎来，吊死问疾，养孤长幼在其中[30]。勤苦如此，尚复被水旱之灾[31]，急政暴虐[32]，赋敛不时，朝令而暮改[33]。当具有者，半贾而卖[34]，亡者取倍称之息[35]。于是有卖田宅、鬻子孙以偿债者矣[36]。而商贾大者积贮倍息，小者坐列贩卖[37]，操其奇赢，日游都市[38]，乘上之急，所卖必倍[39]。故其男不耕耘，女不蚕织[40]，衣必文采，食必粱肉[41]；无农夫之苦，有阡陌之得[42]。因其富厚，交通王侯[43]，力过吏势，以利相倾[44]；千里游遨，冠盖相望[45]，乘坚策肥，履丝曳缟[46]。此商人所以兼并农人，农人所以流亡者也。今法律贱商人[47]，商人已富贵矣；尊农夫，农夫已贫贱矣。故俗之所贵，主之所贱也；吏之所卑，法之所尊也。上下相反，好恶乖迕[48]，而欲国富法立，不可得也。

方今之务，莫若使民务农而已矣[49]。欲民务农，在于贵粟；贵粟之道，在于使民以粟为赏罚[50]。今募天下入粟县官[51]，得以拜爵，得以除罪[52]。如此，富人有爵，农民有钱，粟有所渫[53]。夫能入粟以受爵，皆有余者也。取于有余，以供上用，则贫民之赋可损[54]，所谓损有余、补不足，令出而民利者也[55]。顺于民心，所补者三[56]：一曰主用足，二曰民赋少，三曰劝农功[57]。今令[58]：“民有车骑马一匹者，复卒三人[59]。”车骑者，天下武备也，故为复卒[60]。神农之教曰[61]：“有石城十仞，汤池百步，带甲百万[62]，而无粟，弗能守也。”以是观之[63]，粟者，王者大用，政之本务[64]。令民入粟受爵，至五大夫以上，乃复一人耳[65]，此其与骑马之功相去远矣[66]。爵者，上之所擅，出于口而无穷[67]；粟者，民之所种，生于地而不乏。夫得高爵也免罪，人之所甚欲也。使天下人入粟于边，以受爵免罪，不过三岁，塞下之粟必多矣[68]。

【注释】

［1］食（sì）之：给他们吃。“食”：名词作动词用。衣（yì）之：给他们穿。“衣”，名词作动词用。

［2］资：积蓄。

［3］亡：通“无”。捐瘠（jí）：被遗弃和瘦弱的人。捐：抛弃。瘠：瘦。备：用作名词，指备荒的物资。具：具备，准备。

［4］不避：不让，不次于。

［5］遗利：指还没有利用起来的潜力。

［6］游食之民：不以农业为生的人。归农：归向农业生活。

［7］不农：不从事农业生产。农：用作动词。地著（zhuó）：定居一地。著：附着，固定。

［8］民如鸟兽：老百姓像鸟兽那样（高飞远走）。

［9］池：护城河。

［10］寒冷的时候对于衣服，不等待又轻又暖的；饥饿的时候对于食物，不等待味道美好的。

［11］再食：吃两餐饭。

［12］有其民：拥有自己的老百姓。

［13］务民：使民从事。

［14］也就能够拥有人民。

［15］上：指国君。所以牧之：用来统治老百姓的方法。牧：管理统治的意思。

［16］老百姓趋向财利就好比水往低处流，不会选择方向。

［17］贵之：以之为贵。

［18］其为物：珠玉金银之作为物品。藏：保藏。

［19］周海内：走遍全国。

［20］令：使。轻：轻易。去：离开。

［21］粟米：泛指粮食。布帛：泛指布匹。长于时：按一定的时节生长起来。聚于力：靠一定的人力集聚在一起。

［22］胜：胜任，担负。

［23］不会被奸邪的人利用。

［24］一天得不到粮食，就要挨饿受冻。

［25］五谷：泛指粮食。

［26］耘：除草。

［27］薪樵：柴。

［28］治官府：修治官家的建筑物。

［29］给繇役：供应官差。给：供应，供给。繇：通“徭”。

［30］私自：私人、自己。养孤：供养孤老。长幼：养大幼童。

［31］被：遭受。

［32］急政：急迫的征收赋税。政：通“征”，征税。

［33］征收赋税并没有一定的时候，早上下命令晚上就改了。赋敛：泛指征收各种赋税。

［34］碰到有粮食的人，按半价卖掉粮食来纳税。贾：价钱。这个意义后来写作“价”。

［35］亡者：指没有粮食的人。取倍称之息：（向人借贷）任人收取加倍的利息。

［36］鬻：卖。责：债钱。这个意义后来写作“债”。

［37］积贮倍息：囤积货物，获取加倍的利息。坐列贩卖：摆摊设市，贩卖货物。

［38］操其奇赢：拿着他的余资。奇：余物。日游都市：天天在都市转悠，了解市场信息、行情。

［39］趁着朝廷急需，卖出的商品价格提高一倍。

［40］蚕织：养蚕织布。

［41］文采：指华美的衣服。粱：米。

［42］阡陌之得：代指农田收获。

［43］交通：勾结，接通。

［44］势力超过官吏，凭借资产相互倾轧。

［45］敖：通“遨”。冠盖：指冠服和车盖。商人们冠服乘车来往不绝。

［46］坚：指坚车。肥：肥马。策：鞭打。履：穿着。曳：拖着。

［47］汉代本来实行重农抑商政策，商人的社会地位不高。

［48］忤：忤逆、违背。

［49］莫若：莫如。意为没有什么能比得上。

［50］以粟为赏罚：用粮食来衡量获赏免罚。

［51］募：招募。这里是号召的意思。入：交纳。县官：朝廷、官府。

［52］拜爵：封爵位。除罪：免罪。

［53］粮食有流通的地方。渫：疏散，泄散。

［54］损：减少。

［55］令出而民利：法令一施行老百姓就可获利。

［56］所补者：有补益的地方，即益处、好处。

［57］劝农功：鼓励农业生产。

［58］今令：现在的法令（规定）。

［59］复卒三人：可以免除三个人的兵役。复：免除。卒：指兵役。

［60］武备：军事装备。

［61］神农：古代传说中的部落领袖，教民种植，发明农具，故名“神农”。

［62］石城：石头砌起的城墙。汤池：注满开水的护城河。带甲：穿甲的人，指军队。

［63］以是：由此。

［64］大用：大有用处的东西。本务：最根本的任务。

［65］五大夫：汉代第九等爵位。

［66］骑马之功：指出车骑马一匹的功用。意为入粟多而复卒少，入马少而复卒多，二者相去甚远。

［67］擅：专有。出于口而亡穷：只要皇上一开口就可以无穷无尽地封爵。

［68］塞下：边塞。

【知识拓展】本课中出现的成语或典故

朝令夕改：早晨下命令，晚上就改变。形容政令多变，让人无所适从。也形容主张、办法等经常改变。

高城深池：池，护城河。城墙很高，护城河很深。形容防卫坚固。

以利相倾：依靠钱财争权夺利，互相排挤。

倍称之息：倍称，借一还二；息，利息。取一还二的债款利息。指百分之百的高利贷。

乘坚策肥：坚，坚固的车子；策，鞭打；肥，肥壮的马。坐牢固的车，驾肥壮的马。形容生活豪华。

履丝曳缟：穿丝履，着缟衣。形容奢侈。

张中丞传后叙

韩愈

【导读】

韩愈（768年—824年），字退之，河南河阳人，唐代诗人，文学家、哲学家、思想家。自谓郡望昌黎，世称韩昌黎。晚年任吏部侍郎，又称“韩吏部”。谥号文公，故世称韩文公，是唐宋八大家之一，与柳宗元同为“古文运动”倡导者，反对六朝以来的骈偶之风，提出了“文以载道”和“文道结合”的主张，与其并称为“韩柳”，有“文章巨公”和“百代文宗”之名，著有《韩昌黎集》四十卷。

张中丞，即张巡（709年—757年），河南邓州南阳人。唐代开元末进士，先后任太子通事舍人、清河县令和真源县令。安史乱起，张巡在雍丘一带抗击叛军，后与许远同守睢阳。肃宗至德二年（757年），安庆绪（安禄山之子）部将尹子奇率领十三万大军攻睢阳，张巡、许远率兵七千人坚守数月，终因粮尽兵绝，城破被俘，张巡与部将同时殉难。许远被叛军掳至洛阳，不屈而死。睢阳保卫战遏制了叛军的攻势，为唐军积蓄力量、准备反攻赢得了宝贵的时间，张巡、许远等人因此受到人民的传颂。但一些坐观睢阳陷落不救的官员，为掩盖自己的可耻行为，散布流言，诋毁张、许二人。张巡的友人李翰撰《张巡传》，补叙其英雄事迹，批驳流言蜚语。韩愈感愤此事，遂于元和二年（807年）写了这篇后叙，为英雄谱写颂歌。

【正文】

元和二年四月十三日夜[1]，愈与吴郡张籍阅家中旧书[2]，得李翰所为《张巡传》[3]。翰以文章自名[4]，为此传颇详密。然尚恨有阙者[5]：不为许远立传，又不载雷万春事首尾[6]。

远虽材若不及巡者[7]，开门纳巡[8]，位本在巡上。授之柄而处其下，无所疑忌，竟与巡俱守死，成功名，城陷而虏，与巡死先后异耳[9]。两家子弟材智下[10]，不能通知二父志[11]，以为巡死而远就虏，疑畏死而辞服于贼。远诚畏死，何苦守尺寸之地，食其所爱之肉[12]，以与贼抗而不降乎？当其围守时，外无蚍蜉蚁子之援[13]，所欲忠者，国与主耳，而贼语以国亡主灭[14]。远见救援不至，而贼来益众，必以其言为信；外无待而犹死守[15]，人相食且尽，虽愚人亦能数日而知死所矣。远之不畏死亦明矣！乌有城坏其徒俱死，独蒙愧耻求活？虽至愚者不忍为，呜呼！而谓远之贤而为之邪？

说者又谓远与巡分城而守，城之陷，自远所分始[16]。以此诟远，此又与儿童之见无异。人之将死，其藏腑必有先受其病者；引绳而绝之，其绝必有处。观者见其然，从而尤之，其亦不达于理矣！小人之好议论，不乐成人之美，如是哉！如巡、远之所成就，如此卓卓[17]，犹不得免，其他则又何说！

当二公之初守也，宁能知人之卒不救，弃城而逆遁？苟此不能守，虽避之他处何益？及其无救而且穷也，将其创残饿羸之余[18]，虽欲去，必不达。二公之贤，其讲之精矣[19]！守一城，捍天下，以千百就尽之卒，战百万日滋之师，蔽遮江淮，沮遏其势[20]，天下之不亡，其谁之功也！当是时，弃城而图存者，不可一二数；擅强兵坐而观者，相环也[21]。不追议此，而责二公以死守，亦见其自比于逆乱，设淫辞而助之攻也[22]。

愈尝从事于汴徐二府，屡道于两府间[23]，亲祭于其所谓双庙者[24]。其老人往往说巡、远时事云：南霁云之乞救于贺兰也[25]，贺兰嫉巡、远之声威功绩出己上，不肯出师救；爱霁云之勇且壮，不听其语，强留之，具食与乐[26]，延霁云坐。霁云慷慨语曰："云来时，睢阳之人，不食月余日矣！云虽欲独食，义不忍；虽食，且不下咽！"因拔所佩刀，断一指，血淋漓，以示贺兰。一座大惊，皆感激为云泣下。云知贺兰终无为云出师意，即驰去；将出城，抽矢射佛寺浮图，矢着其上砖半箭，曰："吾归破贼，必灭贺兰！此矢所以志也。"愈贞元中过泗州[27]，船上人犹指以相语。城陷，贼以刃胁降巡，巡不屈，即牵去，将斩之；又降霁云，云未应。巡呼云曰："南八[28]，男儿死耳，不可为不义屈！"云笑曰："欲将以有为也；公有言，云敢不死！"即不屈。

张籍曰："有于嵩者，少依于巡；及巡起事，嵩常在围中[29]。"籍大历中于和州乌江县见嵩[30]，嵩时年六十余矣。以巡初尝得临涣县尉[31]，好学无所不读。籍时尚小，粗问巡、远事，不能细也。云："巡长七尺余，须髯若神。"尝见嵩读《汉书》，谓嵩曰："何为久读此？"嵩曰："未熟也。"巡曰："吾于书读不过三遍，终身不忘也。"因诵嵩所读书[32]，尽卷不错一字。嵩惊，以为巡偶熟此卷，因乱抽他帙以试[33]，无不尽然。嵩又取架上诸书试以问巡，巡应口诵无疑。嵩从巡久，亦不见巡常读书也。为文章，操纸笔立书，未尝起草。初守睢阳时，士卒仅万人[34]，城中居人户，亦且数万，巡因一见问姓名，其后无不识者。巡怒，须髯辄张。及城陷，贼缚巡等数十人坐，且将戮。巡起旋[35]，其众见巡起，或起或泣。巡曰："汝勿怖！死，命也。"众泣不能仰视。巡就戮时，颜色不乱，阳阳如平常[36]。远宽厚长者，貌如其心[37]；与巡同年生，月日后于巡，呼巡为兄，死时年四十九。嵩贞元初死于亳宋间[38]。或传嵩有田在亳宋间，武人夺而有之，嵩将诣州讼理[39]，为所杀。嵩无子。张籍云[40]。

【注释】

［1］元和：唐宪宗李纯的年号（806 年—820 年）。

［2］张籍：唐代著名诗人，韩愈学生。

［3］李翰：字子羽，赵州赞皇人，官至翰林学士。与张巡友善，客居睢阳时，曾亲见张巡战守事迹。张巡死后，有人诬其降贼，因撰《张巡传》《进张中丞传表》上肃宗。

［4］自名：自许。

［5］恨：遗憾。

［6］雷万春：张巡部下勇将。此当是“南霁云”之误，如此方与后文相应。

［7］材若：才能。

［8］肃宗至德二年正月，尹子奇带兵十三万围睢阳，许远向张巡告急，张巡自宁陵率军入睢阳城。

［9］与巡死先后异耳：此年十月，睢阳陷落，张巡、许远被虏。张巡与部将被斩，许远被送往洛阳邀功。

［10］两家子弟：指张巡之子张去疾、许远之子许岘。

［11］通知：通晓。据《新唐书·许远传》，安史乱平定后，张巡之子张去疾轻信小人挑拨，上书代宗，谓城破后张巡等被害，惟许远独存，是屈降叛军，请追夺许远官爵。

［12］食其所爱之肉：尹子奇围睢阳时，城中粮尽，军民以雀鼠为食，最后只得以妇女与老弱男子充饥。当时，张巡曾杀爱妾、许远曾杀奴仆以充军粮。

［13］蚍蜉：一种大蚂蚁。蚁子：幼蚁。

［14］而贼语以国亡主灭：安史乱中，长安、洛阳陷落，玄宗逃往西蜀，唐室岌岌可危。

［15］外无待而犹死守：睢阳被围后，河南节度使贺兰进明等皆拥兵观望，不来相救。

［16］张巡和许远分兵守城，张守东北，许守西南。城破时

叛军先从西南处攻入。

［17］卓卓：高超出众。

［18］羸（léi）：瘦弱。

［19］指二人功绩前人已有精当的评价。李翰《进张中丞传表》载："巡退军睢阳，扼其咽领，前后拒守，自春徂冬，大战数十，小战数百，以少击众，以弱击强，出奇无穷，制胜如神，杀其凶丑九十余万。贼所以不敢越睢阳而取江淮，江淮所以保全者，巡之力也。"

［20］沮遏：阻止。

［21］相环：一个接一个。

［22］淫辞：邪僻荒诞的言论。

［23］道：经过。

［24］双庙：张巡、许远死后，后人在睢阳立庙祭祀，称为双庙。

［25］南霁云：魏州顿丘（今河南清丰）人。安禄山反叛，被遣至睢阳与张巡议事，为张所感，遂留为部将。贺兰：复姓，指贺兰进明。时为御史大夫、河南节度使，驻节于临淮一带。

［26］具：准备、提供。

［27］贞元：唐德宗李适年号（785 年—805 年）。泗州：唐属河南道，州治在临淮（今江苏泗洪），当年贺兰屯兵于此。

［28］南八：南霁云排行第八。

［29］常：通"尝"，曾经。

［30］大历：唐代宗李豫年号（766 年—779 年）。和州乌江县，即今安徽省和县东北。

［31］张巡死后，朝廷封赏他的亲戚、部下，于嵩因此得官。

［32］诵：背诵。

［33］帙（zhì）：卷册。

［34］仅：几乎。

[35] 旋：转动，这里是环视。

[36] 阳阳：毫不在意的样子。

[37] 许远是个宽厚的长者，相貌也和他的内心一样。

[38] 亳（bó）：亳州，治所在今安徽省亳县。宋：宋州，治所在睢阳。

[39] 讼理：诉讼，这里是告状。

[40] 以上都是张籍说的。

【知识拓展】与本课有关的历史背景

安史之乱：是于755年至763年发生的一场政治叛乱，是唐由盛而衰的转折点，也造成唐代藩镇割据。由于叛唐发起者以安禄山与史思明二人为主，故被冠以安史之名，又由于爆发于唐玄宗天宝年间，也称天宝之乱。安史之乱历时七年零三个月，虽然乱事最终得以平定，但后世史家大多认为安史之乱不但是唐帝国由盛转衰的转折点，而且对中国后世政治、经济、社会、文化、对外关系的发展均产生极为深远而巨大的影响。司马光《资治通鉴》载："（安史之乱爆发之后）由是祸乱继起，兵革不息，民坠涂炭，无所控诉，凡二百余年。"

原道

韩愈

【导读】

“原道”，即探求道之本。作者认定道的本原是儒家的“仁义道德”，他以继承道统、恢复儒道为己任，以社会历史的发展为证，表彰儒道在历史发展中的巨大功绩，论证儒家社会伦理学说的历史合理性，批评佛老二家置天下国家于不顾的心性修养论的自私和悖理，抨击藩镇割据，要求加强君主集权，以缓解日益加深的社会矛盾。韩愈以仁义为“道”的内容，提出了一个“道统”的授受体系。《原道》是复古崇儒、攘斥佛老的代表作，是唐代古文的杰作。

【正文】

博爱之谓仁，行而宜之之谓义[1]，由是而之焉之谓道[2]，足乎己而无待于外之谓德。仁与义为定名，道与德为虚位[3]。故道有君子小人，而德有凶有吉[4]。老子之小仁义[5]，非毁之也，其见者小也。坐井而观天，曰天小者，非天小也。彼以煦煦为仁[6]，孑孑为义[7]，其小之也则宜。其所谓道，道其所道，非吾所谓道也。其所谓德，德其所德，非吾所谓德也。凡吾所谓道德云者，合仁与义言之也，天下之公言也[8]。老子之所谓道德云者，去仁与义言之也，一人之私言也。

周道衰，孔子没，火于秦[9]，黄老于汉[10]，佛于晋、魏、梁、隋之间。其言道德仁义者，不入于杨，则归于墨[11]；不入于老，则归于佛。入于彼，必出于此。入者主之，出者奴之；入者附之，出者污之[12]。噫！后之人其欲闻仁义道德之说，孰从而听之？老者曰："孔子，吾师之弟子也。"佛者曰："孔子，吾师之弟子也。"为孔子者，习闻其说，乐其诞而自小也[13]，亦曰"吾师亦尝师之"云尔。不惟举之于口[14]，而又笔之于其书。噫！后之人虽欲闻仁义道德之说，其孰从而求之？

甚矣，人之好怪也，不求其端，不讯其末，惟怪之欲闻[15]。古之为民者四[16]，今之为民者六[17]。古之教者处其一，今之教者处其三[18]。农之家一，而食粟之家六[19]。工之家一，而用器之家六[20]。贾之家一，而资焉之家六[21]。奈之何民不穷且盗也？

古之时，人之害多矣[22]。有圣人者立，然后教之以相生相养之道。为之君，为之师。驱其虫蛇禽兽，而处之中土。寒然后为之衣，饥然后为之食。木处而颠[23]，土处而病也，然后为之宫室[24]。为之工以赡其器用[25]，为之贾以通其有无，为之医药以济其夭死，为之葬埋祭祀以长其恩爱，为之礼以次其先后，为之乐以宣其湮郁[26]，为之政以率其怠倦，为之刑以锄其强梗[27]。相欺也，为之符、玺、斗斛、权衡以信之[28]。相夺也，为之城郭甲兵以守之。害至而为之备，患生而为之防。今其言曰："圣人不死，大盗不止。剖斗折衡，而民不争。"[29]呜呼！其亦不思而已矣。如古之无圣人，人之类灭久矣。何也？无羽毛鳞介以居寒热也，无爪牙以争食也。

是故君者，出令者也；臣者，行君之令而致之民者也；民者，出粟米麻丝，作器皿，通货财，以事其上者也。君不出令，则失其所以为君；臣不行君之令而致之民，则失其所以为臣；民不出粟米麻丝，作器皿，通货财，以事其上，则诛。今其法曰[30]，必弃而君臣，去而父子[31]，禁而相生相养之道，以求其所谓清净寂灭者[32]。呜呼！其亦幸而出于三代之后，不见黜于禹、汤、文、武、周公、孔子也[33]。其亦不幸而不出于三代之前，不见正于禹、汤、文、武、周公、孔子也。

帝之与王，其号虽殊，其所以为圣一也。夏葛而冬裘，渴饮而饥食，其事虽殊，其所以为智一也。今其言曰[34]："曷不为太古之无事？"是亦责冬之裘者曰："曷不为葛之之易也？"责饥之食者曰："曷不为饮之之易也？"传曰[35]："古之欲明明德于天下者，先治其国；欲治其国者，先齐其家；欲齐其家者，先修其身；欲修其身者，先正其心；欲正其心者，先诚其意。"然则古之所谓正心而诚意者，将以有为也。今也欲治其心而外天下国家，灭其天常[36]，子焉而不父其父，臣焉而不君其君，民焉而不事其事。孔子之作《春秋》也，诸侯用夷礼则夷之[37]，进于中国则中国之[38]。经曰："夷狄之有君，不如诸夏之亡[39]。"《诗》曰："戎狄是膺，荆舒是惩[40]"。今也举夷狄之法，而加之先王之教之上，几何其不胥而为夷也[41]？

夫所谓先王之教者，何也？博爱之谓仁，行而宜之之谓义。由是而之焉之谓道。足乎己无待于外之谓德。其文：《诗》《书》《易》《春秋》；其法：礼、乐、刑、政；其民：士、农、工、贾；其位：君臣、父子、师友、宾主、昆弟、夫妇；其服：麻、丝；其居：宫、室；其食：粟米、果蔬、鱼肉。其为道易明，而其为教易行也。是故以之为己，则顺而祥；以之为人，则爱而公；以之为心，则和而平；以之为天下国家，无所处而不当。是故生则得其情，死则尽其常。效焉而天神假[42]，庙焉而人鬼飨[43]。曰："斯道也，何道也？"曰："斯吾所谓道也，非向所谓老与佛之道也。尧以是传之舜，舜以是传之禹，禹以是传之汤，汤以是传之文、武、周公，文、武、周公传之孔子[44]，孔子传之孟轲，轲之死，不得其传焉。荀与扬也[45]，择焉而不精，语焉而不详。由周公而上，上而为君，故其事行。由周公而下，下而为臣，故其说长。然则如之何而可也？"曰："不塞不流，不止不行。人其人，火其书，庐其居[46]。明先王之道以道之，鳏寡孤独废疾者有养也[47]。其亦庶乎其可也[48]！”

【注释】

［1］宜：合宜。

［2］之：往。

［3］仁和义是意义确定的名词，道和德是意义不确定的名词。

［4］道有君子之道和小人之道，而德有吉德和凶德。

［5］小仁义：轻视仁义。

［6］煦煦：和蔼的样子，这里指小恩小惠。

［7］孑孑（jié）：琐屑细小的样子。

［8］公言：公论。

［9］火于秦：指秦始皇焚书坑儒。

［10］黄老：汉初道家学派，把传说中的黄帝与老子共同尊为道家始祖。

［11］杨：杨朱，战国时哲学家，主张“轻物重生”“为我”。墨：墨翟，战国初年的思想家，主张“兼爱”“薄葬”。《孟子·滕文公下》：“天下之言不归杨则归墨。”

［12］污：污蔑，诋毁。

［13］诞：荒诞。自小：自己轻视自己。

［14］不惟：不仅、不但。

［15］不求……惟怪：人们不探求事情的起源，不考察事情的结果，只喜欢听怪诞的言论。

［16］四：指士、农、工、商四类。

［17］六：指士、农、工、商，加上和尚、道士。

［18］古代负有教育人民任务的人，只占四类中的一类，今天却有三类。

［19］务农的一家，要供应六家的粮食。

［20］务工的一家，要供应六家的器用。

［21］资：依靠。

［22］害：灾害。

［23］颠：陨坠、坠落。

［24］宫室：泛指房屋。

［25］赡：供给人财物。

［26］宣：宣泄。湮（yān）郁：郁闷。

［27］强梗：顽强，这是指强暴之徒。

［28］符：古代一种凭证，以竹、木、玉、铜等制成，刻有文字，双方各执一半，合以验真伪。玺：玉制的印章。斗斛：量器。权衡：秤锤及秤杆。

［29］引句出《庄子·胠箧》。《老子》亦云："绝圣弃智，民利百倍；绝仁弃义，民复孝慈；绝巧弃利，盗贼无有。"

［30］其：指佛家。

［31］而：你。

［32］清净寂灭：佛家以离开一切恶行烦扰为清净。《俱舍论》卷十六载："诸身语意三种妙行，名身语意三种清净，暂永远离一切恶行烦恼垢，故名为清净。"寂灭：梵语"涅盘"的意译。指本体寂静，离一切诸相（现实世界）。《无量寿经》载："超出世间，深乐寂灭。"

［33］三代：指夏、商、周三朝。黜：贬斥。

［34］其：指道家。

［35］传（zhuàn）：解释儒家经典的书称"传"。引文出自《礼记·大学》。

［36］天常：天性。

［37］夷之：以之为夷，即把施行夷礼的诸侯称为夷。夷，是古代中原华夏族对其他四方民族的通称。

［38］进：同化。

［39］经：指儒家经典。此二句出自《论语·八佾》。

［40］戎狄：古代西北方的少数民族。膺：攻伐。荆舒：古代指东南方的少数民族。

［41］几何：差不多。胥：沦落。

［42］郊：郊祀，祭天。假：通“格”，到。

［43］庙：祭祖。

［44］文：周文王姬昌。武：周武王姬发。周公：姬旦。

［45］荀：荀子，又称荀卿、孙卿。战国末年思想家、教育家。扬：扬雄，字子云，西汉末年文学家、思想家，著有《方言》。

［46］庐：这里作动词。其居：指佛寺、道观。

［47］鳏寡孤独：《孟子》云：“老而无妻曰鳏，老而无夫曰寡，老而无子曰独，幼而无父曰孤。”后泛指孤独困苦、无依无靠的人。

［48］庶乎：差不多、大概。

【知识拓展】与本课有关的历史背景

藩镇割据：主要出现在安史之乱后的唐朝及五代十国时期，至赵匡胤“杯酒释兵权”止。唐朝在安史之乱后添了许多节度使，节度使管辖的地区称为“藩镇”。中央政府的本意，是通过藩镇来平定一些叛乱，不料藩镇就是导致唐朝混乱乃至灭亡的总根源。节度使拥兵自重，在军事、财政、人事方面不受中央政府控制的局面，一直持续百多年直至唐朝灭亡。

藩镇割据基本上是安史之乱的延续，唐以后这种局面加剧，出现了五代十国现象。可以说，藩镇割据的情况不仅影响了唐，延续至五代十国，甚至对后来的宋王朝也产生了深刻的影响，北宋“冗兵”“冗官”“冗吏”，都是为防止地方权力集中而产生的积弊。

蝜蝂传

柳宗元

【导读】

柳宗元（773年—819年），字子厚，河东（今山西运城）人，唐宋八大家之一，唐代文学家、哲学家、散文家和思想家，世称“柳河东”“河东先生”，因官终柳州刺史，又称“柳柳州”。柳宗元与韩愈并称为“韩柳”，与刘禹锡并称“刘柳”，与王维、孟浩然、韦应物并称“王孟韦柳”。柳宗元虽然活了不到五十岁，却在文学上创造了光辉的业绩，在诗歌、辞赋、散文、游记、寓言、小说、杂文以及文学理论诸方面，都做出了突出的贡献。

柳宗元一生留下六百多篇诗文作品。其诗多抒写抑郁悲愤、思乡怀友之情，幽峭峻郁，自成一路。最为世人称道者，是那些清深意远、疏淡峻洁的山水闲适之作。文的成就大于诗。散文论说性强，笔锋犀利，讽刺辛辣。游记写景状物，多所寄托，刘禹锡编为《河东先生集》。其骈文有近百篇，不脱唐骈文习气，但也有佳作。

唐顺宗永贞元年（805年），王伾、王叔文集团倡导的永贞革新失败，柳宗元由于与王叔文等政见相同，被提拔为礼部员外郎，因此而遭贬。同年九月，先贬邵州刺史；十一月，在赴任途中再加贬永州司马。柳宗元贬在永州十年，生活环境恶劣，亲朋好友离散，四处求援无门，身体状况下降，精神世界痛苦，于是他写下这篇《蝜蝂传》，为的就是要冲破这恶劣的物质环境，冲破这苦闷的精神世界，要对着周围令人窒息的环境，对着自己不公平的命运发出愤怒的呐喊。

【正文】

蝜蝂者，善负小虫也[1]。行遇物，辄持取[2]，卬其首负之[3]。背愈重，虽困剧不止也[4]。其背甚涩[5]，物积因不散[6]，卒踬仆不能起[7]。人或怜之，为去其负，苟能行，又持取如故[8]。又好上高[9]，极其力不已[10]，至坠地死。

今世之嗜取者[11]，遇货不避[12]，以厚其室[13]，不知为己累也，唯恐其不积。及其怠而踬也[14]，黜弃之[15]，迁徙之，亦以病矣[16]。苟能起，又不艾[17]，日思高其位，大其禄[18]，而贪取滋甚[19]，以近于危坠[20]，观前之死亡不知戒[21]。虽其形魁然大者也，其名人也[22]，而智则小虫也，亦足哀夫[23]！

【注释】

［1］蝜蝂：《尔雅·释虫》作“负版”，一种黑颜色的小虫。善负：喜爱背东西。

［2］辄：立即，就。持取：抓取。

［3］卬：高举着（头）。

［4］困剧：非常困倦疲累。困：疲乏。剧：很，非常。

［5］涩：非常不光滑。

［6］积：堆积，积存。不散：不散落，不掉下来。

［7］卒：副词，终于。踬仆：跌倒。这里是被东西压倒的意思。

［8］苟：只要，如果。如故：像从前一样。

［9］上高：往高处爬。

［10］极其力：用尽了它的气力。不已：不停止。

［11］嗜取者：指贪得无厌的人。

［12］捡到钱财就捞一把之意。

［13］厚其室：充实他的家产。厚：用作使动，加厚，充实。

［14］及：等到。怠而踬：因疏忽大意而垮下来的意思。

［15］黜弃：罢官。迁徙：被降职调往边远地区。

［16］亦以病矣：也已经困苦不堪了。以：通“已”。病：疲困。

［17］艾：停止，悔改。

［18］日：天天。高：提高。大：加大。禄：俸禄。

［19］滋甚：更加厉害。

［20］近于危坠：接近摔死。

［21］前之死亡：指以前由于极力求官贪财而自取灭亡的人。

［22］其形：他的形状。魁然：庞大的样子。其名人也：他的名称是人。

［23］也太可悲了。夫：句尾语气词，表感叹。

【知识拓展】与本课有关的历史背景

永贞革新：唐顺宗永贞年间，官僚士大夫为打击宦官势力、革除政治积弊为主要目的进行的改革。主张加强中央集权，反对藩镇割据，反对宦官专权，这场革新仅持续一百多天，最后俱文珍等人发动政变，幽禁唐顺宗。贞元二十一年（805 年）八月，唐顺宗被迫禅位于太子李纯，即为唐宪宗，改元永贞，史称“永贞内禅”。唐宪宗即位后，王叔文被贬为渝州司户，永贞革新宣告失败。革新失败后，其主要人物十人均被贬斥，史称“二王八司马”。

古代文体

文体就是文章的体裁。不同体裁的文章，语言风格和表达方式各具特色。曹丕的《典论·论文》将当时流行的文体分为四类：奏议、书论、铭诔、诗赋，并概括其特征分别为“雅”“理”“实”“丽”。曹丕的论述，开创了对文体进行分类研究的先河，在文体研究史上具有重要的意义。陆机的《文赋》把文体扩大为十类：诗、赋、碑、诔、铭、箴、颂、论、奏、说，对各类文体的特点和写作要求作了较为细致的探索。

南朝刘勰的《文心雕龙》具体地探讨了三十三类文体的源流：诗、乐府、赋、颂、赞、祝、盟、诔、碑、铭、哀、弔、杂文、谐、隐、史传、诸子、论、说、诏、命、策、檄、移、封禅、章、表、奏、啟、议、对、书、记，解释了各类文体名称的含义、文体特点等，形成了周详的体例，为后世的文体研究奠定了基础，是我国现存最早地系统地论述文体的著作。

清代姚鼐编纂《古文辞类纂》选取从战国到清代文章，同时把历史上流传的诸多文体合并为十三类：论辩、序跋、奏议、书说、赠序、诏令、传状、碑志、杂记、箴铭、颂赞、辞赋、哀祭，比较符合古代文体的实际，因而得到大多数人的认可。直到今天，仍以其分类法为主要依据。

综上所述，对古代文体的分类可以从语言形式来分，也可以按内容、应用范围等角度来分。我们概况几种情况大致把古代常见的文体分为韵（骈）文、散文和应用文。

一、韵文

（一）诗

1. 古体诗

唐朝人把产生于唐以前的格律不严、形式较为自由的诗称为古体诗。后人又沿用唐人的说法，把唐以前的乐府民歌以及唐以后文人仿照它们的体式而写的诗歌，统称为古体诗。古体诗在句子和字数上有多种形式，有三言古诗、四言古诗、五言古诗、七言古诗，称三古、四古、五古、七古，七言以上的称杂言古诗。从句数上看，古体诗最短的只有两句。古体诗标题有的加上“歌”“引”“行”“曲”“吟”“歌行”等名称。

2. 近体诗

始于南朝的齐、梁，形成于初唐，是唐代出现的新诗体，唐人为了与以前的古体诗相区别，称为“近体诗”，是同不受格律限制的古体诗相对而言的。近体诗格律极严，篇有定句（每首诗句数固定），句有定字（字数固定），韵有定位（押韵位置固定），字有定声（各字的平仄声调固定），联有定对（律诗中间各联必须对仗）。与古体诗相比，形式更整齐，节奏更和谐，但限制更多。近体诗分为律诗和绝句两种。根据字数多少又分为“五言律诗”“七言律诗”和“五言绝句”“七言绝句”。律诗一般是八句，如四十字称五律，五十六字称七律，八字以上的律诗称排律或长律。

（二）辞、赋

1. 辞

即楚辞，属诗歌。篇幅、句子较长，句式参差错落，形式自由，多用“兮”字，以抒情为主，有浓厚的浪漫色彩，以屈原的《离骚》为其代表。

2. 赋

源于战国后期，而大盛于汉代，故有汉赋的专称。句子大体整齐押韵，间杂散文句式，是介于诗歌和散文之间的一种文体。其特点是“铺采摛文，体物写志”，侧重于写景，借景抒情。到了汉代，许多作家，兼擅二体，如战国时代的荀子与宋玉，再加上两人都是楚国人，因而出现了“辞赋”并称的情况。到了东汉，班固在《汉书》中多次以赋称辞，并在《汉书·艺文志》中，把辞与赋混编在一起，统称为赋。后来赋向多方面发展，向骈文方向发展叫做“骈赋”；唐代又由骈体转为律体叫“律赋”；宋代用散文的形式写赋称“文赋”。如司马相如《子虚赋》、杜牧《阿房宫赋》、欧阳修《秋声赋》、苏轼《前赤壁赋》等。

（三）词、曲

1. 词

成于唐，盛行于宋，是诗歌的发展，故称之为“诗余”。它有多种词牌，各种词牌都有其固定的格式，包括字、句多少，平仄押韵等，其句式长短不一，又称为长短句。按字数的多少可分为长调（91字以上）、中调（59字至90字）、小令（58字以下）。

2. 曲

盛行于元代，故称“元曲”，也是配乐的诗，包括散曲和杂剧。散曲是清唱曲，杂剧是演出曲。散曲又可分为小令和套曲两类，其中小令由一支曲子组成，套曲也叫套数，由多支曲组成。曲有曲牌，规定其字数、句数、平仄、押韵的固定格式。曲牌和词牌一样，是曲的音乐谱式。不同的是曲牌在字数、平仄、押韵上往往不同。宫调表示曲调声音的高低，是音乐的一种调式。宫调不同，音调就不同。

3. 杂剧

杂剧有完整的故事情节，其结构是四折（相当于四幕）加一个楔子（序幕），其构成有科（人物动作、舞台效果的说明）、宾白（人物对话、独白等）、唱词，角色有旦（女角）、末（男角）、净（花脸）、外（老年男子）、丑（丑角）等。

（四）骈文

骈文就是讲究骈偶的文章，是在辞赋影响下产生的一种特殊文体，是介于诗和散文之间的一种文体，它像散文，却讲究平仄和对仗；像诗歌，却不押韵。骈文也称“骈体文”“骈俪文”或“骈偶文”；因其常用四字、六字句，故也称“四六文”或“骈四俪六”。全篇以双句（俪句、偶句）为主，讲究对仗的工整和声律的铿锵，盛行于六朝，代表作家有徐陵、庾信。中唐古文运动以后，稍告衰落。

二、散文

不押韵、不重排偶的散体文章叫做散文。其语言形式比较自由，没有固定的要求，可以根据内容的需要随意写作。中国古代散文源远流长，根深叶茂，是中国古代文学最主要、最有特色的文体形式。经、传、史书，都属于散文。因此，按照内容和功用可以把散文分为：论说文（说理文）、传状文、杂记文等类别。

（一）论说文

又称“说理文”，是一种以议论为主要表达方式、以辨明是非正误为主要目的的文体。刘勰《文心雕龙》中称这种文体的特点：“原夫论之为体，所以辨正然否；穷于有数，追于无形，钻坚求通，沟深取极；乃百虑之筌蹄，万事之权衡也。”明代徐师曾《文体明辨》提出“论”有八品：理论、政论、经论、史论、文论、讽论、寓论、设论。古代论说文大体可以分为：正论、史论、学术论文。此外，按照古代文章题名和写作角度，又有说、解、辩、原等文体。先秦时期的说理文以诸子散文为代表。先秦时期，没有单篇论文。现存的最早的单篇论文是汉初贾谊的《过秦论》。此后，单篇论文的形式逐渐发展起来。

1. 论、说

“论”，议论，说理以论证为主，是概括各种学说来集中研讨一个问题的，一般重在见解精深，逻辑严密。如贾谊《过秦论》、苏轼《留侯论》。

“说”，说明，其说理方式以解释为主，是阐述关于某一事物、某方面问题的道理的，一般重在解说、说明。如韩愈《师说》、柳宗元《罴说》。

2. 解

用来解释疑难的文章，分为两种：一是先假设有人提出某种疑难问题，然后针对问题加以解释的，如扬雄《解嘲》、韩愈《进学解》；二是为解释某类问题或书中的某些语句而作，有时也以“释”做篇名，一般为纯学术性短文，如蔡邕《释诲》。

3. 辩

是针对某一主张、某一观点而写的驳论文章，具有很强的辩论性。如韩愈《讳辩》、柳宗元《桐叶封弟辩》。

4. 原

是一种追根溯源性的文章，是对一种理论、制度或社会习俗从根本上加以探索和考察的论文，作用是以古鉴今。如韩愈的“五原”，即《原道》《原性》《原毁》《原人》《原鬼》，黄宗羲的《原君》《原臣》。

（二）传状文

传状文大致可以分为：史传文、文人传记、行状等体式。

1. 史传文

又称“历史散文”，主要有编年体、纪传体、纪事本末体等。

编年体的特点是以时间为经、以事件为纬来编写，容易看出同时期各个事件间的联系，但所记之事前后割裂、首尾不能连贯、历史人物的生平等也无从详其原委。较早的作品有《春秋》《左传》。

以人物传记为中心的史书体裁，创始于司马迁《史记》。《史记》创立了本纪、世家、列传这种题材，突破了编年体的局限，开创了以记叙人物为中心的纪传体的先例。这种题材的出现，可以说是历史散文在形式上的一次革命。《史记》以后，不仅历代官方所编的史书基本上沿用了这种题材，而且人物传记散文往往独立于国史之外而获得广泛的发展。作者也不限于史官，不当史官的文人也可以做传。立传的对象不限于死人，活着的人也可以立传。

纪事本末体是以事件为主线，将有关某一专题的材料集中到一块，便于读者了解某一问题的全面情况。首创这种体裁的是宋代的袁枢，他将《资治通鉴》的内容概括为二百三十九件史事，编写了《资治通鉴纪事本末》。这类著作在材料方面没有太大的发展，但他把某一专题的有关材料排列在一块，首尾明晰，脉络清楚，有利于考察某一历史事件的始末，弥补了编年体、纪传体记事缺乏连贯性的缺陷，为读者提供了很大的便利。

2. 文人传记

指除了史官以外的作家所写的人物传记。唐代的古文运动，对文人传记的发展具有重要的意义，使其描写的对象更加宽泛，如柳宗元《种树郭橐驼传》《童区寄传》。

自传体裁的产生也与司马迁有关，现存的《太史公自序》算是最早的自传散文。这种序传既是全书的序言，又是作者的自传，它的位置不是在全书之前，而是在全书之后。后来的序言、跋语就是由此发展而来的。

3. 行状

又称“行”“行述”等，古代有名望的人死后，一般由亲友、门生、故旧等将逝者的世系、籍贯、生卒年月和生平事迹概略的记述下来，以便向朝廷请求谥号，或者为撰写墓志铭、史传提供参考材料，这样的传记文章就是“行状”。这种文章一般叙述人物的生平事迹比较详尽，篇幅较长，对人物评价有褒无贬。

（三）杂记文

杂记文的范围比较广，传状文、碑志以外的记叙文，大都可以归入此类。

杂记文的特点是以记事为主，不少篇章直接以“记”名篇。其表现手法较多，常用有叙述、描写、抒情、议论、说明等，也有夹叙夹议，甚至议论多于记事的。其内容广泛而种类繁多。

1. 山水游记

主要记写作者游历山水的见闻和感受，重点在描绘大自然的美景，并且由此抒发作者的情怀。如，柳宗元《永州八记》、姚鼐《登泰山记》。

2. 台阁名胜记

一般为刻石，碑文，重在记事和歌功颂德，前面有序，后面有铭，记事为缘由，重点在于发挥议论、书写个人抱负和感慨，语言典雅、风格庄重。如，欧阳修《醉翁亭记》、苏轼《喜雨亭记》。

3. 人事杂记

以记人叙事为主要内容，多以“记”名篇，少数标为“志”。

如，归有光《项脊轩志》、方苞《狱中杂记》。

4. 书画杂物记

专门记述书画内容、艺术风格、物品的形制及来源去向等。如，韩愈《画记》、白居易《荔枝图序》。

5. 笔记文

又称“笔记小说”，是杂记文中较为特殊的文体，也以记事为主，一般篇幅短小，有别于正史的街谈巷议、道听途说，可以理解为随笔而录的杂文，其内容五花八门，有历史掌故、逸闻轶事、文艺随笔、人物短论、科学小品、文学考证、志怪杂录、读书杂记等。笔记文始于魏晋，繁荣于宋元明清。如，沈括《梦溪笔谈》、顾炎武《日知录》、纪昀《阅微草堂笔记》。

三、应用文体

应用文主要是用来处理日常事务时所使用的应用性文体。古代应用文的种类很多，主要有奏议、诏令、碑志、哀祭、序跋、箴铭、颂赞等。

（一）奏议

奏议是臣下给皇帝的书信、报告，其中有奏、议、书、疏、表、状、封事、劄子等。如，晁错《论贵粟疏》，王安石《本朝百年无事劄子》，胡铨《戊午上高宗封事》。这些名目的出现，有先有后，其使用范围各个朝代也不尽相同。

（二）诏令

诏令是皇帝给臣下的书信、命令。其中包括策书、制书、诏书、戒敕等。最早的诏令见于《尚书》，以“命”“诰”“誓”等名篇。汉代诏令的各种形式齐备，有“策书”“制书”“诏书”“诫书”等。以后各朝制度不完全相同，即使名称相同，使用范围和语言形式也不完全相同。

（三）碑志

碑志包括碑铭和墓志铭。

1. 碑铭

碑铭的使用范围比较广，山川古迹、宫室寺观、神庙家庙、楼亭堂壁、封禅记功，都有刻石为碑记述某人或某事件文武功业，或者刻石记载某建筑物兴建缘由和经过，如，韩愈《评淮西碑》，柳宗元《南霁云睢阳庙碑》。

此外，还有碑文，用来记述死者生前事迹兼悼念亡者。用于死者的坟墓的有墓碑、碑碣、墓表。古代规定，五品以上官僚可以立碑，五品以下官僚可以立碣，没有官制品位的人只能立表。碑和碣一般有两部分，前面有志文，后面是铭文。铭文押韵，又称韵语；表一般没有铭文。如，欧阳修《泷冈阡表》。

2. 墓志铭

墓志铭是埋在坟墓里面，又称为埋铭、墓记。墓志铭由两部分构成：前面是志，记载死者姓名、籍贯、官职以及生平事迹；后面用赞颂性韵语，叫做铭。如，韩愈《柳子厚墓志铭》。

（四）哀祭

哀祭文是哀悼死者或者祭祀鬼神的文辞，包括哀辞、祭文、吊文、诔等，一般用韵语。如，曹植《王仲宣诔》，欧阳修《祭石曼卿文》。

哀辞　多用于身遭不幸而死或童稚夭殇者，一般前有序，记写其生前才德、死因，后面有韵语。

祭文　是在祭祀时宣读的文辞，有一定的格式，常以“呜呼哀哉尚飨”结束。

吊文　具有客祭的性质，致吊者一般为客人。吊文重在安慰死者，也有借死者抒发自己胸中郁闷的。如，贾谊《吊屈原赋》。

诔　是用以记死者的德行，其内容与碑志基本相同，只是不刻石。

（五）序跋

序跋是为一部书或一篇作品写的说明文字。“序”通“叙”，也称“引”“题辞”，最初是放在书文之后，如，《史记·太史公自序》《说文解字·叙》等。从六朝开始，序文逐渐被放在书文之前，如，萧统《文选序》。从此，放在卷首为“序”，放在卷末称“跋”或“后序”，如，文天祥《指南录后序》。序跋，既可以自己写，也可以请他人或后人写，其内容大多为该作品的介绍和评论，或者是对于作者有关事迹的叙述等。

（六）箴铭

箴铭是规劝告诫性的文章，往往是自我警戒的格言，一般都是四言韵语。箴，用箴石比喻其有攻疾防患的功能，多用于指出过失，以劝谏皇上或上司。如，韩愈《五箴》，皮日休《六箴》，龚自珍《八箴》。铭是刻下来用以自警的文体，叫做铭文，根据内容分为器物铭、居室铭、山川铭、座右铭等。如，刘禹锡《陋室铭》。

（七）颂赞

颂赞是颂扬赞美性的文辞，一般也是四字韵语，不一定押韵。

颂，起源于《诗经》中的“颂”，内容主要是用来褒扬功德、显述仪容。如，韩愈《子产不毁乡校颂》。赞主要用于表彰、赞扬历史人物，起源于上古祭祀时乐正的赞辞和庆典时礼官的赞辞。赞用于篇末，往往是对前面的文章予以总结评述。如，陶渊明《扇上画赞》，刘勰《文心雕龙》，篇末都有赞。

【单元练习】

一、翻译下列句子

1. 是以太山不让土壤，故能成其大；河海不择细流，故能就其深；王者不却众庶，故能明其德。

2. 民者，在上所以牧之。趋利如水走下，四方无择也。

3. 圣人不死，大盗不止。剖斗折衡，而民不争。

4. 背愈重，虽困剧不止也。其背甚涩，物积因不散，卒踬仆不能起。

5. 日思高其位，大其禄，而贪取滋甚，以近于危坠，观前之死亡不知戒。

二、文学常识填空

1. 宗法是以________为中心，根据血统远近、嫡庶亲疏来组织、统治社会的一种等级制度。

2. 宗法制度的核心是________制，即正妻所生的长子为法定的王位继承人。

3. 九族指的是高祖、曾祖________、________、________、________、________、孙、曾孙、玄孙，这是同姓的族。

4. 今天所能见到的最早的三部礼书《________》《________》《________》，成书于战国和西汉时期，详细记载了秦汉以前的礼仪。

5. 周王祭社稷要用太牢，即________、________、________三牲，还要钟鼓齐鸣，载歌载舞，其活动十分隆重热烈。

6. 与冠礼相对应，自周代起，古代女子满十五岁如已许嫁，则要举行________礼。

7. ________是婚礼中最重要的仪式，是新郎亲自迎娶新娘回家的礼仪。

8. 丧服共分五等，俗称“五服”，分别是________、________、________、________、________。

9. 提出了“文以载道”和“文道结合”的主张，有“文章巨公”和“百代文宗”之名的作家是________。

10.《________》为后世的文体研究奠定了基础，是我国现存最早地系统地论述文体的著作。

11. 清代姚鼐《________》选取战国到清代文章，把历史上流传的诸多文体合并为十三类，得到大多数人的认可。

三、解释下列画线词语的意思

1. 向使四君却客而不内，疏士而不用，是使国无富利之实，而秦无强大之名也。

2. 此数宝者，秦不生一焉，而陛下说之，何也？

3. 乃弃黔首以资敌国，却宾客以业诸侯。

4. 人情一日不再食则饥，终岁不制衣则寒。

5. 当具有者，半贾而卖，亡者取倍称之息。

6. 外无待而犹死守，人相食且尽，虽愚人亦能数日而知死所矣。

7. 擅强兵坐而观者，相环也。

8. 巡起旋，其众见巡起，或起或泣。

9. 为孔子者，习闻其说，乐其诞而自小也。

10. 木处而颠，土处而病也，然后为之宫室。

11. 今也欲治其心而外天下国家，灭其天常，子焉而不父其父，臣焉而不君其君，民焉而不事其事。

12. 诸侯用夷礼则夷之，进于中国则中国之。

13. 今也举夷狄之法，而加之先王之教之上，几何其不胥而为夷也？

14. 效焉而天神假，庙焉而人鬼飨。

15. 背愈重，虽困剧不止也。

16. 及其怠而踬也，黜弃之，迁徙之，亦以病矣。

四、给下面文字加上标点，并翻译成现代汉语

臣非有所畏而不敢言也知今日言之于前而明日伏诛于后然臣弗敢畏也大王信行臣之言死不足以为臣患亡不足以为臣忧漆身而为厉被发而为狂不足以为臣耻五帝之圣而死三王之仁而死五伯之贤而死乌获之力而死奔育之勇焉而死死者人之所必不免也处必然之势可以少有补于秦此臣之所大愿也臣何患乎

——《战国策·秦策三》

五、思考题

在我国封建社会时期，以血缘为纽带的宗法制起到了怎样的社会作用?

第四单元

【古代文化常识】

古代职官制度与哲学思想

一、古代职官制度

所谓职官，是指在国家机构中担任一定职务的官吏，包括职官的名称、职权范围和品级地位、选拔方式等方面的内容。职官的设置是随着国家的产生而出现的，是古代政治制度的重要组成部分。早在四千多年前的夏代，随着阶级分化并产生国家机关，就开始设官分职，来治理国家和民众。中国古代从中央职官到地方职官，种类众多，官制体系庞杂，而且不同职官的设置和同一职官的名称，在不同朝代或同一朝代的各个时期演变嬗递，反映了古代官僚制度在各个历史时期的特点，也反映了古代政治文化的某些特点。经过几千年的发展，逐步形成了一整套沿革清晰、体系完整的职官制度。

（一）中央官职机构

1. 秦汉时期的三公制

秦始皇兼并列国，建立了中国历史上第一个大一统中央集权的封建国家。秦在管理和完善国家制度过程中，逐步形成古代行政机构和职官体系的框架。秦朝中央设丞相、太尉、御史大夫组成中枢机构，为中央政府最高官员，并称三公。其中丞相是最高行政长官。太尉是最高的军事长官。御史大夫为副丞相，既是皇帝的机要秘书长，又是掌管朝廷内外的监察，即全国最高的监察长官。秦朝中央官制的特点是丞相总揽政务，三公、九卿听命于丞相，皇帝对重大政务作最后的裁决。丞相虽然主持全国政事，但由皇帝任命，皇帝才是实际的最高行政首脑。

西汉建立，以黄老之术治国，凡事不欲更张，大体上沿袭秦制，仍立丞相，与掌管军事的太尉、掌监察的御史大夫并称“三公”，执掌朝政。下设九卿，分管各方面政务，略有损益。汉武帝时，政事日渐繁杂，皇帝的侍从与随员大量增加，因皇帝宠任外戚与近臣，相权被逐渐削弱。汉武帝以用兵匈奴为由将原属少府的尚书改组为直接隶属于皇帝本人的秘书班子，从而亲决政务，建立了以内朝为核心的统治体系。汉武帝晚年，更把决事地点由外朝移至内廷，尚书等皇帝身边的内朝官因有出入禁中之便，形成所谓的“内朝”。皇帝是内朝的领袖，尚书的权力日益扩大，丞相则逐渐变为听命于内朝的执行官，失去参与最高决策的权力。从此以丞相为首的外朝只能办理例行公务。皇权取代相权成为一种规律，后世的官制演化一直延续这条规律。尚书在汉初本是宫中掌管章奏、图籍的小官，因在皇帝近侧，颇得宠任，随着决策权由外朝向内朝转移，权力甚大，再以大司马大将军来兼任，从而成为中央的重臣。

西汉哀帝时罢丞相，置大司徒，与大司马、大司空并称三公，亦称三司。罢御史大夫官，以御史中丞为监察机构的长官，成立御史台。由此，这一中国独有的独立监察体系得以建立，一直延续到清末。至此，三公的职权已有了很大变化，成了并无多少实权的挂名宰相。另一方面，成立尚书台，长官称尚书令，以尚书仆射为副职，尚书成为独立机关。尚书有审驳诏命、参议朝政与选署诛赏之权，名义上属少府，但实权已超过三公。

东汉时，政出尚书，三公坐而论道。尚书令本由士人充任，但有时也有以宦官充当的，称为中尚书令，或中书令，所以汉代的尚书令与中书令，是同职而异名。在这个过程中，作为皇帝侍从之官的中常侍一律由宦官担任，因在皇帝左右，掌传达诏令等事，所以权力颇大，成为新的内朝，可控制尚书台事，于是尚书与皇帝逐渐疏远，逐渐转变为行政机关。

2. 魏晋南北朝的中书省

自西晋至南朝，或设丞相，或设司徒，废置不一。曹魏设中书省，以秉承皇帝旨意起草诏令，发布政令，长官为中书令，并逐步取代尚书台成为决策机构。尚书台脱离少府，为最高行政机关，分曹办理政务。其长官尚书令即宰相，其副手尚书仆射为副相。

西晋，改汉代的侍中寺为门下省，掌驳议，即审察诏令，同意者签署，不同意者驳回重议，长官为侍中充以贵戚子弟有才俊者，以及卓有学识的平民，侍从左右，以备皇帝顾问，长官为侍中。侍中原属少府，是照料皇帝起居的官。此时的侍中因为接近皇帝，加上皇帝始终在不断建立自己的私人班子与正式的官僚机构抗衡，所以侍中以及门下省的权力迅速扩大，在南北朝的南朝四个王朝中已经取代尚书、中书，成为主要的政权中心。

3. 隋唐开始的三省六部制

隋朝，正式建立了以三省六部为主体结构的中央官制。中书、门下、尚书为三省，改尚书诸曹为吏、户（度支部、民部）、礼、兵、刑（都官部）、工六部。各部长官称尚书，次官称侍郎，各辖四司，尚书省左右丞分领二十四司事。三省的职责分别为决策、审核和执行；三省的首长均为宰相，共议朝政，较之于秦汉，他们之间的权限和分工已趋明晰。吏部掌管官吏的任免、考课、升降、调动；兵部掌管武官的选用和兵籍、军械、军令；户部掌管土地、户籍、赋税、财政；刑部掌管司法、刑狱；礼部掌管朝廷礼仪、祭享、贡举、学校；工部掌管工程、水利、屯田、交通。尚书省作为执行政令的机构，其具体事务由六部分理。“六部”的名称，一直沿用到清末。

三省六部制的建立是中国古代政治体制和官制的划时代变

革，这次变革的主要意义在于将原来皇帝私人事务与国务不分的九卿体制分离开。以三省六部为代表的机构只处理国务，原来的九卿多处理与皇帝私人有关的事务，而且九卿服从六部的政令。三省六部制在唐朝得到了继承和完善。三省六部制度对后世的政府组织影响深远，甚至中国的周边国家如朝鲜、越南、日本等均采用过。

三省长官原为真宰相，唐中期成为荣誉头衔，以同中书门下三品（简称同三品、一度改称同二品）、同中书门下平章事（简称同平章事）为宰相。晚唐、五代，宰相权力为枢密使、三司使所分。

4. 宋代三省制

宋代中央集权达到前所未有的程度。在职官制度上，设中书、枢密、三司，分掌行政、军务、财赋三大要务。宋代基本上为两省制，中书、门下合为一省，三省之外另设宰相的办公机构于禁中，称为“政事堂”或“中书门下”，简称“中书”。真正的宰相是“同中书门下平章事”，简称“同平章事”。其下设“参知政事”，是为副相。宰相之权为枢密使、三司使所分取。宰相、枢密使、三司使三者的事权不相上下，不相统摄。百官权力分散、重文轻武。一般把副宰相与枢密院首脑称为“执政”，而把宰相与执政合称为“宰执”，共理朝政。宋代的宰相一般都没有与皇帝或同僚的议政之权，有事须以札子向皇帝请旨，由皇帝最后定夺，宰相听命执行，所以较之于唐代，宋代宰相在决策、军事、财政、用人诸方面的权力大为缩小。

5. 元代三省制

元朝以中书省总理全国政务，中书省中置中书令，一般为皇太子兼任，实际政务由中书令之下的左右丞相处理，实际以左右丞相、平章政事为真正的宰相，下有左右丞、参知政事为副宰相。尚书省则废而不设，其职权归中书省，六部也改由中书省统辖，中书省就成为全国最高的行政机关。元代因袭宋代文武分权的体制。军事制度延续宋制，枢密院执掌兵权，与宋代不同的是，元代的枢密院直接指挥战事，并得于战区设立行枢密院。元代监察机构特别发达，御史台权力极大，远非前代与后世可比。元代官制的另一个特点是宗教官署权力极大，而工匠、手工业管理机构也很发达。

6. 明清内阁制

明初的职官设置承袭元朝，以中书省总领政务，以左右丞相为宰相，统辖六部。明洪武十三年（1380 年），废中书省、丞相官，诏令后世嗣君永不置设。以六部尚书任天下事，等于是皇帝兼首相。置大学士以充皇帝顾问兼理文字。明成祖始以大学士入文渊阁办事，参与机务，后世称“内阁”，而仍以翰林院为名。明仁宗起，内阁有代皇帝批答大臣表章、草拟敕令的权力，成为事实上的宰相，以“辅臣”称之。宣宗、英宗以后，皇帝深居内宫荒怠政事，内阁难于与其面议朝政，而要受制于司礼监秉笔太监的批红。内阁之权被内臣侵夺，司礼监因此得到“太上内阁”之称。

清立国之初，沿袭明朝官制，仍设内阁大学士，不设丞相，设六部。后为加强中央集权，削弱、分化大臣权力，逐步建立了一套有别于以前各朝的官制。乾隆时以三殿三阁为定制，即保和殿、文华殿、武英殿、体仁阁、文渊阁、东阁。三殿三阁总称内阁，内阁中所设大学士，加殿阁头衔，满汉各半。规定凡各处官员所呈奏章，先由内阁代拟批旨，再呈皇帝审处，皇帝的诏令，由内阁下达六部执行。但军国大事以召开议政王大臣会议决定，由内阁奉行。雍正年间设军机处，直属皇帝，王、公、尚书满汉亲信等为军机大臣，每日晋见皇帝，草拟和转达皇帝旨意，处置军国要务，皇帝实际通过军机处总揽军国大政。内阁徒有形式，已无实权，大学士成为文臣的荣誉称号。

（二）地方官职机构

1. 西周分封制

西周实行分封制，地方长官分为诸侯和大夫两级。分封制规定，诸侯必须服从周天子的命令，诸侯有为周天子镇守疆土、随从作战、交纳贡赋和朝觐述职的义务，治理诸侯国，保卫国家。他们在各自封国内又是同姓宗族的大宗，其王位也是由嫡长子世袭继承，其余庶子作为小宗分封为卿大夫。卿大夫在各自封地里又是同姓宗族的大宗，其封爵仍由其嫡长子世袭继承，其余庶子作为小宗分封为士。这样层层分封下去，形成了贵族统治阶层内部的森严等级“天子—诸侯—卿大夫—士”。各个等级之间的相互关系，既是大小宗关系，也是上下级关系。

2. 秦、汉郡县制

秦始皇废置诸侯，实行郡、县，将全国分为三十六郡（后增、拆为四十余郡）。郡辖县，施行郡县二级制。郡设郡守、郡尉、监御史，分掌政、军、监察，郡守为长官，但监御史不隶属郡守，自成体系。万人以上的大县置令，不足万人的县置长。另设县尉，掌刑狱；设县丞，为次官。

汉承秦制，设郡、县两级，唯汉景帝以后改郡守为太守，郡尉为都尉。在京师设京兆尹、左冯翊、右扶风三种官职，合称“三辅”，地位同于郡守。汉武帝时，置十三州（部）刺史各一人，以六条诏书分察诸郡。州刺史是集行政、军事、监察等大权于一身的地方大员。东汉末，改部分刺史为州牧，刺史与州牧都开始统辖诸郡军政，十三州成为事实上的行政区。太守下有都尉，为其佐助。郡下辖若干县。万户以上的县，长官为县令；万户以下的设县长，均由朝廷任命。县的令、长之下设有县丞，为其佐助之官；又设县尉掌刑狱。形成州、郡、县三级制。

3. 三国、两晋、南北朝

魏晋南北朝时期，地方行政建制基本上施行州、郡、县三级制，但刺史不统军。用兵之州的刺史带“使持节、都督诸军事”“持节、都督诸军事”“假节、都督诸军事”衔，得以节制兵马。北魏实行九品中正制，官品分为正、从，共十八等。

南北朝时期，战事纷起，各国疆界混乱，而好增置州、郡，使州、郡的数目不断增长。政府为安置流民而划出区域，称侨州、侨郡和侨县。州郡越划越多，越分越小，出现一州辖二郡，一郡辖二县的状况，行政机构也因此重叠，有的州郡徒有虚名，所谓“十室之邑，亦立州名；三家之村，虚张郡号”。

4. 隋、唐、五代

隋文帝废郡，地方官制改为州、县二级，以州直接统县。州设刺史，县设县令。隋炀帝末年改州为郡，郡的行政长官称太守。

唐朝复改郡为州。州的长官为刺史，刺史之下有别驾、长史、司马、录事参军等官。录事参军统领司功、司仓、司户、司法、司兵、司曹等曹参军，其职能与中央六部对应，负责处理地方具体政务。县的长官统称县令，其下有县丞、县尉、主簿等官。唐代的首都长安和陪都洛阳设府，长官为牧，牧一般由亲王挂名遥领，实际政务由府尹主持。

唐朝仿汉刺史，分置十“道”，为监察区，每道分遣四品以上朝臣一人，称黜陟使、按察使、采访处置使等，四时巡察本道，对本道州、县官员有罢免和建议提升的权力。唐中后期则演变为行政区，从而形成道、州、县三级制。军事方面，唐初在边镇地区设都督府，掌数州军事，具有大军区的性质，长官为都督，后称节度使。节度使多兼京官、御史大夫、营田使等高级头衔。中唐以后，节度使的辖区也称道，节度使总揽数州军、政、民、财之权，位高权重，不服朝廷之命，传位于子或部下，从而形成藩镇割据的局面。

五代战事纷仍，地方凋敝，藩镇成为事实上的一级政权。

5. 宋、元

宋初地方官制为州、县二级，宋太宗以后发展为路、州、县三级地方官制。基层的地方政区是县，设知县为长官。县以上是州，州的行政长官称“知某州事”，简称“知州”。与州同级的还有设于首都及重要州郡的府，长官为府尹或知府。州之上为路，路大体相当于唐代的道，全国分二十左右路。宋代吸取唐代节度使诸权集于一身的教训，每路设置四个机构，分别是掌管军事和民政的经略安抚司，又称“帅司”，长官为经略安抚使；掌管钱粮征收和谷物转运的转运司，又称“漕司”，长官为转运使；掌管司法、刑狱、监察的提点刑狱司，又称“宪司”，长官为提点刑狱公事；掌管贷放钱谷和茶盐产销专卖的提举常平司，又称“仓司”，长官为提举常平司。军事方面，设都监、总管、防御使、都防御使、团练使、都团练使等官，其中团练为文官，都监、防御为武官。宋代将地方权力分解，一方面避免了权力的过分集中，一方面也造成冗员过多而相互推诿的弊端。

元代把全国划为十个行省，以行中书省为中央派驻行省的机构，后因行省成为地方最高一级的行政机构，于是行省长官成为地方的高级官员，其官名同中央官称大致相同，称丞相、平章、左右丞、参知政事等。

元朝的地方政府级次与设置较为混乱，中书省和行省以下的行政区划，依次为路、府、州、县。路设总管府，有达鲁花赤、总管，是为长官；有同知、治中、判官、推官，是为正官；还有总领六曹、职掌案牍的首领官。府设有达鲁花赤、知府或府尹、同知、判官、推官、知事等官职。有的府隶属于诸路，有的直隶于行省；有的统领州县，有的则不统州县。州有达鲁花赤、州尹或知州，以及同知、判官等官。有些州直隶于路或行省，有的州不统县。县有达鲁花赤、县尹等官。有些县直隶于路或府。达鲁花赤在蒙古语中意为镇压者、制裁者或掌印者，照例由蒙古人担任，通常是各地的真正掌权者。另东北设都司兼管军民，如奴儿干都司。边地也有以行枢密院领民政者，另在少数民族地区设宣慰司，西藏地区为宣政院直辖，漠北为诸王分地，内地亦有诸王、皇后、太后、公主分地者，领于诸王皇后、太后、公主府，不隶地方。

6. 明、清

明代地方行政为省、府（州）、县三级。明朝改元行中书省为承宣布政使司。省的长官为左、右布政使，一省之中，布政使司是最高行政机构，主管民政和财政。同时设提刑按察使司，掌管司法刑狱，以提刑按察使为长官。设都指挥使司，掌管一省军事，长官为都指挥使。三个机构合称“三司”，三权分立，共治一省，以防专权。省下设府，长官为知府。府下设县，长官为知县。省辖府，州有隶于府的散州与隶于省的直隶州之别。直隶州辖县，散州与县无别，唯散州知州品级较县为高。

明朝中央监察机构都察院分遣监察御史巡察各地，称“巡按”，巡按品秩不高但权力极重，得斥罢府县官，对于三司也有实际上的罢免权，不常驻。临事遣京官出巡，则称巡抚，事毕即还。明宣宗时，在关中、江南等处设巡抚，常驻，节制三司，有领兵的权力。

清沿明制，一级地方政区为省，康熙时全国共十八省，至光绪时增至二十三省。地方行政机构分为省、府（州、厅）、县三级。省的最高长官为总督、巡抚，总督一般管辖一至三省，总督辖一省者，该省则无巡抚。总揽辖区内行政、军事、监察大权，又称制军、制宪、制台等。唯直隶不设巡抚。巡抚主管一省军政刑狱，又称抚台、抚军、中丞等。总督、巡抚军民兼治，但总督偏重于军事，带兵部尚书衔，巡抚偏重于民政，带兵部侍郎衔，不受总督管辖的巡抚带节制兵马衔。布政使、按察使为督、抚属官，并称“两司”。布政使掌一省财赋，简称藩台、藩司；按察使掌一省司法和监察，别称臬司。厅有直隶厅与散厅之分，长官称同知。乾隆时期专设分守道、分巡道，带兵备衔，管辖府、州，成为省和府州之间的行政长官，叫作道员或道台。府（州）、县一级长官的官称与明朝相同。又设黑龙江将军、盛京将军等，外蒙古统于驻乌里雅苏台办事大臣，内蒙古分设各盟，新疆分统于伊犁将军、驻乌鲁木齐办事大臣，青海设西宁办事大臣，西藏设驻藏大臣。清末光绪年，新疆、东北陆续建省，而青海、西藏、内外蒙古依旧。

（三）古代职官选拔制度

古代职官考选制度主要指中国古代的官吏选拔制度，当时又称“取士”制度或“选举”制度，主要是用来解决国家官吏的来源问题。中国古代的职官考选制度几经变革，概括说来，隋朝以前主要是荐举，隋朝以后主要是科举考试。

中国奴隶制时代实行亲贵合一的世卿世禄制度。职官选用的标准是贵族的血缘亲疏。

秦朝统一全国，改封建为郡县，废除世卿世禄制度，实行官僚制度，客观上具备了产生一套官吏选拔制度的必要与可能。秦代选官标准是统治才能，所谓“审民能，以任吏”。为使选官得当，秦律规定“任人而所任不善者，各以其罪罪之”。

两汉取士的办法是，由皇帝下诏责成中央和地方各级长官，选贤举能，向朝廷推荐，称为“察举”。每次所举都有一定名目，如贤良、方正、孝廉、茂材、文学、直言极谏之士等。察举之外，有时也兼用考试，如对策、射策。大体说来，西汉时举贤良多，东汉时举孝廉多。两汉察举，仍是考选制度的初创阶段，标准比较笼统。

三国魏文帝时，采用吏部尚书陈群的建议，实行“九品官人法”，亦即“九品中正制”。这也是南北朝时期的取士制度。方法是，任用“贤有识鉴”的官员，担任本籍州郡的大、小“中正”，由他们按上上、上中、上下、中上、中中、中下、下上、下中、下下九品，评选人才，然后付尚书选用。这种制度与汉代的察举不同，荐举之责不再属于地方行政长官，而由专职取士的中正官负责。选举办法也较汉代详备。但在实行中，中正官全由世族豪门把持，他们品评人才以门第为重，结果出现了“上品无寒门，下品无势族”的现象。

察举制与九品中正制采用推荐选拔，容易受荐举人主观因素的影响，标准很难统一，很不利于中央集权与整个国家的治理。为了掌握统一的人才标准，至隋唐，终于发展成一种严格的考试制度。隋炀帝创立进士科，以“试第”取士，才打破了门阀的严格界限，开科举制度的先河。

至唐朝，科举考试作为一项制度正式确立起来了。士人可以不经推荐，直接报名投考，经过逐级考试，由官府择优录取。科举制度是在士族制没落、封建地主经济迅速发展的条件下产生的。它纠正了魏晋以来世家大族垄断用人大权的弊病，适应了加强中央集权的需要，也为中小地主出身的知识分子开辟了一条进入仕途的道路，有利于广泛地吸收地主阶级人才。因此，从隋、唐至明、清，一直以科举制度作为主要的选官制度，其间虽然也实行过荐举、荫生、捐纳等选拔方法，但有的是临时措施，有的范围狭窄，都不能同科举制度相比。科举制度延续一千三百年左右，成为中国古代实行最久、最重要的一项职官考选制度。

科举制度在实行中，考试程序和内容都有一些变化。

唐时，属于京师或州县学馆的士子叫“生徒”，每年由学馆选送一批参加尚书省的“省试”；其他士子，要先经过县试和州试，合格者称为“乡贡”，再参加省试。省试由礼部主持，省试合格称作“及第”，但还不能做官，必须再经吏部考试，合格以后才能入仕。

宋时，士子考试及第，便取得了做官的资格，不必再经吏部考试。另外，在省试以后，增加了一场由皇帝亲自主持的“殿试”，此后遂成定制。在考试周期上，宋初与唐朝一样，每年一次，仁宗时改为二年一次，英宗时改为三年一次，一直相沿至清。

明、清考试程序极为复杂。参加初试的士子叫“童生”，童生经过“县试”（知县主持）、“府试”（知府主持）、“院试”（学政主持），合格者为“生员”；生员经过省“乡试”，合格者为“举人”；举人经过京城“会试”，合格者为“贡士”；贡士经过“殿试”，赐出身者为进士。

科举考试从考试内容看，唐朝科目繁多，有秀才、明经、进士、明法、明算、明书、史科、三传、道举等科。这些科目的考试内容各自不同，进士科以试诗赋为主，明算科主要考算学，道举科专考老庄道学。宋朝王安石罢诸科，并于进士一科，改考儒学经义。此后经学在考试中所占地位越来越高。明、清考试，以“制义”为主，制义俗称“八股文”，所以通称明、清科举考试为“八股取士”。八股文形式死板，内容空洞，束缚才智，禁锢思想。从而科举严重摧残了人才，成为统治者加强思想统治，进行文化专制的工具。

清末由于受到西方国家教育的影响，统治者为了适应形势变化的需要，废科举，办学校，延续几千年的中国古代职官考选制度最后被废除。

二、古代哲学思想

中国古代哲学思想源远流长，博大精深。从有文字记载的商周时期到近现代越过了三千多年的时间跨度，如果从思想发展的过程看，可以大致划分为以下几个发展阶段。

（一）原生宗教时期

从原始社会到春秋时期是中国哲学思想的萌芽形成时期，这一时期是神权观念统治时期。

1. 原始社会的自然崇拜

从各地考古发现，中国先民很早就有了原始的宗教意识。他们相信灵魂不死，相信有超自然的力量主宰着人类的命运，由此产生了最初的自然崇拜和灵物崇拜。并在此基础上，发展出灵魂崇拜和祖先崇拜。祖先崇拜与血缘关系密切，是对自己血亲先辈的敬仰。龙图腾和祖先崇拜直到今天还是中国人心中的精神要素。

2. 春秋战国之前的宗教观念

考古文献记载禹夏时期有规模宏大的祭祀鬼神和占卜活动，殷商甲骨文记载了大量的卜辞，这都说明夏商时代先人的宗教思想和鬼神观念。商周时在鬼神观念外壳中产生了最初的哲学思想。西周初年的《尚书·洪范》就提出五行学说，以金木水火土五种元素作为构成世界最基本的事物。殷周时期的《周易》就有了原始的“阴阳”观念。《易经》从人们生活经常接触的自然界中选取了天（乾）、地（坤）、雷（震）、山（艮）、火（离）、水（坎）、泽（兑）、风（巽）八种事物来阐释世间万物产生的根源，体现了朴素的唯物主义。同时，它又以上述八种事物之间的相互的影响与关系来说明自然现象和社会关系，体现了朴素辩证法思想。

（二）“诸子百家”哲学思想

春秋战国时期，传统的天命鬼神思想受到怀疑，出现了对上帝的诅咒怀疑思想，神权观念动摇，人们的思想开始从天道转向人事，并且开始以理性的态度思考世界的本质和起源。进入春秋战国时期，中国哲学出现了繁荣的局面。围绕自然和社会问题，思想家们提出了极其丰富多彩的哲学思想，形成“诸子蜂起，百家争鸣”现象。出现了儒、道、墨、名、法、阴阳、纵横、农、杂等许多的哲学流派和哲学家，其中最为重要的是儒、墨、道三家。百家之争发端于春秋末期儒墨之争，鼎盛于战国初期，总结于荀子。“百家”的哲学主要是围绕着礼治与法治、王道与霸道、性善与性恶、古与今、天与人、名与实以及宇宙的起源等问题，中心问题是天人关系问题，重点是政治、伦理、道德、人生等问题。这时期的争鸣，标志着中国古代哲学的成熟，奠定了中国哲学的基础，掀起了中国哲学发展的第一次高潮，奠定了中国传统文化的基本格局，对后世思想文化的发展产生了广泛而深刻的影响。

1. 道家

道家自先秦时期形成后，历两千年而不衰，深刻地影响了中华民族的心理状态、思维方式和精神面貌。先秦时期道家的代表人物是老子和庄子。

老子建构了一个以“道”为核心的哲学体系，“道”既是宇宙万物的本原，又是天地万物运动变化的规律，同时也是人们在社会生活中应该遵循的准则。他用“道”来说明宇宙万物的产生和演变，据此他还提出了“无为而治”的政治主张、“反者道之动”辩证法思想，提出一切事物都有正反两面、对立面相互转化的对立思想，以及提出了“不争”的处世与修养原则。

庄子继承和发展了老子“道法自然”的观点，认为“道”产生天地，天地和气产生万物，物生是气的“聚”，物灭是气的“散”；他强调事物的自生自化，否认有神的主宰，这些思想都包含了丰富的辩证法思想；庄子哲学最有特点的是他的人生哲学，他认为在现实世界中人要受到是非之辨、贵贱升降、贫富变迁、生死祸福等各种条件的困扰和限制。庄子提示人们从精神上超越一切自然和社会的限制，能按本性生活。

老子、庄子哲学开创了中国哲学自然主义先河，对中国哲学中的本体论、辩证法有较大贡献，他们人生哲学中的反等级、宗法、专制思想，以及崇尚自由的思想，对中国知识分子的心理有较大的影响，成为中国文化深层结构的一部分。

2. 墨家

墨家是先秦时期与儒家双峰并峙的学派，同被称为“显学”，墨子是墨家的创始人。墨子提出“兼爱”的思想，为了贯彻他的“兼爱”思想，墨子提出了“天志”和鬼神，认为“天志”是一种“规矩”，是评判社会政治、判别是非的标准，按“天志”的要求，人们应当实行“兼爱”。但他在宣扬“天志”的同时，又以“非命”对当时盛行的命定论进行了揭露和批判，认为天下的治乱、人们的生死祸福、寿夭贫富在于人事本身，而不在于“命”。在认识论方面，他制定了作为认识真理准则的“三表”，把人民群众的经验和实际利益作为判断是非的标准，这在真理标准问题的探讨上是一个贡献。

墨家在战国时期一直保持着“显学”的地位，与儒家争雄一时，但随着封建大一统帝国的建立和巩固、儒学“独尊”地位的确立，墨家就由“显学”而成为“绝学”了。

3. 儒家

儒家的开创者是孔子，其代表人物还有颜子、曾子、子思、孟子、荀子等。春秋战国时期，“天下无道”，礼崩乐坏。为了恢复周礼，实行自己的政治理想，孔子提出了以“仁”为核心的一整套学说。最基本的含义是仁者“爱人”和“克己复礼”。“仁”还是一种宽容忠恕的精神，即能做到“己所不欲，勿施于人”“己欲立而立人，己欲达而达人”；“仁”还是一种效、忠的品质，即能做到在家庭、家族内部父慈子孝、兄友弟恭。“仁”在这里实际上是人的完美的品质修养和高尚的精神境界。孔子企图用温柔敦厚的君子人格来规范人们的修养，进而调节人际关系，缓和社会矛盾，维护社会秩序。

孟子继承和发展了孔子的“仁”的思想，不仅为“仁”找到了人性的根据，即人天生就有“恻隐、羞恶、辞让、是非”四种善端的萌芽，经过一番“修身”“养性”的培养，就可以发展成为仁义礼智“四德”，而且他进一步以这种人性论为基础，提出了“仁政”学说。孟子对儒家学说的另一重大发展，是建构了一个天人合一的思维模式，以及与之相应的尽心、知性、知天的认识路线。

荀子主张“天人相分”，即自然界和人类社会各有其职分和规律，他提出了“天行有常，不为尧存，不为桀亡”的学说，即自然运行法则是不以人们意志为转移的客观存在，并提出“制天命而用之”的人定胜天思想。和孟子的性善说相反，荀子认为人性生来是“恶”的。荀子不仅“隆礼”，而且“重法”，认为礼和法是同时产生，作用相同，密不可分，从这里荀子建立他的礼治和法治相结合的政治观，坚持儒家“正名”之说，强调尊卑等级名分的必要性，主张“法后王”，即效法文、武、周公之道。先秦儒家思想奠定了整个儒家学说的基本格局，奠定了中国政治哲学、道德哲学和历史哲学的基础，对中国传统文化的形成和发展产生了极其深远的影响。

（三）秦、汉时期经学

公元前221年，秦灭六国实现了国家统一。秦王朝“焚书坑儒”，从而结束了百家争鸣的时代，独任法家，强调严刑酷法，没有来得及进行思想文化建设，思想成果不多。

汉初总结秦亡教训，推行黄老思想，与民休养生息，主张无为而治。汉武帝后，为加强思想统治，实行“罢黜百家，独尊儒术”的文化政策，使儒家思想定于一尊，从此哲学流变由先秦诸子之学转入两汉经学。两汉经学是以先秦儒家思想为经典发展起来的经院哲学体系，它以宣扬天人感应、君权神授为特色，其代表人物是董仲舒。

董仲舒提出“性”“情”说。他说性是先天素质，情是“人欲”，虽然人性中有善质，但要变成现实的善，还需要严格的修炼，这就要按照“三纲五常”的标准要求自己，发挥善性，克制人欲，最终达到善的境界。董仲舒以他的天人感应论为基础，对君臣、父子、夫妻之间的主从关系作了全面的论证，提出了仁义礼智信五常之道。“三纲”“五常”结合起来，就形成了一个完整的社会规范系统，这对维护社会稳定、巩固封建统治具有重要意义。

两汉经学是中国文化在先秦学术大发展的基础上以儒家为主所进行的第一次整合，“天人感应论”使儒家天人合一的思想笼上了神秘的色彩，而三纲五常的伦理规范，一方面是对先秦儒家崇尚仁义、注重个人修养思想的继承；另一方面，则是从社会制度的角度，以明显的自觉意识，从社会控制的角度，对先秦儒家修养论的理论性发展。这些思想反映了儒家学说与封建专制王权相结合、为专制王权服务的自觉性，这表明，儒家哲学思想发展到了一个新阶段。

（四）三国、两晋、南北朝时期玄学

魏晋南北朝三百年社会动荡分裂，门阀士族地主取得了绝对统治，一反两汉时期繁琐的经学及神学目的论，尊崇老子、庄子及《周易》，号称“三玄”，在思想上和思维方式上出现了一次大解放。何晏、王弼建立了玄学，通过体用、本末等“纯粹哲学”命题的论辩，为门阀士族统治辩护。讨论的核心问题主要有：名教与自然的关系；本与末、有与无、动与静、一与多的关系；语言和思想的关系；肉体和精神的关系。后来这种玄学思想与外来的佛教结合，成为南北朝、隋唐时期占统治地位的意识形

态。南北朝时期，一些皇帝、宰相带头信佛，佛教成为国教。佛教大兴，道教在此时期也达到了历史上的发展高潮。

（五）隋、唐、五代时期儒道佛

唐代国家统一，经济繁荣，文化发达，国力昌盛。思想文化领域政策宽松。统治者采取儒、道、佛并用政策，强化思想统治，因此出现了三教并兴的思想局面。正统的儒家思想为宗法统治所必需，当然更受到推崇。本土的道教思想也提升了地位。外来的佛教思想也得到统治者支持，曾被奉为国教。佛教形成了众多的佛教流派。在诸宗派中，禅宗是流传最广、影响最大的宗派，是佛教中国化、世俗化的典范。佛教中国化的哲学中渗透了中国哲人的智慧，特别是道家、儒家和魏晋玄学的哲理。隋唐佛学探讨的中心议题之一是佛性问题，也就是心性论问题。这时期，信奉儒家天命论的韩愈坚决反对佛教，而柳宗元、刘禹锡则提出“天与人交相胜”“还相用”的思想，对天人关系之辨作了新的唯物主义的总结。从人生哲学的角度看，中国佛教的人生哲学模式渗透了儒家乐天知命、安贫乐道、顺应时势以及道家无为不争、安时处顺的人生理想。佛教的这种人生哲学模式对后世的中国社会心理产生了深远的影响，特别是对中国广大的知识分子更是产生了极大消极影响。

（六）宋、明时期理学

经魏晋到隋唐，各种思想充分酝酿并发育展开，儒、道、佛已经成为中国思想的三种主要体系。宋至明代的一大批思想家开始对儒、道、佛思想进行综合探究，试图建立一个完整的思想系统，于是以儒家政治伦理为主干，吸收道家的宇宙论和佛教的思辨方法及心理学成果，形成了完备而系统的唯心主义体系，建立了新的哲学体系，这就是宋明理学，也称新儒学。它发端于北宋，成熟于南宋，主要有程朱（程颢、程颐、朱熹）理学、陆王（陆九渊、王阳明）心学和张王（张载、王夫之）气学三大流派。

理学的大批思想家探索了自然、社会和思维的各种问题，思想内容丰富，理论成果显著，开创了继先秦以后的又一个思想文化繁荣的局面，将中国哲学的思维水平推向了高峰。

（七）清代实学

清代从立朝直至灭亡经历了由盛转衰的过程。这一时期，中国的思想意识出现了许多新的变化。清初的思想家大都反对宋明理学，把理学看作虚学。清初实学反对空谈心性，提倡经世致用；反对封建专制，提倡思想解放，因而具有早期启蒙思想的性质。实学思潮遍及当时的政治、经济、科学和文学艺术等各个领域，主要代表人物是顾炎武、黄宗羲、王夫之、颜元等。他们在诸多哲学基本问题上做出了有价值的探索，并使中国哲学达到新的理论高度和反思深度。但是，清代统治者害怕思想解放，早期推行高压政策，后来把僵死的理学格式化，大兴八股文的科考模式；另一方面大兴文字狱压制新思想。人们不谈政治，转向训诂考据，产生了一种特殊的学术形式——朴学。朴学以考据为主要治学方法，重证据罗列，少理论发挥，也称乾嘉汉学、乾嘉考据学。乾嘉朴学最突出的学术贡献就是对传统的文字学、音韵学、训诂学、目录学等进行了系统整理，并使之获得了空前发展。出现了一批经学大师，但是最终却使中国人在近代陷入了思想麻木状态，与世界拉开了距离。

【经典文选】

五代史伶官传序

欧阳修

【导读】

欧阳修（1007年—1072年），字永叔，号醉翁、六一居士，汉族，吉州永丰（今江西永丰）人，北宋政治家、文学家，且在政治上负有盛名。因吉州原属庐陵郡，以“庐陵欧阳修”自居。官至翰林学士、枢密副使、参知政事，谥号文忠，世称欧阳文忠公。累赠太师、楚国公。后人又将其与韩愈、柳宗元和苏轼合称“千古文章四大家”。与韩愈、柳宗元、苏轼、苏洵、苏辙、王安石、曾巩等，被世人称为“唐宋散文八大家”。

欧阳修是在宋代文学史上最早开创一代文风的文坛领袖，领导了北宋诗文革新运动，继承并发展了韩愈的古文理论。他的散文创作的高度成就与其正确的古文理论相辅相成，从而开创了一代文风。欧阳修在变革文风的同时，对诗风词风进行了革新。在史学方面，也有较高成就。

本文选自欧阳修所作《新五代史·伶官传》，其是一篇史论。此文通过对五代时期的后唐盛衰过程的具体分析，推出“忧劳可以兴国，逸豫可以亡身”与“祸患常积于忽微，而智勇多困于所溺”的结论，说明国家兴衰败亡不由天命而取决于“人事”，借以告诫当时北宋王朝执政者要吸取历史教训，居安思危，防微杜渐，力戒骄侈纵欲。文章开门见山，提出全文主旨：盛衰之理，决定于人事。然后便从“人事”下笔，叙述庄宗由盛转衰、骤兴骤亡的过程，以史实具体论证主旨。具体写法上，采用先抑后扬和对比论证的方法，先称赞庄宗成功时意气之盛，再叹其失败时形势之衰，兴与亡、盛与衰前后对照，强烈感人，最后再辅以《尚书》古训，更增强了文章说服力。全文紧扣“盛衰”二字，夹叙夹议，史论结合，笔带感慨，语调顿挫多姿，感染力很强，成为历来传诵的佳作。

【正文】

呜呼！盛衰之理，虽曰天命，岂非人事哉！原庄宗之所以得天下[1]，与其所以失之者，可以知之矣。

世言晋王之将终也[2]，以三矢赐庄宗而告之曰：“梁，吾仇也[3]；燕王，吾所立[4]，契丹，与吾约为兄弟[5]，而皆背晋以归梁。此三者，吾遗恨也[6]。与尔三矢，尔其无忘乃父之志[7]！”庄宗受而藏之于庙[8]。其后用兵，则遣从事以一少牢告庙[9]，请其矢，盛以锦囊，负而前驱，及凯旋而纳之[10]。

方其系燕父子以组[11]，函梁君臣之首[12]，入于太庙，还矢先王[13]，而告以成功，其意气之盛，可谓壮哉！及仇雠已灭[14]，天下已定，一夫夜呼，乱者四应[15]，仓皇东出，未见贼而士卒离散，君臣相顾，不知所归。至于誓天断发[16]，泣下沾襟，何其衰也！岂得之难而失之易欤[17]？抑本其成败之迹[18]，而皆自于人欤？

《书》曰[19]：“满招损，谦得益。”忧劳可以兴国，逸豫可以亡身[20]，自然之理也。故方其盛也，举天下之豪杰莫能与之争[21]；及其衰也，数十伶人困之，而身死国灭，为天下笑。夫祸患常积于忽微[22]，而智勇多困于所溺[23]，岂独伶人也哉[24]！作《伶官传》。

【注释】

［1］原：推究，考查。庄宗：即后唐庄宗李存勖，李克用长子，继父为晋王，于后梁龙德三年（923年）称帝，国号唐。同年灭后梁。同光四年在兵变中被杀，在位仅三年。

［2］晋王：西域突厥族沙陀部酋长李克用。因受唐王朝之召镇压黄巢起义有功，后封晋王。

［3］矢：箭。梁：后梁太祖朱温，原是黄巢部将，叛变归唐，后封为梁王。

［4］燕王：指卢龙节度使刘仁恭。其子刘守光，后被朱温封为燕王。此处称刘仁恭为燕王，是笼统说法。

［5］契丹：宋时北方的一个部族。

［6］遗恨：遗留未解决的仇恨。

［7］与：赐给。其：语气副词，表示命令或祈求。乃：你的。

［8］庙：指宗庙，古代帝王祭祀祖先之所。此处专指李克用祠，同下文"太庙"。

［9］从事：原指州郡长官的僚属，这里泛指一般幕僚随从。少牢：用一猪一羊祭祀。

［10］纳之：把箭放好。

［11］系：捆绑。组：绳索。

［12］函：木匣。此处用作动词，盛以木匣。

［13］先王：指晋王李克用。

［14］仇雠（chóu）：仇敌。

［15］一夫：指庄宗同光四年（926年）发动贝州兵变的军士皇甫晖。

［16］誓天断发：截发置地，向天发誓。

［17］岂：难道。欤（yú）：表疑问的语气助词。

［18］抑：表转折的连词，相当于"或者""还是"。本：考究。迹：事迹，道理。

［19］《书》：《尚书》。

［20］逸豫：安逸舒适。忘：通“亡”。

［21］举：全、所有。

［22］忽微：形容细小之事。忽是寸的十万分之一，微是寸的百万分之一。

［23］溺：溺爱，对人或事物爱好过分。

［24］也哉：语气词连用，表示反诘语气。

【知识拓展】与本课有关的格言警句

忧劳可以兴国，逸豫可以亡身：忧虑劳苦才可以振兴国家，图享安逸必定祸害终身。

夫祸患常积于忽微，而智勇多困于所溺：祸患常常是由一点一滴极小的不良细节积累而酿成的，纵使是聪明有才能的和英勇果敢的人也多半沉溺于某种不良的嗜好中，受其迷惑而陷于困顿。

白鹿洞书院学规

朱熹

【导读】

朱熹（1130 年—1200 年），字元晦、仲晦，号晦庵，晚称晦翁，谥文，世称朱文公。祖籍江南东路徽州府婺源县（今江西婺源），宋朝著名的理学家、思想家、哲学家、教育家、诗人，闽学派的代表人物，儒学集大成者，世称朱子。朱熹是程颢、程颐三传弟子李侗的学生，曾任江西南康、福建漳州知府、浙东巡抚，做官清正有为，重建书院，兴办教育。官拜焕章阁侍制兼侍讲，为宋宁宗皇帝讲学。朱熹是唯一非孔子亲传弟子而享祀孔庙，位列大成殿十二哲人。

朱熹著述甚多，有《四书章句集注》《太极图说解》《通书解说》《周易读本》《楚辞集注》，后人辑有《朱子大全》《朱子集语象》等。其中《四书章句集注》成为钦定的教科书和科举考试的标准。

南宋淳熙六年至八年（1179 年—1181 年），朱熹知南康军重建庐山白鹿洞书院，筹措院田、聚书、立师、立课、聚徒讲学，并为新书院订《白鹿洞书院揭示》，即学规。这是他振兴理学、开创和健全书院制度的一块重要的里程碑。朱熹兴复白鹿洞书院，是中国教育史上的重要事件，对后来书院的发展、学校的建设有着重大影响。

本学规是朱熹为了培养人才而制定的教育方针和学生守则。它集儒家经典语句而成，便于记诵。首先，它提出了教育的根本任务是让学生明确“义理”，并把它见之于身心修养，以达到自觉遵守的最终目的。其次，它要求学生按学、问、思、辨的“为学之序”去“穷理”“笃行”。再次，它指明了修身、处事、接物之要，作为实际生活与思想教育的准绳。

【正文】

父子有亲，君臣有义，夫妇有别[1]，长幼有序[2]，朋友有信[3]。右五教之目。尧、舜使契为司徒，敬敷五教[4]，即此是也。学者学此而已，而其所以学之之序，亦有五焉，其别如左：博学之，审问之[5]，慎思之[6]，明辨之[7]，笃行之[8]。右为学之序。学、问、思、辨四者，所以穷理也[9]。若夫笃行之事[10]，则自修身以至处事、接物，亦各有要，其别如左：言忠信，行笃敬，惩忿窒欲[11]，迁善改过[12]。右修身之要。正其义不谋其利[13]，明其道不计其功。右处事之要。己所不欲，勿施于人。行有不得[14]，反求诸己。右接物之要。

熹窃观古昔圣贤所以教人为学之意[15]，莫非使之讲明义理，以修其身，然后推以及人，非徒欲其务记览[16]，为词章，以钓声名，取利禄而已也。今人之为学者，则既反是矣。然圣贤所以教人之法，具存于经。有志之士，固当熟读[17]、深思而问、辨之。苟知其理之当然，而责其身以必然，则夫规矩禁防之具，岂待他人设之而后有所持循哉[18]？近世于学有规，其待学者为已浅矣。而其为法，又未必古人之意也。故今不复以施于此堂，而特取凡圣贤所以教人为学之大端[19]，条列如右，而揭之楣间。诸君其相与讲明遵守，而责之于身焉，则夫思虑云为之际，其所以戒谨而恐惧者[20]，必有严于彼者矣。其有不然，而或出于此言之所弃，则彼所谓规者，必将取之，固不得而略也。诸君其亦念之哉！

【注释】

［1］别：内外差别。

［2］序：尊卑次序。

［3］信：讲信用。

［4］敬敷：认真布施。

［5］审问：详细地问。指在学问的探究上深入追求。

［6］慎思：谨慎思考。

［7］明辨：明确地分辨，辨别清楚。

［8］笃行：切实履行，专心实行。

［9］穷理：穷究事物之理。

［10］若夫：至于。用于句首或段落的开始，表示另提一事。

［11］窒欲：抑制欲望。

［12］迁善改过：指改正过失而向善。

［13］正：纠正，改正，匡正。

［14］得：得到，收获。

［15］窃：用作表示自己的谦词。

［16］徒：独，仅仅。

［17］固：原来，本来。

［18］持循：犹遵循。

［19］大端：谓事情的主要方面。

［20］戒谨：小心谨慎。

【知识拓展】白鹿洞书院的传说

唐贞元年间，洛阳人李渤与其兄李涉在此隐居读书，李渤养一头白鹿，鹿通人性，人称“神鹿”。因此处地势低凹，俯视似洞，时人称此地为“白鹿洞”。后李渤为官江州刺史，在此建亭台楼阁，广植花木。南唐时，朝廷在此办“庐山国学”又称“白鹿国学”，与金陵秦淮河畔国子监齐名，学者争往之。南宋淳熙六年，理学宗师朱熹率百官造访书院，看到书院残垣断墙，杂草丛生。于是重修白鹿洞书院，并自任洞主，制定教规，延聘教师，苦心经营。当时著名哲学家陆象山曾在此讲学。其办学的模式为后世效仿，传至日本、韩国及东南亚一带，白鹿洞书院誉享海外。元代末年，白鹿洞书院毁于战火。明清年间多次维修，办学不断。清末书院改称江西省高等林业学堂，于 1903 年停办。辛亥革命和抗战期间，屡遭毁坏。新中国成立后多次维修，再度兴盛。1988 年列为国家重点文物保护单位。

正气歌·并序

文天祥

【导读】

文天祥（1236年—1283年），名云孙，字宋瑞、履善，自号文山、浮休道人。江西吉州庐陵（今江西富田）人，宋末政治家、文学家，爱国诗人，抗元名臣，与陆秀夫、张世杰并称为“宋末三杰”。宝祐四年（1256年）状元及第，官至右丞相，封信国公。恭帝德佑元年（1275年），元兵长驱东下，文于家乡起兵抗元。次年，临安被围，除右丞相兼枢密使，奉命往敌营议和，因坚决抗争被拘，后得以脱逃，转战于赣、闽、岭等地，于五坡岭兵败被俘，坚贞不屈，就义于大都。著有《文山先生全集》《指南录》《指南后录》《吟啸集》《集杜诗》《纪年录》等。在旧《广东通志》中被称为广东古八贤之一，与东晋程旼、唐代韩愈、张九龄，北宋刘元城、狄青，南宋蔡蒙吉及明末抗清名将陈子壮齐名。

《正气歌》是文天祥诗歌的代表作，至元十八年（1281年）夏作于燕京狱中。这时，他被囚于“污下而幽暗”的“土室”已有两年。历尽各种折磨及利诱，但他坚定地选择了杀身殉国的道路。为了表达自己对故国的忠诚、对理想的追求，写下了这首浩气长存的诗篇。

诗的开头即点出浩然正气存乎天地之间，至时穷之际，必然会显示出来。随后连用十二个典故，他们的所作所为凛然显示出浩然正气的力量。接下来八句说明浩然正气贯日月，立天地，为三纲之命，道义之根。最后联系到自己的命运，自己虽然兵败被俘，处在极其恶劣的牢狱之中，但是由于自己一身正气，各种邪气和疾病都不能侵犯自己，因此自己能够坦然面对自己的命运。全诗感情深沉、气壮山河、直抒胸臆、毫无雕饰，充分体现了作者崇高的民族气节和强烈的爱国主义精神。

【正文】

予囚北庭[1]，坐一土室。室广八尺，深可四寻[2]。单扉低小[3]，白间短窄[4]，污下而幽暗[5]。当此夏日，诸气萃然[6]：雨潦四集[7]，浮动床几，时则为水气；涂泥半朝[8]，蒸沤历澜[9]，时则为土气；乍晴暴热[10]，风道四塞[11]，时则为日气；檐阴薪爨[12]，助长炎虐[13]，时则为火气；仓腐寄顿[14]，陈陈逼人[15]，时则为米气；骈肩杂遝[16]，腥臊汗垢[17]，时则为人气；或圊溷[18]、或毁尸[19]、或腐鼠，恶气杂出，时则为秽气[20]。叠是数气[21]，当侵沴[22]，鲜不为厉[23]。而予以孱弱[24]，俯仰其间[25]，於兹二年矣[26]，幸而无恙[27]，是殆有养致然尔[28]。然亦安知所养何哉[29]？孟子曰："吾善养吾浩然之气[30]。"彼气有七，吾气有一，以一敌七，吾何患焉[31]！况浩然者，乃天地之正气也，作正气歌一首。

天地有正气，杂然赋流形[32]。下则为河岳，上则为日星[33]。

于人曰浩然，沛乎塞苍冥[34]。皇路当清夷[35]，含和吐明庭[36]。

时穷节乃见[37]，一一垂丹青[38]。在齐太史简[39]，在晋董狐笔[40]。

在秦张良椎[41]，在汉苏武节[42]。为严将军头[43]，为嵇侍中血[44]。

为张睢阳齿[45]，为颜常山舌[46]。或为辽东帽[47]，清操厉冰雪[48]。

或为出师表[49]，鬼神泣壮烈[50]。或为渡江楫[51]，慷慨吞胡羯[52]。

或为击贼笏[53]，逆竖头破裂[54]。是气所磅礴[55]，凛烈万古存[56]。

当其贯日月，生死安足论[57]。地维赖以立，天柱赖以尊[58]。

三纲实系命[59]，道义为之根[60]。嗟予遘阳九[61]，隶也实不力[62]。

楚囚缨其冠[63]，传车送穷北[64]。鼎镬甘如饴[65]，求之不可得。

阴房阗鬼火[66]，春院閟天黑[67]。牛骥同一皂，鸡栖凤凰食[68]。

一朝蒙雾露[69]，分作沟中瘠[70]。如此再寒暑[71]，百沴自辟易[72]。

嗟哉沮洳场[73]，为我安乐国。岂有他缪巧，阴阳不能贼[74]。

顾此耿耿在[75]，仰视浮云白[76]。悠悠我心悲，苍天曷有极[77]。

哲人日已远[78]，典刑在夙昔[79]。风檐展书读[80]，古道照颜色[81]。

【注释】

[1] 北庭：指元朝首都大都，今北京。

[2] 寻：古时八尺为一寻。

[3] 单扉：单扇门。

[4] 白间：窗户。

[5] 污下：低下。

[6] 萃然：聚集的样子。

[7] 雨潦：下雨形成的地上积水。

[8] “朝”：通“潮”。狱房墙上涂的泥有一半是潮湿的。

[9] 热气蒸，积水沤，到处都杂乱不堪。澜：澜漫，杂乱。

[10] 乍晴：刚晴，初晴。

[11] 四面的风道都堵塞了。

[12] 薪爨（cuàn）：烧柴做饭。

[13] 炎虐：炎热的暴虐。

[14] 仓库里储存的米谷腐烂了。

[15] 陈旧的粮食年年相加，霉烂的气味使人难以忍受。

[16] 骈肩杂遝（tà）：肩挨肩，拥挤杂乱的样子。

[17] 腥臊：鱼肉发臭的气味，此指囚徒身上发出的酸臭气味。

[18] 圊溷（qīng hún）：厕所。

[19] 毁尸：毁坏的尸体。

[20] 秽：肮脏。

[21] 这些气加在一起。

[22] 侵沴（lì）：恶气侵入。沴：恶气。

[23] 很少有不生病的。厉：病。

[24] 孱弱：虚弱。

[25] 生活在那里。

[26] 于兹：至今。

[27] 无恙：没有生病。

[28] 这大概是因为会保养正气才达到这样的吧。殆：大概。有养：保有正气。

[29] 然而又怎么知道所保养的内容是什么呢？

[30] 浩然之气：纯正博大而又刚强之气。

[31] 吾何患焉：我还怕什么呢?

[32] 天地之间充满正气，它赋予各种事物以不同形态。杂然：纷繁，多样。

[33] 地上的山岳河流，天上的日月星辰，都是由正气形成的。

[34] 赋予人的正气叫浩然之气，它充满天地之间。沛乎：旺盛的样子。苍冥：天地之间。

[35] 皇路：国运，国家的局势。清夷：清平，太平。国运清明太平的时候。

[36] 它呈现为祥和的气氛和开明的朝廷。

[37] 见：通“现”，表现，显露。

[38] 垂丹青：见于画册，传之后世。垂：留存，流传。丹青：图画，古代帝王常令把有功之臣的肖像和事迹画出来。

[39] 太史：史官。简：古代用以写字的竹片。据《左传·襄公二十五年》，春秋战国，齐国大夫崔杼把国君杀了，齐国的太史在史册中写道“崔杼弑其君”。崔杼怒，把太史杀了。太史的两个弟弟继续写，都被杀，第三个弟弟仍这样写，崔杼没有办法，只好让他写在史册中。

[40] 据《左传·宣公二年》，春秋时，晋灵公被赵穿杀死，晋大夫赵盾没有处置赵穿，太史董狐在史册上写道：“赵盾弑其君。”孔子称赞这样写是“良史”笔法。

[41] 张良椎：据《史记·留侯传》，张良祖上五代人都做韩国的丞相，韩国被秦始皇灭掉后，他一心要替韩国报仇，找到一个大力士，持一百二十斤的大椎，在博浪沙今河南省新乡县南伏击出巡的秦始皇，未击中。后来张良辅佐刘邦建立汉朝，封留侯。

[42] 苏武节：据《汉书·李广苏建传》，汉武帝时，苏武出使匈奴，匈奴人要他投降，他坚决拒绝，被流放到北海今西伯利亚贝加尔湖边牧羊。为了表示对祖国的忠诚，他一天到晚

拿着从汉朝带去的符节，牧羊十九年，始终坚贞不屈，后来终于回到汉朝。

［43］严将军：据《三国志·张飞传》，严颜在刘璋手下做将军，镇守巴郡，被张飞捉住，要他投降，他回答说："我州但有断头将军，无降将军！"张飞见其威武不屈，把他释放了。

［44］嵇侍中：绍为嵇康之子，官至侍中。据《晋书·忠义传·嵇绍》，嵇绍以天子蒙尘，承诏驰诣行在所。值王师败绩于荡阴，百官及侍卫莫不散溃，唯绍俨然端冕，以身捍卫，兵交御辇，飞箭雨集。绍遂被害于帝侧，血溅御服，天子深哀叹之。及事定，左右欲浣衣，帝曰："此嵇侍中血，勿去。"后因以"嵇侍中血"指忠臣之血。

［45］张睢阳：即唐朝的张巡。据《旧唐书·张巡传》，安禄山叛乱，张巡固守睢阳，每次上阵督战，大声呼喊，牙齿都咬碎了。城破被俘，拒不投降，敌将问他："闻君每战，皆目裂，嚼齿皆碎，何至此耶?"张巡回答说："吾欲气吞逆贼，但力不遂耳。"敌将视其齿，存者不过三数。

［46］颜常山：即唐朝的颜杲卿，任常山太守。据《新唐书·颜杲卿传》，安禄山叛乱时，他起兵讨伐，后城破被俘，当面大骂安禄山，被钩断舌头，仍不屈，被杀死。

［47］辽东帽：东汉末年的管宁有高节，是在野的名士，避乱居辽东，一再拒绝朝廷的征召，他常戴一顶黑色帽子，安贫讲学，闻名于世。

［48］管宁严格奉守清廉的节操，凛如冰雪。厉：严肃，严厉。

［49］出师表：诸葛亮出师伐魏之前，上表给蜀汉后主刘禅，表明自己为统一事业奋斗到底的决心。表文中有"鞠躬尽力，死而后已"的名言。

［50］鬼神也被诸葛亮的壮烈精神感动得流泪。

[51] 渡江楫：东晋祖逖率兵北伐，渡长江时，敲着船桨发誓北定中原，后来终于收复黄河以南失地。楫：船桨。

[52] 胡羯：古代对北方少数民族的称呼。

[53] 击贼笏：唐德宗时，朱泚谋反，召段秀实议事，段秀实不肯同流合污，以笏猛击朱泚的头，大骂："狂贼，吾恨不斩汝万段，岂从汝反耶?" 笏：古代大臣朝见皇帝时所持的手板。

[54] 逆竖：叛乱的贼子，指朱泚。

[55] 是气：指"浩然之气"。

[56] 凛烈：庄严、令人敬畏的样子。

[57] 当正气激昂起来直冲日月的时候，个人的生死还有什么值得计较的。

[58] 大地靠着它才得以挺立，天柱靠着它才得以支撑。

[59] 三纲实际系命于正气，即它靠正气支撑着。

[60] 道义以正气为根本。

[61] 嗟：感叹词。遘：遭逢，遇到。阳九：即百六阳九，古人用以指灾难年头，此指国势的危亡。

[62] 我实在无力改变这种危亡的国势。隶：地位低的官吏，此为作者谦称。

[63] 据《左传·成公九年》，春秋时被俘往晋国的楚国俘虏钟仪戴着一种楚国帽子，表示不忘祖国，被拘囚着，晋侯问是什么人，旁边人回答说是"楚囚"。这里是作者说自己被拘囚着，把从江南戴来的帽子的带系紧，表示虽为囚徒仍不忘宋朝。

[64] 传车：官办交通站的车辆。穷北：极远的北方。

[65] 身受鼎镬那样的酷刑，也感到像吃糖一样甜，表示不怕牺牲。鼎镬：大锅。古代一种酷刑，把人放在鼎镬里活活煮死。

[66] 囚室阴暗寂静，只有鬼火出没。阴房：见不到阳光的

居处，此指囚房。阒：幽暗、寂静。

[67] 虽在春天里，院门关得紧紧的，照样是一片漆黑。閟（bì）：关闭。

[68] 牛和骏马同槽，鸡和凤凰共处，比喻贤愚不分，杰出的人和平庸的人都关在一起。骥：良马。皂：马槽。鸡栖：鸡窝。

[69] 一旦受雾露风寒所侵。蒙：受。

[70] 料到自己一定成为沟中的枯骨。分：料，估量。沟中瘠：弃于沟中的枯骨。

[71] 在这种环境里过两年。

[72] 各种致病的恶气都自行退避。

[73] 沮洳场：低下阴湿的地方。

[74] 这其中难道有什么奥秘，一切寒暑冷暖都不能伤害我的身体？缪（miù）巧：智谋，机巧。贼：害。

[75] 只因心中充满正气。顾：但，表示意思有转折的连接词。此：指正气。耿耿：光明貌。

[76] 对富贵不屑一顾，视若浮云。《论语・述而》载："不义而富且贵，于我如浮云。"

[77] 我心中亡国之痛的忧思，像苍天一样，哪有尽头。曷：何，哪。极：尽头。

[78] 古代的圣贤一天比一天远了。

[79] 典型：榜样，模范。夙昔：从前，过去。

[80] 屋檐下我沐着清风展开书来读。

[81] 古人的光辉美德，闪耀在面前。

【知识拓展】本课中出现的成语或典故

时穷节乃见：在危难的关头，一个人的节操才能显现出来。

甘之若饴：甘，甜；饴，麦芽糖浆。感到像糖那样甜。指为了从事某种工作，甘愿承受艰难、痛苦。

鸡栖凤食：栖，栖身，居住。凤凰在鸡住的地方吃食。比喻尊居高位的人陷入困境，与位卑者同处共食。

先妣事略

归有光

【导读】

归有光（1507 年—1571 年），字熙甫、开甫，号震川，又号项脊生，世称“震川先生”，苏州府太仓州昆山县（今江苏昆山）宣化里人，明代官员、散文家，著名古文家。他前后八次参加会试，均不第，以读书讲学为业，教书授徒二十余年，从学者数百人。嘉靖四十四年（1565 年）六十岁方中进士，历任长兴知县、顺德通判、南京太仆寺丞，故人称“归太仆”，留掌内阁制敕房，修《世宗实录》。隆庆五年（1571 年）卒于南京，年六十六。

归有光散文风格朴实，感情真挚，是明代“唐宋派”代表作家，与唐顺之、王慎中并称“嘉靖三大家”，后人称赞其散文为“明文第一”。著有《震川先生集》《震川尺牍》《三吴水利录》《马政志》《易图论》等。

本文是明代作者归有光追忆亡母的一篇记叙文，蕴含着对母亲深沉的悼念之情：悲伤母亲短暂而艰辛的一生，歌颂母亲朴实而崇高的品德。作者拾取母亲生前的一些日常生活琐事，絮絮道来，刻画了一位勤劳、俭朴、待人厚道、严以教子的母亲形象，寓歌颂赞美于叙事之中。

【正文】

先妣[1]周孺人[2]，弘治元年二月二十一日生[3]。年十六年来归[4]。逾年生女淑静，淑静者大姊也；期而生有光[5]；又期而生女子，殇一人[6]，期而不育者一人[7]；又逾年生有尚，妊十二月[8]；逾年，生淑顺；一岁，又生有功。有功之生也，孺人比乳他子加健。然数颦蹙顾诸婢曰："吾为多子苦！"[9]老妪以杯水盛二螺进，曰："饮此，后妊不数矣。"孺人举之尽，喑不能言[10]。

正德八年五月二十三日[11]，孺人卒。诸儿见家人泣，则随之泣。然犹以为母寝也，伤哉！于是家人延画工画[12]，出二子，命之曰：鼻以上画有光，鼻以下画大姊。以二子肖母也[13]。

孺人讳桂[14]。外曾祖讳明。外祖讳行，太学生[15]。母何氏，世居吴家桥，去县城东南三十里；由千墩浦而南，直桥并小港以东，居人环聚，尽周氏也。外祖与其三兄皆以资雄[16]，敦尚简实[17]；与人姁姁说村中语[18]，见子弟甥侄无不爱。

孺人之吴家桥则治木绵[19]；入城则缉纑[20]，灯火荧荧，每至夜分[21]。外祖不二日使人问遗[22]。孺人不忧米盐，乃劳苦若不谋夕[23]。冬月炉火炭屑，使婢子为团，累累曝阶下。室靡弃物，家无闲人。儿女大者攀衣，小者乳抱[24]，手中纫缀不辍[25]。户内洒然[26]。遇僮奴有恩，虽至棰楚[27]，皆不忍有后言。吴家桥岁致鱼蟹饼饵，率人人得食。家中人闻吴家桥人至，皆喜。有光七岁，与从兄有嘉入学[28]，每阴风细雨，从兄辄留，有光意恋恋，不得留也。孺人中夜觉寝[29]，促有光暗诵《孝经》即熟读[30]，无一字龃龉[31]，乃喜。

孺人卒，母何孺人亦卒。周氏家有羊狗之痾[32]。舅母卒，四姨归顾氏，又卒，死三十人而定。惟外祖与二舅存。

孺人死十一年，大姊归王三接，孺人所许聘者也。十二年，有光补学官弟子[33]，十六年而有妇，孺子所聘者也。期而抱女，抚爱之，益念孺人。中夜与其妇泣，追惟一二[34]，仿佛如昨，馀则茫然矣。世乃有无母之人，天乎？痛哉！

【注释】

［1］先妣（bǐ）：亡母。妣：母，后只用于称亡母。《礼记·曲礼》载："生曰父，曰母，曰妻；死曰考，曰妣，曰嫔。"

［2］孺人：古代贵族、官吏之母或妻的封号，明清时用以封赠七品以下官职的母亲或妻子的名号。

［3］弘治元年：1488 年。弘治是明孝宗的年号（1488 年—1505 年）。

［4］来归：意为嫁到夫家。归：出嫁。

［5］期（jī）：一周年。

［6］殇：早逝，还没有成年就死去。

［7］不育：指流产。

［8］妊：怀孕。

［9］数（shuò）：屡次。颦蹙（pín cù）：皱眉头。顾：注视。

［10］喑（yīn）：哑。

［11］正德八年：1513 年。正德是明武宗年号（1506 年—1521 年）。

［12］延：请。

［13］肖：像。

［14］讳：名。封建时代不应直称的尊长的名字称讳。

［15］太学生：太学的学生。太学是封建时代的最高学府，在明代就是国子监。

［16］以资雄：凭财产而在当地有势力。

［17］注重简易朴实。

［18］姁姁（xù）：和蔼亲切的样子。

［19］木棉：这里指棉花。

［20］缉纑（lú）：把麻搓成线，准备织布。纑：麻缕。

［21］夜分：半夜。

［22］问遗（wèi）：问候和赠送物品。

［23］不谋夕：即朝不谋夕，早上不能为晚上打算，比喻境况窘迫。这里说母亲虽不忧米盐，但当穷日子过，十分勤俭。

［24］乳抱：抱在怀里喂奶。

［25］纫缀不辍：缝缝补补一刻不停。

［26］洒然：整齐清洁，很有秩序。

［27］棰（chuí）楚：这里当动词用，杖责。棰：杖；楚：荆木。

［28］从兄：堂兄。

［29］中夜觉寝：半夜睡醒。

［30］《孝经》：书名。宣传封建孝道的儒家经典。

［31］龃龉（jǔ yǔ）：生疏而不流畅。

［32］羊狗之痾（ē）：由羊、狗等家畜传染的疾病。

［33］学官弟子：经过本省各级考试取入府、州、县学的学员，即秀才。学官：各级地方教官的统称，府学称教授，州学称学正，县学称教谕，负责管教在学的生员。

［34］追惟：追思。

【知识拓展】本课中出现的成语或典故

朝不谋夕：早晨无法为晚上的事预告谋划。形容形势危急或境况窘迫。

退有后言：当面顺从，背后却有不服的言论。与“退无后言”相对。

徐文长传

袁宏道

【导读】

袁宏道（1568 年—1610 年），字中郎，号石公，明朝湖北省公安县长安里人，知名文学家。万历二十年（1592 年）进士，历任吴县知县、礼部主事、吏部验封司主事、稽勋郎中、国子博士等职。袁宏道在文学上反对“文必秦汉，诗必盛唐”的风气，提出“独抒性灵，不拘格套”的性灵说。与其兄袁宗道、弟袁中道并有才名，人称“三袁”，世人认为三兄弟中以袁宏道文学成就最高。由于三袁是荆州公安县人，其文学流派世称“公安派”或“公安体”，合称“公安三袁”。流传至今的作品有《潇碧堂集二十卷》《潇碧堂续集十卷》《瓶花斋集十卷》《锦帆集四卷去吴七牍一卷》《解脱集四卷》《瓶史》《袁中郎先生全集二十三卷》《梨云馆类定袁中郎全集二十四卷》《袁中郎全集四十卷》《广陵集》《袁中郎文钞一卷》等。

徐文长是明嘉靖至万历年间著名的文学艺术家，幼有文名，但只考上一个秀才，以后屡试不就。在仕途上备受倾踬，在文学上亦不得志。生前虽有文集刊行，但鲜为人知。在他死后四年，袁宏道始偶然地在陶望龄的家中发现其诗集《阙编》，大惊异，叹为平生仅见，于是写了这篇传记。全文从徐文长的诗文不得行于世写起，突出他怀才不遇、备受冷落的坎坷一生，同情之心溢于言表，景仰之情流注行间，寄情楮墨，表达了作者强烈的傲世疾俗的精神。

【正文】

余一夕坐陶太史楼[1]，随意抽架上书，得《阙编》诗一帙[2]，恶楮毛书[3]，烟煤败黑[4]，微有字形[5]。稍就灯间读之，读未数首[6]，不觉惊跃，急呼周望："《阙编》何人作者？今邪，古邪？"周望曰："此余乡徐文长先生书也。"两人跃起，灯影下读复叫，叫复读，僮仆睡者皆惊起。盖不佞生三十年[7]，而始知海内有文长先生。噫，是何相识之晚也！因以所闻于越人士者[8]，略为次第[9]，为徐文长传。

徐渭，字文长，为山阴诸生[10]，声名藉甚[11]。薛公蕙校越时[12]，奇其才，有国士之目[13]。然数奇[14]，屡试辄蹶[15]。中丞胡公宗宪闻之[16]，客诸幕[17]。文长每见，则葛衣乌巾[18]，纵谈天下事，胡公大喜。是时公督数边兵[19]，威振东南，介胄之士，膝语蛇行[20]，不敢举头；而文长以部下一诸生傲之[21]，议者方之刘真长、杜少陵云[22]。会得白鹿[23]，属文长作表[24]。表上，永陵喜[25]。公以是益奇之[26]，一切疏记[27]，皆出其手。

文长自负才略，好奇计，谈兵多中[28]，视一世士无可当意者[29]，然竟不偶[30]。文长既已不得志于有司[31]，遂乃放浪曲蘖[32]，恣情山水，走齐鲁燕赵之地，穷览朔漠[33]。其所见山奔海立[34]，沙起云行，风鸣树偃[35]，幽谷大都，人物鱼鸟，一切可惊可愕之状，一一皆达之于诗[36]。其胸中又有勃然不可磨灭之气[37]，英雄失路、托足无门之悲。故其为诗，如嗔如笑[38]，如水鸣峡，如种出土，如寡妇之夜哭、羁人之寒起[39]；虽其体格时有卑者[40]，然匠心独出，有王者气，非彼巾帼而事人者所敢望也[41]。文有卓识，气沉而法严，不以模拟损才，不以议论伤格[42]，韩、曾之流亚也[43]。文长既雅不与时调合[44]，当时所谓骚坛主盟者[45]，文长皆叱而奴之[46]，故其名不出于越。悲夫！喜作书，笔意奔放如其诗，苍劲中姿媚跃出[47]，欧阳公所谓“妖韶女老，自有余态”[48]者也。间以其余，旁溢为花鸟[49]，皆超逸有致[50]。

卒以疑杀其继室[51]，下狱论死[52]。张太史元汴力解[53]，乃得出。晚年愤益深[54]，佯狂益甚[55]，显者至门[56]，或拒不纳[57]。时携钱至酒肆[58]，呼下隶与饮[59]。或自持斧击破其头，血流被面[60]，头骨皆折，揉之有声。或以利锥锥其两耳，深入寸余，竟不得死。周望言其晚岁诗文益奇，无刻本，集藏于家。余同年有官越者[61]，托以钞录[62]，今未至。余所见者，《徐文长集》《阙编》二种而已。然文长竟以不得志于时，抱愤而卒[63]。

石公[64]曰：先生数奇不已[65]，遂为狂疾[66]；狂疾不已，遂为囹圄[67]。古今文人牢骚困苦[68]，未有若先生者也[69]。虽然[70]，胡公间世豪杰，永陵英主[71]。幕中礼数异等，是胡公知有先生矣[72]；表上，人主悦，是人主知有先生矣[73]，独身未贵耳。先生诗文崛起，一扫近代芜秽之习[74]，百世而下，自有定论，胡为不遇哉[75]？梅客生[76]尝寄余书曰：“文长吾老友，病奇于人，人奇于诗[77]。”余谓文长无之而不奇者也。无之而不奇，斯无之而不奇也[78]，悲夫！

【注释】

［1］陶太史：陶望龄，字周望，号石篑，绍兴人。官至国子监祭酒。明代史馆事多以翰林任之，故亦称翰林为太史。

［2］帙（zhì）：用布帛制作的包书套，后称一套书为一帙。

［3］纸质低劣，书本制作粗糙。恶：质量低劣，难看。楮（chǔ）：即穀树，树皮可造纸，这里楮指代纸张。毛：粗糙。

［4］像烟煤似的，又破又黑。

［5］字形模糊。微：模糊。

［6］数首：数行。

［7］不佞：谦词，意同“不才”。

［8］于是把从越地人士那里听到的。

［9］次第：次序，在此作动词，编排。

［10］是山阴的读书人。山阴：即今绍兴。诸生：明代经过考试录取入府、州、县各级官学的书生的统称，分增生、附生、廪生、例生等名目。

［11］藉甚：名声大。藉：通“籍”。

［12］薛公蕙：即薛蕙公。薛蕙，字君采，亳州人，正德九年进士，授刑部主事，嘉靖中为给事中，曾任绍兴府乡试官，故称“校越”。

［13］把……当国士来看待。目：在此意为“看……的眼光”。

［14］数奇（jī）：命运坎坷，遭遇不顺。数：运数。奇（jī）：不偶，即不谐不顺。

［15］屡次考试都失败。蹶：倒下，在此引申为“失败”。

［16］胡公宗宪：胡宗宪，字汝贞，绩溪人。嘉靖进士，任浙江巡抚，总督军务。

［17］让他在幕府里作门客。客：使动用法，让……作门客。诸：之于。

［18］葛衣乌巾：身穿布衣，头戴黑巾。即平民装束。

［19］督数边兵：总管数个边境地区的军队。

［20］介胄之士：披甲戴盔之士，指军官们。膝语蛇行：（在胡公面前）跪着说话，爬着走路。

［21］以……傲之：凭着……身份却对他（胡公）傲慢。

［22］评论者把他比作刘真长、杜少陵。方：比。刘真长：即晋朝刘惔，字真长，曾为简文帝幕中上宾；杜少陵：即杜甫，

在蜀时曾作剑南节度使严武的幕僚。刘惔、杜甫都曾在主人前显露傲慢之色。

[23] 会：恰逢。

[24] 嘱咐文长写奏章。属：通“嘱”。

[25] 永陵：明世宗的陵墓，此指世宗本人。

[26] 以是益奇之：因此更加把他当作奇才。

[27] 疏记：奏章和书札。

[28] 谈论军事，大多中肯。

[29] 看待当世士人，不把任何人放在心上。意为徐文长恃才傲物，睥睨天下。

[30] 竟：最终。不偶：即数奇。表运数不好。

[31] 官员各有司职，故称“有司”。司：主管。

[32] 曲蘖（niè）：酒母，代指酒。

[33] 尽览北方大漠。

[34] 山奔海立：高山好像在飞奔，大海仿佛竖立起来。形容气势非常宏大。

[35] 偃：倒下。

[36] 达：表现。

[37] 勃然：蓬勃充沛的样子。

[38] 嗔：怒。

[39] 寒起：寒夜起身。

[40] 虽然有时他的诗体裁和格律不太高明。卑：低下。

[41] 不是那些身为男人却侍奉他人的人所敢期望达到。作者认为，只有女子且地位卑下者才以“事人”为能事。望：期望达到，企及。

[42] 不因模仿而减损才情发挥，不因为议论而影响作品品格。

[43] 是与韩愈、曾巩同一类的人。韩曾：指唐宋八大家中的韩愈和曾巩。流亚：同一类的人或物。

[44] 雅：素来，向来。

[45] 骚坛主盟：文坛盟主。骚坛：文坛。作者在此专指嘉靖年间文坛霸主王世贞、李攀龙等。

[46] 叱而奴之：叱骂他们，认为他们很卑下。奴：意动用法，以……为奴。

[47] 姿媚跃出：姿媚，犹妩媚。跃出：跃然而出。

[48] 见欧阳修诗《水谷夜行寄子美圣俞》，虽老但文采不减当年。

[49] 间或用他作诗文余下的才力，挥洒到绘画花鸟上。意为徐文长才华主要在诗文，但其才情丰沛横溢，故也作画。旁溢，往旁边流洒。

[50] 超拔俊逸，富有情致。

[51] 终于因为疑心而杀死了自己的后妻。

[52] 被投入监狱，判了死刑。

[53] 张元汴：字子荩，山阴人。隆庆五年（1571 年）廷试第一，授翰林修撰，故称太史。力解：竭力为他解脱。

[54] 愤：愤懑不平之气。

[55] 佯狂：装疯。在此是指言行显得疯癫怪异。

[56] 显者：地位高的人。

[57] 有时就拒绝人家，不让进门。或：有时。纳：接纳，让……进入。

[58] 肆：店铺。

[59] 呼叫下人来一同饮酒。下隶：地位低，伺候他人的人。与饮：一同喝酒。

[60] 被面：满面。

［61］我的同年中，有在越地任官的。同年：科举考试同榜考中的人。官：在……当官。

［62］我托付他们帮我抄录（文长晚岁的诗文）。

［63］抱愤而卒：怀着幽愤死去。抱：怀着。卒：死。

［64］石公：袁宏道自号。

［65］数奇不已：厄运不断。

［66］狂疾：癫狂病。

［67］囹圄：监狱。这里指被关在监狱里。

［68］牢骚困苦：心怀牢骚，身经困顿、苦难。

［69］若：像，如。

［70］虽然：虽然这样。

［71］胡公是隔代才会出现的豪杰，世宗是一代英明君主。间世：隔代。

［72］在幕府中，对待文长的礼数不一般，这表明胡公是知道世上有徐文长先生的。

［73］奏章送到朝廷，国君为之欣悦，这表明国君是知道世上有徐文长先生的。

［74］芜秽：杂芜且品格低劣。

［75］怎能说是不被赏识呢？不遇：不得志，不被赏识。

［76］梅国桢：字客生，万历进士，官兵部右侍郎。

［77］他的病比他这人更奇特，他这人比他的诗更奇特。

［78］没有一样不奇特，这也就没有一样不走厄运了。

【知识拓展】本课中出现的成语或典故

山奔海立：高山好像在飞奔，大海仿佛竖立起来。形容气势非常宏大。

膝语蛇行：跪着说话，伏地而行。极言其畏服。

羁旅客子：指长期远居他乡的游子。

匠心独出：匠心，工巧的心思；独，独自。形容巧妙而独特的艺术构思。

【古代汉语知识】

古代汉语常见句式

古代汉语中常见的几种句式主要有：判断句、被动句、倒装句、省略句、疑问句、否定句等。

一、判断句

（一）判断句的定义

判断句是根据谓语的性质给句子分类得出的一种句式，古代汉语的判断句和现代汉语不同，一般不用系词“是”，而是用名词性谓语直接表示判断。在句子的末尾，常常可以加上语气词“也”加强判断句的肯定确认语气，对事物的属性作出判断，即说明某事物是什么，或不是什么。

（二）判断句的基本形式

1. 主语 + 谓语

这是古汉语判断句的最基本形式，句中既不出现“者”，也不出现“也”，仅靠主语与谓语的语义关系进行判断。例如：

荀卿，赵人。——《史记·孟轲荀卿列传》

夫鲁，齐晋之唇也。——《左传·哀公八年》

滕，小国也。——《孟子·梁惠王下》

刘备天下枭雄。——《赤壁之战》

2. 主语＋者＋谓语

即在判断句主语的后面加代词“者”，复指主语，引出谓语。例如：

陈轸者，游说之士。——《史记·张仪列传》

兵者，不祥之器。——《老子》

四人者，庐陵萧君圭君玉，长乐王回深父，余弟安国平父，安上纯父。——《游褒禅山记》

3. 主语＋谓语＋也

即在判断句谓语的后面加语气词“也”，帮助进行判断。这种判断句在文言文中十分常见。例如：

张骞，汉中人也。——《汉书·张骞传》

王，人君也。——《战国策·齐策四》

张衡字平子，南阳西鄂人也。——《后汉书·张衡传》

操虽托名汉相，其实汉贼也。——《资治通鉴》

4. 主语＋者＋谓语＋也

即在判断句主语的后面加代词“者”，复指主语，引出谓语。在判断句谓语的后面加语气词“也”，帮助进行判断。例如：

陈胜者，阳城人也。——《史记·陈涉世家》

南冥者，天池也。——《庄子·逍遥游》

臣之所好者，道也。——《庄子·庖丁解牛》

是芙蕖也者，无一时一刻不适耳目之观，无一物一丝不备家常之用者也。——《芙蕖》

5. 用语气副词“则”“即”“乃”“诚”等加强判断语气，用范围副词“皆”表示判断的范围等，也是判断句常见的情况。

此则岳阳楼之大观也。——《岳阳楼记》

梁父即楚将项燕。——《史记·项羽本纪》

臣乃市井鼓刀屠者。——《史记·魏公子列传》

此诚危急存亡之秋也。——《出师表》

需要注意的是，判断句中谓语前出现的“是”一般都不是判断词，而是指示代词，作判断句的主语。“是”在先秦古汉语中少作判断词，在汉以后作判断词则多起来。另外，肯定判断谓语前加的副词和否定判断谓语前加的否定副词“非”，都不是判断词。

（三）判断句的句法意义

1. 表示类属关系。

滕，小国也。——《孟子·梁惠王下》

2. 表示等同关系。

昔者鬼侯、鄂侯、文王，纣之三公也。——《战国策·鲁仲连义不帝秦》

3. 表示比喻。

君者，舟也；庶人者，水也。——《荀子·王制》

4. 表示主语同谓语之间有某种逻辑关系。

夫战，勇气也。——《左传·曹刿论战》

5. 表示造成某种结果的原因。

良庖岁更刀，割也；族庖月更刀，折也。——《庄子·庖丁解牛》

二、被动句

所谓被动，即主语是谓语动词所表示行为动作的受事者、承受者，而不是发出者、施事者。只能从意义上理解其中的被动含义，而句中没有任何特殊词语能体现其被动含义的被动句，被称为“意念被动句”，也叫做“无标志的被动句”。这种被动句古今汉语是相同的。

被动句式即从句子结构本身就能看出主语被动性质的句式。

现代汉语中典型的被动句式是“被”字被动句式，而古代汉语中的被动句式除“被”字句外，还有其他的被动句式，如“于”字句、“为”字句、“见”字句等。

（一）“于”字句

这是先秦时常用的被动句式，即在谓语中心语的后面加“于”，“于”字后跟主动者。“于”是介词，本身并不表示被动，它的作用是引入行为动作的主动者，使全句的被动含义更加明显。“于”字句特点是：

1.“于”和主动者出现在动词之后。

2.不能没有主动者。例如：

郤克伤于矢。——《左传·鞍之战》

夫惟无虑而易敌者，必擒于人。——《孙子兵法·行军篇》

劳心者治人，劳力者治于人。——《孟子·滕文公上》

（二）“为”字句

“为”字被动句式先秦时就常见，战国末期发展成为“为……所”式，汉以后是它的繁荣期，并一直延续到现代汉语中。主要是在谓语中心语的前面加“为”，有时在“为”后再加主动者，后又可在动词之前再加“所”。“为”本身可以表示被动，也可作介词引入行为动作的主动者。“为”字句的特点是：

1.“为”和主动者出现在动词之前。

2.可以没有主动者。

3.可以加“所”字帮忙，构成“为……所”式表示被动。例如：

止，将为三军获。——《左传·襄公十八年》

而身为宋国笑。——《韩非子·五蠹》

父母亲族，皆为戮没。——《战国策·燕策三》

卫太子为江充所败。——《汉书·霍光传》

少北，则为匈奴所得。——《汉书·张骞传》

不者，若属皆且为所虏。——《史记·鸿门宴》

（三）“见”字句

古代汉语中另一种常见的被动句式是“见”字句，即在谓语中心语的前面直接加“见”。“见”是副词，本身表达“被”的意思，即直接表示被动。“见”字句的特点是：

1.“见”出现在动词之前。

2.“见”不能引入主动者。

3.可以靠“于”字句帮助，构成“见……于”式，引入主动者。例如：

厚者为戮，薄者见疑。——《韩非子·说难》

举世皆浊我独清，众人皆醉我独醒，是以见放。——《楚辞·渔父》

吾长见笑于大方之家。——《庄子·秋水》

先绝齐而后责地，则必见欺于张仪。——《史记·楚世家》

（四）“被”字句

“被”字被动句式在战国末期已经出现，汉代以后逐渐增多，并一直延续到现代汉语中，成为现代汉语的最主要被动句式。主要是在谓语中心语的前面加“被”，后来在“被”之后可以出现主动者。“被”本身可以表示被动，后来也可作介词引入行为动作的主动者。“被”字句的特点是：

1.“被”出现在动词之前。

2.能引入主动者。“被”是由动词逐步演变、虚化来表示被动含义和引入主动者的。被动句中的“被”的源头是动词“被”，是“蒙受”“遭受”的意思。例如：

地少人众，数被水旱之害。——《史记·货殖列传》

先王能令其民蹈白刃，被石矢。——《商君书·慎法》

“被”先由动词虚化为副词，直接放在动词的前面表示被动含义，构成被动句式。例如：

国一日被攻，虽欲事秦，不可得也。——《战国策·齐策一》

信而见疑，忠而被谤。——《史记·屈原列传》

此时被动句式中的“被”还不能引入行为的主动者，主动者要出现，还必须借助“于”字句的帮助。例如：

万乘之国，被围于赵。——《战国策·齐策》

后来，这种“被”字进一步虚化为介词，可以引入主动者了。汉朝末期，就出现了由“被”引入主动者的用例。例如：

臣被尚书召问。——蔡邕《被收时表》

亮被苏峻害。——《世说新语·方正》

三、倒装句

古汉语中的所谓倒装句，即指文言文中一些句子成分的顺序出现了前后颠倒的情况。主要有以下几种倒装形式。

（一）主谓倒装

古汉语中，谓语的位置也和现代汉语中一样，一般放在主语之后，但有时为了强调和突出谓语的意义，在一些疑问句或感叹句中，就把谓语提前到主语前面，主要表现为谓语前置或主语后置。例如：

痛哉斯言。——黄宗羲《原君》

甚矣，汝之不惠！——《列子·愚公移山》

（二）宾语前置

文言文中，动词或介词的宾语，一般置于动词或介词之后，但在一定条件下，宾语会前置，主要有以下几种情况。

1. 否定句中，代词作宾语，宾语前置。

这类句子有两个特点：一是否定句中必须有“不”“未”“毋”“无”“莫”等否定词，二是代词作宾语。例如：

我无尔诈，尔无我虞。——《左传》

时人莫之许也。——《隆中对》

莫我肯顾。——《诗经·硕鼠》

今郑人贪赖其田，而不我与，我若求之，其与我乎？——《左传》

时人莫之许也。——《三国志·诸葛亮传》

2. 疑问句中，疑问代词作宾语，宾语前置。

这一点古代要求很严格。这种类型的句子关键是作宾语的疑问代词，如：谁、何、奚、曷、胡、恶、安、焉等。介词的宾语也是前置的。例如：

臣实不才，又敢谁怨？——《左传》

吾谁欺？欺天乎？——《论语》

子归，何以报我？——《左传·楚归晋知罃》

而今安在哉？——苏轼《前赤壁赋》

子何恃而往？——彭端淑《为学一首示子侄》

沛公安在？——《史记·项羽本纪》

3. 用助词“之”作标志，把宾语提前至动词前，以突出强调宾语。

这时的“之”只是宾语前置的标志，没有什么实在意义。例如：

夫晋，何厌之有？——《左传·烛之武退秦师》

句读之不知，惑之不解。——《师说》

4. 用助词“是”作标志。

有时还可以在前置的宾语前加上一个范围副词“唯”，构成“唯……是……”的格式。例如：

将唯命是从，岂其爱鼎？——《左传·昭公十二年》

唯余马首是瞻。——《左传·襄公十四年》

5. “是”当代词作宾语，可前置，这种句式很少见。例如：

昭王南征而不复，寡人是问。——《左传·齐桓公伐楚》

是以先帝简拔以遗陛下。——诸葛亮《出师表》

（三）状语后置

介词结构即介宾短语，文言文中常见的是用“以”“于”组成的介宾短语，作状语后置有以下几种情况。

1. 用介词“于”组成的介宾短语在文言文中大都处在补语的位置，译成现代汉语时，除少数仍作补语外，大多数都要移到动词前作状语。例如：

青，取之于蓝，而青于蓝。——《荀子·劝学》

两个“于蓝”在翻译时，都要放在动词前做状语。

2. 介词“以”组成的介宾短语，在今译时，一般都作状语。例如：

具告以事。——《史记·项羽本纪》

即“以事具告。”这种句子往往是承前省略了动词宾语，实际就是“以事具告（之）”。

3. 还有一种情况要注意，介词“乎”组成的介宾短语在补语位置时，在翻译时，可视情况而定其成分。例如：

生乎吾前，其闻道也固先乎吾。——《师说》

句子中的“生乎吾前”既可译为“在我的前面出生”，即作状语，又可译为“生在我的前面”，即作补语，一般来说仍作补语，而“固先乎吾”的“乎吾”则一定要作状语。

（四）定语后置

文言文中，定语的位置一般也在中心词前边，但有时为了突出中心词的地位，强调定语所表现的内容，或使语气流畅，往往把定语放在中心词之后。

1. 用助词“者”作标志，形成“中心语+定语+者”结构。例如：

求人可使报秦者，未得。——《史记·廉颇蔺相如列传》

石之铿然有声者，所在皆是也。——《石钟山记》

楚人有涉江者。——《吕氏春秋·察今》

村中少年好事者。——《聊斋志异·促织》

2. 用“之”和“者”共同作标志，形成“中心语+之+定语+者”结构。例如：

石之突露偃蹇者。——柳宗元《钴鉧潭西小丘记》

石之铿然有声者，所在皆是也。——《石钟山记》

3. 用“之”作标志。例如：

蚓无爪牙之利，筋骨之强。——《荀子·劝学》

带长铗之陆离兮，冠切云之崔嵬。——《离骚》

4. 数词定语后置。例如：

谨使臣良奉白璧一双。——《史记·项羽本纪》

四、省略句

句子成分的省略，在文言文和现代汉语中都有，不过，文言文中的省略句更普遍。常见的有以下几种情形。

（一）省略主语

有承前面的主语省略，有呼应下文省略，在对话中也常常省略主语。文言文中的第三称代词“之”“其”不能作主语，也是文言文中主语多省略的原因之一。例如：

自吾氏三世居是乡，积于今六十年矣，而乡邻之日蹙。殚其地之出，竭其庐之入，号呼而转徙，饥渴而顿踣，触风雨，犯寒暑，呼嘘毒疠，往往而死者相藉也。——《捕蛇者说》

见渔人，乃大惊，问所从来。具答之。便要还家，设酒杀鸡作食。——《桃花源记》

射其左，越于车下；射其右，毙于车中。——《左传·鞍之战》

（二）省略谓语

谓语是句子里最重要的成分，一般是不能省略的。但在特定情况下也有承接上文、呼应下文或因对话而省略的。例如：

择其善者而从之，其不善者而改之。——《论语》六则

后一分句省略了谓语“择”。在译成现代汉语时，被省略的谓语要补充出来。

（三）省略宾语

宾语的省略有两种情况，即省略动词的宾语和省略介词的宾语。例如：

明日，子路行，以告。——《论语·子路从而后》

以相如功大，拜为上卿。——《史记·廉颇蔺相如列传》

这句话就省略了动词谓语“拜”的宾语“之”。又如：

竖子不足与谋！——《史记·项羽本纪》

这句话中省略了介词“与”的宾语“之”。在文言文中，介词

“以”“为”“与”的宾语“之”往往承上文省略。在译成现代汉语时，省略了的动词宾语或介词宾语要补充出来。

（四）省略介词

在文言文中，介词“于”和“以”常被省略。例如：

后数日驿至，果地震陇西。——《张衡传》

句中省略了介词“于”。又如：

赐之彘肩。——《鸿门宴》

句中省略了介词“以”。译为现代汉语时，省略了的介词也要补充出来。

五、疑问句

借疑问词或否定词而能发出疑问的句子叫疑问句，一般都有疑问词，疑问词包括疑问代词，如：谁、何、曷、故、安、焉、孰等；疑问语气词，如：乎、诸、哉、欤、耶等；以及疑问副词，如：岂、独、其等。同时，还有些表示反问的习惯用法。

（一）疑问代词

疑问代词主要有谁、何、曷、故、安、焉、孰等，具体分为代人、代物、代处所。

1. 指人的疑问代词

“谁”主要用于一般问句。“孰”常用在选择问句里，一般都有先行词，意思是“哪一个”。“孰”除了指人以外，也可以指物或处所。“孰”还经常和介词“与”连用，构成固定组合“孰与”，表示比较。在句中大致意思是“和……比，哪一个更……”。

礼与食孰重？——《孟子·告子下》

君料臣孰与舜？——《战国策·楚策》

2. 指事物的疑问代词

指事物的疑问代词有“何”“胡”“曷”“奚”。这几个疑问代词中，“何”的使用率最高，语法功能也较广泛。

大王来何操？——《史记·项羽本纪》

姜氏何厌之有？——《郑伯克段于鄢》

“胡”“曷”“奚”经常作状语，有时是和介词结合后作状语，用来询问原因、时间或处所等。

悠悠苍天，曷其有极？——《国风·唐风·鸨羽》

子奚乘是车也？——《韩非子·外储说左下》

胡为久居此围城之中而不去也？——《战国策·鲁仲连义不帝秦》

奚以知其然也？——《庄子》

3. 指处所的疑问代词

指处所的疑问代词有“安”“恶”“焉”。主要用作状语，询问处所，相当于现代汉语的“在哪里”。还可用于反问句，作状语，加强反问语气。

沛公安在？——《史记·项羽本纪》

恶在其为民父母也？——《孟子·梁惠王上》

且焉置土石？——《列子·愚公移山》

（二）疑问语气词

疑问语气词主要有“乎、与（欤）、邪（耶）、哉”。纯粹疑问用“乎”；纯粹反问用“哉”；要求证实用“与（欤）”“耶（邪）”。“乎、与（欤）、邪（耶）”所表达的都是疑问语气。其中“乎”的使用最为普遍，表达的疑问语气也最强烈。“与（欤）”“邪（耶）”的疑问语气不太强烈，有探询的意味。例如：

子以秦为将救韩乎？其不乎？——《战国策·韩策二》

王侯将相，宁有种乎？——《史记·陈涉起义》

“与”字作为疑问语气词的最大特点是要求证实，例如：

此天下之害与？天下之利与？——《墨子·兼爱下》

是谁之过与？——《论语·季氏将伐颛臾》

是鲁孔丘与？——《论语·微子》

天之苍苍，其正色邪？其远而无所至极邪？——《庄子·逍遥游》

然则子无师邪？——《庄子·田子方》

“哉”的基本用法是表达感叹语气，而且所表达的语气较为强烈，相当于现代汉语中的“啊”。它与“乎”的最大区别是：“乎”字不需要疑问代词帮助，其本身可以表示疑问；“哉”需要借助帮助才能表示反问。例如：

小人之好议论，不乐成人之美，如是哉！——《张中丞传后叙》

由此观之，客何负于秦哉？——《谏逐客书》

燕雀安知鸿鹄之志哉？——《史记·陈涉起义》

位其不可不慎也乎！——《左传·成公二年》

何可胜道也哉！——《游褒禅山记》

汝为周南、召南矣乎？——《论语·阳货》

善败由己，而由人乎哉？——《左传·僖公二十年》

若寡人者，可以保民乎哉？——《孟子·梁惠王上》

六、否定句

表示否定的句子叫做否定句。否定句中必须有否定词。文言否定句所用否定词有否定副词，如：不、非、勿、毋、弗、否等，否定代词“莫”以及否定性动词“无”等。

朽木不可雕也。——《论语·公冶长》

公弗许。——《左传·隐公元年》

己所不欲，勿施于人。——《论语·卫灵公》

小人有母，皆尝小人之食矣，未尝君之羹。——《左传·隐公元年》

（一）不、弗

“不”“弗”在词汇意义上是相同的，它们都是表示一般的否定，但是，它们的语法意义有细微的区别。两词都是表示一般否定的副词。“不”的古今用法基本相同，既可以否定动词，又可以否定形容词；既可以否定及物动词，又可以否定不及物动词。在秦汉之前，“弗”的使用范围非常狭窄，一般来说，它只能否定及物动词，而且这个及物动词还不能带宾语。例如：

仁者不忧，知者不惑，勇者不惧。——《论语·宪问》

功成而弗居。——《老子》

不知乱之所自起，则弗能治。——《墨子·兼爱上》

“弗”所否定的及物动词带宾语的例子，秦汉之前很少见。例如：

虽与之俱学，弗若之矣。——《孟子·告子上》

汉代之后，“弗”的使用范围放宽，偶尔能见到它否定形容词的用例。例如：

今吕氏王，大臣弗平。——《史记·吕太后本纪》

“不”和“弗”都不能否定名词。用在“不”字后面的名词用作形容词或动词；用在“弗”字后面的名词用作及物动词。例如：

晋灵公不君。——《左传·宣公二年》

臣实不才，又谁敢怨？——《左传·成公三年》

（二）毋（无）、勿

“毋（无）”“勿”在词汇意义上相同，经常用于祈使句，表示禁止或劝阻，相当于现代汉语的“不要”“别”。在语法意义上，“毋”和“不”相当，“勿”和“弗”相当。“毋”字后面的动词一般带宾语，“勿”字后面的动词一般不带宾语。例如：

毋妄言，族矣！——《史记·项羽本纪》

大毋侵小。——《左传·襄公十九年》

王如知此，则无望民之多于邻国也。——《孟子·梁惠王上》

莒人囚楚公子平。楚人曰：“勿杀，吾归而俘。”莒人杀之。——《左传·成公九年》

有时候，“勿”字并非用于祈使句，而是用于陈述句。这时，它就不再表示禁止；它的意义和“不”差不多。例如：

齐侯欲勿许。——《左传·襄公三年》

鲁人欲勿殇童汪踦。——《礼记·檀弓下》

（三）未

“未”表示事情还没有实现，等于现代汉语中的“没有”。例如：

宋人既成列，楚人未既济。——《左传·僖公二十二年》

“未”与“未尝”不同：“未”表示还没有实现，包含将来实现的可能性，“未闻”即“没有听说”；“未尝”只是简单地否定过去，也许现在已经实现，“未尝闻”即“没有听说过”。例如：

宣子未出山而复。——《左传·宣公二年》

读其书未毕，齐军万弩俱发。——《史记·孙膑》

臣未尝闻也。——《战国策·魏策四》

（四）非（匪）

“非（匪）”否定的不只是它后面的动词，而是后面的整个谓语，并经常用于对判断的否定，否定谓语和主语的关系，相当于现代汉语中的“不是”。例如：

是非君子之言也。——《礼记·檀弓上》

管仲非仁者与？——《论语·宪问》

夫仁义辩智，非所以持国也。——《韩非子·五蠹》

此庸夫之怒也，非士之怒也。——《战国策·魏策四》

“非”字也用来否定行为或性质，表示对某一事实的否认。在这种情况下，它往往具有撇开的作用。例如：

非不说子之道，力不足也。——《论语·雍也》

非曰能之，愿学焉。——《论语·先进》

（五）否

“否”是表示应答的否定副词，与“然”相对，经常独自成句，可译作“不”“不是的”。例如：

孟子曰：“许子必种粟而后食乎？”曰：“然。”“许子必织布而后衣乎？”曰：“否。许子衣褐。”——《孟子·滕文公上》

宣王曰：“寡人愚陋，守齐国，唯恐失抎（yún，失也）之，焉能有四焉？”王斗曰：“否。”——《战国策·齐策四》

“否”字又用在肯定否定迭用的句子里，表示否定的一面。例如：

宦三年矣，未知母之存否。——《左传·宣公二年》

（六）莫

“莫”字是一个否定性的无定代词，现代汉语里没有和它相当的代词。如果要把它的意义译成现代汉语，可以译为“没有谁”“没有哪一种东西（事情）”等。“莫”字前面可以出现它所代替的名词，也可以不出现。例如：

群臣莫对。——《战国策·楚策一》

过而能改，善莫大焉。——《左传·宣公二年》

天下之水，莫大于海。——《庄子·秋水》

谏而不入，则莫之继也。——《左传·宣公二年》

自经于沟渎，而莫之知也。——《论语·宪问》

上面例子中，前三个都有“莫”字所代替的名词或名词性的词组，后两个则没有。

上古时期“莫”字有时也用作否定副词，相当于“不”。例如：

闻免父之命，不可以莫之奔也。——《左传·昭公二十年》

人知其一，莫知其他。——《诗经·小雅·小旻》

汉代以后，“莫”字常常用于祈使句，当“勿”字讲，表示禁止。例如：

秦惠王车裂商君以徇曰：“莫如商鞅反者。”——《史记·商君列传》

【单元练习】

一、翻译下列句子

1. 盛衰之理，虽曰天命，岂非人事哉！

2. 夫祸患常积于忽微，而智勇多困于所溺，岂独伶人也哉！

3. 父子有亲。君臣有义。夫妇有别。长幼有序。朋友有信。

4. 天地有正气，杂然赋流形。下则为河岳，上则为日星。

二、文学常识填空

1. 欧阳修，字________，号________、________，谥号________，世称________。后人又将其与韩愈、柳宗元和________合称“千古文章四大家”。与________、________、苏轼、苏洵、苏辙、________、曾巩等，被世人称为“唐宋散文八大家”。

2. 归有光，字熙甫，又字开甫，别号________，又号项脊生，世称“________”。明代官员、散文家，著名古文家。归有光与________、________两人均崇尚内容翔实、文字朴实的唐宋古文，并称为“嘉靖三大家”。其散文风格朴实，感情真挚，是明代“唐宋派”代表作家，被称为“今之欧阳修”，后人称赞其散文为“________”。

3. 公安三袁：________、________、________。

4. 文天祥，初名云孙，字宋瑞，一字履善。自号________、________。江西吉州庐陵（今江西富田）人，宋末政治家、文学家，爱国诗人，抗元名臣，与________、________并称为“宋末三杰”。著有《文山诗集》《指南录》《指南后录》《正气歌》等。

三、解释下列画线词语的意思

1. 原庄宗之所以得天下。《伶官传序》

2. 函梁君臣之首入于太庙。《伶官传序》

3. 及仇雠已灭。《伶官传序》

4. 若夫笃行之事。《白鹿洞书院学规》

5. 而特取凡圣贤所以教人为学之大端。《白鹿洞书院学规》

6. 而予以孱弱，俯仰其间，於兹二年矣。《正气歌》

7. 叠是数气，当侵沴，鲜不为厉。《正气歌》

8. 又期而生女子，殇一人。《先妣事略》

9. 促有光暗诵《孝经》即熟读，无一字龃龉。《先妣事略》

10. 然数奇，屡试辄蹶。《徐文长传》

四、给下面文字加上标点，并翻译成现代汉语

背景：

楚国想攻打宋国，先派人将宋楚之间的澭河的深浅做上标记，可是夜里突然下了一场暴雨，澭河的水位涨了很多，楚国人不知道这种情况，仍然沿着先前做好的标记过河，结果淹死了很多人。

原文：

《荆人欲袭宋》

荆人欲袭宋使人先表澭水澭水暴益荆人弗知循表而夜涉溺死者千有余人军惊而坏都舍向其先表之时可导也今水已变而益多矣荆人尚犹循表而导之此其所以败也今世之主法先王也有似于此其时已与先王之法亏矣而曰此先王之法也而法之以为治岂不悲哉

五、思考题

简述古代历史上“皇权”与“相权”的关系。

第五单元

古代艺术

一、古代书法艺术

世界上拥有书法艺术的民族屈指可数，中国书法具有悠久的历史。从甲骨文、金文演变而为大篆、小篆、隶书，到草书、楷书、行书诸体基本定型。书法时刻散发着古老艺术的魅力，为一代又一代人们所喜爱。

（一）书法艺术

1. 先秦

我国最早的古汉字资料是商代中后期的甲骨文和金文。甲骨文已具备了书法的三个基本要素：用笔、结字、章法。因此，甲骨文的出现奠定了我国书法艺术的基础，标志着我国书法艺术的产生。金文结构匀称准确，线条遒劲稳健，布局妥帖，充满了理性色彩，显示出金文已发展到极其成熟的境地，西周《毛公鼎》是代表。从商代后期到秦统一中国，汉字演变的总趋势是由繁到简，这种演变具体反映在字体和字形的嬗变之中。西周晚期金文趋向线条化，战国时代民间草篆向古隶发展，书法的艺术性随着书体的嬗变而愈加丰富起来。

2. 秦

秦统一后，秦始皇下令“车同轨，书同文”，小篆成为官方文字。文字的统一，为书法艺术的成熟奠定了基础。《说文解字序》曰：“秦书有八体，一曰大篆，二曰小篆，三曰刻符，四曰虫书，五曰摹印，六曰署书，七曰书，八曰隶书。”基本概括了此时字体的面貌。隶书的出现是汉字书写的一大进步，是书法史上的一次革命，不但使汉字趋于方正楷模，而且在笔法上也突破了单一的中锋运笔，为以后各种书体流派奠定了基础。秦代书法，在我国书法史上留下了辉煌灿烂的一页，是中华民族无穷智慧的结晶。

3. 汉

到了汉代，隶书逐渐占据统治地位，成为官方标准字体，并且进入了定型化时期。汉代是汉字书法发展史上关键性的阶段。两汉三百余年间，书法由籀篆变隶分，由隶分变为章草、真书、行书，至汉末我国汉字书体已基本齐备，写字也不仅仅在于实用，美感和享受也成为发展的动力，笔法不但日臻纯熟，而且书体风格多样，书法艺术进入成熟时期。书法艺术的不断变化发展，为以后晋代流畅的行草及笔势飞动的狂草开辟了道路。金文、小篆因为实用面越来越小而渐趋衰微。这一时期主要代表作有《马王堆帛书》，其用笔沉着、遒健，给人以含蕴、圆厚之感，纵有行、横无格，长度自由，有强烈的跳跃节奏感，总体反映了由篆至隶的隶变阶段的文字特征。

4. 魏、晋

从汉字书法的发展上看，魏晋是完成书体演变的承上启下的重要历史阶段，是篆隶真行草诸体咸备俱臻完善的一代。汉隶定型化了迄今为止的方块汉字的基本形态。隶书产生、发展、成熟的过程就孕育着真书，而行草书几乎是在隶书产生的同时就已经萌芽了。真书、行书、草书的定型是在魏晋二百年间，它们的定型、美化无疑是汉字书法史上的又一巨大变革。这一书法史上了不起的时代，造就了两个承前启后、巍然卓立的大书法革新家钟繇、王羲之。

5. 南北朝

南北朝时书法，也继承东晋的风气，上至帝王、下至士庶都非常喜好。他们继承了前代书法的优良传统，创造了无愧于前人的优秀作品，为形成唐代书法百花竞妍、群星争辉的鼎盛局面创造了必要的条件。南北朝书法以魏碑最胜。魏碑，是北魏以及与北魏书风相近的南北朝碑志石刻书法的泛称，也是汉代隶书向唐代楷书发展的过渡时期书法。唐初几位楷书大家如欧阳询、褚遂良等，都是直接继承智永笔法取法六朝的。智永是这一时期主要书法家，他是王羲之的七代孙子，其主要作品有《真草千字文》。

6. 唐

唐代文化博大精深、辉煌灿烂，达到了中国封建文化的最高峰。整个唐代书法对前代既有继承又有革新。初唐书家有虞世南、欧阳询、褚遂良等，此后有创造性的还有李邕、张旭、颜真卿、柳公权、释怀素；唐太宗李世民和诗人李白也是值得一提的书法家。楷书、行书、草书发展到唐代都跨入了一个新的境地，其代表作有颜真卿《多宝塔碑》和柳公权《玄秘塔碑》，在书法艺术上体现为洒脱奔逸、恢宏宽博的气势，时代特点十分突出，对后代的影响远远超过了以前任何一个时代。

7. 五代

五代十国期间兵戈叠起。书法艺术虽承唐末之余续，但因兵火战乱的影响，形成了凋落衰败的总趋向。五代之际，在书法上值得称道的当推杨凝式。他的书法在书道衰微的五代可谓中流砥柱。此外还有李煜、彦修等有成就的书法家。至此，唐代平正严谨的书风已告消歇，渐变入欹侧纵肆，以后北宋“四家”继之而起，又掀起了新的时代波澜。

8. 宋

两宋三百多年间，书法发展比较缓慢。宋太宗赵光义留意翰墨，购募古先帝王名臣墨迹，命侍书王著摹刻禁中，厘为十卷，这就是《淳化阁帖》。宋初的书法多从《淳化阁帖》翻刻，这种辗转传刻的帖与原迹差别就会越来越大。帖学大行和以帝王的好恶、权臣的书体为转移的情势，影响和限制了宋代书法的发展。宋代为后世所推崇者有苏轼、黄庭坚、米芾和蔡襄四大家。四家之外，宋徽宗赵佶独树一帜，亦堪称道。

9. 元

元代书家、画家集于一身者居多，书家不事丹青尤可，画家则决不可不习书法。元代书法总的情况是崇尚复古，宗法晋、唐而少创新。文宗天历初建奎章阁，专掌秘玩古物；元文宗常幸奎章阁欣赏法书名画，书法一度出现兴盛局面。赵孟頫、鲜于枢等名家，是这一时期书法的代表。他们主张书画同法，注重结字的体态。但元代书坛纯是继承晋唐，没有自己的时代风格。

10. 明

明代朝廷诸皇帝都很喜欢书法。明成祖定都北京以后，即着手文治，诏求四方善书之士，充实宫廷，缮写诏令文书等。明代帝王如仁宗、宣宗、神宗也极爱书法，所以，朝野士大夫重视帖学，皆喜欢姿态雅丽的楷书、行书，几乎完全继承了赵孟頫的格调。明代像宋代一样也是帖学大盛的一代，法帖传刻十分活跃。由于士大夫清玩风气和帖学的盛行，影响书法创作，所以整个明代书体以行楷居多，未能上溯秦汉北朝，篆、隶、八分及魏体作品几乎绝迹，而楷书皆以纤巧秀丽为美。明代近三百年间，虽然也出现了一些有造诣的大家，但纵观整朝没有重大的突破和创新，其代表书法家有文征明、唐伯虎等。

11. 清

清代是中国书法史的一个重要转折时期，书坛渐成“帖学”和“碑学”二水分流的局面，导致了书法流派呈现出前所未有的大分化。清初四大家：汪士宏、何焯、陈亦禧、姜宸英，他们专以帖学取胜，在当时的士大夫文人中影响很大，不少还是宫廷书家。同时由于他们过多的沾染馆阁习气，终不免走下坡路。游弋于碑帖之间的书法家如扬州八怪之一的郑燮，有诗、书、画三绝之美誉，书初学欧，染馆阁习气，后仿黄山谷，又受石涛隶书影响，揉入画兰、竹之笔意，形成自己独特的风格，体现出前碑派破帖的特征。但清代书家们将中国书法艺术两大传统较完整地开发出来，对中国近现代书法艺术的发展起到了传承作用。

（二）书法理论

与中国书法艺术的发展、繁荣相适应，我国古代的书法理论也逐步发展、兴盛起来。相对而言，古代书法理论的出现比书法艺术的形成要晚一些。据目前所能见到的资料，古代书论著作最早出现于汉代。西汉大学者、文学家扬雄在他的《法言・问神》中，提出了一个著名的论断："书，心画也。"这里的"书"虽不是专指书法，但它最早论述了有关中国书法理论的根本命题——书法同书法家思想感情之间的关系和书法艺术表情达性的特质等问题，对后世的书法创作和书法理论产生了深远影响，成为中国书论史的源头。

中国古代书法理论的发展、兴盛与繁荣，大致可以分为以下几个时期。

1. 汉

汉代是我国古代书法理论的初创期。随着书法艺术的成熟和兴盛，专门研究书法的理论著作便应运而生。最早论述书法的一篇文章是东汉书法家崔瑗《草书势》。崔氏在文中认为，草书的出现正是由繁到简的社会需要的反映，并描述、赞扬了书法的形态美和动态美，对书法的艺术审美功能和价值作了充分肯定。继此之后又出现了几篇重要的书论著作，如赵壹《非草书》、蔡邕《篆势》《笔赋》《笔论》《九势》等。尤其是蔡邕的《笔论》和《九势》，在中国书论史上占有重要地位。

2. 三国、两晋、南北朝

魏晋南北朝是我国古代书法理论的成熟期。这一时期，书法艺术兴盛，出现了一大批书法名家。书法艺术的发展带动了书法理论的研究。西晋时，出现了一批以自然界中千姿百态的物象、动态来描绘、比喻各种书体形态美的理论著作，如，成公绥《隶书体》、卫恒《四体书势》、索靖《草书状》、刘劭《飞白势》、杨泉《草书赋》等，表现出一种“尚象”的审美趋向。东晋时，书家已不满足于对书法外在形态的描述，而开始探求用笔、结体和章法技巧的规律，并注意研究人的主观意志与书法的关系。如，世传卫夫人《笔阵图》、王羲之《题〈卫夫人笔阵图〉后》《书论》《笔势论》《用笔赋》《记白云先生书诀》等，都是这方面的重要书论。至南北朝时，受时风的影响，开始重视对各个书家的评论。这方面有影响的著作，如，羊欣《采古来能书人名》、虞和《论书表》、庾肩吾《书品》等。尤其是王僧虔《书赋》《论书》《笔意赞》等书论，着意探求书法创作的过程和特征，对后世书法艺术的发展影响深远。

3. 隋、唐

隋唐是我国古代书法理论的兴盛期。隋代虽立朝时间短，但其书法上承南北朝碑刻，下启唐楷诸家，为唐代楷书法式的建立奠定了基础。其书论重在探讨楷书的笔法与结构，智永《永字八法》和智果《心成颂》是这方面的代表。唐代书法艺术达到鼎盛，书法大家、名家辈出，流派纷呈，书法理论也兴盛起来，大批成系统、有分量的书论著述陆续问世，对细部技法的探讨和对书法创作规律的剖析逐渐代替了对书法艺术总体印象的阐述，涉及书法艺术的各方面，体现了唐代“尚法”的风气。如，欧阳询《三十六法》、孙过庭《书谱》、张怀瓘《书议》《书信》《书断》《文字论》《六体书论》《论用笔十法》、窦泉《述书赋》、徐浩《论书队》、颜真卿《述张长史笔法十二意》、张彦远编《法书要录》等，都是这一时期书论的代表作。尤其是欧阳询《三十六法》、孙过庭《书谱》、颜真卿《述张长史笔法十二意》，在中国书法理论史上占有重要地位。

4. 宋

宋代是古代书法理论的变革期。宋代的书法另辟蹊径，帖学盛行。在书法理论上也有所革新和发展。宋人论书主张书法创作不应受法度的束缚，不必斤斤计较于点画、布置等具体方法，而应重视作品中的风神意韵及书家的内在精神与气质，自由地抒发其胸臆，力求创新。它是宋代“尚意”书风的反映。如，朱长文《续书断》、苏轼《论书》《东坡题跋》、黄庭坚《论书》、米芾《书史》《海岳名言》、姜夔《续书谱》等，都是这一时期书论的代表著作。《续书谱》尤为系统精到，为历代书家所推崇，影响巨大。

5. 元、明

元明两代的书法艺术没有走出书法创作的低谷，帖学盛行，在书论方面，由承继晋唐之法，对宋人“尚意”书风进行否定，进而重视书法艺术的形态美，标举魏晋风格。元代书论主要是讲究法度，代表论著有郑杓撰、刘有定注的《衍极》和陈绎曾的《翰林要诀》。明代书论则强调崇尚古雅，倡导骨力与研美兼善。陶宗仪《书史会要》、丰坊《书诀》、项穆《书法雅言》等，则是其代表论著。

6. 清

清代是书法理论继往开来时期。从清中期开始便逐渐形成了帖学与碑学明显分流的格局，而且帖学逐渐由盛转衰，碑学则日渐兴盛。故书法理论前期重视对笔墨技巧的阐发，代表著作有笪重光《书筏》和朱履贞《书学捷要》。后期则主要是对碑学理论的探讨，阮元《南北书派论》《北碑南帖论》、包世臣《艺舟双揖》和康有为《广艺舟双揖》是这方面的代表著作，并形成了一股抑帖尊碑、重北轻南的风气。刘熙载《艺概·书概》对南北书风的特色分别作了概括，强调他们各有所长，对中国古代书法艺术的历史、书体演变的历史和书法艺术的技巧、风格等问题进行了全面、系统而精要的理论总结。它们对清代碑学的理论和实践进行了全面、系统的总结，促进了清代书法艺术的发展和繁荣，并对近现代书法的发展产生了深远的影响。

（三）文房四宝

书法艺术是一种独特的艺术，其所以成为独特的艺术有赖于独特的书写工具。所谓独特的书写工具，主要是指“文房四宝”——笔、砚、纸、墨。佳作既成，再缀以印章，精心裱装，更是珠联璧合，锦上添花，凡此皆属艺术客体。

“文房”之名，始于南北朝时期。当时所谓文房，是指国家典掌文翰之处。唐、宋以降，文房则专指文人书房而言。南唐后主李煜，雅好文学，收藏甚丰，今见其所藏书画，皆押“建业文房之印”。北宋雍熙三年（986 年），翰林学士苏易简以笔、砚、纸、墨“为学所资，不可斯须而阙”，于是撰《文房四谱》由是，文房有四谱之名。南宋初，叶梦得《避暑录话》谓“世言徽州有文房四宝”，故《文房四谱》又称《文房四宝谱》，以笔、砚、纸、墨为文房所宝用。

1. 笔

在秦以前就已经出现笔。据记载，庄子就曾经描述过画工们的“舐笔和墨”。制笔的方法是逐步发展的，由用石墨的枣心笔，进步到无心的散卓笔。制笔的材料大体上是动物的毛和削尖的植物尖两种。用削尖的植物制笔有所谓的“茅龙笔”（又名仙茅笔），现今广东尚存，称“竹丝笔”，从南宋起就有人使用了。植物制笔，用途狭，出品少，作用不大。动物毛制笔，大体上分两种。一种是硬的，用兔毫（即紫毫）、鹿毫、鼠须、猪鬃、狼毫等；一种是软的，用羊毛、青羊毛、西北黄羊毛、鸡毛等。软硬合制者称“兼毫”。笔杆用竹、木、象牙等为之。一支好笔，须具备“尖、齐、圆、健”四个条件，人们称之为“笔之四德”，尖——锋颖尖锐，形如毛锥；齐——十分平齐，无参差之状，保证落笔泼墨时万毫齐发，骨肉停匀而丰满；圆——四周簇聚饱满，无凸凹之状，笔头圆满，四面当锋如意；健——劲健有力，弹性幅度适宜。《笔偈》中曾这样赞美一支好笔：“心性硬，覆毛薄，尖似锥，齐似凿。”东晋时，王羲之盛赞宣州陈氏笔。唐宋时，宣州诸葛氏笔为世所重。历代各地名笔迭出，争奇斗妍，有长沙楚笔、云梦秦笔、江陵汉笔、武威汉笔等。南宋以后，浙江吴兴制笔，尤为著名。元时赵松雪（孟頫）书，钱舜举画，冯应科笔，有“吴兴三绝”之称。从清乾隆六年（1741 年）创建起，迄今已有二百四十多年历史的“湖笔争传一品王”，向来为书家所喜爱。

2. 墨

墨的起源，不晚于殷商时代。1930 年，西北科考团在发现“居延笔”的地方，同时还发现了一些木炭，古人拿来磨了当墨使。汉代还有以松烟、油烟为原料而制成的两种墨，松烟墨用松木烧烟，墨色浓黑。油烟墨用桐油烧烟，墨色光洁。皆以质地细腻、胶轻、味香、色泽浓黑泛紫光者为上品。晋朝人陆云写给陆机的信中就提到“曹公（曹操）藏石墨数十万斤”。《水经注》引《荆州记》《新安郡记》《广州记》等古籍中，均有关于石墨的记载。墨分五彩：干、湿、浓、淡、枯。在黑白对比中，于无色中产生有色的感觉。黑与白是无色系的两种基本色，在缤纷的色彩世界里本来就占有较独特的位置。黑色使人有严正、庄重、肃穆之感。白色，给人以光明与幽静之感。黑与白巧妙的结合永具魅力。黑色虽极简单，但富于表现力。善于用墨的书法家以不同的色彩、不同的层次，写出富有鲜明节奏感的书法作品，因而产生不同的艺术效果。

3. 纸

纸是中国四大发明之一。古代没有纸，在甲骨、竹简上刻写，在缣帛上写画。汉代曾以“幡”纸代简。幡，即“幅”。东汉和帝时，宦官蔡伦进一步提高了造纸技术。纸，因产地、种类、品名、制作而异。纸，又称“麦光”“滑砥方絮”，比喻纸的平滑洁白，颇为别致。晋时，纸有南北之别。北纸用横帘造，故纸纹横；南纸用竖纹造，故纸纹竖。晋朝人葛洪，家贫不易得纸，抄书都是两面写。今敦煌所藏经卷，有许多是两面写的。唐代制纸，又有所进展，用黄檗（柏）染纸。“硬黄”纸，极为光泽，可以辟蠹。宣纸，或谓“泾县纸”，以皖南青檀树皮及沙田稻草为主要原料，经过多种工序精制而成，不蛀不腐，搓折无损。薄软轻韧，润墨性强。南唐后主文房所传下的好纸“澄心堂”纸，实沿宣纸之制。宋代以降，由于名贵纸稀少，故多仿制。此外，还有麻纸、楮纸、蚕茧纸、帘纹纸、染潢纸等。陆机《平复帖》为传世最早之麻纸法书。今日本正仓院遗存之白麻纸、色麻纸甚多，皆盛唐时所制。

4. 砚

今天可以看到的最古的砚是1975年在湖北云梦县睡虎地秦墓中发现的石砚，属于战国晚期之物。汉代已有陶砚。砚的材料，唐以后多用端溪石和歙石。实际上，凡能发墨的都是好砚。除端砚、歙砚外，其他如：青州、唐州、温州、潭州、归州、苏州、夔州、过溪、庐山、洮河等地均有名砚问世。近年来，异军突起的有河北易县的易水砚。易水砚最初产生于唐代，迄今已有上千年的历史，制作精美、古朴，质地优异，驰名中外，可谓后来居上。

四宝之外，笔有笔筒、砚有砚匣、纸有卷桶、墨有墨床。至于水丞、笔架、笔洗、臂阁、图章、印泥、镇尺、裁刀、绫绢（装裱）之类，既为文房所用，应与四宝同珍。书法是独特的艺术，又是综合的艺术，其道理在此。所谓“综合”，另有深义，即不只是工具名目繁多，而且指书家应有深厚的学养、精湛的书艺、高尚的情操、扎实的功底等多方面的“综合”的才能。独特的艺术与独特的工具相结合，在这个艺术领域内，书家神完气足、笔酣墨饱、挥洒自如、独擅胜场，或气势磅礴，或蕴藉风流，或纵横驰骋，或龙腾虎跃，书写出传之千古的神品、妙品和能品，供后人赞赏观摩，为我国的文化宝库增添了无比丰富的内容。

伴随着中国文化的传播，中国的书法艺术和文房四宝及其制法也相继传到朝鲜、日本和越南。书法艺术、文房四宝及其制法传入日本、朝鲜、越南，大大丰富了我国与亚洲邻国的文化交流的内容，同时也有利于书法艺术的传播、发展与提高。

二、古代绘画艺术

中国绘画艺术是指以中国独有的笔墨等工具材料按照传统技法创作的绘画，它包括卷轴画、壁画、年画、版画等各种门类；从内容上分为人物画、山水画、花鸟画等画科；画法上有工笔与写意两种；又有卷、轴、册、屏等多种装裱形制等。中国绘画艺术历史悠久，仅从已知独幅的战国帛画算起，已有两千余年的历史。如果从新石器时代彩色陶器上所画的各种图案花纹来看，距今已有八千年左右。在漫长的社会发展中，各族人民创造了具有鲜明民族风格和丰富多彩形式手法的中国传统绘画。

（一）先秦

中国绘画的最早遗迹可上溯到远古的岩画和繁荣于新石器时代彩陶器上的装饰纹样。分布在渭水、泾水流域一带距今七八千年的老官台文化已有绘着简单纹样的彩陶，这是迄今发现的最早的彩陶。新石器时代的绘画，技巧上尚处于稚拙阶段，但已具有初步造型，对人物、鱼、鸟等外形动态亦能抓住主要特征，并表现作者的信仰、愿望，用以美化生活，映现了中国绘画史的黎明。

商、周时期的绘画处于发展的初期阶段。绘画应用的范围主要是壁画、章服以及青铜器、玉器、牙骨雕刻、漆木器等器物的纹饰。西周以后，开始出现人物活动为主的纪事性绘画作品。从风格上看，商代庄严神秘而缛丽，西周趋于典雅，春秋以后绘画内容逐渐更多地反映社会生活，形象活泼生动，技巧上有着巨大的飞跃。

（二）秦、汉

秦汉王朝国势强盛，疆域广阔，与相邻各族有着密切的接触，这时期的绘画更加重视绘画的政治功能和伦理教化作用，具有雄厚博大、昂然向上的时代风格，成为中国绘画史上第一个发展高潮。这时期主要的绘画形式为宫殿壁画、地上建筑壁画、墓室壁画及与此相关的画像石、画像砖等。

秦代为了宣扬秦始皇统一大业及其拥有的无上权威而建造的规模宏大的建筑群内部，绘制有许多壁画。汉代从宫室殿堂到贵族官僚的府邸、神庙、学堂及豪强地主的宅院，几乎无不以绘画进行装饰。汉代习俗视死如生，以厚葬为德、薄殓为鄙，使得装饰坟墓为死者表彰功德的绘画活动规模和数量都达到了空前高涨的程度。东汉赵岐甚至于在世时，就为自己的坟墓准备壁画。从汉墓壁画的表现手法和特点来看，大都以朴实的墨线，勾出形象的轮廓，然后用朱、青、黄等明快的原色加以点染，具有技法古拙而风格鲜明的特点。画像石是东汉时期重要的美术作品，因以刀代笔施于石材平面上的绘画，因此称石刻画。其题材内容与墓室壁画大致相同，最为著名的有山东孝堂山画像石、嘉祥武氏祠画像石、沂南画像石墓、安丘画像石墓等。湖南长沙马王堆汉墓出土的帛画，线条流畅挺拔，刚健质朴，设色以平涂为主，技法纯熟，使用的矿物质颜料至今仍十分鲜艳。其是绘画中的杰作之一，充分地体现了绘画在汉代所达到的高超水平。秦汉时期以绘画为专门职业的画工日益增多，被罗致到宫廷的专门画家被称为“黄门画者”或“尚方画工”。

（三）三国、两晋、南北朝

魏晋南北朝时期是中国文化艺术的勃兴期。随着佛教的传入，佛教美术勃然兴盛，遍及南北。石窟壁画展示出高度的艺术造诣，如新疆克孜尔石窟，甘肃麦积山石窟，特别是敦煌莫高窟保存有大量这一时期壁画。受外来艺术的影响，宫廷、殿堂、寺院中的壁画大大地超过了汉代，艺术表现手法和绘画题材也更加丰富多彩。人物形象描写已达到较高的成就。以王微、宗炳为代表所创作的山水画和花鸟画开始出现。反映士族名士的生活及人物形象的作品迅速增多，以文学为题材的绘画创作日趋活跃，如，卫协《诗·北风图》，顾恺之《木雁图》《洛神赋图》等。肖像画很发达，顾恺之的传神写照，注重揭示对象的精神意向和特定性格。他的《文史箴图》是为西晋诗人张华《女史箴》一文作的几段插图，是我国最早的卷轴绘画，在中国和世界画史上都有着重要的意义。

此外在两晋南北朝时期，随着绘画艺术的繁荣和发展，绘画的收藏、欣赏、评论之风也日益兴盛，产生了第一批系统的绘画理论著述。其中南齐画家谢赫的《古画品录》是我国现存的一部最早绘画理论著作。书中对魏晋至南齐的二十七个画家分作六品加以评论，书前序中提出气韵生动、骨法用笔、应物象形、随类赋彩、经营位置、转移模的“六法论”，成为我国历代绘画批评与绘画创作所遵循的准则，一千多年来，对我国绘画创作和绘画理论批评产生了很大的影响。

（四）隋、唐

隋唐时代的绘画艺术随着社会经济文化的繁荣，在题材、内容和表现手法等方面，均取得了高度的成就，成为中国绘画史上的高峰之一。

绘画题材广泛。唐代的绘画艺术题材范围大大地突破了过去题材的束缚。山水画从过去作为人物背景的陪衬，发展成为一个独立的画科，出现了李思训、李昭道父子和王维等杰出的山水画家。花鸟画侧重描绘鹰鹘、仙鹤、孔雀、雉鸡、蜂蝶及花木竹石，大都工整富丽。能画花鸟的著名画家有二十多人，其中以唐代晚期的边鸾和刁光胤最为著名。边擅长画孔雀、折枝花卉、蜂、蝶和各种名贵花卉禽鸟；刁善画竹石、禽鸟、猫、兔，画花鸟最为精美。人物画在隋唐占主要地位，著名画家有阎立本、吴道子等。吴道子在京洛画寺观壁画三百余堵，变相人物，千变万态，具有天衣飞扬、满壁风动和自然高出缣素的效果，世称为“吴装”。人物画还反映了当时的重大政治事件，如，《步辇图》；描绘功臣勋将的《凌烟阁功臣图》；反映民族关系的《西域图》《职贡图》；描绘皇室贵族的《玄宗试马图》《虢国夫人游春图》；介绍文人雅士的《醉学士图》。随着印刷术的发明，版画也得到发展，敦煌莫高窟发现的金刚经扉页画显示了较为成熟的雕印技艺。吴道子、阎立德、阎立本兄弟及尉迟乙僧的绘画活动以及敦煌二百二十窟为代表的壁画体现着此一时期绘画艺术的最高成就。此外还出现许多善画某一类题材的画家，如曹霸和韩干善画马，戴嵩善画牛，薛稷善画鹤，李渐善画虎，卢弁善画猫，冯绍正善画龙，姜皎善画鹰，李逖善画昆虫，萧悦善画竹等。绘画艺术中这种专题分科的现象，说明唐代绘画题材范围的进一步扩大和画家描绘现实生活的能力迅速提高。

创作方法和表现技巧显著进步。盛唐以前勾的线条无论在人物或山树中，用笔大都没有或极少顿挫，山石树干亦无皴法，又大都填以青绿重色，涂染匀净，较少变化。晚唐孙位《高逸图》的布景中，已能见到皴染周密的树石。同时许多画家都注意写生，尤其是盛唐时期著名的山水画家张璪所说的“外师造化，中得心源”的创作思想，成为后代画家进行艺术创造的箴言。在绘画表现技巧方面，人物画中所表现的人体解剖知识，山水画和楼阁画中处理空间远近的方法，以及吴道子等名画家运用线条刻画形象的特点等，都是唐代绘画艺术的一种重要发展。

绘画风格丰富多彩。即使是画同一种题材，也呈现出各种不同风格。例如吴道子的山水画有别于李思训的山水画，李思训的画工细严整，细如毫发，属于“工笔”画。吴道子的山水超脱酣放，饶有清新的意境，属于“写意”画。阎立本和张萱、周昉的人物画也有明显的区别。他们尽管风格不同，但都表现出一种灿烂而恢宏、昂扬磅礴的时代精神风貌。唐代绘画不仅大胆汲取、借鉴外来艺术的表现技巧，而且还通过中外经济文化交流传播到其他国家，当时大食都城中有中国画工献艺，朝鲜半岛的新罗曾在中国以高价收购名画家作品。中国绘画通过中日两国的使者、商人、留学生、僧侣等传入日本，对日本古代绘画的发展产生了很大影响。

绘画理论著述增多。唐代流传下来的绘画理论著作有二十多种，如，李嗣真《后画品》、彦悰《后画录》、裴孝源《贞观公私画史》、朱景玄《唐代名画录》等，其中张彦远《历代名画记》价值最大，是我国绘画理论的一本重要著作。

（五）五代、两宋

五代的绘画艺术上承唐朝余脉，下开宋代新风。西蜀政权在宫廷里设立“图画院”，对聚集画家和推动绘画艺术的发展起着显著的作用。山水画和花鸟画在这里有了很大的发展，中原地区有荆浩和关同的山水画，他们对水墨的运用进入一个成熟的阶段。黄筌、黄居记父子和南唐徐熙在花鸟画方面的成就最大，成为我国古代花鸟画中两个主要的流派。江南地区无论是人物画、山水画或花鸟画，都有显著的成就。人物画方面以周文矩和顾闳中为代表；花鸟画以徐熙为代表；山水画以董源和巨然为代表。这些画家都善于表现平淡天真的江南风景，尤能体现风雨明晦的变化，绘画史上称他们为“江南派”，这一画派对宋元以后的山水画有很深的影响。

两宋绘画艺术进一步成熟和完备，成为中古绘画的鼎盛时期。一些画家进入手工业行列，其作品作为商品在市场上出售，增强了艺术与社会的联系。皇室贵族为政治需求及从装饰环境出发，创建了宫廷画院，集纳优秀画家，对绘画创作提出更多的要求。宋朝统治者设置画院，扩充机构，以图画开科取士，招揽人才，给画家授以职衔，从而使宋代成为历史上宫廷绘画最兴旺最活跃的阶段。文人学士把书画视为高雅的精神活动和文化素养，并对绘画提出鲜明的审美标准，在创作和理论上都开始形成独特体系。社会、宫廷、文人士大夫之间的绘画创作各具特色而又互相影响，使宋代绘画在内容、形式、技巧诸方面都出现群彩纷呈、多方发展的局面。

宋代绘画题材有很大扩展，最有建树的是广泛表现社会生活的风俗画，如，《清明上河图》《货郎图》《盘车图》《耕织图》等；与节日民俗活动相结合的节令画，如，《大傩图》《冬至婴戏图》《观灯图》等；借描绘历史传说反映人们对现实生活态度的历史故事画，如，《文姬归汉图》《采薇图》等；描绘文人韵事如《西园雅集图》等。

宋代山水画家辈出，各有专长和创造，北宋李成的塞林平远，范宽的崇山峻岭和雪景，许道宁的林木野水，郭熙描绘四时朝暮、风雨明晦的细微变化，惠崇、赵令穰的抒情小景，米芾、米友仁父子的云山墨戏；李唐、刘松年、马远、夏圭高度剪裁而富有诗意的山水反映了山水画艺术的不断变革和发展，被称为南宋四大山水画家。

花鸟画也有着长足的发展，宋徽宗赵佶执政时期，是宋代花鸟画进入全盛的时期。他大力发展皇家画院，提倡花鸟画，对促进花鸟画的发展起了一定作用；赵昌的设色折技花卉，易元吉的猿猴，崔白的败荷凫雁都具有高度水平；两宋间梁楷、法常的花鸟画已开水墨写意之先导。花鸟画发展到南宋，画风大都精密细致，艳丽生动，画小幅为最多，以林椿、李迪、毛益等人为代表。

绘画的形式和风格技巧更加多样化。卷轴画迅速发展起来，成为我国绘画的一种主要形式。同时既有用作屏风和团扇的小幅，也有像《清明上河图》那样规模宏大的长卷；既有富丽堂皇而工整细秀的花鸟画，也出现了充分运用水墨、有很高概括性和抒情性的水墨写意画。杨补之《四梅图》，加以精妙的诗字，说明绘画艺术与诗词、书法相结合的新倾向已经产生；李公麟又在纯用墨线勾染的白描手法上做出贡献。文人学士中流行的墨竹、墨梅、墨花、墨禽更着重表现主观情趣，与民间画工及宫廷花鸟画的高度写实、刻画入微的画风迥然不同。

（六）元

元代绘画题材范围大大缩小，风俗画日益衰弱，“文人画”笼罩着艺坛绘画，山水画成为元代绘画艺术的主要部门。梅、兰、竹、菊“四君子”之类的题材，渐渐流行起来。赵孟頫的墨笔山水以及竹木兰石等，扩大了干笔勾皴画法的范围。钱选学赵伯驹青绿山水，却更拙朴，人物花鸟则比较工细，淡冶清秀，他还提出行家、利家画之说。黄公望专画山水，有墨笔勾破和浅绛着色等多种画法，其追随者有陆广、马琬等人；吴镇山水学董、巨圆润之笔；倪瓒多用侧锋淡墨，山水构图又比较复杂。除他们之外，著名的元代画家还有钱选、王绎、柯九思等。王冕尤以擅长墨梅最为有名。

从绘画艺术的创作倾向来看，写意之风特盛，同时讲究诗、书、画结合的风气也日益流行。元代的壁画艺术也十分兴盛，山西洪洞县广胜寺明应王殿内的元代壁画，涉及宗教题材，生动地描绘了元代戏剧演出的情况。山西永济县永乐宫的壁画，更是元代壁画的杰作。

（七）明

明代继承宋制，重立画院。早期形成了文人画、宫廷院体画和浙派绘画三大体系。文人的绘画则继续向着写意、水墨方面发展。除了历史悠久的壁画艺术以外，版面插图和民间年画得到蓬勃的发展，给明代的绘画艺术输送了新的血液。明代人物画，万历年间有丁云鹏、吴彬，较后有崇祯年间的陈洪绶、崔子忠。陈氏亦兼工山水画，人物造型奇古，笔法圆健，自成一家，与崔氏并称为“南陈北崔”。闽人曾鲸的彩绘肖像画，流派甚为广远，尤其是陈洪绶对临摹唐宋画名迹既是老手也是高手。明代的山水画各种画派相继而生。早期以浙江画家戴进为代表的“浙派”山水画为主流，作品雄浑劲健，奔放而有气魄，成员有吴伟和王履。明代中期沈周和他的学生文征明等人，主要是继承“元四家”的绘画传统，都是苏州人，被称为“吴派”。明中期以后，“吴派”取代了“浙派”的地位，影响很大。明代后期，董其昌是一个重要的“吴派”山水画家和书法家，并用书法入画，明代后期很多画家都受他的影响。明代的花鸟画风格与画派多样，主要的派别有边文进、吕纪、陆冶等经黄筌为师的“妍丽派”，林良的“写意派”，周之冕的“勾花点叶派”，陈淳、徐渭的“水墨写意派”等。“四君子”题材在明代十分流行，文人画家中，用水墨写意的方法画兰、画竹，成了一种普遍的风尚。壁画艺术不如过去兴盛，仍在继续发展，最著名的是北京西郊法海寺的宗教题材壁画，具有工丽严谨而又奔放的特点，很明显地继承了历代壁画艺术的优良传统。

（八）清

清初顺康时期的绘画，派别很多。王时敏和王鉴同受明末画家董其昌的影响，绘画风格相近，以气韵苍润为其特点，称为“娄东派”；王翚是王时敏和王鉴的学生，善于临摹宋元名家绘画，以简淡清秀自成一家，称为“虞山派”；吴历和恽寿平都和王翚相近，互有影响。恽寿平后来专门画花鸟画，以细秀严整的风格自成一家，称为“常州派”。“四王吴恽”的绘画尽管风格各有不同，但都有一个共同的倾向，那就是他们以学习古人绘画为主，注重笔墨技术，工力都很深厚，被推崇为清代绘画的“正宗”。“娄东派”和“虞山派”的传布，在清代极为广远。清代初期的画坛，除了“四王吴恽”外，还有独特成就的名画家四僧——朱耷、石涛、石溪、弘仁。他们四人在艺术创作上都敢于革新、创造，专和“四王吴恽”一派的画风作“斗争”，并影响到后来的“扬州八怪”，以至近代的齐白石等著名画家。和“四僧”同时期的名画家如龚贤、傅山等，也都独具一格，不拘成法，颇有创造精神。

清中雍乾时期产生了一个著名的具有革新精神的画派——“扬州八怪”，主要指活跃在扬州画坛上风格相近的八个画家，即汪士慎、黄慎、金农、高翔、李鲜、郑燮、李方膺、罗聘等。这八位画家大多以画花鸟为主，黄罗二人成就最高。虽然成就不等，但大都强调独创精神和个性的抒发，所以被正统的画家看作扬州的“八怪”。同时各地还有一些著名的山水画家，如金陵的龚贤，以用墨见长，浓淡层次特多，与众不同；还有樊圻、邹喆、吴宏、高岑、叶欣、胡慥、谢荪等七人，合称“金陵八家”。后面七人的画法比较工致而大都用笔方硬，和龚氏全不一样。新安山水画家，大都用枯笔勾皴而少渲染，如程邃、戴本孝、弘仁、梅清等。

嘉庆道光间的山水画家有被称为“丹徒派”的张全崟、潘恭寿等，又有杭州的钱杜，都从明“吴门”沈文派变出。稍后有苏州刘彦仲、杭州戴熙的山水画，前者出自“吴门”，后者出自“虞山”。咸丰同治以来，任熊的人物、山水、花卉学陈洪绶而有所变化；赵之谦专攻花卉，浓冶苍劲；僧虚谷用逆笔画花卉等，别具风格；任颐是任熊的传派，晚年更为纵逸，人物、花鸟都很擅长；吴昌硕花卉则以苍劲见称。这些人大都在上海居住卖画，因此统被称为“海派”。

清代有影响的画家，还有著名的花鸟画家蒋廷锡、邹一桂；精于“界画”的袁江；清末著名人物画家有禹之鼎、焦秉贞、改琦、费丹旭；以及创造“指头画”的高其佩；传者有李世倬、朱伦瀚等人。西域人改琦，擅长画人物、仕女、佛像，画风优美而有骨力，现在我们能看到的《红楼梦》人物图即他的代表作。禹之鼎、焦秉贞、费丹旭擅长画肖像，尤精于仕女画。他们大都采用工整的西洋画法，重色彩，重光影，而不太重视用笔，展示了中西融合的新局面。

民间年画到清康、雍、乾年间达到高潮。苏州的桃花坞、天津的杨柳青和山东潍县的杨家埠，是清代民间年画的主要生产中心。年画的题材内容主要有两种：一种是为封建统治阶级服务、宣扬封建思想和封建迷信的，如门神、灶王爷等；另一种是反映现实生活、表现人民群众的思想感情和愿望的，如耕织生产、春牛图、娃娃画等。

三、古代音乐艺术

（一）上古时期

中国音乐艺术有着悠久的历史。距今六千七百年至七千余年的新石器时代，先民们可能已经可以烧制陶埙，挖制骨哨。这些原始的乐器无可置疑地告诉人们，当时的人类已经具备对乐音的审美能力，只是这些原始的音乐早已湮没无闻，现在我们只能通过文献和古文化遗址中原始乐器略窥一斑。

相传尧舜时代“以麋鞈置缶而鼓之，乃拊石击石，以象上帝玉磬之音，以致舞百兽”(《吕氏春秋》)，“击石拊石，百兽率舞”(《尚书·益稷》)，实际就是人们在土鼓、石磬之类原始乐器的伴奏下模仿兽类形态的舞蹈。葛天氏“三人操牛尾，投足以歌八阕”(《吕氏春秋》)，即舞者拿着牛尾巴，边舞边唱。这些歌、舞、乐三位一体的原始乐舞还与原始氏族的图腾崇拜相联系，反映了先民们对农业、畜牧业以及天地自然规律的认识。

在河南省舞阳县贾湖村新石器遗址发掘的距今有八九千年之久的 21 支骨笛，全部用鹤类尺骨制成，钻有 7 孔。这是迄今发现的最早的乐器，证明了古老的中国音乐在几千年前就已经发展到了相当高的水平。浙江余姚河姆渡出土的距今七千年左右的骨哨，可以看出那时人们的音乐观念已在逐渐进步。西安半坡村距今六千七百年左右新石器时代的陶埙，已有小三度、五度和小七度音程，可以发出十二个半音的音列。根据陶埙发音推断，我国民族音乐思维的基础五声音阶在新石器时代的晚期已经出现。据说一些原始时代的古乐如黄帝的《云门》、帝尧的《咸池》、帝舜时的《韶》，在周代还作为宫廷雅乐的“六代之乐”演出。这些古乐中最重要的算是《韶》，春秋时期的吴公子季札和孔子都曾欣赏过它的演出，并给予很高的评价。

（二）夏、商、周

夏商两代是奴隶制社会时期，这时的乐舞已经渐渐脱离原始氏族乐舞为氏族共有的特点。从内容上看，它们渐渐离开了原始的图腾崇拜，转而为对征服自然的人的歌颂。例如夏禹治水，造福人民，于是便出现了歌颂夏禹的乐舞《大夏》，还有歌颂启的《九招》和《九歌》。夏桀无道，商汤伐之，于是便有了歌颂商汤灭夏开创商朝的功绩乐舞《大蠖》。商代巫风盛行，于是出现了专司祭祀的巫（女巫）和觋（男巫），其在行祭时舞蹈、歌唱，是最早以音乐为职业的人。奴隶主以乐舞来祭祀天帝、祖先，同时又以乐舞来放纵自身的享受，死后还要以乐人殉葬。商代的另一个重要乐舞，是在“桑林之社”中用的《桑林》。“桑林之社”既可以祭祀祖先，也是男女聚会结交的活动。商代还有一种求雨的舞蹈，称为《雩》，这是一种边跳舞边呼号求雨的舞蹈，曾长期流传后世。

西周时期宫廷首先建立了完备的礼乐制度。在宴享娱乐中不同地位的官员规定有不同的地位、舞队的编制。周代还有采风制度，即通过收集民歌以观风俗、察民情，形成了我国第一部诗歌总集《诗经》，收有自西周初到春秋中叶五百多年的入乐诗歌三百零五篇。《诗经》中的歌曲可概括为十种曲式结构。作为歌曲尾部的高潮部分，已有专门的名称“乱”。在《诗经》成书前后，著名的爱国诗人屈原根据楚地的祭祀歌曲编成《九歌》，具有浓重的楚文化特征。至此，两种不同音乐风格的作品南北交相辉映成趣。

周代时期民间音乐生活涉及社会生活的十几个侧面，十分活跃。世传伯牙弹琴、钟子期知音的故事即始于此时，这反映出演奏技术、作曲技术以及人们欣赏水平的提高。歌唱乐人秦青的歌唱据记载能够“声振林木，响遏飞云”，民间歌女韩娥，歌后“余音绕梁，三日不绝”。这些都是声乐技术上的高度成就。

夏代已经有用鳄鱼皮蒙制的鼍鼓，商代已经发现有木腔蟒皮鼓和双鸟饕餮纹铜鼓，以及制作精良的脱胎于石桦犁的石磬。商代还出现了编钟、编铙等大型乐器。周代乐器之见于记载者约近70种，其中见于《诗经》的就有29种。湖北随州出土的战国曾侯乙墓葬中的古乐器有8种124件乐器，按照周代的“八音”乐器分类法（金、石、丝、竹、匏、土、革、木），几乎各类乐器应有尽有。其中最为重要的64件编钟乐器，总音域可达五个八度，其中部音区十二个半音齐备，可以旋宫转调。曾侯乙墓钟、磐乐器上还有铭文，内容为各诸侯国之间的乐律理论。在周代，十二律的理论已经确立，五声阶名（宫、商、角、徵、羽）也已经确立。人们已经知道五声或七声音阶中以宫音为主，宫音位置改变就叫旋宫，这样就可以达到转调的效果，反映了周代乐律学的高度成就。商、周时期出现的乐器中，对后世影响较广的有笙、竽和琴、瑟。笙在商代开始出现，在《诗经》中频繁出现，可以看出自西周以来它们经常被使用。笙、竽和琴、瑟的出现，对音乐的艺术表现力的提高起了积极作用。

到战国时期，百家争鸣，各家各派的学者都不同程度地发表过对于音乐的看法和意见，留下的音乐言论和几本专门的论著，如，墨子《非乐》、荀子《乐论》和《礼记·乐记》等，都显示了古代音乐思想的光辉成就，对后世产生了深远的影响。

（三）秦、汉

始建于秦朝而在汉武帝时得到极大加强的乐府，是中央集权封建国家为实现其对音乐文化的控制而设置的机构。它继承了周代采风制度，搜集、整理改变民间音乐，集中了一千多个来自全国各地区、各民族的优秀乐工。他们广泛地采集民间音乐，在此基础上进行加工提高或改创编，在宴享、郊祀、朝贺等场合演奏。这些用作演唱的歌词，被称为乐府诗，对当时音乐文化的发展产生了重大影响。

汉代主要的歌曲形式是相和歌。它从最初的“一人唱，三人和”的清唱，逐渐发展为有丝、竹乐器伴奏的“相和大曲”，并且具有“艳—趋—乱”的曲体结构，它对隋唐时的歌舞大曲有着重要影响。在西北边疆兴起的鼓吹乐，它以不同编制的吹管乐器和打击乐器构成多种鼓吹形式，如横吹、骑吹、黄门鼓吹等。它们或在马上演奏，或在行进中演奏，用于军乐礼仪、宫廷宴饮以及民间娱乐。今日尚存的民间吹打乐，当有汉代鼓吹的遗绪。在汉代还有“百戏”出现，它是将歌舞、杂技、角抵（相扑）合在一起表演的节目。汉代律学上的成就是京房以三分损益的方法将八度音程划为六十律。这种理论在音乐实践上虽无意义，但体现了律学思维的精微性，从理论上达到了五十三平均律的效果。

秦汉时期，一方面部分已有的乐器如铙、鼓、排箫、篪、笙、竽、琴、瑟等得到广泛的应用，同时也出现笳、角、竖笛、筝、筑、琵琶、箜篌等新乐器，这些新出现的乐器大都有较强的音乐表现力。属于鼓吹乐系统的笳和角都有较强的音量和富于特点的音色；属于相和歌系统的主要是丝竹管弦乐器，大都有适于配合歌唱与舞蹈节奏的优点。特别是琵琶类弹弦乐器的出现，是乐器演进中一个重大的进展，在歌舞音乐中占有了不可替代的地位。

（四）三国、两晋、南北朝

由相和歌发展起来的清商乐在北方得到曹魏政权的重视，并设置清商署。曹操父子都是相和歌的爱好者，特别是曹操，他用相和歌曲调填写的许多歌词，都是发自内心的思想感情的表现。两晋之交的战乱使清商乐流入南方，与南方的吴歌、西曲融合。在北魏时，这种南北融合的清商乐又回到北方，从而成为流传全国的重要乐种。汉代以来，西域诸国的歌曲已开始传入内地，北凉时吕光将在隋唐燕乐中占有重要位置的龟兹乐带到内地。可见当时各族人民在音乐上的交流已经十分广泛。传统音乐文化的代表性乐器古琴趋于成熟，这主要表现为在汉代已经出现了题解琴曲标题的古琴专著《琴操》。三国时著名的琴家嵇康在其所著《琴操》一书中有“徽以中山之玉”的记载。这说明当时的人们已经知道古琴上徽位泛音的产生。

一大批文人琴家相继出现，如嵇康、阮籍，南北朝时的戴逵、戴颙父子等，随后《广陵散》《猗兰操》《酒狂》等一批著名曲目问世。南北朝末年还盛行一种有故事情节，有角色和化妆表演，载歌载舞，同时兼有伴唱和管弦伴奏的歌舞戏。这已经是一种小型的雏形戏曲。这一时期律学上的重要成就，包括晋代荀瑁找到管乐器的“管口校正数”。南朝宋何承天在三分损益法上，以等差叠加的办法，创立十分接近十二平均律的新律。他的努力初步解决了三分损益律黄钟不能还原的难题。还出现了嵇康《声无哀乐论》那样思想新颖的音乐美学论著。

（五）隋、唐

隋唐两代，政权统一，政治稳定，经济兴旺，统治者奉行开放政策，勇于吸收外域文化，加上魏晋以来已经孕育着的各族音乐文化融合打基础，终于萌发了以歌舞音乐为主要标志的音乐艺术的全面发展高峰。

隋初七部乐到唐贞观时有十部乐，包括燕乐、清商乐、西凉乐、高昌乐、龟兹乐、疏勒乐、康国乐、安国乐、天竺乐和高丽乐。不入十部者尚有扶南、百济、突厥、新罗、倭国、南诏、骠国和属于鼓吹乐系统的鲜卑、吐谷浑、部落稽等多种伎乐，丰富多彩。唐代宫廷宴享的音乐总称“燕乐”。燕乐包括各种声乐、器乐、舞蹈乃至散乐百戏之类的体裁和样式，而其主体则是歌舞音乐。歌舞音乐中，大曲（包括法曲）又居于重要的地位。燕乐大曲直接继承了相和大曲和清乐大曲的传统，又有了重大的发展，融会了诸部乐中各族音乐的精华，形成了“散序—中序”或“拍序—破（舞遍）”的结构形式。大曲中含有散序、中序（排遍、歌头）、正、破（舞遍）、入破、虚催、衮遍、实催（促拍）、歇拍、煞衮等不同的结构成分和段落。燕乐还分为坐部伎和立部伎演奏。风靡一时的唐代歌舞大曲是燕乐中独树一帜的奇葩，仅从这繁多的名目中便可看出，燕乐大曲无论是音乐的主题结构或者节奏的发展层次都远较以前的相和大曲和清乐大曲更为细致，更为复杂而多变，其结构也庞大得多。见于《教坊录》著录的唐大曲曲名共有46个，其中著名的《霓裳羽衣曲》，由皇帝音乐家唐玄宗所作，全曲 36 段，兼有清雅的法曲风格，为人所称道。著名诗人白居易写有描绘该大曲演出过程的生动诗篇《霓裳羽衣舞歌》。燕乐大曲的高度艺术成就，标志着歌舞音乐发展的一个高峰。

唐代音乐文化的繁荣还表现为有一系列音乐教育的机构。唐朝设立庞大的音乐机构，有大乐署、鼓吹署、教坊、梨园及专门教习幼童的梨园别教园等，统领各色音乐，总人数达数万人。唐初的大乐署兼管雅乐与燕乐，也负责各类音乐人员的训练与考绩。这些机构以严密的考绩，造就一批批才华出众的音乐家。文学史上堪称一绝的唐诗在当时是可以入乐歌唱的。当时歌伎曾以能歌名家诗为快；诗人也以自己的诗作入乐后流传之广来衡量自己的写作水平。在唐代的乐队中，陆续从边疆和国外传入许多新乐器，如曲颈琵琶、五弦琵琶、筚篥、方响、锣、钹、腰鼓、羯鼓等，大都成了燕乐中的常用乐器。尤其是琵琶类弹弦乐器和各种鼓类击乐器，适应着歌舞音乐的需要，有了较显著的发展。琵琶已经与今日的琵琶形制相差无几。现在福建南曲和日本的琵琶，在形制上和演奏方法上还保留着唐琵琶的某些特点。鼓类乐器中，被唐玄宗称之为“八音之领袖”的羯鼓，以“其声焦杀，特异众乐”而受到特别的注意，出现了许多技艺高超的羯鼓名手和成套的羯鼓独奏曲，说明羯鼓音乐在节奏、力度与音色等方面都已有了相当高的表现力。受龟兹音乐理论的影响，唐代出现了八十四调、燕乐二十八调的乐学理论。唐代曹柔还创立了减字谱的古琴记谱法，一直沿用至近代。

（六）宋、金、元

宋、金、元时期音乐文化的发展以市民音乐的勃兴为重要标志，较隋唐音乐得到更为深入的发展。随着都市商品经济的繁荣，适应市民阶层文化生活的游艺场“瓦舍”“勾栏”应运而生。

在“瓦舍”“勾栏”中，人们可以听到叫声、嘌唱、小唱、唱赚等艺术歌曲的演唱，也可以看到说唱类音乐种类崖词、陶真、鼓子词、诸宫调，以及杂剧、院本的表演，可谓争奇斗艳、百花齐放。曲子在民间则沿着另一条路线发展，它除作为歌曲演唱外，还成了说唱和戏曲创作的音乐材料，同时也出现了由单只曲调的运用向多只曲调依不同方式联合的趋势，于是形成了多样的声乐体裁与形式。一种叫“缠令”，由几个不同的曲调连接而成，前面有引子，后面有尾声；一种叫“缠达”，由两个曲调轮流反复，前面有引子，后面没有尾声。缠令、缠达两种曲式结构对后世戏曲以及器乐的曲式结构有着一定的影响。而鼓子词则影响到后世的说唱音乐鼓词。诸宫调是这一时期成熟起来的大型说唱曲种。

承隋唐曲子词发展的遗绪，宋代词调音乐获得了空前的发展。这种长短句的歌唱文学体裁可以分为引、慢、近、拍、令等词牌形式。在填词的手法上出现了“减字”“偷声”“摊破”“犯调”等变化运用和发展曲调的手法，产生了徐缓抒情而细腻深刻的“慢曲”，成为当时流行的一种曲式。南宋姜夔精通音乐，是既会作词又能依词度曲的著名词家、音乐家。他的《白石道人歌曲》是现存最早的宋词歌谱。他有十七首自度曲和一首减字谱的琴歌《古怨》传世，是研究宋词音乐的珍贵资料。宋代的古琴音乐以郭楚望的代表作《潇湘水云》开古琴流派之先河。乐器和器乐在宋元时期也有重要的发展，宋代出现了“马尾胡琴”的记载，元代胡琴（三弦）已是一种相当流行的乐器。宋代城市的游乐场所中流行着多种器乐合奏形式。有名为“细乐”的丝竹乐器合奏，名为“清乐”的管乐合奏，以及“小乐器”“鼓板”等。元代蒙古族传统音乐“达达乐”，则是一种弦乐合奏的形式。现代民间流行的多种小型器乐合奏大都和它们有着久远的渊源关系。在乐学理论上宋代出现了燕乐音阶的记载。在音乐思想上，周敦颐首先提出“淡”与“和”的音乐观。同时，早期的工尺谱谱式也在张炎《词源》和沈括的《梦溪笔谈》中出现。近代通行的一种工尺谱直接导源于此时。

宋代还是我国戏曲趋于成熟的时代，标志是南宋时南戏的出现。南戏又称温州杂剧、永嘉杂剧，其音乐丰富而自然。最初是一些民间小调，剧本没有折数限制，演唱时没有宫调的束缚，各种角色都能有唱，还有对唱、齐唱等活泼多样的演唱形式。后来发展为曲牌体戏曲音乐时，还出现了组织不同曲牌的若干乐句构成一种新曲牌的"集曲"形式。南戏在演唱形式上已有独唱、对唱、合唱等多种。元末，南戏已发展成具有高度艺术水平，在南方有着广泛影响的戏曲形式，称为"传奇"。南戏音乐通称"南曲"，它的主要特点是用五声音阶，字少调缓，风格柔婉。传世的三种南戏剧本《张协状元》等见于《永乐大典》。

戏曲艺术在元代出现了以元杂剧为代表的高峰。元杂剧的兴盛最初在北方，继承唐代歌舞戏和参军戏的传统，在广泛兴起的曲子的基础上，到元代达到鼎盛时期。由北渐次向南方发展，与南方戏曲发生交融。代表性的元杂剧作家有关汉卿、马致远、郑光祖、白朴，另外还有王实甫、乔吉甫，世称六大家。典型作品如关汉卿的《窦娥冤》《单刀会》，王实甫的《西厢记》。元杂剧有严格的结构，即每部作品由四折（幕）一楔子（序幕或者过场）构成。一折内限用同一宫调，一韵到底，常由一个角色（末或旦）主唱，有时也有突破，如王实甫的《西厢记》达五本二十折。元杂剧对南方戏曲的影响，促进南戏的进一步成熟，出现了一系列典型剧作，如《拜月庭》《琵琶记》等。这些剧本经历代流传，至今仍在上演。当时南北曲的风格已经初步确立：以七声音阶为主的北曲沉雄；以五声音阶为主的南曲柔婉。随着元代戏曲艺术的发展，出现了最早的总结戏曲演唱理论的专著，有最早音乐百科全书《乐书》，燕南之庵总结歌唱经验的《唱论》，周德清总结音韵规律、探讨创作理论的《中原音韵》，此书是北曲最早的韵书，它把北方语言分为十九个韵部，并且把字调分为阴平、阳平、上声、去声四种。其中的《韵谱》是中国第一部供写作北曲用的曲韵，它对以后戏曲、说唱的创作和演唱都有重大的影响，对后世音韵学的研究均有很大的影响。

（七）明、清

明清音乐文化的发展更具有世俗化的特点。民歌小曲获得了空前的发展，小曲内容丰富，“吴歌”“挂枝儿”“罗江怨”“打枣竿”“银纽丝”等多种民歌小曲已在各地广泛流传。由此，私人收集编辑、刊刻小曲成风，而且从民歌小曲到唱本、戏文、琴曲均有私人刊本问世。如冯梦龙编辑的《山歌》，朱权编辑的最早琴曲《神奇秘谱》等。

明清时期说唱音乐异彩纷呈。其中南方的弹词，北方的鼓词，以及牌子曲、琴书、道情类的说唱曲种更为重要。南方秀丽的弹词以苏州弹词影响最大。就其音乐结构而言，主要有两种类型：一种是属于“曲牌体”的各种牌子曲；另一种是近似“板腔体”的各种鼓词、弹词等。清代，苏州出现了以陈遇乾为代表的苍凉雄劲的陈调，以马如飞为代表的爽直酣畅的马调，以俞秀山为代表的秀丽柔婉的俞调这三个重要流派，以后又繁衍出许多新的流派。北方的鼓词以山东大鼓及冀中的木板大鼓、西河大鼓、京韵大鼓较为重要。而牌子曲类的说唱有单弦，河南大调曲子等；琴书类说唱有山东琴书、四川扬琴等；道情类说唱有浙江道情、陕西道情、湖北渔鼓等；少数民族也出现了一些说唱曲，如蒙古说书、白族的大本曲。

明清时期，歌舞音乐在各族人民中有较大的发展，如汉族的各种秧歌、维吾尔族的木卡姆、藏族的囊玛、壮族的铜鼓舞、傣族的孔雀舞、彝族的跳月、苗族的芦笙舞等。以声腔的流布为特点，明清戏曲音乐出现了新的发展高峰。明初四大声腔有海盐、余姚、弋阳、昆山诸腔，其中的昆山腔经由江苏太仓魏良甫等人的改革，以曲调细腻流畅，发音讲究字头、字腹、字尾而赢得人们的喜爱；昆山腔又经过南北曲的汇流，形成了一时为戏曲之冠的昆剧；弋阳腔以其灵活多变的特点对各地的方言小戏发生重要影响，使得各地小戏日益增多，如各种高腔戏。

明末清初，大量民间小戏兴起。这些民间小戏，大都只有两三个角色，所演多为日常生活情节和民间故事，有浓厚的生活气息。南方的各种“花灯戏”“花鼓戏”“滩簧”和北方的秧歌、二人台、二人转等均属之，有一些后来发展成了大戏。北方以陕西秦腔为代表的梆子腔得到很快的发展，它影响到山西的蒲州梆子、陕西的同州梆子、河北梆子、河南梆子。这种高亢、豪爽的梆子腔在北方各省经久不衰。晚清，由西皮和二黄两种基本曲调构成的皮黄腔，在北京初步形成，由此产生了京剧。

明清时期，器乐的发展表现为民间出现了多种器乐合奏的形式。如北京的智化寺管乐、西安的鼓乐、河北吹歌、江南丝竹、十番锣鼓等。明代的《平沙落雁》、清代的《流水》等琴曲，《阳关三叠》《胡笳十八拍》等琴歌，广为流传。琵琶乐曲自元末明初有《海青拿天鹅》以及《十面埋伏》等名曲问世，至清代还出现了华秋苹编辑的最早的《琵琶谱》。明代音乐科学的重大成就是十二平均律的发明。音乐理论家朱载堉，经过数十年刻苦钻研，大量的科学实验和精密计算，创造了“新法密率”，即十二平均律，计算出十二平均律的相邻两个律（半音）间的长度比值，精确到二十五位数字，这一律学上的成就在世界上是首创，彻底解决了千百年来旧的三分损益律和旋宫转调的创作要求之间的矛盾，为音乐艺术和音乐科学的发展作出了不可磨灭的贡献。在琴论和曲论方面，此时期都有不少值得注意的成就。如，徐上瀛《山琴况》、沈宠绥《度曲须知》、徐大椿《乐府传声》等，都包含了不少可贵的创作和演奏（唱）的艺术经验。

四、古代雕塑艺术

中国的雕塑艺术同书法、绘画一样，是构成中国艺术长廊不可或缺的组成部分，它是一种立体的书画艺术，是一种更为传神的造型艺术美。中国古代雕塑在题材内容、形式风格、雕塑技法及材质上都具有鲜明浓郁的民族特色、时代特色。在人类祖先漫长的发展过程中，从简单打制石器，到把石器磨光分类使用，到精神文化层面的装饰品，随着思维能力和审美意识的提高而愈加美观。最初的雕塑可以追溯到原始社会的石器和陶器。造型多样的陶器，为中国雕塑的多向性发展奠定了基础。

陶器出现在新石器后期。它们造型丰富、纹饰多样，既是生活中必需的日常用器，也是可以欣赏的艺术品。这时的陶器还没有脱离实用的目的，从工艺手段上大致可以分为以下几种：一是以动物外形为器皿，如仰韶文化遗址出土的陶质鹰鼎；二是装饰部分的雕塑，有的以配件的形式出现，如盖钮、把手等，有的以浮雕等形式出现，如动物、植物、人物等，甘肃大地湾出土的陶瓶人头像，可谓中国早期人物雕塑的开端；三是小型动物或人物捏塑，这种小雕塑都是古代工匠不假工具信手捏制的，形体小巧，带有浓厚的人情味，浙江河姆渡文化遗址出土的陶塑猪可能是我国江南地区最古老的雕塑作品。

（一）商、周

公元前 21 世纪到公元前 17 世纪的商、周时期，青铜器是用于祭祀、生活、乐器、兵器、工具等方面的实用器物，从形式上可以分为以下几种：一是以动物造型为主题，如安阳妇好墓出土的鸮尊；二是表面装饰主题，有浮雕、圆雕、透雕等形式，如湖南宁乡出土的四羊方尊；三是青铜造像，如四川广汉三星堆出土的站立人物像，河南洛阳出土的玩鸟顽童雕像。另外，在这个时期还有用石、玉、陶等材料制成的雕塑作品。这类雕塑的目的在于祭祀、日常生活用品、服饰等方面。商周墓中经常会有玉雕的佩饰品，有玉鳖、玉虎、玉人等。春秋晚期的墓葬已大量使用陶俑替代人殉葬。山东、湖南、河南、湖北等地的墓葬中，还发现有木雕人俑。

（二）春秋战国

春秋战国时代的其他雕塑作品，文献上有零星记载，但实物已无处可见。另外建筑物上瓦当配件或装饰，有各种纹样的浮雕，以动物、云气、几何纹为主要内容。随着手工业的发达起来，专门对铜、玉、石、古、木进行加工的行业明显比以前分工更细，并有专门管理“百工”的人员和机构。

（三）秦

秦代在雕塑方面有重大发展，最引人注目的是陶兵马俑和铜车马。兵马俑体态与真人等大，数量众多，神态各异，有立、有跪，有驭手、射手，有军官、士兵，采用模制加手工塑型的技术，分段成型，都是用陶土整体焙烧，不论是造型、塑造、烧制等各个环节，都是一项庞大的工程，产生着震撼人心的艺术魅力。与秦俑同时发现的另外一个雕塑艺术史上的奇迹就是铜车马。这些铜车马比秦俑要小些，铜铸而成，做工更为精细、考究，空前罕见。秦代兵马俑与铜车马都是古代劳动人民智慧的结晶，比以往任何一个时代都前进了一大步，它显示出我国两千多年前高超的雕塑艺术水平。秦代的瓦当艺术也比较突出。一方面是瓦当装饰，秦代的空心陶砖上雕以龙、凤或狩猎、农耕的图案；另一方面是其建筑浮雕，纹样有卷云纹和动物纹，构思巧妙、变化多端。这些艺术特征对后来的汉魏六朝等时期有很大影响。

（四）汉

汉代雕塑作品的品种和数量相当丰富，呈现出的主体面貌浑厚简练、生动完整。这个时期雕塑艺术成就突出表现在大型纪念性石刻和装饰性雕刻上。西汉名将霍去病墓前的大型动物石刻在20世纪20年代被挖掘、整理、保护起来，完整的有十二三件，其体积大，风格独特，手法简练概括，于浑厚中显示着雄强的力之美，在中外雕塑史上都是罕见的。其中的“马踏匈奴”石雕像，高190厘米，采用巨大整体石块，利用自然外形加以艺术处理，灵活使用圆雕、浮雕、线刻的表现手法，使之完全服从于雕塑的整体造型，用隐喻的手法，借战马的形象来体现霍去病的威猛和战功卓著，充分体现出纪念性雕塑的概括性。

汉代厚葬之风使陪葬的动物俑和人物俑的雕塑作品众多，其造型古朴、神态夸张而强调动势。开始大量出现陶制的粮仓、猪圈、锅灶、房屋以及鸡、鸭、狗、猪等充满生活情趣的事物，舂米、采芋、酿酒以及舞乐百戏等情景在汉代的砖画像中以浮雕的形式大量存在，宴饮、驱车、习射等士大夫的生活也得到了表现。可以看出当时制陶工艺的进步，有许多陶质明器都挂了赭色釉和绿色釉，这为研究当时的农牧业、社会结构等提供了形象佐证。在日常生活中，人们不再满足实用，而是趋向于把生活用品制作得更艺术化。因此，西汉的工艺装饰性雕塑十分发达，其一为铜镜装饰，除与前代大体相同的云雷纹、蟠龙纹以外，比较流行使用吉祥语，如“长相思、毋相忘、常富贵、乐未央”等；其二为金银嵌镶工艺，即在铜制器物上嵌镶金、银、松石等不同材质的装饰，再填以黑漆，曰“错金银”，最有代表性的为“错金银”博山炉。西汉的玉雕也是小型雕刻艺术代表，常见的有带钩、印牛、头饰、玉佩等，随葬品有玉蝉、玉猪等，这些小型玉雕小中见大、选材精良、造型完整。

（五）三国、两晋、南北朝

三国、两晋、南北朝时期是一个佛教思想与儒学思想碰撞、交融的时期。统治者利用宗教大建寺庙，凿窟造像，利用直观的造型艺术宣传统治者思想和教义。佛教的盛行促使佛像艺术蓬勃发展，人物雕塑更加成熟，以墓葬为目的的雕塑也从另一条道路走向繁荣。

佛寺的兴建在东汉时已经被正史记载，造像活动也因此展开。晋代以后，造像活动大肆盛行。佛像艺术的第一种为石窟形式，以北方地区为主，由丝绸之路传入内地。甘肃的敦煌石窟、炳灵寺石窟、新疆拜城克孜尔石窟等，都有明确的年号题记。一路开凿的还有甘肃天水麦积山石窟、张掖马蹄寺石窟、宁夏固原须弥山石窟、山西大同云冈石窟、河南洛阳龙门石窟、河北邯郸响堂山石窟、江苏南京栖霞山石窟等。第二类雕塑作品为陵墓雕塑。曹魏时期，墓葬推崇简易，所以这一时期的陵墓未有雕像被发现。南北朝时期，一般都在墓前设置一对或多对石兽，有想象出来的神兽“麒麟”，有长翼狮虎等。这种石雕一般都比较庞大，姿态宏伟，整体感较强，有浓厚的汉代遗风。现存最为杰出的是江苏句容石狮村梁南康简王萧绩墓前的石雕群，最能代表当时的艺术风格。

（六）隋、唐

经过隋和初唐的过渡阶段，融会了南北朝时北方和南方雕塑艺术的成就，又通过丝绸之路汲取了域外艺术的养分，到隋唐五代，雕塑艺术的发展出现新高峰，创造出具有时代风格的不朽杰作。宗教造像艺术、陵墓的装饰雕刻艺术、陪葬的陶瓷雕塑艺术、肖像造型艺术等都进入一个空前繁荣时期。

隋代开国即下诏复兴佛法，唐代倡导佛教不遗余力。道、儒、佛三教建庙造像之风兴盛，促进了宗教雕塑艺术的发展。唐代宗教造像，以佛教为主，也有道教造像，包括石窟寺中的石雕和泥塑、摩崖大像和造像龛、供寺庙内供养的石雕和金铜造像以及石质经幢的雕刻等。唐代石窟寺造像在著名的敦煌、龙门、炳灵寺、天龙山等石窟中都有保存，新开凿的有青州云门山石窟、济南玉函山与柳埠千佛崖、广元千佛崖与皇泽寺、乐山与安岳摩崖造像等。石窟造像最优秀的是龙门石窟、潜溪寺窟与奉先寺摩崖大龛，佛、菩萨或天王、力士等形象崇高庄严，神态亲切慈祥。美轮美奂的菩萨把广大人民对人世间美好生活的向往和热爱，用光彩美丽的艺术形象充分表达出来，成为人世间美与善的象征，体现了唐代雕塑大师卓越的创造才能和天才的艺术感受力，在中国乃至世界雕刻史上放射着夺目的光辉。唐代存世的造像碑，以涅变碑像最为宏丽精美，碑身正面刻临终遗诫、入涅、纳棺、再生说法、送葬、荼毗等六图，碑阴上部续刻八王分舍利和起塔，合为涅变八图浮雕，具有极高的艺术价值与历史价值。盛唐的白大理石造像，以五台山佛光寺无垢净光塔塔基出土的释迦坐像及迦叶、阿难立像，西安兴庆宫遗址出土观音菩萨坐像最为出色。

陵墓雕塑相当考究，其艺术水平之高可与宗教造像艺术相匹敌。集中分布在陕西省 6 县 18 皇陵，至今保存有大型陵墓石刻群，堪称唐代大型纪念性群雕的艺术宝库。陵墓雕塑分为陵墓石雕和墓俑雕塑。陵墓石雕是指统治者在其陵墓前设置的守墓。早期的唐陵石刻尚未形成定制，唐太宗开创因山造陵制度，从唐高宗与武则天合葬的乾陵开始，唐陵石刻形成定制。石刻品种有华表、翼马、鸵鸟、石马、控马人、文武侍臣、客使、蹲狮、卧虎等，格调庄严肃穆。墓俑雕塑主要是陶塑，也有一些瓷塑、泥塑、木雕和石雕。陶俑中，除一般陶质或施彩绘外，也有釉陶俑。特别是这一时期创制出一种三彩俑，器表施有黄、绿褐、蓝、黑等彩釉，胎色有红、白两种，其烧成温度较瓷器略低，以釉色绚烂多变而受人喜爱。隋唐的陶俑大致分为镇墓兽、男女俑、动物俑三大类。这些作品多出自民间匠师之手，具有浓厚的生活气息。唐代陶瓷雕塑最出色的代表，是西安、洛阳、扬州、山西、甘肃等地唐墓出土的三彩釉陶塑，它始于高宗朝，盛于玄宗开元时期，其绚丽色彩与优美造型最能体现盛唐气象。

五代十国的陵墓雕刻以精细见长，而气势不如唐代，典型的有成都前蜀王建墓，包括陵前的石刻侍臣、墓室内的王建坐像、抬棺武士石像及雕饰伎乐图像的石棺床等。此外，福州战坂乡闽王墓前的石人与石兽、南京牛首山南唐钦陵内的浮雕武士像，亦属五代陵墓雕刻重要遗迹。

隋唐五代美化桥梁寺塔等公共建筑的装饰雕塑成就颇足称道。这些装饰雕塑是与佛教雕塑和陵墓雕塑连在一起的，可从建筑装饰和碑石、墓志、石棺、石椁线刻以及工艺雕刻小品上得到印证。如桥梁建筑的桥栏板雕刻，寺、庙、塔的门框和门楣及柱梁的线刻，碑石墓志上的刻字刻图，石棺、石椁上的侍女线刻等，都显示出雄奇奔放、饱满瑰丽、意气风发的时代风貌。如河北赵县的安济桥石栏板、济南柳埠千佛崖前的唐代石雕龙虎塔、西安大雁塔门楣石刻佛殿说法图等，不论是浮雕或是线刻，均有很高的艺术水平。五代南唐在整修南京栖霞山隋建舍利塔时，于基座部分补刻的佛传故事浮雕，艺术水平也相当高。河南安阳清凉山唐代建造的修定寺塔，堪称集石雕与砖雕装饰之大成。

隋唐五代时期佩饰艺术品中，除玉石、琥珀等佩饰外，小型瓷玩具也显得富丽华美。河南安阳发现过专烧小型人、马、犬和盆、罐等的窑址。河南、陕西地区的唐代儿童墓中，都出土过包括乘坐牛车的娃娃、骑马的小骑士，以及小狗、小兔、猴子、狮子和小羊等儿童玩具，体态玲珑，釉色晶莹，稚气可爱。

（七）宋、辽、金

宋辽金元时期由于城市商业发展和推崇儒家理学思想，开窟造像之风不如前代之盛。北宋陵墓雕刻沿袭唐代传统，但规模与气势明显削弱。宋代雕塑进一步生活化、世俗化，创作手法上趋于写实风格，材料使用上则更加广泛。彩塑较为发达，佛雕造像以观音菩萨居多。雕砖、陶瓷塑像等小型雕塑，表现技巧有所提高。开窟造像规模最大、艺术水平最突出的是陕北地区及四川大足、浙江杭州等江南地区，造像题材有释迦、三世佛、千佛、弟子、菩萨、五百罗汉、佛说法图、涅变等。从材料上看有石雕、泥雕、木雕、彩塑、铜像等。宋代帝陵石雕效法唐代而稍加变化，神道两侧自南而北列置华表、大象和驯象奴、瑞禽、瑞兽、鞍马和控马官、蹲虎、跪羊、客使、文武侍臣、门狮、着甲卫士、内侍等石刻，每陵多达58件，艺术水平比较突出。

辽、西夏、金等少数民族的雕塑作品主流风格多受宋影响，但在不同程度上呈现出其民族的特色。元初蒙古族统治者先后仿照汉族建筑样式，后来元统治者重视手工业，雕塑作为其中重要的组成部分也得到了一定的发展。元代统治者信奉藏传佛教，发端于西藏的藏传佛教造像开始流布华北杭州等地，分布各地的寺庙塑像、石窟造像等则展示了元代雕塑艺术的概貌。

此外，宋辽金元时代，在绘画与雕版印刷术蓬勃发展的推动下，雕砖艺术成就卓著。北宋采用拼铸法铸成铁人，形象庄严造型朴实凝重。

（八）明、清

明清是中国封建社会晚期，雕塑艺术更加世俗化并走向繁缛衰萎，多趋于装饰化和工艺化。这些雕塑大多更强调实用性与玩赏性，体现出工艺品的特色。开窟造像之风骤歇，寺庙塑像与陵墓雕刻形式华丽而缺乏内在精神；建筑雕饰有所发展，技艺提高；工艺小品雕塑有不少卓越的创造。

山西平顺林虑山宝岩寺石窟开凿于明代，为中国石窟造像的尾声。其造型仿效唐宋，题材继续流行罗汉群像，然多属定型的程式化作品。清皇室崇奉藏传佛教，故而藏传佛教造像在清代再度兴盛。北京雍和宫法轮殿高 6 米的黄教创始人宗喀巴铜像与大佛楼内高 18 米的木雕弥勒佛、承德普宁寺大乘阁 22 米的木雕千手千眼观音、西藏日喀则扎什伦布寺 26 米的铜铸鎏金弥勒佛等，皆属清代藏传佛教巨像。

明清陵墓及明器雕塑以明代北京昌平十三陵、南京孝陵、江苏盱眙祖陵、湖北钟祥显陵和清代沈阳福陵与昭陵、遵化东陵中的孝陵、景陵、裕陵及定陵、易县西陵中的泰陵与昌陵等为代表，规模宏大，内容丰富，保存良好。明清贵族墓葬出土的陶、木俑与模型器，不厌其烦地渲染墓主人生前的阔绰排场，仪仗俑、乐队俑、骑卫俑、抬轿俑、男女杂役俑、家畜家禽、家具器皿、庭院牌坊、影壁凉亭等无所不包。

明清建筑装饰雕刻有重大发展，不少公共建筑物的门户、阶陛、檐柱、照壁、额枋及屋脊，运用金属铸像、石刻、琉璃彩塑、砖刻及木雕等作装饰。雕刻题材有龙凤云水、珍禽瑞兽、松竹花卉、历史故事及吉祥文字等，力求雅俗共赏，雕刻形式多种多样，技艺精湛。民间公共建筑的木雕与砖雕，显示出清代民间装饰雕刻的卓越技艺。

明清的工艺雕刻与案头小品雕塑蓬勃发展，能工巧匠层出不穷，出现流派纷呈、百花竞艳的景象。工艺雕刻以故宫博物院珍藏的大禹治水青玉山子最为著名。

【经典文选】

周易

【导读】

《周易》又称《易经》，是传统重要经典之一，相传为周文王姬昌所作，内容包括《经》和《传》两个部分。《经》由六十四个象征符号（即卦画）组成，每卦的内容包括卦画、卦名、卦辞、爻题、爻辞。《传》或称《易传》，包含解释卦辞和爻辞的文辞共十篇，统称《十翼》，分别为：《彖（上、下）》《象（上、下）》《文言》《系辞（上、下）》《说卦》《序卦》《杂卦》，相传为孔子所撰，但一般认为它是战国或秦汉时期的儒家作品，并非出自一时一人之手。

《周易》思想讲究阴阳互应、刚柔相济，提倡自强不息、厚德载物。古代中国学者的哲学思考，通过对易经的研究得到启发，哲学思辨能力也多数是在对易经的分析阐解和不同意见的争鸣中得到训练和提高。因此，被称为中国传统思想文化中自然哲学与人文实践的理论根源，古代汉民族思想、智慧的结晶，被誉为“大道之源”，对中国几千年来的政治、经济、文化等各个领域都产生了极其深刻的影响。

系辞[1]

【正文】

天尊地卑，乾坤定矣。卑高以陈[2]，贵贱位矣。动静有常[3]，刚柔断矣。方以类聚，物以群分[4]，吉凶生矣。在天成象，在地成形，变化见矣[5]。是故刚柔相摩[6]，八卦相荡，鼓之以雷霆[7]，润之以风雨；日月运行，一寒一暑。乾道成男，坤道成女[8]。乾知大始[9]，坤作成物。乾以易知[10]，坤以简能；易则易知，简则易从；易知则有亲，易从则有功；有亲则可久，有功则可大；可久则贤人之德，可大则贤人之业。易简而天下之理得矣。天下之理得，而成位乎其中矣[11]。

圣人设卦观象，系辞焉[12]！而明吉凶，刚柔相推而生变化。是故吉凶者，失得之象也；悔吝者，忧虞之象也[13]；变化者，进退之象也；刚柔者，昼夜之象也[14]。六爻之动，三极之道也[15]。是故君子所居而安者，《易》之序也[16]；所乐而玩者，爻之辞也[17]。是故君子居则观其象而玩其辞，动则观其变而玩其占，是以自天佑之[18]，吉无不利。

彖者，言乎象者也[19]；爻者，言乎变者也[20]。吉凶者，言乎其失得也；悔吝者，言乎其小疵也。无咎者，善补过者也。是故列贵贱者存乎位，齐小大者存乎卦，辩吉凶者存乎辞，忧悔吝者存乎介，震无咎者存乎悔[21]。是故卦有小大，辞有险易[22]；辞也者，各指其所之[23]。

易与天地准[24]，故能弥纶天地之道[25]。仰以观于天文，俯以察于地理，是故知幽明之故[26]，原始反终[27]，故知死生之说。精气为物，游魂为变，是故知鬼神之情状[28]。与天地相似，故不违。知周乎万物而道济天下[29]，故不过。旁行而不流[30]，乐天知命，故不忧[31]。安土敦乎仁，故能爱[32]。范围天地之化而不过[33]，曲成万物而不遗[34]，通乎昼夜之道而知，故神无方而易无体[35]。

一阴一阳之谓道。继之者善也，成之者性也[36]。仁者见之谓之仁，知者见之谓之知，百姓日用而不知，故君子之道鲜矣[37]。显诸仁，藏诸用，鼓万物而不与圣人同忧，盛德大业至矣哉[38]！

富有之谓大业，日新之谓盛德[39]。生生之谓易，成象之谓乾，效法之谓坤[40]，极数知来之谓占，通变之谓事，阴阳不测之谓神[41]。

夫《易》，广矣大矣[42]，以言乎远则不御，以言乎迩则静而正[43]，以言乎天地之间则备矣。夫乾，其静也专[44]，其动也直，是以大生焉。夫坤，其静也翕，其动也辟[45]，是以广生焉。广大配天地，变通配四时，阴阳之义配日月，易简之善配至德[46]。

子曰[47]：“《易》，其至矣乎！夫《易》，圣人所以崇德而广业也。知崇礼卑[48]，崇效天，卑法地。天地设位，而《易》行乎其中矣。成性存存[49]，道义之门。”

【注释】

［1］本义是系辞于卦爻之下，指系在《周易》古经后面的文辞，为《十翼》之一，是对《周易》全书内容总体概括和系统全面的阐述。其以阴阳对立的观念解释全书的性质、八卦的起源、观物取象的方法及巫筮原理等，对后人理解八卦要义具有很大的帮助，并将全书提升到很高的哲学高度，成为研习《周易》的一把钥匙。

［2］尊：高、贵。天阳气轻清在上，故曰尊。卑：下、贱。又作“埤”。地阴气浊重在下，故曰卑。定：谓定其方位。陈：列。

［3］此指天地自然而言，天运转不已，故曰动；地凝重不移，故曰静。常：规律。关于天动地静之说，战国时代极为普遍。断：分，判。

［4］方：指事情。此句与下文“物以群分”为互文，即方与物以类聚，以群分，事情和人物，都是类聚群分的。王弼注：“方，事也”即其证。

［5］象：天象，日月星辰。形：地形，山川草木。见：通“现”，显现。

［6］刚柔相摩：摩，摩擦。荡，激荡。刚柔，古代将天地万

物分为刚性、柔性两大类。

［7］鼓：通“郭”，有“动”之意。霆：雷之余气。《谷梁传》：“云雷者何？霆也。”

［8］乾道：即阳道。男：阳性事物。坤道：即阴道。女：阴性事物。

［9］知：先儒多训为“主”“为”。由《彖》释《乾》称“万物资始”考之，此“知”就应解作“资”，“资”“知”音近互假。作：一本作“化”。

［10］易：平易，《尔雅》“平、均、夷、弟，易也”。知：读为智。易知：犹言从平常中显示智慧。简：简明。能：功能。简能：从简略中体现出功能。

［11］成位：居位。

［12］卦：指六十四卦。象：卦象。系辞：于卦爻之后系属其文辞，在此句“吉凶”之后“虞本更有悔吝二字”（《释文》）。

［13］悔吝：悔难。悔：恨。吝：通“遴”，行难。虞：度。

［14］变化：指六爻之变化。亦即《系辞》所谓“变动不居，周流六虚，上下无常，刚柔相易”“爻者，言乎变者也”。进退：由爻之变化而产生。阳动为进，阴动为退。刚柔：指阴阳二画，阳刚为“—”，阴柔为“- -”。

［15］三极：三才，即天、地、人。八卦有三画：上画象天，下画象地，中画象人。六爻兼三才故初二为下象地，三四为中象人，五上为上象天。

［16］居：静处。安：依。序：次序。

［17］玩：一本作“翫”，有玩味、玩习之意。《列子·黄帝篇》：“吾与若玩其文也久矣”。张湛注：“玩，习也。”乐：一本作“变”，案下文“动则观其变”“爻者言乎变者也”，似从“变”为是。

［18］祐：保佑。

［19］彖："材"，通"裁"，故有裁断之义，此指彖辞。言：说明。象：指一卦之象。

［20］爻：指爻辞。变：指刚柔两画的变化。

［21］列：分布。位：六爻之位。齐：正定。大小：指卦而言，阳卦大，阴卦小。辞：爻辞。介：微小。震：惊惧。

［22］险：凶恶。易：平易，此即善吉。

［23］各指其所之：之，适。卦爻辞各指示人的所住，趋吉避凶。

［24］易：即易理。准：等同、齐平。

［25］弥纶：普遍包络概括。弥：遍。纶：络。

［26］幽明：幽暗光明。

［27］由事物开始返归到事物的终结。原：推究。反：一本作"及"，训为"返"。

［28］精气为物：阴阳精灵之气聚则物成其形。精气：指阴阳精灵之气。游魂：气之游散。阳气曰魂，以上下文思之，精气指神，游魂指鬼。鬼神，阴阳之气屈伸变化。鬼：归，即气之屈而归，物终气归曰鬼。神：伸，即气之伸而至，物生气伸曰神。

［29］济：助。

［30］旁行：广泛推行。《广雅》："旁，广也，大也。"流：《释文》"京作留"。

［31］乐天：顺行天道。知命：知性命之理。

［32］安土：安居坤土。敦：笃厚。仁：爱。

［33］范围：包括、法周。范：铸金之范，引申为法。围：周围、范围，今人黄沛荣解作笼罩，其说甚是。不过，汉儒释此为乾坤消息法周天地变化而不过于十二辰。

［34］曲：本义为器受物之形。成：当为"盛"。曲成：即受盛。不遗：不遗失细微。

［35］方：处所。体：固定形体。

［36］继：秉受，继续。成：生成，成就。性：天性，本性。

［37］知：通“智”。鲜：少。

［38］显：显现。用：功用。鼓：动。至：极。

［39］富有：无所不备。日新：变化不息，日日增新。

［40］生生：阴阳相互变化而不穷。效法：效地之形。法即形。

［41］极数：穷极蓍策之数。占：筮占。通变：即变通，指变化而通达、趋时而利。阴阳不测：阴阳变化迅速微妙而不可测度。

［42］广：宽广。坤为广。大：盛大。乾为大。

［43］御：止。《周易集解》：“虞翻曰：‘御，止也。远谓乾，天高不御也。’”迩：近。正：定。

［44］专：一本作“塼”，专、塼二者通，此当训为“圜”。《说卦》“乾为圜”即其证。

［45］翕：闭合。辟：开。

［46］配：匹配。变通：变化通达。易简：指“易则易知，简则易从”，即易知易从谓易简。至：大。

［47］子曰：《系辞》《文言》所谓“子曰”，乃指孔子，然“子曰”所引是否真为孔子言论，已无从考证。

［48］知：即“智”。礼：礼仪。一本作“体”，“礼”“体”相通。

［49］维持其生存。成：成全。存：常在。《尔雅·释训》：“存存，在也。”阮元曰：“存存，在也。如孟子说：‘存其心，养其性也。’”道：所由之路，乾阳为道。义：所处之宜，坤阴为宜。

【知识拓展】本课中出现的成语或典故

仁者见仁，智者见智：仁者从仁的角度看待，智者从智的角度看待。比喻对同一个问题，不同的人从不同的立场或角度去看有不同的看法。

乐天知命：旧指乐从天道的安排，安守命运的分限。现大多引申为安于现状，乐守本分。

原始反终：探求事物发展的起源和结果。

方以类聚，物以群分：方，方术，治道的方法；物，事物。原指各种方术因种类相同聚在一起，各种事物因种类不同而区分开。后指人或事物按其性质分门别类。

动静有常：行动和静止都有一定常规。指行动合乎规范。

智周万物：天下万物无所不知。形容知识渊博。

坤卦

【正文】

《坤》[1]：元、亨[2]。利牝马之贞[3]。君子有攸往[4]，先迷，后得主[5]，利。西南得朋[6]，东北丧朋。安贞吉[7]。

初六[8]：履霜，坚冰至[9]。

六二：直、方、大[10]，不习[11]，无不利。

六三：含章[12]，可贞[13]，或从王事[14]，无成有终[15]。

六四：括囊[16]；无咎，无誉。

六五：黄裳[17]，元吉。

上六：龙战于野，其血玄黄[18]。

用六[19]：利永贞。

【注释】

[1] 卦名。本卦是同卦相叠（坤下坤上）六画都是阴爻，用以象地。代表纯阴柔顺之事物，以及与此相关联的人伦义理概念。

[2] 大吉大利的意思。

[3] 牝马：牝（pìn），母马。

[4] 攸（yōu）：所。

[5] 主：主人，这里指接待旅客的东道主。

［6］朋：朋贝，周代的货币。十枚贝壳串在一起就是一朋。

［7］占问定居而得到吉利的预兆。

［8］最下的阴爻，处于《坤卦》的初期。在《周易》里爻辞分阴爻和阳爻，阴爻在表述的时候常常称“六”，阳爻称“九”，在解释爻辞时，先从最下面的爻像开始解释，顺序是由下向上，最上一爻称“上六”或“上九”。

［9］践踏着薄霜，可以推断坚厚的冰层快要冻结成了。

［10］指地貌平直、方正、辽阔。

［11］习：熟悉。

［12］指周武王伐纣，战胜商纣王。

［13］可：称心。称心的占卜。

［14］王事：大事，指战争。战争和祭祀在古代是最重要的两件事。

［15］终：古人讲终多指好的结局。

［16］括：收束，扎紧。囊：布袋。

［17］黄色的裙或裤，这是尊贵吉祥的标志。

［18］玄黄：血流的样子，这里指血流得很多。

［19］坤卦特有的交名。“用六”表示坤卦的全阴交将尽变为全阳交。

【正文】

《文言》曰：坤至柔而动也刚，至静而德方，后得主而有常[1]，含万物而化光[2]。坤道其顺乎。承天而时行。

积善之家，必有余庆；积不善之家，必有余殃。臣弑其君，子弑其父，非一朝一夕之故，其所由来者渐矣。由辩之不早辩也。《易》曰：“履霜，坚冰至。”盖言顺也[3]。

直其正也，方其义也[4]。君子敬以直内[5]，义以方外[6]，敬义立而德不孤。“直、方、大、不习，无不利。”则不疑其所行也。

阴虽有美，含之，以从王事，弗敢成也。地道也，妻道也，臣道也。地道无成而代有终也[7]。

天地变化，草木蕃[8]。天地闭，贤人隐。《易》曰：“括囊，无咎无誉。”盖言谨也。

君子黄中通理[9]，正位居体[10]，美在其中，而畅于四支，发于事业，美之至也。

阴疑于阳[11]，必战，为其嫌于无阳也[12]，故称龙焉。犹未离其类也，故称血焉。夫玄黄者，天地之杂也。天玄而地黄。

【注释】

[1] 后得主：言地道顺承天道，后于天道的变化而变化。常：常规，规律性。

[2] 化光：生化万物，其道广大。

[3] 顺：循规律而推进发展。

[4] 直：正直，犹言存心不邪。方：端正，犹言存心不乱。

[5] 犹言矫正内心的避邪。直内：直，用如动词，矫正。

[6] 方：方用如动词，规范。方外：犹言规范行为上的悖乱。

[7] 地道不能脱离天道单独地完成生化万物的功业，只能在时序的更替中，始终一贯地发挥作用。

[8] 蕃：茂盛。

[9] 通理：通达情理。《文言》作者以黄裳，比喻贤人才高德劭。黄中犹言内心美好。

[10] 正位：犹言忠于本分。居体：体借为礼，犹言守礼。

[11] 疑：拟，相当于。王引之曰：“疑之言拟也。”朱熹曰：“疑谓钧（均）敌而无小大之差也。”

[12] 沙少海说：“《集解》引荀爽本无‘无’字，当据删。《说文》：‘嫌，疑也。’这里，嫌应训势均力敌，训拟。”

【知识拓展】本课中出现的成语或典故

天地玄黄：本义是天的颜色是黑的，地的颜色是黄的。引申为大地宇宙的起源，日月星辰的运行。

龙战于野：群龙在郭野大战。比喻群雄争天下。

无咎无誉：咎，过失；誉，称扬、赞美。既没有错误，也没有功绩。比喻工作表现一般。

履霜坚冰：履，踩，踏。踩着霜，就想到结冰的日子就要到来。比喻事态逐渐发展，将有严重后果。

积善之家，必有余庆：积，聚；庆，福。积德的人家，子孙必然会得到福泽。

黄中通理：理，玉石的纹路，引申为物的纹理或事的条理。以黄色居中而兼有四方之色。指通晓事物的道理。

阴疑阳战：比喻侵略者气焰嚣张，逼使被侵略者奋起自卫。

礼记

【导读】

《礼记》亦称《小戴礼记》或《小戴记》，儒家经典之一，乃秦汉以前各种礼仪论著之选集，相当于《仪礼》的“易传”，据说为西汉戴圣所编纂，共四十九篇，分属于制度、通论、名堂阴阳、丧服、世子法、祭祀、乐记、吉事等，它阐述的思想，包括社会、政治、伦理、哲学、宗教等各个方面，大率为孔子弟子及其再传、三传弟子所记，内容庞杂，上至王室之制，下至民间之俗，无不涉及，是研究我国古代社会文化的重要参考资料。

注本有东汉郑玄《礼记注》、唐孔颖达《礼记正义》、清朱彬《礼集训纂》、孙希旦《礼记集解》等，通行本有清阮元《十三经注疏》本。

《大学》原是《礼记》中第四十二篇，是一篇讨论教育理论、论述儒家修身治国平天下思想的散文，相传为曾子所作，实为秦汉时儒家作品，后经北宋程颢、程颐竭力推崇，南宋朱熹又作《大学章句》，最终单列出来与《中庸》《论语》《孟子》并称“四书”。宋、元以后，成为学校官定的教科书和科举考试的必读书，对古代教育产生了极大的影响。

大学

【正文】

大学之道[1]，在明明德[2]，在亲民[3]，在止于至善。知止而后有定[4]；定而后能静；静而后能安；安而后能虑；虑而后能得[5]。物有本末，事有终始。知所先后，则近道矣。

古之欲明明德于天下者，先治其国；欲治其国者，先齐其家[6]；欲齐其家者，先修其身[7]；欲修其身者，先正其心；欲正其心者，先诚其意；欲诚其意者，先致其知[8]；致知在格物[9]。物格而后知至，知至而后意诚，意诚而后心正，心正而后身修，身修而后家齐，家齐而后国治，国治而后天下平。自天子以至于庶人[10]，壹是皆以修身为本[11]。其本乱而末治者否矣[12]。其所厚者薄，而其所薄者厚[13]，未之有也[14]！

《康诰》[15]曰："克明德[16]。"《大甲》[17]曰："顾諟天之明命[18]。"《帝典》[19]曰："克明峻德[20]。"皆自明也[21]。

汤之，《盘铭》曰[22]："苟日新，日日新，又日新[23]。"《康诰》曰："作新民[24]。"《诗》曰："周虽旧邦，其命维新[25]。"是故君子无所不用其极[26]。

……

所谓诚其意者[27]，毋自欺也[28]。如恶恶臭[29]，如好好色[30]，此之谓自谦[31]。故君子必慎其独也[32]！

小人闲居为不善[33]，无所不至，见君子而后厌然[34]，掩其不善[35]，而著其善[36]。人之视己，如见其肺肝然，则何益矣。此谓诚于中[37]，形于外。故君子必慎其独也。

曾子曰："十目所视，十手所指，其严乎！"富润屋[38]，德润身[39]，心广体胖[40]。故君子必诚其意。

所谓修身在正其心者：身有所忿懥[41]，则不得其正；有所恐惧，则不得其正；有所好乐，则不得其正；有所忧患，则不得其正。心不在焉，视而不见，听而不闻，食而不知其味。此谓修身在正其心。

所谓齐其家在修其身者：人之其所亲爱而辟焉[42]，之其所贱恶而辟焉，之其所畏敬而辟焉，之其所哀矜而辟焉[43]，之其所敖惰而辟焉[44]。故好而知其恶，恶而知其美者，天下鲜矣！

故谚有之曰："人莫知其子之恶，莫知其苗之硕。[45]"此谓身不修不可以齐其家。

【注释】

[1]大学的宗旨。"大学"一词在古代有两种含义：一是"博学"的意思；二是相对于小学而言的"大人之学"。古人八岁入小学，学习"洒扫应对进退、礼乐射御书数"等文化基础知识和礼节；十五岁入大学，学习伦理、政治、哲学等"穷理正心，修己治人"的学问。后一种含义其实也和前一种含义有相通之处，同样有"博学"的意思。"道"的本义是道路，引申为规律、原则等，在中国古代哲学、政治学里，也指宇宙万物的本原、个体，一定的政治观或思想体系等，在不同的上下文环境里有不同的意思。

[2]明明德：前一个"明"作动词，有使动的意味，即"使彰明"，也就是发扬、弘扬的意思；后一个"明"作形容词，明德也就是光明正大的品德。

[3]亲民：根据后面的"传"文，"亲"应为"新"，即革新、弃旧图新。亲民：也就是新民，使人弃旧图新、去恶从善。

[4]知止：知道目标所在。

[5]得：收获。

[6]管理好自己的家庭或家族，使家庭或家族和和美美，蒸蒸日上，兴旺发达。

[7]修其身：修养自身的品性。

[8]致其知：使自己获得知识。

[9]格物：认识、研究万事万物。

[10]庶人：指平民百姓。

[11]壹是：都是。本：根本。

[12]末：相对于本而言，指枝末、枝节。

［13］厚者薄：该重视的不重视。薄者厚：不该重视的却加以重视。

［14］没有这样的道理。

［15］《尚书·周书》中的一篇。《尚书》是上古历史文献和追述古代事迹的一些文章的汇编，全书分为《虞书》《夏书》《商书》《周书》四部分。

［16］克：能够。

［17］即《太甲》，《尚书·商书》中的一篇。

［18］顾：思念。是：此。明命：光明的禀性。

［19］即《尧典》，《尚书·虞书》中的一篇。

［20］《尧典》原句为“克明俊德”。俊：通“峻”，意为大、崇高等。

［21］皆：都。

［22］汤：即成汤，商朝的开国君主。盘铭：刻在器皿上用来警戒自己的箴言。

［23］苟：如果。新：本义是指洗澡除去身体上的污垢，使身体焕然一新，引申义是指行精神上的弃旧图新。

［24］作：振作，激励。新民：即“经”里面说的“亲民”，实应为“新民”。使新、民新，即使人弃旧图新，去恶从善。

［25］这里的《诗》指《诗经·大雅·文王》。周：周朝。旧邦：旧国。其命：指周朝所禀受的天命。维：语助词，无意义。

［26］是故：所以。君子：有时候指贵族，有时指品德高尚的人，根据上下文不同的语言环境而有不同的意思。所以品德高尚的人无处不追求完善。

［27］其意：使意念真诚。

［28］毋：不要。

［29］恶恶臭：厌恶腐臭的气味。臭：气味，较现代单指臭味的含义宽泛。

[30] 好（hào）好（hǎo）色：喜爱美丽的女子。好色：美女。

[31] 谦：心安理得的样子。

[32] 君子慎独：君子在独自一人时也谨慎不苟。

[33] 闲居：即独处。

[34] 厌然：躲躲闪闪的样子。

[35] 掩：遮掩，掩盖。

[36] 著：显示。

[37] 中：指内心。

[38] 润屋：装饰房屋。

[39] 润身：修养自身。

[40] 身体舒泰安康。

[41] 身：程颐认为应为“心”。忿懥（zhì）：愤怒。

[42] 之：即“于”，对于。辟：偏颇，偏向。

[43] 哀矜：同情，怜悯。

[44] 敖：骄傲。惰：怠慢。

[45] 硕：大，肥壮。

【知识拓展】本课中出现的成语或典故

格物致知：格，推究；致，求得。穷究事物原理，从而获得知识。

修身齐家：指加强自身的修养，治理好家政。

十目所视，十手所指：指个人的言论行动总是在群众的监督之下，不允许做坏事，做了也不可能隐瞒。

心宽体胖：原指人心胸开阔，外貌就安详。后用来指心情愉快，无所牵挂，因而人也发胖。

本末终始：本末，树根和树梢；终始，事情的结局和开头。指事物有本有末、有始有终的发展规律。

止于至善：止，达到；至，最、极。达到极完美的境界。

正心诚意：原是儒家提倡的一种修养方法，现也泛指心地端正诚恳。

日新月异：新，更新；异，不同。每天都在更新，每月都有变化。指发展或进步迅速，不断出现新事物、新气象。

无所不用其极：极，穷尽。原意是无处不用尽心力。现指做坏事时任何极端的手段都使出来。

心不在焉：焉，古汉语助词，相当于“于此”。心思不在这里，指思想不集中。

视而不见：指不注意，不重视，睁着眼却没看见。也指不理睬，看见了当作没看见。

听而不闻：闻，听。听了跟没听到一样。形容不关心，不在意。

食而不知其味：东西吃下去，却不知道它的味道。比喻读书不能理解其中的含义。

中庸

【导读】

《中庸》原是《礼记》第三十一篇。中庸，即中用，就是待人接物保持中正平和，因时制宜、因物制宜、因事制宜、因地制宜。全篇集中讲述性、情与封建道德修养，肯定“中庸”是道德行为的最高准则，“至诚无息”；提出“博学之，审问之，慎思之，明辨之，笃行之”的学习过程和认识方法；主张处理事情不偏不倚，认为过犹不及，率性而为，行乎当行，止乎当止，后来成为儒家核心伦理观之一。宋朝的儒学家对中庸非常推崇而将其从《礼记》中抽出独立成书，朱熹将其与《论语》《孟子》《大学》合编为《四书》。最著名的有宋程颢的《中庸义》、程颐的《中庸解义》、朱熹的《中庸章句》，清代有李恭的《中庸传注》、戴震的《中庸补注》等。

【正文】

天命之谓性[1]，率性之谓道[2]，修道之谓教。道也者，不可须臾离也，可离非道也。是故君子戒慎乎其所不睹，恐惧乎其所不闻。莫见乎隐，莫显乎微[3]。故君子慎其独也。

喜怒哀乐之未发，谓之中[4]；发而皆中节[5]，谓之和。中也者，天下之大本也；和也者，天下之达道也。致中和[6]，天地位焉，万物育焉。

仲尼曰[7]：“君子中庸[8]，小人反中庸。君子之中庸也，君子而时中，小人之中庸也[9]，小人而无忌惮也[10]。”

子曰：“中庸其至矣乎！民鲜能久矣[11]！”

子曰："道之不行也[12]，我知之矣，知者过之[13]，愚者不及也。道之不明也，我知之矣：贤者过之，不肖者不及也[14]。人莫不饮食也，鲜能知味也。"

子曰："道其不行矣夫！"

子曰："舜其大知也与！舜好问而好察迩言[15]，隐恶而扬善，执其两端，用其中于民。其斯以为舜乎[16]！"

子曰："人皆曰：'予知[17]。'驱而纳诸罟擭陷阱之中[18]，而莫之知辟也[19]。人皆曰：'予知。'择乎中庸，而不能期月守也[20]。"

子曰："回之为人也[21]，择乎中庸，得一善，则拳拳服膺而弗失之矣[22]。"

子曰，"天下国家可均也[23]，爵禄可辞也[24]，白刃可蹈也[25]，中庸不可能也。"

……

君子素其位而行[26]，不愿乎其外。素富贵，行乎富贵；素贫贱，行乎贫贱：素夷狄，行乎夷狄；素患难，行乎患难。君子无入而不自得焉[27]。

在上位不陵下[28]；在下位不援上[29]。正己而不求于人，则无怨。上不怨天，下不尤人[30]。故君子居易[31]以俟命[32]，小人行险以侥幸。子曰："射有似乎君子[33]，失诸正鹄[34]，反求诸其身。"

君子之道，辟如行远[35]，必自迩[36]；辟如登高，必自卑[37]。《诗》曰："妻子好合，如鼓瑟琴。兄弟既翕，和乐且耽。宜尔室家，乐尔妻帑[38]。"子曰："父母其顺矣乎！"

【注释】

[1] 天命：天赋。朱熹解释说："天以阴阳五行化生万物，气以成形，而理亦赋焉，犹命令也。"所以，这里的天命（天赋）

实际上就是指人的自然禀赋，并无神秘色彩。

［2］率性：遵循本性。率：遵循，按照。

［3］莫：在这里是“没有什么更……”的意思。见：显现，明显。乎：于，在这里有比较的意味。

［4］中：符合。

［5］节：节度、法度。

［6］致：达到。

［7］仲尼：即孔子，名丘，字仲尼。

［8］中庸：即中和。庸：“常”的意思。

［9］应为“小人之反中庸也”。

［10］忌惮：顾忌和畏惧。

［11］鲜：少，不多。

［12］道：即中庸之道。

［13］知者：即智者，与愚者相对，指智慧超群的人。知：通“智”。过：超过。

［14］不肖者：与贤者相对，指不贤的人。

［15］迩言：迩，近。浅近的话。

［16］这就是舜之所以为舜的地方吧！其：语气词，表示推测。斯：这。“舜”字的本义是仁义盛明，所以孔子有此感叹。

［17］予：我。

［18］罟：捕兽的网。擭：装有机关的捕兽的木笼。

［19］辟（bì）：通“避”。

［20］期（jī）月：一整月。

［21］回：指孔子的学生颜回。

［22］拳拳服膺：牢牢地放在心上。拳拳：牢握但不舍的样子，引申为恳切。服：著，放置。膺：胸口。

［23］均：即平，指治理。

［24］爵：爵值。禄：官吏的薪俸。辞：放弃。

[25] 蹈：踏。

[26] 素其位：安于现在所处的地位。素：平素、现在，这里作动词用。夷：指东方的部族。狄：指西方的部族。

[27] 无入：无论处于什么情况下。入：处于。

[28] 陵：欺侮。

[29] 援：攀援，本指抓着东西往上爬，引申为投靠有势力的人往上爬。

[30] 尤：抱怨。

[31] 居易：居于平安的地位，也就是安居现状的意思。易：平安。

[32] 俟（sì）命：等待天命。

[33] 射：指射箭。

[34] 正、鹄：均指箭靶子，画在布上的叫正，画在皮上的叫鹄。

[35] 辟：通“譬”。

[36] 迩：近。

[37] 卑：低处。

[38] 引自《诗经·小雅·常棣》。妻子：妻与子。好合：和睦。鼓：弹奏。翕（xī）：和顺，融洽。耽：安乐。帑（nú）：通“孥”，子孙。

【知识拓展】本课中出现的成语或典故

喜怒哀乐：欢喜、恼怒、悲哀、快乐。泛指人的各种不同的感情。

肆无忌惮：肆，放肆；忌，顾忌；惮，害怕。非常放肆，一点都没有顾忌。

隐恶扬善：隐，隐匿；扬，宣扬。不谈人的坏处，光宣扬人的好处。

执两用中：指做事要根据不同情况，采取适宜的办法。

拳拳服膺：拳拳，牢牢抓住的样子，引申为诚恳、深切；膺，胸；服膺，谨记在心。牢牢地谨记在心中。诚恳信奉，衷心信服。

我行我素：行，做；素，平素，平常。不管人家怎样说，仍旧按照自己平时的一套去做。

行远自迩：自，从；迩，近。走远路必须要从最近的一步走起。比喻做事情都得由浅入深，一步步前进。

登高自卑：卑，地势低下。登山要从低处开始。比喻做事情要循序渐进，由浅入深。不能误用为看见高山觉得自己很渺小。

老子

李耳

【导读】

老子（约公元前 571 年—公元前 471 年），姓李名耳，字聃，楚国苦县厉乡曲仁里人，我国古代伟大的思想家、哲学家，道家学派创始人。他曾做过周朝“守藏室之官”，是中国古代著名的哲学家和思想家，其学说对中国哲学发展具有深刻影响，在道教中，老子被尊为道教始祖。老子与后世的庄子并称老庄。

老子在出函谷关前著有《老子》一书，又名《道德经》。《道德经》分为上下两篇，共八十一章五千三百字，以“道”解释宇宙万物的演变，“道”为客观自然规律，同时又具有“独立不改，周行而不殆”的永恒意义，主张无为而治。《老子》哲学思想中包含着丰富的唯物主义观点和辩证法观点，是中国历史上首部完整的哲学著作。《道德经》《易经》和《论语》被认为是对中国人影响最深远的三部思想巨著，不但对中国古代思想文化的发展做出了重要贡献，而且对中国两千多年来思想文化的发展产生了深远的影响。

【正文】

天下皆知美之为美，斯恶已[1]；皆知善之为善，斯不善已[2]。故有无相生，难易相成[3]，长短相形，高下相倾[4]，音声相和，前后相随[5]。是以圣人处无为之事，行不言之教[6]，万物作焉而不辞[7]，生而弗有[8]，为而弗恃[9]，功成而不居[10]。夫唯弗居，是以不去[11]。

天地不仁，以万物为刍狗[12]；圣人不仁，以百姓为刍狗。天地之间，其犹橐籥乎[13]？虚而不屈[14]，动而俞出[15]。多闻数穷[16]，不若守于中[17]。

上善若水[18]。水善利万物而不争，处众人之所恶[19]，故几于道[20]。居善地，心善渊[21]，与善仁[22]，言善信，政善治[23]，事善能，动善时[24]。夫唯不争，故无尤[25]。

有物混成[26]，先天地生。寂兮寥兮[27]，独立而不改[28]，周行而不殆[29]，可以为天地母[30]。吾不知其名，字之曰道[31]，强为之名曰大[32]。大曰逝[33]，逝曰远，远曰反[34]。故道大，天大，地大，人亦大[35]。域中有四大[36]，而人居其一焉。人法地，地法天，天法道，道法自然[37]。

【注释】

［1］斯：指示代词，此：相当于“这就”。恶：丑。已：句尾语气词，表限止语气。天下的人都知道什么是美，这就有了丑了。没有美，也就无所谓丑。

［2］都知道什么是善，这就有了恶了。没有善，也就无所谓恶。

［3］相生：互相转化。即没有“有”也就无所谓“无”，没有“无”也就无所谓“有”。成：成就，即“相反相成”的成。所以有和无相互依存，难和易互相造成。

［4］相形：互相体现。无长无以明短，无短无以见长。下：低。相倾：互相依靠。倾：倾斜。

［5］音：指音调有高低的乐音。声：指音调简单的和声。和：和谐。音与声是相对立的，两者相配合才能形成和谐的音乐，显现出声音的高低。相随：相跟从。事物只有相随才能见出前后来。

［6］处无为之事：指行事顺其自然，不要改造客观现实，只

要消极适应。行不言之教：实行不用言辞的教育。

［7］作：兴起。

［8］有：指据为私有。

［9］有所施为，但是不依赖。不依赖施为以求达到什么目的。恃：依赖。

［10］居：居功自大。大功告成却不居功。事功之所以建成是顺其自然，不把它看作自己的功劳。

［11］去：离开。正因为不自居功，所以永远不会离开功。不居功，就无所谓离开它，因而永远有功。

［12］刍狗：用草扎成的狗。古代专用于祭祀之中，祭祀完毕，就把它扔掉或烧掉。比喻轻贱无用的东西。在本文中比喻天地对万物、圣人对百姓都因不经意、不留心而任其自长自消，自生自灭。

［13］犹：比喻词，"如同""好像"的意思。橐籥：古代冶炼时为炉火鼓风用的助燃的袋囊和送风管，是古代的风箱。

［14］屈：竭尽，穷尽。

［15］俞：通"愈"，更加的意思。

［16］闻：见闻，知识。老子认为，见多识广，有了智慧，反而政令烦苛，破坏了天道。数：通"速"，是加快的意思。穷：困穷，穷尽到头，无路可行。

［17］中：通"冲"，指内心的虚静。守中：守住虚静。

［18］上：最。上善即最善。这里老子以水的形象来说明"圣人"是道的体现者，因为圣人的言行有类于水，而水德是近于道的。

［19］处众人之所恶：即居处于众人所不愿去的地方。

［20］几：接近。即接近于道。

［21］渊：沉静、深沉。

［22］与：指与别人相交相接。善仁：指有修养之人。

［23］为政善于治理国家，从而取得治绩。

［24］行为动作善于把握有利的时机。

［25］尤：怨咎、过失、罪过。

［26］物：指“道”。混成：混然而成，指浑朴的状态。

［27］没有声音，没有形体。

［28］形容“道”的独立性和永恒性，它不靠任何外力而具有绝对性。

［29］周行：循环运行。不殆：不息之意。

［30］天地母：一本作“天下母”。母：指“道”，天地万物由“道”而产生，故称“母”。

［31］强字之曰道：勉强命名它叫“道”。

［32］大：形容“道”是无边无际的、力量无穷的。

［33］逝：指“道”的运行周流不息，永不停止的状态。

［34］反：另一本作“返”。意为返回到原点，返回到原状。

［35］人亦大：意为人乃万物之灵，与天地并立而为三才，即天大、地大、人亦大。

［36］域中：即空间之中，宇宙之间。

［37］道法自然：“道”纯任自然，本来如此。

【知识拓展】本课中出现的成语或典故

功成弗居：居，承当，占有。原意是任其自然存在，不去占为己有。后形容立了功而不把功劳归于自己。

上善若水：上善，最完美。最高境界的善行，就像水的品性一样，泽被万物而不争名利。

庄子

庄周

【导读】

庄子（约公元前369年—公元前286年），名周，与孟子同时。战国时代宋国蒙邑，著名思想家、哲学家、文学家，道家学派的代表人物，老子思想的继承和发展者。与老子一样，他把“道”看成宇宙的本体，又把“道”与人们的主观精神合二为一。魏晋以后，与老子并称为“老庄”。据传，庄子曾经隐居南华山，故唐玄宗天宝初，诏封庄周为南华真人，称其书《庄子》为《南华经》。

《庄子》一书反映了庄子的哲学、艺术、美学思想与人生观，现存三十三篇，其中内篇七篇、外篇十五篇、杂篇十一篇。一般认为，内篇是庄周所作，外篇、杂篇是庄周的门人或后学所作。《秋水篇》选自《庄子·外篇》。

秋水

【正文】

秋水时至，百川灌河[1]；泾流之大，两涘渚崖之间，不辨牛马[2]。于是焉，河伯欣然自喜[3]，以天下之美为尽在己。顺流而东行，至于北海[4]；东面而视，不见水端[5]。于是焉河伯始旋其面目，望洋向若而叹曰[6]：“野语有之曰[7]，‘闻道百，以为莫己若’者，我之谓也[8]。且夫我尝闻少仲尼之闻，而轻伯夷之义者[9]，始吾弗信，今吾睹子之难穷也，吾非至于子之门则殆矣[10]，吾长见笑于大方之家[11]。"

北海若曰："井蛙不可以语于海者，拘于虚也[12]；夏虫不可以语于冰者，笃于时也[13]；曲士不可以语于道者，束于教也[14]。今尔出于崖涘，观于大海，乃知尔丑，尔将可与语大理矣[15]。天下之水，莫大于海。万川归之，不知何时止而不盈[16]；尾闾泄之，不知何时已而不虚[17]；春秋不变，水旱不知[18]。此其过江河之流，不可为量数[19]。而吾未尝以此自多者，自以比形于天地而受气于阴阳[20]；吾在天地之间，犹小石小木之在大山也。方存乎见少，又奚以自多[21]？计四海之在天地之间也，不似礨空之在大泽乎[22]？计中国之在海内，不似稊米之在大仓乎[23]？号物之数谓之万，人处一焉[24]；人卒九州，谷食之所生，舟车之所通，人处一焉[25]。此其比万物也，不似豪末之在于马体乎[26]？五帝之所连，三王之所争，仁人之所忧，任士之所劳，尽此矣[27]！伯夷辞之以为名，仲尼语之以为博。此其自多也，不似尔向之自多于水乎[28]？"

【注释】

[1] 时：作状语，按时，按季节。灌：流入。河：黄河。

[2] 泾流：畅通的水流。泾：通。涘：岸，水边。渚：洲，水中小块陆地。崖：高的河岸。不辩：分辨不清。

[3] 于是焉：于是乎。焉：语气词。欣然：高兴的样子。

[4] 北海：指今渤海一带。

[5] 东面：面东，面朝东。端：尽头。

[6] 旋：调转。望洋：叠韵联绵词，仰视的样子。若：海神的名字，即下文的北海若。

[7] 野语：俗语。

[8] 百：泛指事物之多。莫己若：莫若己。否定句中代词宾

语前置。听到一百种道理就以为没有谁能比得上自己。

［9］且夫：连词，表示要进一步发表言论。少：形容词用作意动，觉得……少。闻：前一个是动词，听说；后一个是名词，学问。

［10］子：尊称北海若。穷：尽，这里是到达尽头的意思。殆：危险。

［11］长：长久。见：助动词，表示被动。大方之家：指很有道德修养的人。方：道。

［12］井中的青蛙不能和它谈论大海，是因为它受到住处的局限。拘：拘束，局限。虚：通“墟”，指所居之地。

［13］夏虫：只生存在夏天的昆虫，如蝉之类，天冷就死去。笃于时：为季节所限制。笃：固定，限制。

［14］曲士：指孤陋寡闻的人。曲：局部，指认识上的片面与偏见。束：束缚、限制。教：指曲士所受的教育。

［15］尔：第二人称代词，你。丑：不好，鄙陋。大理：大道理。

［16］莫：无定代词，没有什么。万川归之：许多条河水流入大海。止：指河水停止流入。不盈：指海水不满盈。

［17］尾闾：相传为海底泄水之处。泄：泄漏、排泄。已：止，指停止泄水。虚：指海水空虚。

［18］水：发洪水。旱：干旱。海水不因春秋季节的变换而有所变化，也不受陆地上水灾旱灾的影响。

［19］过：超过。流：指流水。不可量数，不能用一般的数字来计算。

［20］自多：自满，自我夸耀，“多”用作动词。自以：自认为。比形于天地：从天地那里具有了形体。受气于阴阳：从阴阳那里接受了生气。

［21］方存乎见少：刚刚有了所见甚少的想法。方：刚刚。存：

存念，有……想法。乎：介词，于。奚以：凭什么。奚：何。

［22］礨（lěi）空：小孔，指蚁穴。似礨空之在大泽乎：像蚁穴在旷野里。

［23］稊米：小米粒。太仓：储粮的大仓库。

［24］称呼物类的数目可以说“万”，而人类只不过居于万物中的一种。

［25］人类住满九州，凡粮食所生长的地方，车船所通行的地方，个人只不过是人群中的一分子。卒：尽。人：前一个指人类，后一个指人。

［26］毫末之在于马体：一根毫毛在马身上。毫末：毫毛的末梢。

［27］任士：指以天下为己任的能人。尽此矣：都是如此而已。此：指毫末。从帝王到能士，他们虽都以天下为己任，但从整个宇宙来说，都是极微小的，尽如毫末而已。

［28］辞：辞让。之：代指天下。以为名：以此取得名声。向：刚才。

【知识拓展】本课中出现的成语或典故

欣然自喜：欣然，愉悦，高兴。指高兴地自觉喜悦。

望洋兴叹：望洋，仰视的样子。仰望海神而兴叹。原指在伟大事物面前感叹自己的渺小，现多比喻做事时因力不胜任或没有条件而感到无可奈何。

大方之家：大方，大道理。原指懂得大道理的人。后泛指见识广博或学有专长的人。

贻笑大方：贻笑，让人笑话；大方，原指懂得大道理的人，后泛指见识广博或有专长的人。指让内行人笑话。

太仓稊米：太仓，古时京城的粮仓；稊米，小米。大谷仓中一粒小米，形容人和物处在广袤宇宙中极其渺小。用于形容人的微不足道。

井底之蛙：井底的蛙只能看到井口那么大的一块天。比喻那些见识短浅的人。

太仓一粟：太仓，古代设在京城中的大谷仓。大粮仓里的一粒谷子。比喻极大的数量中一个非常小的数目。

向若而叹：比喻向高明者折服，而自叹不如。

夏虫语冰：对夏天生死的虫子不可与它谈论关于冰雪的事情。比喻人囿于见闻，知识短浅。

列子

列御寇

【导读】

列子（约公元前450年—公元前375年），本名列御寇，战国时期郑国圃田人，著名的思想家、文学家，道家学派代表人物。列子最早提出宇宙生成四阶段思想，其中的“天体运动说”“地动说”“宇宙无限说”等学说都远远早于西方的同类学说，开创融寓言与哲理为一体的先秦散文文风。他一生安贫乐道，不求名利，不进官场，隐居郑地四十年，潜心著述二十篇，约十万多字。唐玄宗于天宝年间诏封列子为“冲虚真人”。

《列子》思想主旨本于黄老、近于老庄，追求了一种冲虚自然的境界。全书共载哲理散文、寓言故事、神话故事、历史故事等一百三十四章，每篇文字各有主题，自成系统，反映了周初交替与春秋战国社会文化生活的各个方面，可谓一篇恢宏的史诗。

伯牙子期

【正文】

伯牙善鼓琴[1]，钟子期善听。伯牙鼓琴，志在高山[2]。钟子期曰：“善哉[3]，峨峨兮若泰山[4]！”志在流水，钟子期曰：“善哉，洋洋兮若江河[5]！”伯牙所念[6]，钟子期必得之[7]。

伯牙游于泰山之阴[8]，卒逢暴雨[9]，止于岩下，心悲，乃援琴而鼓之[10]。初为霖雨之操[11]，更造崩山之音[12]。曲每奏，钟子期辄穷其趣[13]。伯牙乃舍琴而叹曰[14]："善哉，善哉！子之听夫志，想象犹吾心也。吾于何逃声哉[15]？"

【注释】

[1] 善：擅长，善于。

[2] 志：意念，心情。

[3] 善：赞美之词，即为"好啊"。

[4] 峨峨：山高。若：好像。

[5] 洋洋：盛大的样子。

[6] 所念：心中想到的。

[7] 必：一定。得：领会，听得出。

[8] 阴：山的北面。

[9] 卒（cù）：通"猝"，突然。

[10] 乃：于是就。援：拿，拿过来。鼓：弹。

[11] 霖雨：连绵大雨。操：琴曲名。

[12] 更：再。

[13] 辄：就。穷：穷尽。趣：旨趣。

[14] 舍琴：丢开琴。停止弹琴。

[15] 逃声：躲开、隐藏自己的声音，在这里可以理解为隐藏自己的心声。

【知识拓展】本课中出现的成语或典故

伯牙子期：伯牙与钟子期是一对千古传诵的至交典范。伯牙善于演奏，钟子期善于欣赏。这就是"知音"一词的由来。后钟子期因病亡故，伯牙悲痛万分，认为世上再无知音，天下再不会有人像钟子期一样能体会他演奏的意境。所以就"破琴绝弦"，把自己最心爱的琴摔碎，终生不再弹琴了。

高山流水：比喻知己或知音。也比喻乐曲高妙。

纪昌学射

【正文】

甘蝇[1]，古之善射者[2]，彀弓而兽伏鸟下[3]。弟子名飞卫[4]，学射于甘蝇，而巧过其师[5]。

纪昌者[6]，学射于飞卫。飞卫曰："尔先学不瞬，而后可言射矣[7]。"纪昌归，偃卧其妻之机下[8]，以目承牵挺[9]。二年后，虽锥末倒眦[10]而不瞬也。

以告飞卫，飞卫曰："未也[11]，必学视而后可。视小如大，视微如著[12]，而后告我。"昌以氂悬虱于牖[13]，南面而望之[14]。旬日之间浸大也[15]；三年之后，如车轮焉。以睹余物，皆丘山也。乃以燕角之弧、朔蓬之簳射之[16]，贯虱之心，而悬不绝。

以告飞卫。飞卫高蹈拊膺曰[17]："汝得之矣[18]！"

【注释】

[1] 古代传说中善于射箭的人。

[2] 善：擅长、善于。

[3] 彀（gòu）弓：张弓，拉开弓。伏：倒下、倒伏。

[4] 飞卫：古代传说中的善射者。

[5] 而：但是。过：超过。巧：本领。本句意为：但是技艺超过了他的师傅。

[6] 纪昌：古代传说中的善射者。

[7] 不瞬：不眨眼。瞬：眨眼。而：表承接。后：然后。言：谈及。

[8] 偃卧：仰卧。机：这里专指织布机。

[9] 以：用。承：由下向上注视。牵挺：织布机的梭子。

[10] 锥末：锥尖。眦（zì）：眼角。靠近鼻子的为内眦，两翼的为外眦。

[11] 未也：还不行。

[12] 微：细小微小。著：明显。即眼看细微的东西像大物一样。

[13] 氂（máo）：牛尾毛。牖：窗户。

[14] 南面：面南，面向南。

[15] 旬日：十日。浸：逐渐、渐渐。

[16] 燕角之弧：用燕国出产的牛角做成的弓。朔蓬之簳（gǎn）：用楚国蓬梗做成的箭。朔：当为"荆"字之误。荆：楚国，出产良竹。蓬：蓬草，杆可做箭。簳：箭杆。朔：北方。

[17] 拊：拍。膺：胸。

[18] 汝：你。得：掌握。

【知识拓展】本课中出现的成语或典故

纪昌学射：这则寓言故事中人物个性鲜明，好学的纪昌在名师飞卫的指导下，经过坚持不懈的努力，终于成为射箭高手。这则寓言表达了在良师的引导下，要刻苦学习，有恒心，有毅力，终能实现自己的梦想。

薛谭学讴

【正文】

薛谭学讴于秦青[1]，未穷青之技[2]，自谓尽之[3]，遂辞归[4]。秦青弗止[5]，饯于郊衢[6]，抚节悲歌[7]，声振林木[8]，响遏行云[9]。薛谭乃谢[10]，求反[11]，终身不敢言归。

【注释】

[1] 讴（ōu）：歌唱。

[2] 穷：用尽，用完。这里指学完。技：本领。

[3] 谓：以为、认为。之：唱歌的本领。

[4] 遂：于是。辞：告辞。归：回去。

[5] 弗：没有。止：阻止。

[6] 饯：用酒食给人送行或设宴送行。郊：在城外大道旁。于：在。衢（qú）：大路，四通八达的路。郊衢：郊外的大道边。

[7] 抚节：打着节拍。悲：大声的。

[8] 振：振动。

[9] 形容歌声嘹亮，高入云霄，连浮动着的云彩也被止住了。遏：阻止。行云：飘动的云彩。

[10] 谢：认错，道歉。

[11] 反：通“返”，返回。

【知识拓展】本课中出现的成语或典故

响遏行云：遏，阻止；行云，飘动的云彩。形容歌声嘹亮，高入云霄，连浮动着的云彩也被止住了。

声振林木：声浪振动树林。形容乐声激越洪亮。

论语

【导读】

孔子（公元前551年—公元前479年），名丘，字仲尼，春秋时鲁国陬邑人，儒家学派创始人，中国古代最著名的思想家、政治家、教育家，对中国思想文化的发展有极其深远的影响。

孔子先祖是宋国贵族，后因避宫廷祸乱而迁居鲁国。孔子三岁时，父亲去世，他跟着母亲过着贫困的生活，年轻时做过“委吏”“乘田”一类的小官，鲁定公时，任中都宰、大司寇，后由于与季孙氏、叔孙氏、孟孙氏三家政治观点不和，被迫离开鲁国去周游列国。孔子讲学，学生三千人，其中著名的有七十二人。

《论语》是记载孔子及其弟子言行的一部书，由孔子的弟子及再传弟子所编纂整理。流传至今共有二十篇，四百九十二章。《论语》涉及哲学、政治、经济、教育、文艺等诸多方面，内容非常丰富，语言精练，形象生动，是语录体散文的典范，是儒学最主要的经典。南宋时，朱熹将它与《孟子》《大学》《中庸》合称为“四书”。

三国时魏国何晏《论语集解》，宋代邢昺《论语注疏》、朱熹《论语集注》，清代刘宝楠《论语正义》等版本注释较好。

学而

【正文】

有子曰[1]：“其为人也孝弟[2]，而好犯上者[3]，鲜矣[4]；不好犯上，而好作乱者，未之有也[5]。君子务本[6]，本立而道生[7]。孝弟也者，其为仁之本与[8]？”

子曰：“巧言令色[9]，鲜矣仁[10]。”

子曰：“弟子入则孝[11]，出则弟[12]，谨而信[13]，汎爱众[14]，而亲仁[15]，行有余力[16]，则以学文[17]。”

子禽问于子贡曰[18]：“夫子至于是邦也[19]，必闻其政，求之与，抑与之与[20]？”子贡曰：“夫子温、良、恭、俭、让以得之[21]。夫子之求之也，其诸异乎人之求之与[22]？”

有子曰：“礼之用[23]，和为贵[24]。先王之道[25]，斯为美[26]。小大由之，有所不行。知和而和，不以礼节之，亦不可行也。”

子贡曰：“贫而无谄[27]，富而无骄，何如[28]？”子曰：“可也。未若贫而乐[29]，富而好礼者也。子贡曰：《诗》云，‘如切如磋！如琢如磨[30]。’其斯之谓与？”子曰：“赐也[31]！始可与言《诗》已矣，告诸往而知来者[32]。”

【注释】

[1] 有子：孔子的学生，姓有，名若。比孔子小 33 岁。后一说较为可信。在《论语》中，记载的孔子学生，一般都称字，只有曾参和有若称“子”。因此，许多人认为《论语》即由曾参、有若及门人所著述。

[2] 弟：通“悌”（tì），即弟弟对待兄长的正确态度。孝弟是孔子和儒家特别提倡的两个基本道德规范。旧注，善事父母曰“孝”，善事兄长曰“弟”。

[3] 犯：冒犯。上：指在上位的人。

[4] 鲜（xiǎn）：少。

[5] 未之有也：“未有之也”的倒装句型。

[6] 务：专心、致力于。本：根本。

[7] 道：在中国古代思想里，道有多种含义。此处的道指孔

子提倡的仁道，即以仁为核心的整个道德思想体系及其在实际生活的体现。简单讲，就是治国做人的基本原则。

［8］仁：是孔子哲学思想的最高范畴，又是伦理道德准则。为仁之本：即以孝悌作为仁的根本。还有一种解释，认为古代的“仁”就是“人”字，为仁之本即做人的根本。

［9］巧和令都是美好的意思，但此处应释为装出和颜悦色的样子。

［10］鲜：少。

［11］弟子：一是年纪较小为人弟和为人子的人；二是指学生。这里用第一种意义上的“弟子”。入：古代时父子分别住在不同的居处，学习则在外舍。

［12］要用弟道对待师长，也可泛指年长于自己的人。出：与“入”相对而言，指外出拜师学习。

［13］谨：寡言少语称之为“谨”。

［14］汎（fàn）：通“泛”，广泛。

［15］仁：即仁人，有仁德之人。

［16］指有闲暇时间。

［17］文：古代文献。主要有诗、书、礼、乐等文化知识。

［18］子禽：姓陈名亢，字子禽。郑玄所注《论语》说他是孔子的学生，但《史记·仲尼弟子列传》未载此人。子贡：姓端木，名赐，字子贡，卫国人，比孔子小31岁，是孔子的学生。子贡善辩。

［19］夫子：古代的一种敬称，凡是做过大夫的人都可以取得这一称谓。孔子曾担任过鲁国的司寇，所以他的学生们称他为“夫子”。后来，因此而沿袭以称呼老师。《论语》书中所说的“夫子”，都是孔子的学生对他的称呼。邦：指当时割据的诸侯国家。

［20］抑：表示选择的文言连词，有“还是”的意思。

［21］温、良、恭、俭、让：就字面理解即为温顺、善良、恭敬、俭朴、谦让。这是孔子的弟子对他的赞誉。

［22］其诸：语气词，有“大概”“或者”的意思。

［23］礼：在春秋时代，“礼”泛指奴隶社会的典章制度和道德规范。孔子的“礼”，既指“周礼”，礼节、仪式，也指人们的道德规范。

［24］和：调和、和谐、协调。

［25］指尧、舜、禹、汤、文、武、周公等古代帝王的治世之道。

［26］斯：这、此。这里指礼。

［27］谄（chǎn）：巴结、奉承。

［28］何如：《论语》书中的“何如”，都可以译为“怎么样”。

［29］贫而乐：一本作“贫而乐道”。

［30］此二句见《诗经・卫风・淇澳》。有两种解释：一说切磋琢磨分别指对骨、象牙、玉、石四种不同材料的加工，否则不能成器；一说加工象牙和骨，切了还要磋，加工玉石，琢了还要磨，有精益求精之意。

［31］赐：子贡名，孔子对学生都称其名。

［32］诸：“之于”的合体字。往：过去的事情。来：未来的事情。

【知识拓展】本课中出现的成语或典故

犯上作乱：指人民的反抗、起义。

巧言令色：原义指擅长辞令、面目姣好者。现多指用花言巧语和媚态伪情来迷惑、取悦他人，为贬义。

贫而无谄：虽贫穷而不去巴结奉承人。

入孝出悌：指回家要孝顺父母，出外要敬爱兄长。亦作“入孝出弟”。

温良恭俭让：原意为温和、善良、恭敬、节俭、忍让这五种美德。这原本是儒家提倡待人接物的准则。现也形容态度温和而缺乏斗争性。

小大由之：指用途可大可小。

贫而乐道：虽贫穷却乐于道。现在多指虽家境贫穷，却以获得知识、懂得道理为乐事。

告往知来：告诉了这一点，就可以知道另一点。比喻能明了事物的因果同异的关系，据此知彼。

八佾

【正文】

孔子谓季氏[1]："八佾舞于庭[2]，是可忍[3]，孰不可忍也！"

子曰："夷狄之有君[4]，不如诸夏之亡也[5]。"

子夏问曰："'巧笑倩兮，美目盼兮，素以为绚兮[6]'。何谓也？"子曰："绘事后素[7]。"曰："礼后乎？"子曰："起予者商也[8]，始可与言诗已矣。"

仪封人请见[9]，曰："君子之至于斯也，吾未尝不得见也。"从者见之[10]。出曰："二三子何患于丧乎[11]？天下之无道也久矣，天将以夫子为木铎[12]。"

【注释】

[1] 季氏：鲁国正卿季孙氏，即季平子。

[2] 佾（yì）：行列的意思。古时一佾八人，八佾就是六十四人。据《周礼》规定，只有周天子才可以使用八佾，诸侯为六佾，卿大夫为四佾，士用二佾。季氏是正卿，只能用四佾。

[3] 可忍：可以忍心。一说可以容忍。

［4］夷狄：古代中原地区的人对周边地区的贬称，谓之不开化，缺乏教养，不知书达礼。

［5］诸夏：古代中原地区华夏族的自称。亡：通“无”。古书中的“无”字多写作“亡”。

［6］倩（qiàn）：笑得好看。兮：语助词，相当于“啊”。盼：眼睛黑白分明。绚：有文采。

［7］绘：画。素：白底。

［8］起：启发。予：我，孔子自指。商：子夏名商。

［9］仪：地名，在今河南兰考县境内。封人：系镇守边疆的官。

［10］随行的人见了他。

［11］丧：失去，此处指失去官职。

［12］木铎：木舌的铜铃。古代天子发布政令时摇它以召集听众。

【知识拓展】本课中出现的成语或典故

绘事后素：先有白色底子，然后绘画。比喻有良好的质地，才能进行锦上添花的加工。

是可忍，孰不可忍：是，这个；孰，那个。如果这个都可以容忍，还有什么不能容忍的呢？

里仁

【正文】

子曰：“里仁为美[1]，择不处仁[2]，焉得知[3]？”

子曰：“唯仁者能好人[4]，能恶人[5]。”

子曰：“苟志于仁矣，无恶也[6]。”

子曰：“君子之于天下也，无适也[7]，无莫也[8]，义之与比[9]。”

子曰：“事父母几谏[10]，见志不从，又敬不违，劳而不怨[11]。”

子曰：“父母在，不远游，游必有方[12]。”

子曰：“君子欲讷于言而敏于行[13]。”

子曰：“德不孤，必有邻[14]。”

【注释】

[1] 里：住处，借作动词用。住在有仁者的地方才好。

[2] 处：居住。

[3] 知（zhì）：通“智”。

[4] 好（hào）：喜爱，作动词。

[5] 恶（wù）：憎恶、讨厌，作动词。

[6] 如果立志于仁，就不会做坏事了。

[7] 适：亲近、厚待。

[8] 莫：疏远、冷淡。

[9] 义：适宜、妥当。比：亲近、相近、靠近。

[10] 几（jī）：轻微、婉转。

[11] 劳：忧愁、烦劳。

[12] 游：指游学、游官、经商等外出活动。方：一定的地方。

[13] 讷：迟钝。说话要谨慎。敏：敏捷、快速的意思。

[14] 有道德的人是不会孤立的，一定会有思想一致的人与他相处。

【知识拓展】本课中出现的成语或典故

无适无莫：适，厚；莫，薄。不厚不薄，指对人没有什么亲疏厚薄。

游必有方：如果要出远门，要有一定的去处。

讷言敏行：讷言，说话谨慎；敏，敏捷。指说话谨慎，办事敏捷。

劳而不怨：劳，劳苦，劳累。虽然很辛苦、很劳累，却没有怨言。形容孝子精心侍奉父母。也指当政者使民勤劳而民无埋怨。

古汉语工具书

我们在阅读古汉语作品时，常常会遇到一些疑难问题，需要借助于工具书。同样的问题其实也出现在古代，事实上，至汉代时，人们对于古书的阅读理解已经出现了很大的分歧，“经今古文”之争甚至延续几百年。因此，从汉代起，为了读经的需要，就已经开始了编纂工具书的工作。之后历代为各种目的编写的工具书名目繁杂且数量众多。下文将对阅读古汉语作品常用的工具书作一些介绍。

一、《说文解字》

《说文解字》由许慎编纂。许慎（58 年—147 年），字叔重，汝南郡召陵人。东汉著名经学家、学者。《说文解字》初稿于东汉和帝永元十二年（100 年）写成，定稿到安帝建光元年（121 年）才献上。

这部书是我国第一部系统比较完备的字典，共收字 9353 个，另有重文 1163 个。《说文解字》按照文字形体和偏旁构造，共分为 540 部首，每一部为一个义类。书中所收的字，先列小篆形体，然后进行说解，先说字义，后释形体。540 部首根据“据形系联”的原则排列次第，始于“一”部，终于“亥”部。每部中所收之字，则按照意义类别排列次第，有严密的逻辑条理。《说文》的释字方法，是先析部首，说明该部所有的字都同部首之义有关。对于每个字的阐释，是先讲字义，再讲字形构造，有的还说明读音。由于《说文》所释字义是从字形结构的分析中得出的，因此，一般来说，都是字的本义。这对于后人研读古书、探讨词义的源流变化，提供了极其重要的材料。直到今天，它仍然是我们研究古代文字和语言的不可或缺的重要工具书。《说文》对字形结构的分析，是以“六书”原则为指导的。许慎在《说文解字·叙》中全面系统地阐释了六书理论，分析了古今文字的发展历程，奠定了文字学的基础。

现在最为通行的《说文》版本，是宋代徐铉的校本，即“大徐本”，共三十卷。另外还有徐锴的《说文解字系传》，即“小徐本”。历代研究《说文解字》的人很多，比较重要的有段玉裁《说文解字注》、朱骏声《说文通训定声》、桂馥《说文义证》和王筠《说文句读》四家。

二、《尔雅》

《尔雅》是中国古代第一部词典。它大约编纂于战国时代，历经秦汉，续有增补，至西汉初期正式成书，其是多人智慧的结晶。《尔雅》的“尔”是“近”的意思，“雅”是雅言、通语，即当时的民族共同语。《尔雅》记录“古今之异言”和“方俗之殊语”，而以今语释古语、以雅言释方言。《尔雅》是古人研读经书的重要工具书，共十九篇，即：释诂、释言、释训、释亲、释宫、释器、释乐、释天、释地、释丘、释山、释水、释草、释木、释虫、释鱼、释鸟、释兽、释畜。其中前三篇是解释一般词语的，如名词、动词、形容词；后十六篇是解释专有名词的。从《尔雅》的内容来看，它具有“百科全书”的性质。其释词方式是汇聚若干同义词，然后以一个词加以解释。例如，《释诂》：“林、烝、天、地、皇、王、后、辟、公、侯，君也。”《释言》：“告、谒，请也。”给《尔雅》作注的人很多，其中最早的是晋郭璞的《尔雅注》。清儒邵晋涵的《尔雅正义》和郝懿行的《尔雅义疏》，内容精湛，影响最大。

三、《广韵》

韵书的出现时间不晚于三国时期，我国最早的一部韵书是三国魏人李登的《声类》，到了南北朝时期“音韵蜂出”。但是由于各种原因，各家韵书差别很大，“各有风土”。直至581年，隋文帝杨坚统一了中国，亟需一部韵书来统一规范全国用韵法则。因此陆法言的《切韵》一出，影响很大。中古韵书体系，就是增益《切韵》而来，前代的其他韵书自然遭到了淘汰。

《广韵》全名《大宋重修广韵》，是宋真宗大中祥符元年（1008年），由陈彭年、丘雍等奉旨在前代韵书的基础上编修而成，收字26194个，共五卷。《广韵》是我国历史上完整保存至今并广为流传的最重要的一部韵书，“广”即为增广《切韵》（隋陆法言，已散佚）而作，是中古音系的代表作。

《广韵》按四声平、上、去、入分卷，平声字较多，分为上平、下平两卷，其余三声各一卷，每卷若干韵：上平声28韵，下平声29韵，上声55韵，去声60韵，入声34韵，共计206韵。每个字先解释字义，多跟从各类古书注解；再反切读音。《广韵》同韵字，主要元音和韵尾都是相同的。而同韵字中凡声母和韵母完全相同的字归在一起，合为一个同音字组，称之为“纽”。

四、“类书”三种

所谓“类书”，是采辑杂抄各类古籍中的有关资料，再将其分门别类编次排比从属目类之下，以供人检阅的百科全书式工具书，以杂见称。“类事之书，始于《皇览》”，最早的类书是三国时期，魏文帝曹丕组织编纂的《皇览》，被后人认为是中国类书之祖，可惜原书早已不存。

《太平广记》成书于宋太宗赵匡义太平兴国三年（978年），共五百卷，由李昉、扈蒙等人奉命编纂。《太平广记》引书约四百种，一般都会在篇末注明来源，按主题分九十二大类，下面又分一百五十多小类，每类的各故事均标小题。本书对于保存古典文言小说资料有很重要的作用，六朝的志怪小说和唐传奇小说有很多赖于此书才得以流传。其中神仙鬼怪类和因果报应的内容约占全书的三分之一，这也反映了魏晋以来迷信的社会风尚。此书对于研究中国古典小说的发展演变具有重要的参考价值。

《太平御览》原名《太平总类》，于太平兴国二年（977年）李昉、扈蒙、徐铉等十四人奉命开始编纂，成书于太平兴国八年（983年），本书采以群书类集之，引用古今题材文章两千五百余种（全书卷首《经史图书纲目》载征引1690种，不包括杂书诗赋等）。全书分55门，550部，共4558个子目，计千卷。书成之后，宋太宗将他列为自己的阅读书籍，日览三卷，一岁而读周，因此改名为《太平御览》。

本书内容以征引广博著称，书中征引材料时，先写书名再录原文，并依照时代先后进行排序，不加编者个人意见。值得一提的是，《太平御览》是现存古类书中保存五代以前文献、古籍最多的一部，而且引书比较完整，多整篇整段文字抄录，而这些书籍现在失传的已经十之七八，更显此书弥足珍贵。因此，以后历代许多学者，都十分重视利用《太平御览》来校勘文献、辑佚古书和考订名物。

《册府元龟》是一部史部类书，宋真宗景德二年（1005年），由王钦若、杨亿、孙奭等十八人奉敕编纂，书成于大中祥符六年（1013年）。本书以典策的渊薮和文坛的宝物命名，“册府”为王室藏书之所，“元龟”即大龟，古代以龟甲占卜国事。全书共

1000卷，分为31部，1104门。自上古至于五代，按照人物阶层身份，分门别类，先后排列。

另外，《册府元龟》所采集的资料均出自正史及唐五代诏令、奏议、文书等材料，同时兼采《国语》《吕氏春秋》《国策》《管子》《淮南子》以及《修文殿御览》等书。本书的内容在宋四部书（《太平广记》《太平御览》《册府元龟》《文苑英华》）中是最多的，篇幅超过《御览》一倍，几乎涵盖了十七史。其中精华所在为唐五代部分的史料，保存了不少失传的诏令奏议等，且引文多全篇整节抄录，有较高的原始资料价值。

五、《康熙字典》

《康熙字典》由张玉书、陈廷敬等人奉敕编纂，成书于康熙五十五年（1716年）。它是在明代梅膺祚《字汇》和张自烈的《正字通》的基础上编成的。因此，《康熙字典》的字头按部首排列，分成214部；笔画少的部首排在前面，同部首的字再按笔画数目排列。

《康熙字典》全书共收字47035个，是清代以前收字最多的一部字典。注音、释义都胜过以前的字书。出版以后，被奉为圭臬，流传两百多年，影响很大。值得一提的是，《康熙字典》中收录数量极多的俗体字、异体字，有很大的研究价值。

这部字典的释字体例是先音后义。每字下面先列历代主要韵书的反切，然后解释字义，每义之下一般都引古书为证。如果有别音别义，便再解释之。可见《康熙字典》对字的注音和释义，主要是引用前人的意见，很少有自己的见解。此外，解释字音和字义时，除引用古代韵书或字书的解释之外，一般还引用古注。这对我们查阅字的古音古义有较大帮助。

《康熙字典》由于是“御定”的，在清代长期无人敢加批评，直至道光七年（1827年），王引之奉旨作《字典考证》，才纠正了其中的引书错误2588条。1981年王力作《康熙字典音读订误》，又纠正了其在音读方面的错误，共八类五千九百多条。使用《康熙字典》时，应该同时参考这两部书。

六、《四库全书总目》

《四库全书》是清代大型官修丛书。乾隆帝三十七年（1772年）开始下令编修工作，任命军机大臣刘统勋、于敏中为总裁，纪昀、陆锡熊、孙士毅为总纂官，陆费墀为总校官。同时网罗当代名儒王念孙、任大椿、姚鼐、翁方纲、朱筠等参加具体编辑工作。乾隆四十七年（1782年）编成，历时十年。《四库全书》收录了前代大部分著作，经史子集四部共计3461种书，共79309卷。分别藏于北京圆明园文源阁、宫城文渊阁（现存于台北故宫博物院内）、热河文津阁及沈阳文溯阁（称为“内廷四阁”或“北四阁”），后又续抄三部藏于扬州大观堂的文汇阁、镇江金山寺的文宗阁和杭州西湖行宫的文澜阁（称为“江浙三阁”或“南三阁”）。

《四库全书总目》又称《四库全书总目提要》（简称《四库提要》），是《四库全书》的书目和提要，由纪昀主编，成书于乾隆四十六年（1781年）。《四库全书总目》共两百卷，收入《四库全书》的3461种书和存目（《四库全书》中未收录）的6793种书，共计书目10254种，成为我国收书最多的目录解题类著作。另外，每种书目下都会对作者和著作的大致内容做出简要介绍，同时也对著作的优缺点及历代流传的情况做出说明。

【单元练习】

一、翻译下列句子

1. 是故君子居则观其象而玩其辞，动则观其变而玩其占，是以自天佑之，吉无不利。

2. 一阴一阳之谓道。继之者善也，成之者性也。

3. 积善之家，必有余庆；积不善之家，必有余殃。

4. 大学之道，在明明德，在亲民，在止于至善。

5. 其所厚者薄，而其所薄者厚，未之有也。

6. 如恶恶臭，如好好色，此之谓自谦，故君子必慎其独也！

7. 舜其大知也与！舜好问而好察迩言，隐恶而扬善，执其两端，用其中于民。

8. 君子素其位而行，不愿乎其外。

9. 君子之道，辟如行远，必自迩；辟如登高，必自卑。

10. 天下皆知美之为美，斯恶已；皆知善之为善，斯不善已。

11. 人法地，地法天，天法道，道法自然。

12. 井蛙不可以语于海者，拘于虚也；夏虫不可以语于冰者，笃于时也；曲士不可以语于道者，束于教也。

13. 善哉，善哉！子之听夫志，想象犹吾心也。吾于何逃声哉。

14. 甘蝇，古之善射者，彀弓而兽伏鸟下。

15. 弟子入则孝，出则弟，谨而信，汎爱众，而亲仁，行有余力，则以学文。

二、文学常识填空

（1）古代三公指，________、________、________。

（2）庄子，名________，与孟子同时。战国时代著名________、________、________，是道家学派的代表人物，后世将他与老子并称为“________”。

（3）孔子，名________，字________，春秋时________国人。他是我国古代影响深远的________、________，是________学

派的创始人。________是记录孔子及其弟子言行的书。

（4）孔子思想的主要内容是提倡________和________。《论语》由________编纂而成。全书首创“________”。

（5）南宋时，朱熹将________、________、________、________合称为“四书”。

三、解释下列画线词语的意思

1. 方以类聚，物以群分，吉凶生矣。

2. 夫《易》，广矣大矣，以言乎远则不御，以言乎迩则静而正，以言乎天地之间则备矣。

3. 天地变化，草木蕃。

4. 小人闲居为不善，无所不至，见君子而后厌然，掩其不善，而著其善。

5. 中庸其至矣乎！民鲜能久矣。

6. 是以圣人处无为之事，行不言之教，万物作焉而不辞，生而弗有，为而弗恃，功成而不居。

7. 上善若水。水善利万物而不争，处众人之所恶，故几于道。

8. 秋水时至，百川灌河；泾流之大，两涘渚崖之间，不辩牛马。

9. 于是焉河伯始旋其面目，望洋向若而叹曰。

10. 伯牙善鼓琴，钟子期善听。

11. 伯牙游于泰山之阴，卒逢暴雨，止于岩下，心悲，乃援琴而鼓之。

12. 二年后，虽锥末倒眦，而不瞬也。

13. 薛谭乃谢，求反，终身不敢言归。

14. 八佾舞于庭，是可忍，孰不可忍也！

15. 事父母几谏，见志不从，又敬不违，劳而不怨。

四、给下面文字加上标点，并翻译成现代汉语

昔开皇初有仪同刘臻等八人同诣法言门宿夜永酒阑论及音韵以古今声调既自有别诸家取舍亦复不同吴楚则时伤轻浅燕赵则多

涉重浊秦陇则去声为入梁益则平声似去又支章移反脂旨夷反鱼语居反虞语俱反共为一韵先苏前反仙相然反尤于求反侯胡沟反俱论是切欲广文路自可清浊皆通若赏知音即须轻重有异吕静韵集夏侯咏韵略阳休之韵略李季节音谱杜台卿韵略等各有乖互江东取韵与河北复殊因论南北是非古今通塞欲更捃选精切除消舒缓颜外史萧国子多所决定魏著作谓法言曰向来论难疑处悉尽何为不随口记之我辈数人定则定矣法言即烛下握笔记纲纪后博问英辩殆得精华于是更涉余学兼从薄官十数年间不遑修集今反初服私训诸子弟凡有文藻即须明声韵屏居山野交游阻绝疑惑之所质问无从亡者则生死路殊空怀可作之叹存者则贵贱礼隔以报绝交之旨遂取诸家音韵古今字书以前所记者定之为切韵五卷剖析毫厘分别黍累何烦泣玉未可悬金藏之名山昔怪马迁之言大持以盖酱今叹扬雄之口吃非是小子专辄乃述群贤遗意宁敢施行人世直欲不出户庭于时岁次辛酉大隋仁寿元年也

——陆法言《切韵·序》

五、思考题

试述古代日渐完备的职官制度与日益加强的中央集权之间的关系。

第六单元

【古代文化常识】

古代宫室建筑

从陕西半坡遗址发掘的方形及圆形浅穴式房屋发展看，古代宫室建筑已有六七千年的历史。修建在崇山峻岭之上、蜿蜒万里的长城，是人类建筑史上的奇迹；建于隋代的河北赵县的安济桥，在科学技术同艺术的完美结合上，早已走在世界桥梁科学的前列；高达 67.1 米的山西应县佛宫寺木塔，是世界现存最高的木结构建筑；北京明、清两代的故宫，则是世界上现存规模最大、建筑精美、保存完整的大规模建筑群，而我国古典园林的独特艺术风格，使它成为中国文化遗产中的一颗明珠。这一系列现存的技术高超、艺术精湛、风格独特的建筑，在世界建筑史上自成系统，独树一帜，是我国古代灿烂文化的重要组成部分。

一、古代建筑名称

（一）宫室建筑

古人称郊野别墅为“房”，称多窗的大型建筑为“宫”。住宅最外面是大门，面对大门，有作为屏障的矮墙，叫萧墙，今称照壁。《论语·季氏》：“吾恐季孙之忧不在颛臾，而在萧墙之内也。”后代据此称内讧为萧墙之祸。周代大门一般是三开间，中间是明间，为门，左右各一间为塾。门内为庭，即院子。主体建筑由堂、室、房组成，都建在高台之上。

最前面的是堂，堂的本义是王宫内举行隆重仪式的大殿正厅。堂东西两面墙叫序。堂靠庭的一边有两根柱子，称东楹和西楹。堂的作用是活动和待客行礼的地方。堂的正面没有墙，堂前有两级阶梯，称东阶和西阶。古人在室外尊左，因此西阶是宾客走的。堂的一面无墙，其边、角都暴露在外。堂边叫廉，廉必直，所以后来说廉正、廉洁。

闺在大门之内，堂之前，为第二重门，其门较小。闺内为主人起居之处，由此后来称内宅为闺。后来用以专指女子住处，如闺阁，小女子则曰闺女。闺又称为寝门。《左传·庄公八年》曰："费请先入。伏（齐襄）公而出，斗，死于门中；石之纷如（齐臣）死于阶下；遂入，杀孟阳于床，曰：'非君也，不类（像）。'见公之足于户下，遂弑之。"了解了古代堂、室、门、闺的位置，我们就可以想象出当时的情景。

楼 楼就是重屋。《说文解字》解释：楼，重屋也。先秦习俗里面重屋是不能住人的，此俗至今在一些农村还盛行。楼下住人，楼上堆放粮食杂物，因此先秦典籍中很少有"楼"字。楼房的出现较晚，大约在战国后期，到了汉代才盛行起来。中国古代的楼房一般多为二层，形成传统的固定形式，南方有些地方有竹楼，也是二层。

阁 原为阁板之意，为厨房贮藏食物的地方，汉代又指堂屋外的两个夹室，即东夹西夹。随着楼房的兴起，阁遂演变成供游息、远眺、供佛或藏书之用的建筑物。阁的平面为方形、长方形或多边形，一般四周设槅扇。《淮南子·主术训》曰："高台层榭，接屋连阁。"至今仍著名的有北京颐和园的佛香阁、大同善化寺的普贤阁等佛阁，宁波天一阁、故宫文渊阁等藏书阁。

厢 在汉代厢本指房屋东夹西夹前面的空间，阁与厢之间有门相通，后来泛指正房两边的房子，叫厢房，如东厢、西厢。《西厢记》中秀才张生住的地方就是西厢房。

轩 是有窗槛的长廊或小室。陶潜《饮酒》曰："啸傲东轩下。”杜甫《夏夜叹》曰：“开轩纳微凉。”殿堂前檐下的平台亦称轩，古时皇帝不坐正殿而在殿前平台上接见臣属，称“临轩”。

庭 也写作“廷”。《史记·伍子胥列传》：“包胥立于秦廷，昼夜哭，七日七夜不绝其声。”庭是群臣朝见君王的地方，所以又叫朝，后代说朝廷。《左传·宣公二年》中，晋灵公杀了宰夫，“置诸畚，使妇人载以过朝”。过朝就是过廷。庭的地方较大，估计可能有三百平方米左右。庭中要植树，棘和槐是王公大臣列位的标志，后来就用这些植物名指朝廷的高位，如任昉《桓宣城碑铭》：“将登槐棘，宏振纲网。”君王的庭中还设火炬，叫做庭燎，据说天子百燎，公五十燎，侯伯子男三十燎。尊者在堂则卑者在庭，宾客是受尊重的，所以上堂；宾客的随从就必须站在庭中。《左传·宣公二年》曰：“晋侯饮赵盾酒，伏甲将攻之。其右提弥明知之，趋登，曰：‘臣侍君宴，过三爵，非礼也。’遂扶以下。”其中，“右”是车右，有武力者承担之，责任是保护主人；“趋登”，趋是合礼的动作，登是从庭下上阶入堂，不合礼。臣饮君酒，三杯为限，所以以此为借口搀走赵盾是合礼的。

室 室在堂后，有户相通。称一般起居坐卧的房间为“屋”，称夫妻的卧房为“室”。要入室必须先到堂，要到堂必须历阶而上。孔子说子路：“由也，升堂矣，未入于室也。”指学问未到家。室堂之间有窗，叫牖。客人一般不进入主人之室。室的北面墙上还有一个窗子，叫向。《诗经·七月》曰：“塞向墐户。”

室内四角称为隅。《论语·述而》曰：“子曰：举一隅不以三隅反，则不复也。”给他讲解室内的一个角而他不能联想推知其他三个角，这样的学生就不必再重复教了。室内的四个角都有专名。《尔雅·释宫》曰：“西南隅谓之奥，西北隅谓之屋漏，东北隅谓之宧，东南隅谓之窔（yào）。”奥和窔都有幽深、黑暗义，因为阳光从南面户牖入室，室内背光处为西南和东南。室内四个角中以奥的位置最为尊贵，所以《礼记·曲礼上》曰：“夫为人子者（父母健在者）居不主奥。”奥可以是室内的祭祀之所。由于奥最尊，在室内坐西向东的位置也就最尊。如《史记·项羽本纪》载：“项王即日因留沛公与饮。项王、项伯东乡坐，亚父南乡坐。亚父者，范增也。沛公北乡坐，张良西乡侍。”其中，项羽东乡坐，表现了他自尊自大的态度，自以为王；范增南乡坐，南乡是第二尊位，项羽让谋士坐，说明范增的地位；刘邦北向坐，其地位在项羽看来，不如自己的谋士；张良西乡侍，地位更低；樊哙闯入军帐后，只能在张良的东面，而且站着。

（二）宫阙园林建筑

阙 古代宫廷大门外两个高大的建筑物，一左一右夹住宫廷的出口，像缺了一块，故名。阙又名观、魏、象魏。其功用为构成宫廷的气势，便于了解守卫和公布告示。

观 宫廷内独立的宫殿。殿堂称观，是因为它们高大便于观览。

殿 堂也。从汉代起叫殿，并逐渐成为宫廷和庙宇的高大房屋的专名。

台 为土石堆积而成，为历代帝王所喜欢。台可以建在宫内，也可以建在苑囿中。有的台可以建至九层之高，如，《老子》载：“九层之台，起于累土。”《吴越春秋》曰：“（吴王）起姑苏之台，三年聚材，五年乃成，高见三百里。”姑苏台的后果是“行路之人道死巷哭，不绝嗟嘻之声。”

榭 在台上盖的木结构建筑物，它只有柱和顶，没有墙壁，像后代的亭子。其功用是为了望氛祥，观练武和检阅，游乐。《左传·宣公二年》曰：“（晋灵公）从台上弹人而观其辟丸也。”

厦 本义是夏季农忙时用于农事的宽敞建筑。

亭 本义是古代设在路边、供旅客歇宿的有顶无墙的小型简易建筑。

二、古代建筑类型

中国古建筑的类型按照建筑物的性质与功能分类，主要有宫殿建筑、民居、礼制性祭祀建筑、宗教建筑、陵墓建筑、军事防御体系、桥梁建筑以及古典园林等类型。

（一）民居建筑

民居建筑主要包括木构架庭院式、四四水归堂式、一颗印式、大土楼、窑洞式、干阑式建筑等。古民居建筑艺术，除重视传统的审美外，还体现了尊卑之礼、长幼有序、男女有别、内外有分、等级、防御等旧社会宗法伦理之规。具有极高的、独特的游览、观赏的审美价值。

（二）宫殿建筑

宫殿与皇城建筑是帝王居住和处理朝政的地方，是皇权的象征。在中国古建筑中，宫殿建筑具有规模宏大、装饰富丽堂皇、陈设豪华的特点。金黄色的琉璃瓦，配以红墙和宽大的汉白玉台基，色彩绚丽，各种雕刻精致细腻的天花藻井、汉白玉台基、栏板、梁柱以及周围的建筑小品，豪华壮丽，建筑装饰中随处可见龙的身影，因而也最能反映中国古建筑高超的技艺和独特的风格。我国目前保存较完好齐全的主要有北京故宫和沈阳故宫，充分显示了我国古代建筑的艺术最高超水平。

宫殿的形制有一个历史发展的过程，大致经历了五个时期。

殷、商　帝王宫殿呈院落式三布局。

周、春秋战国　分外朝、内廷两部分和“三朝五门”制。

秦、汉　各宫占地面积大，建筑物布局稀疏。秦有咸阳旧宫、甘泉宫和阿房宫，汉有汉三宫：未央宫、长乐宫、建章宫。

隋、唐 在中轴线上建“五门”“三朝”，有唐三宫：太极宫、大明宫、兴庆宫。

明、清 北京故宫、沈阳故宫、布达拉宫为代表。

宫殿的建筑规制主要有以下四个方面。

中轴对称 为了表现君权受命于天和以皇权为核心的等级观念，宫殿建筑采用严格的中轴对称的布局方式。中轴线上的建筑高大华丽，轴线两侧的建筑低小简单。

左祖右社 又称左庙右社，体现了中国礼制思想中崇敬祖先、提倡孝道、祭祀土地神和粮食神的重要思想。“左祖”是指在宫殿左前方设祖庙，祖庙是帝王祭祀祖先的地方，因为是天子的祖庙，也称太庙；“右社”，是在宫殿右前方设社稷坛，社为土地，稷为粮食，社稷坛是帝王祭祀土地神、粮食神的地方。清代以左为尊、以东为上，所以左在前，右在后。

前朝后寝 宫殿自身的布局一般分前后两部分。前朝是帝王上朝治政、举行重大典礼、朝贺和宴请的地方；后寝是皇帝与后妃们生活居住的寝宫，内有御花园等供享用。

三朝五门 是指宫殿建筑群的门殿布局。“三朝”是根据帝王朝事活动内容的不同，分别在三处不同规模的殿堂内举行，即举行重大仪式和政治活动的外朝、处理日常政务的内朝和起居生活的燕朝；“五门”是在举行大型朝事活动的宫殿庭院前，沿中轴线以五道门及辅助建筑构成四座庭院，作为大朝宫殿前的前导空间，这五道门由内而外顺次称为朝门、宫门、宫城前导门、皇城门和皇城前导门，这种布局早在周代即已形成制度。

（三）礼制性祭祀建筑

古代礼制性建筑主要包括坛庙祭祀建筑和祠堂建筑。现存的坛庙祭祀建筑有北京的天坛、地坛、先农坛；祠堂建筑有皇家宗庙——太庙、曲阜的孔庙、山西解州关帝庙以及各地的民间祠堂。

（四）宗教建筑

中国古建筑中的宗教建筑，有汉式的佛寺、佛塔和石窟，藏传佛教的宫室式木建筑、碉房式的砧石建筑，伊斯兰教的阿拉伯式的建筑和道教的宫观庵庙。所有这些宗教建筑由于其不同的教义和使用要求，而表现为不同的总体布局和建筑式样，如少林寺的塔林、拉萨布达拉宫、北京的牛街清真寺、武当山古建筑群。古宗教建筑艺术、雕塑、绘画、石窟、宗教历史等艺术形式遍布全国各地，代表了近千年的中国艺术和建筑的最高水平，对发展旅游事业有重要的价值。

（五）陵墓建筑

陵墓建筑是中国古代建筑的重要组成部分，是古建筑中最宏伟、最庞大的建筑群之一。古人基于人死而灵魂不灭的观念，普遍重视丧葬，因此，无论任何阶层对陵墓皆精心构筑。中国陵园的布局大都是四周筑墙，四面开门，四角建造角楼。陵前建有甬道，甬道两侧有石人、石兽雕像，陵园内松柏苍翠、树木森森，给人肃穆、宁静之感。明十三陵、清东陵、西陵是其中典型的代表。在历史演变过程中，陵墓建筑逐步与绘画、书法、雕刻等诸艺术门派融为一体，成为反映多种艺术成就的综合体。

（六）古代城防建筑

中国古代城防建筑主要指城市城垣建筑和长城建筑。城墙上有城楼、角楼、垛口等防御工事，构成一整套坚固的防御体系。城垣建筑多已不存，现仍保留完好的有山西平遥古城与西安古城墙。

（七）园林建筑

古典园林是在一定的地域运用工程技术和艺术手段，通过改造地形（或进一步筑山、叠石、理水）、种植树木花草、营造建筑和布置园路等途径创作而成的美的自然环境和游憩境域，在世界园林发展史上独树一帜，是全人类宝贵的历史文化遗产。以江南私家园林和北方皇家园林为代表，著名皇家园林有北京的颐和园、北京的北海公园、河北承德的避暑山庄；私家园林，以苏州的拙政园、留园、网师园等为代表。

（八）桥梁建筑

中国桥梁主要包括浮桥、梁桥、索桥和拱桥。古桥梁遍布祖国江河，便利了交通，装点了江山，是中国古文明的标志。著名的有赵州桥、虹桥、五亭桥。古代桥梁成就在东西方桥梁史占有崇高地位。

三、古代建筑演变

我国远古的居住模式主要为巢居和穴居两种形式。考古发掘可以验证，在一万年前的新石器时代，人类已经发明农业和畜牧，生活资料有较可靠的来源，人们已经开始穴居生活。如《易系辞》载："上古穴居而野外，后世圣人易之以宫室，上栋下宇，以待风雨，盖取诸《大壮》。"《礼记·礼运》载："昔者先王未有宫室，冬则居营窟，夏则居橧巢。"

（一）周

周王朝在政治制度上已经设立管理建筑工程的官员，并且有计划地在正方形王朝的中央，建造具有中轴线和左右对称的宫室庙宇、社稷坛等。《考工记匠人》载："匠人营国，方九里，旁三门，国中九经、九纬，经涂九轨，左祖右社，面朝后市。"说明周代的城市发展和建筑形态与皇权的结合已经形成一种规制，这种规制的形成不仅对后市的城市发展有着深远的影响，更把士大夫的宅第标准和形制作为一种最高的指导思想沿袭了下来。至此，中国古代住宅的等级之分也就已经出现端倪。

周代每种住宅形式都有着不同的名称和形制来区分等级身份与住宅的标准。最高级的住宅形式称为"寝"，帝王之居称"燕寝"，诸侯称"路寝"，大夫以下官员的住宅称为"庙"，一般士庶百姓的住房称作"正寝"，也有的叫"平屋"。

（二）春秋战国

春秋战国时代，各国诸侯纷纷营建自己的都城，城市更是得到了突飞猛进的发展。城市房屋已有二三层高的住宅形式，建筑屋顶开始使用瓦和瓦当，建筑立面已有色彩装饰，房屋各层的腰檐上构有简单的平座与栏杆。这些住房发展的新形式说明我国战国时代在推进城市快速发展的同时，居住形式和建筑技术都向前推进了一大步。

（三）秦

秦代的中国，建筑只是重在军事防御，所以军事建筑有较大程度的发展，如留存至今的世界文化遗产——长城。除了在军事建筑上有所建树外，宫殿、陵墓也有所发展。这一时期的园林形态已经形成较大的规模。如秦都咸阳的上林苑，就是特大规模的园林形态。

（四）汉

到了汉代，园林建设不仅在规模上超过了秦代，而且已有了皇家和私家之分。可以说，汉代的园林建设达到了一个高潮。同时，汉代的私家园林也得到了大规模的发展，长安富豪袁广汉所建的私家园林，据载是我国最早的私家园林。《西京杂记》载："茂陵富人袁广汉，藏镪巨万，家童八九百人，与北邙山下筑园，东西四里，南北五里，激流水柱其内，构石为山，高十余丈，连延数里。养白鹦鹉、紫鸳鸯、牦牛、青兕、奇禽怪兽委积其间，积沙为洲屿，积水为波潮。其中致江鸥、海鹤孕雏产彀，延漫林池，奇树异草，糜不具植。屋皆徘徊连属，重阁修廊。"汉代住宅对我国住宅的发展所带来的积极影响是空前的。如四合院的出现，不但从汉代到清末的住宅形式大抵如此，在技术方面，砖墙、木结构、屋檐结构都对后世建筑特别是北方住宅的发展产生着积极的影响。

（五）三国、两晋、南北朝

三国、两晋、南北朝这一时期的城市建设和居住形态没有大的变化，但建筑内涵却有所进步，更为丰富多彩，规模化的宅第园林成为一种风尚。当时的达官们往往施舍自己的宅第给佛寺。这时期的院落仍是木结构建筑。

（六）唐

唐朝的城市建设日益成熟，城市功能得以大幅提升。城市发展表现为两种趋向：一种是重"城"，其性质为政治和军事上的；一种是重"市"，其性质为生活、商业、文化诸方面的。唐代的住宅发展已开始考虑资源的合理利用，住宅连片建造，住户已在院子的周围建造房屋。住宅的结构形式大多采用乌头门的形式，但也有房屋在结构上不完全对称，可是用回廊组成庭院则仍然一致。富贵人家在住所的建造上更注重园林景观的建设。达官贵族在都城营建别墅成为一种风尚。唐代人重视居住环境的追求有力地推动了城市公共环境的建设。城市园林景观作为供人们生活、游赏、娱乐的城市公共体系，在唐代已经初步形成。

（七）宋

宋代城市的快速发展，与宋代重“市”而不重“城”相关。宋朝有着比唐时期更为庞大的城市规模和数量。如唐代在十万户以上居民的城市只有十几座，而两宋时期则增加到四十余座。宋都汴梁较之唐朝以前的城市最明显的变化就是取消了街道的坊里之隔，城市的街道沿街可以设店，商业网点的分布也较唐代的密集。两宋时期尤以叠山技术成为营园筑山营造最佳城市环境的普遍方式。宋代的园林造景几乎到了“无园不景”的地步。宋代的住宅从形式上说，四合院的形制进一步完善，建筑构造也走向统一的格局。

（八）明、清

明清以后，我国的住宅已有较为完整的形式保存下来。从北京的四合院到江南水乡的民居，从东北大院到皖南住宅，从福建土楼到黄河流域的窑洞；从住宅的结构、形式、布局、用材、技术等方面来考证，就明清时期的居住形制和特征，已经形成完整的住宅形式并对我们今天的住宅发生影响的民居形式。国外建筑技术在我国明清时期被一些南方地区所吸纳。用材上已开始使用英国的铁艺、印度的虬木，在建筑风格上带有欧洲的圆拱、伊斯兰的宝塔顶、东南亚一带的骑楼等。明清住房的多元化发展状态中，无论是选址、布局、结构和技术材料的使用，无不体现出因地制宜、因材就势、和谐统一的人居发展观，特别是在园林景观营建上炉火纯青，有天斧神工的妙处。

【经典文选】

孟子

孟轲

【导读】

孟子（公元前 372 年—公元前 289 年），名轲，字子舆。战国时期鲁国人。古代著名思想家、教育家，战国时期儒家代表人物。著有《孟子》一书。孟子继承并发扬了孔子的思想，成为仅次于孔子的一代儒家宗师，有“亚圣”之称，与孔子合称为“孔孟”。孟子的文章说理畅达，气势充沛并长于论辩，逻辑严密，尖锐机智，代表着传统散文写作最高峰。

《孟子》一书是孟子的言论汇编，由孟子及其再传弟子共同编写而成，记录了孟子及其弟子政治、教育、哲学、道德等方面的思想观点，是儒家经典著作之一。孟子曾仿效孔子，带领门徒周游各国。但在当时不被各国所接受，于是退隐与弟子一起著书。《孟子》有七篇传世：《梁惠王（上、下）》《公孙丑（上、下）》《滕文公（上、下）》《离娄（上、下）》《万章（上、下）》《告子（上、下）》《尽心（上、下）》。其学说出发点为性善论，提出“仁政”“王道”，主张德治。南宋时朱熹将《孟子》与《论语》《大学》《中庸》合在一起称“四书”，《孟子》是四书中篇幅最大、部头最重的一本，有三万五千多字。从此直到清末，“四书”一直是科举必考内容。

梁惠王上

【正文】

梁惠王[1]曰："晋国[2]，天下莫强焉[3]，叟之所知也。及寡人之身，东败于齐，长子死焉[4]；西丧地于秦七百里[5]；南辱于楚[6]。寡人耻之，愿比死者一洒之[7]，如之何则可？"

孟子对曰："地方百里而可以王[8]。王如施仁政于民，省刑罚，薄税敛，深耕易耨[9]；壮者以暇日修其孝悌忠信，入以事其父兄，出以事其长上，可使制梃以达秦楚之坚甲利兵矣。"

"彼夺其民时，使不得耕耨以养其父母。父母冻饿，兄弟妻子离散，彼陷溺其民，王往而征之，夫谁与王敌？故曰：'仁者无敌。'王请勿疑！"

【注释】

[1] 战国时期魏国国君。

[2] 韩、赵、魏三家分晋，被周天子和各国承认为诸侯国，称三家为三晋，所以，梁（魏）惠王自称魏国也为晋国。

[3] 莫强：没有比它更强的。

[4] 东败于齐，长子死焉：公元前341年，魏与齐战于马陵，兵败，主将庞涓被杀，太子申被俘。

[5] 马陵之战后，魏国国势渐衰，秦屡败魏国，迫使魏国献出河西之地和上郡的十五个县，约七百里地。

[6] 公元前324年，魏又被楚将昭阳击败于襄陵，魏国失去八邑。

[7] 希望为全体死难者报仇雪恨。比：替，为；一：全，都；洒：洗刷。

[8] 地方百里：方圆百里的土地。

[9] 易耨：及时除草。易：疾，速，快；耨：除草。

梁惠王下

【正文】

邹与鲁訌[1]。穆公[2]问曰："吾有司死者三十三人，而民莫之死也[3]。诛之，则不可胜诛[4]；不诛，则疾视其长上之死而不救[5]，如之何则可也?"

孟子对曰："凶年饥岁，君之民老弱转乎沟壑[6]，壮者散而之对方者[7]，几千人矣[8]；而君之仓廪实，府库充，有司莫以告，是上慢而残下也。曾子曰：'戒之戒之！出乎尔者，反乎尔者也[9]。'夫民今而后得反之也。君无尤焉[10]！君行仁政，斯民亲其上，死其长矣[11]。"

【注释】

[1] 邹国与鲁国交战。

[2] 即邹穆公。孟子是邹国人，所以穆公问他。

[3] 莫之死：即"莫死之"的倒装，"之"指"有司"。没有人为他们而死。

[4] 不可胜诛：诛杀不尽。

[5] 疾：憎恨。

[6] 转：弃尸。

[7] 之对方者：他国去的人。

[8] 几：接近，差不多。

[9] 你怎样对待别人，别人也会反过来怎样对待你。后精炼为出尔反尔。

［10］尤：动词，责备、归罪。

［11］死其长：为其长官去牺牲。

公孙丑上

【正文】

孟子曰：“仁则荣，不仁则辱；今恶辱而居不仁[1]，是犹恶湿而居下也。如恶之，莫如贵德而尊士，贤者在位，能者在职；国家闲暇[2]，及是时，明其政刑。虽大国，必畏之矣。《诗》云：‘迨天之未阴雨[3]，彻彼桑土[4]，绸缪牖户[5]。今此下民[6]，或敢侮予？’孔子曰：‘为此诗者，其知道乎！能治其国家，谁敢侮之。’今国家闲暇，及是时，般乐怠敖[7]，是自求祸也。祸福无不自己求之者。《诗》云：‘永言配命，自求多福[8]。’《太甲》[9]曰：‘天作孽，犹可违[10]；自作孽，不可活[11]。’此之谓也。”

【注释】

［1］恶：厌恶。

［2］闲暇：指国家安定无内忧外患。

［3］迨（dài）：趁着。

［4］彻：剥取。桑土（dù）：桑树根。“土”：通“杜”。东齐方言说“根”为“杜”。

［5］绸缪（miù）：缠结。牖（yǒu）：窗子。户：门。

［6］下民：民意同“人”。这里的诗句是以鸱鸦的口吻，其巢在上，所以称人为“下民”。

［7］般（pán）：乐。怠：怠情。敖：通“遨”，指出游。

［8］永：长久。言：语助词，大义。配：合。命：天命。

［9］《尚书》中的一篇。

［10］违：避。

［11］活："逭"（huàn）的假借字，逃避的意思。

离娄上

【正文】

孟子曰："桀纣之失天下也，失其民也；失其民者，失其心也。得天下有道[1]，得其民，斯得天下矣[2]。得其民有道，得其心，斯得民矣。得其心有道，所欲与之聚之，所恶勿施尔也[3]。民之归仁也，犹水之就下[4]、兽之走圹也[5]。故为渊驱鱼者，獭也[6]；为丛驱爵者，鹯也[7]；为汤武驱民者，桀纣也。今天下之君有好仁者，则诸侯皆为之驱矣。虽欲无王，不可得已。今之欲王者，犹七年之病求三年之艾也[8]。苟为不畜[9]，终身不得。苟不志于仁，终身忧辱，以陷于死亡。诗云：'其何能淑，载胥及溺[10]。'此之谓也。"

【注释】

［1］道：方法。

［2］斯：就。

［3］恶：厌恶。

［4］就下：流向下方。

［5］圹（kuàng）：原野。

［6］獭：水獭，一种生活在水边的兽，能游泳，捕鱼为食。潜深水赶来鱼的是水獭。

［7］鹯（zhān）：古书中说的一种猛禽，似鹞鹰，鹞类猛禽，食鸠、鸽、燕、雀。

［8］好比害了七年的病要找存放多年的艾草来治。艾：即陈

艾，常用于灸病，存放时间越久，疗效越好。

[9] 苟：如果。

[10] 那如何做得好，只能一起溺水。淑：善，好；载：句首语助词，无义；胥：相；及：与；溺：落水。

离娄下

【正文】

齐人有一妻一妾而处室者，其良人出[1]，则必餍酒肉而后反[2]。除问所与饮食者，则尽富贵也。其妻告其妾曰："良人出，则必餍酒肉而后反；问其与饮食者，尽富贵也，而未尝有显者来，吾将间良人之所之也[3]。"

蚤起[4]，施从良人之所之[5]，遍国中无与立谈者[6]。卒之东郭墦间[7]，之祭者，乞其余；不足，又顾而之他：此其为餍足之道也。其妻归，告其妾，曰："良人者，所仰望而终身也，今若此！"与其妾讪其良人[8]，而相泣于中庭[9]，而良人未之知也，施施从外来[10]，骄其妻妾[11]。

由君子观之，则人之所以求富贵利达者，其妻妾不羞也，而不相泣者，几希矣！

【注释】

[1] 良人：古代妇女对丈夫的称呼。

[2] 餍（yàn）：饱。

[3] 间（jiàn）：窥视。

[4] 蚤：通"早"。

[5] 施（yí）：斜。这里指斜行，斜从跟随，以免被丈夫发现。

[6] 国中：都城中。

［7］墦（fán）间：坟墓间。

［8］讪：讥消、讥骂。

［9］中庭：庭中。

［10］施施：得意洋洋的样子。

［11］骄：骄横。

告子上

【正文】

公都子[1]曰："告子曰：'性无善无不善也。'或曰：'性可以为善，可以为不善；是故文武兴，则民好善；幽厉兴，则民好暴。'或曰：'有性善，有性不善。是故以尧为君而有象[2]，以瞽瞍为父而有舜[3]，以纣为兄之子，且以为君，而有微子启、王子比干。'今曰'性善'，然则彼皆非与？"

孟子曰："乃若其情[4]，则可以为善矣，乃所谓善也。若夫为不善，非才之罪也[5]。恻隐之心，人皆有之；羞恶之心，人皆有之；恭敬之心，人皆有之；是非之心，人皆有之。恻隐之心，仁也；羞恶之心，义也；恭敬之心，礼也；是非之心，智也。仁义礼智，非由外铄我也[6]，我固有之也，弗思耳矣。故曰：'求则得之，舍则失之。'或相倍蓰而无算者[7]，不能尽其才者也。《诗》曰：'天生蒸民，有物有则。民之秉彝，好是懿德[8]。'孔子曰：'为此诗者，其知道乎！故有物必有则；民之秉彝也，故好是懿德。'"

【注释】

［1］孟子的学生。

［2］象：舜的异母弟，品行不善。

［3］瞽（gǔ）瞍（sǒu）：舜的父亲，品行不善。

［4］乃若：转折连词，大致相当于“至于”等。情：指天生的性情。

［5］才：指天生的资质。

［6］铄（shuò）：授予。

［7］蓰（xǐ）：五倍。

［8］蒸：众。则：法则。秉：执。彝：常。懿：美。

尽心下

【正文】

孟子曰：“尽信书，则不如无书。吾于《武成》[1]，取二三策而已矣[2]。仁人无敌于天下，以至仁伐至不仁，而何其血之流杵也[3]？”

【注释】

［1］《武成》：《尚书》的篇名。

［2］策：竹简。古代用竹简书写，一策相当于现今的一页。

［3］杵（chǔ）：舂米或捶衣的木棒。

【正文】

孟子曰：“民为贵，社稷次之[1]，君为轻。是故得乎丘民而为天子[2]，得乎天子为诸侯，得乎诸侯为大夫。诸侯危社稷，则变置。牺牲既成[3]，粢盛既洁[4]，祭祖以时，然而旱干水溢，则变置社稷。”

【注释】

［1］社稷：古代帝王或诸侯建国时，都要立坛祭祀“社”“稷”，所以“社稷”又作为国家的代称。社：土神；稷：谷神。

［2］丘：众。

［3］牺牲：供祭祀用的牛、羊、猪等祭品。

［4］盛在祭器内的祭品已洁净了。粢（zī）：稷，粟米。

【知识拓展】本课中出现的成语或典故

仁者无敌：施行仁政的君王，必然赢得民众的拥戴；上下一心，众志成城，是无人可敌的。

为渊驱鱼：水獭想捉鱼吃，却把鱼赶到深渊去了。原比喻方法不当，适得其反。残暴的统治迫使自己一方的百姓投向敌方。现多比喻不会团结人，把一些本来可以团结过来的人赶到敌对方面去。

为丛驱雀：鹞鹰想捉麻雀吃，却把麻雀赶到丛林中去了。比喻残暴的统治迫使自己一方的百姓投向敌方。现多比喻不会团结人，把一些本来可以团结过来的人赶到敌对方面去。

丛雀渊鱼：比喻不行善政，等于把老百姓赶到敌人方面去。

转死沟壑：指弃尸于山沟水渠。

出尔反尔：原指你怎样对付人家，人家就会怎样对待你。现多指自己说了或做了后，又自己反悔。比喻言行前后自相矛盾，反复无常。说话不算数。

恻隐之心：对别人的不幸表示同情。见到遭受灾祸或不幸的人产生同情之心。

三年之艾：病久了才去寻找治这种病的干艾叶。比喻凡事要平时准备，事到临头再想办法就来不及。

尽信书，则不如无书：泛指读书不要拘泥于书上或迷信书本。

得民心者得天下：获得了人民的心，那就等于你得到天下。

民为贵，社稷次之，君为轻：执政应以民为本，民心所向即为天下趋势。

墨子

墨翟

【导读】

墨子（约公元前 476 年—公元前 390 年），名翟（dí），东周春秋末期战国初期宋国人。墨子是宋国贵族目夷的后代，生前担任宋国大夫。他是墨家学派的创始人，也是战国时期著名的思想家、教育家、科学家、军事家。

墨子是中国历史上唯一一位农民出身的哲学家，墨子创立了墨家学说，墨家在先秦时期影响很大，与儒家并称“显学”。他提出了“兼爱”“非攻”“尚贤”“尚同”“天志”“明鬼”“非命”“非乐”“节葬”“节用”等观点。以兼爱为核心，以节用、尚贤为支点。墨子于战国时期在力学、光学、声学、几何学等领域创立了一套科学理论，作出了相当大的贡献。先秦的科学技术成就大都依赖《墨子》以传。当时的百家争鸣，有“非儒即墨”之称。

墨子死后，墨家分为相里氏之墨、相夫氏之墨、邓陵氏之墨三个学派。其弟子根据墨子生平事迹的史料，收集其语录，完成了《墨子》一书。《墨子》分两大部分：一部分是记载墨子言行，阐述墨子思想，主要反映了前期墨家的思想；另一部分一般称作墨辩或墨经，着重阐述墨家的认识论和逻辑思想，还包含许多自然科学的内容，反映了后期墨家的思想。

亲士

【正文】

吾闻之曰："非无安居也，我无安心也；非无足财也[1]，我无足心也"。是故君子自难而易彼，众人自易而难彼。君子进不败其志[2]，内究其情[3]；虽杂庸民，终无怨心，彼有自信者也。是故为其所难者，必得其所欲焉；未闻为其所欲，而免其所恶者也。是故逼臣伤君[4]，谄下伤上。君必有弗弗之臣[5]，上必有谘谘之下[6]，分议者延延[7]，而支苟者詻詻[8]，焉可以长生保国。

【注释】

[1] 足：充足，满足。

[2] 败：衰败，丧失。

[3] 内：退。

[4] 逼臣：宠爱的臣子。

[5] 弗弗之臣：直言进谏的臣子。

[6] 谘谘（zī zī）之下：敢于争辩的臣子。

[7] 分议：争议，议论。延延：不停止。

[8] 支苟：意见分歧。詻詻（è）：直言争论的样子。

修身

【正文】

故君子力事日强[1]，愿欲日逾[2]，设壮日盛[3]。君子之道也：贫则见廉[4]，富则见义，生则见爱，死则见哀；四行者不可虚假，反之身者也。藏于心者，无以竭爱；动于身者，无以竭恭[5]；

出于口者，无以竭驯。畅之四支[6]，接之肌肤，华发隳颠[7]，而犹弗舍者[8]，其唯圣人乎！

【注释】

[1] 力：努力，尽力。

[2] 愿欲：心愿，愿望。

[3] 设壮：建树。

[4] 见：表现，显示。

[5] 竭：竭尽。

[6] 四支：四肢。支，通“肢”。

[7] 华发：头发苍白。隳（huī）颠：秃顶。

[8] 弗舍：不舍弃。

法仪

【正文】

子墨子曰：天下从事者，不可以无法仪[1]，无法仪而其事能成者，无有也。虽至士之为将相者，皆有法。虽至百工从事者[2]，亦皆有法。百工为方以矩，为圆以规，直以绳，正以县[3]，平以水。无巧工、不巧工[4]，皆以此五者为法。巧者能中之[5]，不巧者虽不能中，放依以从事[6]，犹逾已。故百工从事，皆有法所度。

【注释】

[1] 法仪：法度准则。

[2] 百工：各行各业。

[3] 县：通“悬”，测定垂直的工具。

[4] 无：无论。

［5］中：合乎。

［6］放依：仿照。

兼爱

【正文】

既以非之，何以易之[1]？子墨子言曰：以兼相爱、交相利之法易之。然则兼相爱、交相利之法将奈何哉？子墨子言：视人之国[2]，若视其国；视人之家，若视其家；视人之身，若视其身。是故诸侯相爱，则不野战；家主相爱，则不相篡[3]；人与人相爱，则不相贼；君臣相爱，则惠忠；父子相爱，则慈孝；兄弟相爱，则和调。天下之人皆相爱，强不执弱，众不劫寡[4]，富不侮贫，贵不敖贱[5]，诈不欺愚。凡天下祸篡怨恨，可使毋起者，以相爱生也，是以仁者誉之。

【注释】

［1］易：改变。

［2］视：看待，对待。

［3］篡：篡夺，争夺。

［4］劫：抢劫，掠夺。

［5］敖：通“傲”，轻视。

【知识拓展】本课中出现的成语或典故

自难易彼：自难，使自己为难，表明严于律己。易彼，使他人容易，说明宽以待人。

攻城野战：城，城池。攻打城池，野外作战。

孙子兵法

孙武

【导读】

孙武（约公元前545年—公元前470年），字长卿，齐国乐安人，春秋时期著名的军事家、政治家，尊称兵圣。后人尊称其为孙子、孙武子、百世兵家之师、东方兵学的鼻祖。

其著作《孙子兵法》又称《孙武兵法》《吴孙子兵法》《孙子兵书》《孙武兵书》等，共十三篇六千字左右，是中国现存最早的兵书，也是世界上最早的军事著作。置于《武经七书》之首，在中国乃至世界军事史、军事学术史和哲学思想史上都占有极为重要的地位。并在政治、经济、军事、文化、哲学等领域被广泛运用，被译为英文、法文、德文、日文。该书成为国际间最著名的兵学典范之书，被誉为“兵学圣典”。

谋攻

【正文】

孙子曰：凡用兵之法，全国为上，破国次之[1]；全军为上[2]，破军次之；全旅为上[3]，破旅次之；全卒为上[4]，破卒次之；全伍为上[5]，破伍次之。是故百战百胜，非善之善者也[6]；不战而屈人之兵，善之善者也。

故上兵伐谋[7]，其次伐交[8]，其次伐兵，其下攻城[9]。攻城之法为不得已。修橹轒辒[10]，具器械[11]，三月而后成，距闉又三月而后已[12]。将不胜其忿，而蚁附之[13]，杀士三分之一，而城不拔者[14]，此攻之灾也。

故善用兵者，屈人之兵而非战也，拔人之城而非攻也，毁人之国而非久也，必以全争于天下[15]，故兵不顿而利可全[16]，此谋攻之法也。故用兵之法，十则围之[17]，五则攻之，倍则分之，敌则能战之[18]，少则能逃之[19]，不若则能避之。故小敌之坚，大敌之擒也[20]。

夫将者，国之辅也[21]，辅周则国必强，辅隙则国必弱[22]。故君之所以患于军者三[23]：不知军之不可以进而谓之进[24]，不知军之不可以退而谓之退，是谓縻军[25]。不知三军之事，而同三军之政者[26]，则军士惑矣。不知三军之权而同三军之任[27]，则军士疑矣。三军既惑且疑，则诸侯之难至矣[28]，是谓乱军引胜[29]。故知胜有五[30]：知可以战与不可以战者胜，识众寡之用者胜[31]，上下同欲者胜[32]，以虞待不虞者胜，将能而君不御者胜[33]。此五者，知胜之道也。

故曰：知彼知己者，百战不殆[34]；不知彼而知己，一胜一负；不知彼，不知己，每战必殆。

【注释】

[1] 全国为上，破国次之：未诉诸兵刃使敌举国屈服是上等用兵策略，经过交战攻破敌国使之降服是次一等用兵策略。

[2] 军：泛指军队，亦作为军队编制单位。《周礼·地官·小司徒》郑玄注：“军，万二千五百人。”

[3] 旅：《说文》曰：“五百人为旅。”

[4] 卒：古代兵制单位，百人为卒。卒长为百夫长。

[5] 伍：古代最基本的兵制单位，五人为伍。

[6] 百战百胜，非善之善者：百战百胜固善，然终有杀伤、耗损，故非善之善者。

［7］上兵伐谋：上等的用兵策略是以谋略取利。上兵：用兵作战的上策；伐谋：用智谋使敌人屈服。

［8］伐交：伐以交。以外交途径战胜敌人，散敌之联盟，固已之交与，亦为“不战而屈人之兵”。

［9］其下攻城：其中最下等的用兵方略是攻城。其：指示代词，其中。

［10］修：备也。轒辒：古代攻城用的四轮车，用排木制作，外蒙生牛皮，下可藏十数人。

［11］具：修置，准备。置备攻城的各种器用、械具。

［12］距闉：为攻城而堆积的向敌城推进的土丘，堆积用来观察敌情，攻击守城之敌，既可于其上施放火器，又便于登城，是古代攻城必修之工事。

［13］蚁附：蚁，名词用如状语，意为如蚁一样。

［14］拔：破城而取之曰拔。

［15］必以全争于天下：要用全胜的战略争胜于天下。全：此言全国、全军。

［16］兵不顿：兵刃不钝，兵锋未损。比喻战斗力未损，士气未挫。

［17］十则围之：此句“十”与以下几句“五”“倍”皆言我与敌比较，我所处的力量地位。“十”即十倍于敌。绝对优势，但非一定为实数之十倍。

［18］倍则分之，敌则能战之：多一倍于敌人之力量则可分割敌人而消灭之，双方势力大体均等则可以抗击。倍：比敌人多一倍；敌：即匹敌。

［19］逃：与下文“避”异文同义，指主动地采取不与敌争锋的办法，并非消极地逃跑。有人认为“逃”当为“守”。

［20］小敌之坚，大敌之擒：只知固执硬拼的小敌，必为大敌所擒。之：此为“若”义。

［21］国之辅：意为国君的辅佐。

［22］隙：缺也，疏漏之意。将领佐君不周，有疏漏。

［23］患于军：患，作动词，为患、贻害。危害军队。

［24］谓之进：谓，训“使”，命令他们前进。

［25］縻军：縻，原意为牛辔，可引申为羁绊、束缚。束缚军队，使军不能根据情况相机而动。

［26］同三军之政：同：干预之意，政：政事，指军中行政事务。

［27］权：权变，权谋。

［28］诸侯之难：诸侯国乘其军士疑惑之机，起而攻之的灾难。

［29］乱军引胜：乱军：自乱其军；引胜：失去胜利。

［30］知胜：预测胜利。

［31］识众寡之用：懂得众与寡的灵活运用。

［32］上下同欲：君臣上下同心同德。欲：意愿。同欲：亦即同心同德之谓。

［33］将能而君不御：将领有才能，君主不得参预干涉。在此为制约之意。御：驾驭。

［34］百战不殆：殆，危。每战必胜而无危险。

【知识拓展】本课中出现的成语或典故

不战而屈人之兵：不通过双方军队兵刃交锋，便能使敌军屈服。

知己知彼：原意是如果对敌我双方的情况都能了解透彻，打起仗来就可以立于不败之地，泛指对双方情况都很了解，根本就不用担心会失败。

百战不殆：经历许多次战役，都没有遭到危险。形容善于用兵。

乱军引胜：军队既迷惑又疑虑，那么诸侯列国乘机进犯的灾难也就到来了。这就是所谓自乱其军，自取败亡。

以虞待不虞：虞，猜度，预料。以预先有准备以防预料不到的事。

十围五攻：兵力超过敌人十倍就可以包围它，超过五倍就可以攻击它。

荀子

荀况

【导读】

荀子（约公元前313年—公元前238年），名况，字卿，战国末期赵国人，著名思想家、文学家、政治家，时人尊称“荀卿”。西汉时因避汉宣帝刘询讳，因“荀”与“孙”字古音相通，故又称孙卿。

荀子对诸子百家都有所批评，唯独推崇孔子的思想，在吸收法家学说的同时发展了儒家思想。他尊王道，也称霸力；崇礼义，又讲法治；在“法先王”的同时，又主张“法后王”；主“性恶”论，强调后天的学习。他还对先秦哲学进行了总结，提出了人定胜天，反对宿命论，提出万物都循着自然规律运行变化等朴素唯物主义观点。荀子对重新整理儒家典籍也有相当显著的贡献。

《荀子》是战国末年著名唯物主义思想家荀况的著作。该书旨在总结当时学术界的百家争鸣和自己的学术思想，反映唯物主义自然观、认识论思想以及自己的伦理、政治和经济思想。全书在哲学、伦理、政治、经济、军事、教育，乃至语言学、文学皆有涉猎，且多精论，为先秦一大思想宝库。《荀子》共三十二篇，除少数篇章外，大部分是他自己所写。文章说理严密，分析透辟，善于取譬，常用排比句、对偶等修辞手法，有很强的说服力和感染力。

劝学

【正文】

君子[1]曰：学不可以已[2]。

青，取之于蓝[3]，而青于蓝[4]；冰，水为之，而寒于水。木直中绳[5]，輮以为轮[6]，其曲中规[7]。虽有槁暴[8]，不复挺[9]者，輮使之然也。故木受绳[10]则直，金[11]就砺[12]则利，君子博学而日参省乎己[13]，则知明而行无过矣[14]。

【注释】

[1] 指有学问有修养的人。

[2] 学习不能停止。

[3] 靛青，从蓝草中取得。青：靛青，一种染料。蓝：蓼蓝。蓼（liǎo）蓝：一年生草本植物，茎红紫色，叶子长椭圆形，干时暗蓝色。花淡红色，穗状花序，结瘦果，黑褐色。叶子含蓝汁，可以做蓝色染料。于：从。

[4] 青于蓝：比蓼蓝（更）深。于：比。

[5] 中（zhòng）绳：（木材）合乎拉直的墨线。木工用拉直的墨线来取直。

[6] 輮（róu）：通“煣”，用火烤使木条弯曲（的一种工艺）。以：把。为：当作。然：这样。

[7] 规：圆规，测圆的工具。

[8] 虽有（yòu）槁暴（pù）：即使又晒干了。有：通“又”。槁，枯。暴：通“曝”，晒干。槁暴，枯干。

[9] 挺：直。

[10] 受绳：用墨线量过。

[11] 指金属制的刀剑等。

[12] 拿到磨刀石上去磨。砺：磨刀石。就：动词，接近，靠近。

[13] 参（cān）省（xǐng）乎己：每天对照反省自己。参：检查。省：省察。乎：介词，于。博学：广泛地学习。日：每天。

[14] 知（zhì）：通“智”，智慧。明：明达。行无过：行动没有过错。

【正文】

故不登高山，不知天之高也；不临深溪，不知地之厚也；不闻先王之遗言，不知学问之大也。干、越、夷、貉之子[1]，生而同声，长而异俗，教使之然也。《诗》曰：“嗟尔君子，无恒安息。靖共尔位[2]，好是正直。神之听之，介尔景福[3]。”神莫大于化道，福莫长于无祸。

【注释】

[1] 干：通“邗”（hán），古国名，在今江苏扬州东北，春秋时被吴国所灭而成为吴邑，此指代吴国。夷：我国古代居住在东部的民族。貉（mò）：通“貊”，我国古代居住在东北部的民族。

[2] 靖：安。共（gòng）：通“供”。

[3] 介：给予。景：大。

【正文】

吾尝终日而思矣[1]，不如须臾之所学也[2]；吾尝跂[3]而望矣，不如登高之博见[4]也。登高而招[5]，臂非加长也，而见者远[6]；顺风而呼，声非加疾[7]也，而闻者彰[8]。假舆马者[9]，非利足也[10]，而致[11]千里；假舟楫[12]者，非能水[13]也，而绝[14]江河。君子生[15]非异也，善假于物也[16]。

【注释】

[1] 每天时时刻刻思考。

[2] 须臾之所学也：在极短的时间内所学到的东西。须臾（yú）：片刻，一会儿。

[3] 跂（qǐ）：抬起脚后跟站着。

[4] 博见：看见的范围广，见得广。

[5] 招：招手。

[6] 而见者远：远处的人也能看见。而：表转折。

[7] 疾：快，速。这里引申为“洪亮”。

[8] 彰：明显，清楚。这里指听得更清楚。

[9] 假：凭借，利用。舆：车厢，这里指车。

[10] 利足：脚走得快。

[11] 致：达到。

[12] 楫：桨。

[13] 能水：指会游泳。

[14] 绝：横渡。

[15] 生（xìng）非异：本性（同一般人）没有差别。生：通“性”，天赋，资质。

[16] 于：向。物：外物，指各种客观条件。

【正文】

南方有鸟焉，名曰蒙鸠，以[1]羽为[2]巢，而编之以发，系之苇苕[3]，风至苕折[4]，卵破子死。巢非[5]不完也，所系者然[6]也。西方有木焉，名曰射干，茎长四寸，生于高山之上，而临百仞之渊，木茎非能长也，所立者然也。蓬生麻中[7]，不扶而直；白沙在涅，与之俱黑。兰槐之根是为芷，其渐之滫[8]，君子不近，庶人不服[9]。其质[10]非不美也，所渐者然也[11]。故君子居必择乡，游必就士，所以防邪辟[12]而近中正[13]也。

【注释】

［1］以：用。

［2］为：作为。

［3］苕：芦苇的穗。

［4］折（shé）：通“折”（zhé），折断。

［5］非：并非。

［6］然：表原因。

［7］蓬生麻中：草长在麻地里，不用扶持也能挺立住，白沙混进了黑土里，就会变得和土一样黑。蓬：蓬草。麻：麻丛。涅：黑色染料。比喻生活在好的环境里，也能成为好人。

［8］滫（xiǔ）：泔水，已酸臭的淘米水。

［9］服：穿戴。

［10］质：本质。

［11］所渐者然也：被熏陶、影响的情况就是这样的。然：这样。

［12］邪辟：品行不端的人。

［13］中正：正直之士。

【正文】

物类之起，必有所始。荣辱之来，必象其德。肉腐出虫，鱼枯生蠹[1]。怠慢忘身，祸灾乃作。强自取柱[2]，柔自取束[3]。邪秽在身，怨之所构[4]。施薪若一，火就燥也；平地若一，水就湿也。草木畴生[5]，禽兽群焉，物各从其类也。是故质的张[6]，而弓矢至焉；林木茂，而斧斤至焉[7]；树成荫，而众鸟息焉。醯酸[8]，而蚋聚焉[9]。故言有招祸也，行有招辱也，君子慎其所立乎。

【注释】

［1］蠹（dù）：蛀蚀器物的虫子。

［2］谓物性过硬则反易折断。

［3］柔弱的东西自己导致约束。

［4］构：造成。

［5］畴：通“俦”，类。

［6］质：箭靶。的：箭靶的中心。

［7］斤：斧子。

［8］醯（xī）：醋。

［9］蜹：飞虫名，属蚊类。

【正文】

积土成山，风雨兴焉；积水成渊，蛟龙生焉；积善成德，而神明自得，圣心备焉。故不积跬步[1]，无以至千里；不积小流，无以成江海。骐骥一跃[2]，不能十步[3]；驽马十驾[4]，功在不舍[5]。锲而舍之，朽木不折；锲而不舍，金石可镂。螾无爪牙之利、筋骨之强，上食埃土，下饮黄泉，用心一也；蟹八跪而二螯[6]，非蛇、蟺之穴无可寄托者[7]，用心躁也。

【注释】

［1］跬（kuǐ）：行走时两脚之间的距离，等于现在所说的一步、古人所说的半步。步：古人说一步，指左右脚都向前迈一次的距离，等于现在的两步。

［2］骐骥：骏马。

［3］步：长度单位，六尺为步。

［4］驾：古代马拉车时，早晨套上车，晚上卸去。套车叫驾，所以这里用“驾”指代马车一天的行程。十驾：套十次车，指十天的行程。此指千里的路程。

［5］舍：舍弃。指不放弃行路。

［6］跪：脚。螯：螃蟹等节肢动物身前的大爪，形如钳。

［7］蟺（shàn）：通“鳝”。

【正文】

是故无冥冥之志者[1]，无昭昭之明[2]；无惛惛之事者[3]，无赫赫之功。行衢道者不至[4]，事两君者不容。目不能两视而明，耳不能两听而聪。螣蛇无足而飞[5]，鼫鼠五技而穷[6]。《诗》曰：“尸鸠在桑，其子七兮。淑人君子，其仪一兮[7]。其仪一兮，心如结兮[8]。”故君子结于一也。

【注释】

［1］冥冥：昏暗不明的样子。

［2］昭昭：明白的样子。

［3］惛惛（hūn hūn）：昏暗不明的样子，形容专心致志、埋头苦干。

［4］衢道：歧路，岔路。

［5］螣（téng）蛇：古代传说中的一种能飞的神蛇。

［6］鼫（shí）鼠：原作“梧鼠”。鼫鼠能飞但不能飞上屋面，能爬树但不能爬到树梢，能游泳但不能渡过山谷，能挖洞但不能藏身，能奔跑但不能追过人，所以说它“五技而穷”。穷：窘困。

［7］仪：通“义”。

［8］结：结聚不散开，比喻专心一致，坚定不移。

【知识拓展】本课中出现的成语或典故

锲而不舍：锲，镂刻；舍，停止。不断地镂刻。比喻有恒心，有毅力。

青出于蓝：青，靛青；蓝，蓼蓝之类可作染料的草。青是从蓝草里提炼出来的，但颜色比蓝更深。比喻学生超过老师或后人胜过前人。

积土成山：累土可以堆成山，比喻积少成多，聚小成大。

金石可镂：只要坚持不停地用刀刻，就连金属和石头这样坚硬的东西也可以雕刻成花饰。比喻做任何事情都需要坚持不懈地努力，有恒心，有毅力，才能把事情做成功。

积善成德：就是善行好事，长期积小善为大德，就会形成一种高尚的品德。

积水成渊：指点点滴滴的水聚积起来，就能形成一个深水潭。比喻事业成功由点滴积累而成。

跬步千里：走一千里路，是半步半步积累起来的。比喻学习应该有恒心，要坚持下去，不要半途而废。

梧鼠五技：梧鼠，即“鼯鼠”，为鼫鼠之误；五技，据说鼫鼠有五种技能。比喻技能多而不精，于事无益。

驽马十驾：骏马一天的路程，驽马虽慢，但努力不懈，走十天也可以到达。比喻智力低的人只要刻苦学习，也能追上资质高的人。

顺风而呼：顺着风向呼喊，声音传得远，使人听得清。比喻凭借外力可有较好效果。

冰寒于水：冰比水冷。指后来居上，比喻学生胜过老师。

晏子春秋

晏婴

【导读】

晏子（公元前 578 年—公元前 500 年），名婴，字仲，谥平，习惯上多称平仲，又称晏子，夷维（今山东高密）人，春秋时期著名政治家、思想家、外交家。历任齐灵公、庄公、景公三朝，辅政长达四十余年。以有政治远见、外交才能和作风朴素闻名诸侯。晏婴病逝。孔丘曾赞曰："救民百姓而不夸，行补三君而不有，晏子果君子也。"

《晏子春秋》是记叙春秋时代著名政治家、思想家晏婴言行的一部书。全书共八卷，两百一十五章，由两百一十五个短篇故事组成。这些故事虽不能完全作信史看待，但可与《左传》《国语》《吕氏春秋》《论语》等书相互印证，作为反映春秋后期齐国社会历史风貌的史料，是我国最早的一部短篇小说集。这部书多侧面地记叙了晏婴的言行和政治活动，突出反映了他的政治主张和思想品格，构成了栩栩如生的完整的晏子形象。语言简洁明快，幽默风趣。人物对话富于性格特征，特别是洋溢于人物语言中的幽默感，不但使故事意趣盎然，而且增加了语言的辛辣和讥讽。

内篇问上

【正文】

景公问晏子曰[1]："治国何患？"晏子对曰："患夫社鼠[2]。"

公曰：“何谓也？”对曰：“夫社束木而涂之[3]，鼠因往托焉[4]，熏之则恐烧其木，灌之则恐败其涂[5]。此鼠所以不可得杀者，以社故也[6]。夫国亦有焉，人主左右是也[7]。内则蔽善恶于君上[8]，外则卖权重于百姓[9]。不诛之则为乱，诛之则为人主所案据[10]，腹而有之[11]，此亦国之社鼠也。”

【注释】

[1] 景公：齐国国君，名杵臼（公元前517年—公元前490年在位）。晏子：即晏婴。

[2] 社：土地庙。

[3] 束木：把木条编排结扎。涂：作动词用，抹泥。这里指墙壁的结构。束：聚，这里指并排而立。

[4] 托：寄托。

[5] 败：毁坏。涂：涂上的泥，作名词用。

[6] 以：因为。故：原因。

[7] 人主：国君。下文的“君上”也指国君。人主左右：指国君亲近的小人。

[8] 蔽：蒙蔽、隐瞒。

[9] 卖：卖弄。重：权。卖权重：即卖弄权势。

[10] 案据：把持，保护。

[11] 腹：厚。有：通“友”，亲爱的意思。“腹”和“有”都作动词用。之：代词，指上文的“左右”。人主对他的左右恩礼亲厚。

内篇杂上

【正文】

鲁昭公弃国走齐[1]，齐公问焉[2]，曰：“君何年之少，而弃国之蚤？奚道至于此乎[3]？”昭公对曰：“吾少之时[4]，人多爱我者，吾体不能亲[5]；人多谏我者，吾志不能用[6]；好则内无拂而外无辅[7]，辅拂无一人，谄谀我者甚众。譬之犹秋蓬也，孤其根而美枝叶，秋风一至，根且拔矣[8]。”景公辩其言，以语晏子[9]，曰：“使是人反其国，岂不为古之贤君乎[10]？”晏子对曰：“不然。夫愚者多悔[11]，不肖者自贤，溺者不问坠[12]，迷者不问路。溺而后问坠，迷而后问路，譬之犹临难而遽铸兵，噎而遽掘井[13]，虽速亦无及已。”

【注释】

［1］弃：当作“失”。走：逃跑。

［2］问焉：问这回事。

［3］蚤：通“早”。奚道至于此乎：是什么原因到这种地步。道：原由。

［4］对曰：本应是下对上，这里是依附于齐，所以用对。

［5］吾体不能亲：我不能以礼相待，亲近他们。体：礼。

［6］我未能听取他们的谏议。

［7］内无拂而外无辅：朝内无谏诤之人，外朝没有忠心辅佐之人。

［8］且：将。

［9］语：告诉。

［10］如果我让这样的人返国重整政治，那他将来不就成为贤君了吗。

［11］愚者多悔：愚笨的人常多后悔事。

［12］溺者不问坠：被水淹着的人不询问趟水的路线。

［13］遽（jù）：急速，匆忙。这就好像面临外敌入侵的灾祸才急急忙忙去铸造兵器，吃饭噎着以后才急急忙忙去挖井找水喝。

【知识拓展】本课中出现的成语或典故

临难铸兵：临到危难时，方才铸造兵器。比喻平时不作准备，临时才想办法。

临噎掘井：临，临到；噎，食物堵住喉咙。临到食物堵住喉咙才去掘井。比喻无济于事。

城狐社鼠：社，土地庙。城墙上的狐狸，社庙里的老鼠。比喻依仗权势作恶，一时难以驱除的小人。

韩非子

韩非

【导读】

韩非（约公元前280—公元前233年），战国末期韩国郑城（今河南新郑）人，战国末期杰出的思想家、哲学家和散文家。韩非是韩王之子，荀子的学生，李斯的同学。韩非子将商鞅的“法”、申不害的“术”和慎到的“势”集于一身，是法家思想的集大成者；韩非子将老子的辩证法和荀子的朴素唯物主义融为一体，也是先秦百家思想的集大成者，集儒、道、墨、法四大思想流派的精华于一身。

《韩非子》一书，共二十卷，五十五篇，十万余字。在体裁上，有论说体、辩难体、问答体、经传体、故事体、解注体、上书体等七种。辩难体与经传体为韩非首创。在内容方面，则论“法”“术”“势”“君道”等，重点宣扬了韩非法、术、势相结合的法治理论，达到了先秦法家理论的最高峰，为秦统一六国提供了理论武器，同时，也为以后的封建专制制度提供了理论根据。文章条理清楚，用意深刻。韩非子的思想深邃而又超前，对后世影响深远。

二柄

【正文】

人主有二患：任贤，则臣将乘于贤以劫其君，妄举[1]，则事沮不胜[2]。故人主好贤，则群臣饰行以要君欲[3]，则是群臣之情不效[4]；群臣之情不效，则人主无以异其臣矣。故越王好勇而民多轻死[5]；楚灵王好细腰而国中多饿人[6]；齐桓公妒外而好内[7]，故竖刁自宫以治内[8]；桓公好味，易牙蒸其子首而进之[9]；燕子哙好贤[10]，故子之明不受国[11]。故君见恶[12]，则群臣匿端；君见好，则群臣诬能。

人主欲见，则群臣之态得其资矣。故子之，托于贤以夺其君者也；竖刁、易牙，因君之欲以侵其君者也。其卒，子哙以乱死，桓公虫流出户而不葬。此其故何也？人君以情借臣之患也。人臣之情，非必能爱其君也，为重利之故也。今人主不掩其情，不匿其端，而使人臣有缘以侵其主，则群臣为子之、田常不难矣。故曰："去好去恶，群臣见素[13]。"群臣见素，则大君不蔽矣。

【注释】

[1] 妄：狂乱，荒诞，胡作非为之意。

[2] 沮：破坏、败坏之意。胜：承受。

[3] 要：迎合之意。

[4] 效：显示、呈现之意。

[5] 越王：指勾践，春秋末期越国君主。

[6] 楚灵王：又称楚荆王，春秋时期楚国君主。

[7] 齐桓公：春秋时齐国国君，姓姜，名小白（公元前685—公元前643年在位），春秋时期著名的五霸之一。

[8] 竖刁：人名。齐桓公宠爱的僮仆，名刁。宫：古代五刑之一。这里是阉割男子生殖器之意。

[9] 易牙：齐桓公时一位善烹调的人。

[10] 燕子哙：燕国的国君。

[11] 子之：燕国的宰相。明不受国：表面上不接受王位。

[12] 见：通"现"。颜师古注："见，显示。"这里用为出现、

显露之意。

［13］素：诚心、真情。

和氏

【正文】

楚人和氏[1]得玉璞楚山中，奉而献之厉王[2]。厉王使玉人相之[3]，玉人曰："石也。"王以和为诳[4]，而刖其左足[5]。及厉王薨[6]，武王即位[7]。和又奉其璞而献之武王。武王使玉人相之，又曰："石也。"王又以和为诳，而刖其右足。武王薨，文王即位[8]。和乃抱其璞而哭于楚山之下，三日三夜，泪尽而继之以血。王闻之，使人问其故，曰："天下之刖者多矣，子奚哭之悲也[9]？"和曰："吾非悲刖也，悲夫宝玉而题之以石[10]，贞士而名之以诳[11]，此吾所以悲也。"王乃使玉人理其璞而得宝焉[12]，遂命曰："和氏之璧。"

【注释】

［1］和氏：人名。春秋时期楚国人氏，姓卞，名和。

［2］厉王：春秋时期楚国君主，名熊眴（公元前 757—公元前 741 年在位）。

［3］玉人：治玉的工匠。相：省视、察看，此处指鉴定。

［4］诳（kuáng 狂）：欺骗、迷惑。

［5］刖（yuè）：《说文・刀部》曰："刖，绝也。"《广雅・释诂一》曰："刖，危也。"原意为古代削足之刑。

［6］薨（hōng）：古代称诸侯之死。后世有封爵的大官之死也称薨。

［7］武王：楚厉王的弟弟，名熊通（公元前 740—公元前 690 年在位）。

［8］文王：楚武王的儿子，名赀（公元前689—公元前677年在位）。

［9］子：你。奚：何，为什么。

［10］题：名。

［11］贞士：精诚的人。

［12］理：治玉。

【正文】

夫珠玉，人主之所急也，和虽献璞而未美，未为王之害也，然犹两足斩而宝乃论[1]，论宝若此其难也。今人主之于法术也，未必“和璧”之急也，而禁群臣士民之私邪[2]；然则有道者之不僇也[3]，特帝王之璞未献耳[4]。主用术，则大臣不得擅断，近习不敢卖重[5]；官行法，则浮萌趋于耕农[6]，而游士危于战陈[7]。则法术者，乃群臣士民之所祸也。人主非能倍大臣之议[8]，越民萌之诽[9]，独周乎道言也[10]。则法术之士，虽至死亡，道必不论矣。

【注释】

［1］犹：还，仍然。论：评定、赏识之意。

［2］士民：一般百姓。

［3］有道者：指法术之士。僇：通“戮”。

［4］特：只不过，只是。帝王之璞：在此喻指“法术”。

［5］近习：宠幸之臣。卖重：卖弄权势之意。

［6］浮萌：游民。萌：通“氓”。

［7］战陈：战阵。

［8］倍：通“背”，违背之意。

［9］越：越过，不顾。民萌：老百姓。

［10］周：合。道言：法术之言。

【正文】

昔者吴起教楚悼王以楚国之俗[1]，曰："大臣太重，封君太众[2]；若此，则上偪主而下虐民[3]，此贫国弱兵之道也。不如使封君之子孙三世而收爵禄[4]，绝减百吏之禄秩[5]，损不急之枝官[6]，以奉选练之士[7]。"悼王行之期年而薨矣[8]，吴起枝解于楚[9]。商君教秦孝公以连什伍[10]，设告坐之过[11]，燔诗书而明法令[12]，塞私门之请而遂公家之劳[13]，禁游宦之民而显耕战之士[14]。孝公行之，主以尊安，国以富强。八年而薨[15]，商君车裂于秦[16]。楚不用吴起而削乱[17]，秦行商君法而富强，二子之言也已当矣[18]，然而枝解吴起而车裂商君者何也？大臣苦法而细民恶治也[19]。当今之世，大臣贪重[20]，细民安乱[21]，甚于秦、楚之俗，而人主无悼王、孝公之听[22]，则法术之士安能蒙二子之危也而明己之法术哉[23]！此世所以乱无霸王也[24]。

【注释】

[1] 吴起：卫国人，著名军事家，早期法家，曾任楚令尹。

[2] 封君：受封邑称君号的人。

[3] 偪：通"逼"，逼迫、威胁之意。

[4] 爵：爵位。禄：俸禄。

[5] 秩：官职的品级。

[6] 损：减少。枝官：闲冗官员。

[7] 奉：养。选练之士：经过选拔和训练的人。

[8] 期（jī）年：一年。

[9] 枝解：通"肢解"，古代分解四肢的一种酷刑。

[10] 商君：商鞅（不详—公元前338年），早期法家，卫国人，曾辅助秦孝公变法，卓有成效；孝公死后被杀，现存有《商君书》。连什伍：把百姓组织起来，五家为一伍，二伍为一什，互相监督；类似后世的保甲之法。

［11］使什伍互相监视，一家犯法，其余九家均要揭发，如隐瞒不报，则十家同罪（连坐）。告：告发。过责。

［12］燔（fán）：烧。

［13］塞：杜绝。私门：豪门个人。请：请托。遂：进，登进，登进有功于公家的人。劳：功劳。

［14］游宦之民：不守本业钻营求官的人。显：显扬，给予荣誉。

［15］商鞅变法施行八年而秦孝公卒。孝公三年（公元前 359 年）商鞅变法，孝公二十四年（公元前 338 年）孝公死后商鞅被杀，此作八年，疑有错误。

［16］车裂：古代以车拖裂人体的一种酷刑。

［17］削乱：地削政乱。削：被割削。

［18］当：适当，正确。

［19］苦法：以实行法制为苦。细民：小民，指平民。

［20］贪重：贪权。

［21］安乱：安于混乱。

［22］听：听从。

［23］蒙：蒙受，冒着。

［24］霸王：霸主。

【知识拓展】本课中出现的成语或典故

和氏璧：是中国历史上著名的美玉，在它流传的数百年间，被奉为“无价之宝”的“天下所共传之宝”，又称和氏之璧、荆玉、荆虹、荆璧、和璧、和璞，为天下奇宝。与和氏璧有关的典故有：和氏献璧、完璧归赵、荆山之玉、和璧隋珠、白璧三献、才怀隋和、和隋之珍、楚璧隋珍、随珠和璧等。

【古代汉语知识】

古书训诂与句读

一、古书注释

（一）古书注释的意义

古书的注释，有古人注的和今人注的。古人的注释，通常称为旧注或古注。阅读古书，特别是先秦的典籍，参看古注是十分必要的。古籍中比较难懂的词语、典故、名物、制度以及字句时讹误，古注中大都有较为精当的诠解，为读懂古书提供了方便。有些时代久远，词语生僻、文义艰深的典籍，如果离开了古注，就难以看懂。

陈澧《东塾读书记》卷十一《小学》:“盖时有古今，犹地有东西、有南北，相隔远则言语不通矣。地远则有翻译，时远则有训诂。有翻译则能使别国如乡邻，有训诂则能使古今如旦暮，所谓通之也。训诂之功大矣哉!”刘师培《中国文学教科书》(《刘申叔先生遗书》本）第三十二课:“言语之迁变略有数端；有随时代而殊者……若欲迈古言，必须以今语释古语；有随方俗而殊者……若欲通方言，必须以雅言释方言；通俗之文必与文言之文有别，则书籍所用之文又必以通俗之文解之。”这两段话就已经把训诂的必要性和重要性阐述得很明白了。

之所以古书的语言会有难懂的地方，主要是因为语言随着时、地的不同而有了变化。通过仔细分析，会发现产生理解上的困难出自多种多样的具体原因，列举如下。

1. 古语，某个时代通行的词语后世不用了，因而难以理解。如，《诗·大雅荡》载："内奰于中国，覃及鬼方。"毛传："奰，怒也。"即今天所说的"发脾气"。《孟子·梁惠王上》载："为长者折枝，语人曰：'我不能。'是不为也，非不能也。"赵岐注："折枝，案摩，折手节、解罢枝也。"刘熙注（《后汉书·张晧王龚传论》李注引）："折枝，若今之案摩也。"可见汉代人对此还有共同的正确的理解。但唐宋人就不免误解了。如陆善经注（孙奭《孟子音义》引）："折枝，折草树枝。"朱熹注："为长者折枝，以长者之命折草木之枝。"

2. 方俗语，即见于历代各类作品的方言、俗语。如，《诗·小雅·采绿》载："五日为期，六日不詹。"《方言》卷一载："詹，至也……楚语也。"杜甫《戏作俳谐体遣闷》二首之一载："家家养乌鬼，顿顿食黄鱼。"沈括《梦溪笔谈·艺文三》载："杜甫诗有'家家养乌鬼，顿顿食黄鱼'，刘克乃按《夔州图经》称峡中人谓鸬鹚为乌鬼。"

3. 译语，即音译的外来语。除见于佛典的专用语外，古籍中译语并不多，但是往往需要考释。如，《汉书·匈奴传下》载："单于以径路刀、金留犁挠酒。"应劭注："径路，匈奴宝刀名。"据近人研究，"轻吕""径路"乃是突厥语的音译，指一种宽身刀或两刃刀。

4. 典故，古代诗文多用典，或称"用事"，这也往往造成理解上的困难，从而需要注释。注家除了指示典故出处、词语来历而外，还得说明作者用典的命意所在，否则就会产生"释事而忘义"的缺点。如，杜甫《伤春》五首之五载："闻说初东幸，孤儿却走多；难分太仓粟，竟弃鲁阳戈。"注家自然得注明"太仓粟""鲁阳戈"出处，但同时还得让读者知道这里用"太仓粟"是表示唐王储备的粮食多，用"鲁阳戈"是表示羽林军使用的兵器精良。

5. 属于句法的问题。如,《墨子·非乐上》载:“启乃淫溢康乐,野于饮食。”《左传·昭公十九年》载:“其一二父兄惧队宗主,私族于谋,而立长亲。”又:“谚所谓‘室于怒,市于色’者,楚之谓矣。”“野于饮食”即“饮食于野”,“私族于谋”即“谋于私族”,“室于怒,市于色”即“怒于室,色于市”。这种“倒句”乃是上古汉语语法的残留。

由此可见,我们阅读古书会遇到各种各样的障碍,首先是语言上的障碍,只有克服了这些障碍,才能比较透彻地读懂古书,从而批判地继承历史文化遗产。

(二)训诂与训诂学

1. 训诂

概括而言,“训诂”就是解释;“训诂学”就是解释学。但严格地说,“训诂”不等同于解释。“训诂”这个词很早就有,最初本是两个经常连用的单音词。前人把它们分别加以解释,认为“训”和“诂”意义是有差别的,但各家的说法略有不同。如,《说文·言部》曰:“训,说教也。”“诂,训故言也。”此处,“训”是解释字词,用以教人,“诂”是解释古代的语言。张揖在《杂字》中说:“诂者,古今之异言,训者,谓字有意义也。”孔颖达在《毛诗·周南·关雎诂训传疏》中说:“诂者,古也,古今异言,通之使人知也;训者,道也,道物之貌以告人也。……故《尔雅·序篇》云:‘《释估》《释言》,通古今之字,古与今异言也。《释训》言形貌也。’”

黄季刚先生未发表的著述《训诂学讲词》中有《训诂之意义》一节,其中指出:“诂者,故也,即本来之谓;训者,顺也,即引申之谓。训诂者,用语言解释语言之谓。若以此地之语释彼地之语,或以今时之语释昔时之语,虽属训诂之所有事,而非构成之原理,真正之训诂学,即以语言解释语言,初无时地之限域也。”

这个说法虽非训诂学的定义，却是对一切训诂材料最确切的说明，也是对传统训诂的目的和一切方式全面而概括的总结。事实上，“训”和“诂”只是在分开解释时才有以上诸家所指出的区别；而实际运用上，“训”和“诂”是一回事，是可以互相代替的。因此结合众家之说我们对训诂可作如下概括。

（1）“诂”和“训”散言时，都是“解释”的意思，析言时才有区别。

（2）由于散言无别，所以对语言的解释可以单言“诂”，或单言“训”，也可以连言为“训诂”或“诂训”。“诂训”也叫做“故训”，诂、故，古字通用。

（3）“诂”和“训”兼具动词、名词两种用法，“训”“诂”连称也兼具动词和名词两种用法。解释词义叫“训诂”，词义的解释也叫“训诂”。

2. 训诂学

“训诂学”就是以词义解释为主要研究对象的一门学问。它通过训诂实践的总结和现存训诂资料的分析归纳，研究训诂的理论和常用的体式、方法、条例，揭示语义系统，推求词语根源，探索语义发展的内部规律，用以指导训诂的实践。

训诂学是一门研究训诂的科学，所以训诂学也可以叫做注释学。由它的学科性质决定了它必然涉及面广阔，比如，文字、音韵、语法、修辞、校勘等方面的知识，因此它又有综合性和实用性的特征。按照现代社会学科分类，它应该是文献学的一个分支。

二、古书注释的内容

古代书面语言存在着前面所说的种种障碍和矛盾。注释就是针对这些障碍和矛盾，以今语释古语，以通话释方言，以易知释难知，总之，是用语言解释语言。既是解释，那当然要对整个的语言现象作出说明，使读者全面、准确地理解古代文献的原意。因此，古书注释的内容是相当广泛的，但主要包括释词（包括实词和虚词）、串讲大意、分析句读、阐述语法、显示修辞、校勘文字、发凡起例、释典制、注音等。

（一）释词

释词，是传统训诂学的中心任务。这是由语言的发展规律所决定的。在语言的语音、词汇、语法三大要素中，词汇是最灵敏，反映社会生活最快，因而处于经常变动中。古今语言的发展，最突出的是词和词义的变动。要打通古今语言的隔阂，使语言更好地发挥交际职能，必然以释词为主要任务。

1. 释实词

古书注释中的释词，以释词的本义为多，但对不好理解的引申义、借代义、比喻义等也都做了解释。

释引申义，如：

《左传·襄公十一年》："围郑，观兵于南门。"（杜预注："观，示也。"）

又如：

《昭公五年》："楚子遂观兵于坻箕之山。"（杜预注："观，示也。"）

《国语·周语》："先王耀德不观兵。"（韦昭注："观，示也。"）

《尔雅·释言》："观，示也。"

上述诸注及《尔雅》皆训"观"为"示"，即给人看，显示。这个意义就是引申义。观的本义是"谛视"。

释比喻义，如：

《说文·雨部》："雲，山川气也。从雨，云象云回转形。"释为云雨的云，这是本义。

《诗·齐风·敝笱》："齐子归止，其从如雲。"毛传："如雲，言盛也。"

又如：

《诗·鄘风·君子偕老》："鬒发如雲。"毛传："如雲，言美长也。"

云浓重，充斥天空，故能比喻为"众盛"；云在空中无边无际，故又能比喻为"美长"。这些意义，都是由修辞表达所致。

金，本为金属之金。古汉语中一般指现在所说的"铜"。它在古代可以作为多种物品的质料。古书中有以质料代物品的修辞手法，金也就成了多种物品的借代之称。古人在训诂中也往往指出这种借代意义。

《庄子·列御寇》："为外刑者金与木也。"（郭象注："金谓刀锯斧钺，木谓棰楚桎梏。"）

《吕氏春秋·求人》："功绩铭乎金石，著于盘盂。"（高诱注："金，钟鼎也。石，丰碑也。"）

又如：

《淮南子·道应》："襄子击金而退之。"（高诱注："军法：鼓以进众，钲以退之。"）

同一个"金"字，在特定的场合有特定的指代意义，分别指代为"刀锯斧钺""钟鼎"和"钲"。正是靠注解指出了它们的借代意义。

2. 释虚词

文献正文里所解释的以实词为多，也包括一些虚词，例如：

必，不已也。——《墨子·经上》

且然，不可正，而不害用工。——《墨子·经下》

三月，越有小旱。越，于也。记是时恒有小旱。——《大戴记·夏小正》

一般地说，虚词不表示概念，只表示语法意义。见于古代书面语言的虚词，总计约四百多个，在整个古汉语调汇中的比重是很小的，但使用频率特别高，但解释起来也比较难，正如所说：“实词易解，虚词难释。”这些虚词成为人们阅读古书的难点之一。明人曾有“之乎者也焉矣哉，学会用了是秀才”之叹。解释虚词自然也就成为古代训诂的重要内容之一。例如：

《毛诗·周南·汉广》：“汉有游女，不可求思。”（毛传：“思，辞也。”）

《左传·僖公二十四年》：“晋侯赏从亡者，介之推不言禄，禄亦弗及。”（杜预注：“之，语助也。”）

《春秋·定公五年》：“於越入吴。”（杜预注：“於发声。”）

这些都是对虚词的训释。

（二）串讲大意

串讲大意是指在一句或几句甚至全章之后把大意整个地讲解一下。其目的是使全文各章节的文义更加显明，帮助读者全面而完整地理解原文。串讲和释词二者往往互相补充，互相发明。

《诗经·周南·关雄》：“窈窕淑女，君子好逑。”

《毛传》：“窈窕，幽闲也；淑，善；逑，匹也。言后妃有关雎之德，是幽闲贞专之善女，宜为君子之好匹。”

毛亨对这两句诗的训诂可分成两个部分：第一部分是训辞“窈窕”“淑”“逑”的词义；第二部分从“言后妃”到“好匹”是串讲两句诗的大意。

又如：

《诗经·邶风·匏有苦叶》：“人涉卬否，卬须我友。”

《毛传》：人“卬，我也。人皆涉。我友未到，我独待之。以言室家之道，非得所适，贞女不行；非得礼义，昏姻不成。”

毛亨这一段解释，也分为“词义”和“串讲”两个部分。从“人皆涉”到“我独待之”是串讲，意思是“别人渡河我不渡河，我等待我的朋友”。他用“待”字解释“须”，这是在串讲，适当解释词义，“以言”以下是对诗意的阐发。在这里主要是发挥了这两句诗的比喻义和含蓄的言外之意，说明诗人是借以斥责强暴的男子不得侵凌胸有正义的女子，不得强行非礼成婚，从而反映了诗人坚决反抗的态度。

又如：

《诗·邶风·绿衣》：“心之忧矣，曷维其已。”（毛传：“忧虽欲自止，何时能止也？”）

这是串讲诗意，有些类似于今天的意译；不过其中也包括了对词语的解释，如以“何时”训“曷”，以“止”训“已”。

（三）分析句读

今人所谓标点，古人称作“句读”。析句离章，古人把它看作是读书之本。这是因为句读的正确与否，体现了对词义、句意理解正确与否。如：

《周礼·天官·官正》：“春秋以木铎修火禁，凡邦之事跸。”（郑玄注：“郑司农读火绝之，云：‘凡邦之事跸。’”）

《左传·僖公二十五年》：“昔赵衰以壶飧从径，馁而弗食。”

《经典释文》：“一读‘以壶飧从’绝句，读‘径’为‘经’，连下为句。”

《易经》：“九二，在师中吉，无咎，王三锡命。”正义：“‘在师而得中’者，观注之意，以‘在师中’为句，其‘吉’属下，观象之文，‘在师中吉，承天宠’者，则以‘吉’字属上。此‘吉’之一字，上下兼该，故注文属下，象文属上。”

（四）阐述语法

古代注释对词句的语法分析比较粗疏、零散，但在解释词义之外，有关虚词和语序的说明及解释还是屡屡可见。这些虽然不完整，不成系统，但依然能够帮助读者了解句子的结构和语气。如：

《诗·小雅·常棣》："原隰裒矣，兄弟求矣。"（毛传："求矣，言求兄弟也。"）

这是说明语序。"原隰裒矣，兄弟求矣"，在形式上似乎是对偶句，但毛亨指出，其结构并不一样。前句毛亨未加说明，是按原来的主谓结构去理解，后句毛亨说是"求兄弟也"，应按动宾结构去理解。

又如：

《春秋》："襄公二十有五年，吴子遏伐楚，门于巢卒。"

《公羊传》："门于巢卒者何？入门乎巢而卒。入门乎巢而卒者何？入巢之门而卒也。"

这实际上是通过句式的更换，指出"门"字是名词用作动词，是"入门"的意思。

《公羊传》："战不言伐，此其言伐何？宋公与伐而不与战，故言伐。春秋伐者为客，伐者为主，曷为不使齐主之？与襄公之征齐也。曷为与襄公之征齐？桓公死，竖刁易牙争权，不葬，为是故伐之也。"

《公羊传》在这里讲"伐"有"主""客"之分，用现代汉语来说，就是讲动词的主动式和被动式的分别。

再如：

《春秋·僖公元年》："夏六月，邢迁于夷仪。"

《公羊传》："迁者何？其意也。迁之者何？非其意也。"

这里用"迁"和"迁之"作对比，以阐明"迁"和"迁之"不仅有及物、不及物的区别，而且有自动和使动的不同。"邢迁于陈仪"，这是自愿的，也就是自动词。"宋人迁宿"，这个"迁"是强迫的，也就是使动词。它由不及物动词转为及物动词，含有"使"的意思。

（五）显示修辞

说明修辞手段，也是训诂中常见的一个内容。它的作用往往是加深读者对文意的理解。如：

《诗·小雅·鹤鸣》："鹤鸣于九皋，声闻于野。""它山之石，可以为错。"（毛传："兴也。皋，泽也。言身隐而名著也。""错，石也，可以琢玉。举贤用滞，则可以治国。"）

诗人用"鹤鸣于九皋，声闻于野"来比喻贤人隐居荒野，他的名声仍然传闻到很远的地方去。诗人又用"它山之石，可以为错"，来比喻任用贤者和那些沉沦下层的才士可以治好国家。很显然，毛亨的这些解释，都是想使读者懂得诗人所运用的这种修辞手段，以加深他们对诗意的理解。

又如：

《春秋·文公三年》："雨螽于宋。"（杜预注："自上而隋，有似于雨。宋人以其死为得天祐，喜而来告。故书。"）

又如：

《左传·文公三年》："秋，雨螽于宋，队（坠）而死也。"（杜预注："螽飞至宋，队地而死若雨。"）

死在这里是动词，义为"下雨"，但正文说下的不是雨，而是"螽斯"，所以杜注一处说"有似于雨"，一处说"若雨"。以"似""若"揭示了"雨"的比喻性。

再如：

《礼记·坊记》："大夫不坐羊，士不坐犬。"（郑玄注："古者杀牲食其肉，坐其皮；不坐犬羊，是不无故杀牲。"）

这里郑玄的注，说明运用了两种修辞手段：第一，以犬、羊代替犬、羊之皮，是以整体代替部分，若不理解这一层，很容易误解为"骑犬""骑羊"；第二，"坐犬""坐羊"是"杀牲"的曲说，这是为了避忌"杀"字，若不理解这一层，也不能正确掌握句子的思想内容。

（六）校勘文字

校勘是注疏的又一个内容，一般说来有广狭二义：狭义指对文字的订正和考异；广义则包括对古书的辨伪和辑佚。这里介绍的是狭义的校勘，诸如校订错字，乙正错简，删削衍文，补缀脱文，比较异同等。如：

《诗·邶风·绖衣》郑玄笺："绿当为褖；故作褖，转作绿，字之误也。"

《诗·王风·扬之水》："彼其之子，不与我戍申。"郑玄笺："其，或作记，或作己，读声相似。"

按郑玄的意思，绿是褖的形误，"记""己"和"其"近通用。又如：

《论语·微子》："子路曰：'不仕无义。……'"

朱熹《四书集注》："福州有国初时写本，'路'下有'反子'二字。以此为'子路反'而夫子'言'之也，未知是否。"

《管子·霸言》："故贵为天子，富有天下，而伐不谓贪者，其大计存也。"

俞樾《古书疑义举例》："伐乃代字之误。《管子》原文作'世不谓贪'，言一世之人不以为贪也。唐人避讳，改世为代，后人传写又误代为伐。"

在这里，清人俞樾看到了古书在传抄中的讹误，"世"在唐代是为了避讳改为了"代"，而后人又误抄为了"伐"。没有他的解释我们就很难理解文意了。

（七）发凡起例

现代著作，尤其是工具书，书前往往有一部分叙述全书编写日的和体例的内容，这项内容就是凡例，又称"例言"或"发凡”。凡例对于读者非常重要，它是读懂这一部书的向导。而古人的著作，特别是唐宋以前的著作，是没有置于书前的凡例的。这不是说古人写书时没有一定规则，想到哪里写到哪里，而是说他们的凡例往往散见于书的内容之中。这样，对于后代一般的读者，特别是初学者来说，往往造成理解和使用上的困难，读了半天还摸不着头脑，因此，训诂家们便常常有发凡起例之作。现在节引段玉裁《说文解字注》中凡例若干条如下：

《说文解字注·一部》：

“凡云‘凡某之属皆从某’者，《自序》所谓‘分别部居，不相杂厕’也……

凡注言一部二部以至十七部者，谓古韵也……

凡言‘古文’者，谓仓颉所作古文也……

凡言‘从某某声’者，谓于六书为形声也……

凡会意，合二字以成语，如‘一大’‘人言’‘止戈’，皆是。

凡假借必同部同音。

凡言‘亦声’者，会意兼形声也。凡字有用六书之一者，有兼六书之二者。”

又如，李善在《文选》的第一篇第一句，即：

班固《两都赋序》：“或曰：‘赋者，古诗之流也。’”

下注释说：

《毛诗》序曰：“《诗》有六义焉，二曰赋。故赋为古诗之流也。诸引文证，皆举先以明后，以示作者必有所祖述也。他皆类此。”

李善注文“诸引文证”之前是解释班固“赋者，古诗之流也”的出处，即来源。“诸引文证”及其以下是李善对自己注释原则的说明。

（八）释典制

这里所说的典制，意义比较宽泛，包括反映古代文化的典章制度、风俗等，因为在古代训释中，对礼、乐、兵、刑、职官、学校、舆服、天文、历法、地理等制度皆有解释。这些解释，后来均构成了古代文化宝库中的重要内容。现简要举几例。

贾谊《吊屈原赋》："莫邪为钝兮铅刀为铦。"（李善注："《吴越春秋》曰，干将者，与欧冶同师，俱作剑，阖闾得而宝之，以故使干将造剑二枚，一曰干将，二曰莫邪。莫邪，干将妻之名也。"）

李善这条注，解释了《吊屈原赋》中隐含的关于"干将莫邪"的传说故事。人们知道了关于干将莫邪的典故，对于理解贾谊这句话反映的世间是非颠倒、黑白混淆的社会现象会更深刻。

再如：

《史记·秦始皇本纪》："二十三年，秦王复召王翦，强起之，使将击荆。"张守节正义："秦号楚为荆者，以庄襄王名子楚，讳之，故荆也。"

作为国名本来称"楚"，秦称之为"荆"，因为秦始皇的父亲庄襄王名"子楚"。司马迁著《史记》尊秦讳，直书之。张守节正义就解释了秦讳的习俗。

又如：

《史记·秦楚之际月表》："端月。"司马贞索隐："二世二年正月也。秦讳正，故云端月也。"

《汉书·景帝纪》："二年……令天下男子二十始傅。"（颜师古注："旧法二十三，今此二十，更为异制也。傅读曰附，解在《高纪》。"）

《汉书·高帝纪》"傅"字，颜师古注："傅，著也。言著名籍，给公家徭役也。"

颜注解释了景帝时一条户籍制度。他说"傅"是"附"的借字，义为附著，这里指写上、登记上。说的是把名字登记在政府的户籍本里，开始供给公家徭役了。又说，按旧的法律是二十三，今改为二十岁了。今，指景帝时。

再如：

《汉书·文帝纪》："（代王）乃令宋昌骖乘。"（颜师古注："乘车之法，尊者居左，御者居中，又有一人处车之右，以备倾侧。是以戎事则称车右，其余则曰骖乘。骖者，三也，盖取三人为名誉耳。"）

《汉书·霍光传》："召皇太后御小马车。"（张晏注："皇太后所驾游宫中辇车也。汉厩有果下马，高三尺以驾辇。"）

这两例又注解了古代的骖乘制度和太后乘辇的制度。

（九）注音

古代训诂在注明字音时，常用的方法有譬况、读若、直音、反切等方法。如：

《淮南子·本经训》高诱注："縢，读近殆，缓气言之。"

《淮南子·地形训》高诱注："旄，读近绸缪之缪，急气言乃得之。"

又如：

《说文·口部》："噲，咽也，从口會声，读若快，一曰嚵噲也。"

《说文·足部》："趽，曲胫马也，从足方声，读与彭同。"

《说文·言部》："訇，駭言声，从言，匀省声。汉中西城有訇乡。又读若玄。"

《说文·言部》："該，军中约也，从言，亥声，读若'心中满該'。"

在上面这些例子中，有直音法（用同音字注音），也有读若法，还有描述发音法，或者用譬况法来说明被训字的读音，尽管如此，但看来都显得不准确，所以后来训诂家就逐渐用反切来注音了。例如：

《礼记·大学》："所谓诚其意者，毋自欺也，如恶恶臭，如好好色。"《释文》："恶恶，上乌路反，下如字。好好，上呼报反，下如字。"

《论语·微子》："四体不勤，五谷不分。"《释文》："不分，包云如字，郑扶问反。"

在反切注音的同时，在这里还有个表示注音的用法，即"如字"。"如字"在注音时是表示被释字的读音至少有两个，在这里是读它原来的读音。

三、古书注释的体式

如前所述，对古书的注释由来已久，在这个历史过程中，古人逐渐在继承和发展中建立了一套完整的注释体制。总体而言，常见的主要是随文释义和通释语义两种。但由于不同的时代、不同的人在注释过程中采取的方法和技术手段不同，所以表现在书中注释的方式则不同，所以古人又冠以不同的名称，如"传""注""疏""正义"等，了解这些名称和术语对于我们学习古代汉语和阅读古书有着重要的帮助。下面我们分别加以解释。

（一）传

"传"本是解释的意思，西汉初年，儒家的易、书、诗、礼、乐、春秋被称为"经"，解释这些经书的就被称为"传"。如：《春秋》有《春秋左氏传》《公羊传》《谷梁传》，《诗》有《韩诗外传》《毛诗故训传》等。

传有内传、外传、大传、小传、集传、补传之分。《四库全书总目提要》载："其书杂引古书古语，证以诗词，与经义不相比附，故曰外传。”相反，内传就是在内容上与经义密切配合的注解。前者如《韩诗外传》，东汉以来，有些学者称《左传》为《春秋内传》。“大传”就是“撰其大义”，就是对原文大略注解。“小传”相对“大传”而言，是一种谦虚说法，表示自己的传注只是一家之见不成大观。如，宋刘敞有《七经小传》。“集传”与“集注”同义。“补传”与“补注”同义，见下述。

（二）注

一般来说专门解释古书正文的叫“注”。孔颖达在《春秋左传正义》中说：“毛君、孔安园、马融、王肃之徒，其所注书，皆称为传，郑玄则谓之为注。”由此可知，训释称注，是从东汉郑玄开始的，后来所说的“注”其实也是包括“传”在内的。“注”还可以是对古书训释的通称，如《十三经注疏》的“注”，即包括毛传和郑笺。毛亨、孔安国、马融、郑玄等汉代著名训诂家，对先秦的经书都曾作过传注。

从传注的作者来说，有他人所注和作者自注两类。已有自注的书，如果后人再加注解，那么其自注便称为本注或原注。自注又名子注。近代学者陈寅恪考证云：“其大字正文，母也；其夹注小字，子也。盖取别本之义同文异者，列入小注中，与大字正文互相配拟，即所谓以子从母，事类相对者也。六朝诂经之著作有子注之名，当与此有为。”又说：“唐刘知几《史通》卷五《补注篇》犹有‘定被榛楛，列为子注’之语，可知子注之得名由于以子从母，即以子注母。”

补注也可分为两类；一是补原文的阙略，一是补旧注的遗漏。通常所说的“补注”主要指的是后一种。宋人宋咸的《易补注》和洪兴祖的《楚辞补注》即这种类型的著名代表。

（三）疏

“疏”既解释古书的正文，又解释前人的传注。如，孔颖达等人为十三经所作的《十三经注疏》即代表，“疏”又称为“正义”，所以又称《十三经正义》。

（四）解

“解”的本义是剖析、分析，训诂学上分析解释语义的注释方式也叫做“解”。兼解经和注或把各家的注采集在一起，再加上自己见解的就是“集解”，“集解”又称“集注”。如，杜预《春秋经传集解》、范宁《春秋谷梁传集解》、何晏《论语集解》等。汉人注书，常以“解诂”连言，如贾逵的《春秋左氏解诂》、何休的《春秋公羊解诂》等，也是“解”的意思。

（五）笺

汉代经学家郑玄为《毛诗》作的注释书称“笺”，从此注书也叫“笺”。他在《六艺论》中说：“注诗宗毛为主。毛义若隐略，则更表明；如有不同，即下己意。”可见他所说的“笺”有补充和订正的意思。孔颖达在《毛诗正义》中说：“郑于诸经皆谓之注，此言笺者……以毛学审备，遵畅厥旨，所以表明毛意，记识其事，故称为笺。”由此可见，“笺”这种注释主要是补充说明前人不足或者遗漏的地方。

（六）微

《汉书·艺文志》《左氏微》《虞氏微传》颜师古注：“微谓释其微指。”后世传注著作称“微”的很多，如：发微、阐微、显微、明微、见微、解微、探微、穷微、指微、微旨、精微、微言等，但都是阐明、分析或探究经之微言大义的意思。与“微”同义的还有“隐”。如，唐司马贞《史记索隐》，“索隐”即“探微”之意。

（七）义疏

“义疏”又叫“义注”，即注解其义的意思；又叫“义章”，即彰明（表明）其义；又叫“义赞”，即阐发其义；又叫“义证”，即证明其义；又叫“义略”，即义理的大略。其他如，“章疏、注疏、讲疏、讲义、正义”等，都是根据经注节次而疏通其义。“讲义”，原意是讲习用的义疏；“正义”，意思是解释经传而得义之正者；“疏”也可以叫“正义”，如，唐孔颖达《五经正义》。

（八）音义

辨音的书叫做音，释义的书叫做义，合起来叫做“音义”。音义原来以辨音释义为本，但也往往从事校勘。这一类书又有称作“音训”“音诂”“音注”“音证”“音隐”等，都是既有注音又解义。

（九）章句

《后汉书·桓谭传》注：“章句谓离章辨句，委曲枝派也。”这应该算是“章句”最早的解释。刘师培在《国学发微》中说：“章句之体，乃分析经文之章句者也。”其实“章句”既解释字词，又有串讲文章大意的，甚至比其他解释更烦琐。如，赵岐《孟子章句》。

四、古书注释的方法

训诂学的一个重要任务，就是总结前人的训诂方法。词义解释是训诂的基础和核心，所以这里所说的注释的方法，主要指的就是探求词语意义的方法。前人习惯把它分为三类，即形训、声训和义训。

（一）形训

传统训诂说中的形训，即以形说义，就是通过对汉字形体的分析来解释字义，从而探明词义的方法。以形说义，通常以古文，尤其是以小篆字形为标准。因为在甲骨文、金文发现之前，小篆为最古，又有许慎《说文》整理的现成资料可供利用。而甲骨文、金文发现之后，对它们的研究和重视程度都不够，有些字形的辨认也尚未取得一致的认识。传统的文字学理论有所谓“六书”之说，一般认为假借、转注是用字之法；象形、指事、会意、形声才是造字的理论，这四书都可以通过分析字形，推求其义。

汉字是以象形为基础发展起来的表意文字，其形体和意义有密切的关系，因而造字时的基本意义往往可以从字形的探讨、分析中显示出来，这种方法早在训诂萌芽时期就已经出现。如《左传》“止戈为武”“皿虫为蛊”，《韩非子》“自环者为厶，背厶者为公”等，是人们熟知的例子。当然，那些有关字形的分析是作者用来阐明自己的某个论点的，带有很强的主观色彩，并不符合造字时的原意，不过使用以形说义的方法还是具有一定可行性。

一些字的形体结构本身往往可以直接与某种现实现象相联系。如：

《说文·皿部》：“盥，澡手也。从臼，水临皿也。”

《说文·耳部》：“耳，主听者也，象形。”

王筠《文字蒙求》卷一：“耳，外象轮郭（廓），注中者窾也。”

《说文·田部》：“田，陈也。树谷曰田，象形。口十，千百（阡陌）之制也。”（段注：“此说象形之恉，谓口与十合之，所以象阡陌之一纵一横也。”)

许慎说:“陈也”是以声求义,未必确切。但他说“树谷曰田”是正确的。

《说文·木部》:“本,木下曰本。从木,一在其下。”(徐锴说:“一,记其处也,本末朱皆同义。”)

对于形训,我们还应说明下面几个问题:

第一,形训直接得到的是本义,但它也能提供进而分析引申义的线索。例如:“節”常见的意义有:

①竹节。

②骨节相衔接之处。

③自事的一端为一节。

④节令,节日。

⑤时期。

⑥符节。

⑦气节,操守。

⑧礼节。

⑨节制,节约。

⑩节奏,节拍。

⑪ 封名。

我们可以首先利用形训的方法找到它的本义。“節”当是“从竹,即声”的形声字,它的本义与“竹”有关。在这些义项中,只“竹节”与“竹”关系直接,“竹节”当是本义。确定了本义,即可断定其他义项为引申、或再引申、或假借义了。

第二,“假借字”本是因为音同或音近而写的别字,不能利用以形义的方法,而是应当利用声音关系去推求。

宋代王安石《字说》从字形来解释字义和字的来源,但因为不是所有字都能以形见义,或者是有些字的本义从字形上不容易判断出来了,而他却要强行解释,所以他所释的本义多不可信。如：

笼，从竹从龙，内虚而有节，所以笼物，虽若龙者亦可笼焉。

府，府之字从广从付。广则其藏也，付则以物付之。

在王安石看来：笼，是从竹、从龙，会意字。从竹者，内虚而有节；从龙者，所以笼物，虽若龙，者亦可笼焉。他把这两个形声字理解成了会意字，把声符也看作表义的成分了，妄加穿凿附会，因此，所释之本义含糊不清，使人费解。

第三，并不是所有的古文都能够从字形上分析出该字的本义来，这就要在分析古文时必须参照有关文献和可能看到的字书多方证明才能确定。如：

射 《说文》："弓发于身而中于远也。从矢从身。"

射的本义是否为箭从身边发出，打中远方目标，看甲骨文和金文便可知道：从甲骨文字形来看，是从弓从矢；从金文字形来看，是从弓从矢从又，皆像射箭之状。由此我们可以推知，"射"从"身"，是"弓"的讹变。

再如：

行 《说文》："人之步趋也。从彳从亍。"

如果按照甲骨文和金文的字形我们会发现"行"的本义并不是说人的行走意，而是像四达之道，据《尔雅·释言》："行，道也。"由此我们可以推知，"行"的本义不是用来形容人的行走，而是指"道路"。

（二）声训

传统训诂学中的声训或音训，即因声求义，就是利用读音相同或相近的字来解释词义的方法。如前所述，文字是语言的外在形式，而语音才是语言的内在形式，解释词义不能只用以形说义的方法，只用语言的外在形式。于是训诂家又充分利用语音这个语言的内在形式，运用因声求义的方法去探求词的意义。音训的材料在先秦时期的典籍里常常可以看到。两汉时期的训诂专书《尔雅》《说文》等，释词时也都常用这种方式，尤其是汉末刘熙的《释名》，几乎全是利用这种方法。古代的音训，归纳起来有下面三种方式。

1. 利用形声字

《论语》："政者，正也。"

《荀子》："君，群也。"

《尔雅》："古，故也。""诰，专也。"

《说文》："袷，大合祭先祖亲疏远近也。"

2. 利用音同、音近字

《周易·说卦》："乾，健也。""坤，顺也。""震，动也。""坎，陷也。"

《孟子·滕文公》："庠者，养也，校者，教也，序者，射也。"

《尔雅》："樊，藩也。""粤，亏也。"

《说文》："天，颠也。""旁，溥也。""祈，求也。"

《方言》："狢，来也。""怛，痛也。"

3. 利用同形字

《诗·大序》："风，风也"

《孟子·滕文公》："彻者，彻也。"

《周易》："比者，比也。""蒙者，蒙也。"

利用音训方法来解释词义，主要从三个方面：第一，同音替代的问题；第二，是推求语源，解释某些词诠释命名的由来；第三，是解决方言词的问题，求得方言词声音变化的轨迹。下面我们分别来讲这三方面的问题。

一是解决同音替代问题。排除通假造成的形、义分离现象，求得本字，即说明通假。所谓通假，就是在用字时不写本字而取另一个声音相同或相近的字来代替。这样一来，字形与词义之间的联系被掩盖了，以形说义的原则无法贯彻，因而形成了训诂中必须解决的问题。我国古籍中常用通假字，注释者用声训的方法说明通假，可使读者容易理解。如：

《诗·邶风·柏舟》："耿耿不寐，如有隐忧。"（毛传："隐，痛也。"）

毛传训"隐"为痛，即以"隐"为"殷"的借字，故用"殷"的意义来解释"隐"字。

又如：

《诗经·豳风·东山》："烝在栗薪"。（郑笺："古者声，栗、裂同也。"）

这里"栗"与"裂"的字音相同，"栗薪"就是"裂薪"，也就是劈柴。

再如：

《庄子·逍遥游》："野马也，尘埃也，生物之以息相吹也。"

这句话的"野马"，晋人司马彪注："野马，天地间气。如野马之驰。"这个解释是典型的"望文生义"。《庄子》这段话的意思是："鹏高飞远翔，下望许多生物在污浊尘土中喘息生存。"他用语的"野马"的"马"字，实际是《楚辞》里"愈氛雾其如塺"的"塺"字。（王逸注："塺，尘也。"）古代"马""塺"声韵皆同，可以用"马"代替"塺"字。《逍遥游》的"野马"和"尘埃"是同义词。同义间连用是为了加强表达效果，司马彪却在"马"字上做文章，造成了误读。

二是探索词语的来源。所谓"声训"，其主要目的就是以声音为线索来推求语源。周秦以来，这种训诂方法就经常被用来推求语派，刘熙的《释名》尤其如此。他认为"名之于实，各有义类"，可是"百姓日称而不知其所以之意"。所以他撰此书，就是为了让百姓知其然，知其所以然。如：

《诗经·召南·行露》："谁谓女无家，何以速我狱？虽速我狱，室家不足。"

孔颖达《正义》:“狱者，核实道理之名。……此章言‘狱’，下章言‘讼’《司寇职》云:‘两造禁民讼，两剂禁民狱。’对文则‘狱’‘讼’异也，故彼注云:‘讼，谓以财货相告者;狱，谓相告以罪名。’是其对例也。散则通也。此诗亦无财罪之异，重章变其文耳。”

“狱”就是诉讼，打官司。然而毛传云:“狱，确也。”这是以同音字推求语源，指出“狱”是以确定是非曲直而得名的。

又如:

《尔雅·释诂》:“履，礼也。”“昌，当也。”

《尔雅·释言》:“幕，暮也。”

《说文·日部》:“日，实也。”

《说文·门部》:“门，闻也。”

《说文·韭部》:“韭，菜名，一种而久者，故谓之韭。”

《说文·女部》:“婚，妇家也。礼，娶妇以昏时，妇人阴也，故曰婚。”

《说文·女部》:“姻，壻家也。女之所因，故曰姻。”

《说文·卤部》:“嘉谷实也。从卤从米。孔子曰:‘粟之为言续也。’”

《说文·犬部》:“赤狄，本犬种。狄之为言淫辟也。”

三是方言语音变化的问题。

《诗经·邶风·匏有苦叶》:“人涉卬否。”(毛传:“卬，我也”;郑笺:“人皆从之而渡，我独否。”)

“卬”，今北方方言变为“俺”。“卬”古与“吾”通(模、唐韵对转)，今转为“俺”声音变化之迹是非常清楚的，通过这个例子使我们看到了古音在方言中的保存和方言对古音的发展变化。

另外，音训在保存古音的资料方面也作出了重大贡献。春秋战国时期，就有因声求义的声训。到了汉代，这种方法更加盛行。刘熙《释名》一书，几乎全用这种方法。这种训释方法先不说在释义上作用如何，仅语音上，也为我们研究古音保存了丰富的研究资料。如：

《论语》："政者，正也。"

《荀子》："君，群也。"

《尔雅》："古，故也。""诰，专也。"

"政"与"正"读音今天仍然是同音，但"君"与"群"以及"古"与"故""诰"与"专"在声音或相近，或已经看不出它们的联系了，通过这些音训材料就使我们发现它们在古代是同音的或者是相近的。

四是因声求义的条件。因声求义，是以音同或音近的字来解释。因此，寻求本字和推求语源有一个重要的条件，就是读音相同或相近，而且必须以先秦古音为依据，因为文字通假和同源词的形成，绝大多数是上古时期的事。王力先生曾经强调，读音相近，不只是指二字双声或者叠韵。如果只有韵部相同，而声母相差很远，或者只有声母相同，而韵部相差很远，那么既不能构成通假，也不能认为同源。因为语音转化是有条件的。

五是关于"右文说"。宋代学者沈括《梦溪笔谈》载："王圣美治字学，演其义为右文。古之字书皆以左文。凡字，其类在左，其义在右。如水类，其左皆从水。所谓右文者，如戋，小也。水之小者曰浅，金之小者曰钱，贝之小者曰贱，皆以戋为义也。"其后，张世南《游宦纪闻》中也提出字之"右旁亦多以类相从"之说：如"青"为精明之义，故曰之无阵蔽者为"晴"，水之无混浊者为"清"，目之能见明者为"睛"，米之去粗皮者为"精"。

"右文说"已经朦胧地意识到"声中有义"，开始注意音义结合的方法，也确实能够解释一些形声字。"文"，而未言"声"。就是说它仍旧局限于字形，把形声字的声符作为因声求义的先决条件，不懂得音近义通并不限于声符将相同的字。其次，"凡字，其类在左，其义在右"的论断不能成立，很多声符相同的形声字意义毫不相关。即如从“戋”声之字，一部分有“小”义，而无“小”义的也很多，“饯（送去食也）”“践（履也）”“溅（疾流貌）”等，这些字中的“戋”只是标音符号。又如，“江”“杠”同从工声，“杠”是床前横木；“河”“柯”皆从可声，“柯”是斧柄。因此，“右文说”在原则上是错误的，在方法上也少有可取之处。王力先生在《中国语言学的继承和发展》一文中指出：“凡按右文讲得通的，若不是追加意符的形声字，就是同一词族的字，并不是存在着那么一个造字原则，用声符来表示意义。”可见，因声求义的条件不在于声符的相同，而在于语音的相同或相近。

（三）义训

义训就是直接解释词的涵义，而不借助于音和形的一种训释方法。朱宗莱《文字学形义篇》曰：“义训者，训诂之常法。通异言，辨名物，前人所以诏启，后人所以识古，胥赖乎此。其法或宣言其义，或陈说其事，或以狭义释广义，或以虚义释实义，或递相为训，或增字以释。要其为析疑解纷一也。”

义训有时因为直陈语义所以又称直训，传统训诂学称之为义训，这是古代训诂用得最普遍的一种方法，从解释词和被解释词的关系看，这种训诂方法又可分为下列几种类型。

1. 同义相训，即用一个词去解释另一个同义词。如：

《广雅·释言》：“贱，卑也。”

《尔雅·释言》：“宅，居也。”“愧，惭（惭）也。”“翌，明也。”“奔，走也。”“亚，次也。”“宵，夜也。”“增，益也。”

《说文·一部》：“元，始也。”

《说文·廾部》：“奉，承也。”

《说文·又部》：“反，覆也。”“及，逮也。”

2. 反义相训，即以反义词互相解释，在古代训诂中不乏其例。如：

《尔雅·释诂》:“治、肆、古,故也。肆、故,今也。”(郭璞注:“肆既为故,又为今。今亦为故,故办为今,此义相反而兼通者。”)又如:

《尔雅·释诂》:“徂、在存也。”“乱,治也。”“故,今也。”(郭璞注:“以徂为存,犹以乱为治、以曩为曏、以故为今。此皆训诂义有反复旁通、美恶不嫌同名。”)

3. 互训,即同义词辗转相释,古人称之为“转注”。如:

《尔雅·释宫》:“宫谓之室。”“室谓之宫。”

《说文·木部》:“栋,极也。”“极,栋也。”

《说文·攴部》:“改,更也。”“更,改也。”

《说文·页部》:“颠,顶也。”“顶,颠也。”

4. 递训,指同义词递相解释。如:

《尔雅·释言》:“煽,炽也。”“炽,盛也。”“速,征也。”“征,召也。”

《说文·示部》:“禄,福也。”“福,備也。”“備,具也。”

《说文·言部》:“论,议也。”“议,语也。”

5. 同训,即用一个词去解释若干个义同义近的词。《尔雅》多用这种方法。如:

《尔雅·释诂》上:“遹、遵、率、循、由、從,自也。”“陨、磒、湮、下、降、坠、摽、蘦,落也。”

《尔雅·释诂》:“赉、贡、锡、畀、予、贶,赐也。”

6. 还有一类叫大名冠小名,即以共名释别名的,如:

《说文·木部》:“杏,果也。”“奈,果也。”“李,果也。”“桃,果也。”

《说文·病部》:“痁久病也。”“痛,病也”“瘉,病也。”“疴,病也。”“瘵,病也。”“瘨,病也。”“瘼,病也。”

《尔雅·释诂》:“迄、臻、极、到、赴、来、吊、艐、格、戾、怀、摧、詹,至也。”

《广雅·释诂》："龄、齿、稔、祺，年也。"

7. 用通语释方言。如：

《方言》一："党、晓、哲，知也。楚谓之党，或曰晓，齐、宋之间谓之哲。"

《方言》三："胶、谲，诈也。凉州西南之间曰胶，自关而东西或曰谲，或曰胶。诈，通话也。"

8. 用常用语解释不常用语。如：

《尔雅·释言》："殷、齐，中也。"

《广雅·释言》："韪，是也。"

9. 说明描写法。即对词所标志的事物的形状、性能加以描写来表达词义。如：

《尔雅·释鸟》："二足而羽谓之禽，四足而毛谓之兽。"

《尔雅·释兽》："猰貐，类貙，虎爪，食人，迅走。"

《尔雅·释兽》："羆，如熊，黄白文。"

《说文·牛部》："犀，南徼外牛，一角在鼻，一角在顶，似豕。"

10. 义界，即现代的下定义。如：

《尔雅·释训》："善父母为孝，善兄弟为友。"

《尔雅·释亲》："子之子为孙，孙之子为曾孙，曾孙之子为玄孙。""妻之父为外舅，妻之母为外姑。"

《尔雅·释兽》："羆，如熊，黄白文。""魋，如小熊，窃（浅）毛而黄。"

《说文·一部》："吏，治人者也。"

11. 推因，即通过推求使用某些词的原因来解择词义的方法。如：

《左传·隐公元年》："庄公寤生，惊姜氏，故名曰寤生，遂恶之。"（杜预注："寐寤而庄公已生，故惊而恶之。"孔颖达疏："谓开姜寐时生庄公，至寤始觉其生。"）

这种解释似乎没有什么问题。清代学者沈钦韩说："如杜解，则寐寤中便已生子，较后稷之‘先生如达’殆又易之，姜氏当钟爱，何为恶之乎？”于是他指出：“寤，与‘牾’同。《说文》：‘牾，逆也。’今生子有足先出者，难产谓之逆生。”这样以“牾”破“寤”，“庄公寤生”才与下文“惊姜氏”“遂恶之”相为因果，合乎情理。再如：

枚乘《七发》：“南望荆山，北望汝海。”（李善注：“郭璞《山海经》注曰：‘汝水出鲁阳山东，北入淮海。汝称海，大言之也。’”）

李善注指出“海”是在修辞意义上用的，实际也是解释了“海”的意义。

五、古书注释的术语

段玉裁《说文·言部》“读”字注：“汉儒注经，断其章句为读……拟其音曰读，凡言‘读如’‘读若’皆是也。易其字以释其义曰读，凡言‘读为’‘读曰’‘当为’皆是也。”又说：“凡言‘读若’者，皆拟其音也。凡传注言‘读为’者，皆易其字也。注经必兼此二者，故有‘读为’，有‘读若’。‘读为’亦言‘读曰’，‘读若’亦言‘读如’。字书但言其本字本音，故有‘读若’无‘读为’也。‘读为’‘读若’之分，唐人作正义已不能知，‘为’与‘若’两字，注中时有伪乱。”“读若”“读如”的功用是“拟其音”，“读为”“读曰”的功用是“易其字”，这种说法大体是正确的。

注释的术语主要包括释义的术语和注音及校勘术语等，下面分别说明。

（一）释义

1.某，其也；某者，某也；某也者，某也

这一组术语，采用判断句的形式，解释字、词的意义。被解释的字、词和用以解释的字、词是义同或义近的关系。如：

《周易·彖传》："师，众也。"

《周礼·天官·大宰》："掌建邦之六典。"（郑玄注："典，常也，经也，法也。"）

《礼记·杂记》："子贡观于蜡。"（郑玄注："蜡也者，索也。"）

《周礼·天官·家宰》："惟王建国。"（郑玄注："百物阜安，乃建王国焉。"贾公彦疏："乃建王国者，于百物盛安之处乃立王国。王国则洛邑王城是也。"）

2. 曰、为、谓之、之谓

使用这几个术语时，被释的词总是放在它们的后面。其格式是"乙曰甲""乙为甲""乙谓之甲"这种用法的"曰、为、谓之、之谓"，大致等于现代汉语的"叫做"和"称作"。如：

《诗·王风·君子于役》："鸡栖于埘。"（毛传："凿墙而栖曰埘。"）

《诗·小雅·巧言》："彼何人斯，居河之麋。"（毛传："水、草交谓之麋。"）

《论语·学而》："有朋自远方来，不亦乐乎？"（郑玄注："同门曰朋，同志曰友。"）

《左传·成公三年》："执事不以衅鼓。"（杜预注："杀人以血涂鼓为衅鼓。"）

《楚辞·离骚》："各兴心而嫉妒。"（王逸注："害贤为嫉，害色为妒。"）

《礼记·中庸》："天命之谓性，率性之谓道，修道之谓教。"

《尔雅·释宫》："宫谓之室，室谓之宫。"

《荀子·不苟》："礼义之谓治，非礼义之谓乱也。"

3. 谓

"谓"和"谓之"不同。用"谓"时，被释的词都是放在它的前面。其格式是"甲谓乙"。使用这个术语，往往是以具体释抽象，以一般释特殊。“谓”字相当于现代汉语的“是指”或“指的是。”如：

《荀子·天论》：“强本而节用。”（杨倞注：“本谓农桑。”）

《孟子·滕文公上》：“树艺五谷。”（赵岐注：“五谷谓稻黍稷麦菽也。”）

《论语·为政》：“道之以政，齐之以刑。”（孔注：“政谓法教。”）

《论语·子罕》：“后生可畏。”（何晏注：“后生谓少年。”）

4. 言

用“言”解释时，同“谓”有相似之处，但它的用途比“谓”广泛得多。用它解释的对象可以是词、词组、句子，甚至可以是篇章。它既解释词在句中的具体义、比喻义，还可以解释句子的大意和言外之意。“言”的意思大致相当于现代汉语的“说”。由它构成的基本解释形式为“甲者，言乙也”。其中的“甲”是被解释对象，“乙”是解释语言。如：

《诗·曹风·蜉蝣》：“麻衣如雪。”（毛传：“如雪，言鲜洁。”）

《诗·鄘风·君子偕老》：“鬒发如雲，不屑髢也。”（毛传：“如雲言美长也。”）

《诗·小雅·正月》：“瞻彼中林，侯薪侯蒸。”（毛传：“薪蒸，言似是而非。”郑笺：“林中大木之处而维有薪、蒸尔，喻朝庭宜有贤者而但聚小人。”）

《诗·召南·行露》：“厌浥行露，岂不夙夜，谓行多露。”（毛传：“岂不，言有是也。”）

《诗·曹风·候人》：“彼候人兮，何戈与祋。”（毛传：“言贤者之官，不过候人。”）

《诗·周南·卷耳》：“陟彼砠矣，我马瘏矣。我仆痡矣，云何吁矣。”（郑笺：“此章言臣既勤劳于外，仆马皆病，而今云何乎？其亦忧矣。深闵之辞。”）

《诗小雅·无羊》："尔牧来思，以薪以蒸，以雌以雄。"（郑笺："此言牧人有余力则取薪蒸，搏禽兽以来归也。"）

5. 貌、之貌

用"貌""之貌"时，被释的词往往是表示性质或状态的形容词。其格式是"甲，乙貌"。这种用法的"貌"字，相当于现代汉语中"……的样子"。如：

《诗·小雅·四牡》："四牡騑騑。"（毛传："騑騑，行不止之貌。"）

《楚辞·哀郢》："众踥蹀而日进兮。"（洪兴祖补注："踥蹀，行貌。"）

《诗·卫风·氓》："桑之未落，其叶沃若。"（朱熹注："沃若，润泽貌。"）

《汉书·西域传》："临峥嵘不测之深。"（颜师古注："峥嵘，深险之貌也。"）

6. 犹

用"犹"字有四种情况：一是同义相训，二是说明引申义，三是以本字释借字，四是以今语释古语。其格式是"甲犹乙也"。这种"犹"字相当于现代汉语的"等于说""相当于"，它们之间可能是近义，也可能是引申义，也可能是同源字关系。如：

《诗·召南·羔羊》："羔羊之革。"（毛传："革犹皮也。"）

《左传·庄公十年》："肉食者谋之，又何间焉。"（杜预注："间犹与也。"）

《荀子·劝学》："使目非是无欲见也。"（杨倞注："是犹此也。"）

《论语·先进》："吾不徒行以为之椁。"（皇疏："徒犹步也。"）

《魏风·伐檀》："置之河之侧兮。"（毛传："侧，犹崖也。"）

《诗·小雅·四月》："冬日烈烈。"（郑笺："烈烈犹栗烈也。"）

《孟子·梁惠王上》："老吾老，以及人之老。幼吾幼，以及人之幼。”（赵岐注：“老犹敬也，幼犹爱也。”焦循正义：“老无敬训，幼无爱训，故云‘犹敬’‘犹爱’。”）

7. 所以……也；所以……者

用这种方式来注释的主要是为了说明动作行为所使用的工具、所发生的处所等。其格式为：甲所以乙也；甲所以乙者。如：

《诗·卫风·竹竿》：“桧楫松舟。”（毛传：“楫，所以櫂舟也。”）

《诗·邶风·柏舟》：“我心匪鉴，不可以茹。”（毛传：“鉴，所以察形也。”）

《礼记·月令》：“省囹圄。”（郑玄注：“囹圄，所以禁守系者，若今别狱矣。”）

8. 辞、词

古代注释中把虚词叫做“辞”，或作“词”。东汉以后又叫“语助”。如：

《诗·邶风·柏舟》：“日居月诸。”（孔颖达疏：“居诸者，语助也。故《日月》传曰：‘日乎月乎，不言居诸也。’《檀弓》云：‘何居？我未之前闻也。’注云：‘居，语助也。’《左传》曰：‘皋陶庭坚不祀忽诸。’服虔云：‘诸，辞。’是居诸皆不为义也。”）

9. 互文

古代的文章中，常有前后参互见义、互相补充的地方，叫做“互文”，也称为“互辞”或“互言”，有时又在“互文”二字中间插入一个“其”字，或者改称为“文互相备”“互相足”“互相明”“互相见”“互相成”“互相挟”。名称虽各有不同，其实都同一种修辞手段。汉代的经师一般都兼长文学，他们注经，往往要阐明这种修辞手段。如：

《诗·小雅·采芑》：“钲人伐鼓，陈师鞠旅。”（郑玄笺：“钲也鼓也，各有人焉。言‘钲人伐鼓’，互言尔……陈师告旅，亦互言之。”）

《诗大序》:“动天地，感鬼神。”（孔颖达正义：“天地言动，鬼神言感，互言耳。”）

《周礼·天官·大府》:“凡式贡之余财，以共玩好之用。”（郑玄注：“言‘式’言‘贡’，互文。”）

《周礼·天官·笾人》:“羞笾之实，糗饵、粉餈。”（郑玄注：“饵言糗，餈言粉，互相足。”）

10. 属、别

这两个是以总名释别名的术语，段玉裁说：“凡言‘某属’者，谓某之类。”“属”是说被释者是释者的属类，“别”是说被释者是释者的另一类。被释是别名，释者是总名。如：

《说文·艸部》:“蒁，蒿属。从艸林声。”“蔓，葛属。从艸，曼声。”

《说文·禾部》:“秔，稻属。从禾，亢声。”“秏，稻属。从禾，毛声。”“黍，禾属而粘者也……从禾，雨省声。”

11. 统言（浑言）、析言

“统言”又叫“浑言”，就是笼统地说；“析言”就是分析（或分别）地说，这是解释近义词的术语。它们常配合使用，作用在于辨析同义词、近义词、意义相关的词之间的细微差别。如：

《说文·示部》:“斋，戒洁也。”（段注：“《祭统》曰：‘斋之为言四齐也，齐不齐以致齐者也。’斋、戒或析言，如七日戒，三日斋是。此以戒训斋者，统言则不别也。”）

《说文·示部》:“祥，福也。”（段注：“凡统言则灾亦谓之祥，析言则善者谓之祥。”）

《说文·示部》:“祭，祭祀也。”（段注：“统言则祭、祀不别也。”又“祀，祭无已也。”段注：“析言则祭无已曰祀人。”）

《说文·行部》:“行，人之步趋也。”（段注：“步，行也；趋，走也。二者一徐一疾，皆谓之行，统言之也。《尔雅》：‘室中渭之时，堂上谓之行，堂下谓之步，门外谓之趋，中庭谓之走，大路谓之奔。’析言之也。”）

（二）注音

1. 读若、读如

这两个术语的主要用途是给汉字注音。在反切未出现之前，注音有所谓“读若”法，指的就是使用这两个术语注音的情况。它们的主要形式是“甲读若乙”“甲读如乙”。其中的“甲”是被释者，“乙”是释者。利用“读若”注音的，如：

《礼记·中庸》：“治国其如示诸掌乎。”（郑玄注：“示读如‘寘之河之干’之‘寘’。”）

《楚辞·离骚》：“又重之以修能。”（洪兴祖注：“故有绝人之才者谓之能，此读若耐，叶韵。”）

《说文·屮部》：“屮，象丱木初生也。象丨出形，有枝茎也。古文或以为艸字。读若撤。”

《诗·郑风·大叔于田》：“叔善射忌，又良御忌。”（毛传：“忌，辞也。”郑笺：“忌，读如‘彼己之子’之己。”）

“读若”“读如”主要是用来注音，有时也用来以本字释假借字。这时，其中的“甲”是假借字，“乙”是本字。如：

《诗·邶风·北风》：“其虚其邪，既亟只且。”（郑笺：“邪，读如徐。言今在位之人，其故威仪虚徐宽仁者，今皆以为急刻之行矣。”）

这里就是把“邪”借为“徐”。

“读若”“读如”这两个术语又用于改变一个字原来的读音以表示意义的易字。产生这种情况的原因是，一个字有两个或两个以上的读音，义随音变，读音不同意义也不一样，只要指出在句子中的读音，意义即明。如：

《诗·豳·狼跋》：“公孙硕肤。”（郑笺：“公，周公也。孙，读当如‘公孙于齐’之孙，孙之言逊遁也。周公摄政七年致太平，复成王之位，孙遁辟此，成公之大美，欲老成王。”）

这里孙，本为子孙之孙，读平声。“公孙硕肤”之孙，郑破读为去声，变为“孙遁”之孙，“孙遁”之孙后来写作逊。

2. 之言、之为言

这两个术语总是用来表示“声训”。表示是意近或是意同的关系。其格式是“甲之言乙也”“甲之为言乙也”。如：

《诗·大雅·生民》：“胡臭亶时。”（郑笺：“胡之言何也。”）“克禋克祀，以弗无子。”（郑笺：“弗之言祓也。”）

《论语·为政》：“为政以德。”（朱熹注：“政之为言正也，所以正人之不正也；德之为言得也，得于心而不失也。”）

《论语·季氏》：“吾恐季孙之忧，不在颛臾，而在萧墙之内也。”（郑注：“萧之言肃也。墙谓屏也。君臣相见之礼至屏而加肃敬焉，是以谓之萧干墙。”）

《谷梁传·隐公三年》：“求之为言，得不得未可知之辞也。”

《左传·僖公四年》：“溃之为言，上下不相得也。”《左传·文公六年》：“犹之为言可以已也。”

《左传·昭公二十二年》：“乱之为言，事未有所成也。”

3. 声、声也

用“声”“声也”这个术语，往往是为了给字注音，或者是说明是象声词。其格式一般为“甲乙声也”“甲声也”。如：

《诗·魏风·伐檀》：“坎坎伐檀兮”（毛传：“坎坎，伐檀声。”）

《诗·召南·草虫》：“喓喓草虫。”（毛传：“喓喓，声也。”）

《诗·周南·葛覃》：“其鸣喈喈。”（毛传：“喈喈，和声之远闻也。”）

枚乘《七发》：“混混庉庉，声如雷鼓。”（李善注：“混混庉庉，波浪之声也。”）

4. 然

在古文中常常会看到“……然”这种用法，这种用法主要是指出被释词描摹的情状，“然”一般是放在形容词或象声词的后面，或叠音词的后面，来表示事物的性状特点。和“貌”用法有时相同。如：

《诗·邶风·静女》：“彤管有炜，悦怿女美。”（毛传：“炜，赤貌。”郑笺：“赤管炜炜然。”）

《诗·卫风·氓》：“兄弟不知，咥其笑矣。”（毛传：“咥咥然笑。”）

《诗·召南·殷雷》：“殷其雷，在南山之阳。”（毛传：“殷，雷声也。”郑笺：“……犹雷殷殷然发声于南山之阳。”）

（三）释通假

1. 读为、读曰

使用这两个术语是通过给字注音来破假借字，破假借字也即段玉裁所说的“易字”。易字又叫破字、破读、读破。古人的易字大致有三项内容：一是指以本字释借字；二是指改变一个字原来的读音，以表示意义的转变；三是指改正形误的字。这里“读为”“读曰”的易字是第一项，即以本字释借字。其他两项，使用“读为”“读曰”破借字的基本形式是“甲读为乙”“甲读曰乙”，其中的“甲”是被释词，是借字，“乙”是解释词，是本字。使用“读为”的例子，如：

《周礼·地官均人》：“均人掌均地政。”（郑玄注：“政读为征，谓地守、地职之税也。”）

《诗·卫风·氓》：“淇则有岸，隰则有泮。”（郑笺：“泮读为畔。畔，涯也。”）

《诗·小雅·斯干》：“似续妣祖。”（郑笺：“似读为巳午之巳，巳续妣祖者，谓巳成其宫庙也。妣，先妣姜嫄也。祖，先祖也。”

孔颖达正义："笺以似续同义［毛传：'似，嗣也。'］，不须重文，故似读为巳午之，巳与午比辰，故连言之。直读为巳，不云字误，则古者似巳字同，'於穆不巳师徒'异读，是字同之验也。《周礼》：'左宗庙在雉门外之左门当午地，则庙当巳地也。'谓既在巳地而续立其妣祖之庙，然后营宫室，故云'谓巳成其言庙也'。"）

这里，"似"为借字，"巳"为本字，"似读为巳午之巳"是以本字释借字。使用"读曰"的例子，如：

《汉书·高帝纪》："公巨能入乎?"（颜师古注："巨读曰讵，讵，犹岂也。"）

《说文·言部》新附字："讵，犹岂也。"

巨是矩的古字，本是规矩之矩，这里借为"岂"义的讵。

2. 读破、破字、易字

用本字来改读古书中的假借字，叫做"读破"，也称为"破字"或"易字"。

"破字""易字"有时也指改正形误的字。因此，前面所说的"读为""读曰"以及"当为""当作"之类，都可以称为"破字"或"易字"。

"读破"也有另一种意义，就是改变一个字原来的注音，以表示意义的转变。比如"恶"字，作罪恶、丑恶解，原读入声，引申为憎恶解，读去声，用作疑问词，则读平声。这也叫做"读破"。

3. 古声同、古字同

这两个术语也是用来说明文字通假的。其格式是"古声甲乙同""古字甲乙同"。如：

《诗经·豳风·东山》："烝在栗薪。"（郑笺："栗，析也，言君子又久见使析薪，于事尤苦也。古音声栗裂同也。"）

《论语·公冶长》："无所取材。"（郑玄注："古字材哉同耳。"）

（四）校勘

1. 当为、当作

这两个术语经常用来明白地纠正误字。其中因字形相似而致误者，即说明“字之误”，因字音相同或相近而致误者，即说明“声之误”。段玉裁《周礼汉读考序》云：“凡言读为者，不以为误；几言当为者，宜斥其误。”如：

《周礼·天官·夏采》：“乘车建绥。”（郑玄注：“绥者当作緌，字之误也。”）

《周礼·宗伯》：“一曰祠，二曰命。”（郑玄注：“郑司农云，词当为辞，谓辞令也。”）

《礼记·缁衣》：“资冬祈寒。”（郑玄注：“资，当为至，齐鲁之语，声之误也。”）

2. 衍、衍文、衍字

这是用来说明古籍中多出文字现象的用语，一般常用的格式为“……字衍”“……字衍文也”等。如：

《礼记·檀弓》：“从母之夫，舅之妻，二夫人相为服。”

俞樾《古书疑义举例》：“‘夫’字衍文也，‘二人’两字合为‘夫’。”

《左传·僖公四年》：“汉水以为池。”

阮元《校勘记》：“《释文》无‘水’字。云或作‘汉水以为池’‘水’字衍。”

3. 脱（夺、敚）、脱文、脱字

这是用以指明古籍中脱落文字现象的用语。如：

《诗·周南·桃夭》孔颖达疏：“此云家人，家犹夫也，犹妇也。”阮元《校勘记》：“‘犹妇’上当脱‘人’字。”

《诗·卫风·硕人》孔颖达疏：“《猗嗟》云‘颀而长兮’，《孔世家》云‘颀然而长’，故为长貌。”阮元《校勘记》：“‘孔’

下脱‘子’字。”

4. 或为、或作、本作、本或作、本亦作、本又作、某本作等

这组术语用于校勘文字异同。如：

《周易·系辞下》：“幽赞于神明而生蓍。”（释文：“幽赞，本或作瓒。”）

《周易·序封》：“比必有所畜。”（释文：“所畜，本亦作蓄。”）

《周易·系辞下》：“来者信也。”（释文：“信也，本又作伸。”）

《周易·乾·文言》：“处终而能全其终。”（释文：“能全，一本作能令。”）

《周易·讼卦》：“终朝三褫之。”（释文：“褫，郑本作拕。”）

《周礼·夏官·职方氏》：“其泽薮曰弦蒲。”（注引郑众说：“弦或为汧，蒲或为浦。”）

5. 今文、古文、故书

西汉初年，隶书已经取代了古文、籀篆，各种经书都是用隶书写的。后来鲁恭王拆毁孔丘旧宅，从墙壁中发现了用古代的蝌蚪文字写成的《礼记》《尚书》《春秋》《论语》《孝经》，这些被称为古文经，与此相对，那些用当时通行的隶字写的经书被称为今文经。汉注释家郑玄兼通古今文诸经，他为经作注时，能用今文本、古文本和故书本来校对，择善而从，并注明某字今文作某，古文为某，故书作某。如：

《周礼·天官·小宰》：“七事。”（注：“七事，故书为小事。”）

《仪礼·士相见礼》：“毋改，众皆若是。”（注：“古文毋作无，今文众为终。”）

《礼记·射义》：“扬觯。”（注：“今文《礼》扬皆作腾。”）

《周礼·天官·大宰》：“嫔贡。”（注：“嫔，故书作宾。”）

6. 未闻、未详、阙

《论语·子路》：“君子于其所不知，盖阙如也。”许慎《说文解字叙》：“其于所不知，盖阙如也。”“阙”，就是“缺”。这

也是古代学者们治学的态度，对于所未明的事物或词语，往往采取存疑的办法，暂时不予解释，或者暂时不予确解。如：

《仪礼·士冠礼》："宾辞，主人对。"（郑玄注："辞对之辞未闻。"）"冠者对。"（郑玄注："对，应也，其辞未闻。"）

《说文·林部》："林，二水也，阙。"（段注："此谓阙其声也，其读若不传。"）

《说文·戈部》："戠，阙，从戈、从音。"（段注："其义、其音皆盖阙也。"）

【单元练习】

一、解释下列加点字的意思

1. 寡人耻之，愿比死者一洒之，如之何则可？

2. 孟子对曰："地方百里而可以王。"

3. 邹与鲁讧。

4 凶年饥岁，君之民老弱转乎沟壑，壮者散而之对方者，几千人矣。

5. 其良人出，则必餍酒肉而后反。

6. 蚤起，施从良人之所之。

7. 是故逼臣伤君，谄下伤上。

8. 故君子力事日强，愿欲日逾，设壮日盛。

9. 天下从事者，不可以无法仪，无法仪而其事能成者，无有也。

10. 故上兵伐谋，其次伐交，其次伐兵，其下攻城。

11. 木直中绳，輮以为轮，其曲中规。

12. 吾尝跂而望矣，不如登高之博见也。

13. 假舟楫者，非能水也，而绝江河。

14. 草木畴生，禽兽群焉，物各从其类也。

15. 任贤，则臣将乘于贤以劫其君；妄举，则事沮不胜。

二、翻译下列句子

1. 仁则荣，不仁则辱；今恶辱而居不仁，是犹恶湿而居下也。

2. 天作孽，犹可违；自作孽，不可活。

3. 由君子观之，则人之所以求富贵利达者，其妻妾不羞也，而不相泣者，几希矣。

4. 孟子曰："乃若其情，则可以为善矣，乃所谓善也。若夫为不善，非才之罪也。"

5. 是故得乎丘民而为天子，得乎天子为诸侯，得乎诸侯为大夫。

6. 是故君子自难而易彼，众人自易而难彼。

7. 故善用兵者，屈人之兵而非战也，拔人之城而非攻也，毁人之国而非久也，必以全争于天下，故兵不顿而利可全，此谋攻之法也。

8. 知彼知己者，百战不殆；不知彼而知己，一胜一负；不知彼，不知己，每战必殆。

9. 君子博学而日参省乎己，则知明而行无过矣。

10. 物类之起，必有所始。荣辱之来，必象其德。

11. 溺而后问坠，迷而后问路，譬之犹临难而遽铸兵，噎而遽掘井，虽速亦无及已。

12. 故越王好勇而民多轻死；楚灵王好细腰而国中多饿人。

13. 当今之世，大臣贪重，细民安乱，甚于秦、楚之俗。

14. 好则内无拂而外无辅，辅拂无一人，谄谀我者甚众。

15. 目不能两视而明，耳不能两听而聪。

三、给下面文字加上标点

1. 孟子曰桀纣之失天下也失其民也失其民者失其心也得天下有道得其民斯得天下矣得其民有道得其心斯得民矣得其心有道所欲与之聚之所恶勿施尔也民之归仁也犹水之就下兽之走圹也故为渊驱鱼者獭也为丛驱爵者鹯也为汤武驱民者桀纣也今天下之君有好仁者则诸侯皆为之驱矣虽欲无王不可得已今之欲王者犹七年之病求三年之艾也苟为不畜终身不得苟不志于仁终身忧辱以陷于死亡诗云其何能淑载胥及溺此之谓也

2. 子墨子言曰以兼相爱交相利之法易之然则兼相爱交相利之法将奈何哉子墨子言视人之国若视其国视人之家若视其家视人之身若视其身是故诸侯相爱则不野战家主相爱则不相篡人与人相爱则不相贼君臣相爱则惠忠父子相爱则慈孝兄弟相爱则和调天下之人皆相爱强不执弱众不劫寡富不侮贫贵不敖贱诈不欺愚凡天下祸篡怨恨可使毋起者以相爱生也是以仁者誉之

3. 故以火佐攻者明以水佐攻者强水可以绝不可以夺夫战胜攻

取而不修其功者凶命曰费留故曰明主虑之良将修之非利不动非得不用非危不战主不可以怒而兴师将不可以愠而致战合于利而动不合于利而止怒可以复喜愠可以复悦亡国不可以复存死者不可以复生故明君慎之良将警之此安国全军之道也

四、解释下列词语的意思，并指出其出处和本义

仁者无敌　　恻隐之心　　尽信书，则不如无书

为渊驱鱼　　十围五攻　　不战而屈人之兵

青出于蓝　　锲而不舍　　城狐社鼠　　临噎掘井

和璧隋珠　　完璧归赵

五、阅读下列文字，并回答问题

晏子使楚。以晏子短，楚人为小门于大门之侧而延晏子。晏子不入，曰："使狗国者从狗门入。今臣使楚，不当从此门入。"傧者更道，从大门入。见楚王，王曰："齐无人耶？使子为使。"晏子对曰："齐之临淄三百闾，张袂成阴，挥汗成雨，比肩继踵而在，何为无人？"王曰："然则何为使子？"晏子对曰："齐命使，各有所主。其贤者使使贤主，不肖者使使不肖主。婴最不肖，故宜使楚矣。"

晏子将使楚。楚王闻之，谓左右曰："晏婴，齐之习辞者也。今方来，吾欲辱之，何以也？"左右对曰："为其来也，臣请缚一人，过王而行。王曰：'何为者也？'对曰：'齐人也。'王曰：'何坐？'曰：'坐盗。'"

晏子至，楚王赐晏子酒，酒酣，吏二缚一人诣王。王曰："缚者曷为者也？"对曰："齐人也，坐盗。"王视晏子曰："齐人固善盗乎？"晏子避席对曰："婴闻之，橘生淮南则为橘，生于淮北则为枳，叶徒相似，其实味不同。所以然者何？水土异也。今民生长于齐不盗，入楚则盗，得无楚之水土使民善盗耶？"王笑曰："圣人非所与熙也，寡人反取病焉。"

1. 解释文中画线词语的含义

2. 楚王是怎样侮辱晏子的呢？请画出有关的句子。

3. 分析材料，从哪些方面可以看出晏子的智慧？

六、思考题

1. 简述中国古代建筑发展过程中几个重要材料和技术的出现对后世建筑发展的影响。

2. 举例说明古书注释的内容。

3. 简要举例说明古书注释的方法有哪些。

4. 结合所学，谈谈你对训诂学发展现代意义的认识。

5. 什么是右文说？简单谈谈你对它的看法。

第七单元

【古代文化常识】

古代车马与服饰

一、古代车马

中国是最早造车的国家之一，相传轩辕氏黄帝受风吹莲蓬滚动现象的启示而创造了车。约四千多年前，当时的一个薛部落就以造车而闻名于世。《左传》《墨子》等先秦时期的文献中，有“奚仲作车”及奚仲曾担任夏朝车正这一官职的记载。迄今为止，在我国境内发现的年代最早的车子实物是河南安阳殷墟出土的商代晚期的马车，目前已发现数十辆。《说文解字》对“驾”解释为：“马在轭中。”“驾”的本意是把鞍或轭等加装在马身，这说明我国古代很久以前人们就知道利用牲畜来拖拽或驮载重物。车被发明后，更加使人认识到畜力的使用能够提高车的性能。

（一）夏、商

商灭夏后车马的使用已经非常普遍，车辆制造技术也有了很大的提高，从已发掘的甲骨文中可见表示车马的各种文字。夏殷之交，由于四马驾挽的出现，战车已经初具规模。当时贵族下葬时，通常都有成套车马及驾人陪葬。这些马车多被埋葬于贵族的墓葬旁边，一般一座车马坑中埋放十二辆车。多数马车上有青铜制作的车马器，有的车厢内还有兵器和驾驭马车所用的器具；有的马车边还埋有驾车的驭夫。可以看出，商代晚期的马车主要是用于车战以及作为贵族的代步工具。商代的车基本都为单辕两轭，这可以从甲骨文中象形文字“车”的字形得到证实。

图 7–1 “车”字的甲骨文写法

商代的车由车架、车舆和车轮、轭几部分构成。

车架包括辕、衡与轴，全用木制。商车都是单辕居中。辕是驾车用的车桄，后端和车轴相连，辕的尾端套有铜饰。辕和辀是同义词。区别来说，驾在牲畜两旁的两根直木叫辕，适用于大车；驾在当中的单根曲木叫辀，适用于小车。车辕前端驾在牲口脖子上的横木叫轭。轭和衡是同义词，轭用于大车，衡用于小车。车辕前端插上销子和轭相连的部分叫輗。輗和軏是同义词，輗用于大车，軏用于小车。

在辕的前方置有横木叫衡，以便置轭。在辕的后方，两轮之间有轴。轭上都有装饰，有一首两脚，首系于衡上，两脚架马颈上。驾车的马有两匹到四匹不等。马具和辔饰主要有当卢、铜泡、节约、马镳等，一般用青铜制造，有些辔饰则以骨、蚌做成。

车轴是一根横梁，上面驾着车舆，两端套上车轮。轴的两端露在毂外，是为了防止轴头抽脱，在轴的两端安有铜害，又叫轨。古人常乘车渡水，即济水虽满并没有湿到车轴头，意思是水位不到半轮高。轨的另一个意义是指一车两轮之间的距离，引申为两轮在泥道上碾出来的痕迹，又叫辙。害上有孔，上面插着一个三四寸长的销子，叫辖。辖是个很重要的零件，后引申为“管辖”的意思。古代的车没有制动装置，为防止车轮自己滑动，停车后用木头阻碍车轮，这木头叫轫。行车时先要把轫移开，所以启程称为“发轫”，后引申为事情的开端。

古代马车的车厢叫舆，这是乘人的部分，呈半圆形或簸箕形，舆的前面和两旁以木板为屏蔽，乘车的人从舆的后面上车。绥是车上的绳子，供人上车时手拉用。古人乘车是站在车舆里的，叫“立乘”。舆两旁的木板可以倚靠身体，叫輢。舆前部的横木可以凭倚扶手，叫式（轼）。古人在行车途中用扶式俯首的姿势表示敬礼，这种致敬的动作也叫式。一般车舆上有活动装置的车盖，主要是用来遮雨的，像一把大伞。车轮的边框叫辋，车轮中心有孔的圆木叫毂（孔是穿轴的），辋和毂成为两个同心圆。辐是一根一根的木条，一端接辋，一端接毂。四周的辐条都向车毂集中，叫做“辐辏”，后引申为从各方聚集的意思。

（二）周

周代车马承袭商制，除用于战争外，也是当时的重要交通工具。据周代的礼书记载，从周王到诸侯、卿大夫，依据其身份的不同而在车子的结构、驾马的数量、车马器的形制、车子的装饰等方面有严格的区别。随着养马业兴盛起来，还制定了“司马法”，即对马的畜养和使用有所控制，尤其对种马和戎马控制更严。车的制造技术有了较大改进，如轴头新制了铜辖和其他轴饰，衡端新设了铜矛，木轭新安了铜銮等。马头多饰有铜兽面，铜马颊饰、当卢、铜泡等都用皮条穿系，有的还用串贝为络头和辔带，这便是《仪礼殷夕》中所说的“缨辔贝勒”。衔和镳大都用铜制，形式多种多样，鞍具上串有各种铜饰和贝饰。最新考古发现，周代已采用油脂作为车轴的润滑材料。

东周王室衰弱，诸侯之间经常为了掠夺人畜、占有土地而发生争战，战车发展得更加完备。战国以前马是专为拉车用的。古者服牛乘马，马以驾车，不单骑也。至六国之时始有单骑，到了战国时代，赵武灵王胡服骑射，从匈奴学来了骑马术，后来骑马之风渐渐盛行起来。据《周礼》记载，战国时期战车分成五种：戎路又称旄车，以车尾有旄牛尾为标志，是一种指挥车和禁卫军；轻车又称革车、兵车、武车，是一种战车；阙车是用于补充和警戒的后备车；苹车是行军时用来筑成临时军营的车；广车是一种防御多用的大车。

（三）春秋战国

春秋战国时期，诸侯之间战争频繁，而且盛行车战，动辄使用数百乘甚至数千乘战车，拥有战车的数量也成为衡量列国军事实力的标志之一，因此就有了“百乘之国”“千乘之国”甚至“万乘之国”的说法。这一时期，造车技术已非常成熟，《考工记》中就对车轮制造的平正均衡、稳定耐磨提出了具体的要求。战国晚期，骑兵逐渐取代战车成为东周列国主要的作战手段。战国时期，还出现了双辕双轮车，使车的结构更加科学，驾驭更加简单便捷。

（四）秦

先秦时期是车马并举的时代，车马相连为一个整体，没有无马的车，也没有无车的马。所谓乘马就是乘车，所谓御车就是御马。当时的“车”不同于现代的车，是需要套马拉的，而当时的马也是专用来拉车的。车马组合形式有多种，不同形式有不同的称谓：一车驾两马，称为骈；一车驾三马，称为骖；一车驾四马，称为驷。马的数量决定车的速度，同样也体现了人的身份。马车之外还有牛车，古人说“服牛乘马”。马车古名小车，是供贵族出行和作战用的；牛车古名大车，一般只用来载运货物。古人乘车尚左（以左方为尊），尊者在左，御者在中，另有一人在右陪乘。陪乘叫骖乘，又叫车右。兵车情况不同。主帅居中自掌旗鼓，御者在左，另有一人在右保护主帅，叫做车右。一般兵车则是御者居中，左边甲士一人持弓，右边甲士一人持矛。驾车的马如果是三匹或四匹，则有骖服之分。两旁的马叫骖，中间的马叫服。一说服之左曰骖，右曰騑。笼统地说，骖和騑是同义词。

秦统一六国，拥有强大的骑兵。为了加强中央集权的统治，秦始皇还大力修筑“驰道”，并在西北边郡发展畜牧业，建立养马场，派有专人负责管理。战车仍是主要的作战工具，秦兵马俑坑就出土驷马战车一百多辆。同时，车作为日常乘行工具也有了很大的发展。早期的车车厢很小，只能站立乘行，后来车厢逐渐扩大，出现了可坐乘的安车。秦统一后，实行“车同轨”制度，车辆制造进入标准化阶段，全国性的水陆交通网络开始形成。

（五）汉

汉代由于国家的统一和安定，马在战争中的消耗减少了，被更多地使用于民间生产和交通等日常生活。汉朝与乌孙通婚，乌孙以千里马为聘礼送汉朝；张骞出使西域发现大宛良马，认为这是“天马”，选取数十匹送回长安，同时传进畜牧饲料“苜蓿籽”，这些对马的品种改良和饲养都作出了贡献。随着养马的发展，人们对马的习性和结构也有了进一步的研究。我们从汉代画像、壁画、陶俑、青铜器上，都可以看到汉马的矫健形象。汉代机动部队多以骑兵充任，战车从此消失。同时，普通乘行车辆结构也有很大变化，单辕车逐渐被两辕车取代。

（六）三国、两晋、南北朝

三国时期，还出现了记里鼓车和指南车这两种带有精巧机械装置的车辆，前者用于记录行驶里程，马钧发明的指南车用于指示行驶方向。在汉代诸侯王的墓葬中，可以看到有车子随葬。魏晋时期出现了独轮车这种便捷的车式装载工具，一直沿用至今。独轮车、记里鼓车等，均是车辆制造史上的辉煌成就。魏晋南北朝时开始流行牛车。牛车速度虽不及马车，但行驶颠簸小，乘坐相对舒适。魏晋以来，封建统治阶级仍然很重视养马。北魏是我国南北朝时期北朝建国时间最长的一个。北魏人原是游牧民族，善于骑射，畜牧业十分显著，自从统一北方以后，便把他们所擅长的骑术也带进了内地。他们的骑兵骑术高超，马匹优良，有御马、战马、兵马护卫和马身披有铠甲的甲马，马具的装备也十分完整。

（七）唐、宋

唐宋以后，客观上抑制了载人车辆的发展。乘轿时，虽前呼后拥，极为风光，但从机械科学角度看，以人力的非轮式机械代替畜力的轮式机械，无疑是技术上的一大退步。中国古代造车技术也因此长期停滞不前，直至近代，马车的结构和用途未再发生大的变化，最终被来自西方的四轮机械动力驱动车辆取代。但骑马逐渐成为一种重要的单人快速交通方式，无论是战争中的骑兵还是用于日常生活的传递信息，骑马仍然是一种重要的载运方式。

二、古代服饰

服饰作为一种文化形态，贯穿了中国古代的各个历史时期。从服饰的演变中可以看出历史的变迁、经济的发展和文化审美的嬗变，承载着中华五千年文明和历史，体现了中华民族的精神和意识。

中国服饰演化史的源头，从出土文物考察可上溯到原始社会旧石器时代晚期。在北京周口店山顶洞人遗址中，发现有 1 枚骨针和 141 件钻孔的石、骨、贝、牙等装饰品，证实当时已能利用兽皮一类自然材料缝制简单的衣服，中华服饰文化史由此发端。在纺织技术尚未发明之前，动物的毛皮是人们服装的主要材料，当时还没有绳、线，山顶洞人可能用动物韧带来缝制衣服。相传在古代的黄帝、尧舜时期开始有了衣裳，结束了史前围披的状态，人们穿着这种式样的衣裳，拜祭祖先和天地。

根据文献记载和出土文物分析，中国冠服制度初步建立于夏商时期，到周代已经完善，春秋战国之际被纳入礼治。服饰装配在各个朝代虽繁简不同，但上衣下裳已奠定了中国服装的基本形式。

（一）商

殷商对发展缫丝、纺织、缝纫工事的重视，使纺织技术得到发展，丝麻织物已占重要地位，衣服材料主要是皮、革、丝、麻，已能精细织造极薄的绸子，衣料用色厚重。奴隶主贵族锦绣华裳，戴弯曲高冠，上面还有许多珠玉装饰，女子则多把长发上拢成髻，或卷发齐肩，小孩头发梳作两个杈状丫角儿，叫作丱角；平民、奴隶，有裹发作羊角状斜旋而上的，有自顶心向后垂一短辫的，也有剪发齐颈的，穿的则是本色麻布以及与麻布同类的葛布。

（二）周

周代服饰大致沿袭商代服制，等级制度逐步确立。周王朝设“司服”“内司服”官职掌管王室服饰。这时期的服饰形制进一步规范化，被纳入“礼治”范围，尊卑贵贱各有分别。王室公卿为表示尊贵威严，在不同礼仪场合，顶冠既要冕弁有序，穿衣着裳也须采用不同形式、颜色和图案，十二章纹成为历代帝王上衣下裳的服章制度，一直沿用到清帝逊位。西周服式的特点是上衣下裳、宽衣博带。衣服是右衽窄袖，长度在膝盖上下。领、袖、襟、裾都用花边装饰，以带束腰，除宽衣长带的特有风格以外，还吸收了北方民族以带钩束腰的服饰花色，在丝带的接头处，是以金、银、铜或铁等金属制成的精细的勾或扣。

（三）春秋战国

春秋战国时期织绣工艺有巨大进步，服饰材料日益精细，品种名目日见繁多。河南襄邑的花锦，山东齐鲁的冰纨、绮、缟、文绣等，风行全国。不仅王侯一身华服，从臣客卿也是足饰珠玑、腰金佩玉、衣裘冠履，均求贵重。上层人士不论男女，都须佩带几件或成组的美丽雕玉、各种带钩。男性贵族为示勇武必须佩带一把镶金嵌玉的宝剑。男女帽子精致的用薄如蝉翼的轻纱、贵重的用黄金珠玉做成。鞋多用小鹿皮制作，或用丝缕、细草编成；冬天皮衣极重白狐裘，价值千金。女子爱用毛皮镶在袖口衣缘装饰，还有半截式露指的薄质锦绣手套。还有一种新式服装叫做“深衣”，除了上衣下裳相连这一特点外，还有一个明显之处叫“续衽钩边”。它改变了过去服装多在下摆开衩的裁制方法，将左边衣襟的前后片缝合，并将后片衣襟加长，加长后的衣襟形成三角，穿时绕至背后，再用腰带系扎，因上衣和下裳相连，袍身又深又长，所以叫做深衣。不论贵贱、男女、文武都穿深衣，贵族以冕服为礼服、深衣为常服，平民以深衣为吉服、短褐为常服。深衣连衽钩边，穿时要束腰带，贵族用丝织的绅带，故称绅士或缙绅。

战国时期服饰最明显的变化是胡服的流行。所谓胡服，实际上是西北地区少数民族的服装，它与中原地区宽衣博带式汉族服装有较大差异，一般为短衣、长裤和革靴，衣身瘦窄，便于活动。短衣齐膝是胡服的一大特征，这种服装最初用于军中，后来传入民间，成为一种普遍的装束。赵武灵王把胡服引进中原，这对战国秦时期华夏族服装的变化产生了积极的影响。

（四）秦、汉

秦汉时期由于国家统一，服装风格也趋于一致。秦代服制与战国时无大差别，保持中国服饰深衣的基本形制。秦朝推行一系列加强中央集权的措施，其中也包括衣冠服饰制度。由于秦始皇当政时间较短，服饰制度仅属初创，尚不完备，只在服装的颜色上做了统一。在秦朝，黑色为尊贵的颜色，衣饰也以黑色为时尚颜色。

随着汉代舆服制度的建立，服饰的官阶等级区别也更加严格。史书记载皇帝与群臣的礼服、朝服、常服等达二十多种。冠服在因袭旧制的基础上，发展成为区分等级的基本标识；佩绶制度确立为区分官阶的标识。秦汉服装面料仍重锦绣，纺织工艺也达到了很高的水平。绣纹多有山云鸟兽或藤蔓植物，织锦有各种复杂的几何菱纹，以及织有文字的通幅花纹。汉朝的衣服主要的有袍、襜褕（直身的单衣）、襦（短衣）、裙。男子的外衣亦统称为袍，袍服一直被当作礼服。它们基本样式以大袖为多，袖口有明显的收敛，领、袖都饰有花边，领子以袒领为主，大多裁成鸡心式，穿时露出内衣。袍服下摆，常打一排密裥，有的还裁制成月牙弯曲状，这种袍服是汉代官吏的普通装束，不论文武职别都可穿着。袍身长大的下摆叫袂，袖子紧窄的袖口叫祛。袍有衬里，是夹衣。单衣叫禅。曲裾深衣不仅男子可穿，同时也是女服中最为常见的一种服式。这种服装通身紧窄，长可曳地，下摆一般呈喇叭状，行不露足。衣袖有宽窄两式，袖口大多镶边。衣领通常用交领，领口很低。裤子的形式也得到改进，出现有裆的裤子。直裾男女均可穿着，但不能作为正式的礼服，东汉以后逐渐普及，并替代了深衣。由于内衣的改进，女子穿连体的深衣或者分体的襦裙。上襦下裙的女服样式，上襦只到腰间，裙子下垂至地。襦裙发展成为中国妇女服装中最主要的形式之一。冠制的确立是在汉代。先秦之冠从属于礼制，男子成年时皆行冠礼。汉代的冠则主要从属于服制，是身份、官职以至官阶的表征。身份低微的人，只能戴帻而不能戴冠。冠本为加于发髻上的一个发罩，并不覆盖整个头顶，帻则像一顶便帽。张骞两次出使西域，开辟了中国与西方各国的陆路通道，中华服饰文化也传往世界。

（五）三国、两晋、南北朝

魏晋南北朝是我国古代服装史的大变动时期。魏晋时期规定宫中朝服用红色，常服用紫色；白色为平民百姓服色。这时的服式仍以襦、裙为主，裘是非正式衣服。妇女装饰比较考究，有金环、银约指和绕腕的跳脱等。冠帽已多用文人沿用的幅巾代替，有折角巾、菱角巾、紫纶巾、白纶巾等。魏初，文帝曹丕制定九品官位制度，“以紫绯绿三色为九品之别”，这一制度此后历代相沿用至元明。晋代的首服除幅巾为社会沿用之外，有官职的男子还戴小冠子，而冠上再加纱帽的称漆纱笼冠，本是两汉武士之制，此时不仅用于男官员，并流传民间男女通用。南北朝各少数民族初建政权时，仍然按照本族的习俗穿着，后受到汉族文化的影响，也开始穿汉族服饰。中原人民的服饰，特别是便服、常服，也吸收了北方民族的服饰特点，形式更适体。北朝的服饰以合身的裤褶装、短袍衫、各式的靴子为特点，服装窄短，裙腰略微高提。官员正式场合穿朱色单衣，穿袍佩带金玉带；平民妇女以襦袄为常服，与南朝并无两样。服装衣料中绫锦最为华贵。妇女的服装多以簪花、珠翠及各种花冠为点缀，进而形成宋代的凤冠制。受少数民族影响，胡服便成为当时的时髦服装。

南朝服式以襦裙为主，妇女以着裙为正统，不穿裙而露裤的人被看作是没礼貌的行为。当时女子头上包白纶巾，衣袖长而且窄并加以镂雕花纹。朝服仍是玄衣，服饰用料规定三品官以下的不得穿用杂色绮，六品官以下者只能穿七彩绮，不可使用罗绡。南北朝的卷草花纹是在汉代的云纹图案的基础上发展起来的。敦煌造井、三角形花和条状花、飞天、云纹等动态形象巧妙地结合起来，既古朴、秀丽，又含蓄柔和。公元6世纪波斯图案花纹通过“丝绸之路”传入中国，对当时的纺织、服装以及其他装饰物产生了不小的影响。当时的毛织毯、麻布和丝绸都是盛行的产品。

（六）隋、唐

隋唐时期中国由分裂而统一，经过长期的民族融合，由战乱而稳定，经济文化繁荣，服饰的发展无论衣料还是衣式，都呈现出一派空前灿烂的景象。唐代服制出现了“法服”与“常服”并行的局面。作为大礼服的法服仍是传统的冠、冕、衣、裳，常服则是在鲜卑装的基础上改进而成。

唐代男子上自皇帝下至厮役，在日常生活中都穿常服，包括圆领缺袍、幞头、革带及长靴。缺袍是开衩的长袍。幞头则是由鲜卑帽演变出来的，它本是一幅头巾，系裹时两个巾角向前抱住发髻，其余两个巾角在脑后结扎，多余的部分自然垂下。幞头的质料起初用黑色的缯或罗，所以垂下的巾角也是软的，故称“软脚幞头”。后又在巾角中用铜、铁丝作骨，将它撑起来，成为“硬脚幞头”。由于硬脚的形状及翘起的角度不同，又有“句脚”“展脚”“朝天”等式。革带上起初装有供系物用的窄皮条，故此种带名带，上面并固着若干方形饰牌名，依官阶之不同，分别用玉、金、犀、银、瑜石、蓝铁等材料制作，从而使革带也成为区别官阶的标志。靴已成为士庶通用的鞋。北周时出现的“品色衣”，在唐代已形成制度，成为此后中国官服的一大特色，官员自一品至九品，服色以紫、绯、绿、青为等差。唐高宗以后，以紫色为三品官的服色，浅绯色为五品官服色，深绿色为六品官服色，浅绿色为七品官服色，深青色为八品官服色，浅青色为九品官服色，黄色为宫外之人及庶民服色。

女裙的式样繁多、色彩艳丽，尤其流行像石榴花那样的红裙，诗人称之为“石榴裙”。女装主要由裙、衫、帔组成。因常将衫掩于裙内，所以显得裙子很长。帔又名帔帛，像一条长而薄的披巾，是受了佛教的影响才在中原流行的。唐代前期女装中还流行卷檐虚帽、翻领外衣等胡服，腰带形式也深受胡服影响。此前，人们的腰饰以金银铜铁为主，这时流行系“蹀躞带”，带上有金饰，并扣有小带以作系物之用，这种腰带服在唐代最盛，一直沿用至北宋年代。

唐装本身品类多、善变化，以“软”和“飘柔”著称，从外形到装饰均大胆吸收外来服饰特点，多以中亚、印度、伊朗、波斯及北方和西域外族服饰为参考，充实唐代服饰文化，使得唐代服饰丰富多彩富丽堂皇，风格独特奇异多姿，成为中国服饰历史中的一朵奇葩。唐装对邻国产生很大影响，日本和服从色彩上吸取了唐装的精髓，朝鲜服从形式上承继了唐装的长处。

（七）宋

宋代品官制度基本上沿袭前代，宫中的官服也与前代相仿，面料以罗为主，分为朝服、祭服、公服、戎服、丧服和时服。朝服是红衣红裳，内穿白色罗质中单，外系罗料大带，并有绯色罗料蔽膝，身挂锦绶、玉钏，下着白绫袜黑皮履。除这种朝服是统一样式外，官职的高低是以搭配的不同来区别，主要是在有无禅衣（中单）和锦绶上的图案上作级别变化。穿朝服时必戴“进贤冠”（一种涂漆的梁冠帽），“貂蝉冠”（又名“笼巾”，是以藤丝编成形，上面涂漆的冠帽），獬豸冠（属进贤冠一类）。公服即常服，又名“从省服”，以曲领大袖、腰间束革带为主要形式，另有窄袖式样，这种服式以用色区别等级。如九品官以上用青色，七品官以上用绿色，五品官以上用朱色，三品官以上用紫色。元丰年间用色稍有更改，四品以上用紫色，六品以上用绯色，九品以上用绿色。按当时的规定，服用紫色和绯色（朱色）衣者，都要佩挂金银装饰的鱼袋，高低职位以此物加以区别。时服是按季节赐发给官臣的衣物，上至将相皇帝，下至侍卫步军，赐发的品种有袍、袄、衫、袍肚、裤等，大部分是织有鸟兽的锦纹。首服是平翅乌纱帽，名直脚幞头，君臣通服，成为定制。官服以外，平日的常服也叫“私服”。官员与百姓的服饰形式上区别不大，主要有袍，分宽袖广身和窄袖窄身两种类型。有官职的是锦袍，无官职的是白布袍。单上衣叫做衫，衫的袖口没有祛。有作为内衣的短衫，内用的叫汗衫，也有作为外衣的长衫，下摆加接一幅横襕的襕衫是男子的常服。夹衣和绵衣叫襦和袄，襦袄是平民的常服。宋代还流行在衣衫外面加罩一件不加横襕的宽大外衣，斜领交裾的叫直身，还有一种用鹤毛与其他鸟毛绒合织的宽长曳地十分贵重的裘衣，直领对襟叫鹤氅。袄的质料有布、绸、罗、锦、纻丝和皮，用色有青、红、枣红、墨绿、鹅黄等几种。贵族裤子的质地也十分讲究，多为纱、罗、绢、绸、绮、绫，并有平素纹、大提花、小提花等图案装饰，裤色以驼黄、棕、褐为主色。民间首服也有种种流行。男子流行幞头、幅巾，女子则流行花冠和盖头。

宋代妇女以裙装为主，也有长裤。裤子除了贴身长裤外，还外加多层套裤。妇女有缠足的习俗，因此裙长多不及地，以便露足。女装是上身穿窄袖短衣，下身穿长裙，通常在上衣外面再穿一件对襟的长袖小褙子，很像现在的背心，褙子的领口和前襟都绣上漂亮的花边。妇女发式和花冠，是当时对美追求的重点，最能表现宋代装束的变化。花冠再加变化，通常以花鸟状簪钗梳篦插于发髻之上，无奇不有。

（八）辽、金、元

辽、金、元时契丹、女真、蒙古族的服饰都有鲜明的民族特色。党项族妇女多着翻领胡服，领间刺绣精美。契丹族不论男女，都穿左衽、圆领、窄袖的长袍，袍上有疙瘩式纽襻，袍带于胸前系结，足下着长筒靴，袍里面衬衫袄，下身穿套裤，裤腿塞在靴中。长袍的颜色比较灰暗，有灰绿、灰蓝、赭黄、黑绿等几种，纹样也比较朴素。贵族阶层的长袍大多比较精致，通体平绣花纹。辽代以丝绸官服上山水鸟兽刺绣纹样区分官品，影响到明清官服的等级标识。女真族的服饰和契丹族相似，由于气候寒冷，衣服以毛皮为主。骑士头戴翻毛皮帽，身穿窄袖胡服，领、袖等处还露出一寸长短的皮毛，即后世所谓“出风”。另在腰间佩有箭囊，下穿套裤革靴。金代以官服上花朵纹样大小定尊卑，品级最低的用无纹或小菱纹的芝麻罗。

元代是中国历史上民族融合的时代，服装服饰也充分体现了这一特点。元初长期处于战乱状态，纺织业、手工业遭到很大破坏，宫中服制长期沿用宋式，汉人保持原来的服饰。1321 年，英宗参照古制，制定了天子和百官的上衣连下裳、上紧下短，并在腰间加襞积、肩背挂大珠的“质孙服”制，汉人称“一色衣”或“质孙服”。这是承袭汉族又兼有蒙古民族特点的服制。“质孙服”服用面很广，大臣、乐工、卫士都可以穿。上、下级的区别体现在质地粗细的不同上。天子有十五个等级，每级所用原料和选色完全统一，衣服和帽子一致，整体效果十分出色。百官的冬服有九个等级，夏季有十四个等级，同样也是以质地和色泽区分。公服之冠，皆用幞头，制以漆纱，展其双脚。比肩、比甲也是常服。比肩是一种有里有面的较马褂稍长的皮衣，蒙人称之为“襻子答忽”。比甲是便于骑射的衣裳，无领无袖，前短后长，以襻相连的便服。地位低下的侍从仆役，常在常服之外罩一件短袖衫子，妇女也有这种习俗。女服分贵族和平民两种样式。贵族多为蒙人，以皮衣皮帽为民族装，貂鼠和羊皮制衣较为广泛，式样多为宽大的袍式、袖口窄小、袖身宽肥，由于衣长曳地，贵夫人外出行乐时，必须有女奴牵拉。在袍肩部做一云肩，即所谓“金绣云肩翠玉缨”，十分华美。作为礼服的袍，面料质地十分考究，采用大红色织金、锦、蒙茸和很长的毡类织物。当时最流行的服用色彩以红、黄、绿、褐、玫红、紫、金等为主。平民妇女穿汉族的襦裙，半臂也颇为通行。

（九）明、清

明朝政府采取了上承周汉、下取唐宋的治国方针，重新规定了服饰制度。服饰面貌仪态端庄，气度宏美，成为中国近世纪服饰艺术的典范。自唐宋以降，龙袍和黄色就为王室所专用，百官公服自南北朝以来紫色为贵。明朝皇帝姓朱，遂以朱为正色。皇帝的日常服装是龙袍，上面绣着龙纹、翟纹和十二章纹，一般以黄色纱罗制成，配金冠。皇帝礼服则仍保持上衣下裳的古制，由玄衣、纁裳、白罗大带、黄蔽膝、素纱中单、赤舄等组成。玄衣肩部织日、月、龙纹，背部织星辰、山纹，袖部织火、华虫、宗彝纹，领、袖口、衣襟侧边、裾都是本色。纁裳绣织藻、粉米、黻、黼纹。公服用幞头和圆领袍，但这时的幞头外涂黑漆，脚短而阔，名乌纱帽，无官职的平民不得服用。公服除依品级规定服色外，还用“补子”表示品级。补子是再以一块见方的绸料，织绣上不同纹样，缝缀到官服上，胸背各一。文官的补子用鸟，武官用走兽，各分九等。平常穿的圆领袍衫则凭衣服长短和袖子大小区分身份，长大者为尊。为褒奖官员的功勋，另特赐蟒袍、飞鱼服、斗牛服等服饰，官至极品则用玉带。所以“蟒袍玉带”就成为这时大官僚之最显赫的装束。

女性服装习惯在裙子外罩一件背子衫或是云肩。凤冠霞帔是明代妇女的礼服，是后妃在参加祭祀等重大典礼时使用的服饰。整个冠上缀着龙凤，搭配霞帔一起穿着。明代较多使用的纽扣主要用在礼服上，常服很少使用，明末时才有所普及。普通百姓的服装或长、或短、或衫、或裙，基本上承袭了旧传统，品种十分丰富。服饰用色方面，平民妻女只能衣紫、绿、桃红等色，以免与官服正色相混；劳动大众只许用褐色。朱元璋又亲自制订两种帽，颁行全国，士庶通用。一种是方桶状黑漆纱帽，称四方平定巾；一种是由六片合成的半球形小帽，称六合一统帽，俗称瓜皮帽，流传至今。明代的服饰影响深远，朝鲜、日本、琉球等藩属国皆有所受。

清王朝丝纺绣染及各种手工业的进步，为清代服饰品种的丰富创造了条件。清代以暴力手段推行剃发易服，按满族习俗统一男子服饰，废除了浓厚汉族色彩的冠冕衣裳。男子的服饰有袍、衫、褂、裤，袍褂是最主要的礼服。官服主要为长袍马褂，长袍以衩来区分贵贱，皇族宗室开四衩，官吏士人开两衩，一般市民不开衩。袍的袖口装有箭袖，平时翻起，行礼时放下，因其形似马蹄，称马蹄袖。朝服的胸背正中各缝一块补子，称为补服，也叫补褂，无领、对襟，其长度比袍短、比褂长，是清代主要官服，穿着的场所和时间较多。补服都为石青色，方形补子是区分官职品级的主要标志。圆形补子为皇子、亲王使用。马褂是一种穿于袍服外的短衣，衣长至脐，袖仅遮肘，主要是为了便于骑马，故称为马褂，有单、夹、纱、皮、棉等款式；形制有对襟、大襟和缺襟。对襟马褂多当礼服；大襟马褂多当作常服，一般穿袍服外面；缺襟马褂多作为行装。马褂以天青色或元青色作为礼服，其他深红、浅绿、酱紫、深蓝、深灰等都可作常服。马褂以黄色为贵，非皇帝特赐不能穿。另外有马甲或称坎肩，男女皆可，样式有大襟、对襟、琵琶襟等，一般穿在里面，样式比较窄小，清末时有把马甲穿在外面的。

清代官帽。军士、差役以上军政人员都戴似斗笠而小的纬帽，材料多为藤、竹制成，外裹绫罗，按冬夏季节有暖帽、凉帽之分，视品级高低安上不同颜色、质料的顶子。帽后拖一束孔雀花翎，高级的翎上有“眼”（羽上的圆斑），并有单眼、双眼、三眼之别，眼多者为贵，只有亲王或功勋卓著的大臣才被赏戴。帽上缀红缨顶珠，顶珠是区别官职的重要标志，按照清朝礼仪：一品官员顶珠用红宝石、二品用珊瑚、三品用蓝宝石、四品用青金石、五品用水晶、六品用砗磲、七品用素金、八品用阴文镂花金、九品用阳文镂花金，顶无珠者即无品级。此外，四、五品以上官员还项挂朝珠，用各种贵重珠宝、香木制成，构成清代官服的又一特点。

旗袍（袍衫）为满族妇女的主要装束，也深受汉族妇女的喜爱，由于满族称为“旗人”，故将其称之为“旗袍”。清初改服易冠“男从女不从”，所以妇女的服饰有满汉两式。清初满族妇女以长袍为主，而汉人妇女仍以上衣下裳为时尚。后妃命妇用凤冠、霞帔，普通妇女除婚嫁及入殓时“借穿”一下这种服饰外，其他场合以披风、袄裙作为礼服。汉族妇女头饰有簪、钗、冠子、勒子等，满族妇女则以高如牌楼的“大拉翅”最具特色。中叶以后，汉族妇女模仿满族宫女发式，以高髻为尚，以后流行过平髻、圆髻、如意髻等样式。到了清末，满族效仿汉族的风气日盛，经改进的旗袍逐渐在广大妇女中流行起来。这种旗袍是汉族妇女在满族旗袍的基础上，吸收了西洋服装样式。旗袍的样式很多，开襟有如意襟、琵琶襟、斜襟、双襟；领有高领、低领、无领；袖口有长袖、短袖、无袖；开衩有高开衩、低开衩；还有长旗袍、短旗袍、夹旗袍、单旗袍等。改良后的旗袍在 20 世纪 30 年代成为中国妇女的标准服装。

【经典文选】

弹歌

【导读】

《弹歌》选自《吴越春秋》。《吴越春秋》由东汉赵晔撰，是一部记述春秋末期吴、越两国史事为主的史学著作，其中有不少涉及楚国的记载。《隋书·经籍志》和《唐书·经籍志》皆记载有十二卷，唐以后缺轶二卷，《宋史·艺文志》记为十卷，至今只有十卷。前五篇为吴事，起于吴太伯，迄于夫差；后五篇为越事，记载越国自无余以至勾践，注重吴越争霸的史实。

弹（dàn）歌，古歌谣名。据《吴越春秋·勾践阴谋外传》，范蠡进善射者稀，勾践询以弓弹之理，陈音于应对中引古歌曰："断竹，续竹，飞土，逐宍。"《古诗源》卷一有《弹歌》一首，曰："断竹，续竹，飞土，逐宍。"《文心雕龙·章句》作"《竹弹》之谣"。

【正文】

断竹，续竹；飞土，逐宍[1]。

【注释】

[1] 宍（ròu）："肉"的古字。

【知识拓展】文章浅析

据记载，春秋时期，越国的国君勾践向楚国的射箭能手陈音询问弓弹的道理，陈音在回答时引用了这首《弹歌》。从《弹歌》

的语言和内容加以推测，这首短歌很可能是从原始社会口头流传下来而经后人写定的（相传黄帝所作）。这是一首反映原始社会狩猎生活的二言诗，句短调促，节奏明快，读来很有情趣。

《弹歌》作为原始社会时期生活的反映，其历史价值是远远大于文学价值的。但是，作为早期的文学作品，其价值还是不容小视的。早期的语言文字信息，记录生活的片段，更重要的是，反映出先民开始尝试使用语言文字记录生活。

候人歌

【导读】

《候人歌》选自《吕氏春秋·音初篇》，一般认为它是我国最早的一首民歌，最早的一首爱情诗，被称为“南音之始”。

《吕氏春秋》是战国末期秦相国吕不韦组织门客编写的一部著作，又称《吕览》。全书十二卷，一百六十篇，二十余万字，以道家思想为主体兼采阴阳、儒墨、名法、兵农诸家学说而成，分十二纪、八览、六论。十二纪每纪五篇，共六十篇，八览每览八篇（《有始览》少一篇），共六十三篇，六论每论六篇，共三十六篇，另有《序意》一篇，共一百六十篇。十二纪主要论述天时，八览主要论述人事，六论则主要阐释地理，形成了包括易学、军事学、政治学、音律、星象、农业、历史、地理、工艺、养生、机械等多方面的理论体系。

【正文】

候人[1]兮猗[2]。

【注释】

[1] 候人：等候（那个）人（恋人）。

[2] 兮猗（yī）：语气词连用，相当于“啊呀”。

【知识拓展】文章浅析

《候人歌》全诗只有一句，但它是一首完整的诗歌。作为文学史上的第一首恋歌，从表达方式上是同一呼声或同一言辞的重复，文字简练，感情真挚感人。这诗情歌的滥觞早已得到古今很多学者的承认。

越人歌

【导读】

《越人歌》最早收录于西汉经学家、文学家、目录学家刘向的《说苑·善说》。《说苑》是他根据皇家藏书和民间图籍整理出来的关于春秋战国至汉代的逸闻轶事，夹有作者议论，借题发挥儒家的政治思想和道德观念。原书七百八十四章，二十卷，后散佚，仅存五卷。宋代曾巩搜辑复为二十卷。各卷的多数篇目都是独立成篇，文字简洁生动，清新隽永，有较高的文学价值，对魏晋乃至明清的笔记小说有一定的影响。

本文记载的是春秋时代，楚王母弟鄂君子皙在河中游玩，钟鼓齐鸣。摇船者是位越人，趁乐声刚停，便抱双桨用越语唱了一支歌。鄂君子皙听不懂，叫人翻译成楚语，即下面的歌谣。

【正文】

今夕何夕兮，搴舟中流。[1]
今日何日兮，得与王子同舟。
蒙羞被好兮，不訾诟耻。[2]
心几烦而不绝兮，得知王子。[3]
山有木兮木有枝，心说君兮君不知。[4]

【注释】

[1] 搴（qiān）：拔。搴舟，犹言荡舟。洲：当从《北堂书钞》卷一O六所引作“舟”。

[2] 被（pi）：通“披”，覆盖。訾（zǐ）：说坏话。诟耻：

耻辱。

［3］几（jī）：通“机”。王子：此处指公子黑肱（不详—公元前 529 年），字子皙，春秋时期楚国的王子，父亲楚共王。

［4］说（yuè）：通“悦”。

【知识拓展】文章浅析

《越人歌》中鄂君子皙是楚人，船夫榜枻是越人，二人属于不同的民族。歌中唱出了越人对子皙的那种深沉真挚的爱恋之情，声义双关，委婉动听。歌词是中国最早的译诗，体现了楚越人民的亲密关系，与楚国的其他民歌一起成为“楚辞”的艺术源头，对民族历史、民族语言及文学史的研究具有一定价值。

“山有木兮木有枝，心说君兮君不知”句，运用了“兴”的手法，生动传神地表达了女子对心上人的相思之情，成为佳句流传下来。

生民

【导读】

《诗经》又称《诗三百》，先秦称为《诗》，西汉时被尊为儒家经典，始称《诗经》，是中国最早的一部诗歌总集，收入自西周初年至春秋中叶五百多年间的三百零五首诗歌，涉及地域主要是黄河流域：西起山西和甘肃东部，北到河北省西南，东至山东，南及江汉流域。《诗经》内容丰富，全面地展示了周代社会生活的各个方面，对后代诗歌发展有深远的影响，成为中国古典文学现实主义的源头。

《生民》选自《诗经·大雅》，是一篇周部族起源、发展和立国的历史叙事诗，为先秦时代汉民族的史诗之一，追述周王朝的始祖后稷的事迹，主要记叙他出生的神奇和他在农业种植方面的特殊才能。

【正文】

厥初生民[1]，时[2]维姜嫄[3]。生民如何？克禋克祀[4]，以弗无子[5]。履帝武敏歆[6]，攸介攸止[7]。载震载夙[8]，载生载育，时维后稷[9]。

诞弥厥月[10]，先生如达[11]。不坼不副[12]，无菑无害[13]。以赫厥灵[14]，上帝不宁[15]。不康禋祀[16]，居然生子[17]。

诞寘之隘巷[18]，牛羊腓字之[19]。诞寘之平林[20]，会伐平林[21]。诞寘之寒冰，鸟覆翼之。鸟乃去矣，后稷呱矣[22]。实覃实讦[23]，厥声载路[24]。

诞实匍匐[25]，克岐克嶷[26]，以就口食[27]。蓺之荏菽[28]，荏菽旆旆[29]。禾役穟穟[30]，麻麦幪幪[31]，瓜瓞唪唪[32]。

诞后稷之穑，有相之道[33]。茀厥丰草[34]，种之黄茂[35]。实方实苞[36]，实种实褎[37]，实发实秀[38]，实坚实好[39]，实颖实栗[40]。即有邰家室[41]。

诞降嘉种[42]：维秬维秠[43]，维穈维芑[44]。恒之秬秠[45]，是获是亩[46]；恒之穈芑，是任是负[47]。以归肇祀[48]。

诞我祀如何？或舂或揄[49]，或簸或蹂[50]。释之叟叟[51]，烝之浮浮[52]。载谋载惟[53]，取萧祭脂[54]。取羝以軷[55]，载燔载烈[56]，以兴嗣岁[57]。

卬盛于豆[58]，于豆于登[59]，其香始升。上帝居歆[60]，胡臭亶时[61]。后稷肇祀，庶无罪悔，以迄于今[62]。

【注释】

[1] 厥：其，指示代词。民：人，指周人。

[2] 时：是。此二句意为当初生育周民的就是姜嫄。

[3] 姜嫄（yuán）：传说中远古帝王高辛氏（帝喾）之妃，周始祖后稷之母。姜是姓，"嫄"亦作"原"，是谥号，取本原之义。以上二句说姜嫄始生周人，就是指生后稷。

[4] 禋（yīn）祀：一种野祭。祭时用火烧牲，使烟气上升。这里指祀天帝。一说指祀郊禖（méi）。禖是求子之神，祭于郊外。

[5] 弗："祓（fú）"的假借字。祓是除不祥，祓无子就是除去无子的不祥，也就是求有子。

[6] 履：践，踩。帝：天帝。武：指足迹。敏：脚拇趾，"武敏"就是足迹的脚拇趾。歆：动，指有所感应。传说姜嫄因踩到巨人的拇趾脚印有所感应而怀孕。

[7] 攸：语助词。介："祄"的假借字。佑：神灵保佑。一说"愒（qì）"，休息。止："祉"的假借字。福：神灵降福。

[8] 震："娠"的假借字，怀孕。夙："肃"的假借字，怀孕

后生活谨守胎教。

［9］后稷：姓姬，名弃。后稷本是主管农事的官名，传说他在尧舜时任此官职，故周人称他为后稷。

［10］诞：发语词。弥：满。弥厥月：满了怀孕应有的月数。

［11］先生：首生，意为头胎。如：通“而”。达：滑利。头生子很顺利地出生。

［12］坼（chè）：裂。副（pì）：裂开，剖开。生得滑利不致产门破裂。

［13］菑（zāi）：“灾”的异体字。

［14］赫：显示。因上述的情况而显得灵异。

［15］宁：安。

［16］康：安享。

［17］居然：徒然。生子而不敢养育所以为徒然。以上三句是姜嫄迟疑之辞，她觉得后稷的出生很怪异，上帝会感到不安，不会安享祭祀，因此白生了个儿子。

［18］寘（zhì）：即“置”，搁。隘：狭。将婴儿弃置在狭窄的小巷。

［19］腓（féi）：庇护。字：乳育。

［20］平林：平原上的树林。

［21］会：适逢。适逢有人来伐木，不便弃置。

［22］呱（gū）：啼哭。

［23］实：“寔”的假借字，是。覃（tán）：长。訏（xū）：大。

［24］载：满。以上二句指婴儿哭声壮大。

［25］匍匐：伏地爬行。

［26］岐：知意。嶷：古音“逆”，认识。克岐克嶷：能有所识别。

［27］以：通“已”。就：求。此三句意为后稷能匍匐的时候就很聪颖，能自求口食。

[28] 蓺（yì）：通“艺”，种植。荏（rèn）菽：大豆。

[29] 旆旆（pèi）：即“芾芾（fèi）”，茂盛的样子。

[30] 禾役：役，《说文》引用颖，谷穗。穟穟（suì）：禾穗成熟下垂的样子，引申为美好。

[31] 幪幪（méng）：茂盛的样子。

[32] 唪唪（fěng）：《说文》作“菶菶（běng）”，果实累累的样子。以上五句意为后稷知道游戏时候就爱好种植，所种瓜谷无不良好。

[33] 相：助；一说“视”，观察。以上二句意为后稷的收获有助成之道。

[34] 茀（fú）：通“拂”，拔除。

[35] 黄茂：指嘉谷。孔颖达疏：“谷之黄色者，惟黍、稷耳。黍、稷，谷之善者，故云嘉谷也。”

[36] 方：整齐。苞：丰茂。

[37] 种：通“肿”，肥盛。褎（xiù）：禾苗渐长貌，引申为出众。

[38] 发：舒发。秀：初长穗。

[39] 坚好：言谷粒充实。

[40] 颖：垂穗。栗：即“栗栗”，众多的样子。以上五句是禾生长成熟的次第，描写禾的美好，表现出耕种人的勤劳。

[41] 即：往。有：词头，无义。邰（tái）：地名，在今陕西武功。后稷到邰地定居。相传后稷在虞舜时代辅佐禹有功，始封于邰。

[42] 降：天赐。

[43] 秬（jù）：黑黍。秠（pī）：一种黑黍。《尔雅·释草》：“秠，一稃二米。”

[44] 穈（mén）：赤苗嘉谷（初生时叶赤）。芑（qǐ）：白苗嘉谷（初生时色微白）。

[45] 恒（gèng）：“亘”的假借字。遍：遍地种植。

［46］亩：中国市制土地面积单位，一说堆在田中。

［47］任：抱。负：背。

［48］肇：开始。以上五句意为遍种四种谷，成熟后收获抱负而归，始祭上帝。

［49］揄（yǎo）：《说文》作“舀”，把舂好的米从臼中舀出来。

［50］蹂（róu）：通“揉”，揉搓。

［51］释：淘米。叟叟：亦作“溲溲（sōu）”，释米之声。

［52］烝：通“蒸”。浮浮：《说文》作“烰烰（fú）”，热气升腾的样子。以上四句写准备用于祭祀的米和酒。

［53］惟：思。言思念于祭祀的事。

［54］萧：香蒿。祭脂：即牛肠脂。祭祀用香蒿和牛肠脂合烧，取其香气。

［55］羝（dī）：公羊。軷（bá）：祭道路之神。因为将要郊祀上帝，先祭道神，即《说文》所云：“将有事于道，必先告其神。”取牡羊为牲以用軷祭。

［56］燔（fán）：古“焚”字，烧。烈：烤。将萧与脂烧烤起来以供神享。

［57］兴：兴旺。嗣岁：来年。祭祀是为了兴旺来年，意思就是祈求来岁的丰年。

［58］昂（áng）：我。

［59］豆：一种木制高脚食器，祭祀时用以盛各种祭品。登：瓦制的碗。

［60］居：安。歆：享：指享用祭品。

［61］胡：何。臭：气息。即指上文“其香始升”的香。亶：诚。时：得其时。浓烈的香味确实好。

［62］庶：庶几。悔：过失。迄：到。以上三句意为后稷始创周人的祭祀制度，直到后来，几乎没有获罪于天、遗恨于心的事了。

【知识拓展】本课中出现的成语或典故

不可救药：病重到已无法用药医治，比喻人或事物坏到无法挽救的地步。

同仇敌忾：同仇，共同对敌；敌，对抗，抵拒；忾，愤怒。指全体一致痛恨敌人。

卷耳

【导读】

《卷耳》是《诗经·周南》中一篇抒写怀人情感的名作。诗中描写女子在采集卷耳的劳动中想起了她远行在外的丈夫，想象她丈夫在外经历险阻的各种情况。全诗四章，第一章实写，二、三、四章是想象的情况，虚实结合。男女主人公各自的内心独白在同一场景同一时段中展开，先以思念征夫的妇女的口吻来写，然后以思家念归的备受路途辛劳的男子的口吻来写，犹如一场戏剧表演，读来感人至深。

【正文】

采采卷耳[1]，不盈顷筐[2]。嗟我怀人[3]，寘彼周行[4]。

陟彼崔嵬[5]，我马虺隤[6]。我姑酌彼金罍[7]，维以不永怀[8]。

陟彼高冈，我马玄黄[9]。我姑酌彼兕觥[10]，维以不永伤[11]。

陟彼砠矣[12]，我马瘏矣[13]。我仆痡矣[14]，云何吁矣[15]！

【注释】

[1] 采采：采了又采。卷耳：苍耳，石竹科一年生草本植物，子可入药。

[2] 盈：满。顷筐：斜口筐子，后高前低，一说斜口筐。这句说采了又采都采不满浅筐子，以此形容忧思之深。

[3] 嗟：语助词，或谓叹息声。怀：思念。

[4] 寘（zhì）：通“置”，放，搁置。周行（háng）：指大道。

索性把筐子放在大路上，于是眼前出现了她丈夫在外的情景。

[5] 陟：升，登。彼：指示代名词。崔嵬（wéi）：有石头的土山。

[6] 我：征夫自称。虺隤（huī tuí）：疲极而病。

[7] 姑：姑且。酌：斟酒。金罍（léi）：金罍，青铜做的罍。罍：器名，青铜制，用以盛酒和水。

[8] 维：发语词，无实义。永怀：长久思念。

[9] 玄黄：黑色毛与黄色毛相掺杂的颜色。朱熹言：“玄马而黄，病极而变色也。”意为马生病的样子。

[10] 兕觥（sì gōng）：一说野牛角制的酒杯。

[11] 永伤：长久思念。

[12] 砠（jū）：有土的石山。

[13] 瘏（tú）：因劳致病，马疲病不能前行。

[14] 痡（pū）：因劳致病，人过劳不能走路。

[15] 云：语助词，无实义。云何：奈何，奈之何。吁（xū）：忧伤而叹。

【知识拓展】关于“卷耳”

卷耳：卷耳是石竹科卷耳属的草本植物，全株密生柔毛，茎簇生、直立，高30厘米，顶部的嫩茎叶可供食用。据四川师大教授张昌余的研究：“早前人们经常采集食用，只是不知道叫卷耳，现在生活变好，知道的人就更少了。”卷耳现在依然沿用相同的名字，全球各地均有产，仅中国就有22种，现在更多的是药用。

七月

【导读】

《豳风·七月》是《诗经·国风》中最长的一首诗。此篇当作于西周初期，即公刘处豳（今陕西旬邑、彬县一带）时期。《七月》反映了周初一年四季的劳动生活，涉及衣食住行各个方面，从七月写起，按农事活动的顺序，以平铺直叙的手法，逐月展开各个画面。语言朴实无华，社会生活的整体风貌已呈现在读者面前。它不仅是一首叙事长诗，而且具有重要的史学价值。

【正文】

七月流火[1]，九月授衣[2]。一之日觱发[3]，二之日栗烈[4]。无衣无褐[5]，何以卒岁。三之日于耜[6]，四之日举趾[7]。同我妇子，馌彼南亩[8]，田畯至喜[9]。

七月流火，九月授衣。春日载阳[10]，有鸣仓庚[11]。女执懿筐[12]，遵彼微行[13]，爰求柔桑[14]。春日迟迟[15]，采蘩祁祁[16]。女心伤悲，殆及公子同归[17]。

七月流火，八月萑苇[18]。蚕月条桑[19]，取彼斧斨[20]，以伐远扬[21]，猗彼女桑[22]。七月鸣鵙[23]，八月载绩。载玄载黄[24]，我朱孔阳[25]，为公子裳。

四月秀葽[26]，五月鸣蜩[27]。八月其获，十月陨箨[28]。一之日于貉[29]，取彼狐狸，为公子裘。二之日其同[30]，载缵武功[31]，言私其豵[32]，献豜于公[33]。

五月斯螽动股[34]，六月莎鸡振羽[35]，七月在野，八月在宇，九月在户，十月蟋蟀入我床下。穹窒熏鼠[36]，塞向墐户[37]。嗟我妇子，曰为改岁[38]，入此室处。

六月食郁及薁[39]，七月亨葵及菽[40]，八月剥枣[41]，十月获稻，为此春酒[42]，以介眉寿[43]。七月食瓜，八月断壶[44]，九月叔苴[45]，采荼薪樗[46]，食我农夫。

九月筑场圃[47]，十月纳禾稼[48]。黍稷重穋[49]，禾麻菽麦[50]。嗟我农夫，我稼既同，上入执宫功[51]。昼尔于茅，宵尔索绹[52]。亟其乘屋[53]，其始播百谷。

二之日凿冰冲冲[54]，三之日纳于凌阴[55]。四之日其蚤[56]，献羔祭韭[57]。九月肃霜[58]，十月涤场[59]。朋酒斯飨[60]，曰杀羔羊。跻彼公堂[61]，称彼兕觥[62]，万寿无疆。

【注释】

[1] 七月：夏历七月，以下月份都是指夏历。流：移动。火：星名，即心宿，二十八宿之一。流火：火星向西斜移。

[2] 授衣：将裁制冬衣的工作交给女工。九月丝麻等事结束，所以在这时开始做冬衣。

[3] 一之日：周历正月，即夏历十一月。以下二之日、三之日依引类推。觱发：大风触物声。

[4] 栗烈：或作“凛冽”，形容寒气逼人的样子。

[5] 衣：上衣。褐：粗布短衣。

[6] 于：犹“为”，此处是修理的意思。耜：耕田翻土的农具。

[7] 趾：足。“举趾”指去下田春耕。

[8] 馌（yè）：馈送食物。南亩：泛指田间。妇人童子往田里送饭给耕者。

[9] 田畯（jùn）：农官名，掌管农事的官吏。

[10] 春日：指二月。载：开始。阳：温暖。

[11] 仓庚：鸟名，即黄莺。

[12] 懿（yì）：深。

[13] 微行：小路。

[14] 爰（yuán）：语助词，犹“曰”。柔桑：初生的嫩桑叶。

[15] 迟迟：缓慢，此指春天日长的意思。

[16] 蘩（fán）：菊科植物，即白蒿，养蚕用。祁祁：众多的样子。

[17] 殆：害怕。及：与。干活的女工怕被公子强迫带回家去。

[18] 萑（huán）苇：芦苇。八月萑苇长成，收割下来。此处是收割萑苇的意思。

[19] 蚕月：指三月。条桑：修剪桑树。

[20] 斨（qiāng）：方孔的斧头，一种砍伐工具。

[21] 远扬：指长得太长而高扬的枝条。

[22] 猗（yǐ）：《说文》《广雅》作“掎”，牵引。“掎桑”是用手拉着桑枝来采叶。女桑：柔嫩的桑枝。

[23] 鵙（jú）：鸟名，即伯劳。

[24] 载：开始。绩：把麻纤维拧成线绳。玄：是黑而赤的颜色。玄、黄指丝织品与麻织品的染色。

[25] 朱：赤色。孔：很。阳：鲜艳。我染的红色衣料很鲜艳。

[26] 秀：植物开花结子。葽（yāo）：植物名，今名远志。

[27] 蜩（tiáo）：蝉。

[28] 陨萚（tuò）：植物落叶。陨：落。

[29] 于：为，此处是指猎取的意思。貉：兽名，毛皮很珍贵。

[30] 同：聚合，言狩猎之前聚合众人。

[31] 缵（zuǎn）：继续。武功：指田猎之事。古代田猎也兼有军事演练的性质。

[32] 豵（zōng）：一岁小猪，这里用来代表比较小的兽。私

其豵：言小兽归猎者私有。

［33］豜（jiān）：三岁的猪，代表大兽。大兽献给公家。

［34］斯螽（zhōng）：虫名，蝗类。动股：跳跃的意思。

［35］莎鸡：虫名，今名纺织娘。振羽：言鼓翅发声。

［36］穹：穷尽、完全。窒：堵塞。把屋里所有的空隙都堵好，然后用烟熏老鼠。

［37］向：朝北的窗户。墐：用泥涂抹。把北面的窗子堵上，用泥涂抹门缝，以御寒气。

［38］嗟：叹息声，此处是可怜的意思。改岁：旧年将尽，新年快到。

［39］郁：植物名，李子一类的果木，果实可吃。薁（yù）：蘡薁，植物名，野葡萄。

［40］菽（shū）：豆的总名。

［41］剥（pū）：读为“扑”，打。

［42］春酒：冬天酿酒经春始成，叫做“春酒”。枣和稻都是酿酒的原料。

［43］介：祈求。眉寿：长寿，人老眉间有豪毛，叫秀眉，所以长寿称眉寿。

［44］断：摘。壶：葫芦。

［45］叔：拾。苴（jū）：秋麻之籽，可以吃。

［46］荼：一种苦菜。樗（chū）：木名，臭椿。薪樗：言采樗木为薪。

［47］场：是打谷的场地。圃：是菜园。春夏做菜园的地方秋冬就做成场地，所以场圃连成一词。

［48］纳：收进谷仓。禾稼：谷类通称。

［49］黍（shǔ）：谷物名，去皮后叫黄米。稷（jì）：谷物名，即高粱。重：又作“穜”，是先种后熟的谷。穋（lù）：后种先熟

的谷。

［50］禾：专指黍。

［51］宫：指统治者的住宅。功：事。宫功：此处指为统治者做家里的事。

［52］索：动词，指搓绳子。绹：绳子。白天取茅草，夜晚打绳子。

［53］亟：急。乘：登。要赶快修缮房屋。

［54］冲冲：凿冰之声。

［55］凌阴：冰窖。

［56］蚤：“早”的假借字，指月初或早晨。

［57］用羔羊和韭菜祭祖。

［58］肃霜：犹“肃爽”。九月天高气爽。

［59］涤场：清扫场地。十月农事完全结束，将场地打扫干净。

［60］朋酒：两樽酒。飨：通“享”，享用。

［61］跻（jī）：登。公堂：古代公共聚会的场所。

［62］称：举起。兕觥（sì gōng）：犀牛角做的酒杯。

【知识拓展】本课中出现的成语或典故

万寿无疆：疆，界限。万古年长寿，没有止境，多用于祝人长寿。

以介眉寿：介，祀求；眉寿，长辈。古人认为眉毛长的人寿命也长，用于祈求长寿。

春日迟迟：春天来了，白昼就慢慢变长了，让人觉得时间过得有些慢。

鸡鸣馌耕：比喻妇女勤俭治家。

七月流火：七月，指夏历的七月。流，指移动、落下。“火”，星名，是指大火星，即心宿二，每年夏历五月间黄昏时心宿在中天，六月以后，大火星逐渐向西方迁移，坠落的时节，天气就开始变凉。在气象预报还不完善的古代，人们往往通过对日月星辰的运行变化进行观察来确定农时，指导生产，甚至还专门设置了“火正”之职，负责观测“大火”星的位置，用以确定农时节令。也曾以大火星在不同时间出现在天空中不同地方的规律，制定过历法，称火历纪时。

东山

【导读】

《东山》是《国风·豳风》中反映战争题材的名篇。本诗相传是反映周公东征的作品，诗中表现了多年未归的士兵回家途中思念家乡和胜利返归的喜悦心情。表现了对战事的厌倦，对和平生活的渴望。

【正文】

我徂东山[1]，慆慆不归[2]。我来自东，零雨其濛[3]。我东曰归[4]，我心西悲[5]。制彼裳衣[6]，勿士行枚[7]。蜎蜎者蠋[8]，烝在桑野[9]。敦彼独宿[10]，亦在车下。

我徂东山，慆慆不归。我来自东，零雨其濛。果臝之实[11]，亦施于宇[12]。伊威在室[13]，蟏蛸在户[14]。町畽鹿场[15]，熠耀宵行[16]。不可畏也，伊可怀也[17]。

我徂东山，慆慆不归。我来自东，零雨其濛。鹳鸣于垤[18]，妇叹于室。洒扫穹窒[19]，我征聿至[20]。有敦瓜苦[21]，烝在栗薪[22]。自我不见，于今三年。

我徂东山，慆慆不归。我来自东，零雨其濛。仓庚于飞，熠耀其羽。之子于归[23]，皇驳其马[24]。亲结其缡[25]，九十其仪[26]。其新孔嘉，其旧如之何[27]。

【注释】

[1] 徂：往。东山：士卒远征之地，据说在今山东蒙阴南。

[2] 慆慆（tāo）：长久的样子。

[3] 零：落。其：语助词。濛：细雨。

[4] 我在东边说要回来。

[5] 怀念西方家乡而悲伤。

[6] 制：缝制。

[7] 士：通“事”。行枚：行军时衔在口中以保证不出声的竹棍。

[8] 蜎蜎（yuān）：虫子蠕动的样子。蠋（zhú）：一种长在桑树上的虫，即野蚕。

[9] 烝（zhēng）：久，一说众多。

[10] 敦：团状，这里指身体蜷缩成一团的样子。

[11] 果臝（luǒ）：蔓生葫芦科植物，一名栝楼、瓜蒌等。

[12] 施（yì）：蔓延。宇：屋檐。

[13] 伊威：土鳖虫，喜欢生活在潮湿的地方。

[14] 蠨蛸（xiāo shāo）：一种长脚蜘蛛。

[15] 町畽（tuǎn）：田宅旁边的空地。此指田园荒芜变成了鹿场以及萤火虫滋生的草场。

[16] 熠（yì）耀：熠：闪光发亮。耀：光线强烈照射，形容萤火虫多。宵：夜。行：指流动。

[17] 伊：是。田园荒芜并不可怕，反倒这更加令人思念。

[18] 鹳：水鸟名，形似鹤。垤（dié）：小土丘。

[19] 穹窒：即窒穹，堵塞屋里墙上所有的孔洞。穹：穷尽、全部；窒：塞、堵塞洞穴。

[20] 我的征人要回来了。聿：语气助词。此段是推己及妻，推测家中的妻子为迎接自己回来而洒扫忙碌。

[21] 瓜苦：犹言瓜瓠、瓠瓜，一种葫芦。

[22] 栗薪：束薪，即柴堆。

[23] 于归：女子出嫁。此段是回想新婚的情景。

[24] 皇驳：马毛淡黄的叫皇，淡红的叫驳。

［25］亲：此指女方的母亲。结缡（lí）：将佩巾结在带子上。古代婚仪，女子出嫁时，母亲要亲自给她结好佩巾的带子。缡：佩巾。

［26］九十：泛指数量多。

［27］新：指其妻子新婚时。孔：很。嘉：善，美。

【知识拓展】本课中出现的成语或典故

施衿结缡：本指古代女子出嫁，母亲将五彩丝绳和佩巾结于其身。后引申为父母对子女的教训。

桃夭

【导读】

《桃夭》是《诗经·国风·周南》中一首祝贺年青姑娘出嫁的诗。此诗以桃花起兴，比喻新娘的年轻娇媚。全诗三章，每章先以桃起兴，继以花、果、叶兼作比喻，兴中有比，比兴兼用，语言优美精炼，开千古用桃花比喻美人的先河，自此以后用花、特别是用桃花来比美人的层出不穷。

【正文】

桃之夭夭[1]，灼灼其华[2]。之子于归[3]，宜其室家[4]。

桃之夭夭，有蕡其实[5]。之子于归，宜其家室。

桃之夭夭，其叶蓁蓁[6]。之子于归，宜其家人。

【注释】

[1] 夭夭：花朵怒放，美丽而繁华的样子。

[2] 灼灼：花朵色彩鲜艳如火，明亮鲜艳的样子。华：通“花”。

[3] 之子：这位姑娘。于归：姑娘出嫁。古代把丈夫家看作女子的归宿，故称“归”。于：去，往。

[4] 宜：和顺、亲善。

[5] 蕡（fén）：草木结实很多的样子。此处指桃实肥厚肥大的样子。

[6] 蓁蓁（zhēn）：草木繁密的样子，这里形容桃叶茂盛。

【知识拓展】本课中出现的成语或典故

桃之夭夭：桃有华之盛者，夭夭，其少壮也。后比喻事物的繁荣兴盛。因为“逃”“桃”谐音，有时也形容逃跑。有时含诙谐义。

之子于归：之，这；子，古代兼指儿女，在这里专指女性；于归，古代指女子出嫁。表示女子出嫁。

离骚

屈原

【导读】

屈原（约公元前340年—公元前278年），芈姓，屈氏，名平，字原，战国时期楚国贵族，是楚武王熊通之子屈瑕的后代，是中国最早的浪漫主义诗人，中国文学史上第一位留下姓名的伟大的爱国诗人，他的出现标志着中国诗歌开始进入了一个由集体歌唱到个人独唱的新时代。他开创了“骚”体诗歌形式，对后世有深远影响。较好的注本有东汉王逸《楚辞章句》、南宋朱熹《楚辞集注》、清代戴震《屈原赋注》。

《离骚》是屈原最杰出的代表作，也是屈原生平思想最深刻的写照，创作于屈原被楚怀王疏远时，是屈原根据楚国的政治现实和自己的不平遭遇，“发愤以抒情”创作出的一首政治抒情诗。全诗通过绚丽多彩的描写，倾吐了诗人为追求自己的政治理想而遭受打击和迫害的苦闷与矛盾的心情，抒发了他对昏庸王室和腐朽贵族集团的愤慨，表现了诗人勇于追求真理和光明、坚持正义和理想的不屈不挠的斗争精神。文采优美、想象丰富、气势宏伟、感情强烈，成为一篇光耀千古的浪漫主义杰作。代表了“楚辞”的最高艺术成就，在我国诗歌史上占有重要地位。

【正文】

帝高阳之苗裔兮[1]，朕皇考曰伯庸[2]。摄提贞于孟陬兮[3]，惟庚寅吾以降[4]。皇览揆余初度兮[5]，肇锡余以嘉名[6]：名余曰正则兮[7]，字余曰灵均[8]。纷吾既有此内美兮[9]，又重之以修能[10]。扈江离与辟芷兮[11]，纫秋兰以为佩[12]。汩余若将不及兮[13]，恐年岁之不吾与[14]。朝搴阰之木兰兮[15]，夕揽洲之宿莽[16]。日月忽其不淹兮[17]，春与秋其代序[18]。惟草木之零落兮[19]，恐美人之迟暮[20]。不抚壮而弃秽兮[21]，何不改乎此度[22]？乘骐骥以驰骋兮[23]，来吾道夫先路[24]！

【注释】

［1］高阳：颛顼之号。苗裔：子孙后代。兮：语气词。先秦的“帝”字，直至战国中期，指的都是天神、天帝。夏以后的人间君主称“后”或“王”，而不称“帝”。古氏族为了美化自己的世系，都要托祖于天神，自称是某“帝”或某“神”的后裔。

［2］朕：我。皇考：指太祖。考：在先秦西汉的典籍里，有时指从祖父以上的先人，有时仅指亡父，东汉以后，专指亡父。伯庸：屈原的太祖句亶王熊伯庸。

［3］摄提：提摄格的简称，古代纪年的术语。古人将天际划分为子、丑、寅、卯、辰、巳、午、未、申、酉、戌、亥十二等分，称为十二宫。以岁星（木星）在天空运行的方位来纪年。岁星指向寅宫之年称为“提摄格”，故“摄提”即指寅年。贞：正。孟：开始。陬（zōu）：正月。

［4］庚寅（gēng yín）：指庚寅之日。古以干支相配来纪日。降：降生。

［5］揆（kuí）：推理揣度。

［6］肇（zhào）：开始。

［7］锡（xī）：通“赐”，给。名：命名。

［8］字：表字，这里作动词用，起个表字。

［9］内美：内在的美好品质。

［10］重（chóng）：增加。修：长。修能：即优秀的才能。

[11] 扈（hù）：楚国方言，披、挂。江离：香草名，又名蘼芜。辟芷：香草名，即白芷。

[12] 纫（rèn）：草有茎叶可做绳索。秋兰：香草名。即泽兰，秋季开花。

[13] 汩（yù）：水疾流的样子，此处用以形容时光飞逝。

[14] 不吾与：宾语前置，即“不与吾”，不等待我。

[15] 搴（qiān）：拔取。阰（pí）：大土山。木兰：香木名。

[16] 揽（lǎn）：采摘。宿莽：草名，经冬不死。

[17] 忽：迅速的样子。淹：停留。

[18] 代序：指不断更迭。

[19] 惟：思虑。

[20] 迟暮：衰老。

[21] 抚：趁。

[22] 此度：法度。

[23] 骐骥（qí jì）：骏马。

[24] 道：通“导”，引导。

【正文】

昔三后之纯粹兮[1]，固众芳之所在[2]。杂申椒与菌桂兮[3]，岂惟纫夫蕙茝[4]！彼尧、舜之耿介兮[5]，既遵道而得路[6]。何桀纣之猖披兮[7]，夫惟捷径以窘步[8]。惟夫党人之偷乐兮[9]，路幽昧以险隘[10]。岂余身之殚殃兮[11]，恐皇舆之败绩[12]！忽奔走以先后兮，及前王之踵武[13]。荃不查余之中情兮[14]，反信谗而齌怒[15]。余固知謇謇之为患兮[16]，忍而不能舍也。指九天以为正兮[17]，夫惟灵修之故也[18]。曰黄昏以为期兮[19]，羌中道而改路[20]！初既与余成言兮[21]，后悔遁而有他[22]。余既不难夫离别兮，伤灵修之数化[23]。

【注释】

［1］三后：指楚国历史上三位贤明的君王。

［2］固：本来。

［3］申椒：花椒，香木名。菌桂：桂菌，香木名。

［4］蕙（huì）：香草名。茝（chǎi）：香草名。

［5］耿介：光明正大。

［6］遵道：遵循正道。

［7］猖披：猖狂。

［8］捷径：政治上的邪道。窘步：难行。

［9］偷乐：苟且享乐。

［10］幽昧（mèi）：黑暗。

［11］殃（yāng）：灾祸。

［12］皇舆：国君乘坐的车，此处借指国家。败绩：喻指君国的倾危。

［13］踵武：足迹，即脚印。

［14］荃（quán）：香草名，喻楚怀王。

［15］齌（jì）怒：暴怒。

［16］謇謇（jiǎn jiǎn）：形容忠贞直言的样子。

［17］正：通“证”。九天：古人认为天有九重，故言。

［18］灵修：指有神明远见之德的人，这里指楚怀王。

［19］羌：楚国方言，表转折，相当于现在的“却”。

［20］成言：诚信之言，指约定。

［21］既：本来。

［22］遁：变化。

［23］数化：屡次变化。

【正文】

余既滋兰之九畹兮[1]，又树蕙之百亩[2]。畦留夷与揭车兮[3]，杂杜衡与芳芷[4]。冀枝叶之峻茂兮[5]，愿俟时乎吾将刈[6]。虽萎绝其亦何伤兮[7]，哀众芳之芜秽[8]。

众皆竞进以贪婪兮[9]，凭不厌乎求索[10]。羌内恕己以量人兮[11]，各兴心而嫉妒[12]。忽驰骛以追逐兮[13]，非余心之所急。老冉冉其将至兮[14]，恐修名之不立[15]。朝饮木兰之坠露兮，夕餐秋菊之落英[16]。苟余情其信姱以练要兮[17]，长顑颔亦何伤[18]。擥木根以结茝兮[19]，贯薜荔之落蕊[20]。矫菌桂以纫蕙兮[21]，索胡绳之纚纚[22]。謇吾法夫前修兮[23]，非世俗之所服。虽不周于今之人兮[24]，愿依彭咸之遗则[25]。长太息以掩涕兮[26]，哀民生之多艰[27]。余虽好修姱以鞿羁兮[28]，謇朝谇而夕替[29]。既替余以蕙纕兮[30]，又申之以揽茝[31]。亦余心之所善兮，虽九死其犹未悔[32]。怨灵修之浩荡兮[33]，终不察夫民心。众女嫉余之蛾眉兮[34]，谣诼谓余以善淫[35]。固时俗之工巧兮，偭规矩而改错[36]。背绳墨以追曲兮[37]，竞周容以为度[38]。忳郁邑余侘傺兮[39]，吾独穷困乎此时也。宁溘死以流亡兮[40]，余不忍为此态也[41]。鸷鸟之不群兮[42]，自前世而固然[43]。何方圜之能周兮[44]，夫孰异道而相安[45]？屈心而抑志兮[46]，忍尤而攘诟[47]。伏清白以死直兮[48]，固前圣之所厚[49]。

【注释】

［1］滋：栽种。

［2］树：种植。

［3］畦（qí）：田垄，这里是分垄栽种的意思。五十亩为畦。留夷、揭车：香草名。

［4］杜衡、芳芷：香草名。

［5］冀（jì）：希望。峻：长。峻茂：即高大茂盛。

［6］刈（yì）：收获。

［7］萎：枯萎。绝：落尽。

[8] 芜（wú）：荒芜。秽（huì）：污秽。

[9] 竞进：指对权势利禄竞相追逐。

[10] 凭：满。厌：足。

[11] 羌（qiāng）：楚人语气词。量人：用卑劣的心理称量别人。

[12] 兴：生。

[13] 忽：急。驰骛（wù）：疾驰，乱驰。

[14] 冉冉（rǎn rǎn）：渐渐。

[15] 修名：美好的名声。

[16] 英：花。

[17] 苟：确实。姱（kuā）：美好。练要：精诚专一。

[18] 顑颔（kǎn hàn）：因饥饿而面色憔悴的样子。

[19] 掔（qiān）：持取。

[20] 贯：拾取。

[21] 矫：举起。

[22] 索：草有茎叶可做绳索。此作动词，意为搓绳。纚纚（lí lí）：绳索美好的样子。

[23] 法：效法。前修：前代贤人。

[24] 周：合。

[25] 彭咸：殷贤大夫，谏其君，不听，投江而死。遗则：留下的榜样。

[26] 太息：叹息。掩涕：擦泪。

[27] 民生：万民的生存。

[28] 鞿：马缰绳。羁：马络头。

[29] 谇（suì）：进谏。替：废。

[30] 纕（xiāng）：佩带。

[31] 申：重复。

[32] 悔：怨恨。

[33] 灵修：指楚怀王。浩荡：指放纵于规矩之外。

[34] 众女：比喻群臣。

[35] 谣诼（zhuó）：造谣诋毁。淫：放荡。

[36] 偭（miǎn）：违背。改：更改。错：通“措”，措施，指先圣之法。

[37] 绳墨：木工用的正曲直之具。曲：斜曲。

[38] 周容：苟合取容，指以求容媚为常法。

[39] 忳（tún）：忧郁，烦闷。郁邑：忧愤郁结。侘傺（chà chì）：怅然失意貌。

[40] 溘（kè）死：忽然死去。流亡：随水漂流而去。

[41] 此态：苟合取容之态。

[42] 鸷鸟：鹰类猛禽。不群：指不与众鸟同群。

[43] 前世：古代。

[44] 能周：能契合。

[45] 异道：不同的道路。

[46] 屈：委屈。

[47] 尤：过错。攘：除去。诟（gòu）：耻辱。

[48] 伏：通“服”，保持，坚守。死直：为正直为死。

[49] 厚：厚待。

【正文】

悔相道之不察兮[1]，延伫乎吾将反[2]。回朕车以复路兮[3]，及行迷之未远[4]。步余马于兰皋兮[5]，驰椒丘且焉止息[6]。进不入以离尤兮[7]，退将复修吾初服[8]。制芰荷以为衣兮[9]，集芙蓉以为裳[10]。不吾知其亦已兮[11]，苟余情其信芳[12]。高余冠之岌岌兮[13]，长余佩之陆离[14]。芳与泽其杂糅兮[15]，惟昭质其犹未亏[16]。忽反顾以游目兮[17]，将往观乎四荒[18]。佩缤纷其繁饰兮[19]，芳菲菲其弥章[20]。民生各有所乐兮[21]，余独好修以为常[22]。虽体解吾犹未变兮[23]，岂余心之可惩[24]。

【注释】

[1]相道：观看。

[2]延伫：长时间伫立。反：通“返”。

[3]回：调转。复路：回到过去的路。

[4]行迷：指迷途。

[5]步：慢慢走。兰皋：生有兰草的水边草地。

[6]椒丘：长有椒树的山丘。止息：休息一下。

[7]进：进仕于朝廷。不入：不被接纳。离：通“罹”，遭受。尤：罪过。

[8]修吾初服：指修身洁行。

[9]制：裁制。芰荷：荷叶。

[10]芙蓉：莲花。

[11]不吾知：宾语前置，即“不知吾”，不了解我。已：罢了。

[12]苟：如果。

[13]高：指帽子高。岌岌：高的样子。

[14]陆离：修长而美好的样子。

[15]芳：指芬芳之物。泽：污垢。

[16]惟：通“唯”，只有。昭质：光明洁白的品质。

[17]游目：纵目瞭望。

[18]往观：前去观望。四荒：四方荒远之地。

[19]缤纷：极言多。

[20]菲菲：香气浓郁。弥章：更加显著。章：通“彰”，明显。

[21]民生：人生。

[22]常：恒常之法。

[23]犹：尚且。

[24]惩：悔恨。

以上为首段，叙述自己的政治理想、高洁的品格以及遭谗见疏的经历、宁折不屈的决心。

【正文】

女媭之婵媛兮[1]，申申其詈予[2]，曰：鮌婞直以亡身兮[3]，终然殀乎羽之野[4]。汝何博謇而好修兮[5]，纷独有此姱节[6]？薋菉葹以盈室兮[7]，判独离而不服[8]。众不可户说兮[9]，孰云察余之中情[10]？世并举而好朋兮[11]，夫何茕独而不予听[12]！

依前圣以节中兮[13]，喟凭心而历兹[14]。济沅、湘以南征兮[15]，就重华而陈词[16]：启《九辩》与《九歌》兮[17]，夏康娱以自纵[18]。不顾难以图后兮[19]，五子用失乎家衖[20]。羿淫游以佚畋兮[21]，又好射夫封狐[22]。固乱流其鲜终兮[23]，浞又贪夫厥家[24]。浇身被服强圉兮[25]，纵欲而不忍[26]。日康娱而自忘兮[27]，厥首用夫颠陨[28]。夏桀之常违兮[29]，乃遂焉而逢殃[30]。后辛之菹醢兮[31]，殷宗用而不长[32]。汤、禹俨而祗敬兮[33]，周论道而莫差[34]。举贤才而授能兮[35]，循绳墨而不颇[36]。皇天无私阿兮[37]，览民德焉错辅[38]。夫维圣哲以茂行兮[39]，苟得用此下土[40]。瞻前而顾后兮[41]，相观民之计极[42]。夫孰非义而可用兮[43]？孰非善而可服[44]？阽余身而危死兮[45]，览余初其犹未悔[46]。不量凿而正枘兮[47]，固前修以菹醢[48]。曾歔欷余郁邑兮[49]，哀朕时之不当[50]。揽茹蕙以掩涕兮[51]，沾余襟之浪浪[52]。

【注释】

[1] 女媭（xū）：屈原的姐姐，也有其他说法。婵媛（chán yuán）：牵挂。

[2] 申申：絮絮叨叨的样子。詈：责备、告诫。

[3] 鮌：通“鲧”，禹的父亲，相传因治水失败被舜杀于羽

山。婞（xìng）直：刚正。

［4］殀：通“夭”。羽之野：羽山的郊野。

［5］博謇：博学而忠直。

［6］姱（kuā）节：美好的节操。

［7］薋（zī）：草聚集众多的样子。菉（lù）：又名王刍，草名。葹（shī）：又名苍耳。三种草喻指奸佞之臣。盈室：满屋。

［8］判：区别。离：弃。服：用。你却偏偏与众人不一样，不肯用来作佩饰。

［9］众：众人。

［10］云：助词，无实义。中情：指高尚的品德。

［11］并举：互相抬举。好朋：喜欢结党拉派。

［12］茕（qióng）：孤独。不予听：不听我的。

［13］前圣：前代圣贤。节：节制。中：中正之道。节中：即公正，不偏颇。

［14］喟：叹息声。凭心：愤懑充满内心。

［15］济：渡过。沅：沅水。湘：湘水。

［16］就：靠近。重华：舜的别号。相传舜葬于苍梧之野，在今湖南宁远南。敶：通“陈”。

［17］启：禹之子。夏朝的开国君主。相传《九辩》《九歌》是启从天上偷带到人间的乐曲。

［18］夏康：启子太康。

［19］顾：念、考虑。难：祸患。图：图谋。

［20］五子：指夏康等兄弟五人。用：因此。家衖：内讧。

［21］羿：指后羿。相传夏初有穷国的国君。淫：过度。佚：放纵。畋：打猎。

［22］封狐：大狐。

［23］乱流：淫乱奸邪之徒。鲜：少。

［24］浞（zhuó）：寒浞，相传为羿的相。曾派家臣逢蒙杀羿，

并强占羿之妻。

［25］浇（ào）：寒浞之子。相传为寒浞与羿妻生的儿子。被服：依恃之意。强圉（yǔ）：强壮多力。

［26］不忍：不能加以克制。

［27］日：天天。

［28］用夫：因此。颠陨：坠落，即被杀头。相传浇杀了夏后相，后来又被相的儿子少康所杀。

［29］夏桀（jié）：夏之亡国之君。常违：即违常，违背正道。

［30］遂焉：终于。逢殃：遭祸。

［31］后辛：殷纣王之名。商朝末代暴君。菹醢（zū hǎi）：肉酱，名词作动词用，指剁成肉酱。纣王曾把大臣梅伯剁成肉酱。

［32］殷宗：殷朝的宗祀。用而：因而。

［33］汤：商朝的开国之君。俨（yǎn）：庄严、庄重。祗：恭敬。

［34］周：指周文王、周武王等开国君主。莫差：没有丝毫差错。

［35］授：任用。

［36］颇：倾斜。

［37］私阿：偏私。

［38］错辅：错，通“措”，安排，辅助。

［39］茂行：美好的德行。

［40］苟：才。用：享用。下土：天下。

［41］瞻前而顾后：观察古往今来的成败。

［42］相观：观察。

［43］非义：不行仁义。

［44］非善：不行善事。

［45］阽（diàn）：临危，遇到危险。

［46］览：反观。

［47］量：度量。凿：器物上的孔眼，是安插榫头的。枘（ruì）：

榫头。

［48］前修：前贤。

［49］曾：屡次。

［50］当：遇。

［51］茹（rú）：柔软。

［52］浪浪：泪流不止的样子。

【正文】

跪敷衽以陈辞兮[1]，耿吾既得此中正[2]。驷玉虬以椉鹥兮[3]，溘埃风余上征[4]。朝发轫于苍梧兮[5]，夕余至乎县圃[6]。欲少留此灵琐兮[7]，日忽忽其将暮。吾令羲和弭节兮[8]，望崦嵫而勿迫[10]。路漫漫其修远兮[11]，吾将上下而求索。饮余马于咸池兮[12]，总余辔乎扶桑[13]。折若木以拂日兮[14]，聊逍遥以相羊[15]。前望舒使先驱兮[16]，后飞廉使奔属[17]。鸾皇为余先戒兮[18]，雷师告余以未具[19]。吾令凤鸟飞腾兮[20]，继之以日夜[21]。飘风屯其相离兮[22]，帅云霓而来御[23]。纷总总其离合兮[24]，斑陆离其上下[25]。吾令帝阍开关兮[26]，倚阊阖而望予[27]。时暧暧其将罢兮[28]，结幽兰而延伫[29]。世溷浊而不分兮[30]，好蔽美而嫉妒[31]。

【注释】

［1］敷（fū）：铺开。衽：衣的前襟。

［2］耿：光明的样子。中正：治国之道。

［3］驷：驾车。玉虬：有角的龙。鹥（yī）：凤凰一类的鸟。

［4］溘：迅疾。上征：上天远行。

［5］发轫（rèn）：出发。苍梧：舜所葬之地。

［6］县圃（xuán pǔ）：传说中的神山，在昆仑山之上。

［7］灵琐：神之所在处的门。

［8］令：命令。羲和：神话中的太阳神。弭节：停止加鞭。

［9］崦嵫（yān zī）：神话中日所入之山。

［10］漫漫：路遥远的样子。

［11］修远：长远。

［12］咸池：神话中太阳沐浴的水池。

［13］总：系结。辔：马缰绳。扶桑：神话中长在东方日出处的树。

［14］若木：日所入之处的树木。拂：挡住。

［15］逍遥：自由自在的样子。相羊：即“徜徉”，徘徊。

［16］前：在前面。望舒：传说中为月亮驾车的人。

［17］后：在后面。飞廉：神话中的风神。属（zhǔ）：跟随。

［18］鸾皇：通“鸾凰”，瑞鸟名。先戒：在前面警戒。

［19］雷师：雷神。未具：行装未备齐全。

［20］飞腾：腾空而飞。

［21］日夜：指日夜兼程。

［22］飘风：旋风。屯：聚。离：通“丽”，附着。

［23］帅：率领。霓：彩虹。御：通“迓”，迎接。

［24］总总：聚集的样子。离合：忽散忽聚。

［25］斑：文彩杂乱，五彩缤纷。陆离：参差错综。

［26］帝：天帝。阍：守门者。

［27］阊阖（chāng hé）：天门。

［28］暧暧（ài ài）：昏暗的样子。罢（pí）：尽。

［29］结：编结。

［30］溷（hùn）浊：混乱污浊。

［31］蔽：掩盖。

【正文】

朝吾将济于白水兮[1]，登阆风而继马[2]。忽反顾以流涕兮[3]，哀高丘之无女[4]。溘吾游此春宫兮[5]，折琼枝以继佩[6]。及荣华之未落兮[7]，相下女之可诒[8]。吾令丰隆乘云兮[9]，求宓妃之所在[10]。解佩纕以结言兮[11]，吾令謇修以为理[12]。纷总总其离合兮[13]，忽纬繣其难迁[14]。夕归次于穷石兮[15]，朝濯发乎洧盘[16]。保厥美以骄傲兮[17]，日康娱以淫游[18]。虽信美而无礼兮[19]，来违弃而改求[20]。览相观于四极兮[21]，周流乎天余乃下[22]。望瑶台之偃蹇兮[23]，见有娀之佚女[24]。吾令鸩为媒兮[25]，鸩告余以不好。雄鸠之鸣逝兮[26]，余犹恶其佻巧[27]。心犹豫而狐疑兮[28]，欲自适而不可[29]。凤皇既受诒兮[30]，恐高辛之先我。欲远集而无所止兮[31]，聊浮游以逍遥[32]。及少康之未家兮[33]，留有虞之二姚[34]。理弱而媒拙兮[35]，恐导言之不固[36]。世溷浊而嫉贤兮[37]，好蔽美而称恶[38]。闺中既以邃远兮[39]，哲王又不寤[40]。怀朕情而不发兮[41]，余焉能忍而与此终古[42]？

【注释】

[1] 白水：神话中的水名。

[2] 阆风：神话中的山名。绁（xiè）：拴，系。

[3] 反顾：回头望。

[4] 高丘：高山。女：神女。

[5] 春宫：东方青帝的居舍。

[6] 琼（qióng）枝：玉树的花枝。

[7] 荣华：花朵。

[8] 下女：下界美女。可诒（yí）：可以赠送。诒，通“贻”。

[9] 丰隆：神话中的云神。

[10] 宓（fú）妃：宓通“伏”，神女，伏羲氏之女，溺死于洛水，遂为洛水之神。

[11] 佩纕：佩带。结言：订盟约。

[12] 謇（jiǎn）修：伏羲氏之臣。理：媒人。

[13] 离合：言辞未定。

[14] 纬繣（wěi huà）：不相投合。

[15] 次：住宿。穷石：神话中的山名。

[16] 濯发：洗头发。洧盘：神话中的水名。

[17] 保：依仗。

[18] 淫游：过分的游乐。

[19] 虽：诚然。

[20] 改求：另外寻求。

[21] 览相观：细细观察。

[22] 周流：周游。

[23] 瑶台：以玉砌成的台。偃蹇：高耸的样子。

[24] 有娀（sōng）：传说中的古代部落。佚女：美女。

[25] 鸩（zhèn）：鸟名。

[26] 鸣逝：边叫边飞。

[27] 佻（tiāo）巧：轻浮虚假。

[28] 犹豫：拿不定主意。

[29] 自适：亲自去。

[30] 受诒：指完成聘礼之事。

[31] 远集：远止。

[32] 浮游：漫游。

[33] 及：趁着。少康：夏代中兴的君主。未家：未有家室。

[34] 有虞（yú）：传说中的上古国名。二姚：虞国国君的两个女儿。

[35] 理弱：指媒人软弱。

[36] 导言：媒人撮合的言辞。

[37] 嫉贤：嫉妒贤能。

[38] 称恶：称赞邪恶。

[39] 闺中：女子居住的内室。

[40] 哲王：明智的君王。寤：通“悟”，醒悟。

[41] 怀：怀抱。情：忠信之情。

[42] 终古：永久。

以上为第二段，通过受詈、陈辞、叩阍、求等一系列活动，表现了自己对理想的执著追求，同时也抒写了上不见容于君，下不获知于世，理想无法实现的苦闷与愤慨。

【正文】

索琼茅以筵篿兮[1]，命灵氛为余占之[2]。曰：两美其必合兮，孰信修而慕之[3]？思九州之博大兮[4]，岂惟是其有女[5]？曰：勉远逝而无狐疑兮[6]，孰求美而释女[7]？何所独无芳草兮[8]，尔何怀乎故宇[9]？世幽昧以昡曜兮[10]，孰云察余之善恶[11]？民好恶其不同兮[12]，惟此党人其独异[13]！户服艾以盈要兮[14]，谓幽兰其不可佩。览察草木其犹未得兮[15]，岂珵美之能当[16]？苏粪壤以充祎兮[17]，谓申椒其不芳[18]。

欲从灵氛之吉占兮[19]，心犹豫而狐疑。巫咸将夕降兮[20]，怀椒糈而要之[21]。百神翳其备降兮[22]，九疑缤其并迎[23]。皇剡剡其扬灵兮[24]，告余以吉故[25]。曰：勉升降以上下兮，求矩矱之所同[26]。汤、禹严而求合兮[27]，挚、咎繇而能调[28]。苟中情其好修兮[29]，又何必用夫行媒[30]？说操筑于傅岩兮[31]，武丁用而不疑[32]。吕望之鼓刀兮[33]，遭周文而得举[34]。宁戚之讴歌兮[35]，齐桓闻以该辅[36]。及年岁之未晏兮[37]，时亦犹其未央[38]。恐鹈鴂之先鸣兮[39]，使夫百草为之不芳[40]。

【注释】

[1] 索：取。琼茅：灵草。筵篿（tíng tuán）：用来占卜的竹片。

[2] 灵氛：传说中的上古神巫。

[3] 信：确实。修：美好。

[4] 九州：泛指天下。

[5] 是：此，指楚国。女：美女，此喻指贤君。

[6] 勉：努力。远逝：远行。狐疑：犹豫不决。

[7] 释：舍弃。女：通“汝”，你。

[8] 何所：何处。芳草：比喻理想中的贤君。

[9] 故宇：故国。

[10] 幽昧：昏暗。昡曜（yào）：惑乱浑浊。

[11] 察：明辨。

[12] 民：指天下众人。好恶（hào wù）：喜好与憎恶。

[13] 党人：朋党之人。独异：特别的与众不同。

[14] 户：家家户户。服：佩用。艾：艾蒿，一种有怪味的野草，被楚人看作恶草。盈：满。要：通“腰”。

[15] 览察：察看。得：得出正确的评价。

[16] 珵美：即“美珵”，美玉。

[17] 苏：取。充：填塞。粪壤：粪土。帏：身上所佩带的香囊。

[18] 申椒：申地之椒。

[19] 吉占：卦辞吉利。

[20] 巫咸：传说中的神巫。夕降：傍晚从天而降。

[21] 怀：揣在怀里。糈（xǔ）：精米。椒糈：拌着花椒香料的精米饭。

[22] 百神：指天上的众神。翳：遮蔽。形容神灵的众多。备：全部。

[23] 九疑：九疑山，即苍梧山。缤：众多的样子。并迎：一起来迎接。

[24] 皇：皇天。剡剡（yǎn yǎn）：光闪闪的样子。扬灵：显

现神的灵光。

［25］吉故：美好的往事，即明君遇贤臣的吉祥故事。

［26］矩：量方的工具。矱（yuē）：量长度的工具。矩矱：比喻规矩法度。巫咸劝屈原离开楚国，去寻求志同道合的明君。

［27］严：通“俨”，真心实意。求合：访求志同道合的贤者。

［28］挚（zhì）：伊尹名，商汤时贤相。咎繇（jiù yáo）：即皋陶，夏禹之臣。调：协调、配合。

［29］苟：如果。

［30］用：凭借。行媒：托媒人介绍。

［31］说：即傅说（yuè），殷高宗时贤相。操：持，拿。筑：打夯用的木杵。傅岩：地名，在今山西平陆境内。

［32］武丁：即殷高宗。相传殷高宗思得贤臣以中兴殷朝，遂以梦中所见贤人形象遍访天下，得到在傅岩从事版筑劳动的奴隶傅说，即用以为相。用：重用。

［33］吕望：指姜尚、吕尚。因其先人封在吕，故又姓吕。鼓刀：操刀。

［34］遭：遇。周文：即周文王姬昌。得举：受到重用。

［35］宁戚：春秋时卫人，齐桓公认为贤人，以他为卿。讴歌：徒歌，指唱歌时没有音乐伴奏。

［36］齐桓：齐桓公。该：备、周详。该辅：即选用为辅佐大臣。

［37］晏：晚。

［38］未央：未尽。

［39］鹈鴂（tí jué）：鸟名，即伯劳。

［40］为之：因此。不芳：枯萎。

【正文】

何琼佩之偃蹇兮[1]，众薆然而蔽之[2]。惟此党人之不谅兮[3]，恐嫉妒而折之[4]。时缤纷其变易兮[5]，又何可以淹留？兰芷变而不芳兮，荃蕙化而为茅[6]。何昔日之芳草兮，今直为此萧艾也[7]？岂其有他故兮[8]，莫好修之害也[9]！余以兰为可恃兮，羌无实而容长[10]。委厥美以从俗兮[11]，苟得列乎众芳[12]。椒专佞以慢慆兮[13]，榝又欲充夫佩帏[14]。既干进而务入兮[15]，又何芳之能祇[16]？固时俗之流从兮，又孰能无变化？览椒兰其若兹兮，又况揭车与江离[17]？惟兹佩之可贵兮[18]，委厥美而历兹[19]。芳菲菲而难亏兮[20]，芬至今犹未沬[21]。和调度以自娱兮[22]，聊浮游而求女[23]。及余饰之方壮兮[24]，周流观乎上下[25]。

【注释】

[1] 琼佩：玉佩，比喻美德这人，此为屈原自况。偃蹇（yǎn jiǎn）：高耸的样子。

[2] 薆（ài）：遮蔽。自己美好的品德被群小所掩盖。

[3] 谅：诚信。

[4] 折：摧毁。

[5] 变易：变化。

[6] 茅：比喻已经蜕化变质的谗佞之人。

[7] 直：竟然。萧：一种蒿草。

[8] 他故：其他的理由。

[9] 害：弊端。

[10] 无实：不结果实。羌：乃。容：外表。没有实际的美德和才干，而只有好看的外表。

[11] 委：丢弃。厥：其。

[12] 得：能够。

[13] 椒（jiāo）：楚大夫子椒。专：专横。佞：谄媚。慢慆：傲慢狂妄。

[14] 榝（shā）：恶草，形似茱萸而无香味。

[15] 干进：进取。务：求取。务入：钻营。

[16] 美好的品质又怎样能发扬光大？祗（zhī）：敬。

[17] 揭车与江离：比喻自己培育的一般人才。

[18] 兹佩：喻指屈原的内美与追求。

[19] 历兹：到如今这一地步。

[20] 芳菲菲：指香气浓郁。

[21] 沬（mèi）：通“昧”，暗淡。

[22] 和调度：指调节自己的心态，缓和自己的心情。自娱：自乐。

[23] 聊：姑且。求女：寻求志同道合的人。

[24] 饰：指琼佩。壮：盛，光彩夺目的样子，喻自己年德盛壮。方：正。

[25] 上下：到处。

【正文】

灵氛既告余以吉占兮，历吉日乎吾将行[1]。折琼枝以为羞兮[2]，精琼爢以为粻[3]。为余驾飞龙兮[4]，杂瑶象以为车[5]。何离心之可同兮[6]？吾将远逝以自疏[7]。邅吾道夫昆仑兮[8]，路修远以周流。扬云霓之晻蔼兮[9]，鸣玉鸾之啾啾[10]。朝发轫于天津兮[11]，夕余至乎西极[12]。凤皇翼其承旗兮[13]，高翱翔之翼翼[14]。忽吾行此流沙兮[15]，遵赤水而容与[16]。麾蛟龙使梁津兮[17]，诏西皇使涉予[18]。路修远以多艰兮[19]，腾众车使径待[20]。路不周以左转兮[21]，指西海以为期[22]。屯余车其千乘兮[23]，齐玉轪而并驰[24]。驾八龙之婉婉兮[25]，载云旗之委蛇[26]。抑志而弭节兮[27]，神高驰之邈邈[28]。奏《九歌》而舞《韶》兮[29]，聊假日以偷乐[30]。陟升皇之赫戏兮[31]，忽临睨夫旧乡[32]。仆夫悲余马怀兮[33]，蜷局顾而不行[34]。

乱曰[35]：已矣哉[36]！国无人莫我知兮[37]，又何怀乎故都！既莫足与为美政兮[38]，吾将从彭咸之所居[39]！

【注释】

［1］历：选择。

［2］羞：通“馐”，指美食。

［3］精：捣细。琼靡（mí）：玉屑，传说食之可以延年。粻（zhāng）：粮。

［4］飞龙：长翅膀的龙。

［5］瑶：美玉。象：象牙。

［6］离心：不同的去向。

［7］远逝：远去。

［8］邅（zhān）：楚地方言，转向。

［9］晻蔼（ǎn ǎi）：昏暗的样子，此处指旌旗蔽日貌。

［10］鸣：响起。玉鸾：用玉制成鸾鸟形的车铃。啾啾：指车铃声。

［11］天津：天河的渡口。在东极萁、斗之间。

［12］西极：西方的尽头。

［13］翼：展翅。

［14］翼翼：整齐的样子。

［15］流沙：指西方极远的沙漠地带，其处流沙如水。

［16］赤水：出昆仑山。容与：游戏貌。

［17］麾（huī）：指挥。

［18］诏：命令。西皇：西方之神。使涉予：让他渡我过河。

［19］艰：指路途艰险。

［20］腾：飞驰。径待：在路边等待。

［21］路：路经。不周：山名，在昆仑西北。

［22］西海：神话中西方之海。

［23］屯：聚集。

［24］轪（dài）：车轮。

［25］婉婉：在前进时蜿蜒曲折的样子。

［26］委蛇（wēi yí）：旗帜飘扬舒卷的样子。

［27］志：通“帜”，旗帜。弭（mǐ）节：放下赶车的马鞭，使车停止。

［28］神：思绪，指人的精神。邈邈（miǎo miǎo）：浩渺无际的样子。

［29］韶：即《九韶》，传说为舜时舞乐。

［30］假日：犹言借此时机。

［31］陟：升。皇：皇天。赫戏：光明辉煌的样子。

［32］睨（nì）：视。旧乡：故乡，指楚国。

［33］仆：御者。怀：思。

［34］蜷（quán）局：卷屈不行貌。顾：回顾。

［35］乱：乐曲之卒章，也即终篇的结语。

［36］已矣哉：相当于“算了吧”。

［37］国无人：国家无人，指楚国统治集团中没有志同道合的贤人。

［38］足：足以。故都：郢都，此处指楚国。为：实行。

［39］居：住所，这里是指一生所选择的道路和归宿。

【知识拓展】本课中出现的成语或典故

量凿正枘：指木工度量器物孔眼的大小方圆制作可与之相契合的榫头。比喻说话办事须从实际出发。

斑驳陆离：斑驳，指一种颜色中杂有其他颜色，显得花花搭搭的；陆离，参差不一的样子。形容颜色杂乱不一的样子。

九死一生：九，表示极多。形容经历很大危险而幸存。也形容处在生死关头，情况十分危急。

美人迟暮：原意是有作为的人也将逐渐衰老。比喻因日趋衰落而感到悲伤怨恨。

偭规越矩：偭，违背；越，逾越；规、矩，一定的标准、法则和习惯。违反正常的法则。

瞻前顾后：瞻，向前看；顾，回头看。看看前面，又看看后面。形容做事之前考虑周密慎重。也形容顾虑太多，犹豫不决。

九死不悔：又作“九死未悔”。九，表示极多。纵然死很多回也不后悔。形容意志坚定，不管经历多少危险，也决不动摇退缩。

举世混浊：举，全；混浊，不清明。世上所有的人都不清不白。比喻世道昏暗。

云程发轫：云程，青云万里的路程；发轫，启车行进，比喻事业的开端。旧时祝人前程远大的颂辞。

溘然长往：溘，忽然。指人突然死亡，常作悼念死者用词。

忍尤攘诟：尤，罪过；攘，排除；诟，耻辱。暂时忍受罪过，等待将来除去耻辱。

香草美人：文学创作中的香草美人传统起源于屈原的《离骚》。屈原在《离骚》中用“美人”的失宠自比政治上的不得意，用香花香草来比喻自己高洁的品格。香草美人，用以象征忠君爱国的事物或思想。这种文学手段被后代的文人继承下来，由此而形成了中国文学史上的“香草美人”传统。

汉乐府

【导读】

早在自先秦时期的官署里就设有配置乐曲、训练乐工和采集民歌的专门机构，汉武帝时设立负责采集汉族民间歌谣或文人的诗来配乐，以备朝廷祭祀或宴会时演奏之用的“乐府”。许多民间歌谣在乐府演唱得以流传下来。这些由乐府搜集整理的诗歌，魏晋时始称“汉乐府”或“乐府诗”，后世文人仿此形式所作的诗，亦称“乐府诗”。它是继《诗经》《楚辞》之后的一种新诗体。

汉乐府民歌的语言一般都是口语化的，饱含着人民的爱憎感情，没有固定的章法、句法，长短随意，整散不拘，有三言、四言、五言、六言以及杂言种种，其中最常用的是新兴的杂言和五言诗。汉乐府民歌的作者来自不同阶层，诗人的笔触深入到社会生活的各个层面，女性题材作品占重要位置。其最突出的艺术特色是感于哀乐，缘事而发的叙事性，在继承现实主义传统基础上，开拓叙事诗发展成熟的新阶段，刻画人物细致入微，创造人物性格鲜明，思想内涵贴近生活，达到中国诗史五言诗体发展的重要阶段，对后世诗歌的发展产生了极为深远的影响，在文学史上有极高的地位，与诗经、楚辞可鼎足而立。

《十五从军征》是一首揭露封建社会不合理的兵役制度的民歌，反映了劳动人民在当时黑暗的兵役制度下的不平和痛苦。全诗写得既含蕴简洁，又深湛凝重，内容的取舍剪裁，结构的布置安排，都恰到好处，独具匠心，很好地收到了“意在言外”、主旨尽在言与不言中、意境深远、韵味绵长的艺术效果，反映了当时的社会现实，具有一定的史诗意义。

十五从军征

【正文】

十五从军征，八十始得归[1]。
道逢乡里人[2]：“家中有阿谁[3]？”
“遥看是君家[4]，松柏冢累累[5]。”
兔从狗窦入[6]，雉从梁上飞[7]。
中庭生旅谷[8]，井上生旅葵[9]。
舂谷持作饭[10]，采葵持作羹[11]。
羹饭一时熟[12]，不知贻阿谁[13]？
出门东向看，泪落沾我衣[14]。

【注释】

[1] 始：才。归：回家。

[2] 道逢：在路上遇到。道：路上。

[3] 阿（ē）：语气词，无实义。

[4] 君：你，表示尊敬的称呼。遥看：远远地望去。

[5] 松柏：松树、柏树。冢累累：坟墓一个连着一个。冢：坟墓、高坟。累累：通“垒垒”，连续不断的样子。

[6] 狗窦：给狗出入的墙洞。窦（dòu）：洞穴。

[7] 雉（zhì）：野鸡。

[8] 中庭：屋前的院子。

[9] 旅：旅生，植物未经播种而野生。旅葵：葵菜，嫩叶可以吃。

[10] 舂：把东西放在石臼或乳钵里捣掉谷子的皮壳或捣碎。

[11] 羹：用菜叶做的汤。

［12］一时：一会儿就。

［13］贻（yí）：送，赠送。

［14］沾：渗入。

上邪

【导读】

《上邪》作为古乐府诗中最具代表性的描写“山盟海誓”的作品，从语言上来说，是非常直白的。诗歌描绘了女性追求爱情的勇气，以及为了爱情奋不顾身的精神。不仅如此，诗歌也非常鲜明地反映出了古乐府诗歌的特色。

【正文】

上邪[1]！
我欲与君相知[2]，
长命无绝衰[3]。
山无陵[4]，
江水为竭，
冬雷震震[5]，
夏雨雪[6]，
天地合[7]，
乃敢与君绝[8]！

【注释】

［1］上邪（yé）：上天啊。上：指天。邪：语气助词，表示感叹。

［2］相知：结为知己。

［3］命：古时通“令”，使。衰：衰减、断绝。此二句意为，

我愿与你相爱，让我们的爱情永不衰绝。

［4］棱：山峰、山头。

［5］震震：形容雷声。

［6］雨（yù）雪：降雪。雨：名词活用作动词。

［7］天地合：天与地合二为一。

［8］乃敢：才敢，“敢”字是委婉的用语。

有所思

【导读】

这是汉代《铙歌十八曲》之一。此诗以爱情信物“双珠瑇瑁簪”为线索，通过“赠”与“毁”及毁后三个阶段，来表现主人公的爱与恨，决绝与不忍的感情波折，由大起大落到余波不竭，从而构成了描写女子热恋、失恋、眷恋的心理三部曲。用第一人称，表现一位女子在遭到爱情波折前后的复杂情绪，感情跌宕而有韵致。

【正文】

有所思［1］，乃在大海南。

何用问遗君［2］，双珠玳瑁簪［3］。

用玉绍缭之［4］。

闻君有他心，拉杂摧烧之［5］。

摧烧之，当风扬其灰！

从今以往，勿复相思，相思与君绝［6］！

鸡鸣狗吠［7］，兄嫂当知之。

妃呼狶［8］！

秋风肃肃晨风飔［9］，

东方须臾高知之［10］！

【注释】

［1］有所思：指她所思念的那个人。

［2］何用：何以。问遗（wèi）：作“赠与”解，是汉代习用的联语。

［3］玳瑁（dài mào）：一种龟类动物，其甲壳光滑而多文采，可制装饰品。簪：古人用以连接发髻和冠的首饰，簪子横穿髻上，两端露出冠外。

［4］绍缭：犹“缭绕”，缠绕。

［5］拉杂：堆集。听说情人另有所爱了，就把原拟赠送给他的玉、双珠堆集在一块砸碎，烧掉。

［6］相思与君绝：与君断绝相思。

［7］古诗中常以“鸡鸣狗吠”借指男女幽会。

［8］妃（bēi）呼豨（xū xī）：妃，训为“悲”；呼豨，训为“歔欷”。

［9］肃肃：飕飕，风声。晨风飔（sī）：据闻一多《乐府诗笺》，晨风就是雄鸡，雄鸡常晨鸣求偶。飔当为“思”，是“恋慕”的意思。

［10］高（hào）：是“皓”的假借字，白。“东方高”：日出东方亮。

蒿里行

曹操

【导读】

曹操（155 年—220 年），字孟德，小字阿瞒，沛国谯县（今安徽亳州）人，东汉末年杰出的政治家、军事家、文学家、书法家。以汉天子的名义征讨四方，对内消灭割据势力，对外降服南匈奴、乌桓、鲜卑等，统一了中国北方，并实行一系列政策恢复经济生产和社会秩序，奠定了曹魏立国的基础。去世后谥号为武王。其子曹丕称帝后，追尊为武皇帝，庙号太祖。曹操精于兵法，著有《孙子略解》《兵书接要》等书。善诗歌，许多诗篇抒发自己的政治抱负，并反映汉末人民的苦难生活，气魄雄伟，慷慨悲凉；散文亦清峻整洁，开启并繁荣了建安文学，著有《魏武帝集》。曹操也擅长书法，尤工章草，唐朝张怀瓘在《书断》中评其为“妙品”。

《蒿里行》是汉乐府旧题，蒿同薨，枯也，人死则枯槁。所以“蒿里”指死人所处之地。“蒿里行”是汉乐府的一个曲调名，是当时人们送葬时所唱的挽歌。曹操的《蒿里行》是借旧题写时事。189 年，汉灵帝死，少帝刘辩即位，何进等谋诛宦官，不成，被宦官所杀；袁绍、袁术攻杀宦官，朝廷大乱；董卓带兵进京，驱逐袁绍、袁术，废除刘辩，另立刘协为帝（献帝），自己把持了政权。190 年，袁术、韩馥、孔伷等东方各路军阀同时起兵，推袁绍为盟主，曹操为奋威将军，联兵西向讨董卓，从此开始了汉末长期的军阀混战，此诗即对这一历史事件的反映。内容记述了汉末军阀混战的现实，真实、深刻地揭示了人民的苦难，堪称“汉末实录”的“诗史”。

【正文】

关东有义士[1]，兴兵讨群凶[2]。
初期会盟津[3]，乃心在咸阳[4]。
军合力不齐[5]，踌躇而雁行[6]。
势利使人争，嗣还自相戕[7]。
淮南弟称号[8]，刻玺于北方[9]。
铠甲生虮虱[10]，万姓以死亡[11]。
白骨露于野，千里无鸡鸣。
生民百遗一[12]，念之断人肠。

【注释】

[1] 关东：函谷关（今河南灵宝）以东。义士：指起兵讨伐董卓的诸州郡将领。

[2] 讨群凶：指讨伐董卓及其党羽。

[3] 初期：本来期望。盟津：即孟津（今河南孟县）。相传周武王伐纣时曾在此大会八百诸侯，此处借指本来期望关东诸将也能像武王伐纣会合的八百诸侯那样同心协力。

[4] 乃心：其心，指上文“义士”之心。咸阳：秦时的都城，此借指长安，当时献帝被挟持到长安。

[5] 力不齐：指讨伐董卓的诸州郡将领各有打算，力量不集中。

[6] 踌躇：犹豫不前。雁行（háng）：飞雁的行列，形容诸军列阵后观望不前的样子。此句倒装，正常语序当为“雁行而踌躇”。

[7] 嗣：后来。还：通“旋”，不久。自相戕（qiāng）：自

相残杀。当时盟军中的袁绍、公孙瓒等发生了内部的攻杀。

［8］指袁绍的异母弟袁术于建安二年（197 年）在淮南寿春（今安徽寿县）自立为帝。

［9］指初平二年（191 年）袁绍谋废献帝，想立幽州牧刘虞为皇帝，并刻制印玺。玺：印，秦以后专指皇帝用的印章。

［10］由于长年战争，战士们不脱战服，铠甲上都生了虱子。铠甲，古代的护身战服，金属制成的叫铠，皮革制成的叫甲。此句以下描写战乱给百姓带来的深重灾难，给社会造成的巨大破坏。

［11］万姓：百姓。以：因此。

［12］生民：百姓。遗：剩下。

【知识拓展】文中佳句

白骨露于野，千里无鸡鸣：是流传非常广泛的用来描写战争中黎民百姓民不聊生的惨状的诗句。后来也用来描写大的灾难以后，大地一片创伤的情形。

燕歌行

曹丕

【导读】

曹丕（187 年—226 年），字子桓，三国时期著名的政治家、文学家，曹魏的开国皇帝。沛国谯（今安徽亳州）人，曹操长子，谥号文皇帝。

曹丕文武双全，八岁文，善骑射，好击剑，博览经传，通晓百家学说，与其父曹操和弟曹植，并称三曹，今存《魏文帝集》二卷。另外，曹丕著有《典论》，当中的《论文》是中国文学史上第一部有系统的文学批评专论作品。曹丕于诗、赋、文学皆有成就，诗歌形式多样，而以五、七言为长，代表诗歌最高成就的是《燕歌行》二首。

《燕歌行》是一个乐府题目，属于《相和歌》中的《平调曲》，这个曲调以前没有过记载，有学者认为是曹丕开创的。本诗是其中的第一首，据考写于建安十二年（207 年）曹操北征三郡乌桓期间，《燕歌行》叙述了一位女子对丈夫的思念，突出的特点是写景与抒情的巧妙交融，语言通俗，手法委婉细致，句句压平声韵，格调清丽宛转，是现存最早最完整的七言诗。

【正文】

秋风萧瑟天气凉，草木摇落露为霜[1]，群燕辞归鹄南翔[2]。
念君客游思断肠，慊慊思归恋故乡[3]，君何淹留寄他方[4]？
贱妾茕茕守空房[5]，忧来思君不敢忘，不觉泪下沾衣裳。

援琴鸣弦发清商[6]，短歌微吟不能长。
明月皎皎照我床，星汉西流夜未央[7]。
牵牛织女遥相望，尔独何辜限河梁[8]。

【注释】

[1]摇落：凋残。

[2]鹄：天鹅。

[3]慊慊（qiàn qiàn）：空虚之感。

[4]淹留：久留。

[5]茕茕（qióng qióng）：孤独无依的样子。

[6]援：引，持。清商：乐名。清商音节短促细微，所以下句说“短歌微吟不能长”。

[7]夜未央：夜已深而未尽的时候。古人用观察星象的方法测定时间，这诗所描写的景色是初秋的夜间，牛郎星、织女星在银河两旁，初秋傍晚时正见于天顶，这时银河应该西南指，现在说“星汉西流”，就是银河转向西，表示夜已很深了。

[8]尔：指牵牛、织女二星。河梁：河上的桥。传说牵牛和织女隔着天河，只能在每年农历七月初七相见，乌鹊为他们搭桥。

【知识拓展】本课中出现的成语或典故

牵牛织女：指牵牛星、织女星，亦指古代神话中的人物牛郎、织女。

牛郎织女：我国古代著名的民间爱情故事，被称为四大民间传说之一，是最早关于星系的故事。早在《诗经》中就有关于牛郎星、织女星的记载，至汉代逐渐演化成两个人的爱情故事。

白马篇

曹植

【导读】

曹植（192 年—232 年），字子建，沛国谯（今安徽亳州）人，是曹操与武宣卞皇后所生第三子，曹丕之弟，生前曾为陈王，去世后谥号“思”，因此又称陈思王。三国曹魏著名文学家，建安文学代表人物之一与集大成者。后人因他文学上的造诣而将他与曹操、曹丕合称为“三曹”，其诗以笔力雄健和词采华丽见长，有诗文集三十卷，已佚，今存《曹子建集》为宋人所编。南朝宋文学家谢灵运更有“天下才有一石，曹子建独占八斗”的评价。钟嵘在《诗品》全书中推其为品第最高的诗人、诗歌抒情品格的确立者，诗史上具有“一代诗宗”的历史地位。王士祯曾论汉魏以来两千年间诗家堪称“仙才”者，曹植、李白、苏轼三人耳。

《白马篇》是乐府歌辞，又作《游侠篇》，是曹植前期的代表作品。此诗以曲折动人的情节描写边塞游侠儿捐躯赴难、奋不顾身的英勇行为，诗中塑造了一个武艺精湛、渴望卫国立功甚至不惜牺牲生命的游侠少年形象，歌颂了他为国献身、视死如归的高尚精神，寄托了诗人为国建功立业的雄心壮志。全诗风格雄放，气氛热烈，语言精美，闪耀着时代的光辉。

【正文】

白马饰金羁[1]，连翩西北驰[2]。
借问谁家子？幽并游侠儿[3]。
少小去乡邑[4]，扬声沙漠垂[5]。
宿昔秉良弓[6]，楛矢何参差[7]！
控弦破左的[8]，右发摧月支[9]。
仰手接飞猱[10]，俯身散马蹄[11]。
狡捷过猴猿[12]，勇剽若豹螭[13]。
边城多警急，虏骑数迁移[14]。
羽檄从北来[15]，厉马登高堤[16]。
长驱蹈匈奴[17]，左顾凌鲜卑[18]。
弃身锋刃端[19]，性命安可怀[20]？
父母且不顾，何言子与妻？
名编壮士籍[21]，不得中顾私[22]。
捐躯赴国难[23]，视死忽如归。

【注释】

[1] 金羁（jī）：金饰的马笼头。

[2] 连翩（piān）：连续不断，原指鸟飞的样子，这里用来形容白马奔驰的俊逸形象。

[3] 幽并：幽州和并州。在今河北、山西、陕西一带。

[4] 去乡邑：离开家乡。

[5] 扬声：扬名。垂：通“陲”，边境。

[6] 宿昔：早晚。秉：执、持。

[7] 楛（hù）矢：用楛木做成的箭。何：多么。参差（cēn cī）：长短不齐的样子。

[8] 控弦：开弓。的：箭靶。

[9] 摧：毁坏。月支：箭靶的名称。左、右是互文见义。

［10］接：接射。飞猱（náo）：飞奔的猿猴。猱是猿的一种，行动轻捷，攀缘树木，上下如飞。

［11］散：射碎。马蹄：箭靶的名称。

［12］狡捷：灵活敏捷。

［13］勇剽（piāo）：勇敢剽悍。螭（chī）：传说中形状如龙的黄色猛兽。

［14］虏骑（jì）：指匈奴、鲜卑的骑兵。数（shuò）迁移：指经常进兵入侵。数：经常。

［15］羽檄（xí）：军事文书，插鸟羽以示紧急，必须迅速传递。

［16］厉马：扬鞭策马。

［17］长驱：向前奔驰不止。蹈：践踏。

［18］顾：看。陵：压制。鲜卑：中国东北方的少数民族，东汉末成为北方强族。

［19］弃身：舍身。

［20］怀：爱惜。

［21］籍：名册。

［22］中顾私：心里想着个人的私事。中：内心。

［23］捐躯：献身。赴：奔赴。

【知识拓展】本课中出现的成语或典故

捐躯赴难：躯，身体。指舍弃生命，奔赴困难。

才占八斗：亦称“才高八斗”。形容学问高，文采好。来源于谢灵运对曹植的评论。

七步之才：指曹植有七步成诗之才能。比喻人有才气，文思敏捷。

登池上楼

谢灵运

【导读】

谢灵运（385 年—433 年），名公义，字灵运，南北朝时期杰出的诗人、文学家、旅行家，祖籍陈郡阳夏（今河南太康），生于会稽始宁，为东晋名将谢玄之孙、秘书郎谢瑍之子，十八岁袭封康乐公，世称谢康公、谢康乐。

谢灵运年少好学，博览群书，工诗善文。其诗与颜延之齐名，并称“颜谢”。谢灵运所开创的山水诗，把自然界的美景引进诗中，使山水成为独立的审美对象。他的创作影响着南朝一代诗风，成为南朝诗风的主流。而且这种诗风对后来盛唐诗风的形成也有着十分积极的意义。自谢灵运之后，山水诗在南朝成为一种独立的诗歌题材，并日渐兴盛。他好游山水，研制出一种“上山则去前齿，下山去其后齿”的木屐，后人称之为“谢公屐”。与族弟谢惠连、东海人何长瑜、颍川人荀雍、泰山人羊璿之，以文章赏会，共为山泽之游，时人谓之四友。谢灵运自评：“天下才共一石，曹子建独得八斗，我得一斗，自古及今共用一斗。”

《登池上楼》作于宋少帝景平元年（423 年）初春。此前谢灵运被逐出京都，任偏僻的永嘉郡（今浙江温州）太守。到永嘉后长久卧病，至次年初春始愈，于是登楼观景，托物起兴，写下《登池上楼》这一名篇。此诗以登池上楼为中心，抒写诗人久病初起登楼临眺时的所见所感，描写了自然景物的可爱，抒发了自己官场失意的颓丧心情和进退失据的无奈等种种复杂的情绪，最终表达了归隐的愿望。

【正文】

潜虬媚幽姿[1]，飞鸿响远音[2]。
薄霄愧云浮[3]，栖川怍渊沈[4]。
进德智所拙[5]，退耕力不任[6]。
徇禄反穷海[7]，卧痾对空林[8]。
衾枕昧节候[9]，褰开暂窥临[10]。
倾耳聆波澜[11]，举目眺岖嵚[12]。
初景革绪风[13]，新阳改故阴[14]。
池塘生春草，园柳变鸣禽[15]。
祁祁伤豳歌[16]，萋萋感楚吟[17]。
索居易永久[18]，离群难处心[19]。
持操岂独古[20]，无闷征在今[21]。

【注释】

［1］潜虬（qiú）：潜龙。虬：传说中有两角的小龙。媚：喜爱，此有自我怜惜之意。幽姿：潜隐的姿态。这里喻隐士。

［2］飞鸿：能高飞的雁、鸿鹄等大鸟。远音：鸿飞得高，所以鸣声可以传得很远。比喻有所作为的人。

［3］薄霄：迫近云霄。薄：迫近。云浮：指高飞的鸿。

［4］栖川：栖息水中。怍（zuò）：惭愧。渊沈：指深潜水中的虬龙。

［5］进德：增进德业。智所拙：智力不及。

［6］退耕：退隐躬耕。力不任：体力不能胜任。

［7］徇（xùn）禄：追求俸禄。徇：谋求。反：通“返”。穷海：边远荒僻的滨海地区，指永嘉。

［8］卧痾（ē）：卧病。痾：古时通“疴”，病。空林：因秋冬

季节树叶落尽，故称空林。

[9] 衾（qīn）：被子。昧节候：不明季节变化。

[10] 褰（qiān）开：拉开，指拉开窗帘。窥临：临窗眺望。

[11] 倾耳：侧耳。

[12] 岖嵚（qū qīn）：山岭高耸险峻的样子。

[13] 初景：初春的日光。景：通“影”。革：清除。绪风：冬日残余的寒风。

[14] 新阳：指春天。故阴：指冬天。

[15] 园柳变鸣禽：园柳中叫唤的禽鸟种类因季节变化而不同。

[16] 这首豳歌使我悲伤。祁祁：众多的样子。豳歌，指《诗经·豳风·七月》中“春日迟迟，采蘩祁祁。女心伤悲，殆及公子同归”的句子。

[17] 这首楚歌使我感伤。萋萋：茂盛的样子。楚吟，指《楚辞·招隐士》中“王孙游兮不归，春草生兮凄凄”的句子。

[18] 索居：离群独居。易永久：容易觉得时间长久。

[19] 难处心：难以安心。

[20] 持操：保持节操。坚持高尚节操的人难道只有古代才有吗？

[21] 无闷：没有烦闷。征：验证，证明。自己现在做到了隐居遁世而没有烦闷。

【知识拓展】文中佳句

进德智所拙，退耕力不任：我仕进修德，却智慧拙劣；我退隐耕田，却又力量无法胜任。

池塘生春草，园柳变鸣禽：（不知不觉）池塘已经长满了春草，园中柳条上的鸣禽也变了种类、换了声音。

谢灵运开创了文学史上的山水诗一派。他的诗大都描写会稽、永嘉、庐山等地的山水名胜，善于刻画自然景物，尤其注意形式美，诗艺术性很强，很受文人雅士的喜爱。诗篇一传出来，人们就竞相抄录，流传很广。宋文帝很赏识他的文学才能，特地将他召回京都任职，并把他的诗作和书法称为“二宝”，常常要他边侍宴，边写诗作文。根据《释常谈》记载，有一次，谢灵运一边喝酒一边自夸道：“魏晋以来，天下的文学之才共有一石，其中曹子建（即曹植）独占八斗，我得一斗，天下其他的人共分一斗。”谢灵运说曹子建才高八斗主要应该是谢灵运比较崇拜曹子建，夸张的成分是较大的。

饮酒

陶渊明

【导读】

陶渊明（约 365 年—427 年），字元亮，名潜，号五柳先生，私谥“靖节”，世称靖节先生，浔阳柴桑人，东晋末期南朝宋初诗人、文学家、辞赋家、散文家。曾任江州祭酒、建威参军、镇军参军、彭泽县令等职，最末一次出仕为彭泽县令，八十多天便解印辞官，从此归隐田园。他的作品主要有饮酒诗、咏怀诗、田园诗，以及散文辞赋等，其中田园诗数量最多，成就最高，代表作有相关作品《饮酒》《读山海经》《归园田居》《桃花源记》《五柳先生传》《归去来兮辞》等。

陶渊明是中国文学史上第一个大量写饮酒诗的诗人。中国第一位田园诗人，被称为“古今隐逸诗人之宗”。他的田园诗以纯朴自然的语言、高远拔俗的意境，为中国诗坛开辟了新天地，并直接影响到唐代田园诗派。

《饮酒》是晋代诗人陶渊明的一组五言古诗。他辞官隐退后，时常酒后诗兴大发，书写感慨，第二天清醒后再修改润色，共有二十首诗，题为《饮酒》。《饮酒》非常集中地体现了陶渊明田园诗的特点：悠然自得，淡泊名利。而诗中体现的安贫乐道的情怀也是人生失意之时疗伤的良药。“心远地自偏”一句，也在有意无意之间点名了远近的辩证关系。因此，这首诗不管是在语言运用，还是在思乡情怀上，都是难得的佳品，也历来为人所称道。

其五

【正文】

结庐在人境[1]，而无车马喧。
问君何能尔[2]？心远地自偏。
采菊东篱下，悠然见南山。
山气日夕佳[3]，飞鸟相与还[4]。
此中有真意，欲辨已忘言。

【注释】

[1] 结庐：构筑房屋。

[2] 人境：人聚居的地方。

[3] 尔：这样。

[4] 日夕：傍晚。

[5] 相与：相伴。

其十

【正文】

在昔曾远游[1]，直至东海隅[2]。
道路迥且长[3]，风波阻中涂[4]。
此行谁使然[5]？似为饥所驱[6]。
倾身营一饱[7]，少许便有馀。
恐此非名计[8]，息驾归闲居[9]。

【注释】

[1] 远游：指宦游于远地。

[2] 东海隅：东海附近。这里当指曲阿，今江苏丹阳。

[3] 迥：远。

[4] 风波阻中涂：因遇风浪而被阻于中途。涂：通“途”。

[5] 然：如此，这样。

[6] 为饥所驱：被饥饿所驱使。

[7] 倾身：竭尽全身力气，全力以赴。营：谋求。

[8] 非名计：不是求取名誉的良策。

[9] 息驾：停止车驾，指弃官。

【古代汉语知识】

音韵学

一、音韵学的定义

音韵学也叫声韵学，它是古代汉语的语音学，是以古代汉语各个时期的声、韵、调及其发展规律、古代的语音学理论等内容作为研究对象的一门学科。它是一门传统的学问，也是汉语语言学的一部分，因此音韵学又可称作历史语音学。

今音学、古音学、北音学和等韵学，构成了汉语音韵学的主要对象和基本内容。

古音学是相对今音学而言的，它研究的对象是先秦两汉的诗歌韵文，而以《诗经》用韵为主要根据，并且结合形声字，研究上古时期人的语音系统。

今音学是以《切韵》系列的韵书为对象，研究南北朝到隋唐时代的语音系统的一个学科分支。

北音学是以元代《中原音韵》系统的韵书和分析近代语音的等韵图为对象的一门学科，称为北音学，又称近代语音学。

等韵学是以宋元以来的等韵图作为研究对象，最初是分析韵书中反切的。明初以后才称为“等韵”。现存最早的韵图《韵镜》《七音略》，基本上是分析《切韵》系韵书的反切。到了清代，古音学家又利用等韵去研究、分析、描写近代的语音系统，清代还用它去研究古韵。等韵学相当于是中国古代的普通语言学。

二、音韵学的基本概念

（一）声母

传统音韵学上，声母简称为“声”，又叫“纽”，或者合起来叫“声纽”。纽就是枢纽的意思，古人认为声母在一个字音里是关键，是中心，故有此叫法。有时又叫“声类”，一般是指反切上字的分类，它与声母的含义不完全相同。表示声母名称的还有“字母”。字母就是声母的代表字。唐朝和尚守温制定了三十字母，宋代学者又增加了六个，补成了三十六个字母。中古时期三十六字母对后来现代汉语声母的归纳和研究产生了重要影响。

（二）五音与七音

古代音韵学家对于声母的发音方法和发音部位，也进行了一些研究，他们把声母的发音部位分为喉、牙、舌、齿、唇五部，称为“五音”，最早见于《玉篇·五音声论》；后来又加上了半舌与半齿，称为“七音”。“七音”是由沈括在《梦溪笔谈》中最早提出。后来，古人又将唇音分为重唇音、清唇音；舌音分为舌头音、舌上音；齿音分为齿头音、正齿音。这样就又有了“十音”的说法。然而这些观测的方法和所立的名称都不够完善，也不够科学。

（三）反切

这是一种传统的用两个汉字来给一个汉字注音的方法，分反切上字、反切下字和被切字。反切原称为反或翻，安史之乱后，因忌讳反，改称为切。取一个汉字的声母和另一个汉字的韵母和声调来注音。其规则为：上字定声母，下字定韵母；上字定阴阳，下字定平、上、去、入四声和开合。

（四）清浊

这是分析发音方法时所使用的术语。清音，发音时声带不振动的辅音；浊音，发音时声带振动的辅音。音韵学上共分为四种：全清，次清，全浊，次浊。

全清即不送气不带音的塞音、擦音和塞擦音。

次清即送气不带音的塞音和塞擦音。

全浊即带音的塞音、擦音和塞擦音。

次浊即带音的鼻音、边音和半元音。

（五）等呼

根据开口度的大小，宋元的韵图把韵分为“两呼”“四等”。所谓“两呼”，即开口呼和合口呼；所谓“四等”，即在韵图中同一类声母、同一声调分为四类字。“两呼”“四等”简称“等呼”。开口呼与合口呼，和后代所谓开口呼和合口呼不尽相同。粗略地说，开口一二等是后代所谓开口呼，开口三四等是后代所谓的齐齿呼，合口一二等是后代所谓的合口呼，合口三四等是后代所谓的撮口呼。《音韵阐微》便是根据这个原则提出开齐合撮四呼的。

（六）韵、韵部、韵目、韵类、韵摄

韵是以声调为纲，以韵腹和韵尾为依据对汉字读音进行的分类。在现代汉语中，押韵只要求韵腹和韵尾相同，而不考虑声调，唐代的近体格律诗则四声不能通押。换言之，平、上、去、入四声只能各自为韵。

韵部即同韵的字归纳在一起，就成了一个韵部。

韵目即韵书中韵部的代表字。

韵类即指韵书中反切下字的分类（声类指反切上字的分类）。

韵摄源自宋元《等韵图》对《广韵》的二百零六韵进行归并，韵腹（主要元音）相同或相近、韵尾发音部位相同的归为一类，称为“摄”，摄有摄取、归类的意思。

（七）阴声韵、阳声韵、入声韵

按韵尾进行分类，可以把韵分为这三类。

阴声韵即以元音收尾或没有韵尾的韵母。

阳声韵即以鼻音 –n、–m、–ng 等收尾的韵。

入声韵即以塞音 –k、–t、–p 等收尾的韵。

（八）平仄与舒促

平仄源自旧体诗赋及骈文中把所使用的字音分为平声和上去入声两类，平即平声，仄即上去入声，平声与仄声相互调节，使声调和谐，谓之调平仄。

舒促即促指入声，因其发音短促而得名，舒指平上去三声。

（九）叶韵说

有些古人随便改读诗中的语音，以求得相押。如，唐明皇在读《尚书·洪范》“无偏无颇，遵王之义”时，认为“颇”应改读为“陂”以叶音；宋朱熹明确提出了“叶音说”，把不押韵的某字随意改读为和谐的语音以相押，沈重也持此说。

三、主要韵书介绍

（一）《切韵》系韵书

1.《切韵》

隋陆法言著。本书现只有残卷存世，后来陆续发现一些唐五代的本子，都被编入《唐五代韵书集存》。20 世纪初在敦煌发现的三种残卷，现藏巴黎国家图书馆和伦敦博物院，简称切一、切二、切三。其全书共分一百九十三韵。《切韵》问世后，许多人为其增字加训或增修韵部，其中影响最大的是唐王仁煦《刊谬补缺切韵》，也有三种本子传世，简称王一、王二、王三。王一残卷出敦煌，现藏巴黎国家图书馆；王二出自故宫，现存故宫博物院，共分韵一百九十五韵，增加了严韵的上声俨韵和去声酽韵。王三也出自故宫，现藏故宫博物院，全书完整无缺，亦分一百九十五韵，但韵次、韵目和名称、反切的收字多寡与王二出入很大。王仁煦之后，唐代孙愐又进一步增修《切韵》为《唐韵》。孙愐之后，李舟也增修《切韵》，其书早已失传，体例亦不可知。徐铉《说文解字篆韵谱》所用的韵目本于李舟《切韵》，分二百零五韵，多出十二韵，而且还对陆书的阳声韵与入声韵的韵次做了合理调整，使阳入相配。这一体例，一直为后代《切韵》系韵书所继承。

2.《唐韵》

唐孙愐著。孙愐又进一步增修《切韵》为《唐韵》，此书只有残卷存世，清人汴永誉《式古堂书画汇考》录有《唐韵序》及韵部数目，从中大体可以知道全书共分五卷，分一百九十五韵，孙愐新增字三千五百个。

3.《广韵》

宋大中祥符元年（1008 年），由陈彭年、丘雍奉诏修订，是对《切韵》《唐韵》体系的继承和发展。宋初沿袭唐五代之制，科举以诗赋取士，急需一部官修韵书来作为审音定韵的标准。《广韵》韵目下注有“同用”“独用”字样，就是为礼部诗赋考试而定。于是，陈彭年、丘雍等据《切韵》和唐人的增订本对《切韵》进行增修，更名为《大宋重修广韵》，大中祥符元年（1008 年）诏令刊行。这是《切韵》最重要的增订本，也是目前音韵学界流传最广、研究最深的一部韵书。全书共分为二百零六个韵部，分别归为平、上、去、入四声。《广韵》的声韵调系统因袭陆法言《切韵》，在《切韵》一百九十三韵和《唐韵》一百九十五韵的基础上，其二百零六韵，其中一百九十三韵来自陆法言《切韵》，有两韵来自王仁煦《刊谬补缺切韵》，有十一韵采自唐天保本《唐韵》。

4.《集韵》

书成于宋宝元二年（1039 年），是丁度、宋祁、郑戬、贾昌朝、王洙奉诏刊修《广韵》而成的。它分平声四卷，上去入各二卷，计十卷，53525 字。其中规定了通用韵一百零八韵。与《广韵》相比，其特点是：其一，虽然分韵部二百零六，但韵目用字有区别，如肴用爻，酽用验，物用勿；其二，各韵收字有出入；其三，《集韵》改动了《广韵》许多反切，主要是根据实际语音将“类隔切”变为“音和切”；其四，对同用与独用的规定不同，钱大昕考证有十三处；其五，《集韵》又音大量增加。不过，既然有了独用、同用的规定，自然会有人索性把同用的韵合并起来。宋淳祐十二年（1252 年）就有了“平水韵”。

5.《壬子新刊礼部韵略》

成书于宋淳祐十二年（1252 年），由江北平水人刘渊著，共分一百零七个韵部。只比《集韵》所规定通用的少了一个韵，那就是把去声的证嶝两韵并到径韵里去了。在稍前王文郁的《新刊韵略》和张天锡草书的《韵会》共一百零六韵，那是把去声证嶝两韵并入径韵以外，连上声也归并到迥韵去了。现在一般所谓的“诗韵”，又叫“平水韵”，指的就是这一百零六韵。

（二）《中原音韵》系韵书

1.《中原音韵》

元泰定元年（1324 年）成书，江西高安人周德清所著。后来，他又曾修订旧稿，直到至正元年（1341年），才由吉安人罗宗信等奔走，在吉安刊印。《中原音韵》分为韵谱、正语作词起例两大部分。韵谱是人们关注的主要部分。韵谱在体例上的特点是：其一，舍弃过去韵书以四声声调统韵的旧规，按韵部统四声，分韵十九部；其二，韵字具体安排，则按声调分类，主要有平、上、去三声大项。

2.《中原雅音》

作者不可考。蒋希文、何九盈先生认为其成书于南宋。它的韵目，明抄本《辨音纂要》记载是十九个，与《中原音韵》一样。《中原雅音》的体例构成是：十九韵目统领所有的字，韵目之下按声调平上去三声列字，并立有“入声作某某”项目。

3.《中州乐府音韵类编》

元卓从之撰。分韵十九部，与《中原音韵》韵目一致，赵荫棠认为卓从之的《中州乐府音韵类编》依据的是周德清《中原音韵》某一种未定稿。

4.《韵略易通》

明兰茂作。此书卷首用一首“早梅诗”来表示声母：东风破早梅，向暖一枝开。冰雪无人见，春从天上来。代表着明代音系的声母系统，其韵母系统从元代十九部发展到明代的二十部：东洪、江阳、真文、山寒、端桓、先全、庚晴、侵寻、缄咸、廉纤、支辞、西微、居鱼、呼模、皆来、萧豪、戈何、家麻、遮蛇、幽楼等。声调分阴平、阳平、上声、去声、入声等五类，且入配阳声，其声韵调配合规律，具有元、明两个时期的代表性。此书记录了北方官话，也融入了云南方言特点。

【单元练习】

一、给下面文字加上标点，并翻译成现代汉语

屈原既牧游于江潭行吟泽畔颜色憔悴形容枯槁渔父见而问之曰子非三闾大夫欤何故至于斯屈原曰举世皆浊我独清众人皆醉我独醒是以见放渔父曰圣人不凝滞于物而能与世推移世人皆浊何不淈其泥而扬其波众人皆醉何不哺其糟而歠其醴何故深思高举自令放为屈原曰吾闻之新沐者必弹冠新浴者必振衣安能以身之察察受物之汶汶者乎宁赴湘流葬于江鱼之腹中安能以皓皓之白而蒙世俗之尘埃乎渔父莞尔而笑鼓枻而去歌曰沧浪之水清兮可以濯吾缨沧浪之水浊兮可以濯吾足遂去不复与言

——《楚辞》

二、文学常识填空

1.《诗经》是中国文学史上第一部________。对后代诗歌发展有深远的影响，成为中国古典文学________传统的源头。

2. 屈原是中国最早的________，中国文学史上第一位留下姓名的伟大的爱国诗人。他创立了楚辞，也开创了“________”的传统。

3.“乐府双璧”是指：________、________。

4. 曹操精兵法，善诗歌，抒发自己的政治抱负，并反映汉末人民的苦难生活，气魄雄伟，慷慨悲凉，留下了宝贵的精神财富，史称“________”，鲁迅评价其为“改造文章的祖师”。

5. 曹丕与其父________和弟________，并称三曹。另外，曹丕著有《________》，当中的《论文》是中国文学史上第一部有系统的文学批评专论作品。

6. 曹植是三国时期曹魏著名文学家，作为建安文学的代表人物之一与集大成者，他在两晋南北朝时期，被推尊到文章典范的地位。其代表作有《________》《________》等。南朝宋文学家谢灵运有“________，________”的评价。

7. 陶渊明是东晋末至南朝宋初期伟大的诗人、辞赋家。他是中国第一位田园诗人，被称为“________”，著有《陶渊明集》。

三、思考题

1. 分析中国古代文学的“诗骚传统”与发展过程。

2. 查阅资料，谈谈古代诗歌中“香草美人”的寓意与文化内涵。

第八单元

【古代文化常识】

古代教育制度

一、古代教育起源

教育是人类社会特有的实践活动。它随着人类社会的产生而产生，又随着人类社会的发展而发展。各个历史时期各种社会形态的教育，由各个时期的各种社会形态的政治而决定。政治既决定着教育的性质，决定着教育的领导权，教育的制度、目的、内容、方法，还决定着人们受教育的机会。教育又作用于政治，为政治服务。

西周以前的学校都是由官府举办的，到春秋时期官学衰落，统治阶级和庶民的子弟都被要求入学受教育，于是私学便发展起来。古代的学校有官立学校、书院和私立学校三种。官立学校主要包括中央官立学校和地方官立学校两种；书院是我国宋、元、明、清时期与官立学校并行的一种学校教育机构，有私立、官办和官私合办三种。

原始社会的教育主要是在生产劳动的实践中进行。原始人类的社会生活和生产劳动是从制造工具开始的，因此学习制作工具的经验和技术便成了人类教育的第一课。人们在取火、采集、渔猎、制陶、战争、祭祀等活动中，将积累的丰富经验传递下去，即形成了最早的教育。传说中的伏羲、神农、黄帝、尧、舜、禹等，都亲自教育人民如何劳动和生存。黄帝的妻子还教人们养蚕、织衣服。《尚书·舜典》记载，虞时即设有学官，管理教育事务，如命契为司徒“敬敷五教”，即负责对人民进行父义、母慈、兄友、弟恭、子孝五种伦理道德的教育；命夔“典乐”，即负责对人民进行音乐和诗歌教育。

据历史记载，我国原始社会末期就有了“成均”这样的学校，《周礼·春官宗伯》云：“大司乐掌成均之法，以治建国之学政，而合国之子弟焉。”郑玄也在《礼记·文王世子》注中引用董仲舒的话：“五帝名大学曰成均。”

二、历代教育发展

（一）先秦

氏族社会末期，贫富分化，氏族和部落领袖开始取得一些特权，私有财产制度和阶级分化开始萌芽。这种趋势的发展产生了阶级，形成了奴隶制社会，并产生了奴隶制国家。随着生产力的发展和社会分工，有一部分人专门从事脑力劳动。如“巫、史、卜”这样的人员，成为专门的文化官吏。奴隶制国家的学术和学校都掌握在奴隶主阶级手里。政府官吏掌握着文化知识及书籍文献，一部分人专门从事教育活动。于是，“学校”便产生了。学校在开始的时候，并不是纯粹的教育机构，教育活动也是和政治活动混合在一起的，后来经过一定的发展过程才逐渐成为纯粹的教育机构。

相传，夏朝就设立了以“序”为形式的官方学校。商代在此基础上，开始出现新的学校形式“瞽宗”。从出土的商代甲骨文上，发现当时的学校还被称为：大学、右学等，教育的对象主要是贵族子弟，学习内容以文武、礼仪、乐舞等为主，在天文、历法方面也多有涉及。而老师则由巫师、乐师或者政府官员担当。

西周的学校教育制度是在夏、商教育基础上形成和发展起来的。西周集前代之大成，形成了组织比较完备的教育系统。据

《礼记·明堂位》，殷人设右学为大学，左学为小学，而作乐于瞽宗。《孟子·滕王公上》云：“夏曰校、殷曰序、周曰校庠，学则三代共之。皆所以明人伦也。”《古今图书集成·学校部》载：“夏后氏设东序为大学，西序为小学。”从受教育的对象与学校的规模来看，可以分为“国学”与“乡学”两种。国学按儿童年龄和程度分成小学和大学两级，按地位等级又分为天子之学与诸侯之学。天子所设大学叫“辟雍”，各诸侯国所设大学叫“泮宫”。一般说来，只有贵族子弟才能入国学。《礼记·王制》载：“天子命之教，然后为学，小学在公宫南之左，大学在郊，天子曰辟廱，诸侯曰泮宫。”大学教学内容以礼乐为重，射御次之，小学以礼、乐、书、数学习为主。

周朝的地方组织分为六乡，其属又分为州、党、族、闾、比，设有乡老、州长、党正、族师、闾胥、比长等实施政教的官吏。各级组织都有学校，乡有庠，州有序，党有校，闾有塾。都由乡大夫掌管，归司徒领导。平民子弟只能入乡学，奴隶子女没有入学资格。当时的教学内容有礼、乐、射、御、书、数六艺。到春秋战国时期，“私学”作为一种新兴散文教育形式开始发展起来，出现了一批教育思想上都有所建树的私学大师，如孔子、墨子、孟子、荀子等。这时私学的发展使学校教育开始走上官学与私学并存的二元化轨道。不仅典籍中记载了大量的教育资料，而且还出现了像《礼记·学记》《礼记·大学》《荀子·劝学》《管子·弟子职》等教育专著。《学记》与《大学》就是这一时代丰富的教育经验与教育理论的总结，成为世界上最早出现的自成体系的古典教育学专著，奠定了中国古代教育思想的基础。

（二）秦、汉

秦、汉时期，我国统一的封建中央集权制度逐步形成，建立起了封建统一的大帝国。特别是汉代，封建的政治制度日益巩固，封建经济逐步繁荣，生产力比战国时期有了很大的提高。适应着封建制度的政治、经济的需要，在教育方面，由封建中央政府，制定了一套从中央到地方的官学教育制度，以培养封建地主阶级的统治人才。同时为了满足封建统治制度对人才的需求，私学教育也发展起来，造成了官学与私学并兴的局面。

1. 秦朝教育制度

公元前 221 年秦灭六国，建立了统一的中央集权的封建国家。秦始皇采取了一系列的措施来巩固统治，在教育方面主要实行“书同文、行同伦”，推行统一的文字，规范社会伦理和行为规范。“焚书坑儒”，颁布“挟书令”，规定民间私藏的书籍都要送到官府去烧掉。推行“禁私学，以法为教、以吏为师”的文教政策，“设三老以掌教化”。在每乡设“三老”掌管对人民的教化工作，封建官学的发展受到制约。

2. 两汉教育制度

汉建立后十五年，废除“挟书令”，使诸子各家思想又活跃起来。董仲舒建议汉武帝将诸子百家学说作为“异端”“邪说”加以禁止，独尊孔子和六经，实行由文化教育思想的统一以达到政治上的统一。汉武帝接受了董仲舒的思想，确立了“罢黜百家、独尊儒术”的文教政策。汉代实行儒家思想为标准“察举制”，由丞相、列侯、刺史向上推荐，经过考核任以官职。西汉以举贤良方正盛，东汉以举孝廉为盛。从此，学习儒家经典就成为进入仕途的必由之路。推行独尊儒术的文教政策，使儒经的学习研究得以昌盛，从而促进了学校教育的发达。

汉代自汉武帝以来一直推行“立太学以教于国，设庠序以教于邑”的官学建设。汉武帝元朔五年（公元前 124 年）开创太学，设在京师长安的西北城郊，成为中国当时的最高学府。太学选聘学优德劭者任教授，称为“博士”，博士中的领袖叫仆射，东汉时改为祭酒；招收学生，随教授学习，称为“博士弟子”。

太学的课程以通经致用为主，学生分经受业，经考试及格，任用为政府官吏。政府给予“博士弟子”以极优厚的待遇。太学是中国教育史上有明确文字记载的由官府设立的正规大学。

汉代学校教育是官学与私学并举，尤以官学为盛，官学分为中央官学和地方官学，中央官学包括太学、鸿都门学、宫邸学等，地方官学包括郡国学、庠序等。3 年，汉平帝命令天下皆立官学，郡国的官学叫学，县以下包括县、道、邑、侯官学叫校，乡以下官学叫庠序。学和校各设立经师一人，庠序设孝经师一人。东汉时郡国学校更发达，边远地区的一些太守也提倡兴学，东汉太学学生最盛时曾达三万多人。汉代的私学也很发达，有压倒官学之势，学生人数远远超过太学。未从政或罢官还乡的经学大师都从事私人讲学，收徒教授，人数之多曾达数百，乃至上千人。西汉著名经师董仲舒晚年谢官以后，在家专门收徒著书讲学。东汉经师马融教养诸生，常有千数。汉代不管上官学还是上私学，都以儒家经典为教材，而且不管官学还是私学毕业都可以求官。

汉代官学的主要任务，是通过儒家经典的学习，宣传忠信孝悌的封建道德，推广教化，改变民间的道德风尚。地方官学为后世地方学校的建立、提高地方文化水平、形成中华民族共同的文化心理起了一定的作用。汉代的学校体系逐渐成形，也为以后朝代的学校教育制度奠定了基础。

（三）三国、两晋、南北朝

魏晋南北朝时期，由于封建统治阶级互相争夺势力范围，连年战争，在南北混合、分裂割据的政治局面下，各封建王朝制定了基本相同的官学教育制度。魏晋南北朝时期的教育，总的形势是官学时兴时废，似断又续。这个时期教育事业的延续主要是依靠私学和家学，而不是官学。这个时期又是教育发展的变革时期，官学教育在教学内容、方法以及学校类型上都有重大变化；私学分布面广，类型多样化，呈现出“百家争鸣”的局面。

魏文帝实行“九品中正制”，政府按等选用，授以官职。中正官任用世族豪门担任，一般平民不得进入士流。从此形成了“上品无寒门，下品无世族”的门阀制度。九品中正制是魏晋南北朝时为保证世族特权而定的官吏选拔制度，九品实际上是门第高低的标志，成了世族地主操纵政权的工具。

晋代中央学制分为国子学和太学两种，前者限五品以上贵族子弟入学，内设祭酒一人、博士一人、助教十余人。后者为平民子弟而设，立博士员十九人。南北朝时期，学校教育以北朝为盛，北魏太学也设五经博士，学生为州郡所派，多达三千人。南朝宋文帝时，在京师设立四学：儒学、史学、玄学、文学。到梁时，学校教育渐渐有了合儒、佛、道于一堂的做法。“四学制”打破了儒学一统教育的状况，对后世专科学校的设立及分科教学制度的发展具有开创意义。

另外，魏晋南北朝时期教育在其他方面也多有突破：天子视学制度，就是天子亲自到辟雍举行的一种学礼，一年四次，并与养老典礼结合进行。宫廷教育制度，在宫廷之中为太子设立了保傅制度，即为太子设置了专任教师。庙学制度，是指在学校内设立圣庙，按期在圣庙举行祭祀礼，拜奠先圣先师。庙学制度是儒家礼仪制度的一个重要组成部分，是儒学教育的进一步发展。家族教育兴起。一方面仍以家族内长者亲授学业的传统教育模式为主，另一方面受私学置馆授徒之风的影响，由延师受业发展为“家馆”式的教育形式。同时，妇女开始积极参与教育活动。在世族家庭中，妇女不仅是教育活动的参与者，母亲往往扮演了主要的教育者的角色。

（四）唐

唐朝是中国封建社会的发展和繁荣时期。高度发展的地主经济，为文教事业的建设提供了物质基础，学校教育达到了新的高峰。唐朝的教育形式主要是学校教育，比以往任何朝代都发达，且具有鲜明的特点。

唐朝的学校教育体系，在继承隋制的基础上，比以往任何时期都更为完备、周详，达到了当时世界上先进水平。建立了从中央到地方完备的学校体系，分为中央官学和地方官学。中央官学按性质又分为三类：专修儒经的学校、学习专门知识的专科学校和各种特殊学校。地方官学有府、州、县设立的儒学和医学等。

唐朝中央最高教育行政管理机关为国子监，国子监具有双重性质，既是大学，又是教育行政管理机构，下设国子学、太学、四门学、书学、算学、律学等“六学”，其中国子学、太学、四门学都是学习儒家经典的学校，这些专修儒经的学校是唐代中央官学的主干，也是唐代封建教育兴旺发达的重要标志，以孔颖达编撰的《五经正义》为基本教材，学习年限为九年。还有门下省的弘文馆，东宫的崇文馆，通称“六学二馆”。各学生徒名额从三十人至五百人不等，总人数两千多人。学校精选天下贤良文学之士和具有各方面专业知识的大师担任学官，有博士、助教、直讲等职称。博士分经教授诸生，一人负责讲完所担任的经学课程，级别从正五品至从九品；助教辅助博士分经教授，级别自从六品至从九品；直讲辅佐博士、助教讲授经学。

唐代地方官学继承隋制，实行州县二级制，按各地管辖范围大小和人户的多寡，设立京都学，大、中、下都督府学，上、中、下州学，上、中、下县学。都督府和州县学还另招攻读医学的生徒。最盛时，全国地方学校生徒达六万余人；州县以下，还设有市镇学和里学，人数不定。州县学生大部分是中小地主子弟和庶民子弟，修业年限没有规定，学习内容与京都儒学相同，地方学校毕业生的出路主要有三方面，凡能通一经者即可毕业求官；还可以直接参加科举考试，或者升入中央四门学。

此外，还有各政府机构附设的律学、书学、算学、医药学、兽医学、天文学、音乐学等专业学校。比如医学校，又分为医、针、按摩三个专业，医学专业包括体疗（内科）、疮肿（外科）、少小（儿科）、耳目口齿（五官）、角法（拔火罐）五科。

教学内容方面，唐代统治者根据儒、佛、道三者之间的关系，制定了以儒学为主、佛道为辅的文教政策，对教育产生了重大影响，出现了比较开放的教育局面。唐朝再次统一经学，平息儒学内部的派别之争，确立了儒学在文教政策中的统治地位。唐太宗诏国子祭酒孔颖达组织人力编写《五经正义》，作为统一的经学颁行天下。唐文宗开成二年（837 年）又把儒学十二经刻成石经，称为《开成石经》，至今还保存在西安碑林。一般学校为《礼记》《春秋左氏传》各三年，《易经》《诗经》《周礼》《仪礼》各两年，《尚书》《春秋公羊传》《春秋谷梁传》各一年半，《孝经》《论语》共一年。专业学校也设经学课为公共必修课，另开各种专业课。

学校还根据实际情况施行假期制度，分旬假、年假和临时假三种。旬假，每十天放假一日；年假，五月放田假，九月放授衣假；此外还有临时假、事故假和亲病假等。

实行定期考试制度，平时考查每月三次，在旬假前一日举行，年终考试在仲冬前举行。平时旬考口试与笔试并重。

在教育管理体制方面，唐代建立了中央和地方分级管理的教育体制，中央官学由国子监祭酒负责，地方官学由地方长吏负责，同时将一些专业性学校划归相应职能部门管理。隋文帝即位初期，在中央设置了国子寺，内设祭酒一人，总管教育事业，下设主簿、录事各一人，管辖国子学、太学、四门学等。

国子寺与国子祭酒的设置，是我国历史上第一次由中央政府设立专门管理教育的行政机构和官员，标志着我国封建教育正在逐步规范完善，并已发展到了成为独立部门的阶段。607 年，改国子寺为国子监，并一直延续到 1905 年，成为我国古代最高教育管理机构。

唐代学校教育有很大发展，但等级鲜明，不同家庭背景的学生进入不同的学校，教育等级性以法令的形式制度化。教育的等级性主要体现在学生入学资格的规定上：三品以上官员子弟可以进国子学，五品官员子弟可以入太学，七品官员子弟和庶民俊秀者可以进四门学。

在选士用人方面，隋唐创立影响以后历代乃至现代的科举考试制度。隋文帝时废除自魏晋以来的九品中正制，实行推介的方法选拔官吏，隋炀帝时实行考进士选官吏。唐代取士之法，主要有“生徒法”“贡举法”“制举法”。从京师中央官学和地方学校中选成绩优秀者，选入京师尚书礼部受试叫“生徒法”；成人先试于州县，及格后再送至京师复试叫“贡举法”；所谓“制举法”，是特种考试，让全国考试中最优秀的状元在京师朝殿应试，以选拔非常之才。武则天时，又兴“武举”。唐代科举制度在不同的时期，其科目设置也不尽相同。比较流行的是秀才（试方略五道）、金石（试时务策五道等），又有书法、算学、诸史、诗歌等。

唐代官学教育已形成比较完善的系统，从教育教学内容到管理制度，都有明确而具体的规定，特别是在开元、天宝年间，唐代官学教育的发达和完备程度已达到鼎盛阶段。唐代先进文化教育，吸引了大量周边各国的留学生到唐朝来学习经史、法律、礼制、文学、医学等中国文化，当时的大唐都城长安成为东西方各国文化教育交流的中心，在中国教育史上留下了光辉的一页。

（五）宋

北宋承五代丧乱，长期的战乱使儒家正统的纲常沦丧，文化教育设施遭到严重破坏，宋初一反唐中叶后至五代的重武轻文的情景，提出了重文的政策。北宋王朝制定了更为完备的教育政策以适应社会发展形势，其教育政策承袭前代而又有所发展，构成了宋王朝大致的文化教育系统，对宋代社会产生了重要影响。北宋积极开明的教育政策，造就了宋代文化的辉煌，促进了科学技术的发展，繁荣了学术思想。

历史学家陈寅恪认为赵宋是中国文化发展的高峰，那么宋代兴起的理学和书院，则是这座高峰中堪称辉煌夺目的两大文化奇观。理学思想是以儒家思想为主体、糅合佛道思想而成的新儒学思想，是宋代统治者一方面积极尊孔崇儒，另一方面大力提倡佛教和道教，使儒、佛、道三家的思想逐步走上融合道路的最终结果。理学思想对宋代乃至以后的教育政策、教育内容和教育形式都产生了重要影响。

北宋统治者为了巩固统治，实行“兴学”政策。北宋时期，共实施过三次兴学政策，分别为“庆历兴学、熙宁兴学和崇宁兴学”，这些兴学活动不仅推动了学校教育的广泛发展，而且进一步提高了学校教育的重要地位。北宋大兴文教，从官学到民间私学，逐步形成了一个完整的教育体系，使中国古代教育完成了从汉唐时期的士族垄断向平民百姓下移的重要转变。宋元官学制度是继承隋唐官学制度发展而来的，属于国子监管理的中央官学有国子学、太学、四门学、辟雍等，属于提举学事司管理的地方官学有府、州、县学和社学。

宋代国子学亦称国子监，既是教育管理的最高机构，也是当时的最高学府。但作为最高学府则徒具空名，所以，宋代太学成了最重要的高等学校，不仅入学资格放宽，凡八品以下子弟或庶民之俊异者均可成为太学的学生，而且还开辟了分校——辟雍，这样便极大地扩充了太学的规模，使太学成为宋代兴学育才的重点与核心。以学习儒家经典《四书》《五经》和理学内容为主，太学实行“三舍法”，就是把太学分为外舍、内舍、上舍。初入学的为外舍生，外舍生一年可升为内舍生，名额为二百人；内舍生再升为上舍生，名额仅百人；上舍生考试分上中下三等，名列上等的，即不再经过科举考试而直接授以官职。

宋代地方官学的发展始于“庆历兴学”“熙宁兴学”后又有很大发展，形成了三级体系，即路学、府州学、县学。由于路不直接设学，仅置学官管辖所属学校，所以宋代地方官学只有府州、县两级，也是学习儒家经典的学校。

在北宋的教育史上，除了北宋的官学系统，书院教育也是北宋教育的一大特色。书院的出现始于唐代，但唐代的书院多为藏书教书之地，或私人治学隐居之地。真正具有聚徒讲学性质的书院起源于南唐时期的庐山国学，即著名的庐山白鹿洞书院。北宋初年（960 年），讲学之风兴起，书院成为著名学者授徒讲学培养人才之地。当时著名的书院有江西庐山的白鹿洞书院、湖南长沙的岳麓书院、湖南衡阳的石鼓书院、河南商丘的应天府书院、河南登封的嵩阳书院等。南宋时期，书院的发展达到鼎盛。书院数量大增，且规模扩大、制度完备，影响极为显著。据统计，宋代共有书院近 700 所，建于北宋的约 140 所，建于南宋的则有 500 余所。书院成为南宋时期研究和传播思想文化的重要基地。

（六）元

在元朝的教育制度中，有一个很鲜明的特色，就是其民族性。元王朝作为第一个入主中原、完成统一的少数民族政权，在政治制度上有很鲜明的民族性。元朝的官学系统主要包括中央官学和地方官学两个系统。国子学依然是中央官学中级别最高的。

但是国子学侧重点在汉学。汉文化对元代的教育制度有很大的影响而且在元代教育中占有很高的地位。

元代中央官学仿宋制，但根据民族划分为不同的学校：汉学国子学是以学习汉儒文化为主的学校，学生以七品以上朝官子孙及卫士子弟为正堂生，平民俊秀者需得三品以上朝官保举方能为陪堂生。学习内容主要为《四书》《五经》《孝经》，教学形式有讲说、属对、经解、史评等。蒙古国子学是以学习蒙古文儒学为主的学校，学生以蒙古、色目人为主，学习内容主要为翻译成蒙古文的《通鉴节要》。这是我国历史上开办最早最规范的少数民族学校。回回国子学是专门学习亦思替非文字（即波斯文）的学校，学生来源于公卿大夫与富民之子。其建立也是鉴于当时与西域诸国交流频繁，迫切需要懂得亦思替非文字的人才，这是我国古代中央官学中创办最早的培养译员的学校。元代国子学继承宋代国子学、太学的分斋教学制度，实行“积分升斋法”，这是一种把国子学分为下、中、上三个等级六个斋舍、学生按程度分别进入各个斋舍学习不同的内容，然后依据其学业成绩和品德行为依次递升的教学管理制度。学习成绩的评定实行积分法。“积分法”作为累积计算学生全年学习成绩的方法，始于宋代，至元代趋于完善，至明清继续使用。

元代按路、府、州、县行政划分，在地方上建立了路学、府学、州学和县学的儒学系统，同时还开办了蒙古字学和社学。社学是设在农村地区，利用农闲时间，以农家子弟为对象的初等教育形式。它招收 8 岁以上、15 岁以下民间儿童入学，先学习《三字经》《百家姓》《千字文》，然后学习经、史、历、算，同时兼读《御制大诰》、律令等。另外，根据不同民族的民族特色，有的地区还设置了医学、阴阳学、蒙古字学等。

元朝的庙学在民间办学中占很重要的部分。庙学的主要教学内容是孔子、孟子和朱熹等言论，讲授是在孔庙中进行的，教学的时间是春秋大祭和农历的初一、十五。庙学的规模比较大，学生包含的范围也比较广，不仅有官学和书院学生，民间子弟也可以参加。

元代的科举制度，可以说是民族性最为突出的一项制度。科举制度主要由乡试、会试和殿试组成，选拔的过程特别严格而且对不同民族区别对待。在参加考试的过程中，蒙古人、色目人、汉人、南人的录取数量一样，然而汉人与南人的考试需要三场，蒙古人和色目人只需要两场，蒙古人和色目人的考试内容也相对简单。

（七）明

明清时期是中国封建社会逐渐走下坡路的时期，也是古代教育逐渐衰败、腐朽、走向没落的时期。封建官学教育的衰败与那个时期的文教政策有一定的关系，一方面，明清统治者实施“治国以教化为先，教化以学校为本”的策略，但另一方面又加强了对学校的管理，通过制定严格的学规等措施对官学教育实施文化专制主义。

明代官学分为中央官学和地方官学，中央官学有国子监、宗学和武学，地方官学分为儒学和专门学校，儒学又分为府、州、县学和各部门办的儒学。明太祖建都南京，建国学于鸡鸣山下，明成祖迁都北京，同时保留南京为陪都，将北平府学国子监改成北京国子监，南京国子监依然存在，于是明朝国子监有南北两监之分。国子监沿袭前代，又称太学，既是中央教育行政机关，也是全国最高学府。但与宋元不同的是，明代国子监作为高等学府的职能更加突出，是明政府培养选拔国家官员的重地，为明初选仕的主要渠道之一。明朝初年（1368 年），国家官员多是从国子监出身的。

洪武十七年（1384 年），科举制设立，并使该制度更加趋于完善，永乐以后，进士就独占了官路。从此，科举考试成为当时读书人奔走官场的敲门砖和唯一的利禄之途，天下学子也以此进身为荣。学校成了科举的附庸和预备机关，并失去了单独直接取仕的机会，整个教育界为科举考试所支配，学校教育完全按科举的内容培养学生。

明朝的国子监中的学生的身份有很多种，国子监诸生有“举监”“贡监”“荫监”“例监”四种不同的类，凡“入国学者，通谓之监生”。另有“夷生”，即外国的留学生；“举监”是指会试未中的举人由翰林院择其优者入监肄业的学生；“贡监”是地方官学择生员进监肄业者；“荫监”分为官生（在京三品以上官员的子弟）、恩生（出自皇帝的特恩不限品官）、功生三种；“例监”是人民有捐资于政府者，其子弟可获得入监肄业的资格，也称为“民生”。例监的出现，标志着明代的学校教育出现了衰败的端倪。除了生源外，国子监的教师制度较前代大为丰富。国子监长官为祭酒，副长官为司业，大部分由翰林官担任，教员主要有监丞、博士、助教、学正、学录、典籍、掌馔诸官，其中有的既是教育行政机关负责人，又是监生的主讲教师。祭酒、司业是主要任课教员，博士、助教为辅导教师。

明代地方所属的官学，以府学、州学、县学、卫学为主，还包括三氏学、阴阳学、医学等。府学、州学和县学是地方官学的主体，与卫学统称为地方儒学。明代的儒学很发达，据统计，明代地方儒学有 1700 余所，学校体制已相当完备。

明朝沿袭元制，下诏设立孔、颜、孟三氏教授司（简称三氏学），令三氏子孙入学习礼。万历十五年（1587 年），明神宗下令将曾氏加入三氏学中，于是改三氏学为四氏学。四氏学的创立，反映了明朝统治者对儒学的推崇及对圣贤之后的重视，因而，它是一种带有特殊意义的学校。各府、州、县设立的阴阳学和医学属于自然科学方面的教育机构，并未受到明政府的重视，所设的教师，也不享受俸禄。在边疆地区，还设有都司儒学、行都司儒学、都转运司儒学，宣慰、安抚等土司也设有土司儒学。这类学校，或设于边境地区，或设于少数民族人民聚居区，并不受到重视。社学是明朝倡导的由地方建立的小学，可以说是府、州、县学的预备学校，民间子弟年龄在15岁以下的都要送入社学读书习礼。明朝的学校教育制度是加强君主集权统治的重要组成部分和有力的工具，明朝使隋唐以来的科举制度达到了最完善的地步，这成为明代教育的显著特点。

（八）清

清朝的教育制度基本沿袭明制，虽然在很多方面沿袭了明朝的教育制度，但由于时代和社会的原因，清代在教育制度方面又有许多改革和创新，具有自己的特色。清朝的教育制度分为中央和地方两大类。清朝在中央设有国子监、宗学、觉罗学和八旗官学，在地方设有府、州、县学，社学和义学。官办的府、州、县学和独立于官学系统之外的书院以及里甲和私塾教育共同构成了清代地方教育体系。

清朝在承袭明朝教育制度的基础上，各方面都有所改进。北京国子监成为清朝官办的唯一最高学府。国子监生源大为扩展。清朝监生成分更复杂，有监生、贡生：监生分为恩监、荫监、优监、例监；贡生分岁贡、恩贡、拔贡、优贡、副贡、例贡，统称为国子监生。清朝在北京设置了不同类型的民族学校，诸如国子监、八旗官学、算学馆，招收八旗子弟入学学习。顺治二年（1645年），蒙古八旗和满洲八旗合为一学，称八旗官学，后隶属国子监。这些学校为清朝培养了许多少数民族人才。

在地方教育体系上，清王朝在少数民族地区设置义学，以培养一批效忠于朝廷的土司继承人，于是少数民族地区便出现了学馆林立的局面。承袭明朝书院的制度，清朝的书院更进一步。雍正十一年（1733 年），谕令各省督抚在省会设立书院，并拨帑金一千作为膏火，资助书院的发展。禁令既开，书院得到长足发展。有清一代，全国建有书院 3604 所，基本普及城乡。清朝的书院官学化性质突出，成为了科举考试的人才培训机构。

到了清代，私塾教育成为官学之外的一种重要的教育方式。清代私塾有家塾、学馆、村塾、义塾之分。清代私塾教育成为科举应试的预备性教育，是走向仕途的第一步。

清朝的科举制度较明朝科举制度又有所变化，采取了更为严密的考试组织方式，试图解决前朝考试作弊现象。在考试前的保密方面，清代会试对试题保密更为严格。考官拟定考题后，由礼部掌管，考试时在考场当众启封。主考官和同考官亲自监督刻印试卷，不准多印一张，在此期间凡参与人员一律不能外出。考试用的试卷纸由提调官监制，后送临监官逐卷加盖"关防"印信，防止考官漏题、考生事先做题或临场盗换试题答卷。在考场的监察方面清沿明制，并借鉴历代反舞弊措施，清代考试场于试前、试后、场内、场外都严立禁令。清王朝还尝试改变"一试定终身"的局面，正式科举考试仍为乡试、会试、殿试，但清朝在正式科举之前又加上了一连串资格考试，统称"童试"，之后还有复试。

科举考试的内容，一般有三大类：第一类是经义，出题限于四书五经，文体要用八股；第二类是诏告律令，即应用文，如公文之类的写作；第三类是经史时务策，即针对历史或现实事物发表看法、提出对策。

清光绪三十一年（1905 年）明令废除了科举。自隋唐至此，科举制度实行了一千三百多年。清代的教育制度，不论是官学还是私学都在继承前代的基础上改革创新，并不断融入时代内容。然而，清代学校与科举并行，教育为科举服务，成为科举制的附庸。随着科举制的废除，其自身也失去了存在的价值。

【经典文选】

登幽州台歌

陈子昂

【导读】

陈子昂（661 年—702 年），字伯玉，梓州射洪（今属四川）人，唐代文学家，初唐诗文革新人物之一。陈子昂青少年时家境富裕，轻财好施，慷慨任侠，成年后发愤攻读，博览群书，擅长写作，二十四岁时举进士，官麟台正字，后升右拾遗，后被迫害，冤死狱中，时年四十二岁。其诗风骨峥嵘，寓意深远，苍劲有力，有《陈伯玉集》传世，存诗一百多首，其中最有代表性的是《感遇》诗三十八首，《蓟丘览古赠卢居士藏用》七首和《登幽州台歌》等。

万岁通天元年（696 年），契丹李尽忠、孙万荣等攻陷营州。武则天委派武攸宜率军征讨，陈子昂在武攸宜幕府担任参谋，随军出征。武攸宜轻出兵，致使前军陷没。陈子昂热情进谏，自荐分麾下万人为前驱，武帝不允。随后，陈子昂又向武进言，不听，反把他降为军曹。眼看报国宏愿成为泡影，陈子昂在极度悲愤的情况下登上蓟北楼，慷慨悲吟，写下《登幽州台歌》。

【正文】

前不见古人[1]，后不见来者[2]。
念天地之悠悠[3]，独怆然而涕下[4]。

【注释】

［1］前：过去。古人：古代那些能够礼贤下士的圣君。

［2］后：未来。来者：后世那些重视人才的贤明君主。

［3］念：想到。悠悠：形容时间的久远和空间的广大。

［4］怆（chuàng）然：悲伤凄恻的样子。涕：古时指眼泪。

【知识拓展】诗歌浅析

这是一首吊古伤今的生命悲歌，全诗通过描写登楼远眺、凭今吊古所引起的无限感慨，抒发了诗人独立苍茫的落寞情怀和对生不逢时际遇的哀叹，而这种对时世的感伤“空前绝后”，作者既看不到前古贤人、也看不到未来英杰是如何面对的。这种悲哀常常为社会上许多怀才不遇的人所共有，获得了广泛的共鸣，具有深刻而典型的社会意义，因而被历代传颂。

在狱咏蝉

骆宾王

【导读】

骆宾王（约619年—687年），字观光，婺州义乌人（今浙江义乌）人，唐初诗人，与王勃、杨炯、卢照邻合称初唐四杰，在四杰中他的诗作最多，又与富嘉谟并称“富骆”。骆宾王出身寒门，七岁能诗，号称“神童”，尤妙于五言诗。曾从军西域，宦游蜀中。及任侍御史，又因罪下狱。出狱后，为临海县丞。684年，徐敬业起兵讨武则天，为其僚属，军中书檄，皆出其手。敬业失败，骆宾王下落不明，或说被杀，或说亡命，甚至说在灵隐寺为僧。有《骆宾王文集》遗世。

这首诗作于唐高宗仪凤三年（678年）。骆宾王调任武功主簿、长安主簿，又由长安主簿入朝为侍御史。武则天当政，骆多次上书讽刺，触忤武后，遭诬得罪被捕入狱。次年，遇赦得释。《在狱咏蝉》即骆宾王身陷囹圄时所作。

【正文】

余禁所禁垣西，是法厅事也，有古槐数株焉。虽生意可知，同殷仲文之古树[1]；而听讼斯在，即周召伯之甘棠[2]。每至夕照低阴，秋蝉疏引，发声幽息，有切尝闻，岂人心异于曩时[3]，将虫响悲于前听[4]？嗟乎，声以动容，德以象贤。故洁其身也，禀君子达人之高行；蜕其皮也，有仙都羽化之灵姿。候时而来，顺阴阳之数；应节为变，审藏用之机。有目斯开，不以道昏而昧其视；有翼自薄，不以俗厚而易其真。吟乔树之微风，韵姿天纵；饮高秋之坠露，清畏人知。仆失路艰虞，遭时徽缠[5]。不哀伤而自怨，未摇落而先衰。闻蟪蛄之流声，悟平反之已奏；见螳螂之抱影，怯危机之未安。感而缀诗[6]，贻诸知己。庶情沿物应，哀弱羽之飘零；道寄人知，悯余声之寂寞。非谓文墨，取代幽忧云尔。

西陆蝉声唱[7]，南冠客思深[8]。
不堪玄鬓影[9]，来对白头吟[10]。
露重飞难进[11]，风多响易沉[12]。
无人信高洁[13]，谁为表予心[14]。

【注释】

[1] 东晋殷仲文，见大司马桓温府中老槐树，叹曰："此树婆娑，无复生意。"借此自叹其不得志。

[2] 传说周代召伯巡行，听民间之讼而不烦劳百姓，就在甘棠（即棠梨）下断案，后人因相戒不要损伤这树。召伯，即召公。周代燕国始祖名，因封邑在召（今陕西岐山）而得名。

[3] 曩（nǎng）时：前时。

[4] 将：抑或。

[5] 徽缠：捆绑罪犯的绳索，这里是被囚禁的意思。

[6] 缀诗：成诗。

[7] 西陆：指秋天。《隋书·天文志》载："日循黄道东行一日一夜行一度，三百六十五日有奇而周天。行东陆谓之春，行南陆谓之夏，行西陆谓之秋，行北陆谓之冬。"

[8] 南冠：楚冠，这里是囚徒的意思。据《左传·成公九年》，楚钟仪戴着楚冠被囚于晋国军府事。

[9] 玄鬓：指蝉的黑色翅膀，这里比喻自己正当盛年。

[10] 白头吟：乐府曲名。《乐府诗集》解题说鲍照、张正见、

虞世南诗篇皆是表清白而遭诬谤之作。此二句的意思是自己正当玄鬓之年，却来默诵《白头吟》那样哀怨的诗句。

［11］露重：秋露浓重。飞难进：难以高飞。

［12］响：指蝉声。沉：沉没，掩盖。

［13］高洁：清高洁白。古人认为蝉栖高饮露，是高洁之物，作者因以自喻。

［14］予心：我的心。

【知识拓展】诗歌浅析

诗人在序文中叙说了自己做诗的缘起，叙说了蝉的形态、习性及美德，抒发了自己“失路艰虞，遭时徽纆”的哀怨之情，表达了自己身陷囹圄的痛苦和企盼有司明察的心愿。全诗以蝉喻己，借蝉起兴，咏物抒情，满腔悲愤，溢于言表，寄寓了作者苍凉的身世之慨，揭露了朝政的丑恶和自我的凄伤，感情充沛，用典自然，语意双关，达到了物我合一的境界，是咏物诗中的名作。

长干行

李白

【导读】

李白（701 年—762 年），字太白，号青莲居士，唐代伟大的浪漫主义诗人，被后人誉为“诗仙”，与杜甫并称为“李杜”；祖籍甘肃天水，其家世、家族皆不详；年少时好剑术，喜任侠，十五岁已赋诗多首，并得到社会名流的推崇与奖掖；二十七岁与故宰相许圉师孙女结婚。贺知章颇为欣赏《蜀道难》和《乌栖曲》，称他为谪仙。因玉真公主和贺知章的推荐，玄宗看了李白诗赋，召其进宫。玄宗降辇步迎，令李白供奉翰林。安史之乱爆发，李白与妻子宗氏南奔避难。至德二年（757 年），李白在永王军营做幕僚，永王擅自引兵东巡，导致征剿兵败，李白被判罪长流夜郎。乾元二年（759 年），获朝廷赦免。上元二年（761 年），李白因病返回金陵，投奔在当涂做县令的族叔李阳冰。上元三年（762 年），李白病重，在病榻上把手稿交给了李阳冰，赋《临终歌》而与世长辞，终年六十二岁，有《李太白集》传世。

此诗作于唐玄宗开元十三年（725 年）秋末，李白初游金陵时。长干是建康里巷名。大长干巷在今中华门外，小长干巷在今南京凤凰台南，巷西达长江。此诗以长干里女子的口吻，描写从儿童时的两小无猜，到初嫁时的羞涩之态；从婚后的幸福亲热，到丈夫远行后深切思念；感情真挚动人。

【正文】

妾发初覆额[1]，折花门前剧[2]。郎骑竹马来[3]，绕床弄青梅[4]。同居长干里，两小无嫌猜[5]。十四为君妇，羞颜未尝开[6]。低头向暗壁，千唤不一回。十五始展眉[7]，愿同尘与灰[8]。常存抱柱信[9]，岂上望夫台[10]。十六君远行，瞿塘滟滪堆[11]。五月不可触，猿声天上哀[12]。门前迟行迹，一一生绿苔[13]。苔深不能扫，落叶秋风早。八月蝴蝶黄[14]，双飞西园草。感此伤妾心[15]，坐愁红颜老[16]。早晚下三巴[17]，预将书报家。相迎不道远[18]，直至长风沙[19]。

【注释】

[1] 初覆额：指头发尚短。

[2] 剧：游戏。

[3] 竹马：儿童游戏时以竹竿当马骑。

[4] 床：指的是井边的护栏。弄：逗弄。此二句的意思是写童年男女两小无猜相伴嬉戏之状，生动形象，后人概括为“青梅竹马”。

[5] 无嫌猜：指天真烂漫。

[6] 羞颜未尝开：指结婚后，就一直含着羞意了。

[7] 始展眉：意为才懂得些人事，感情也在眉宇间显现出来。

[8] 意为愿意永远结合在一起。尘与灰，犹至死不渝，死后化作灰尘也要在一起。

[9] 抱柱信：相传古代有个叫尾生的人，与一女子约会于桥下，届时女子不来，潮水却至，尾生为表示自己的信实，结果抱着桥柱被水淹死。

[10] 因深信两人的情爱都是牢固的，所以自己决不会成为望夫台上的人物。望夫台：类似的望夫石、望夫山的传说有好几处。故事的大意为，丈夫久出不归，妻子便在台上眺望，日久变

成一块石头。

［11］瞿塘：峡名，长江三峡之一，在重庆市奉节县东。滟滪堆：瞿塘峡口的一块大礁石。每年阴历五月，江水上涨，滟滪堆被水淹没，船只不易辨识，易触礁致祸，故下云不可触。古乐府也有“滟滪大如袱，瞿塘不可触”语。

［12］三峡多猿，啼声哀切。

［13］一一生绿苔：女主人常望着丈夫出门时的踪迹而等待着，只见踪迹上都已生出青苔了。

［14］蝴蝶黄：明杨慎说是秋天时黄蝶最多，恐系附会之说。

［15］感此：因蝴蝶双飞而引起感触。

［16］坐：因而。

［17］早晚：何时。三巴：指巴郡、巴东、巴西，都在今四川省东部。

［18］不道远：不会嫌远。

［19］长风沙：地名，在今安徽省安庆市东的江边上。据陆游《入蜀记》，自金陵（今南京）至长风沙有七百里，地极湍险。

【知识拓展】本课中出现的成语或典故

两小无猜：男女稚龄时，彼此天真无邪，毫无避嫌与猜疑。

青梅竹马：青梅，青的梅子；竹马，儿童以竹竿当马骑。形容小儿女天真无邪玩耍游戏的样子。现指男女幼年时亲密无间。

兵车行

杜甫

【导读】

杜甫（712 年—770 年），字子美，自号少陵野老，世称“杜工部”“杜少陵”等，河南巩县（今河南巩义）人，唐代伟大的现实主义诗人，与李白合称“李杜”。青年时代曾漫游齐、赵、吴越，应试不第，天宝十年（751 年）献《三大礼赋》，玄宗奇之，命待制集贤院；天宝十四年（755 年）授河西尉，不受，改授右卫率府兵曹参军，是月安禄山叛乱，次年六月玄宗奔蜀，长安陷落，杜甫在途中被叛军俘回长安；至德二年（757 年）奔赴凤翔行在，肃宗授右拾遗，故世称“杜拾遗”；乾元元年（758 年）六月贬华州司功参军，次年七月弃官往秦州、同谷，年底达成都，于西郊建草堂居住；代宗宝应元年（762 年）因避乱漂泊梓州、阆州；广德二年（764 年）重回成都，剑南节度使严武聘为参谋，荐为检校工部员外郎，故世称“杜工部”；永泰元年（765 年）至夔州；大历三年（768 年）正月出峡至江陵、岳阳，漂泊于江湘；大历五年（770 年）冬病死于长沙至岳阳的小舟中。杜甫被世人尊为“诗圣”，其诗被称为“诗史”。后来杜甫声名远播，对中国文学和日本文学都产生了深远的影响。杜甫共有一千四百多首诗歌被保留了下来，有《杜工部集》。

唐玄宗天宝年间，朝廷对边疆少数民族频繁发动战争。749 年哥舒翰进攻吐蕃石堡城，久攻不下，后虽侥幸取胜，但所部六万多士兵损失大半；751 年，剑南节度使鲜于仲通又进攻南诏，大败，士卒死者六万多人。杨国忠（时任宰相）掩其败状，仍叙其战功。这两次战争使唐朝丧师巨万，于是朝廷大举征兵。人莫肯应募，杨国忠遣御史分道捕人，连枷送诣军所。于是行者愁怨，父母妻子送之，所在哭声振野。此事在《资治通鉴·唐纪三十二》里有记载。诗人目睹官军四处征兵的景象，写下了这首诗。《兵车行》是杜甫自创的乐府新题。

【正文】

车辚辚[1]，马萧萧[2]，行人弓箭各在腰[3]。
耶娘妻子走相送[4]，尘埃不见咸阳桥[5]。
牵衣顿足拦道哭，哭声直上干云霄[6]。
道旁过者问行人[7]，行人但云点行频[8]。
或从十五北防河[9]，便至四十西营田[10]。
去时里正与裹头[11]，归来头白还戍边。
边庭流血成海水[12]，武皇开边意未已[13]。
君不闻，汉家山东二百州[14]，千村万落生荆杞[15]。
纵有健妇把锄犁，禾生陇亩无东西[16]。
况复秦兵耐苦战[17]，被驱不异犬与鸡。
长者虽有问[18]，役夫敢申恨[19]？
且如今年冬，未休关西卒[20]。
县官急索租[21]，租税从何出？
信知生男恶[22]，反是生女好。
生女犹得嫁比邻[23]，生男埋没随百草。
君不见，青海头[24]，古来白骨无人收。
新鬼烦冤旧鬼哭[25]，天阴雨湿声啾啾[26]。

【注释】

[1] 辚辚（lín）：车行走时的声音。

［2］萧萧：马嘶鸣声。《诗经·小雅·车攻》载："萧萧马鸣。"

［3］行人：从军出征的人。

［4］耶娘：耶，通"爷"，父亲。妻子：妻子、儿女的并称。

［5］咸阳桥：又称便桥，汉武帝时建，唐代称咸阳桥，后来称渭桥，在咸阳城西渭水上，是长安西行必经的大桥。

［6］干（gān）：冲。

［7］过者：路过的人，这里指诗人自己。

［8］但云：只说。点行频：点名征兵频繁。

［9］有的人从十五岁就从军到西北区防河。唐玄宗时，吐蕃常于秋季入侵，抢掠百姓的收获。为抵御侵扰，唐王朝每年征调大批兵力驻扎河西（今甘肃河西走廊）一带，叫"防秋"或"防河"，其地在长安以北，所以说"北防河"。

［10］营田：古时实行屯田制，军队无战事即种田，有战事即作战。西营田，也是在西边防备吐蕃。

［11］里正：唐制凡百户为一里，置里正一人管理。与裹头：给他裹头巾。新兵入伍时须着装整，因年纪小，自己还裹不好头巾，所以里正帮他裹头。

［12］边庭：即边疆。血流成海水，形容战死者之多。

［13］武皇：汉武帝，历史上以开疆拓土著称，这里借指唐玄宗。开边：用武力扩张领土。

［14］汉家：汉朝，这里借指唐朝。山东：古代秦居西方，秦地以东（或函谷关以东）统称"山东"。唐代函谷关以东共217州，这里说"二百州"是举其整数。

［15］荆杞：荆棘和枸杞，泛指野生灌木。成千上万的村落灌木丛生，村落荒芜了。

［16］陇亩：田地。陇：通"垄"。无东西：不成行列。庄稼长在田地里不成行列。

［17］况复：更何况。秦兵：关中兵，即这次出征的士兵。

更何况关中兵能经受艰苦的战斗。

[18] 长者：对老年人的尊称，此处为说话者对杜甫的称呼。

[19] 役夫：应政府兵役的人，此处为说话者的自称。敢：用于反问，“岂敢”的意思。申恨：诉说怨恨。

[20] 关西：当时指函谷关以西的地方。因为对吐蕃的战争还未结束，所以关西的士兵都未能罢遣还家。

[21] 县官：这里指官府。

[22] 信知：确实知道。

[23] 得：能够。比邻：近邻。

[24] 青海头：即青海湖边。自汉代以来，这里是中原王朝经常与西北少数民族发生战争的地方。唐初也在这一带与突厥、吐蕃发生大规模的战争。

[25] 烦冤：愁烦冤屈。

[26] 啾啾：象声词，形容凄厉的哭叫声。

【知识拓展】诗歌浅析

歌行，古代诗歌的一体。汉魏以下的乐府诗，题名为“歌”和“行”的颇多，二者虽名称不同，并无严格的区别。后遂有“歌行”体。其音节、格律比较自由，采用五言、七言、杂言等，富于变化。

《兵车行》是杜诗名篇，为历代推崇。全诗描绘了一幅催人泪下的送别图，把唐王朝穷兵黩武、连年征战，给人民造成的巨大灾难揭露得淋漓尽致。叙述张弛有序，前后呼应，寓情于叙事之中。语言曲折多变，声调抑扬顿挫，可谓“新乐府”诗的典范，是诗人深切了解民间疾苦和寄予深刻同情的名篇之一。

饮中八仙歌

杜甫

【导读】

这首诗是杜甫约在天宝五年（746年）初到长安时所作。唐朝八位名人李白与贺知章、李适之、李琎、崔宗之、苏晋、张旭、焦遂皆嗜酒善饮，都在长安生活过，在嗜酒、豪放、旷达这些方面彼此相似。杜甫此诗是为这八人写“肖像”。《新唐书·李白传》称这八个人为“酒中八仙人”。八人中，贺知章资格最老，所以放在第一位。其他按官爵，从王公宰相一直说到布衣，纯用漫画素描的手法，写他们的平生醉趣，醉态各有特点，表现他们嗜酒如命、放浪不羁的性格，生动地再现了盛唐时代文人士大夫乐观、放达的精神风貌。

【正文】

知章骑马似乘船，眼花落井水底眠[1]。

汝阳三斗始朝天[2]，道逢麴车口流涎[3]，恨不移封向酒泉。

左相日兴费万钱[4]，饮如长鲸吸百川[5]，衔杯乐圣称避贤[6]。

宗之潇洒美少年[7]，举觞白眼望青天[8]，皎如玉树临风前[9]。

苏晋长斋绣佛前[10]，醉中往往爱逃禅[11]。

李白一斗诗百篇[12]，长安市上酒家眠，天子呼来不上船[13]，自称臣是酒中仙。

张旭三杯草圣传[14]，脱帽露顶王公前[15]，挥毫落纸如云烟。

焦遂五斗方卓然[16]，高谈雄辨惊四筵。

【注释】

[1] 知章：即贺知章，越州永兴（今浙江萧山）人，官至秘书监。性旷放纵诞，自号“四明狂客”，又称“秘书外监”。他在长安一见李白，便称他为“谪仙人”，解所佩金龟换酒痛饮。这两句写贺知章醉后骑马，摇摇晃晃，像乘船一样。醉眼昏花，跌进井里竟会在井里熟睡不醒。

[2] 汝阳：汝阳王李琎，唐玄宗的侄子。朝天：朝见天子。此谓李痛饮后才入朝。

[3] 麹车：酒车。移封：改换封地。酒泉：郡名，在今甘肃酒泉县。传说郡城下有泉，味如酒，故名酒泉。

[4] 左相：指左丞相李适之，天宝元年（742 年）八月为左丞相，天宝五年（746 年）四月，为李林甫排挤罢相。

[5] 长鲸：鲸鱼。古人以为鲸鱼能吸百川之水，故用来形容李适之的酒量之大。

[6] 衔杯：贪酒。圣：酒的代称。李适之罢相后，尝作诗云：“避贤初罢相，乐圣且衔杯。为问门前客，今朝几个来？”此化用李之诗句，说他虽罢相，仍豪饮如常。

[7] 宗之：崔宗之，吏部尚书崔日用之子，袭父封为齐国公，官至侍御史，也是李白的朋友。

[8] 觞：大酒杯。白眼：晋阮籍能作青白眼，青眼看朋友，白眼视俗人。

[9] 玉树临风：崔宗之风姿秀美，故以玉树为喻。

[10] 苏晋：开元进士，曾为户部和吏部侍郎。长斋：长期斋戒。绣佛：画的佛像。

[11] 逃禅：这里指不守佛门戒律。佛教戒饮酒。苏晋长斋

信佛，却嗜酒，故曰“逃禅”。

［12］李白：以豪饮闻名，而且文思敏捷，常以酒助诗兴。在《襄阳歌》中自称“百年三万六千日，一日须倾三百杯”。

［13］天子呼来不上船：有一次，玄宗在沉香亭召他写配乐的诗，而他却在长安酒肆喝得大醉。据范传正《李白新墓碑》，玄宗泛舟白莲地，召李白来写文章，而这时李白已在翰林院喝醉了，玄宗就命高力士扶他上船来见。

［14］张旭：吴人，唐代著名书法家，善草书，时人称为“草圣”。

［15］脱帽露顶：写张旭狂放不羁的醉态。据说张旭每当大醉，常呼叫奔走，索笔挥洒，甚至以头濡墨而书。醒后自视手迹，以为神异，不可复得。世称“张颠”。

［16］焦遂：布衣之士，平民，以嗜酒闻名，事迹不详。袁郊在《甘泽谣》中称焦遂为布衣。卓然：神采焕发的样子。据说焦遂不善言谈，喝五斗酒方有醉意，喝醉之后开始雄谈阔论，滔滔不绝，震惊了在座的人。

【知识拓展】本课中出现的成语或典故

玉树临风：临风，迎着风。形容人像玉树一样风度潇洒，秀美多姿，亦作“临风玉树”。

挥毫落纸：毫，毛笔。指写字或作画。

送綦毋潜落第还乡

王维

【导读】

王维（701 年—761 年），字摩诘，世称“王右丞”，太原祁州（今山西祁县）人，唐朝著名诗人、画家，因笃信佛教，又被称为“诗佛”。《维摩诘经》是佛教中智者维摩诘和弟子们讲学的书，王维钦佩维摩诘的辩才，故拆开了他的名字，给自己命名为维，而字摩诘。开元九年（721 年）以状元及第，任大乐丞，后为右拾遗，转监察御史，安史之乱后降职太子中允，后升为尚书右丞。王维多才多艺，除作诗外，又精通绘画、音乐、书法。能以绘画、音乐之理通于诗，达到了诗情画意完美结合的高度艺术境界。存诗四百余首，边塞、山水诗、律诗、绝句等都有佳篇流传，与孟浩然合称“王孟”，有《王右丞集》。

《送綦毋潜落第还乡》是一首劝慰友人落第的诗，此诗作于开元十一年（723 年）王维被贬济州之前，当时唐玄宗虽然征招人才，但仍有许多贤能未能被用，所以诗中有“君门远”之叹。綦毋潜是在开元十四年（726 年）登进士第。此诗围绕送友还乡，对友人科考落第一事多方给予慰藉和劝勉，鼓励友人不要灰心懊丧，使其觉得知音是极为重要的。诗意明晰动人，语言质朴真实，充溢着诗人对友人的信任和希望。

【正文】

圣代无隐者[1]，英灵尽来归[2]。

遂令东山客[3]，不得顾采薇[4]。
既至君门远[5]，孰云吾道非[6]？
江淮度寒食[7]，京洛缝春衣[8]。
置酒长安道，同心与我违[9]。
行当浮桂棹[10]，未几拂荆扉[11]。
远树带行客，孤城当落晖。
吾谋适不用[12]，勿谓知音稀。

【注释】

[1] 圣代：政治开明、社会安定的时代。

[2] 英灵：英华灵秀的贤才。

[3] 东山客：东晋谢安曾隐居会稽东山，此处泛指隐居的贤才。

[4] 采薇：商末周初，伯夷、叔齐兄弟隐于首阳山，采薇而食，后世遂以采薇指隐居生活。

[5] 君门远：指难以见到皇帝，一作“金门远”。金门：金马门，汉代宫门名。汉代贤士等待皇帝召见的地方。

[6] 吾道非：《孔子家语》载：“楚昭王聘孔子，孔子往，陈蔡发兵围孔子，孔子曰：‘匪兕匪虎，率彼旷野，吾道非乎，吾何为至此乎？’”指孔子叹自己政策的不能实行，半途受到阻碍。

[7] 江淮：指长江、淮水，是綦毋潜所必经的水道。寒食：古人以冬至后一百零五天为寒食节，断火三日。

[8] 京洛：指东京洛阳。一作“京兆”。

[9] 同心：志同道合的朋友、知己。违：分离。

[10] 行当：将要。棹：划船的用具，此处用以指代船。

[11] 未几：不久。

[12] 说綦毋潜此次落第是偶然失败。适：偶然的意思。

【知识拓展】诗歌浅析

世有“李白是天才，杜甫是地才，王维是人才”之说，后人亦称王维为“诗佛”，此称谓不仅是言王维诗歌中的佛教意味和王维的宗教倾向，更表达了后人对王维在唐朝诗坛崇高地位的肯定。王维不仅是公认的“诗佛”，也是文人画的南山之宗，并且精通音律，善书法，篆的一手好刻印，是少有的“全才”。王维在诗歌上的成就是多方面的，无论边塞、山水诗、律诗还是绝句等都有流传人口的佳篇，多种才艺相互渗透对其诗歌产生了深刻的影响。他以画入诗，使其山水诗形成了富有诗情画意的基本特征。苏轼曾曰：“味摩诘之诗，诗中有画；观摩诘之画，画中有诗。”

夜归鹿门歌

孟浩然

【导读】

孟浩然（689 年—740 年），名浩，字浩然，号孟山人，襄州襄阳（现湖北襄阳）人，世称孟襄阳，唐代著名的山水田园诗人。孟浩然是唐代第一个创作山水诗的诗人，他的诗大部分为五言短篇，多写山水田园和隐居的逸兴以及羁旅行役的心情，善于发掘自然和生活之美，不事雕饰，伫兴造思，富有超妙自得之趣，与王维并称为“王孟”，后人为了突出两人对田园诗派的突出作用也称为“王孟诗派”。有《孟浩然集》传世。

孟浩然家在襄阳城南郊外，岘山附近，汉江西岸，名曰“南园”或“涧南园”。题中鹿门山则在汉江东岸，沔水南畔与岘山隔江相望，距离不远，乘船前往，数时可达。汉末著名隐士庞德公，因拒绝征辟，携家隐居鹿门山，从此鹿门山就成了隐逸圣地。孟浩然早先一直隐居岘山南园的家里，四十岁赴长安谋仕不遇，游历吴、越数年后返乡，决心追步乡先贤庞德公的行迹，特在鹿门山辟一住处。偶尔也去住住。此诗当作于作者四十岁后隐居鹿门时，所以题目“夜归鹿门”。

【正文】

山寺钟鸣昼已昏[1]，渔梁渡头争渡喧[2]。
人随沙岸向江村，余亦乘舟归鹿门。
鹿门月照开烟树，忽到庞公栖隐处[3]。

岩扉松径长寂寥[4]，惟有幽人自来去[5]。

【注释】

［1］昼已昏：天色已黄昏。

［2］渔梁：洲名，在湖北襄阳城外汉水中。《水经注·沔水》载：“襄阳城东沔水中有渔梁洲，庞德公所居。”喧：吵闹。

［3］庞公：庞德公，东汉襄阳人，隐居鹿门山。荆州刺史刘表请他做官，不久后，携妻登鹿门山采药，一去不回。

［4］岩扉：石门。

［5］幽人：隐居者，诗人自称。

【知识拓展】本课中出现的成语或典故

失约朝宗：孟浩然四十岁时进京考试，与一批诗人赋诗作会。他以“微云淡河汉，疏雨滴梧桐”两句诗令满座倾倒，一时诗名远播。当时的丞相张九龄和王维等爱诗的京官都来和他交朋友。郡守韩朝宗先向其他高官宣扬他的才华，再和他约好日子带他去向那些人推荐。到了约定的日子，孟浩然和一批朋友喝酒谈诗，很是融洽。有人提醒他说，你与韩公有约在先，不赴约而怠慢了别人怕不行吧。他不高兴地说，我已喝了酒了，身心快乐，哪管其他事情。

塞下曲

王昌龄

【导读】

王昌龄（698年—757年），字少伯，河东晋阳（今山西太原）人，或说京兆长安人（今陕西西安）人。盛唐著名边塞诗人，以七绝见长，后人誉为“七绝圣手”。王昌龄早年贫苦，主要依靠农耕维持生活，三十岁左右进士及第。初任秘书省校书郎，又中博学宏辞，授汜水尉，因事贬岭南，开元末返长安，改授江宁丞，有“诗家夫子王江宁”之誉。后被谤谪龙标尉。世称王龙标。安史乱起，为刺史闾丘所杀。王昌龄与李白、高适、王维、王之涣、岑参等人交往深厚，与高适、王之涣齐名。王昌龄存诗一百八十一首，以五古、七绝为主，题材则主要为离别、边塞、宫怨等，尤以边塞诗最为著名。著有《王昌龄集》。

《塞下曲》是王昌龄创作的组诗，共四首，这是第二首。此诗从凄凉的环境着手，着重表现军旅生活的艰辛及战争的残酷，蕴含了诗人对战争的反对。

【正文】

饮马渡秋水[1]，水寒风似刀。
平沙日未没[2]，黯黯见临洮[3]。
昔日长城战[4]，咸言意气高。
黄尘足今古[5]，白骨乱蓬蒿[6]。

【注释】

［1］饮（yìn）马：给马喝水。

［2］平沙：广漠的沙原。

［3］黯黯：昏暗模糊的样子。临洮：古县名，秦置，治所在今甘肃岷县，以临近洮水得名。秦筑长城，西起于此，故有“昔日长城战”之语。

［4］昔：一作“当”。长：一作“龙”。

［5］足：一作“漏”，一作“是”。

［6］蓬蒿：蓬草蒿草之类杂草。

【知识拓展】本课中出现的成语或典故

投笔从戎：大约二十岁，王昌龄离开家乡，开始一段学道的经历。开元年间，正是盛唐气象的鼎盛时期，王昌龄在诗中对盛世景象竭尽全力、忠贞不已地加以歌颂。对盛世的信仰，正是王昌龄一生最坚实的信心、力量、希望和理想的源泉，以至日后长期身处谗枉和沦弃之境，也难以改变。火热的年代，像王昌龄这样有抱负的时代青年，只是把学道当成了一种好奇而已。不久他便到长安谋求发展，没见什么成效，于是他西出长安，投笔从戎，从此踏上出塞之路。

饮酒论诗：一日，王之涣与高适、王昌龄到旗亭这个地方饮酒论诗。当时，有几名歌女也被叫来歌诗助兴。王昌龄首先提议：“我们几人在诗坛上也算小有名气了，但没有分出名次。今日可以听歌女都唱谁的诗，谁的诗被唱得多，谁就是第一。”一位歌女先唱了王昌龄的两首绝句，又一歌女唱了高适的一首绝句。王、高二人都喜形于色。王之涣说：“这两个歌女都是唱的下俚之曲。”说着指着一位最漂亮的歌女说：“且听这位所歌何人?”果然檀板一响，宛转的歌喉悠然而起：“黄河远上白云间，一片孤城万仞山，羌笛何须怨杨柳，春风不度玉门关。”正是王之涣的得意之作《凉州词》。歌女又唱了两首绝句，都是王之涣的作品，三人相视大笑。

燕歌行

高适

【导读】

高适（约 704 年—765 年），字达夫、仲武，汉族，沧州渤海（今河北景县）人，后迁居宋州宋城（今河南淮阳）。唐代著名边塞诗人，曾任刑部侍郎、散骑常侍、渤海县候，世称高常侍。少孤贫爱交游，有游侠之风，并以建功立业自期，早年曾游历长安，后到过蓟门、卢龙一带，寻求进身之路，都没有成功。天宝三年（744 年）与李白、杜甫、岑参同游梁园（今河南商丘）结下亲密友谊成为文坛佳话。高适与岑参并称“高岑”，其诗直抒胸臆，不尚雕饰，以七言歌行最富特色，大多写边塞生活。笔力雄健，气势奔放，洋溢着盛唐时期所特有的奋发进取、蓬勃向上的时代精神。后人又把高适、岑参、王昌龄、王之涣合称“边塞四诗人”。永泰元年（765 年）卒，终年六十四岁，赠礼部尚书，谥号忠。有《高常侍集》《中兴间气集》等传世。

高适曾三次奉命出塞，所作边塞诗二十余首，最著名的是这首《燕歌行》。开元十五年（727 年），高适曾北上蓟门。开元二十一年（733 年）后，幽州节度使张守珪经略边事，初有战功。开元二十四年（736 年），张让平卢讨击使安禄山讨奚、契丹失败。开元二十六年（738 年），幽州将赵堪、白真陀罗奉张守珪之命，逼迫平卢军使乌知义出兵攻奚、契丹，先胜后败。高适对开元二十四年（736 年）以后的两次战败感慨很深而写下此篇。这首诗堪称盛唐边塞诗最杰出的代表。诗人写的是边塞战争，但重点不在于民族矛盾，而是同情广大士兵，并讽刺和批判不恤士兵的将军。

【正文】

序：开元二十六年，客有从御史大夫张公出塞而还者[1]，作《燕歌行》以示适，感征戍之事，因而和焉。

汉家烟尘在东北[2]，汉将辞家破残贼[3]。
男儿本自重横行[4]，天子非常赐颜色[5]。
摐金伐鼓下榆关[6]，旌旗逶迤碣石间[7]。
校尉羽书飞瀚海[8]，单于猎火照狼山[9]。
山川萧条极边土[10]，胡骑凭陵杂风雨[11]。
战士军前半死生[12]，美人帐下犹歌舞。
大漠穷秋塞草腓[13]，孤城落日斗兵稀。
身当恩遇常轻敌[14]，力尽关山未解围[15]。
铁衣远戍辛勤久[16]，玉箸应啼别离后[17]。
少妇城南欲断肠[18]，征人蓟北空回首[19]。
边庭飘飖那可度[20]，绝域苍茫更何有[21]。
杀气三时作阵云[22]，寒声一夜传刁斗[23]。
相看白刃血纷纷，死节从来岂顾勋[24]。
君不见沙场征战苦，至今犹忆李将军[25]。

【注释】

[1] 张公：指张守珪，开元二十三年（735 年）因与契丹作战有功，拜辅国大将军兼御史大夫，遂恃功骄纵，不恤士卒。开元二十六年（738 年），其部将败于契丹，张却隐瞒败绩，虚报战功，并贿赂奉命前去调查的牛仙童。高适从“客”处得悉实情，乃作此诗以“感征戍之事”。

[2] 汉家：借指唐朝。烟尘：战地的烽烟和飞尘，此指战争

警报。开元十八年（730 年）五月，契丹及奚族叛唐，此后唐与契、奚之间战事不断。

［3］汉将：指唐朝将领张守珪。

［4］横行：这里指驰骋沙场。

［5］非常：特别，异乎寻常。赐颜色：赐予荣耀。

［6］摐（chuāng）金伐鼓：军中鸣金击鼓。摐金：敲锣。榆关：山海关。

［7］逶迤：曲折行进貌。碣石：山名，在今河北昌黎县北。此借指东北沿海一带。

［8］校尉：职官名，汉时始有此官，职位略次于将军的武官。隋唐以后地位逐渐降低。羽书：羽檄，插有羽毛的紧急军事文书。瀚海：大沙漠。

［9］单于：秦汉时匈奴君主的称号，此指敌酋。猎火：狩猎时所举之火。狼山：阴山山脉西段，在今内蒙古自治区中部。此外借瀚海、狼山泛指当时战场。

［10］极边土：临边境的尽头。

［11］凭陵：逼压。凭信威力，侵凌别人。敌人来势凶猛，像疾风暴雨。

［12］半死生：死伤过半。

［13］穷秋：深秋。腓（féi）：病，枯萎。隋虞世基《陇头吟》云："穷秋塞草腓，塞外胡尘飞。"

［14］身当：身受。主帅受皇恩而轻敌。

［15］力尽：战士连续作战已经疲惫。关山：指边关战场。战士拼死苦战也未能冲破敌人的包围。

［16］铁衣：借指将士。《木兰辞》载："寒光照铁衣。"

［17］玉箸：白色的筷子，比喻思妇的泪水如注。玉箸：玉筋、玉筷，此借喻眼泪。刘孝威《独不见》云："谁怜双玉箸，流面复流襟。"

［18］城南：长安百姓居住区在城南，故云。沈佺期《独不见》云："丹凤城南秋夜长。"

［19］蓟北：蓟州、幽州一带，今河北省北部地区，此泛指东北战场。

［20］边庭飘飖：指边塞战场动荡不安。庭，一作"风"。飘飖，又作"飘摇""飘飘"。

［21］绝域：更遥远的边陲。更何有：更加荒凉不毛。

［22］三时：早、午、晚。阵云：战云。

［23］刁斗：军中夜里巡更敲击报时用的铜器。

［24］自古尽忠死节岂能顾及功勋受赏。

［25］李将军：指李广，他善用兵、爱惜士卒，守右北平郡。匈奴畏之不敢南侵，并称之"飞将军"。

【知识拓展】诗歌浅析

"燕歌行"是乐府《相和歌辞·平调曲》旧题，原为曹丕等所作，原多为思妇怀念征夫之意。此诗前小序表明诗人所吟咏的是具体某一场战争。

诗的主旨是谴责在皇帝鼓励下的将领骄逸轻敌，荒淫失职，不恤士卒，致使战事失利，使广大兵士受到极大的痛苦和牺牲。诗人写的是边塞战争，但重点不在于民族矛盾，而是同情广大兵士，讽刺和愤恨不恤兵士的将军。全诗气势畅达，笔力矫健，气氛悲壮淋漓，主旨深刻含蓄。

轮台歌奉送封大夫出师西征

岑参

【导读】

岑参（约715年—770年），字号不详，唐代边塞诗人，原籍南阳（今河南南阳），后迁居江陵（今湖北江陵）。曾祖岑文本、伯祖岑长倩、伯父岑羲都以文墨致位宰相。父岑植，仕至晋州刺史。岑参十岁时，父亲去世，从兄就读，遍览史籍。唐玄宗天宝三年（744年）举进士，初为率府兵曹参军。后两次从军边塞，先在安西节度使高仙芝幕府掌书记，后为安西北庭节度使常清幕府判官。代宗时，官嘉州刺史（今四川乐山），世称“岑嘉州”。大历五年（770年）卒于成都。

岑参工诗，长于七言歌行，现存诗三百六十首。岑参他几度出塞，熟悉边塞的风光和戎马生活，有不少边塞诗作，被认为是历代“边塞诗人”中成就最高的一位。其诗歌富有浪漫主义的特色，想象丰富、气势磅礴、流畅新奇、色彩瑰丽、感情奔放，风格与高适相近，后人多并称“高岑”。有《岑参集》十卷，已佚，今有《岑嘉州集》行世。

此诗约作于唐玄宗天宝十三年（754年），当时岑参担任安西北庭节度使判官，是为封常清出兵西征而创作的送行诗。封大夫即封常清，唐朝将领，蒲州猗氏人，以军功擢安西副大都护、安西四镇节度副大使、知节度事，后又升任北庭都护，持节安西节度使。此次西征事迹未见史书记载。此诗与《走马川行奉送封大夫出师西征》系同一时期、为同一事件、馈赠同一对象之作，但写作内容与手法不同。这首七古是通过直写战阵之事，先写战前两军对垒的紧张状态，紧接着写白昼出师接仗，然后写奇寒与牺牲。讴歌将士抗敌奋不顾身，希望对方扫清边尘，立功异域。

【正文】

轮台城头夜吹角[1]，轮台城北旄头落[2]。
羽书昨夜过渠黎[3]，单于已在金山西[4]。
戍楼西望烟尘黑[5]，汉军屯在轮台北[6]。
上将拥旄西出征[7]，平明吹笛大军行[8]。
四边伐鼓雪海涌[9]，三军大呼阴山动[10]。
虏塞兵气连云屯[11]，战场白骨缠草根。
剑河风急云片阔[12]，沙口石冻马蹄脱[13]。
亚相勤王甘苦辛[14]，誓将报主静边尘[15]。
古来青史谁不见[16]，今见功名胜古人。

【注释】

[1] 角：军中乐器，吹奏以报时，类似今日的军号。

[2] 旄（máo）头：星名，二十八宿中的昴星。古人认为它主宰胡人兴衰。旄头落：为胡人失败之兆。

[3] 羽书：即羽檄，军中的紧急文书，上插羽毛，以表示加急。渠黎：汉代西域国名，在今新疆轮台东南。

[4] 单于：汉代匈奴君长的称号，此指西域游牧民族首领。金山：指乌鲁木齐东面的博格多山，一说指阿尔泰山。

[5] 戍楼：军队驻防的城楼。

[6] 汉军：借指唐代军队。

[7] 上将：即大将，指封常清。旄：节旄，军权之象征。古代出征的大将或出使的使臣，都以节旄用以标明身份，为君王所赐。节旄用金属或竹子做成，而以牦牛尾装饰在端部，称旄。

［8］平明：一作“小胡”。

［9］伐鼓：一作“戍鼓”。雪海：西域湖泊名，在天山主峰与伊塞克湖之间。

［10］三军：泛指全军。阴山：在今内蒙古自治区中部。

［11］虏塞：敌国的军事要塞。兵气：战斗的气氛。

［12］剑河：地名，在今新疆境内。一说即今俄罗斯境内的叶尼赛河上游。

［13］沙口：一作“河口”，地理位置待考。或指剑河河口。

［14］亚相：指御史大夫封常清。在汉代，御史大夫位置仅次于宰相，故称亚相。勤王：勤劳王事，为国效力。

［15］静边尘：犹言平定边患。

［16］青史：史籍。古代以竹简记事，色泽作青色，故称青史。

【知识拓展】本课中出现的成语或典故

西域教子：752年的一天，岑参在武威办完军务，赶回西域，途经赤亭，戍边的士兵让他题词、赋诗。岑参和这些士兵是熟人了，也不托词。刚题完一首诗，不料挤在当中的一个小孩，随口吟了出来。岑参有些吃惊：这里还有这样的孩子。士兵告诉他说：“这个小孩子是个回鹘放羊娃，一次大风，这个放羊娃救了我们十三个士兵，是我们允许他在这放羊的。”岑参转过头问放羊娃：“是谁教你汉语的?”放羊娃说：“是父亲。”一个士兵说：“他家是早年流落到这里的。”放羊娃从怀里掏出一本破旧的书递给岑参。岑参不懂回鹘文，问放羊娃。放羊娃说：“是爷爷写的，叫《论语》。”岑参抚摸了一下放羊娃的头，给放羊娃题了一幅字：“论语博大，回鹘远志。”放羊娃把题词揣到怀里，向岑参鞠了三个躬，高兴地走了。第二天，放羊娃的父亲就领着放羊娃找到岑参，说他家是书香门第，原来在漠北草原，因宫廷之乱逃亡西域。他恳求岑参收孩子为义子，教以成人。岑参内心非常喜爱这个聪明伶俐的孩子，又心想，在西域，军队很缺翻译，这孩子可以造就成才。于是，对放羊娃的父亲说：“我是军人，要收他为义子，我得把他带走。”放羊娃的父亲立刻答应了岑参。放羊娃的名字原来叫也里，岑参给他改了个名字，叫“岑鹘”。就这样，岑鹘跟着岑参参军入伍，来到了轮台。

几年过后，岑鹘在岑参的悉心教导下，不仅聪明干练，而且精通汉语和回鹘语。岑参入关赴任，向朝廷举荐了岑鹘。岑鹘没有辜负老师的栽培，一边工作，一边培养了许多翻译。岑鹘晚年回到了家乡蒲昌，享受天伦之乐。他继续教育他的儿孙们，讲岑参的故事。后来，回鹘首领仆固俊尽取西州，建立高昌回鹘王国。岑鹘后代多有在王国为官者，元代高昌著名尼僧、翻译家舍兰兰就是岑鹘的后代。

长恨歌

白居易

【导读】

白居易（772 年—846 年），字乐天，号香山居士，祖籍太原，生于河南新郑，唐代伟大的现实主义诗人，曾官至翰林学士、左赞善大夫，晚年长期居住在洛阳香山，号称“香山居士”；晚年官至太子少傅，谥号“文”，世称“白傅”“白文公”。白居易早年热心济世，强调诗歌的政治功能，并力求通俗，与元稹共同倡导新乐府运动，主张“文章合为时而著，诗歌合为事而作”，写下了不少感叹时世、反映人民疾苦的诗篇。他与元稹合称“元白”，与刘禹锡并称“刘白”，与李白、杜甫齐名，有“诗魔”和“诗王”之称。

白居易的诗歌题材广泛，形式多样，语言平易通俗，在当时流传广泛，上自宫廷，下至民间，处处皆是，其声名还远播新疆和朝鲜、日本，对后世文学影响巨大。他是日本最喜欢的唐代诗人，在日本的古典小说中常常可以见到引用他的诗文，可以说在日本人的心中白居易才是中国唐代诗歌的风云人物。代表诗作有《长恨歌》《卖炭翁》《琵琶行》等，著有《白氏长庆集》。他去世后，唐宣宗写诗悼念他：“缀玉连珠六十年，谁教冥路作诗仙？浮云不系名居易，造化无为字乐天。童子解吟《长恨》曲，胡儿能唱《琵琶》篇。文章已满行人耳。一度思卿一怆然。”

唐宪宗元和元年（806 年），白居易任盩厔（今西安周至）县尉。一日，与友人陈鸿、王质夫到马嵬驿附近的仙游寺游览，谈及李隆基与杨贵妃事。王质夫认为，像这样突出的事情，如无大手笔加工润色，就会随着时间的推移而消没。他鼓励白居易："乐天深于诗，多于情者也，试为歌之，何如？"于是，白居易写下了这首长诗。因为长诗的最后两句是"天长地久有时尽，此恨绵绵无绝期"，所以他们便称这首诗为《长恨歌》。《长恨歌》是唐代诗人白居易的一首长篇叙事诗。全诗形象地叙述了唐玄宗与杨贵妃回旋宛转的爱情悲剧，并通过塑造的艺术形象，再现了现实生活的真实，感染了千百年来的读者，该诗对后世诸多文学作品产生了深远的影响。

【正文】

汉皇重色思倾国[1]，御宇多年求不得[2]。杨家有女初长成[3]，养在深闺人未识。

天生丽质难自弃[4]，一朝选在君王侧。回眸一笑百媚生，六宫粉黛无颜色[5]。

春寒赐浴华清池[6]，温泉水滑洗凝脂[7]。侍儿扶起娇无力[8]，始是新承恩泽时[9]。

云鬓花颜金步摇[10]，芙蓉帐暖度春宵[11]。春宵苦短日高起[12]，从此君王不早朝。

承欢侍宴无闲暇，春从春游夜专夜。后宫佳丽三千人[13]，三千宠爱在一身。

金屋妆成娇侍夜[14]，玉楼宴罢醉和春。姊妹弟兄皆列土[15]，可怜光彩生门户[16]。

遂令天下父母心，不重生男重生女[17]。骊宫高处入青云[18]，仙乐风飘处处闻。

缓歌慢舞凝丝竹[19]，尽日君王看不足。渔阳鼙鼓动地来[20]，惊破霓裳羽衣曲[21]。

九重城阙烟尘生[22]，千乘万骑西南行[23]。翠华摇摇行复止[24]，西出都门百余里[25]。

六军不发无奈何[26]，宛转蛾眉马前死[27]。花钿委地无人收[28]，翠翘金雀玉搔头[29]。

君王掩面救不得，回看血泪相和流。黄埃散漫风萧索，云栈萦纡登剑阁[30]。

峨嵋山下少人行[31]，旌旗无光日色薄。蜀江水碧蜀山青，圣主朝朝暮暮情。

行宫见月伤心色[32]，夜雨闻铃肠断声[33]。天旋地转回龙驭[34]，到此踌躇不能去。

马嵬坡下泥土中，不见玉颜空死处[35]。君臣相顾尽沾衣，东望都门信马归[36]。

归来池苑皆依旧，太液芙蓉未央柳[37]。芙蓉如面柳如眉，对此如何不泪垂。

春风桃李花开日，秋雨梧桐叶落时。西宫南内多秋草[38]，落叶满阶红不扫。

梨园弟子白发新[39]，椒房阿监青娥老[40]。夕殿萤飞思悄然，孤灯挑尽未成眠[41]。

迟迟钟鼓初长夜[42]，耿耿星河欲曙天[43]。鸳鸯瓦冷霜华重[44]，翡翠衾寒谁与共[45]。

悠悠生死别经年，魂魄不曾来入梦。临邛道士鸿都客[46]，能以精诚致魂魄[47]。

为感君王辗转思，遂教方士殷勤觅[48]。排空驭气奔如电[49]，升天入地求之遍。

上穷碧落下黄泉[50]，两处茫茫皆不见。忽闻海上有仙山[51]，山在虚无缥渺间。

楼阁玲珑五云起[52]，其中绰约多仙子[53]。中有一人字太真，雪肤花貌参差是[54]。

金阙西厢叩玉扃[55]，转教小玉报双成[56]。闻道汉家天子使，九华帐里梦魂惊[57]。

揽衣推枕起徘徊，珠箔银屏迤逦开[58]。云鬓半偏新睡觉[59]，花冠不整下堂来。

风吹仙袂飘飖举[60]，犹似霓裳羽衣舞。玉容寂寞泪阑干[61]，梨花一枝春带雨。

含情凝睇谢君王[62]，一别音容两渺茫。昭阳殿里恩爱绝[63]，蓬莱宫中日月长[64]。

回头下望人寰处[65]，不见长安见尘雾。惟将旧物表深情[66]，钿合金钗寄将去[67]。

钗留一股合一扇，钗擘黄金合分钿[68]。但教心似金钿坚，天上人间会相见。

临别殷勤重寄词[69]，词中有誓两心知[70]。七月七日长生殿[71]，夜半无人私语时。

在天愿作比翼鸟[72]，在地愿为连理枝[73]。天长地久有时尽，此恨绵绵无绝期[74]。

【注释】

［1］汉皇：原指汉武帝刘彻，此处借指唐玄宗李隆基。唐人文学创作常以汉称唐。重色：爱好女色。倾国：绝色女子。汉代李延年对汉武帝唱了一首歌："北方有佳人，绝世而独立。一顾倾人城，再顾倾人国。宁不知倾国与倾城，佳人难再得。"后来，"倾国倾城"就成为美女的代称。

［2］御宇：驾御宇内，即统治天下。

［3］杨家有女：蜀州司户杨玄琰，有女杨玉环，自幼由叔父杨玄珪抚养，十七岁被册封为玄宗之子寿王李瑁之妃。二十七岁被玄宗册封为贵妃。白居易此谓"养在深闺人未识"，是作者有意为帝王避讳的说法。

［4］丽质：美丽的姿质。

［5］六宫粉黛：指宫中所有嫔妃。古代皇帝设六宫，正寝（日常处理政务之地）一处，燕寝（休息之地）五处，合称六宫。粉黛：粉黛本为女性化妆用品，粉以抹脸，黛以描眉。此代指六宫中的女性。无颜色：意为相形之下，都失去了美好的姿容。

［6］华清池：即华清池温泉，在今西安市临潼区南的骊山下。唐贞观十八年（644 年）建汤泉宫，咸亨二年（671 年）改名温泉宫，天宝六年（747 年）扩建后改名华清宫。唐玄宗每年春、冬季都到此居住。

［7］凝脂：形容皮肤白嫩滋润，犹如凝固的脂肪。

［8］侍儿：宫女。

［9］新承恩泽：刚得到皇帝的宠幸。

［10］云鬓：形容女子鬓发盛美如云。《木兰辞》载："当窗理云鬓，对镜贴花黄。"金步摇：一种金首饰，用金银丝盘成花之形状，上面缀着垂珠之类，插于发鬓，走路时摇曳生姿。

［11］芙蓉帐：绣着莲花的帐子，形容帐之精美。

［12］春宵：新婚之夜。

［13］佳丽三千：言后宫女子之多。据《后汉书·皇后纪》，自武元之后，世增淫费，乃至掖庭三千。据《旧唐书·宦官传》等记载，开元、天宝年间，长安大内、大明、兴庆三宫，皇子十宅院，皇孙百孙院，东都大内、上阳两宫，大率宫女四万人。

［14］金屋：据《汉武故事》记载，武帝幼时，他姑妈将他抱在膝上，问他要不要她的女儿阿娇作妻子。他笑着回答说："若得阿娇，当以金屋藏之。"

［15］列土：分封土地。据《旧唐书·后妃传》等记载，杨贵妃有姊三人，玄宗并封国夫人之号：长曰大姨，封韩国夫人；三姨，封虢国夫人；八姨，封秦国夫人。妃父玄琰，累赠太尉、齐国公；母封凉国夫人；叔玄珪，为光禄卿；再从兄铦，为鸿胪卿；锜，为侍御史，尚武惠妃女太华公主；从祖兄国忠，为右丞相。

［16］可怜：可爱，值得羡慕。

［17］不重生男重生女：据陈鸿《长恨歌传》，当时民谣有“生女勿悲酸，生男勿喜欢”“男不封侯女作妃，看女却为门上楣”等。

［18］骊宫：骊山华清宫。骊山在今陕西临潼。

［19］凝丝竹：指弦乐器和管乐器伴奏出舒缓的旋律。

［20］渔阳：郡名，辖今北京市平谷县和天津市的蓟县等地，当时属于平卢、范阳、河东三镇节度使安禄山的辖区。天宝十四年（755 年）冬，安禄山在范阳起兵叛乱。鼙（pí）鼓：古代骑兵用的小鼓，此借指战争。

［21］霓裳羽衣曲：舞曲名，据说为唐开元年间西凉节度使杨敬述所献，经唐玄宗润色并制作歌词，改用此名。乐曲着意表现虚无缥缈的仙境和仙女形象。

［22］九重城阙：九重门的京城，此指长安。阙：意为古代宫殿门前两边的楼，泛指宫殿或帝王的住所。《楚辞 · 九辩》载：“君之门以九重。”烟尘生：指发生战事。

［23］千乘万骑西南行：天宝十五年（756 年）六月，安禄山破潼关，逼近长安。玄宗带领杨贵妃等出延秋门向西南方向逃走。乘：一人一骑为一乘。

［24］翠华：用翠鸟羽毛装饰的旗帜，皇帝仪仗队用。

［25］百余里：指到了距长安一百多里的马嵬坡。此二句的意思是李隆基西奔至距长安百余里的马嵬驿，扈从禁卫军发难，不再前行，请诛杨国忠、杨玉环兄妹以平民怨。玄宗为保自身，只得照办。

［26］六军：指天子军队。《资治通鉴》载：“天宝十五年（756 年）六月，哥舒翰至潼关，为其帐下火拔归仁执之降安禄山，潼关不守，京师大骇。玄宗谋幸蜀，乃下诏亲征，仗下后，士庶恐骇。乙未日凌晨，玄宗自延秋门出逃，扈从唯宰相杨国忠、韦见

素，内侍高力士及太子、亲王、妃主，皇孙已下多从之不及。丙辰日，次马嵬驿（在兴平县北，今属陕西），诸军不进。龙武大将军陈玄礼奏：逆胡指阙，以诛国忠为名，然中外群情，不无嫌怨。今国步艰阻，乘舆震荡，陛下宜徇群情，为社稷大计，国忠之徒，可置之于法。会吐蕃使遮国忠告诉于驿门，众呼曰：'杨国忠连蕃人谋逆！'兵士围驿四合，及诛杨国忠、魏方进一族，兵犹未解。玄宗令高力士诘之，回奏曰：'诸将既诛国忠，以贵妃在宫，人情恐惧。'玄宗即命力士赐贵妃自尽。"

［27］宛转：形容美人临死前哀怨缠绵的样子。蛾眉：古代美女的代称，此指杨贵妃。《诗经·卫风·硕人》载："螓首蛾眉。"

［28］花钿：用金翠珠宝等制成的花朵形首饰。委地：丢弃在地上。

［29］翠翘：首饰，形如翡翠鸟尾。金雀：金雀钗，钗形似凤（古称朱雀）。玉搔头：玉簪。

［30］云栈：高入云霄的栈道。萦纡：萦回盘绕。剑阁：又称剑门关，在今四川剑阁县北，是由秦入蜀的要道。此地群山如剑，峭壁中断处，两山对峙如门。诸葛亮相蜀时，凿石驾凌空栈道以通行。

［31］峨嵋山：在今四川峨眉山市。玄宗奔蜀途中，并未经过峨嵋山，这里泛指蜀中高山。

［32］行宫：皇帝离京出行在外的临时住所。

［33］夜雨闻铃：《明皇杂录·补遗》载："明皇既幸蜀，西南行。初入斜谷，霖雨涉旬，于栈道雨中闻铃音与山相应。上既悼念贵妃，采其声为《雨霖铃曲》以寄恨焉。"这里暗指此事。后《雨霖铃》成为宋词词牌名。

［34］天旋地转：指时局好转。肃宗至德二年（757年），郭子仪军收复长安。回龙驭：皇帝的车驾归来。

［35］不见玉颜空死处：《旧唐书·后妃传》载："玄宗自蜀还，令中使祭奠杨贵妃，密令改葬于他所。初瘗时，以紫褥裹之，肌肤已坏，而香囊仍在，内官以献，上皇视之凄惋，乃令图其形于别殿，朝夕视焉。"

［36］信马：意思是无心鞭马，任马前进。

［37］太液：汉宫中有太液池。未央：汉有未央宫。此皆借指唐长安皇宫。

［38］西宫南苑：皇宫之内称为大内。西宫即西内太极宫，南内为兴庆宫。玄宗返京后，初居南内。上元元年（760年），权宦李辅国假借肃宗名义，胁迫玄宗迁往西内，并流贬玄宗亲信高力士、陈玄礼等人。

［39］梨园弟子：指玄宗当年训练的乐工舞女。梨园：据《新唐书·礼乐志》，唐玄宗时宫中教习音乐的机构，曾选"坐部伎"三百人教练歌舞，随时应诏表演，号称"皇帝梨园弟子"。

［40］椒房：后妃居住之所，因以花椒和泥抹墙，故称。阿监：宫中的侍从女官。青娥：年轻的宫女。

［41］孤灯挑尽：古时用油灯照明，为使灯火明亮，过了一会儿就要把浸在油中的灯草往前挑一点。挑尽：说明夜已深。唐时宫廷夜间燃烛而不点油灯，此处旨在形容玄宗晚年生活环境的凄苦。

［42］迟迟：迟缓。报更钟鼓声起止原有定时，这里用以形容玄宗长夜难眠时的心情。

［43］耿耿：微明的样子。欲曙天：长夜将晓之时。

［44］鸳鸯瓦：屋顶上俯仰相对合在一起的瓦。《三国志·魏书·方技传》载："文帝梦殿屋两瓦堕地，化为双鸳鸯。"房瓦一俯一仰相合，称阴阳瓦，亦称鸳鸯瓦。霜华：霜花。

［45］翡翠衾：布面绣有翡翠鸟的被子。谁与共：与谁共。

［46］临邛道士鸿都客：意为有个从临邛来长安的道士。临邛：

今四川邛崃县。鸿都：东汉都城洛阳的宫门名，这里借指长安。

［47］致魂魄：招来杨贵妃的亡魂。

［48］方士：有法术的人。这里指道士。殷勤：尽力。

［49］排空驭气：即腾云驾雾。

［50］穷：穷尽，找遍。碧落：即天空。黄泉：指地下。

［51］海上仙山：据《史记·封禅书》，自威、宣、燕昭使人入海求蓬莱、方丈、瀛洲，此三神山者，其传在渤海中。

［52］玲珑：华美精巧。五云：五彩云霞。

［53］绰约：体态轻盈柔美。《庄子·逍遥游》载："藐姑射之山，有神人居焉，肌肤若冰雪，绰约如处子。"

［54］参差：仿佛，差不多。

［55］金阙：《太平御览》引《大洞玉经》："上清宫门中有两阙，左金阙，右玉阙。"西厢：《尔雅·释宫》载："室有东西厢曰庙。西厢在右。"玉扃：玉门。即玉阙之变文。

［56］转教小玉报双成：意为仙府庭院重重，须经辗转通报。小玉：吴王夫差女。双成：传说中西王母的侍女。这里皆借指杨贵妃在仙山的侍女。

［57］九华帐：绣饰华美的帐子。九华：重重花饰的图案。言帐之精美。

［58］珠箔：珠帘。银屏：饰银的屏风。逦迤：接连不断地。

［59］新睡觉：刚睡醒。觉：醒。

［60］袂（mèi）：衣袖。

［61］玉容寂寞：此指神色黯淡凄楚。阑干：纵横交错的样子，这里形容泪痕满面。

［62］凝睇（dì）：凝视。

［63］昭阳殿：汉成帝宠妃赵飞燕的寝宫，此借指杨贵妃住过的宫殿。

［64］蓬莱宫：传说中的海上仙山，这里指杨贵妃在仙山的居所。

［65］人寰（huán）：人间。

［66］旧物：指生前与玄宗定情的信物。

［67］寄将去：托道士带回。

［68］擘：分开。合分钿：将钿盒上的图案分成两部分。此二句意为把金钗、钿盒分成两半，自留一半。

［69］重寄词：杨贵妃在告别时，一再叮嘱（道士）要捎到话。

［70］两心知：只有玄宗、贵妃二人心里明白。

［71］长生殿：在骊山华清宫内，天宝元年（742 年）造，这里所谓长生殿，并不是华清宫之长生殿，而是长安皇宫寝殿之习称。

［72］比翼鸟：传说中的鸟名，据说只有一目一翼，雌雄并在一起才能飞。

［73］连理枝：两株树木树干相抱。古人常用此二物比喻情侣相爱、永不分离。

［74］恨：遗憾。绵绵：连绵不断。

【知识拓展】本课中出现的成语或典故

仙山琼阁：仙山，指蓬莱、方丈、瀛洲三神山；琼阁，精美的楼阁。传说中神仙居住的地方。现在也比喻虚无缥缈的美妙幻境。

比翼连枝：比翼，鸟名。传说此鸟一目一翼，须两两齐飞，比喻夫妇亲密不离。

碧落黄泉：碧落，天上、天界。黄泉：地下。天上和地下，泛指宇宙的各个角落。

回眸一笑：眸，眼珠。转动眼珠，嫣然一笑。常用以形容女子妩媚的表情。

春宵苦短：为春天的夜晚太短而苦恼。形容人处在欢乐之中，觉得时间过得很快。

天生丽质：天生，天然生成。丽质，美丽的姿容。形容女子妩媚艳丽。

梨花带雨：像沾着雨点的梨花一样。原形容杨贵妃哭泣时的姿态，后用以形容女子的娇美。

霓裳羽衣：以云霓为裳，以羽毛作衣，形容女子美丽的装束，也用来代称一种乐曲和舞蹈。

梨园弟子：原指唐玄宗培训的歌伶舞伎，后泛指戏剧演员。

汉寿城春望

刘禹锡

【导读】

刘禹锡（772年—842年），字梦得，自称“家本荥上，籍占洛阳”，是汉中山靖王后裔，唐代文学家、哲学家，有“诗豪”之称，与柳宗元并称“刘柳”，与白居易合称“刘白”，与韦应物、白居易合称“三杰”，晚年任太子宾客，世称“刘宾客”。他出身一个世代以儒学相传的书香门第，唐德宗贞元九年（793年）进士及第，在淮南节度使杜佑幕府中任记室，为杜佑所器重，后从杜佑入朝，为监察御史。他和柳宗元一同参预永贞年间的政治改革，革新失败后被贬为郎州（今湖南常德）司马。十年后被召回，因为玄都观题诗再贬为连州（今广东连县）刺史。后来又任苏州、汝州、同州刺史，晚年为检校礼部尚书兼太子宾客。刘禹锡诗文俱佳，涉猎题材广泛，留下不少名篇，有哲学著作三篇，存世有《刘宾客集》。

此诗为作者贬任朗州（今湖南常德）司马时所写下。作者想起登临古城的所见所感，通过描绘汉寿城遗址的荒凉、破败的景象，想见沧海桑田的巨变，在怀古的表象背后，蕴含着对已然“四海为家”的大唐江山的深深忧虑。

【正文】

汉寿城边野草春[1]，荒祠古墓对荆榛[2]。
田中牧竖烧刍狗[3]，陌上行人看石麟[4]。

华表半空经霹雳[5]，碑文才见满埃尘[6]。
不知何日东瀛变[7]，此地还成要路津[8]。

【注释】

[1] 汉寿：县名，在今湖南常德东南。

[2] 荆榛：荆棘。

[3] 牧竖：牧童。刍狗：古代用茅草扎成的狗作祭品，祭后就被抛弃。

[4] 陌：田间小路。石麟：石头雕刻的麒麟，这里泛指古代王公贵族墓前的石刻。

[5] 华表：也称“华表柱”，古代设在宫殿、陵墓等大建筑物前面做装饰用的大石柱，柱身多雕刻龙凤等图案，上部横插着雕花的石板。

[6] 才见：依稀可见。

[7] 东瀛：东海。东瀛变指沧海桑田的变化。

[8] 要路津：交通要道。

西塞山怀古

刘禹锡

【导读】

《西塞山怀古》是刘禹锡于唐穆宗长庆四年（824 年）由夔州（今重庆奉节）刺史调任和州（今安徽和县）刺史，在沿江东下赴任的途中，经西塞山时，触景生情，抚今追昔，写下了这首怀古伤今、感叹历史兴亡的诗。西塞山位于今湖北省黄石市，又名道士洑，山体突出到长江中，因而形成长江弯道，站在山顶犹如身临江中。

【正文】

王濬楼船下益州[1]，金陵王气黯然收[2]。
千寻铁锁沉江底[3]，一片降幡出石头[4]。
人世几回伤往事，山形依旧枕寒流。
今逢四海为家日，故垒萧萧芦荻秋[5]。

【注释】

［1］王濬：晋益州刺史。益州：晋时郡治在今成都。晋武帝谋伐吴，派王濬造大船，出巴蜀，船上以木为城，起楼，每船可容二千余人。

［2］金陵：今南京，当时是吴国的都城。王气：帝王之气。

［3］东吴末帝孙皓命人在江中轧铁锥，又用大铁索横于江面，拦截晋船，终失败。寻：长度单位。

［4］王濬率船队从武昌顺流而下，直到金陵，攻破石头城，吴主孙皓到营门投降。

［5］故垒：旧时的壁垒。萧萧：秋风的声音。

安定城楼

李商隐

【导读】

李商隐（约813年—858年），字义山，号玉溪（谿）生，又号樊南生，原籍怀州河内（今河南沁阳），祖辈迁荥阳（今河南荥阳），晚唐著名诗人。

唐文宗开成三年（838年）登进士第，曾任秘书省校书郎、弘农尉、佐幕府、东川节度使判官等职。早期，因文才而深得牛党要员令狐楚的赏识，后因李党的王茂元爱其才而将女儿嫁给他，他因此而遭到牛党的排斥。此后，李商隐便在牛李两党争斗的夹缝中求生存，辗转于各藩镇幕僚当幕僚，一生困顿不得志。

李商隐是晚唐乃至整个唐代，为数不多的刻意追求诗美的诗人。他擅长诗歌写作，骈文文学价值也很高。杜牧与他齐名，两人并称“小李杜”；与李贺、李白合称“三李”；与温庭筠合称为“温李”；因诗文与同时期的段成式、温庭筠风格相近，且三人都在家族里排行第十六，故并称为“三十六体”。其诗构思新奇，风格秾丽，尤其是一些爱情诗和无题诗写得缠绵悱恻，优美动人，广为传诵。作品收录为《李义山诗集》。

唐文宗开成三年（838年），李商隐考中进士以后，到泾源节度使王茂元幕下当了一名幕僚，并且娶了王茂元的女儿。李商隐曾经得到作为牛党重要人物的令狐楚父子的帮助，而王茂元却偏被人们看成是李党人物。因此，这一年李商隐继进士及第后参加吏部博学宏词科考试时，便受到朋党势力的排斥，不幸落选，失意地再回到泾源。正是春风吹柳、杨柳婆娑的季节，诗人登上泾源古城头——安定城楼，纵目远眺，看到朝政的混乱，腐败势力的横行，有理想和才干的人无从施展自己的抱负，心中不禁生起了哀国忧时和自伤身世的无穷感触，于是，写下这首七律遣怀。

【正文】

迢递高城百尺楼[1]，绿杨枝外尽汀洲[2]。
贾生年少虚垂涕[3]，王粲春来更远游[4]。
永忆江湖归白发[5]，欲回天地入扁舟[6]。
不知腐鼠成滋味，猜意鹓雏竟未休[7]。

【注释】

[1] 迢递：此形容楼高而且连续绵延。

[2] 枝外：一作“枝上”。汀洲：汀指水边之地，洲是水中之洲渚。

[3] 贾生：指西汉人贾谊。《史记·贾生传》载：“贾生……年少，颇通诸子百家之书。文帝召以为博士……一岁中至太中大夫。”据《汉书·贾谊传》，贾谊认为“时事可为痛哭者一，可为流涕者二，可为太息者六”，因此，“数上书陈政事，多所欲匡建”。但文帝并未采纳他的建议。后来他呕血而亡，年仅三十三岁。李商隐此时二十七岁，以贾生自比。

[4] 王粲：东汉末年人，建安七子之一。王粲年轻时曾流寓荆州，依附刘表，但并不得志。他曾于春日作《登楼赋》，其中有句云：“虽信美而非吾土兮，曾何足以少留？”李商隐此处以寄人篱下的王粲自比。

[5] 永忆：时常向往。江湖归白发：年老时归隐。

[6]《史记·货殖列传》载：“春秋时范蠡辅佐越王勾践灭吴后，乘扁舟归隐五湖。”李商隐用此事，说自己总想着年老时

归隐江湖，但必须等到把治理国家的事业完成，功成名就之后才行。

［7］鹓雏是古代传说中一种像凤凰的鸟。《庄子·秋水》载："惠子相梁，庄子往见之。或谓惠子曰：'庄子来，欲代子相。'于是惠子恐，搜于国中三日三夜。庄子往见之，曰：'南方有鸟，其名为鹓雏。……发于南海而飞于北海，非梧桐不止，非练实不食，非醴泉不饮。于是鸱得腐鼠，鹓雏过之，仰而视之曰：吓！今子欲以子之梁国而吓我邪？'"李商隐以庄子和鹓雏自比，说自己有高远的心志，并非汲汲于官位利禄之辈，但谗佞之徒却以小人之心度之。

九日齐山登高

杜牧

【导读】

杜牧（约803年—852年），字牧之，号樊川居士，汉族，京兆万年（今陕西西安）人，唐代杰出的诗人、散文家，人称“小杜”，以别于杜甫，与李商隐并称“小李杜”。因晚年居长安南樊川别墅，故后世称“杜樊川”，著有《樊川文集》。杜牧是宰相杜佑之孙，杜从郁之子。唐文宗大和二年（828年），26岁的杜牧中进士，授弘文馆校书郎。后赴江西观察使幕，转淮南节度使幕，后为史馆修撰，膳部、比部、司勋员外郎，黄州、池州、睦州刺史等职，最终官至中书舍人。

杜牧的文学创作有多方面的成就，诗、赋、古文都堪称名家，诗歌方面尤以七言绝句著称；擅长文赋，其《阿房宫赋》为后世传诵；他还写下不少军事论文，还曾注释《孙子》。

【正文】

江涵秋影雁初飞，与客携壶上翠微[1]。
尘世难逢开口笑，菊花须插满头归。
但将酩酊酬佳节[2]，不用登临恨落晖[3]。
古往今来只如此，牛山何必独沾衣[4]。

【注释】

［1］翠微：指齐山上的翠微亭。杜牧于唐会昌四年（844年）

九月赴任池州刺史，取李白《赠秋浦柳少府》诗中的“开帘当翠微”句意，在齐山之巅建“翠微亭”，以表追思李白之意。这里代指山。

［2］酩酊：醉得稀里糊涂。这句暗用晋朝陶渊明典故。《艺文类聚·卷四引·续晋阳秋》载：“陶潜尝九月九日无酒，宅边菊丛中摘菊盈把，坐其侧，久望，见白衣至，乃王弘送酒也。即便就酌，醉而后归。”

［3］登临：登山临水或登高临下，泛指游览山水。

［4］牛山：山名，在今山东淄博市。春秋时齐景公泣牛山，即其地。

回乡偶书

贺知章

【导读】

贺知章（约659年—744年），字季真，号四明狂客，唐越州永兴（今浙江萧山）人，唐代著名诗人、书法家。少时以诗文知名，武则天证圣元年（695年）中乙未科状元，授予国子四门博士，迁太常博士，后历任礼部侍郎、秘书监、太子宾客等职。贺知章生性旷达豪放，善谈笑，好饮酒，又风流潇洒，有“清谈风流”之誉。八十六岁告老还乡，旋逝，与张若虚、张旭、包融并称“吴中四士”。贺知章诗文以绝句见长，除祭神乐章、应制诗外，其写景、抒怀之作风格独特，清新潇洒，作品大多散佚，今尚存录入《全唐诗》共十九首。

《回乡偶书二首》是唐代诗人贺知章的组诗作品。这两首诗虽是作者晚年之作，但充满生活情趣。第一首诗在抒发作者久客他乡的伤感的同时，也写出了久别回乡的亲切感；第二首诗抓住了家乡的变与不变的对比，流露出作者对生活变迁、岁月沧桑、物是人非的感慨与无奈之情。

其一

【正文】

少小离家老大回[1]，乡音无改鬓毛衰[2]。

儿童相见不相识[3]，笑问客从何处来[4]。

其二

【正文】

离别家乡岁月多，近来人事半消磨[5]。

惟有门前镜湖水[6]，春风不改旧时波。

【注释】

[1] 少小离家：贺知章三十七岁中进士，在此以前就离开家乡。老大：年纪大了。贺知章回乡时已年逾八十。

[2] 乡音：家乡的口音。无改：没什么变化。一作“难改”。鬓毛：额角边靠近耳朵的头发。一作“面毛”。鬓毛衰：老年人头发稀疏减少。

[3] 相见：即看见我。相：带有指代性的副词。不相识：即不认识我。

[4] 笑问：一本作“却问”，一本作“借问”。

[5] 消磨：逐渐消失、消除。

[6] 镜湖：在浙江绍兴会稽山的北麓，方圆三百余里。贺知章的故乡就在镜湖边上。

瑶瑟怨

温庭筠

【导读】

温庭筠（约812年—866年），名岐，字飞卿，艺名庭筠，太原祁（今山西祁县）人，晚唐诗人、词人，唐初宰相温彦博后裔。他多次考进士落榜，一生行为放浪不得志，官至国子监助教。他精通音律，工于诗，与李商隐齐名，时称“温李”。精于词，与韦庄齐名，并称“温韦”。其诗词语言华丽，浓艳精致，内容多写闺情，少数作品对时政有所反映。其词艺术成就在晚唐诸词人之上，被尊为“花间词派”之鼻祖，对词的发展影响较大，有《花间集》存词七十余首，有《温庭筠诗集》《金奁集》传世。

【正文】

冰簟银床梦不成[1]，碧天如水夜云轻[2]。

雁声远过潇湘去[3]，十二楼中月自明[4]。

【注释】

[1] 冰簟（diàn）：清凉的竹席。银床：指洒满月光的床。

[2] 碧天：青天，蓝色的天空。

[3] 远：一作“还”。潇湘：二水名，在今湖南境内，此代指楚地。

[4] 十二楼：原指神仙的居所，此指女子的住所。

更漏子·玉炉香

温庭筠

玉炉香，红蜡泪，偏照画堂秋思。眉翠薄，鬓云残[1]，夜长衾枕寒[2]。

梧桐树[3]，三更雨，不道离情正苦[4]。一叶叶，一声声，空阶滴到明[5]。

【注释】

[1] 鬓云：鬓发如云。

[2] 衾：被子。

[3] 梧桐：落叶乔木，古人以为是凤凰栖止之木。

[4] 不道：不管、不理会的意思。

[5] 空阶滴到明：出自南朝何逊《临行与故游夜别》“夜雨滴空阶”。

浪淘沙令

李煜

【导读】

此词原为唐教坊曲，《浪淘沙令》词牌名，又名《卖花声》《过龙门》等。原为二十八字，即七言绝句一首。唐白居易、刘禹锡并有此词，且词句即咏江浪淘沙。迨至李煜，因旧调另制新声，演为长短句，双调，前后片各四平韵，五十四字，又名《曲入冥》《过龙门》《卖花声》等。至柳永、周邦彦此调又演为长调《浪淘沙漫》，是为别格。

《浪淘沙令·帘外雨潺潺》是南唐后主李煜被囚汴京期间，抒发了由天子降为臣虏后难以排遣的失落感，以及对南唐故国故都的深切眷念。此词是作者去世前不久所写。胡仔《苕溪渔隐丛话》前集卷二十九《西清诗话》："南唐李后主归朝后，每怀江国，且念嫔妾散落，郁郁不自聊，尝作长短句云'帘外雨潺潺'，含思凄婉，未几下世。"全词情真意切、哀婉动人，深刻地表现了词人的亡国之痛和囚徒之悲，生动地刻画了一个亡国之君的艺术形象。

【正文】

帘外雨潺潺[1]，春意阑珊[2]，罗衾不耐五更寒[3]。梦里不知身是客[4]，一晌贪欢[5]。

独自莫凭栏[6]，无限江山[7]，别时容易见时难。流水落花春去也，天上人间。

【注释】

［1］潺潺：形容雨声。

［2］阑珊：衰残。一作“将阑”。

［3］罗衾：绸被子。不耐：受不了。

［4］身是客：指被拘汴京，形同囚徒。

［5］一晌（shǎng）：一会儿，片刻。一作“饷（xiǎng）”。贪欢：指贪恋梦境中的欢乐。

［6］凭栏：靠着栏杆。

［7］江山：指南唐河山。

【知识拓展】本课中出现的成语或典故

春意阑珊：春意，春天的气象。阑珊，将尽、将衰。指春天即将过去。

流水落花：形容春天将尽的残败景象。比喻好时光的消逝。

天上人间：一个在天上，一个在人间。比喻境遇完全不同。

蝶恋花·伫倚危楼风细细

柳永

【导读】

柳永（987 年—1053 年），字耆卿，本名三变，字景庄，后改名永，排行第七，又称柳七。福建崇安（今福建武夷山）人，词人，婉约派最具代表性的人物之一。他出身书香仕宦之家，其父亲、叔叔、哥哥、儿子、侄子都是进士，柳本人却仕途坎坷，多次应试不第。宋仁宗景祐元年（1034 年），年近半百，才赐进士出身，官屯田员外郎。后来柳永出言不逊，得罪朝官，被罢官，圣谕道："任作白衣卿相，风前月下填词。"从此，他自称"奉旨填词柳三变"，并以"白衣卿相"自诩，长期出入歌楼舞馆，与歌妓们相处密切，靠为她们填词作曲维持生活。

他精通音律，擅长作词，又擅长谱写乐曲，创制了许多词调，成为北宋第一个专业词人，也是第一个大量创制慢词（长调）的词人。他的词多描绘城市风光和歌妓生活，尤长于抒写羁旅行役之情，铺叙刻画，情景交融，语言通俗，在当时流传极其广泛，有"凡有井水饮处，皆能歌柳词"之说。他扩大了词境，佳作极多，开拓了词的题材内容，发展了铺叙手法，促进了词的通俗化、口语化，在词史上产生了较大的影响，在词史上有重要地位。其作品仅《乐章集》一卷流传至今。

【正文】

伫倚危楼风细细[1]，望极春愁[2]，黯黯生天际[3]。草色烟光残照里[4]，无言谁会凭阑意[5]。

拟把疏狂图一醉[6]，对酒当歌，强乐还无味[7]。衣带渐宽终不悔[8]，为伊消得人憔悴[9]。

【注释】

[1] 伫：久立。危楼：高楼。长时间倚靠在高楼的栏杆上。

[2] 望极：极目远望。

[3] 黯黯：迷蒙不明，形容心情沮丧忧愁。生天际：从遥远无边的天际升起。

[4] 烟光：飘忽缭绕的云霭雾气。

[5] 会：理解。阑：通“栏”。

[6] 拟把：打算。疏狂：狂放不羁。

[7] 强（qiǎng）乐：勉强欢笑。强：勉强。

[8] 衣带渐宽：指人逐渐消瘦。

[9] 消得：值得，能忍受得了。

【知识拓展】本课中出现的成语或典故

衣带渐宽终不悔，为伊消得人憔悴：人消瘦了，衣带越来越宽松，却始终不后悔，为了心中所爱，情愿一身憔悴。后来也比喻为了理想或事业而全心投入、无悔付出。

江城子·乙卯正月二十日夜记梦

苏轼

【导读】

苏轼（1037 年—1101 年），字子瞻，一字和仲，号东坡居士，世称苏东坡、苏仙，眉州眉山（今四川眉山）人，北宋著名文学家、书法家、画家。嘉祐二年（1057 年）与弟辙同登进士，授大理评事，签书凤翔府判官，与王安石政见不合，反对推行新法，自请外任，出为杭州通判，迁知徐州、湖州等地。元丰二年（1079 年），因“乌台诗案”，贬黄州团练副使。宋哲宗即位后，曾任翰林学士、侍读学士、礼部尚书等职，并出知杭州、颍州、扬州、定州等地，晚年因新党执政被贬惠州、儋州。宋徽宗时获赦北还，途中于常州病逝。宋高宗时追赠太师，谥号“文忠”。

苏轼在诗、词、散文、书、画等方面取得了很高的成就，其诗题材广阔，清新豪健，善用夸张比喻，独具风格，与父苏洵、弟苏辙合称“三苏”；其文纵横恣肆，为“唐宋八大家”之一；与黄庭坚并称“苏黄”；词开豪放一派，与辛弃疾同是豪放派代表，并称“苏辛”；其散文著述宏富，豪放自如，与欧阳修并称“欧苏”；善书法，为“宋四家”之一；工于画，尤擅墨竹、怪石、枯木等。有《东坡七集》《东坡易传》《东坡乐府》等传世。

《江城子·乙卯正月二十日夜记梦》是苏轼所作的一首悼念其原配妻子王弗而写的悼亡词。苏东坡十九岁时，与十六岁的王弗结婚。二人恩爱情深，可惜治平二年（1065 年）五月丁亥，王弗卒于京师。十年后的正月二十日，即题记中“乙卯”（宋神宗熙宁八年，1075 年），其时苏东坡任密州（今山东诸城）知州，他梦见爱妻王氏，美好当年，恍如昨日，于是写下这首“有声当彻天，有泪当彻泉”传诵千古的悼亡词，情意缠绵，抒写对亡妻执着不舍、绵绵不尽的哀伤和思念，成为脍炙人口的名作。

【正文】

十年生死两茫茫[1]，不思量[2]，自难忘。千里孤坟[3]，无处话凄凉。纵使相逢应不识[4]，尘满面[5]，鬓如霜。

夜来幽梦忽还乡[6]，小轩窗[7]，正梳妆。相顾无言[8]，惟有泪千行。料得年年肠断处[9]，明月夜，短松冈[10]。

【注释】

[1] 十年：指结发妻子王弗去世已十年。

[2] 思量：想念。

[3] 千里：王弗葬地四川眉山与苏轼任所山东密州，相隔遥远，故称“千里”。

[4] 纵使：即使。

[5] 尘满面：形容饱经沧桑，面容憔悴。

[6] 幽梦：梦境隐约，故云幽梦。

[7] 小轩窗：指小室的窗前，小轩：有窗槛的小屋。

[8] 顾：看。

[9] 料得：料想，想来。肠断处：一作“断肠处”。

[10] 短松：矮松。短松冈：苏轼葬妻之地。

【知识拓展】本课中出现的成语或典故

相顾无言：顾，看。彼此对看说不出话。形容双方心事沉重时的情状。

春宵

苏轼

春宵[1]一刻[2]值千金，
花有清香[3]月有阴[4]。
歌管[5]楼台声细细，
秋千院落夜沉沉。

【注释】

［1］春宵：春夜。

［2］一刻：比喻时间短暂。刻，计时单位，古代用漏壶计时，一昼夜共分为一百刻。

［3］花朵散发出清香。

［4］指月光在花下投射出朦胧的阴影。

［5］歌声和管乐声。

【知识拓展】本课中出现的成语或典故

春宵一刻：欢娱难忘的美好时刻。

苏幕遮·燎沉香

周邦彦

【导读】

周邦彦（1056 年—1121 年），字美成，号清真居士，钱塘（今浙江杭州）人，北宋著名词人。少年落魄不羁，后在太学读书，宋神宗时因献《汴京赋》擢为太学正。哲宗时任庐州教授、知溧水县、国子主簿、秘书省正字。徽宗时先后为校书郎、议礼避榆讨、大晟府提举，为朝廷制礼作乐。晚年知顺昌府和处州、南京鸿庆宫提举，徽宗宣和三年（1121 年）病逝于南京（今河南商丘）。六十六岁卒，赠宣奉大夫。

周邦彦诗词文赋，无所不擅，但为词名所掩，诗文多零落不传。他精通音律，能自度曲，创制不少新词调，存词二百余篇。周邦彦词作内容多写男女恋情、别愁离恨、人生哀怨等传统题材，他的成就主要在于兼收并蓄，博采诸家之所长，引导词的创作走上富艳精工的道路。他的词既有温庭筠的秾丽，韦庄的清艳，又有冯延巳的缠绵、李后主的深婉，也有晏殊的蕴藉和欧阳修的秀逸，也有柳永的铺叙绵密以及苏轼的清旷豪达，为后来格律词派词人所宗。他的作品在婉约词人中长期被尊为“正宗”，旧时词论称他为“词家之冠”或“词中老杜”，是公认“负一代词名”的词人，被尊为婉约派的集大成者和格律派的创始人，开南宋姜夔、吴文英格律词派先河，在宋代影响甚大。有《清真居士集》，已佚，今存《片玉词》十卷，《清真集》两卷，集外词一卷。

《苏幕遮》是一首思乡之词，作于神宗元丰六年（1083 年）

至哲宗元祐元年（1086 年）之间，当时周邦彦久客京师，由太学诸生直升太学正。长期远离家乡，难免思念故乡。此词以雨后风荷为媒介，引入故乡归梦，表达对故乡杭州的深深眷念。词中对荷花的传神描写被王国维《人间词话》评为“真能得荷之神理者”，为写荷之绝唱。

【正文】

燎沈香[1]，消溽暑[2]。鸟雀呼晴[3]，侵晓窥檐语[4]。叶上初阳干宿雨[5]，水面清圆[6]，一一风荷举[7]。

故乡遥，何日去？家住吴门[8]，久作长安旅[9]。五月渔郎相忆否？小楫轻舟[10]，梦入芙蓉浦[11]。

【注释】

[1] 燎（liáo）：细焚。沈香：沈：现写作“沉”。沈（沉）香是一种名贵香料，置水中则下沉，故又名沉水香，其香味可辟恶气。

[2] 溽（rù）暑：夏天闷热潮湿的暑气。

[3] 呼晴：唤晴。旧有鸟鸣可占晴雨之说。

[4] 侵晓：拂晓。侵：渐近。

[5] 宿雨：隔夜的雨。

[6] 清圆：清润圆正。

[7] 意为荷叶迎着晨风，每一片荷叶都挺出水面。

[8] 吴门：古吴县城亦称吴门，即今之江苏苏州，此处以吴门泛指吴越一带。作者是钱塘人，钱塘古属吴郡，故称之。

[9] 旅：客居。长年旅居在京城。长安：借指北宋的都城汴京（今河南开封）。

[10] 楫：划船用具，短桨。

[11] 浦：水湾、河流。芙蓉：又叫“芙蕖”，荷花的别称。芙蓉浦：有荷花的水边，有溪涧可通的荷花塘，词中指杭州西湖。

永遇乐·落日熔金

李清照

【导读】

李清照（1084年—1155年），号易安居士，济南章丘（今山东济南）人，宋代女词人。她出身于书香门第，早期生活优裕。出嫁后，与丈夫赵明诚共同致力于金石书画的搜集整理，共同从事学术研究。金兵入据中原后，流落南方，赵明诚病死，李清照境遇孤苦。她工诗善文，擅长书、画，通晓金石，尤精于词。她的词作独步一时，分前期和后期。前期多写其悠闲生活，多描写爱情生活、自然景物，韵调优美。后期多慨叹身世，怀乡忆旧，情调悲伤。她的词在艺术上达到了炉火纯青的境界，形成了自己独特的艺术风格——“易安体”，人称“易安词”“漱玉词”，以其号与集而得名。她将“语尽而意不尽，意尽而情不尽”的婉约风格发展到了顶峰，以致赢得了婉约派词人“宗主”的地位，成为婉约派代表人物之一，对辛弃疾、陆游以及后世词人有较大影响。她被称为“宋代最伟大的一位女词人，也是中国文学史上最伟大的一位女词人”，有“千古第一才女”之美誉。她杰出的艺术成就赢得了后世文人的高度赞扬。后人认为她的词“不徒俯视巾帼，直欲压倒须眉”。有《易安居士文集》《易安词》等著作，已不传。现存诗文集为后人所辑，有《漱玉词》一卷，《漱玉集》五卷。

这首词是宋高宗绍兴二十年（1150年）李清照晚年流寓江南时而伤今追昔之作。描写北宋京城汴京和南宋京城临安（今浙江杭州）元宵节的情景，借以抒发自己的故国之思，并含蓄地表现了对南宋统治者苟且偷安的不满。

【正文】

落日熔金，暮云合璧，人在何处。染柳烟浓，吹梅笛怨[1]，春意知几许。元宵佳节，融和天气，次第岂无风雨[2]。来相召、香车宝马[3]，谢他酒朋诗侣。

中州盛日[4]，闺门多暇，记得偏重三五[5]。铺翠冠儿[6]，捻金雪柳[7]，簇带争济楚[8]。如今憔悴，风鬟霜鬓，怕见夜间出去。不如向、帘儿底下，听人笑语。

【注释】

［1］吹梅笛怨：梅，指乐曲《梅花落》，用笛子吹奏此曲，其声哀怨。

［2］次第：这里是转眼的意思。

［3］香车宝马：这里指贵族妇女所乘坐的、雕镂工致装饰华美的车驾。

［4］中州：即中土、中原。这里指北宋的都城汴京，今河南开封。

［5］三五：十五日，此处指元宵节。

［6］翠冠儿：以翠羽装饰的帽子。

［7］雪柳：雪白如柳叶之头饰，以素绢和银纸做成的头饰。此二句所列举均为北宋元宵节妇女时髦的妆饰品。

［8］簇带：簇，聚集之意。带即戴，加在头上谓之戴。济楚：美好、端整、漂亮。簇带、济楚均为宋时方言，意为头上所插戴的各种饰物。

钗头凤·红酥手

陆游

【导读】

陆游（1125 年—1210 年），字务观，号放翁，越州山阴（今浙江绍兴）人，南宋文学家、史学家、爱国诗人，尚书丞陆佃之孙。陆游生逢北宋灭亡之际，少年时深受家庭爱国思想的熏陶。宋高宗时，参加礼部考试，因受秦桧排斥而仕途不畅。宋孝宗即位后，赐进士出身，历任福州宁德县主簿、敕令所删定官、隆兴府通判等职，因坚持抗金，屡遭主和派排斥。宋光宗继位后，升为礼部郎中兼实录院检讨官，不久罢官归居故里。宋宁宗诏入京，主持编修孝宗、光宗《两朝实录》和《三朝史》，官至宝章阁待制。书成后，蛰居家乡山阴。嘉定三年（1210 年）留绝笔《示儿》，与世长辞。

陆游十二岁即能诗文，具有多方面文学才能，诗词文俱有很高成就，尤以诗的成就为最。其诗语言平易晓畅、章法整饬谨严，兼具李白的雄奇奔放与杜甫的沉郁悲凉，尤以饱含爱国热情对后世影响深远，诗与尤袤、杨万里、范成大齐名，称南宋四大家。自言“六十年间万首诗”，存诗九千三百多首，是我国现有存诗最多的诗人。其中许多诗篇抒写了抗金杀敌的豪情和对敌人、卖国贼的仇恨，风格雄奇奔放，沉郁悲壮，洋溢着强烈的爱国主义激情，在思想上、艺术上取得了卓越成就，在生前即有“小李白”之称，不仅成为南宋一代诗坛领袖，也是我国伟大的爱国诗人。他的词作量不如诗篇巨大，但和诗同样贯穿了气吞残虏的爱国主义精神。杨慎谓其词纤丽处似秦观，雄慨处似苏轼。他的《南唐书》，“简核有法”，史评色彩鲜明，具有很高的史料价值。有《剑南诗稿》《渭南文集》《南唐书》《老学庵笔记》等数十个文集存世，在中国文学史上享有崇高地位。

《钗头凤·红酥手》是描写词人与唐婉爱情悲剧的一首词。全词记述了词人与唐氏被迫分开后，在禹迹寺南沈园的一次偶然相遇的情景，表达了他们眷恋之深和相思之切，抒发了作者怨恨愁苦而又难以言状的凄楚痴情，是一首别开生面、催人泪下的作品。

词人陆游的原配夫人是同郡唐姓士族的一个大家闺秀（一说唐氏是陆游的表妹唐琬）。结婚以后，他们夫妻恩爱，情投意合。而陆母恐陆游儿女情长，荒疏功业，迁怒唐婉，责骂不已。不到三年，二人终于在母命难违的逼迫下，被迫分离。陆母给儿子另娶王氏成妻，唐氏改嫁“同郡宗子”赵士程，彼此之间音讯全无。七年以后的一个春日，陆游在家乡山阴城南禹迹寺附近的沈园，与偕夫同游的唐氏邂逅相遇。唐氏安排酒肴，聊表对陆游的抚慰之情。陆游见人感事，心中感触很深，遂乘醉吟赋这首词，信笔题于园壁之上。唐婉回到家中，愁怨难解，于是和了《钗头凤·世情薄》。词中描写了唐婉与陆游被迫分开后的种种心事，直抒胸臆，唯美动人。

【正文】

红酥手，黄縢酒[1]，满城春色宫墙柳[2]。东风恶[3]，欢情薄。一怀愁绪，几年离索[4]。错！错！错！

春如旧，人空瘦，泪痕红浥鲛绡透[5]。桃花落，闲池阁[6]。山盟虽在[7]，锦书难托[8]。莫！莫！莫！[9]

【注释】

［1］黄縢（téng）：此处指美酒。宋代官酒以黄纸为封，故以黄封代指美酒。

［2］宫墙：南宋以绍兴为陪都，绍兴的某一段围墙，故有宫墙之说。

［3］东风：喻指陆游的母亲。

［4］离索：离群索居的简括。

［5］浥（yì）：湿润。鲛绡（jiāo xiāo）：神话传说鲛人所织的绡，极薄，后用以泛指薄纱，这里指手帕。绡：生丝，生丝织物。

［6］池阁：池上的楼阁。

［7］山盟：旧时常用山盟海誓，指对山立盟，指海起誓。

［8］锦书：写在锦上的书信。

［9］莫：相当于“罢了”。

【知识拓展】延伸阅读

钗头凤·世情薄

唐婉

世情薄，人情恶，雨送黄昏花易落。晓风干，泪痕残。欲笺心事，独语斜阑。难！难！难！

人成各，今非昨，病魂常似秋千索。角声寒，夜阑珊。怕人寻问，咽泪装欢。瞒！瞒！瞒！

摸鱼儿·并序

辛弃疾

【导读】

辛弃疾（1140 年—1207 年），原字坦夫，改字幼安，别号稼轩，追赠少师，谥忠敏，山东济南府历城县（今济南历城）人，南宋豪放派词人，生于金国，出生时，中原已为金兵所有。二十一岁参加抗金义军，不久归南宋。历任湖北、江西、湖南、福建、浙东安抚使等职，淳熙八年（1181 年），四十二岁的辛弃疾因受到弹劾而被免职，归居上饶。此后二十年间，他除了短时间出任福建提点刑狱、福建安抚使、绍兴知府、镇江知府等职外，大部分时间都在乡闲居。辛弃疾一生坚决主张抗击金兵，收复失地。1207 年秋逝世，年六十八岁。

辛弃疾是两宋存词最多的作家，存词六百多首。其词题材广阔，政治、哲理、朋友之情、恋人之情、田园风光、民俗人情、日常生活、读书感受等都写入词中，其中以国家、民族的现实问题为题材的词最多、最为突出，强烈的爱国主义思想和战斗精神是他词的基本思想内容。艺术风格多样，以雄伟奔放为主，热情洋溢，慷慨悲壮，笔力雄厚，又善化用各种典籍和前人诗词中成句和典故，融化或镶嵌入词，风格沉雄豪迈又不乏细腻柔媚之处。在苏轼的基础上，大大开拓了词的思想意境，提高了词的文学地位。人称词中之龙，与苏轼合称“苏辛”，与李清照并称“济南二安”。有词集《稼轩长短句》。

这首词是辛弃疾的一首忧时感世之作。宋孝宗淳熙六年

（1179 年），辛弃疾南渡之后的第十七年。这期间他转任频繁，却都是远离战场、管理民政的钱粮官。这一年他四十岁，再次由湖北转运副使改调湖南转运副使。使他看到与自己恢复失地、建功立业的志愿相去愈来愈远。他在辞行前，与接任他的故交王正之在山亭摆下酒席，他感慨万千，写下了这首词，借此抒发自己壮志难酬的愤慨和对国家命运的关切之情。

【正文】

淳熙己亥[1]，自湖北漕移湖南[2]，同官王正之置酒[3]，为赋。

更能消、几番风雨[4]，匆匆春又归去。惜春长怕花开早[5]，何况落红无数[6]。春且住，见说道、天涯芳草无归路[7]。怨春不语。算只有殷勤[8]，画檐蛛网，尽日惹飞絮。

长门事[9]，准拟佳期又误。蛾眉曾有人妒[10]，千金纵买相如赋，脉脉此情谁诉[11]？君莫舞，君不见、玉环飞燕皆尘土[12]！闲愁最苦！休去倚危栏[13]，斜阳正在，烟柳断肠处。

【注释】

［1］淳熙是宋孝宗的年号，己亥是干支之一。淳熙己亥即 1179 年。

［2］漕：漕司的简称，指转运使。

［3］同官王正之：作者调离湖北转运副使后，淳熙六年由王正之接任湖北转运判官，故称“同官”。王正之：名正己，是作者旧交。

［4］消：经受。

［5］怕：一作“恨”。

［6］落红：落花。

［7］无：一作“迷”。

［8］想来只有檐下蛛网还殷勤地沾惹飞絮，留住春色。

［9］长门：汉代宫殿名，武帝皇后失宠后被幽闭于此。

［10］蛾眉：蚕蛾触须细长而弯曲，因以比喻女子美丽的眉毛，又指漂亮的女子。

［11］脉脉：绵长深厚。

［12］君：指善妒之人。玉环飞燕：杨玉环、赵飞燕，皆貌美善妒。

［13］危栏：高楼上的栏杆。

窦娥冤

关汉卿

【导读】

关汉卿（1219 年—1301 年），祁州人（今河北安国），号已斋叟，元代杂剧作家，元代杂剧奠基人，与马致远、郑光祖、白朴并称为“元曲四大家”，关汉卿位于之首。贾仲明《录鬼簿》吊词称他为“驱梨园领袖，总编修师首，捻杂剧班头”，可见他在元代剧坛上的地位。关汉卿在杂剧、散曲、诗歌等方面都有突出的贡献，以杂剧的成就最大，今知有六十七部，现存十八部。关汉卿的杂剧内容具有强烈的现实性和弥漫着昂扬的战斗精神，深刻地再现了社会现实，充满着浓郁的时代气息。其中《窦娥冤》《救风尘》《望江亭》《拜月亭》《鲁斋郎》《单刀会》《调风月》等是他的代表作，最著名的是《窦娥冤》。散曲小令四十多首、套数十多首。他的散曲，内容丰富多彩，格调清新刚劲，具有很高的艺术价值。关汉卿生平的资料缺乏，只能从零星的记载中窥见其大略。在《南吕一枝花·不伏老》结尾一段，自称是“蒸不烂、煮不熟、捶不匾、炒不爆、响珰珰一粒铜豌豆”，被称为“元杂剧的鼻祖”，被誉为“曲圣”。他的剧作被译为英文、法文、德文、日文等，在世界各地广泛传播，在世界文学艺术史上也享有盛誉，被称为“东方的莎士比亚”。

《窦娥冤》题目为《秉鉴持衡廉访法》，正名为《感天动地窦娥冤》。全剧四折一楔子，写窦娥被无赖诬陷，又被官府错判斩刑的冤屈故事。揭露了元代吏治的腐败残酷，反映了当时的社会黑暗，歌颂了窦娥的善良心灵和反抗精神。《窦娥冤》是关汉卿的杂剧代表作，也是元杂剧悲剧的典范，被称为中国十大古典悲剧之一，同时也是元杂剧四大悲剧之一，被称为“本色派之首”。

第三折

【正文】

〔外扮监斩官上，云〕下官监斩官是也。今日处决犯人，着做公的把住巷口[1]，休放往来人闲走。〔净扮公人，鼓三通，锣三下科，刽子磨旗、提刀、押正旦带枷上[2]，刽子云〕行动些，行动些，监斩官去法场上多时了。〔正旦唱〕

【正宫·端正好】没来由犯王法[3]，不提防遭刑宪[4]，叫声屈动地惊天。顷刻间游魂先赴森罗殿[5]，怎不将天地也生埋怨。

【滚绣球】有日月朝暮悬，有鬼神掌着生死权。天地也！只合把清浊分辨[6]，可怎生糊突了盗跖[7]，颜渊[8]？为善的受贫穷更命短，造恶的享富贵又寿延。天地也！做得个怕硬欺软，却原来也这般顺水推船！地也，你不分好歹何为地！天也，你错勘贤愚枉做天！哎，只落得两泪涟涟。

〔刽子云〕快行动些，误了时辰也。〔正旦唱〕

【倘秀才】则被这枷纽的我左侧右偏，人拥的我前合后偃[9]。我窦娥向哥哥行有句言[10]。〔刽子云〕你有甚么话说？〔正旦唱〕前街里去心怀恨，后街里去死无冤，休推辞路远。

〔刽子云〕你如今到法场上面，有什么亲眷要见的，可教他过来，见你一面也好。〔正旦唱〕

【叨叨令】可怜我孤身只影无亲眷，则落的吞声忍气空嗟怨。〔刽子云〕难道你爷娘家也没的？〔正旦云〕只有个爹爹，十三年前上朝取应去了，至今杳无音信。〔唱〕早已是十年多不睹爹爹面。〔刽子云〕你适才要我往后街里去[11]，是甚么主意？〔正旦唱〕怕则怕前街里被我婆婆见。〔刽子云〕你的性命也顾不得，怕他见怎的?〔正旦云〕俺婆婆若见我披枷带锁赴法场餐刀去呵[12]，〔唱〕枉将他气杀也么哥[13]，枉将他气杀也么哥。告哥哥，临危好与人行方便。

〔卜儿哭上科，云〕天那，兀的不是我媳妇儿!〔刽子云〕婆子靠后。〔正旦云〕既是俺婆婆来了，叫他来，待我嘱咐他几句话咱。〔刽子云〕那婆子，近前来，你媳妇要嘱咐你话哩。〔卜儿云〕孩儿，痛杀我也。〔正旦云〕婆婆，那张驴儿把毒药放在羊肚儿汤里，实指望药死了你，要霸占我为妻。不想婆婆让与他老子吃，倒把他老子药死了。我怕连累婆婆，屈招了药死公公，今日赴法场典刑。婆婆，此后遇着冬时年节，月一十五，有瀽不了的浆水饭[14]，瀽半碗儿与我吃；烧不了的纸钱，与窦娥烧一陌儿[15]。则是看你死的孩儿面上。〔唱〕

【快活三】念窦娥葫芦提当罪愆[16]，念窦娥身首不完全，念窦娥从前已往干家缘[17]，婆婆也，你只看窦娥少爷无娘面。

【鲍老儿】念窦娥伏侍婆婆这几年，遇时节将碗凉浆奠[18]；你去那受刑法尸骸上烈些纸钱[19]，只当把你亡化的孩儿荐[20]。〔卜儿哭科，云〕孩儿放心，这个老身都记得。天那，兀的不痛杀我也[21]。〔正旦唱〕婆婆也，再也不要啼啼哭哭，烦烦恼恼，怨气冲天。这都是我做窦娥的没时没运，不明不暗，负屈衔冤。

〔刽子做喝科，云〕兀那婆子靠后，时辰到了也。〔正旦跪科〕〔刽子开枷科〕〔正旦云〕窦娥告监斩大人，有一事肯依窦娥，便死而无怨。〔监斩官云〕你有什么事？你说。〔正旦云〕要一领净席，等我窦娥站立，又要丈二白练[22]，挂在旗枪上。若是我窦娥委实冤枉，刀过处头落，一腔热血休半点儿沾在地下，都飞在白练上者。〔监斩官云〕这个就依你，打什么不紧[23]。〔刽子做取席，站科，又取白练挂旗上科〕〔正旦唱〕

【耍孩儿】不是我窦娥罚下这等无头愿[24]，委实的冤情不浅。若没些儿灵圣与世人传，也不见得湛湛青天。我不要半星热血红尘洒，都只在八尺旗枪素练悬。等他四下里皆瞧见，这就是咱苌弘化碧[25]，望帝啼鹃[26]。

〔刽子云〕你还有甚的说话，此时不对监斩大人说，几时说那?〔正旦再跪科，云〕大人，如今是三伏天道[27]，若窦娥委实冤枉，身死之后，天降三尺瑞雪，遮掩了窦娥尸首。〔监斩官云〕这等三伏天道，你便有冲天的怨气，也召不得一片雪来，可不胡说!〔正旦唱〕

【二煞】你道是暑气暄[28]，不是那下雪天；岂不闻飞霜六月因邹衍[29]？若果有一腔怨气喷如火，定要感的六出冰花滚似锦[30]，免着我尸骸现；要什么素车白马[31]，断送出古陌荒阡[32]？

〔正旦再跪科，云〕大人，我窦娥死的委实冤枉，从今以后，着这楚州亢旱三年[33]。〔监斩官云〕打嘴！那有这等说话!〔正旦唱〕

【一煞】你道是天公不可期，人心不可怜，不知皇天也肯从人愿。做甚么三年不见甘霖降[34]，也只为东海曾经孝妇冤[35]。如今轮到你山阳县[36]，这都是官吏每无心正法，使百姓有口难言。

〔刽子做磨旗科，云〕怎么这一会儿天色阴了也?〔内做风科，刽子云〕好冷风也!〔正旦唱〕

【煞尾】浮云为我阴，悲风为我旋，三桩儿誓愿明提遍[37]。〔做哭科，云〕婆婆也，直等待雪飞六月，亢旱三年呵，〔唱〕那其间才把你个屈死的冤魂这窦娥显。

〔刽子做开刀，正旦倒科〕〔监斩官惊云〕呀，真个下雪了，有这等异事!〔刽子云〕我也道平日杀人，满地都是鲜血，这个窦娥的血，都飞在那丈二白练上，并无半点落地，委实奇怪。〔监斩官云〕这死罪必有冤枉，早两桩儿应验了，不知亢旱三年的说话，准也不准？且看后来如何。左右，也不必等待雪晴，便与我抬她尸首，还了那蔡婆婆去罢。〔众应科，抬尸下〕

【注释】

［1］做公的：即公门中人，这里是对官衙中衙役与皂隶的统称。

［2］磨旗：挥动旗子开路。

［3］没来由：无缘无故，这里是冤枉之意。

［4］不提防：想不到。

［5］森罗殿：俗称阎罗殿、阎王殿。民间迷信传说中有人死后魂魄归阴间的说话，阴间俗称阴曹地府，最高统治者就是阎罗王，他审案断事之处谓之森罗殿。

［6］只合：本该。

［7］糊突：即糊涂。盗跖：跖是古代传说中反抗贵族统治的领袖，被统治阶级诬之为“盗”，故称为盗跖。

［8］颜渊：孔子的学生，贫而好学，古代以之为贤人的典型。

［9］前合后偃：即前合后仰。

［10］哥歌行（háng）：行：凡用于人称代词后面的，均起指示方位的作用。“哥哥行”即“哥哥那里”。

［11］适才：方才，刚刚，也写作“适间”“适来”。

［12］餐刀：挨刀，即被砍头之意。

［13］也么哥：语助词，无义。

［14］瀽（jiǎn）：倒，泼，此处是不要的意思。

［15］一陌儿：旧时祭奠要烧纸钱，“一陌儿”即一百张纸钱，即一串纸钱、一叠纸钱。陌：通“佰”。

［16］葫芦提：糊里糊涂、不明不白，宋元间市井口语。罪愆：罪恶，引申为罪犯。

［17］干家缘：料理家务。

［18］遇时节：指逢年过节。

［19］烈：烧。

［20］荐：追荐，即做佛事以求死去的鬼魂升天。

［21］兀的：这个、这样。

［22］白练：泛指白色绸缎。练：白绢。

［23］打什么不紧：即有什么要紧、有什么关系之意。

［24］罚下：赌下。无头愿：砍头的誓愿。

［25］苌弘化碧：苌弘（不详—公元前 492 年），又称苌叔，周之忠臣，无辜被害，流血成石，或谓化为碧玉，不见其尸。

［26］望帝啼鹃：相传战国时蜀王杜宇称帝，号望帝，为蜀治水有功，后禅位臣子，退隐西山，死后化为杜鹃鸟，啼声凄切，后常指悲哀凄惨的啼哭。

［27］三伏：指夏季炎热的时节，包括初伏、中伏、末伏，从农历夏至第三个庚日开始，每十天为一伏。天道：天气。

［28］暑气暄：热气蒸腾，极言夏季酷暑炎热。

［29］飞霜六月因邹衍：相传，战国时人邹衍对燕惠王忠心耿耿，燕惠王却听信谗言把他囚禁了。他入狱时仰天大哭，当是正当夏天，竟然下起霜来，后用来表示冤狱。

［30］六出冰花：即雪花，因雪花结晶体为六瓣而得名。

［31］素车白马：东汉时，张劭与范式交好，后张劭病故，范式全身缟素，乘白马白车，远道驰赴吊丧。

［32］断送：犹言发送、发葬。古陌荒阡：指荒郊野外。

［33］亢旱：大旱、久旱。

［34］甘霖：指及时雨。

［35］东海孝妇：出自《列女传》与《汉书·于定国传》，是古老的汉族民间传说故事。孝妇本名周青，很早死了丈夫，又没有儿子，但赡养婆婆非常周到。婆婆因不想拖累她，上吊自缢。而孝妇却由此入狱，并屈打成招，最终被太守杀死。孝妇被斩时，许下三宗愿，如系冤杀，血将倒流、六月飞雪、大旱三年。孝妇被杀后三年，郡中果然大旱，直至新太守亲自祭奠孝妇之墓并表彰其德行，天才下起雨来。干宝在《搜神记》中记载孝妇死时青黄色的鲜血沿着长竹竿向上流，到了竿顶才

沿着幡而流下。

［36］山阳县：即今江苏淮安。

［37］三桩儿誓愿：指窦娥临刑前发的三桩冤誓：鲜血倒流、六月飞雪、亢旱三年。题遍：犹说完、喊出。题：说，提出。

第四折

【正文】

〔窦天章冠带引丑张千祗从上，诗云〕独立空堂思黯然，高峰月出满林烟，非关有事人难睡，自是惊魂夜不眠。老夫窦天章是也。自离了我那端云孩儿，可早十六年光景。老夫自到京师，一举及第，官拜参知政事。只因老夫廉能清正，节操坚刚，谢圣恩可怜，加老夫两淮提刑肃政廉访使之职，随处审囚刷卷，体察滥官污吏，容老夫先斩后奏。老夫一喜一悲，喜呵，老夫身居台省，职掌刑名，势剑金牌，威权万里；悲呵，有端云孩儿，七岁上与了蔡婆婆为儿媳妇，老夫自得官之后，使人往楚州问蔡婆婆家，他邻里街坊道，自当年蔡婆婆不知搬在那里去了，至今音信皆无。老夫为端云孩儿，啼哭的眼目昏花，忧愁得须发斑白。今日来到这淮南地面，不知这楚州为何三年不雨？老夫今在这州厅安歇。张千，说与那州中大小属官，今日免参，明日早见。〔张千向古门云〕一应大小属官，今日免参，明日早见。〔窦天章云〕张千，说与那六房吏典，但有合刷照文卷，都将来，待老夫灯下看几宗波。〔张千送文卷科，窦天章云〕张千，你与我掌上灯，你每都辛苦了，自去歇息罢。我唤你便来，不唤你休来。〔张千点灯，同祗从下。窦天章云〕我将这文卷看几宗咱。一起犯人窦娥，将毒药致死公公。我才看头一宗文卷，就与老夫同姓，这药死公公的罪名，犯在十恶不赦，俺同姓之人，也有不畏法度的。这是问结了的文书，不看他罢。我将这文卷压在底下，别看一宗咱。〔做打呵欠科，云〕不觉的一阵昏沉上来，皆因老夫年纪高大，鞍马劳困之故，待我搭伏定书案，歇息些儿咱。〔做睡科，魂旦上，唱〕

【双调·新水令】我每日哭啼啼守住望乡台，急煎煎把仇人等待，慢腾腾昏地里走，足律律旋风中来，则被这雾锁云埋，撺掇的鬼魂快。

〔魂旦望科，云〕门神户尉不放我进去。我是廉访使窦天章女孩儿，因我屈死，父亲不知，特来托一梦与他咱。〔唱〕

【沉醉东风】我是那提刑的女孩，须不比现世的妖怪。怎不容我到灯影前，却拦截在门程外?

〔做叫科，云〕我那爷爷呵,〔唱〕枉自有势剑金牌，把俺这屈死三年的腐骨骸，怎脱离无边苦海!〔做入见哭科，窦天章亦哭科，云〕端云孩儿，你在那里来?〔魂旦虚下〕〔窦天章做醒科，云〕好是奇怪也，老夫才合眼去，梦见端云孩儿恰便似来我跟前一般，如今在那里?我且再看这文卷咱。〔魂旦上，做弄灯科〕〔窦天章云〕奇怪，我正要看文卷，怎生这灯忽明忽灭的!张千也睡着了，我自己剔灯咱。〔做剔灯，魂旦翻文卷科，窦天章云〕我剔的这灯明了也。再看几宗文卷。一起犯人窦娥药死公公。〔做疑怪科，云〕这一宗文卷，我为头看过，压在文卷底下，怎生又在这上头?这几时问结了的，还压在底下，我别看一宗文卷波。〔魂旦再弄灯科，窦天章云〕怎么，这灯又是半明半暗的，我再剔这灯咱。〔做剔灯，魂旦再翻文卷科，窦天章云〕我剔的这灯明了，我另拿一宗文卷看咱。一起犯人窦娥药死公公。呸!好是奇怪!我才将这文书分明压在底下，刚剔了这灯，怎生又翻在面上?莫不是楚州后厅里有鬼么?便无鬼呵，这桩事必有冤枉。将这文卷再压在底下，待我另看一宗如何?〔魂旦又弄灯科，窦天章云〕怎生这灯又不明了?敢有鬼弄这灯?我再剔一剔去。〔做剔灯科，魂旦上，做撞见科，窦天章举剑击桌科，云〕呸!

我说有鬼！兀那鬼魂，老夫是朝廷钦差带牌走马肃政廉访使，你向前来，一剑挥之两段。张千，亏你也睡的着，快起来，有鬼有鬼。兀的不吓杀老夫也。〔魂旦唱〕

【乔牌儿】则见他疑心儿胡乱猜，听了我这哭声儿转惊骇。哎，你个窦天章恁的威风大，且受你孩儿窦娥这一拜。

〔窦天章云〕兀那鬼魂，你道窦天章是你父亲，受你孩儿窦娥拜，你敢错认了也！我的女儿叫做端云，七岁上与了蔡婆婆为儿媳妇。你是窦娥，名字差了，怎生是我女孩儿？〔魂旦云〕父亲，你将我与了蔡婆婆家，改名做窦娥了也。〔窦天章云〕你便是端云孩儿，我不问你别的，这药死公公，是你不是？〔魂旦云〕是你孩儿来。〔窦天章云〕噤声，你这小妮子，老夫为你啼哭的眼也花了，忧愁的头也白了，你划地犯了十恶大罪，受了典刑。我今日官居台省，职掌刑名，来此两淮审囚刷卷，体察滥官污吏，你是我亲生之女，老夫将你治不的，怎治他人？我当初将你嫁与他家呵，要你三从四德：三从者，在家从父，出嫁从夫，夫死从子。四德者，事公姑，敬夫主，和妯娌，睦街坊。今三从四德全无，划地犯了十恶大罪。我窦家三辈无犯法之男，五世无再婚之女，到今日被你辱没祖宗世德，又连累我的清名。你快与其我细吐真情，不要虚言支对，若说的有半厘差错，牒发你城隍祠内，着你永世不得人身，罚在阴山，永为饿鬼。〔魂旦云〕父亲停嗔息怒，暂罢狼虎之威，听你孩儿慢慢的说一遍咱。我三岁上亡了母亲，七岁上离了父亲，你将我送与蔡婆婆做儿媳妇。至十七岁与夫配合，才得两年，不幸儿夫亡化，和俺婆婆守寡。这山阳县南门外有个赛卢医，他少俺婆婆二十两银子。俺婆婆去取讨，被他赚到郊外，要将婆婆勒死，不想撞见张驴儿父子两个，救了俺婆婆性命。那张驴儿知道我家有个守寡的媳妇，便道："你婆儿媳妇既无丈夫，不若招我父子两个。"俺婆婆初也不肯，那张驴儿道："你若不肯，我依旧勒死你。"俺婆婆惧怕，不得已含糊许了。只得将他父子两个领到家中，养他过世。有张驴儿数次调戏你女孩儿，我坚执不从。那一日俺婆婆身子不快，想羊肚儿汤吃，你孩儿安排了汤。适值张驴儿父子两个问病，道："将汤来我尝一尝。"说："汤便好，只少些盐醋。"赚的我去取盐醋，他就暗地里下了毒药，实指望药杀俺婆婆，要强逼我成亲。不想俺婆婆偶然发呕，不要汤吃，却让与老张吃，随即七窍流血药死了。张驴儿便道："窦娥药死了俺老子，你要官休要私休？"我便道："怎生是官休？怎生是私休？"他道："要官休，告到官司，你与俺老子偿命。若私休，你便与我做老婆。"你孩儿便道："好马不备双鞍，烈女不更二夫，我至死不与你做媳妇，我请愿和你见官去。"他将你孩儿拖到官中，受尽三推六问，吊拷绷扒，便打死孩儿也不肯认。怎当州官见你孩儿不认，便要拷打俺婆婆；我怕婆婆年老，受刑不起，只得屈认了。因此押赴法场.将我典刑。你孩儿对天发下三桩誓愿：第一桩要丈二白练挂在旗枪上，若系冤枉，刀过头落，一腔热血休滴在地下，都飞在白练上；第二桩，现今三伏天道，下三尺瑞雪，遮掩你孩儿尸首；第三桩，着他楚州大旱三年。果然血飞上白练，六月下雪，三年不雨，都是为你孩儿来。〔诗云〕不告官司只告天，心中怨气口难言，防他老母遭刑宪，情愿无辞认罪愆。三尺琼花骸骨掩，一腔热血练旗悬，岂独霜飞邹衍屈，今朝方表窦娥冤。〔唱〕

【雁儿落】你看这文卷曾道来不道来，则我这冤枉要忍耐如何耐？我不肯顺他人，倒着我赴法场；我不肯辱祖上，倒把我残生坏。

【得胜令】呀，今日个搭伏定摄魂台，一灵儿怨哀哀。父亲也，你现掌着刑名事，亲蒙圣主差。端详这文册，那厮乱纲常当合败。便万剐了乔才，还道报冤仇不畅快。

〔窦天章做泣科，云〕哎，我屈死的儿夜，则被你痛杀我也！我且问你：这楚州三年不雨，可真个是为你来？〔魂旦云〕是为你孩儿来。〔窦天章云〕有这等事！到来朝我与你做主。〔诗云〕白头亲苦痛哀哉，屈杀了你个青春女孩，只恐怕天明了你且回去，到来日我将文卷改正明白。〔魂旦暂下〕〔窦天章云〕呀，天色明了也。张千，我昨日看几宗文卷，中间有一鬼魂来诉冤枉。我唤你好几次，你再也不应，直恁的好睡那。〔张千云〕我小人两个鼻子孔一夜不曾闭，并不听见女鬼诉什么冤状，也不曾听见相公呼唤。〔窦天章云做叱科，云〕(口退)，今早升厅坐衙，张千，喝撺厢者。〔张千做吆喝科，云〕在衙人马平安，抬书案。〔禀云〕州官见。〔外扮州官入参科〕〔张千云〕该房吏典见。〔丑扮吏入参见科〕〔窦天章云〕你这楚州一郡，三年不雨，是为着何来?〔州官云〕这个是天道亢旱，楚州百姓之灾，小官等不知其罪。〔窦天章做怒科，云〕你等不知罪么！那山阳县有用毒药谋死公公犯妇窦娥，他问斩之时，曾发愿道:“若是果有冤枉，着你楚州三年不雨，寸草不生。”可有这件事?〔州官云〕这罪是前升任桃州守问成的，现有文卷。〔窦天章云〕这等糊突的官，也着他升去！你是继他任的，三年之中，可曾祭这冤妇么?〔州官云〕此犯系十恶大罪，元不曾有祠，所以不曾祭得。〔窦天章云〕昔日汉朝有一孝妇守寡，其姑自缢身死，其姑女告孝妇杀姑。东海太守将孝妇斩了。只为一妇含冤，致令三年不雨。后于公治狱，仿佛见孝妇抱卷哭于厅前，于公将文卷改正，亲祭孝妇之墓，天乃大雨。今日你楚州大旱，岂不正与此事相类?张千，分付该房佥牌下山阳县，着拘张驴儿、赛卢医、蔡婆婆一起人犯，火速解审，毋得违悮片刻者。〔张千云〕理会的。〔下〕〔丑扮解子押张驴儿、蔡婆婆，同张千上，禀云〕山阳县解到审犯听点。〔窦天章云〕张驴儿。〔张驴儿云〕有。〔窦天章云〕蔡婆婆。〔蔡婆婆云〕有。〔窦天章云〕怎么赛卢医是紧要人犯不到?〔解子云〕赛卢医三年前在逃，一面着广捕批缉拿去了，待获日解审。〔窦天章云〕张驴儿，那蔡婆婆是你的后母么?〔张驴儿云〕母亲好冒认的?委实是。〔窦天章云〕这药死你父亲的毒药，卷上不见有合药的人，是那个的毒药？〔张驴儿云〕是窦娥自合就的毒药。〔窦天章云〕这毒药必有一个卖药的医铺，想窦娥是个少年寡妇，那里讨这药来？张驴儿，敢是你合的毒药么？〔张驴儿云〕若是小人合的毒药，不药别人，倒药死自家老子？〔窦天章云〕我那屈死的儿，这一节是紧要公案，你不自来折辩，怎得一个明白，你如今冤魂却在那里？〔魂旦上，云〕张驴儿，这药不是你合的，是那个合的？〔张驴儿做怕科，云〕有鬼有鬼，撮盐入水，太上老君，急急如律令，敕。〔魂旦云〕张驴儿，你当日下毒药在羊肚儿汤里，本意药死俺婆婆，要逼勒我做浑家，不想俺婆婆不吃，让与你父亲吃，被药死了，你今日还敢赖哩！〔唱〕

【川拨棹】猛见了你这吃敲材，我只问你这毒药从何处来？你本意待暗里栽排，要逼勒我和谐，倒把你亲爷毒害，怎教咱替你耽罪责？

〔魂旦做打张驴儿科〕〔张驴儿做避科，云〕太上老君，急急如律令，敕。大人说这毒药必有个卖药的医铺，若寻得这卖药的人来，和小人折对，死也无词。〔丑扮解子解赛卢医上，云〕山阳县续解到犯人一名赛卢医。〔张千喝云〕当面。你三年前要勒死蔡婆婆，赖他银子，这事怎么说？〔赛卢医叩头科，云〕小的要赖蔡婆婆银子的情是有的，当被两个汉子救了，那婆婆并不曾死。〔窦天章云〕这两个汉子你认的他叫做什么名姓？〔赛卢医云〕小的认便认的，慌忙之际，可不曾问他名姓。〔窦天章云〕现有一个在阶下，你去认来。〔赛卢医做下认科，云〕这个是蔡婆婆。〔指张驴儿云〕想必这毒药事发了。〔上云〕是这一个，容小的诉禀：当日要勒死蔡婆婆时，正遇见他爷儿两个，救了那婆婆去。过得几日，他到小的铺中讨服毒药，小的是念佛吃斋人，不敢做昧心的事，说道："铺中只有官料药，并无什么毒药。"他就睁着眼道："你昨日在郊外要勒死蔡婆婆，我拖你见官去。"小的一生最怕的是见官，只得将一服毒药与了他去。小的见他生相是个恶的，一定拿这药去药死了人，久后败露，必然连累，小的一向逃在涿州地方，卖些老鼠药。刚刚是老鼠被药杀了好几个，药死人的药，其实再也不曾合。〔魂旦唱〕

【七弟兄】你只为赖财，放乖，要当灾。

〔带云〕这毒药呵，〔唱〕原来是你赛卢医出卖张驴儿买，没来由填做我犯由牌，到今日官去衙门在。〔窦天章云〕带那蔡婆婆上来。我看你也六十外人了，家中又是有钱钞的，如何又嫁了老张，做出这等事来？〔蔡婆婆云〕老妇人因为他爷儿两个救了我的性命，收留他在家养膳过世；那张驴儿常说要将他老子接脚进来，老妇人并不曾许他。〔窦天章云〕这等说，你那媳妇就不该认做药死公公了。〔魂旦云〕当日问官要打俺婆婆，我怕她年老受刑不起，因此咱认做药死公公，委实是屈招个！〔唱〕

【梅花酒】你道是咱不该，这招状供写的明白。本一点孝顺的心怀，倒做了惹祸的胚胎。我只道官吏每还复勘，怎将咱屈斩首在长街！第一要素旗枪鲜血洒，第二要三尺雪将死尸埋，第三要三年旱示天灾，咱誓愿委实大。

【收江南】呀，这的是衙门从古向南开，就中无个不冤哉。痛杀我娇姿弱体闭泉台，早三年以外，则落的悠悠流恨似长淮。

〔窦天章云〕端云儿也，你这冤枉我已尽知，你且回去。待我将这一起人犯，并原问官吏，另行定罪，改日做个水陆道场，超度你生天便了。〔魂旦拜科，唱〕

【鸳鸯煞尾】从今后把金牌势剑从头摆，将滥官污吏都杀坏，与天子分忧，万民除害。

〔云〕我可忘了一件，爹爹，俺婆婆年纪高大，无人侍养，你可收恤家中，替你孩儿尽养生送死之礼，我便九泉之下，可也瞑目。〔窦天章云〕好孝顺的儿也。〔魂旦唱〕嘱付你爹爹，收养我奶奶，可怜他无妇无儿谁管顾年衰迈。再将那文卷舒开，〔带云〕爹爹，也把我窦娥名下，〔唱〕屈死的于伏罪名儿改。〔下〕〔窦天章云〕唤那蔡婆婆上来。你可认得我么？〔蔡婆婆云〕老妇人眼花了，不认的。〔窦天章云〕我便是窦天章。适才的鬼魂，便是我屈死的女孩儿端云。你这一行人，听我下断：张驴儿毒杀亲爷，奸占寡妇，合拟凌迟，押赴市曹中，钉上木驴，剐一百二十刀处死。升任州守桃杌，并该房吏典，刑名违错，各杖一百，永不叙用。赛卢医不合赖钱勒死平民，又不合修合毒药，致伤人命，发烟瘴地面，永远充军。蔡婆婆我家收养，窦娥罪改正明白。［词云］莫道我念亡女与他灭罪消愆，也只可怜见楚州郡大旱三年。昔于公曾表白东海孝妇，果然是感召得灵雨如泉。岂可便推诿道天灾代有，竟不想人之意感应通天。今日个将文卷重行改正，方显的王家法不使民冤。

【知识拓展】本课中出现的成语或典故

百纵千随：什么都顺从。形容一切都顺从别人。

前合后偃：偃，倒。身体前后晃动，不能自持。

姓甚名谁：询问打听人的姓名。

撞府冲州：犹言走江湖，跑码头。也形容经历丰富，见过世面。

一马不跨两鞍：一匹马不能套两个马鞍。比喻一女不嫁二夫。

烦天恼地：烦，烦恼，烦闷。形容心情十分烦恼。

一贫如洗：穷得像用水洗过似的，什么都没有。形容十分贫穷。

望帝啼鹃：相传战国时蜀王杜宇称帝，号望帝，为蜀治水有功，后禅位臣子，退隐西山，死后化为杜鹃鸟，啼声凄切。后常指悲哀凄惨的啼哭。

湛湛青天：湛湛，厚重的样子。比喻正义和公正。

撮盐入水：形容立刻消灭干净。或者形容大而化之，什么都不在乎。

不明不暗：明，明亮；暗，昏暗。事实真相被歪曲而不清楚。指不怎么明显，也不怎么秘密。

行凶撒泼：撒泼，耍无赖。待人凶恶蛮横，不讲道理。

今生今世：此生此世。指有生之年。

孤身只影：孤零零的一个人。形容孤儿无亲。

披枷带锁：枷，套在脖子上的刑具；锁，用铁环连接而成的刑具。指罪犯套上枷锁等刑具。

十恶不赦：指罪恶极大，不可饶恕。

滥官污吏：滥官，贪官。旧称贪财纳贿的官吏。

说家克计：谈说勤俗持家的事。

衔冤负屈：衔，含在嘴里；负，遭受；比喻心怀冤枉，身受委屈。

鞍马劳困：指长途跋涉或战斗中备尝困乏。

一家一计：指一夫一妻的家庭生活或财产。亦引申为一家人。

怕硬欺软：害怕强硬的，欺负软弱的。

打退堂鼓：原指封建官吏退堂时打鼓。现在比喻跟人共同做事中途退缩。

寸草不生：寸草，一点儿草。形容土地贫瘠，连一点儿草都不长。亦形容灾情严重。

顺水推舟：顺着水流的方向推船。比喻顺着某个趋势或某种方便说话办事。

惊梦

汤显祖

【导读】

汤显祖（1550年—1616年），字义仍，号海若、若士、清远道人，晚年又号茧翁，中国明代戏曲家、文学家，江西临川人，祖籍临川县云山乡，后迁居汤家山（今江西抚州）。

汤显祖出身书香门第，从小勤奋好学，早有才名，五岁进家塾读书，十二岁能诗，十三岁从徐良傅学古文词，十四岁补县诸生，二十一岁中举，二十六岁刊印第一部诗集《红泉逸草》，次年又刊印诗集《雍藻》，第三部诗集《问棘邮草》，二十八岁时作第一部传奇《紫箫记》，未完稿，十年后改写为《紫钗记》，三十四岁中进士，在南京先后任太常寺博士、詹事府主簿和礼部祠祭司主事。明万历十九年（1591年），他目睹当时官僚腐败，愤而上《论辅臣科臣疏》，触怒了皇帝而被贬为徐闻典史，后调任浙江遂昌县知县，一任五年，政绩斐然，却因压制豪强，触怒权贵而招致上司的非议和地方势力的反对，于万历二十六年（1598年）49岁时弃官归里，潜心于戏剧及诗词创作。他不仅于古文诗词颇精，而且能通天文地理、医药卜筮诸书。在他多方面的成就中，以戏曲创作为最，其戏剧作品《还魂记》《紫钗记》《南柯记》和《邯郸记》合称“临川四梦”，其中《牡丹亭》是他的代表作。这些剧作不但为中国人民所喜爱，而且已传播到英、日、德、俄等很多国家，被视为世界戏剧艺术的珍品。他的专著《宜黄县戏神清源师庙记》是中国戏曲史上论述戏剧表演的一篇重要文献，对导演学起了拓荒开路的作用。汤显祖还是一位杰出的诗人，其诗作有《玉茗堂全集》四卷、《红泉逸草》一卷，《问棘邮草》二卷。

《牡丹亭》全名《牡丹亭还魂记》《还魂记》，也称《还魂梦》或《牡丹亭梦》，创作于1598年。据明话本小说《杜丽娘慕色还魂》而成，明代南曲代表作，也是中国戏曲史上浪漫主义的杰作，共五十五出，通过杜丽娘和柳梦梅生死离合的爱情故事，歌颂青年男女大胆追求自由爱情，坚决反对压迫，追求内心精神完全超脱、绝对自由的浪漫主义理想。舞台上常演的有《闹学》《游园》《惊梦》《寻梦》《写真》《离魂》《拾画叫画》《冥判》《幽媾》《冥誓》《还魂》等几折。

《惊梦》是其中的第十出，由【绕池游】和【山坡羊】两套曲组成。

【正文】

【绕池游】（旦）梦回莺啭，乱煞年光遍[1]。人立小庭深院。（贴）炷尽沉烟[2]，抛残绣线，恁今春关情似去年？

【乌夜啼】“（旦）晓来望断梅关[3]，宿妆残[4]。（贴）你侧著宜春髻子恰凭兰[5]。（旦）剪不断，理还乱[6]，闷无端。（贴）已分付催花莺燕借春看。”（旦）春香，可曾叫人扫除花径？（贴）分付了。（旦）取镜台衣服来。（贴取镜台衣服上）“云髻罗梳还对镜，罗衣欲换更添香。”[7]镜台衣服在此。

【步步娇】（旦）袅晴丝吹来闲庭院[8]，摇漾春如线。停半晌、整花钿。没揣菱花[9]，偷人半面，迤逗的彩云偏[10]。（行介）步香闺女怎便把全向现！（贴）今日穿插的好。

【醉扶归】（旦）你道翠生生出落的裙衫儿茜[11]，亮晶晶花簪八宝填[12]，可知我常一生儿爱好是天然[13]。恰三春好处无人见[14]。不提防沉鱼落雁鸟惊喧[15]，则怕的羞花闭月花愁颤。

（贴）早茶时了，请行。（行介）你看："画廊金粉半零星，池馆苍苔一片青。踏草怕泥新绣襪[16]，异花疼煞小金铃[17]。"（旦）不到园林，怎知春色如许！

【皂罗袍】原来姹紫嫣红开遍[18]，似这般都付断井颓垣。良辰美景奈何天，赏心乐事谁家院[19]！恁般景致，我老爷和奶奶再不提起。（合）朝飞暮倦[20]，云霞翠轩；雨丝风片，烟波画船——锦屏人忒看的这韶光贱[21]！（贴）是花都放了[22]，那牡丹还早。

【好姐姐】（旦）遍青山啼红了杜鹃[23]，荼蘼外烟丝醉软[24]。春香呵，牡丹虽好，他春归怎占的先！（贴）成对儿莺燕呵。（合）闲凝眄，生生燕语明如翦，呖呖莺歌溜的圆。（旦）去罢。（贴）这园子委是观之不足也[25]。（旦）提他怎的！（行介）

【隔尾】观之不由他缱[26]，便赏遍了十二亭台是枉然。到不如兴尽回家闲过遣。（作到介）（贴）"开我西阁门，展我东阁床[27]。瓶插映山紫[28]，炉添沉水香。"小姐，你歇息片时，俺瞧老夫人去也。（下）（旦欢介）"默地游春转，小试宜春面[29]。"春呵，得和你两留连，春去如何遣咳，恁般天气，好困人也。春香那里？（作左右瞧介）（又低道沉吟介）天呵，春色恼人，信有之乎！

常观诗词乐府，古之女子，因春感情，遇秋成恨，诚不谬误矣。吾今年已二八，未逢折桂之夫；忽慕春情，怎得蟾宫之客？昔韩夫人得遇于郎[30]，张生偶逢崔氏[31]，曾有《题红记》《崔徽传》二书。此佳人才子，前以密约偷期[32]，后皆得成秦晋[33]。（长叹介）吾生于宦族，长在名门。年已及笄[34]，不得早成佳配，诚为虚度青春，光阴如过隙耳。（泪介）可惜妾身颜色如花，岂料命如一叶乎[35]！

【山坡羊】没乱里春情难遣[36]，蓦地里怀人幽怨。则为俺生小婵娟，拣名门一例、一例里神仙眷。甚良缘，把青春抛的远！

俺的睡情谁见？则索因循腼腆[37]。想幽梦谁边，和春光暗流转？迟延，这衷怀那处言！淹煎，泼残生[38]，除问天！

身子困乏了，且自隐几而眠[39]。（睡介）（梦生介）（生持柳枝上）“莺逢日暖歌声滑，人遇风情笑口开。一径落花随水入，今朝阮肇一天台[40]。”小生顺路儿跟著杜小姐回来，怎生不见？（回看介）呀，小姐，小姐（旦作惊起介）（相见介）（生）小生那一处不寻访小姐来，却在这里！（旦作斜视不语介）（生）恰好花园内，折取垂柳半枝。姐姐，你既淹通书史，可作诗以赏此柳枝乎？（旦惊喜，欲言又止介）（背想）这生素昧平生，何因到此？（生笑介）小姐，咱爱杀你哩！

【山桃红】则为你如花美眷，似水流年，是答儿闲寻遍。在幽闺女自怜。小姐，和你那答儿讲话去[41]。（旦作含不行）（生作牵衣介）（旦低问）那边去？（生）转过这芍药栏前，紧靠著湖山石边。（旦低问）秀才，去怎的？（生低答）和你把领扣松，衣带宽，袖梢儿揾著牙儿苫也，则待你忍耐温存一晌眠[42]。（旦作羞）（生前抱）（旦推介）（合）是那处曾相见，相看俨然，早难道这好处相逢无一言[43]？（生强抱旦下）（末扮花神束发冠，红衣插花上）“催花御史异花天[44]，检点春工又一年。蘸客伤心红雨下[45]，勾人悬梦彩云边。”吾乃掌管南安府后花园花神是也。因杜知府小姐丽娘，与柳梦梅秀才，后日有姻缘之分。杜小姐游春感伤，致使柳秀才入梦。咱花神专掌异玉怜香，竟来保护他，要他云雨十分欢幸也。

【鲍老催】（末）单则是混阳蒸变，看他似虫儿般蠢动把风情煽。一般儿娇疑翠绽魂儿颤[46]。这是景上缘[47]，想内成[48]，因中见[49]。呀，淫邪展污了花台殿[50]。咱待拈片落花儿惊醒他。（向鬼门丢花介）[51]他梦酣春透了怎留连？拈花闪碎的红如片。秀才才到的半梦儿，梦毕之时，好送杜小姐仍归香阁。吾神去也。（下）

【山桃红】（生、旦携手上）（生）这一霎天留人便，草藉花眠。小姐可好？（旦低头介）（生）则把云鬟点，红松翠偏。小姐休忘了呵，见了你紧相偎，慢厮连，恨不得肉儿般团成了片，逗的个日下胭脂雨上鲜。（旦）秀才，你可去呵？（合）是那处曾相见，相看俨然，早难道这好处相逢无一言？

（生）姐姐，你身子乏了将息，将息。（关旦依前作睡介）（轻扭旦介）姐姐，俺去了。（作回顾介）姐姐，你可十分将息，我再来瞧你那。“行来春色三分雨，睡去巫山一片云。”（下）（旦作惊醒，低叫介）秀才，秀才，你去了也？（又作疑睡介）（老旦上）“夫婿坐黄堂，娇娃立绣窗。怪他裙衩上，花鸟绣双双。”孩儿，孩儿，你为甚瞌睡在此？

（旦作醒，叫秀才介）咳也。（老旦）孩儿怎的来？（旦作惊起介）奶奶到此！（老旦）我儿，保不做些针指，或观玩书史，舒展情怀？因何书寝于此？（旦）孩儿适花园中闲玩，忽值春暄恼人，故此回房。无可消遣，不觉困倦少息。有失迎接，望母亲恕儿之罪。（老旦）孩儿，这后花园中冷静，少去闲行。（旦）领母亲严命。

（老旦）孩儿，学堂看书去。（旦）先生不在，且处消停[52]。（老旦叹介）女孩儿长成，自有许多情态，且自由他。正是：“宛转随儿女，辛勤做老娘。”（下）

（旦长叹介）（看老旦下介）哎也，天那，今日杜丽娘有些侥幸也。偶到后花园中，百花开遍，睹景伤情。没兴而回，书眠香阁。忽见一生，年可弱冠[53]，丰姿俊妍。于园中折得柳丝一枝，笑对奴家说：“姐姐既淹通书吏，何不将柳枝题赏一篇？”那时待要应他一声，心中自忖，素昧平生，不知名姓，何得轻与交言。正如此想间，只见那生向前说了几名伤心话儿，将奴搂抱去牡丹亭畔，芍药东边，共成云雨之欢。两情和合，真个是千般爱惜，万种温存。欢毕之时，又送我睡眠，几声“将息”。正待自送那生出门，忽值母亲来到，唤醒将来。我一身冷汗乃是南柯一梦[54]。忙身参礼母亲，又被母亲絮了许多闲话。奴家口虽无言答应，心内思想梦中之事，何曾放怀。行坐不宁，自沉如有所失。娘呵，你教我堂看书去知他看好一种书消闷也?（作掩泪介）

【绵搭絮】雨香支片[55]，才到梦儿边。无奈高堂，唤醒纱窗睡不便。泼新鲜冷汗粘煎，闪的俺心悠步亸[56]，意软鬟偏。不争多费心神情[57]，坐起谁饮[58]? 则待去眠。（贴）“晚妆销粉印，春润费香篝[59]。”小姐，薰了被窝睡罢。

【尾声】（旦）困春心游赏倦，也不索香薰绣被眠。天呵，有心情那梦儿还去不远。

春望逍遥出画堂，（张说）间梅遮柳不胜芳。（罗隐）

可知刘阮逢人处?（许浑）回首东风一断肠。（韦庄）

【注释】

［1］乱煞年光遍：缭乱的春光到处都是。

［2］沉烟：沉水香，薰用的香料。

［3］梅关：即大庾岭，宋代在这里高胡侮关。在本剧故事发生地点江西省南安府（大庾）的南面。

［4］宿妆：隔夜的残妆。

［5］宜春髻子：相传立春那天，妇女剪采作燕子状，戴在髻上，上贴“宜春”二字。

［6］出自李煜诩《相见欢》。

［7］出自薛逢诗《宫词》。

［8］晴丝：游丝、飞丝，也即后文所说的烟丝，虫类所吐的丝缕，常在空中飘游。在春天晴朗的日子最易看见。

［9］没揣：不意、蓦然。菱花：镜子。古时用铜镜，背面所铸花纹一般为菱花，因此称菱花镜，或用菱花作镜子的代称。

［10］迤逗：引惹，挑逗。彩云：美丽的发卷的代称。全句

的意思是想不到镜子（拟人化）偷偷地照见了她。害得（迤逗的）她羞答答地把发卷也弄歪了。这几句写出一个少女的含情脉脉的微妙心理，她是连看见镜子里的自己的影子也有些不好意思的。

［11］翠生生：极言彩色鲜艳。出落的：显出，衬托出。茜：茜红色。

［12］亮晶晶花簪八宝填：镶嵌着多种宝石的簪子。

［13］天然：天性使然。上文爱好，犹言爱美。

［14］三春好处：比喻自己的青春美貌。

［15］沉鱼落雁：小说戏同中用来形容女人的美貌。鱼见她的美色，自愧不如而下沉；雁则为看她的美色而停落下来。下文羞花闭月。

［16］泥：沾亏，这里作动词用。

［17］异花疼煞小金铃：《开元天宝遗事》载："天宝初，宁王……于后园中纫红丝为绳，密缀金铃，掣于花梢之上。每有鸟鹊翔集，则令园吏置令索以掣之。盖异花之故也。"疼：为异花常常掣铃，连小金铃都被拉得疼煞了，这是夸大的描写。

［18］姹紫嫣红：花色鲜艳的样子。

［19］谁家：哪一家。

［20］朝飞暮倦：唐王勃《滕王阁诗》云："画栋朝飞南浦云，朱帘暮卷西山雨。"

［21］锦屏人：深闺中人，也指富贵家庭的人。

［22］是：凡是、所有的。

［23］啼红了杜鹃：开遍了红色的杜鹃花，从杜鹃（鸟）泣血联想起来的。

［24］荼蘼：花名，晚春时开放。

［25］观之不足：看不厌。

［26］缱：留恋、牵绾。

［27］开我西阁门，展我东阁床：引自《木兰辞》："开我东

阁门，坐我西阁床。”

［28］映山紫：映山红（杜鹃红）的一种。

［29］宜春面：指新妆。

［30］韩夫人得遇于郎：唐人传奇故事，唐僖宗时，宫女韩氏以红叶题诗，从御沟中流出，被于佑拾到。于佑也以红叶题诗，投入上流，寄给韩氏。后来两人结为夫妇。

［31］张生偶逢崔氏：即张生和崔莺莺的爱情故事，见唐元稹《会真记》，后来《西厢记》演的就是这个故事。《崔徽传》是另外一个故事，见《丽情集》：妓女崔徽和裴敬中相爱，分别之后不再相见。崔徽请画工画了一幅像，托人带给敬中说：“崔徽一旦不及卷中人，徽且为郎死矣！”

［32］偷期：幽会。

［33］得成秦晋：得成夫妇。春秋时代，秦、晋两国世代联姻，后世称联姻为秦晋或秦晋之好。

［34］及笄：古代女子十五岁开始以笄（簪）束发，叫及笄，意指女子已成年，到了婚配的年龄。

［35］岂料命如一叶乎：元好问《鹧鸪天·薄命妾》：“颜色如花画不成，命如叶薄可怜生。”

［36］没乱里：形容心绪很乱。

［37］腼腆：害羞。索：要、须。只索：只得。

［38］淹煎：受熬煎，遭磨折。泼残生：苦命儿。泼，表示厌恶，原来是骂人的话。

［39］隐几：靠着几案。

［40］阮肇到天台：见到爱人。用刘晨和阮肇在天台山桃源洞遇到仙女的故事。

［41］是答儿：到处。是：凡。那答儿：那边。

［42］一晌：一会儿。

［43］早难道：这里就是难道，但证据较强。

［44］催花御史：《云仙散录》引《玉尘集》：唐“穆宗，每宫中花开，则以重顶帐蒙蔽栏槛，置惜花御史掌之。”

［45］蘸：指红雨（落花）洎在人的身上。

［46］魂儿颤：形容幽会。

［47］景上缘：景，影，与下文的想、因都是佛家的说法。

［48］想内成：喻姻缘短暂，是不真实的梦幻。

［49］因中见（现）：佛家认为一切事物都由因缘造合而成。

［50］展污：沾污、弄脏。

［51］鬼门：一作古门，戏台上演员的上、下场门。

［52］消停：休息。

［53］弱冠：二十岁，男子到二十岁行冠礼表示已经成人。

［54］南柯一梦：唐人传奇故事，淳于棼梦见自己被大槐安国国王招为驸马，做南柯太守。历尽了富贵荣华，人世浮沉。醒来，才发现槐安国不过是大槐树下的一个蚁穴，南柯郡则是南面树枝下的另一个蚁穴。南柯，后来被用作梦的代称。

［55］雨香云片：云雨，指梦中的幽会。

［56］步亸（duǒ）：脚步不动。亸：偏斜。闪得俺：弄得我、害得我。

［57］不争多：差不多，几乎。

［58］忺：惬意，适意。坐着、站起都不适意。

［59］香篝：即薰笼，薰香用。

【知识拓展】本课中出现的成语或典故

姹紫嫣红：姹，美丽；嫣，妖艳，美好。形容各色的美丽花朵争相斗妍。也作“嫣红姹紫”。

萍踪浪迹：像浮萍、波浪一般的无定。比喻到处漂泊，没有固定的住所。也作“浪迹萍踪”。

安魂定魄：魂、魄，人的灵气、精神。指使人心安定。

当着不着：指应该做的事不做，而不该做的事却做了。

似水流年：流年，光阴。形容时间一去不复返，也做“流年似水”。

羞花闭月：形容女子貌美，使花亦羞愧，月亦隐藏。

拨嘴撩牙：指挑拨是非。

孤苦仃俜（dīng pīng）：犹言孤苦伶仃。

买马招军：犹言招兵买马。

萱花椿树：指父母。萱花指母，椿树指父。

余杯冷炙：指吃剩下来的酒食。

赫赫扬扬：赫赫，显赫的样子。光明盛大的样子；形容兴旺显赫。

断井颓垣：井，指井栏；垣，短墙。断了的井栏，倒塌的短墙。形容庭院破败的景象。

地老天昏：形容变化剧烈。

有风有化：指有教育意义。

捉奸见床：奸，通奸。捉拿奸情，必须发现在床上确有奸情。

密约偷期：指相爱的男女秘密相会。

攀高谒贵：攀，攀附；谒，进见。攀附结交地位高贵的人。

桃李门墙：门墙，指师门。指他人的学生或所栽培的后辈。

焚香列鼎：焚，燃烧，点燃；列，排列。点起名贵的香，摆满很多的美味佳肴。形容生活阔气和讲究排场。

弄影团风：形容心神不定。

心烦意冗：心思烦乱，不知怎样才好。同“心烦意乱”。

猿啼鹤怨：猿和鹤凄厉地啼叫。

桃李之教：指老师的教诲。

净几明窗：净，干净；几，小桌子。形容房间干净明亮。

扫兴而回：扫兴，指情绪低落。指遇到不如意的事情而情绪低落。

温香艳玉：比喻妇女的美好姿质。

一字长城：排列成一长条的阵势。也指一言奏效，可比长城。

偷天妙手：偷天，形容本领神奇；妙手，指有才能的人。形容写作技巧娴熟，文笔非常优美，富有独创性的作家、艺术家。

如花美眷：像花一样美的眷属。形容姻缘十分美好。

雨丝风片：形容春天的微风细雨。

拨草寻蛇：比喻招惹恶人，自找麻烦。

一往而深：指对人或对事物倾注了很深的感情，向往而不能克制。同“一往情深”。

生事微渺：生事，生计、谋生的路；微渺，渺茫。指生活非常艰难。

丁丁列列：形容说话吞吞吐吐。

万马争先，骅骝落后：骝，赤色的骏马。在万马争先恐后的奔驰中，偏偏是骏马落在后面。指很有才智者反而落榜。

【古代汉语知识】

诗词格律

一、诗律

（一）诗体概说

“古诗”这个概念中，“古”是个时间概念，就唐代而言，汉魏六朝的诗歌是古诗；就今天而言，唐代的诗歌又属于古诗。近体诗以律诗为代表。律诗的韵、平仄、对仗，都有许多讲究，由于格律很严，所以称为律诗。

诗歌作为文学作品的重要体裁之一，在发展过程中，形式、体制都发生了很大的变化，从原始的二言诗体，发展到《诗经》的四言体，接着出现了杂言式的楚辞体和乐府诗，最后产生了五言、七言体；从没有严密的格律限制到后来的具有严密的格律限制等。大体来说，诗体的发展经历了古体诗、新体诗和近体诗几个阶段。古体诗是相对于唐以后出现的所谓近体诗而言，主要是汉魏六朝之前的诗歌，也包括唐以后仿照古体诗的体制而创作的形式自由、不受格律限制的一类诗，或称古风。齐梁至唐代，近体诗兴起并逐渐成熟，它是篇章、句式、对偶、音律都有严格规定的一种崭新的诗体，包括律诗和绝句。“五四”运动以后，出现了用白话创作的新诗。

（二）古体诗与近体诗

古体诗和近体诗的区别主要表现在五个方面。

1. 字数

古体诗以五言为主，也有四言、六言、七言和杂言。杂言诗是指诗句的字数多寡不等。近体诗只有五言和七言，而且每句的字数必须相同。字数和句式有密切关系。古体诗的句式，偶字句主要是四言和六言，奇字句主要是五言和七言。

四言诗的句式是二二，意义单位和节奏单位一致，这种句式继承了《诗经》的传统。五言诗的一般句式是二三，这种句式是四言的扩展，在二二的当中插入一个字，或在后面添加一个字，就成为五言。这样，二三可以细分为二一二或二二一。七言诗的一般句式是四三，这是五言的扩展，细分起来是二二三式、一三式、一四式、一三一式。

2. 句数

古体诗的句数没有限制，可多可少。近体诗的句数是固定的，一般律诗都是八句，绝句是四句。超过八句的叫长律，又叫排律。律诗八句分为四联，依次为首联、颔联、颈联、尾联。每联两句，第一句为出句，第二句为对句。

3. 押韵

古体诗的押韵，从使用韵部情况来说，大致汉魏古诗的用韵接近先秦韵部，晋以后的用韵接近隋唐诗韵；既可以押平声韵，又可以押仄声韵，邻近的韵可以通押；可以一韵到底，也可以中途换韵。近体诗的用韵是中古韵部，押韵的要求很严格，律诗、绝句都是偶句押韵，首句可以入韵，也可以不入韵；一般只押平声韵，而且必须一韵到底，不允许中途换韵，也不允许邻韵相押。

4. 平仄

古体诗平仄是自由的，近体诗的平仄是有严格限制的，无论是律诗还是绝句，都要求有固定的平仄格式。平仄是近体诗形成最重要的标志。

5. 对仗

古体诗不讲究对仗。近体诗讲究对仗是格律上的固定要求，这也是构成诗体的必备要素之一。律诗每篇必须要有对仗句，对仗句的位置也有规定。

（三）近体诗的格律

1. 用韵

所谓用韵，指的是同韵部的字在诗句里有间隔有规律地反复出现，又称“押韵”“入韵”。押韵的目的是为了声韵的谐和。同类的乐音在同一位置上的重复，就构成了声音的回环美。近体诗的用韵，是根据唐代的诗韵。古人押韵是依照韵书的，所谓“官韵”，就是朝廷颁布的韵书。唐以前，隋代陆法言著有《切韵》。南宋刘渊《壬子新刊礼部韵略》中，将二百零六韵合为一百零七韵；金人王文郁《平水新刊礼部韵略》中，将二百零六韵合并为一百零六韵，后人称为“平水韵”，也称“诗韵”。平水韵是根据唐人提出的“同用”和“独用”原则写成的，所以唐代近体诗的用韵实际上是和平水韵相吻合的。平水韵包括平声三十韵、上声二十九韵、去声三十韵、入声十七韵。下面列出《平水韵》的一百零六个韵。

上平声　一东、二冬、三江、四支、五微、六鱼、七虞、八齐、九佳、十灰、十一真、十二文、十三元、十四寒、十五删

下平声　一先、二萧、三肴、四豪、五歌、六麻、七阳、八庚、九青、十蒸、十一尤、十二侵、十三覃、十四盐、十五咸

上声　一董、二肿、三讲、四纸、五尾、六语、七麌、八荠、九蟹、十贿、十一轸、十二吻、十三阮、十四旱、十五潸、十六铣、十七筿、十八巧、十九皓、二十哿、二十一马、二十二养、二十三梗、二十四迥、二十五有、二十六寝、二十七感、二十八俭、二十九豏

去声　一送、二宋、三绛、四寘、五未、六御、七遇、八霁、九泰、十卦、十一队、十二震、十三问、十四愿、十五翰、十六谏、十七霰、十八啸、十九效、二十号、二十一个、二十二祃、二十三漾、二十四敬、二十五径、二十六宥、二十七沁、二十八勘、二十九艳、三十陷

入声　一屋、二沃、三觉、四质、五物、六月、七曷、八黠、九屑、十药、十一陌、十二锡、十三职、十四缉、十五合、十六叶、十七洽

每个韵包含的字数，有多有少。因格律诗用韵甚严，每首诗的韵脚只有从一个韵中选字，所以包含字数多的韵（主要指平声韵）选字余地大，比较好用，叫做“宽韵”，如：支、先、阳、庚、尤、东、真、虞。有的韵包含的字少，叫做“窄韵”，如：微、文、删、青、蒸、覃、盐。还有的韵，可选用的字很少，叫做“险韵”，如：江、佳、咸。其余的韵，称为“中韵”。用“险韵”作诗虽难，但也有的诗人故意用它来显示才华。科举考试，一般是命题限韵作诗。所谓“限韵”，就是只准从指定的韵中选字押韵。诗人互相和诗，以对方用过的韵和字来作诗酬答，叫做“步韵”或“次韵”。

2. 平仄

（1）平仄的定义

平仄指的是古代声调的分类。平、上、去、入四个声调可分为两大类，即平声和仄声。平声就是平，仄声就是上、去、入三个声调的总称。平仄是近体诗最重要的格律因素。平仄在诗和韵文中的运用造成了一种高低长短互相交替的节奏，就是所谓的“声律”。平仄的交互作为一种规则固定下来，是从近体诗开始的。律诗的平仄规则，一直应用到后代的词曲。诗词的格律，主要就是讲平仄。

（2）五言诗的平仄

①五言绝句的平仄

绝句和律诗，都有一个要求，即偶句必须押韵，单句不用押韵。而首句是个例外，押韵或不押韵都可以。拿绝句来讲，第二句的最后一个字和第四句的最后一个字必须押韵。押韵的字又必须是平声字。平仄相间以求声调的抑扬顿挫。以“平平”和“仄仄”为单位，再在句后面或句中加上一个字，就形成了四种基本句式：

（甲）仄仄平平仄（仄起）　（乙）平平仄仄平（平起）

（丙）平平平仄仄（平起）　（丁）仄仄仄平平（仄起）

这个格式中的每一句，都可以做首句。每换一种首句，就是一种新的格式。按照偶句平声押韵的要求，再加上对和粘的规则，就可以推导出其他各种不同的格式。

如以基本格式中的第二句（平平仄仄平）作为首句，那么，下一句必须与之相“对”，又必须以平声字结尾以便押韵，那就只能选“仄仄仄平平”；第三句必须与第二句相“粘”，又必须以仄声字结尾，那就得选“仄仄平平仄”；第四句要与第三句相“对”，又必须以平声字结尾，那就只能选“平平仄仄平”。这样就产生了第二种格式：

平平仄仄平，仄仄仄平平

仄仄平平仄，平平仄仄平

例如刘禹锡《路旁曲》：

南山宿雨晴，春入凤凰城。

处处闻弦管，无非送酒声。

依此类推，如以基本格式中的第三句（平平平仄仄）作为首句，就可以推导出第三种格式：

平平平仄仄，仄仄仄平平

仄仄平平仄，平平仄仄平

例如司空曙《黄子陂》：

岸芳春色晚，水影夕阳微。

寂寂深烟里，渔舟夜不归。

如以第四句作为首句，又可推导出第四种格式：

仄仄仄平平，平平仄仄平

平平平仄仄，仄仄仄平平

例如卢纶《和张仆射塞下曲六首》：

月黑雁飞高，单于夜遁逃。

欲将轻骑逐，大雪满弓刀。

以上是五言绝句的全部格式，共四种。其是按照基本格式中四句倒换的先后次序产生的。不同的首句，导出不同的格式。把五言绝句按照“对”和“粘”的规则继续往后延伸四句，变为八句，即成五言律诗。

②五言律诗的平仄

五言绝句和五言律诗句子的平仄有两个类型、四种格式，其实只有平起和仄起这两种基本格式，其余是在基本格式的基础上稍作变化，就分别构成了五律的四种平仄格式。

第一种格式：

仄仄平平仄，平平仄仄平

平平平仄仄，仄仄仄平平

仄仄平平仄，平平仄仄平

平平平仄仄，仄仄仄平平

例如杜甫《春望》：

国破山河在，城春草木深。

感时花溅泪，恨别鸟惊心。

烽火连三月，家书抵万金。

白头搔更短，浑欲不胜簪。

第二种格式：

仄仄仄平平，平平仄仄平
平平平仄仄，仄仄仄平平
仄仄平平仄，平平仄仄平
平平平仄仄，仄仄仄平平

这种格式也是首句入韵。例如杜甫《月夜忆舍弟》：

戍鼓断人行，秋边一雁声。
露从今夜白，月是故乡明。
有弟皆分散，无家问死生。
寄书常不达，况乃未休兵。

第三种格式：

平平平仄仄，仄仄仄平平
仄仄平平仄，平平仄仄平
平平平仄仄，仄仄仄平平
仄仄平平仄，平平仄仄平

例如李白《秋登宣城谢朓北楼》：

江城如画里，山晚望晴空。
两水夹明镜，双桥落彩虹。
人烟寒橘柚，秋色老梧桐。
谁念北楼上，临风怀谢公。

第四种格式：

平平仄仄平，仄仄仄平平
仄仄平平仄，平平仄仄平
平平平仄仄，仄仄仄平平
仄仄平平仄，平平仄仄平

例如杜甫《玄武禅师屋壁》：

何年顾虎头，满壁画沧州。
赤日石林气，青天江水流。

锡飞常近鹤，杯渡不惊鸥。

似得庐山路，莫随惠远游。

这样就有五言律诗平仄谱：

仄起式（首句不押韵）

（起联）仄仄平平仄

（对仗）平平仄仄平（押韵）

（粘联）平平平仄仄

（对仗）仄仄仄平平（押韵）

（粘联）仄仄平平仄

（对仗）平平仄仄平（押韵）

（粘联）平平平仄仄

（对仗）仄仄仄平平（押韵）

这里特别要指出，在每一诗句中前二字必须相同，第三字或与前同、或与后同，不能单独出现，如：

仄仄—平—仄仄

平平—仄—平平

也不能出现前四字或后三字相同的情况，如：

仄仄—仄仄—平

平平—平平—仄（前四字不能相同）

仄仄—平—平平

平平—仄—仄仄（后三字不能相同）

（3）七言诗的平仄

①七言绝句的平仄

七言绝句和七言律诗的平仄格式，即在五言句子的前面加上两个字，这两个字的平仄，要与该五言句子前两个字的平仄相反，把仄起改成平起，把平起改成仄起。

以五言诗的基本平仄格式来讲，变成七言诗就成了如下格式：

（甲）仄仄平平仄仄平（乙）平平仄仄平平仄

（丙）平平仄仄仄平平（丁）仄仄平平平仄仄

关键是第五字，要么与前面构成三个“平平平”或“仄仄仄”，要么与后面构成两个“平平”或“仄仄”。这就是七言绝句的第一种格式，四种平仄句式相配，形成七律的四种平仄格式。例如苏轼《饮湖上，初晴雨后》：

水光潋滟晴方好，山色空蒙雨亦奇。

欲把西湖比西子，淡妆浓抹总相宜。

第二种格式：

仄仄平平仄仄平，平平仄仄仄平平

平平仄仄平平仄，仄仄平平仄仄平

此格式首句入韵。例如鲁迅《悼杨铨》：

岂有豪情似旧时，花开花落两由之。

何期泪洒江南雨，又为斯民哭健儿。

第三种格式：

仄仄平平平仄仄，平平仄仄仄平平

平平仄仄平平仄，仄仄平平仄仄平

例如苏轼《赠刘景文》：

荷尽已无擎雨盖，菊残犹有傲霜枝。

一年好景君须记，最是橙黄橘绿时。

第四种格式：

平平仄仄仄平平，仄仄平平仄仄平

仄仄平平平仄仄，平平仄仄仄平平

这种格式首句入韵。例如李白《客中行》：

兰陵美酒郁金香，玉碗盛来琥珀光。

但使主人能醉客，不知何处是他乡。

②七言律诗的平仄

七言律诗也有四种格式，并且和五言律诗的四种格式是相对应的，只是每句诗的前面多了两个字。

七言律诗的第一种格式，平起仄收：

平平仄仄平平仄，仄仄平平仄仄平

仄仄平平平仄仄，平平仄仄仄平平

平平仄仄平平仄，仄仄平平仄仄平

仄仄平平平仄仄，平平仄仄仄平平

例如白居易《城上夜宴》：

留春不住登城望，惜夜相将秉烛游。

风月万家河两岸，笙歌一曲郡西楼。

诗听越客吟何苦，酒被吴娃劝不休。

从道人生都是梦，梦中欢笑亦胜愁。

七言律诗的第二种格式，仄起平收：

仄仄平平仄仄平，平平仄仄仄平平

平平仄仄平平仄，仄仄平平仄仄平

仄仄平平平仄仄，平平仄仄仄平平

平平仄仄平平仄，仄仄平平仄仄平

此格式首句入韵。例如杜甫《登高》：

风急天高猿啸哀，渚清沙白鸟飞回。

无边落木萧萧下，不尽长江衮衮来。

万里悲秋常作客，百年多病独登台。

艰难苦恨繁霜鬓，潦倒新停浊酒杯。

七言律诗的第三种格式，仄起仄收：

仄仄平平平仄仄，平平仄仄仄平平

平平仄仄平平仄，仄仄平平仄仄平

仄仄平平平仄仄，平平仄仄仄平平

平平仄仄平平仄，仄仄平平仄仄平

例如黄庭坚《清明》：

佳节清明桃李笑，野田荒冢只生愁。

雷惊天地龙蛇蛰，雨足郊原草木柔。

人乞祭余骄妾妇，士甘焚死不公侯。

贤愚千载知谁是，满眼蓬蒿共一丘。

七言律诗的第四种格式，平起平收：

平平仄仄仄平平，仄仄平平仄仄平

仄仄平平平仄仄，平平仄仄仄平平

平平仄仄平平仄，仄仄平平仄仄平

仄仄平平平仄仄，平平仄仄仄平平

此格式也是首句入韵。例如毛泽东《长征》：

红军不怕远征难，万水千山只等闲。

五岭逶迤腾细浪，乌蒙磅礴走泥丸。

金沙水拍云崖暖，大渡桥横铁索寒。

更喜岷山千里雪，三军过后尽开颜。

这样就有七言律诗平仄谱：

平起式（首句押韵）

（起联）平平仄仄仄平平（押韵）

（对仗）仄仄平平仄仄平（押韵）

（粘联）仄仄平平平仄仄

（对仗）平平仄仄仄平平（押韵）

（粘联）平平仄仄平平仄

（对仗）仄仄平平仄仄平（押韵）

（粘联）仄仄平平平仄仄

（对仗）平平仄仄仄平平（押韵）

（4）律诗平仄格式中的特殊规则

①“对”与“粘”

一首诗中每两句叫做一“联”，每联中的上一句叫“出句”，一下句叫“对句”。这样，每一联的出句和对句平仄是相反的，即第一句和第二句、第三句和第四句的平仄是相反的，这就叫“对”。上一联的对句和下一联的出句，即第二句和第三句的头两个字，平仄要相同，这叫“粘”。具体说来，要使第三句跟第二句相粘，第五句跟第四句相粘，第七句跟第六句相粘。

律诗要求做到这种“对”和“粘”。不管长律有多长，也不过是依照粘对的规则来安排平仄。如果不合乎“对”的规则就是“失对”，不合乎“粘”的规则就是“失粘”，那么前后两联之中的平仄就会雷同。那么一联之中的上下句平仄就会重复。只有使用了“对”和“粘”的调配原则，每句的平仄才能相重相间的交替使用，才能使诗句形成抑扬顿挫、高低长短的节奏感。

②平仄中的“一三五不论”

我们看到的唐诗、宋诗以及后来的律诗，很少有每个字都符合上面所讲的平仄格式的，几乎每首诗总有些字不符合，这是因为，上面讲的乃是标准化、理想化的格式。这些格式是重要的基础，但除了格式之外，还有其他规则起作用。

关于律诗的平仄格式，历来有“一三五不论，二四六分明”之说，即七言诗每句的第一个字、第三个字、第五个字，平仄可以不严格，用平声字或仄声字都可以；第二个字、第四个字、第六个字的平仄，必须分明，必须按照平仄格式的规定选用平声字或仄声字。第七个字当然都必须分明，因为涉及韵脚。如果就五言诗而论，那就是“一三不论，二四分明”。第五个字当然也是必须分明的。但这只是大概的说法，并不完全准确，在实际运用时要加上一些修正。

一是“平平仄仄平”这一句式最需注意，第一个字绝不可不论。如果不论，误用了仄声字，使这一句变成了“仄平仄仄平”，即错误，诗论的术语叫做犯“孤平”（除了韵脚之外只剩下一个平声字）。科举考试时，犯了“孤平”，诗便不及格。故此是大忌。

二是“仄仄仄平平”这一句，第三个字也应当论。如果不论，最后三个字都变成了平声，这一句就成了“仄仄平平平”，叫“三平调”。对律诗来说，会被认为是比较大的毛病。

另外，“平平平仄仄”这一句式中，第三字也可能不用仄声，以免形成“三仄脚”，但这不是格律的硬性规定。

如果以五言诗的四句基本格式来看，把可平可仄、可以不论的字加上括弧，即变成如下的样子：

（仄）仄（平）平仄，平平（仄）仄平

（平）平（平）仄仄，（仄）仄仄平平

七言诗的基本平仄格式则变成：

（平）平（仄）仄（平）平仄，（仄）仄平平（仄）仄平

（仄）仄（平）平（平）仄仄，（平）平（仄）仄仄平平

可以看出，七言诗的句子，第一个字的平仄一律可以不论；第二个字的平仄，一律必须分明。后面五个字的平仄要求，和五言诗相同。

③“拗救”

跟平仄密切相关的，还有近体诗格律中的“拗救”问题。所谓拗句，就是不依照一般平仄规律的句子。诗人对于拗句，往往要“救”。具体地说，就是一个句子该用平声的地方用了仄声，然后在本句或对句的适当位置，把该用仄声的字改用平声，以便补救。合起来叫“拗救”。常见的“拗救”主要有两种：一种是本句自救，一种是对句补救。有三种情况是比较常见的。

第一种是在该用“平平仄仄平”的地方，第一字用了仄声，第三字补偿一个平声，以免犯孤平。这样就变成了“仄平平仄平”。七言则是由“仄仄平平仄仄平”换成“仄仄仄平平仄平”。这是本句自救。

第二种是在该用“仄仄平平仄”的地方，第四字用了仄声（或三四两字都用了仄声），就在对句的第三字改用了平声来补偿。这样就成为“仄仄平仄仄，平平平仄平”。七言则成为“平平仄仄平仄仄，仄仄平平平仄平”。这是对句相救。

第三种是在该用“仄仄平平仄”的地方，第四字没有用仄声，只是第三字用了仄声。七言则是第五字用了仄声。这是半拗，可救可不救。诗人们在运用第一种的同时，常常在出句用第二种或第三种。这样既构成本句自救，又构成对句相救。例如李白《宿五松山下荀媪家》：

我宿五松下，寂寥无所欢。

田家秋作苦，邻女夜舂寒。

跪进雕胡饭，月光明素盘。

令人惭漂母，三谢不能餐。

第一句“五”字第二句“寂”字都是该平而用仄，“无”字平声，既救第二句的第一字，也救第一句的第三字。第六句是孤平拗救，和第二句同一类型，但它只是本句自救，跟第五句无拗救关系。又如白居易《赋得古原草送别》：

离离原上草，一岁一枯荣。

野火烧不尽，春风吹又生。

远芳侵古道，晴翠接荒城。

又送王孙去，萋萋满别情。

第三句“不”字仄声拗，第四句“吹”字平声救。

唐、宋名家之诗作，犯孤平者极为罕见，可以说是绝无仅有。但孤平拗救的诗句则非常普遍，说明这是诗界历来公认的规则。

④避“上尾”

诗律讲平仄，而仄声包括上、去、入三声。有人认为，上、去、入三声应交替使用。同一声连用，如“上上”“去去”“入入”则是应该避免的。还有，一首律诗的四个出句（尾字），最好上、去、入都有，至少不要连用两个上声，或连用两个去声，或连用两个入声。连用了，就叫“上尾”。唐诗的许多大家，对这一点还是比较注意的。例如杜甫《蜀相》：

丞相祠堂何处寻（平）？锦官城外柏森森。

映阶碧草自春色（入），隔叶黄鹂空好音。

三顾频烦天下计（去），两朝开济老臣心。

出师未捷身先死（上），长使英雄泪满襟。

3. 对仗

（1）对仗的定义

所谓对仗，也称“对偶”，也就是大家熟悉的“对对子”，就是每一联的出句和对句之间，除了按照平仄格式使之平仄相对之外，对应词的词性还必须相同，即：名词对名词，动词对动词，形容词对形容词，副词对副词，虚词对虚词。

古人把律诗的第一二句叫做首联，第三四句叫做颔联，第五六句叫做颈联，第七八句叫做尾联。对仗一般用在颔联和颈联，即第三四句和第五六句。有人称之为起承转合，也叫起承转结。起，指的是首联，它是起始，要求平直；承，是指颔联，承接上文，承上启下，要求有重量，有分量；转，指颈联，要求有转折感，有变化；合，也叫“结”，是指尾联，要体现结尾性，要求含蓄而意味深长。例如李白《送友人入蜀》：

见说蚕丛路，崎岖不易行。

山从人面起，云傍马头生。

芳树笼秦栈，春流绕蜀城。

升沉应已定，不必问君平。

这首诗的中间两联，都是对仗。颔联中：“山”和“云”是名词对名词；“从”和“傍”是副词对副词；“人面”和“马头”是名词性词组对名词性词组；“起”和“生”是动词对动词。颈联中：“芳树”和“春流”是名词性词组相对；“笼”和“绕”是动词相对；“秦栈”和“蜀城”也是名词性词组相对，而且“秦”和“蜀”都是古国名，是地域标志，对得很好。

长律的对仗和律诗一样，除首尾两联或只是尾联不对仗外，其余无论多长，中间各联一律要用对仗。近体诗中的对仗有严格的要求，这表现在以下几个方面：在对仗句中，上下两句不得出现重复的字；上下两句必须各有独立的意思，或相映衬，或相补充；要求平仄相对；对仗力求严密工整。

（2）对仗的种类

律诗八句四联中，中间两联，即颔联、颈联要求对仗。有些律诗三联甚至四联对仗，称为复对仗；有的只有一联对仗，称平对仗；还有首联、颈联对仗，称偷春格或探春格。首联、颔联都不用对仗，只有颈联才出现对仗的诗为“蜂腰体”。

词的分类是对仗的基础。古代诗人们在应用对仗时所分的词类，和今天语法上所分的词类大同小异，依照律诗的对仗概括起来，词大约可以分为下列的九类：名词、形容词、数目、颜色词、方位词、动词、副词、虚词、代词等。名词还可以细分为以下的一些小类：天文、时令、地理、宫室、服饰、器用、植物、动物、人伦、人事、形体等。

近体诗的对仗要求词类相同和句法结构相同。凡同类的词相对，叫做“工对”，属于同一次类的词语对仗，是最工整、最严格的。而词性相同，但不属于同一次类的词语对仗，就叫做“宽对”。近体诗有两种特有的对仗形式，即“流水对”和“借对”。所谓“流水对”是指对仗句在字面上是相对的，而在意义上又是相承的。例如杜甫《闻官军收河南河北》中“即从巴峡穿巫峡，便下襄阳向洛阳”。所谓借对是指利用一词多义而形成的对仗。例如杜审言《秋夜临津郑明府宅》中“酒中堪累月，身外即浮云”。

借对一个词有两个意义，诗人在诗中用的是甲义，但是同时借用它的乙义来与另一词相为对仗，即借对。例如杜甫《巫峡敝庐奉赠侍御四舅》中“行李淹吾舅，诛茅问老翁”，“行李”的“李”并不是桃李的“李”，但是诗人借用桃李的“李”的意义来与“茅”字作对仗。

总之，律诗的对仗不像平仄那样严格，诗人在运用对仗是有更大的自由。艺术修养高的诗人常常能够成功地运用工整的对仗，来做到更好地表现思想内容，而不是损害思想内容。遇必要时，也能够摆脱对仗的束缚来充分表现自己的意境。

二、词律

（一）词及其分类

1. 词的定义

词，初见于唐，发展于五代，兴盛于宋，传延至今。词有许多名称，如曲子词、诗余、琴趣、长短句等。宋以后基本称为词。词最初叫曲子词，最初本是可以配乐的，后来逐渐脱离了音乐，成为纯粹诗的别体。曲子词后来又叫曲子。“词”的叫法是从宋代开始的。一般而言，当时的知识分子把自己写的叫词，把民间流行的无名氏作品叫曲子。

2. 词的分类

根据词的特点，可以从多个角度对词进行分类。

按词牌分类：根据两部较全面的词谱文献统计,《词律》收唐至元末词牌共660调，1186体;《词谱》收唐至元末词牌共826调，2306体。

按字数多少分类：一般分为小令、中调、长调三类。58字以下为小令，59至90字为中调，91字以上为长调。词的字数多少不一，差异颇大。最短的《十六字令》，只有16个字，最长的《莺啼序》有240个字。

按乐律节奏兼顾长短分类：常见到的有“令、引、近、慢、序”等词牌。“令”即一般字数较少的小令，如《十六字令》《调笑令》等；“引”来源于大型乐曲的前奏，就是引子的意思，一般每片六拍；“近”一般属中调，如《好事近》《祝英台近》等；“慢”即慢曲、慢调，一般多为长调，每片八拍，节奏舒缓；“序”是从唐宋大曲散序或中序中摘取制成的，一般均为长调。有些词调有变格，而变格也有各种不同方式，主要有犯调、转调、摊破、减子、偷声等。

按词的分片分类：有单调、上下片、三片、四片等不同的结构。分片也叫分段，有些词牌只有一段，叫单调。但大多数词牌都分段。分两段的，叫双叠。上段叫上阕（也叫上片），下段叫下阕（也叫下片）。有些词牌分三段，则称为三叠。最长的词有四段，称为四叠。为了写一个内容，把某个词牌连续使用，叫联章。

（二）词调、词牌和词谱

1. 词调

词调是写词时所依据的乐谱。词调有不同的来源，有的来自民间音乐，有的来自西域音乐，有的是乐工歌妓或词人创制的，有的是国家音乐机关创制的，还有其他的来源。

词调应该注意同调异名和同调异体两种情况。所谓同调异名，是说一种词调有几种调名。如忆秦娥又名秦楼月，卜算子又名缺月挂疏桐。词调的别名大都取自这一词调的某一名作。所谓同调异体，是说一种词调有几种别体。如江城子有单调的，也有双调的；满江红有押仄声韵的，也有押平声韵的等。前人编的词谱，往往先列“正体”，然后罗列“别体”或称为“又一体”。所谓“正体”是指出现的时间较早或作者较多的一种。两者主要在字数、句逗、用韵或句法方面存在着差异。同调异体现象说明古人填词有一定的灵活性。有的词人不按旧谱填词，而自编曲调，叫“自度曲”或“自制曲”。南宋词人姜夔称“余每自度曲”，并出了一卷“自制曲”集。

2. 词牌

词牌是各种词调的名称。词牌名称的来源是多方面的，有的来自古曲、民歌，有的取自人名或地名，有的含有典故，有的采用前人的诗意，有的以季节为名，有的以字数为名等，大多数已无从考察了。

词牌既与词的声情无关，与词的内容无关，所表示的就仅仅是词的句式、平仄和用韵。绝大多数的词都不是用词牌“本意”的。因此，词牌之外还有词题。一般是在词牌下面用较小的字注出词题。在这种情况下，词题和词牌不发生任何关系。《浪淘沙》可以完全不讲到浪，也不讲到沙；《忆江南》可以完全不讲江南。这样，词牌只不过是词谱的代号罢了。凡是词牌下面注明“本意”的，就是说，词牌同时也是词题，不另有题目了。

3. 词谱

词谱是指把前人每一种词调的作品的句法和平仄加以概括，从而建立的各种词调的格式。词牌的名称和对某一词牌的词的字句、平仄、押韵的规定，并不是一开始就有的，而是逐渐形成的。当各种词牌的字句、平仄、韵律等大致定型以后，就有人把它们汇集在一起，编成词谱，让人照谱填写，所以创作词叫作“填词”。这表明词、曲分离以后，词谱随着词牌而存在，但它已不是曲谱，而主要是词的格律的载体。比较通行的词谱有清代万树著的《词律》和康熙命王奕清编纂的《钦定词谱》。

（三）词的格律

词的格律和近体诗的格律一样，也是由字句、平仄、押韵、对仗等诸多要素构成的。有人概括词的格律的特点是：篇有定句，句有定字，字有定声。

1. 用韵

古人填词没有特别规定的词韵，所谓词韵，即诗韵，只是词韵比诗韵更宽些，更自由些。每个词牌对韵脚都有明确规定。有的词牌押平声韵；有的押仄声韵；有的则是平声字和仄声字互相押韵，即韵脚既有平声字，也有仄声字。这叫平仄互押，或平仄通押。

唐宋时期一直没有关于词韵的书。唐代基本上是按诗韵填词，宋代突破了诗韵的限制，倾向使用口语，叫“依声填词”。明以后，开始有人总结宋词用韵的实际规律，编写词韵。所以，实际上是先有词、后有词韵。清朝道光年间，戈载编著的《词林正韵》较为精密，为后来词界所遵用。他把词韵分为十九部，每一部都包含诗韵中的若干个韵。平、上、去十四韵，入声五韵。列举如下：

平、上、去声十四部

第一部：平声东、冬；上声董、肿；去声送、宋。

第二部：平声江、阳；上声讲、养；去声绛、漾。

第三部：平声支、微、齐、灰；上声纸、尾、荠、贿；去声置、未、霁、泰、队。

第四部：平声鱼、虞；上声语、麌；去声御、遇。

第五部：平声佳、灰；上声蟹、贿；去声泰、卦、队。

第六部：平声真、文、元；上声轸、吻、阮；去声震、问、愿。

第七部：平声元、寒、删、先；上声阮、旱、潸、铣；去声愿、翰、谏、霰。

第八部：平声萧、肴、豪；上声筱、巧、皓；去声啸、效、号。

第九部：平声歌；上声哿；去声个。

第十部：平声佳、麻；上声马；去声卦、杩。

第十一部：平声庚、青、蒸；上声梗、迥；去声敬、径。

第十二部：平声尤；上声有；去声宥。

第十三部：平声侵；上声寝；去声沁。

第十四部：平声覃、盐、咸；上声感、俭、豏；去声勘、艳、陷。

入声五部

第十五部：入声屋、沃。

第十六部：入声觉、药。

第十七部：入声质、陌、锡、职、缉。

第十八部：入声物、月、曷、黠、屑、叶。

第十九部：入声合、洽。

2. 平仄

词的句子，基本是律句，平仄要求很严格。词的平仄和词的句式有密切的关系。词在句式上的特点是长短句，从一字句到十一字句都有。词的平仄就是根据上述句式的字数来确定的。

具体为：一字句用平声；二字句常用平仄、平平；三字句一般是五言律句或七言律句的三字尾，即平平仄、平仄仄、仄平平；四字句一般是七言律句的前四字，即平平仄仄、仄仄平平；五字句就是普通的五言律句；六字句是四字句的扩展，在平起的四字句前加仄仄，在仄起的四字句前加平平；七字句就是普通的七言律句；八字句以上的句子往往由两句复合而成，八字句是上三下五或上一下七；九字句是上三下六、上六下三、上四下五或上二下七等；十字句是上三下七；十一字句是上六下五或上四下七。这些平仄格式都是基本的，常用的。大多数的词牌都是没有拗句的，极少数词牌用一些拗句。如四字句有平仄平仄、仄仄仄仄，五字句甚至用五平或五仄，其他句式同样也有这种情况。遇到这种“拗句”，除了犯孤平要“救”外，其他都是允许的，无须更改。

一字逗是词的特点之一。所谓一字逗是指词在句式中使用的“领字”，就是在一句的开头，有一个字在语气上稍作停顿，在语意上领起下文。一字逗是词所特有的，它可以跟各种句式结合，分别构成上一下三（四字句）、上一下四（五字句）、上一下五（六字句）、上一下六（七字句）、上一下七（八字句）等。一字逗多数是虚词，如“且、也、正、又、但、况、方”等，有些是动词，如“看、怕、问、料、想、叹”等。例如“望长城内外”，望字是一字豆，“长城内外”是四字律句。这些词大多数是去声字。

3. 对仗

填词，没有必须用对仗的规定。与律诗中的对仗相比，词的对仗有不同的特点。

第一是可用可不用。即使同一位诗人在同一个词牌中，也是有时用对仗，有时不用。如苏轼在一首《水龙吟》中用的是对仗句“永昼端居，寸阴虚度”，在另一首《水龙吟》中写的则是“清静无为，坐忘遗照”。

第二是位置可前可后。律诗的对仗，标准位置是在中间两联。词的对仗却没有固定位置。凡是连续出现两个字数相同的句子的地方，都可以用对仗。例如，秦观《鹊桥仙》中“纤云弄巧，飞星传恨”，对仗在词之首；赵彦端《芰荷香》中“青云路稳，白首心期”，对仗在词之尾。对仗在中间某位置的更是很多。

第三是字数可多可少。只要连续两句字数相同，每句字数不拘多少均可以对仗。三字句与三字句可以对，如苏轼《江城子》中“左牵黄，右擎苍”；四字句与四字句可以对，如前文所述“纤云弄巧，飞星传恨”；五字句与五字句可以对，如欧阳修《生查子》中“月上柳梢头，人约黄昏后”；六字句与六字句可以对，如司马光《西江月》中“相见争如不见，有情还似无情”；七字句与七字句可以对，如辛弃疾《浣溪沙》中“忽有微凉何处雨，更无留影霎时云”。

第四是不要求平仄相对。律诗中的对仗，出句与对句之间必须以平对仄、以仄对平，特别是第二、四、六字和最后一字必须如此。但词的对仗无此要求，即平仄不完全相对，甚至平仄完全相同。例如陆游《诉衷情》中“心在天山，身老沧洲”是“平仄平平”格式；苏轼《江城子》中“左牵黄，右擎苍”是“仄平平”格式。可见，词的对仗实际上只要求文字相对，平仄符合词谱规定就行了。

第五是律诗的对仗避免同字相对，词的对仗不避同字相对。有重复字的句子，或两个均带韵脚的句子，也可以对仗。例如苏轼《水龙吟》中“二分尘土”和“一分流水”，都用了一个“分”字。

三、曲律

（一）曲及其分类

1. 什么是曲

曲是继词之后兴起的一种文学体裁，与词一样都是配合音乐的长短句。最初，唐人、宋人把乐曲的文字部分称为“曲辞”，实际上，这里的“曲辞”就是后来所说的词。因此，词也称为“曲子”“曲子词”。但到了金元时期由于词逐渐成为“高堂”玩赏的“雅品”，失去了广泛的群众基础，丧失了生命力。同时，在北方民间和少数民族乐曲的基础上，又出现了一种新的配乐歌词，在文学史上则称之为“曲”，这就是后来与唐诗、宋词并称的“元曲”。元曲一出现就同其他艺术之花一样，立即显示出旺盛的生命力，它不仅是文人咏志抒怀得心应手的工具，而且为反映元代社会生活提供了人民群众喜闻乐见的崭新的艺术形式。曲的兴起对于我国民族诗歌的发展、文化的繁荣有着深远的影响和卓越的贡献。

曲有南山北曲之分。元曲最早兴起于北方，是配合北方音乐而产生的，因此元曲也称北曲。后来，宋代又出现了配合南方音乐的南曲，两者在体制上有一些不同。

2. 曲的分类

元曲有散曲、杂剧之分。散曲又有小令、套数之别。

散曲包括小令和套数两种形式。小令又叫叶儿，体制短小，通常只是一支独立的曲子，相当于一首单调的词，主要是从民间的小曲和词调变化来的，其形式是“一宫调一曲子”，例如马致远的《越调·天净沙·秋思》。套数，若干支曲牌联合成套，称为套数。其特点是把同一宫调的若干支不同曲牌的曲子连缀在一起，少则数首，多则十几首，甚至几十首，构成一个庞大的整体。这些连缀的曲子可根据需要在同一宫调中进行选择，但需要按一定的顺序排列，而且一韵到底，且末了都用“煞调”和“尾声”结束，其形式是“一宫调数曲子”。

杂剧是用北方的曲调演唱的，是用于表演的剧本，写各种角色的唱词、道白、动作等，融歌唱、说白、舞蹈为一体的一种戏曲形式，是在金院本基础上以及诸宫调的影响下发展起来的。在结构上，杂剧剧本通常由四折一楔子组成。折，首先是剧本剧情的一个自然段落，另外又是剧曲音乐的一个单元，每折由一个严格程式的套数构成。楔子，只唱一二支曲子，篇幅比折短小，位置也不固定。一般放在第一折之前，介绍人物、剧情，类似现代剧中的序幕；也有的放在两折之间，加强前后剧情的联系，相当于后来的过场戏。每本杂剧的末尾有两句、四句或八句对语，用以概括全剧内容，叫做“题目正名”。如《窦娥冤》结尾的“题目”是“秉鉴持衡廉访法”，“正名”是“感天动地窦娥冤”。在音乐上，杂剧的每折用同一宫调的若干曲牌组成套曲。楔子只能用一二支小令，不能用套曲。

（二）宫调、曲牌和曲谱

曲因是配合音乐的长短调，不论散曲或戏曲，其曲子前一般都标明宫调和曲牌名，且每种曲牌都属于一定的宫调。元曲有严密的格律定式，每一曲牌的句式、字数、平仄等都有固定的格式要求。曲调就是曲的格式。每种曲调都隶属于一定的宫调。

1. 宫调

宫调是指中国古代音乐的调式。古代的音乐把调称为宫调，只要是乐曲，均是由若干音所组成，五音或七音，归纳其音列就叫调式，在古代乐律总共有十二律吕，乐音有五音二变，律吕的名称于周朝便有了，而十二律吕均为半音阶，六个单数半音称为律，六个双数半音称为吕，合称六律、六吕，统称律吕，亦称十二律。

元曲中常用的宫调，有正宫、中吕宫、南吕宫、仙吕宫、黄钟宫、大石调、双调、小石调、商调、越调、般涉调、商角调等十二种。每一种宫调均有其音律风格，故对于调子的选择往往有一定的习惯。每一宫调都有不同曲牌。套数则由两支以上同宫调的不同曲牌连缀而成。

2. 曲牌

词有词牌，曲有曲调，每个曲调的名称叫做曲牌，俗称“曲子”，是对各种曲调的泛称，各有专名，每一个曲牌都有一定的曲调、唱法，同时也规定了该曲的字数、句法、平仄等。曲牌大都来自民间，一部分由词发展而来，故曲牌名也有和词牌名相同的，但是内容并不完全一致。此外，还有专供演奏的曲牌，但大多只有曲调而无曲词。例如，《点绛唇》《山坡羊》等，元代北曲有三百三十五个曲牌。由于曲牌只是一个曲调的格式，与作品的内容没有必然的关系，因此，元曲家一般另外加上标题来表现其思想内容。

3. 曲谱

元代是元曲创作的鼎盛时期，元作家中留有姓名、曲作的有二百二十余人，流传至今的作品也有四千五百多首。后代人一般是根据前人流传下来的作品格式来创作曲词，但不易掌握和操作，所以元明时期有人把每一种作品的曲牌格式加以归纳，编成曲谱，从而建立各种曲牌的平仄格式。后代人便根据曲谱所规定的格式来作曲。现存最早的曲谱是明代初年朱权编撰的《太阳正间谱》，为北曲谱。南曲谱出现较晚，最早为嘉靖蒋教的《旧编南九宫谱》。后来在此基础上，明清时期又编了一些曲谱，其中目前比较常见的是清代康熙年间王奕清编的《康熙曲谱》。

（三）曲律

1. 曲韵

曲与诗词一样，为了构成和谐的声律，也是讲究押韵的。元曲的用韵不是随意的，作家在创作时一般是按照当时的实际语音来押韵。因此，周德清的《中原音韵》应运而生。它是在总结元代名家曲作用韵的基础上产生的，主要以当时的大都音为主，反映了当时北方的实际语音，也是后代人作曲的依据，对后世的典韵书产生了重要的影响。

《中原音韵》把曲词里常用作韵脚的5866个字，按字的读音进行分类，编成一个曲韵韵谱。韵谱分为十九韵：东钟、江阳、支思、齐微、鱼模、皆来、真文、寒山、桓欢、先天、萧豪、歌戈、家麻、车遮、庚青、尤侯、侵寻、监咸、廉纤等。每一个韵里面又分为平声阴、平声阳、入声作平声阳、上声、入声作上声、去声、入声作去声等七类。每一类里面以“每空是一音”的体例，分别列出同音字组，共计1586组。并有对北曲体制、音律、语言以及曲词的创作方法的论述。

元曲在押韵方面严守《中原音韵》十九部的要求而分平、上、去，总的说来有以下几个特点。

第一是曲韵以平、仄通押为常规，平仄不通押的反而颇为罕见。例如，张可久《中吕卖花声》：“美人自刎乌江岸，战火曾烧赤壁山，将军空老玉门关。伤心秦汉，生民涂炭，读书人一声长叹。”韵脚字“山”“关”是平声，“岸”“汉”“炭”“叹”为仄声，平仄通押。

第二是近体诗和词都避忌重韵，而曲则不避重韵。

第三是不论小令还是套数，都是一韵到底，中间不能换韵，即使是篇幅较长的杂剧，一折也只能押一个韵部的字。例如，马致远的小令《天净沙》：“枯藤老树昏鸦，小桥流水人家，古道西风瘦马。夕阳西下，断肠人在天涯。”韵脚字“鸦”“家”“马”“下”“涯”押家麻韵。

第四是每一曲调，何处用韵，某处韵字应为平、上、去，在曲谱中都有规定。曲的韵脚，有一句一韵，二句一韵，三句一韵。至于四句一韵以及五句一韵则少见。一般地讲，曲的用韵比诗词都密，接连几句用韵和两句一韵的现象很普遍，甚至逐句用韵的也不少。

第五是借韵，即邻韵通押。曲中不但存在邻韵通押现象，而且在少数作品中，还存在不是邻韵也可通押的现象。

第六是暗韵，即句中韵。

2. 平仄

曲字的平仄比诗、词的平仄都要严。在某些情况下，曲字平声要分阴平、阳平，仄声要分上声、去声。不过，从曲谱来看，阴平、阳平差别不大，没有必要严格区分。但是上声、去声的区分，有时却是非常严格的。特别是韵脚，上声和去声的对立是很明显的。上声和去声虽然同属于仄声，但是在元曲里，上声韵比较接近于平声韵，所以在该用上声韵的地方，偶尔也可以改用平声；该用平声韵的地方，偶尔也可以改用上声。但是去声韵的独立性却很强，该用去声韵的地方，不但不允许用平声，甚至也不允许用上声。以上仍然是就用韵的平仄而言。

至于某字某句的平仄，最明显的就是曲字不仅规定平声仄声，而且有些地方还要限定仄声中的“上”“去”。例如，马致远

《秋思》：

枯藤老树昏鸦，（平平仄仄平平）

小桥流水人家，（平平仄仄平平）

古道西风瘦马，（仄仄平平去上）

夕阳西下，（仄平平去）

断肠人在天涯。（平平仄仄平平）

这首曲按曲谱规定，第三句末二字必须用“去上”，不能改易；第四句必须押去声韵。

曲字的平仄，特别注重每首的末句。周德清《中原音韵·作词十法》指出，有些曲调，最后一句不但平仄是固定的，甚至其中某字该用上声，某字该用去声，也都有特殊规定。例如《落梅风》《上小楼》《夜行船》《卖花声》等曲调，末句必须作“仄平平、仄平平去”，末一字必须用去声字押韵。正宫等调的尾声末句必须作“仄仄平平去平上”，第五字必须用去声，末一字必须用上声，等等。这些规定都是比词的平仄更严的地方。

曲的七字句很多是上三下四。常见的句式有：

（1）仄平平、平仄平平。例如，王实甫《西厢记》中“下西风”，长亭折《脱布衫》中“黄叶纷飞”。

（2）仄平平、仄平平去。例如，马致远《夜行船》中“急罚盏、夜阑灯灭”，马致远《落梅风》中“无多时、好天良夜”。

（3）平平仄平平去上。（末字或作平）。例如，马谦斋《寨儿令》中“古来丈夫天下多”，马致远《落梅风》中“看钱奴硬将心似铁”。

3. 对仗

曲的对仗，可平仄相对；也可同声相对，即平声对平声，仄声对仄声；对仗的主要形式，据周德清《中原音韵·作词十法·对偶》、朱权《太和正音谱·对式》、王骥德《曲律·论对偶》等书的记载，综合起来，可分为如下几种形式。

（1）两句对

亦称“合璧对”。例如：张可久《满庭芳》第二、三句和第六、七句：“衾闲半幅，鼓转三更。……金琐碎、前帘月影，玉丁当、楼外秋声”。

（2）三句对

亦称“鼎足对”或“三枪”。三句对，就是一、二、三句都可以互为对偶，第一句可跟第二句对，第二句可跟第三句对，第一句也可越过第二句跟第三句对，所谓“燕逐飞花对”。例如，《南吕·感皇恩》中“一帘风，三月雨，五更寒”。

（3）重叠对

开头两句是一般对仗，结尾四句属于重叠对。例如，张养浩《山坡羊》：“峰峦如聚，波涛如怒。……兴，百姓苦。亡，百姓苦”。

（4）同韵对

例如，乔吉《油葫芦》中“翠盘香冷霓裳罢，红牙声歇梧桐下”。

（5）联珠对

即在一首曲中，作对仗的句子占压倒多数，只少数句不对，对仗句之多如联珠。例如，《太和正音谱》所引《大石调·玉翼蝉煞》，共二十九句，不作对仗的只有五句，其余二十四句都是分别作对仗的。

（6）律句对

元曲中还有一种律句对，这是从律诗中移植过来的，律诗中的所有对偶格，都可以在元曲的律句对中运用上。

（7）衬字对

衬字是元曲中的语言特色之一，元曲对偶衬字，犹如宋词的带豆字对偶，不计在正字之内。

（8）首尾对

亦称“鸾凤和鸣对”。例如，杨朝英《正宫·叨叨令·叹世》首句作“想他腰金衣紫青云路”，末句作“那里也龙韬虎略擎天柱”，即“首尾对”。

此外还有救尾对、两韵对、四句对、长短句相对、扇面对等。

曲的对仗方式，在语言的运用和词序的组合上有许多特点，主要表现为：有工对也有宽对，但宽对的现象更普遍；句中自为对；错综成对或倒字（词）为对；以俗语入对的现象很普遍。

4. 衬字

曲和词，从表现形式看，二者近似到几乎难以分辨的程度，但是最显著的区别就是有无衬字：有衬字的是曲，没有衬字的是词。

所谓“衬字”，指的是在曲律规定必需的字数之外所增加的字。具体说来，凡是格律规定的字，其平仄、句式须受格律严格控制，而衬字则不受此限制，即不讲平仄，不拘字数。它的作用是补足语义，或者是加强声情，或者二者兼而有之。一般说来，小令衬字少，套数衬字多；散曲衬字少，剧曲衬字多。

衬字既可以用虚字，也可以用实字。就意义而言，衬字往往是一些不十分紧要的字；就音韵而言，衬字不能用于重音，因此它不能用于句末，尤其不能用做韵脚。衬字最常见的是用于句首。衬字有只用一个衬字的，也有多到一句加二十个衬字的。一般情况而言，以一句衬六、七字的较为常见。在个别情况下，衬字也有用在句末的，这种衬字有时是用来凑足字数，有时用来表达一种特殊的情趣。因为这种衬字一般没有什么实际意义，所以我们把这叫做语法上的衬字。这种衬字多用于剧曲。

【单元练习】

一、文学常识填空

1.“初唐四杰”：________、________、________、________。

2. 李白，字________，号________，又号“________”。是唐代伟大的________诗人，被后人誉为“________”。与杜甫并称为“李杜”，李白所作词赋，就其开创意义及艺术成就而言，“李白词”享有极为崇高的地位。

3. 杜甫，字________，自号________，唐代伟大的________诗人，与李白合称“李杜”。杜甫在中国古典诗歌中的影响非常深远，被后人称为“________”，他的诗被称为“________”。后世称其杜拾遗、杜工部，也称他杜少陵、杜草堂。

4. 王维，字摩诘，号________，世称“________”。早年信道，后期因社会打击彻底禅化。存诗四百余首，代表诗作有《相思》《山居秋暝》等，与孟浩然合称“________”。苏轼评价其：“________，诗中有画；观摩诘之画，________。”

5.“边塞四诗人”是指：________、________、________、________。

6. 白居易，字乐天，号________，又号醉吟先生，是唐代伟大的现实主义诗人。白居易与元稹共同倡导新乐府运动，世称“________”，与刘禹锡并称“________”。白居易的诗歌题材广泛，形式多样，语言平易通俗，有“________”和“________”之称。官至翰林学士、左赞善大夫。有《白氏长庆集》传世，代表诗作有《长恨歌》《卖炭翁》《琵琶行》等。

7. 刘禹锡，字梦得，唐代文学家、哲学家，有“________”之称。刘禹锡诗文俱佳，涉猎题材广泛，与柳宗元并称“________”，与韦应物、白居易合称“________”，并与白居易合称“________”，有《陋室铭》《竹枝词》《杨柳枝词》《乌衣巷》等名篇。

8.“小李杜”是指：________、________。

9.“吴中四士”是指：________、________、________、________。

10. 温庭筠，本名岐，艺名庭筠，字飞卿，晚唐时期诗人、词人。官终国子监助教。精通音律。工诗，与李商隐齐名，时称“________”。其诗辞藻华丽，浓艳精致，内容多写闺情，少数作品对时政有所反映。其词艺术成就在晚唐诸词人之上，为“________”首要词人，对词的发展影响较大。在词史上，与韦庄齐名，并称“________”。存词七十余首。有《花间集》遗存。被尊为“________”之鼻祖。

11. 柳永，原名________，字景庄，后改名柳永，字耆卿，因排行第七，又称柳七，北宋著名词人，婉约派代表人物。景祐元年（1034 年），柳永暮年及第，历任睦州团练推官、余杭县令、晓峰盐碱、泗州判官等职，以屯田员外郎致仕，故世称________。柳永是第一位对宋词进行全面革新的词人，也是两宋词坛上创用词调最多的词人。柳永大力创作________，将敷陈其事的赋法移植于词，同时充分运用俚词俗语，以适俗的意象、淋漓尽致的铺叙、平淡无华的白描等独特的艺术个性，对宋词的发展产生了深远影响。

12. 苏轼，字子瞻，又字和仲，号________，自号道人，世称苏仙。宋代重要的文学家，宋代文学最高成就的代表。词开豪放一派，与辛弃疾同是豪放派代表，并称“________”。有《东坡七集》《东坡易传》《东坡乐府》等。

13. 李清照，号________，两宋之交女词人，婉约词派代表，有“________”之称。

14. 关汉卿，元代杂剧奠基人，我国历史上最伟大的戏剧家，“元曲四大家”之首。晚号已斋、已斋叟。与白朴、马致远、郑光祖并称为“元曲四大家”。以杂剧的成就最大，最著名的是《________》。被誉“________”。

15. 汤显祖“临川四梦”是指：________、________、________、________。

二、思考题

1. 请分析“唐诗与诗唐”。

2. 请查阅资料，说明为什么“宋词”成为了宋代的代表性文学样式。

参考文献

一、古代汉语教材

[1] 王力.古代汉语：校订重排本.北京：中华书局，2019.

[2] 郭锡良，唐作藩.古代汉语：修订本.北京：商务印书馆，1999.

[3] 许嘉璐.古代汉语.北京：高等教育出版社，1992.

[4] 朱振家.古代汉语：修订本.北京：高等教育出版社，1994.

[5] 殷国光.古代汉语.北京：中国人民大学出版社，2016.

[6] 夏继先.古代汉语简明教程.北京：国防工业出版社，2019.

[7] 易国杰.古代汉语.北京：高等教育出版社，2018.

[8] 徐宗才，李文.古代汉语：修订本.北京：北京语言大学出版社，2010.

[9] 张博.古代汉语.北京：商务印书馆，2008.

[10] 朱城.古代汉语专题教程.北京：中国人民大学出版社，2010.

[11] 荆贵生.古代汉语.武汉：武汉大学出版社，2011.

[12] 邹德文.古代汉语.长春：东北师范大学出版社，2008.

[13] 吴鸿清.古代汉语基础.北京：北京大学出版社，2015.

[14] 张双棣，张联荣.古代汉语知识教程.北京：北京大学出版社，2015.

[15] 沈祥源．古代汉语．武汉：武汉大学出版社，2010.

[16] 侯云龙．表解古代汉语．长春：吉林大学出版社，2010.

[17] 张世禄．古代汉语教程：修订本．上海：复旦大学出版社，2008.

[18] 魏清源，张汉生．古代汉语教程：上下册．郑州：河南大学出版社，1996.

[19] 洪成玉．古代汉语教程．北京：中华书局，2001.

[20] 解惠全．古代汉语读本：修订本．天津：南开大学出版社，2001.

二、语音研究

[1] 王力．汉语音韵学．北京：中华书局，1956.

[2] 高本汉．中国音韵学研究．上海：商务印书馆，1941.

[3] 罗常培．汉语音韵学导论．北京：中华书局，1956.

[4] 史存直．汉语语音史纲要．北京：商务印书馆，1981.

[5] 唐作藩．汉语音韵学常识．上海：新知识出版社，1958.

[6] 赵诚．中国古代韵书．北京：中华书局，1980.

[7] 李方桂．上古音研究．北京：商务印书馆，1980.

[8] 潘悟云．汉语历史音韵学．上海：上海教育出版社，2000.

三、词汇研究

[1] 陈光磊．汉语词法论．上海：上海学林出版社，1994.

[2] 常敬宇．汉语词汇与文化．北京：北京大学出版社，1995.

[3] 蒋绍愚．古汉语词汇纲要．北京：北京大学出版社，1989.

[4] 李如龙，苏新春．词汇学理论与实践．北京：商务印书馆，2001.

[5] 杨琳．汉语词汇与华夏文化．北京：语文出版社，1996.

[6] 张永言．词汇学简论．武汉：华中工学院出版社，1982.

四、语法研究

[1] 管燮初．殷墟甲骨刻辞的语法研究．北京：中国科学院，1953.

[2] 管燮初．西周金文语法研究．北京：商务印书馆，1981.

[3] 吕叔湘．中国文法要略．北京：商务印书馆，1982.

[4] 马建忠．马氏文通．北京：商务印书馆，1983.

[5] 王力．汉语史稿：中册．北京：中华书局，1980.

[6] 王力．汉语语法史．北京：商务印书馆，1989.

[7] 向熹．简明汉语史．北京：高等教育出版社，1995.

[8] 杨伯峻，何乐士．古汉语语法及其发展．北京：语文出版社，2001.

后　记

本书为云南省普通高等学校“十二五”规划教材，自2014年立项开始编写，历时数年，不断修改完善，终于付梓面世。

编者在多年的古代汉语教学过程中，强烈地感觉到学生很容易将古代语言与古代文化割裂开，从而无法将古代汉语文选中的语言现象与古代历史文化结合起来分析、无法将语言放在文化背景中去考量，致使他们孤立地分析和解读语言现象和语句内容，既理解不了文本中词、句的准确意义，也理解不了甚至会误解文章的本意。因此本书的编写进行了大胆的改革与尝试，希望能对普通本科院校和应用性本专科院校的古代汉语课程教学有所启发和借鉴作用。

本书的编写过程中，李永芳教授负责全书结构设计、全稿审定，并编写第二单元、第六单元的全部内容，同时负责各单元中“古代文化常识”“古代汉语知识”“知识拓展”和“单元练习”等内容的编写工作；许琛瑜博士负责第一单元、第三单元和第五单元的编写工作；关东晨博士负责第四单元、第七单元、第八单元的编写工作。

本书虽然历经多年不断改进，但因水平所限，能否达到教学改革的预期目标，能否得到众多专家和广大读者的认可，尚需要时间和教学实践检验。真诚希望诸位方家给予多方指教，我们会及时改正完善，以期更好地服务于教学。

图书在版编目（CIP）数据

实用古代汉语 / 李永芳主编 . — 北京：民族出版社，2022.7

ISBN 978-7-105-16731-9

Ⅰ . ①实… Ⅱ . ①李… Ⅲ . ①古汉语—高等学校—教学参考资料 Ⅳ . ① H109.2

中国版本图书馆 CIP 数据核字 (2022) 第 133705 号

实用古代汉语

主　　编：李永芳　副主编：关东晨　许琛瑜
责任编辑：陈　萱
装帧设计：金　晔
责任印制：周　巍
出版发行：民族出版社
地　　址：北京市东城区和平里北街 14 号
邮　　编：100013
电　　话：010–64228001（汉文编辑二室）
　　　　　010–64224782（发行部）
网　　址：http://www.mzpub.com
印　　刷：北京艺辉印刷有限公司
经　　销：各地新华书店
版　　次：2022 年 7 月第 1 版　2022 年 9 月北京第 1 次印刷
开　　本：640 毫米 ×960 毫米　1/16
字　　数：642 千字
印　　张：46.25
定　　价：148.00 元
书　　号：ISBN 978-7-105-16731-9/H · 1199（汉 406）